국제법무 시리즈 1

2022년 개정
국제사법 해설

국제재판관할법

석광현 저

박영사

International Adjudicatory Jurisdiction Law

SUK Kwang Hyun

Parkyoung Publishing & Company
SEOUL, KOREA
2022

머 리 말

　우선 2022년에 개정된 국제사법의 시행에 즈음하여 개정법에 새로 도입된 국제재판관할규칙을 해설하는 단행본을 간행하게 되었음을 매우 기쁘게 생각한다.

　저자는 1984년 9월부터 1999년 2월까지 김·장법률사무소에서 변호사로서 다양한 국제거래와 국제소송(solicitor의 삶을 살았기에 주로 거래를 다루었지만)을 접할 기회가 있었기에 국제재판관할의 중요성을 알게 되었고, 1989년부터 1991년까지 독일 프라이부르크 대학교와 런던의 법률사무소에서 공부와 연수를 한 덕에 유럽의 국제민사소송법을 배울 기회를 가졌다. 그 후 2000년 "國際裁判管轄에 관한 硏究 ― 民事 및 商事事件에서의 國際裁判管轄의 基礎理論과 一般管轄을 중심으로"라는 제목으로 박사학위논문을 썼다. 이 주제를 선정한 것은 당시 국제사법의 개념을 좁게 파악하던 한국에서, 국제재판관할이 국제소송의 실무에서 대단히 중요하다는 점과, 국제재판관할도 국제사법(또는 국제민사소송법)의 논점이라는 점에 대하여 우리 법률가들의 주의를 환기시키기 위한 것이었다. 그 후 2001년 섭외사법 개정작업에 참여하여 과도기적인 입법으로 구 국제사법에 국제재판관할의 일반원칙(제2조)과 소비자·근로자를 위한 보호적 관할규칙(제27조와 제28조)을 도입하는 데 일조하였다. 그러나 대법원이 구 국제사법 제2조를 무시하고 사안별 분석을 하는 경향을 보이자 한국국제사법학회는 2012년 국제사법을 개정하여 정치한 국제재판관할규칙을 국제사법에 도입할 것을 강력히 촉구하였고 법무부가 이를 받아들여 개정안을 성안하게 되었다. 제20대 국회에서는 좌절되었으나 다행히도 제21대 국회를 통과하였다. 그 과정에서 저자는 국제재판관할규칙을 다룬 논문을 꾸준히 발표하였고 2014년에는 국제사법개정위원회의 위원으로서 참여하였으며 위원회의 임기 종료 후 2017년 1년 동안에는 법무부의 자문회의에 참가하여 개정안의 성안에 일조하였다. 개정 국제사법이 2022년 7월 5일 발효됨으로써 우리나라는 국제재판관할규칙에 관한 한 과도기적 입법이었던 2001년 국제사법에서 미루어 두었던 개정작업을 마침내 마무리하였고, 2001년 정비한 준거법지정규칙과 함께, 30개가 넘는 조문으로 구성된 정치(精緻)한 국제재판관할규칙을 도입함으로써 '국제사법의 양 날개(兩翼)'를 갖추게 되었고, 이는 우리 국제사법과 국제사법학의 발전에서 중대한 전환점이 될 것이다.

과거 대법원은 재산법상의 사건과 가사사건(특히 혼인관계사건)에서 일본 최고재판소 판례를 추종했었고 2001년 구 국제사법의 시행 뒤에도 가사사건에 관한 한 그런 태도를 변경하지 못하였다. 이제 개정법이 시행됨으로써 우리는 국제재판관할법에 관한 한 일본 최고재판소의 그늘에서 벗어나게 되었다. 우리 법률용어에서 일본의 잔재를 지우는 작업도 필요하나 '계약'과 '주식'을 버릴 수 없다면 적정수준에 머물러야 하고, 일본법을 맹종하는 대신 더 합리적인 콘텐츠를 찾아 도입하는 더 중요한 작업에 매진하여야 한다. 다만 다양한 선택지 중에 주체적으로 취사선택 등을 통하여 새로운 모색을 하는 것을 두려워하지 말되 자신의 결정에 대하여 책임을 져야 한다. 그렇게 하기 위하여는 더욱 철저한 준비작업을 하지 않으면 아니 된다. 금번 개정작업에서 과연 그렇게 하였다고 확신할 수는 없지만, 이런 과정을 거치지 않는 한 우리 법과 우리 법학은 탄생할 수 없다. 內田 貴 교수가 쓴 「법학의 탄생」의 번역서(정종휴 역)를 근자에 읽으면서, "일본 근대화의 열쇠는 '법'이었다"라고 단언하고, 자신이 이해하는 일본 법학의 탄생과정을 기술하는 것을 부러워하면서 오래 전에 입었던 내상(內傷)이 덧난 듯한 느낌이 들었기에 이런 작업의 중요성을 다시 한번 지적해 둔다.

이 단행본을 쓰면서 개정작업 과정에서 겪었던 일들에 대한 추억이 주마등처럼 스쳐간다. 2012년 6월 한국국제사법학회가 구 국제사법의 개정을 촉구하는 결의문을 법무부에 보낸 뒤 당시 손경한 회장과 함께 법무실장과 법무과장을 만나 국제사법의 개정을 추진할 것을 촉구하였던 일, 2014년 6월 말부터 2015년 말까지 국제사법개정위원회에서, 20217년 1년 동안 전문가 회의에 참가하면서 개정안을 성안하기 위하여 노력했던 일, 개정안 성안 후 법무부의 요청에 따라 2018. 2. 27. "2019년 국제사법 개정안에 따른 국제재판관할규칙"이라는 제목으로 공청회에서 발표하였던 일, 법제사법위원회의 전문위원이 작성한 2019년 3월자 국제사법 전부개정법률안 검토보고서에 대하여 국제사법학회의 검토의견을 담은 의견서를 2019. 5. 22. 전문위원에게 제출하고 당시 총무이사(천창민 교수)와 함께 전문위원실을 방문하였던 일, 대한변호사협회가 2020. 6. 10.자로 법무부에 제출한 국제사법 전부개정법률안에 대한 의견서를 받아 그에 대하여 국제사법학회 이름으로 답변을 작성하였던 일과 미력이나마 보태고자 법무부 최승은 사무관과 함께 2021. 11. 19. 국회를 찾아 법사위의 여당 간사를 잠시 만났던 일 등이 그것이다. 그때만 해도 개정안의 국회 통과를 낙관할 수 없었다. 이런 과정을 겪었기에 개정법을 대하는 저자는 남다른 감회를 가지는 것이다. 더욱이 지난 2월 말에는 23년의 교수로서의 삶을 마치고 정년퇴임을 하였고 지난 3월 말에는 4년간 역임한 국제사법학회 회장직에서 물러났기에 그에 앞서 개정 국제사법의 공포를 보게 된 것을 무척 다행스럽게 생각하고 더욱 애정을 가지는지 모르겠다.

이런 배경 하에 개정 국제사법에 따른 국제재판관할법을 이해하는 데 조금이나마 도움이 되도록 이 단행본을 간행하기에 이르렀다. 조금 더 시간적 여유가 있었더라면 하는 아쉬움이 남지만, 개정법의 시행에 맞추어 여기에서는 개정의 착안점을 주로 다루었다. 개정법이 발효됨으로써 우리 국제재판관할법의 입법작업은 일단락되었지만, 중요한 것은 국제재판관할법학은 개정법의 발효와 함께 새로운 시대에 들어섰다는 점이다. 앞으로 국제재판관할법학에 대한 깊이 있는 연구가 요청된다. 이런 점에서 오는 7월 22일 한국국제사법학회가 법무부 및 사법정책연구원과 공동으로 "신국제사법의 시행에 따른 국제재판관할법제의 과제"를 대주제로 연차학술대회를 개최하는 것은 시의적절한 일이라고 평가하고 깊이 있는 논의가 이루어지기를 기대한다.

오래전에 저자를 학문의 길로 이끌어 주신 故 이호정 선생님과, 거의 40년 전에「國際訴訟」이라는 저서를 간행하여 한국에서 국제재판관할 기타 국제민사소송법 분야의 선구적 연구업적을 쌓으신 최공웅 원장님께 감사드리고 다시 한번 경의를 표한다. 그러한 선구적 업적이 없었더라면 정치한 국제재판관할규칙을 담은 개정 국제사법의 도입은 훨씬 지체되었을 것이다.

이 책의 편집과 제작을 위하여 수고해 주신 박영사의 조성호 이사님과 김선민 이사님 그리고 책이 간행될 때까지 애써 주신 모든 분들께 감사의 말씀을 드린다. 그리고 금번에도 교정작업을 도와준 아내 김혜원에게도 감사의 마음을 전한다.

2022년 6월

잠원동 寓居에서

석광현 씀

차 례

제1편 개정 국제사법에 따른 국제재판관할법 해설

제 2 편　개정 국제사법에 따른 가사사건의 국제재판관할규칙

제 3 편   개정 국제사법에 따른 해사사건의 국제재판관할규칙

제1편

개정 국제사법에 따른 국제재판관할법 해설

제 1 장
머 리 말

국제재판관할이라 함은 국제민사사건에서 제기되는 법적 쟁송에 대하여 어느 국가의 법원이 재판할 권한을 가지는가, 또는 재판임무를 어느 국가(또는 주)에 배당할 것인가의 문제이다. 2001년 7월 시행된 국제사법(이하 "국제사법" 또는 "구 국제사법"이라 한다) 제2조는 바로 이런 국제재판관할을 규정하고 있다.

국제사법을 개정하여 정치(精緻)한 국제재판관할규칙을 두고자 2014. 6. 30. 법무부는 1년 예정으로 국제사법개정위원회(이하 "위원회"라 한다)[1]를 구성하였고 1년 경과 후 임기를 연장하였다. 위원회는 2015. 12. 31.까지 19차에 걸쳐 회의를 개최하였으나 유감스럽게도 개정안을 채택하지 못하였다. 2016년에는 아무런 진전이 없었고 법무부는 4명의 위원[2]을 중심으로 2017년 1월부터 12월말까지 작업을 진행한 결과 국제사법 전부개정법률안을 성안하여 2018. 1. 19. 입법예고를 하였고(법무부공고 제2018-17호) 2018. 2. 27. 공청회를 개최하였다.[3] 법무부는 공청회 결과를 반영하여 개정안(이하 공청회에 제출된 국제사법 전부개정법률안을 "개정안"이라 한다)을 확정한 뒤 2018. 11. 23. 국회에 제출하였다(의안번호 제16788호)(이를 "국회 제출 개정안"이라 한다). 그 후 국회 제출 개정안에 대한 국회 법제사법위원회 전문위원의 검토보고서가 작성되었고 국제사법학회는 검토보고서에 대하여 학회의 의견을 담은 의견서를 2019. 5. 22. 전문위원에게 제출하였으나 20대 국회의

---

1) 위원회의 구성 등 절차적 사항은 공청회 자료집, 6면 이하 참조.
2) 공청회 자료집은 이를 "전문가 회의"라고 부른다. 전문가 회의는 정병석 변호사, 노태악 당시 서울북부지방법원장, 장준혁 교수와 저자로 구성되었다. 공청회 자료집, 7면.
3) 저자는 2018. 2. 27. 개최된 국제사법전부개정법률안 공청회에서 개정안을 소개하는 발표를 하였다. 발표문은 국제사법 전부개정법률안 공청회 자료집, 15면 이하 참조. 이하 이를 "공청회 자료집"이라 한다. 위 발표문은 석광현, 국제사법과 국제소송 제6권(2019), 439면 이하에 전재되었다.

임기종료와 함께 개정안은 폐기되었다. 동일한 내용의 개정법률안은 2020. 8. 7. 21대 국회에 다시 제출되었고(의안번호 2102818), 2021. 12. 9. 국회 본회의를 통과하였다. 이어서 2022. 1. 4. 국제사법 전부개정법률(이하 "개정 국제사법" 또는 "개정법"이라 한다)이 법률 제18670호로 관보(제20161호)에 공포되었고 이는 2022. 7. 5. 발효되었다. 섭외사법에는 소송사건에 관한 국제재판관할규칙이 포함되어 있지 않았고 2001년 국제사법에는 과도기적 입법조치로서 제2조(일반원칙)와 사회·경제적 약자인 소비자와 근로자를 보호하기 위한 관할규칙을 담은 제27조와 제28조만이 포함되었다. 이제 개정법이 시행됨으로써 우리나라는 준거법규칙(또는 준거법선택규칙. 이하 양자를 호환적으로 사용한다)과 정치한 국제재판관할규칙이라고 하는 국제사법의 양 날개를 구비한 국제사법을 가지게 되었다. 이는 한국 국제사법의 역사에서 획기적인 변화이며 중차대한 발전의 계기가 될 것이다.

저자는 2000년 2월 "국제재판관할에 관한 연구"라는 주제로 박사학위를 받은 뒤 2001년 이를 보완하여 단행본을 간행하면서 과도기적 입법을 제안하였고, 1999년과 2000년에 걸쳐 섭외사법의 개정작업과정에서 개정연구반과 개정위원회에 참여하였으며, 이어서 금번에도 위원회의 일원으로 참여하였다. 과거 섭외사법의 개정작업에 참여한 경험을 기초로 2001년 국제사법을 해설하는 단행본을 간행하였고, 금번에도 2022년 개정법에 따른 국제재판관할법을 해설하는 이 단행본을 쓰게 되었다.

여기에서는 개정법에 따른 우리나라의 국제재판관할법을 해설하는데, 다만 국제재판관할법 전반을 체계적으로 서술하기보다는 개정되기 전의 국제사법 내지 국제사법 하의 판례와 달라진 점을 중심으로 논의한다. 구체적으로 머리말(제1장), 국제재판관할법의 기초이론(제2장), 개정법에 따른 국제재판관할법의 총칙(제3장), 개정법에 따른 국제재판관할법의 각칙(제4장), 국제재판관할규칙 도입의 실천적 의미(제5장), 국제사법의 개정에 관한 장래의 과제(제6장), 개정법의 성안과정에서 국제사법개정위원회의 작업과 운영(제7장)의 순서로 논의하고 맺음말(제8장)로 마무리한다.

한 가지 밝혀 둘 것은, 이 책에서 저자가 피력하는 견해는, 위원회와 법무부의 견해(또는 전문가 회의)라고 밝힌 것 외에는(물론 그것도 저자가 이해하는 바에 따른 것이고) 저자의 견해이지 위원회나 법무부(또는 전문가 회의)의 공식적인 견해는 아니라는 점이다. 이 책이 관찬의 입법이유서가 아니므로 이 점은 당연한 것이다.

제 2 장
국제재판관할법의 기초이론

I. 국제재판관할법의 기본개념

1. 개념과 국제규범

국제재판관할 또는 국제재판관할권이라 함은 국제민사사건에서 제기되는 법적 쟁송에 대하여 어느 국가의 법원이 재판할 권한을 가지는가, 또는 재판임무를 어느 국가(또는 주)에 배당할 것인가의 문제이다.[1] 2001년 7월 시행된 국제사법 제2조는 바로 이런 국제재판관할을 규정하고 있는데, 이는 국제법에서 말하는 국가관할권(state jurisdiction) 중 재판관할권(jurisdiction to adjudicate)의 문제이다. 현재 국제재판관할 일반에 관하여 국제적으로 널리 통용되는 조약은 없으나 지역적으로는 재산법 영역에서 유럽연합의 브뤼셀 I[2]과 이를 대체한 브뤼셀 I bis(또는 브뤼셀 I Recast),[3][4] 친족·상속법 영역에서 브뤼셀 II bis(또는 브뤼셀 II a 또는 브뤼

---

*각주 번호는 장별로 붙인 것이다.

1) 석광현, 國際裁判管轄에 관한 硏究 ─ 민사 및 상사사건에서의 국제재판관할의 기초이론과 일반관할을 중심으로(2001), 21면. 이처럼 사건의 '국제성'을 전제로 한다면 순수한 국내사건에서는 국제재판관할의 문제는 발생하지 않는다. 이것이 국제사법 제1조의 문언에 충실한 견해이다. 가사 그 경우에도 국제재판관할의 문제가 발생한다고 보더라도 당해 국가의 국제재판관할이 인정되므로 문제가 없다.

2) 이는 2000년 공포된 "민사 및 상사(사건)의 재판관할과 재판의 집행에 관한 유럽연합의 이사회규정"(번호 44/2001)("Judgment Regulation"이라고도 부른다)을 말하는 것으로(브뤼셀 I 의 소개와 국문 시역은 석광현, 국제사법과 국제소송 제3권(2004), 368면 이하 참조) 이는 1968년 채택된 "민사 및 상사(사건)의 재판관할과 재판의 집행에 관한 EC협약"("브뤼셀협약")을 대체한 것이다. 브뤼셀협약의 소개와 국문 시역은 석광현, 국제사법과 국제소송 제2권(2001), 321면 이하 참조.

3) 이는 "민사 및 상사(사건)의 재판관할과 재판의 집행에 관한 유럽의회 및 이사회의 규정

셀Ⅱ Recast)[5]와 브뤼셀Ⅱ ter(브뤼셀Ⅱ b 또는 브뤼셀Ⅱ bis Recast)[6]가 있고, 그 밖에 분야별로 EU부부재산제규정,[7] EU부양규정[8]과 EU상속규정[9] 등이 있다.

한편 국제사법규범의 점진적 통일을 목적으로 설립된 헤이그국제사법회의 차원에서는 우선 관할합의협약 및 재판협약과 기타 분야별 협약들이 있다. '관할합의협약'이라 함은 이미 발효된 2005년 "관할합의에 관한 협약"[10]을 말하고, '재

(recast)(번호 1215/2012)"으로 브뤼셀Ⅰ을 대체한 것인데 2015. 1. 10.부터 적용되었다. 브뤼셀Ⅰ Recast의 소개는 김용진, "제3국의 관점에서 본 차세대 유럽민사소송법", 인권과 정의, 제469호(2017. 11.), 43면 이하; 최흥섭, 유럽연합(EU)의 국제사법(2020), 21면 이하 참조.

4) 그 밖에도 1988년 당시 유럽경제공동체 국가들과 유럽자유무역연합(EFTA) 국가들 간에 체결된 브뤼셀협약의 병행협약(루가노협약)과, 2010. 1. 1. EU국가들과 덴마크와 노르웨이에서 발효한 개정된 루가노협약(개정루가노협약)이 있다. 개정루가노협약의 소개는 석광현, "개정루가노협약에 따른 계약사건의 국제재판관할", 서울대학교 법학 제49권 제4호(통권 149호)(2008. 12.), 413면 이하 참조.

5) 이는 기존의 브뤼셀Ⅱ를 폐지하는 혼인과 친권(부모책임) 사건의 재판관할 및 재판의 승인과 집행에 관한 이사회규정(번호 1347/2000)을 말한다. 이는 브뤼셀Ⅱ ter(번호 2019/1111)로 대체되었다. 소개는 최흥섭(註 3), 87면 이하 참조.

6) 이는 "혼인과 친권(부모책임) 사건의 재판관할, 승인 및 집행과 국제적 아동 탈취에 관한 2019. 6. 25. 이사회규정(번호 2019/1111)"로서 기존의 브뤼셀 IIbis를 대체한 것이다. 후자는 2022. 8. 1. 시행된다. 소개는 현소혜, "친권 관계 사건의 국제재판관할 —2019년 브뤼셀Ⅱ ter 규칙에 대한 소개를 중심으로—", 가족법연구 제35권 2호(통권 제71호)(2021. 7.), 246면 이하 참조.

7) 이는 "부부재산제 문제에서의 관할, 준거법, 재판의 승인과 집행 영역에서의 제고된 협력의 실행을 위한 2016. 6. 24. 이사회규정(번호 2016/1103)"을 말한다. 소개는 최흥섭(註 3), 165면 이하 참조.

8) 이는 "부양사건의 재판관할, 준거법과 재판의 승인 및 집행과, 공조에 관한 이사회규정(번호 4/2009)"을 말한다. 소개는 최흥섭(註 3), 122면 이하 참조.

9) 이는 "상속사건에 관한 재판관할, 준거법, 재판의 승인 및 집행과, 공서증서의 인정과 집행에 관한 그리고 유럽상속증명서의 창설에 관한 규정"(번호 650/2012)을 말한다. 소개는 김문숙, "상속준거법에서의 당사자자치", 국제사법연구 제23권 제1호(2017. 6.), 301면 이하; 윤진수(편집대표), 주해상속법 제2권(2019), 1147면 이하(장준혁 집필부분); 최흥섭(註 3), 147면 이하 참조.

10) 영문 명칭은 "Convention on Choice of Court Agreements"이다. 관할합의협약의 소개와 국문시역은 석광현, "2005년 헤이그 재판관할합의협약의 소개", 국제사법연구 제11호(2005), 192면 이하; 박정훈, "헤이그 재판관할합의협약(2005 Convention on Choice of Court Agreements)", 국제사법연구 제18호(2012. 12.), 233면 이하; 김희동, "헤이그 관할합의협약과 우리 국제재판관할합의 법제의 과제", 숭실대 법학논총 제31권(2014. 1.), 41면 이하; 김효정, "헤이그관할합의협약 가입시의 실익과 고려사항", 국제사법연구 제25권 제1호(2019), 169면 이하; 장준혁, "대한민국에서의 헤이그관할합의협약 채택방안 —2019년 재

판협약'이라 함은 아직 발효되지 않은 2019년 "민사 또는 상사(사건)에서 외국재판의 승인 및 집행에 관한 협약"[11]을 말한다. 나아가 국제재판관할 일반에 관한 것은 아니나 "국제항공운송에 있어서의 일부 규칙 통일에 관한 협약(즉 1999년 몬트리올협약)"에서 보듯이 개별 법률분야에 관한 조약 중에는 국제재판관할에 관한 규정을 두는 예가 있다.[12]

국제사법 제2조는 '국제재판관할'과 '국제재판관할권'을 혼용하나, 이는 민사소송법이 '관할'과 '관할권'을 혼용하는 것과 마찬가지로 일관성이 결여된 탓이지, 양자를 구별하기 위한 것은 아니다.

2. 재판권과 국제재판관할(권)

가. 재판권과 국제재판관할의 관계: 법계에 따른 차이

재판권은 재판에 의해 법적 쟁송사건을 해결할 수 있는 국가권력 또는 법질서실현을 위한 국가의 권능으로서 '사법권'이라고도 하며 법관으로 구성된 법원에 속한다. 이처럼 재판권은 국가주권 또는 영토고권으로부터 파생되는, 재판을 할 수 있는 개별 국가의 권능인데, 국제재판관할은 어느 국가의 법원이 제기된 법적 쟁송을 재판해야 하는가 또는 재판임무를 전체로서의 어느 국가에 배당할 것인가

판협약 성립을 계기로 돌아본 의의와 과제—", 안암법학 제61호(2020. 11.), 47면 이하; 박상순, "헤이그 재판관할합의협약에 대한 연구", 서울대학교 대학원 법학석사학위논문(2017. 8.)도 참조.

11) 영문 명칭은 "Convention on the Recognition and Enforcement of Foreign Judgments in Civil or Commercial Matters"이다. 재판협약의 상세는 장준혁, "2019년 헤이그 외국판결 승인집행협약", 국제사법연구 제25권 제2호(2019. 12.), 437면 이하; 석광현, "2019년 헤이그 재판협약의 주요 내용과 간접관할규정", 국제사법연구 제26권 제2호(2020. 12.), 3면 이하; 한충수, "헤이그 재판협약과 민사소송법 개정 논의의 필요성 — 관할규정의 현대화 및 국제화를 지향하며", 인권과정의 제493호(2020. 11.), 73면 이하; 김효정·장지용, 외국재판의 승인과 집행에 관한 연구(사법정책연구원, 2020), 사단법인 한국국제사법학회, "민사 또는 상사에 관한 외국재판의 승인과 집행에 관한 협약(헤이그재판협약) 연구", 법무부 2021년 정책연구 보고서(장준혁 외 집필) 참조. 여기에서는 민사사건·상사사건과 민사·상사를 호환적으로 사용한다.

12) 간단하지만 국제재판관할규칙에 관한 근자의 비교법적 검토는 Trevor Hartley, Basic Principles of Jurisdiction in Private International Law: The European Union, the United States and England, International & Comparative Law Quarterly, Vol. 71 (2022), p. 211 et seq.; Dagmar Coester-Waltjen, Himmel und Hölle, Einige Überlegungen zur internationalen Zuständigkeit, Rabels Zeitschrift für ausländisches und internationales Privatrecht, Band 79 (2015), S. 472ff. 참조.

의 문제이므로, 국제재판관할규칙은 어느 국가가 그 안에서 자신의 재판권을 행사하고자 하는 범위의 확정 또는 자발적인 재판권의 제한을 의미한다. 독일에서는 재판권(Gerichtsbarkeit 또는 *facultas iurisdictionis*)과 국제재판관할을 준별하고, 양자를 독립한 소송요건으로 보되 국제재판관할은 논리적으로 재판권의 존재를 전제로 한다고 한다. 이러한 이유로 자국의 민사재판권의 행사에는 외재적·국제법적 제약으로서의 재판권의 문제와 내재적·국제민사소송법적 제약으로서의 국제재판관할의 문제라고 하는 레벨을 달리하는 두 종류의 제약이 있다고 표현한다.[13]

　　종래 우리 민사소송법 학설에 따르면 재판권과 국제재판관할은 흠결 시의 효과 그리고 법원이 흠결을 간과하고 재판한 경우의 효력이 다르다.[14] 반면에 영미에서는 양자를 레벨을 달리하는 개념으로 구분하지 않고 모두 '관할권(jurisdiction)'의 문제로 다루기는 하지만, 우리의 재판권은 주로 'state (or sovereignty) immunity'와 '외교관 면제' 등에서 보듯이 '관할권으로부터의 면제(immunity from jurisdiction)'의 문제로, 우리의 국제재판관할(권)은 '대인관할권(personal jurisdiction)', '대물관할권(*in rem* jurisdiction)'과 '준대물관할권(*quasi in rem* jurisdiction)'의 문제로 구분하여 각각 다루는 데서 보듯이 양자를 동일시하는 것은 아니다.[15] 재판권은 일부 사안(외국국가, 중앙은행 또는 외교관이 피고인 경우)에서 문제되는 데 반하여[16] 국제재판관할은 외국적 요소가 있는 사안에서 항상 문제된다.[17]

---

13) 석광현(註 1), 35면 이하 참조. 우리 민사소송법상 사용된 용어는 아래(註 29) 참조.

14) 석광현(註 1), 38면 이하 참조.

15) 영미의 관할권에 관하여는 우선 석광현(註 1), 97면 참조.

16) 따라서 개정법(제3조 제2항)은 "대사(大使)·공사(公使), 그 밖에 외국의 <u>재판권</u> 행사대상에서 제외되는 대한민국 국민에 대한 소에 관하여는 법원에 국제재판관할이 있다."고 규정한다. 민사소송법 제4조도 토지관할을 규정하면서 재판권이라는 용어를 정확히 사용한다. 과거 구 민사소송법(제3조)은 대사·공사·기타 외국에서 치외법권 있는 대한민국 국민이라고 규정하였으나, 2002년 전면 개정된 민사소송법(제4조)은 "치외법권 있는"이라는 표현을 삭제하고 "외국의 재판권 행사대상에서 제외되는"이라는 표현을 사용한다. 재판권면제를 가지는 주체를 '치외법권자'라고 표현하기도 하나 이는 적절하지 않다. 치외법권이라는 개념은 부정확하다는 이유로 국제법학에서도 더 이상 사용하지 않는다.

17) 따라서 한국의 강제징용 피해자들이 일본의 미쓰비시와 신일본제철을 상대로 제소한 징용사건의 경우 국제재판관할이 문제되었을 뿐 재판권의 문제는 없었으나, 한국의 위안부 피해자들이 일본국을 상대로 제소한 사건에서는 재판권(즉 주권면제)이 문제되었다. 서울중앙지방법원 2021. 1. 8. 선고 2016가합505092 판결은 국가면제 이론은 주권국가를 존중하고 함부로 타국의 재판권에 복종하지 않도록 하는 의미를 가지는 것이지, 절대규범 또는 국제 강행규범(*jus cogens*)을 위반하여 타국의 개인에게 큰 손해를 입힌 국가가 국가면제 이론 뒤에 숨어서 배상과 보상을 회피할 수 있도록 기회를 주기 위한 수단으로 이용할 수

재판권과 국제재판관할의 관계를 이렇게 이해하는 저자로서는 영미의 접근 방법을 따르는 우리 국제법학자들과, 독일의 접근방법을 따르면서도 양자를 동일한 평면상의 문제로 다루는 일부 우리 민사소송법학자들의 태도를 비판한 바 있다. 저자가 지적하는 것은 종래 독일법의 접근방법과 영미법계의 접근방법이 다른데 우리 국제법학과 우리 민사소송법학은 각각 상이한 체계를 따르는 점을 인식해야 한다는 점과, 종래 우리 국제법학은 민사소송법학에 무관심하였고 우리 민사소송법학은 국제법학에 무관심한 탓에 대한민국 법학으로서의 전체상을 제대로 인식하지 못하였음에 대한 반성을 촉구한 것이지 어느 접근방법이 잘못이라고 주장한 것은 아니다.[18]

어쨌든 이러한 접근방법 내지 체계상의 차이로부터 몇 가지 결과가 파생되는데 이 점은 아래에서 논의한다.

위에서 본 것처럼 재판권과 국제재판관할의 관계를 어떻게 이해할지는 법계에 따라 차이가 있으나 양자를 구별하는 것은 마찬가지이므로 국제재판관할에 관한 국제규범은 재판권의 문제에는 영향을 미치지 않음을 명시한다. 관할합의협약(제2조 제6항)과 재판협약(제2조 제5항)이 그런 예이다. 브뤼셀 I Recast(제1조 제1항 제2문)는 "특히 … 국가 권한의 행사에 있어 작위 및 부작위(*acta iure imperii*)[19]에 대한 국가 책임에는 미치지 않는다"고 명시하는데 이는 제2차 세계대전 중 전쟁범

는 없다고 판시하고 일본국의 주권면제를 부정하였다. 반면에 서울중앙지방법원 2021. 4. 21. 선고 2016가합580239 판결은 독일의 주권면제를 인정한 2012. 2. 3. 국제사법재판소(International Court of Justice. ICJ)의 판결(독일 대 이탈리아 주권면제 사건(Jurisdictional Immunities of the State, Germany v. Italy: Greece intervening))에서 ICJ가 채택한 결론이 기존의 국제 관습법이고, 기존의 국제 관습법에서 인정되지 아니한 새로운 예외를 창설하는 데는 신중하게 접근해야 함을 전제로 일본국의 주권면제를 인정한 바 있다.

18) 우리 국제법학은 우리 판례가 이를 '관할권'이 아니라 '재판권'의 문제로 다루고 있다는 점에 대하여도 대체로 무관심하였다. 석광현, 국제민사소송법(2012), 36면, 註 19 참조. 국제연합이 2004년 12월 채택한 "국가와 그 재산의 재판권 면제에 관한 협약"(United Nations Convention on Jurisdictional Immunities of States and Their Property)은 영미법계의 접근방법을 따른 것이라고 할 수 있다. 민사소송법과 국제사법이 관점에서는 "Jurisdictional Immunities"를 '재판권 면제'라고 번역하는 것이 적절하나 우리 국제법학자들은 이를 '관할권 면제'에 관한 협약이라고 번역한다. 예컨대 정인섭 편, 에센스 국제조약집(2010), 206면 이하 참조. 일본은 "외국등에 대한 일본의 민사재판권에 관한 법률"을 2009. 4. 24. 공포하여 2010. 4. 1.부터 시행하고 있고 2010년 5월 위 협약을 수락하였다.

19) 이는 제한적 주권면제론에 따라 재판권 면제(또는 주권면제)가 인정되는 '주권적 행위'를 말한다. 석광현(註 18), 39면 이하 참조.

죄로 인한 국가책임을 묻는 소를 상정한 것으로 독일의 발의로 포함되었다.[20]

나. 국제재판관할은 재판권의 대물적 제약인가

위에서 본 것처럼 재판권과 국제재판관할의 관계에 관하여 우리 국제사법학과 민사소송법학은 종래 독일법의 접근방법을 따른다. 그럼에도 불구하고 일부 우리 민사소송법 학자들은 일부 일본 이론의 영향을 받아 국제재판관할을 '재판권의 대물적 제약' 또는 '물적 범위'로 파악하고 주권·외교관면제를 '대인적 제약' 또는 '인적 범위'로 파악하는데 이는 잘못이다.[21] 즉 우리가 말하는 국제재판관할권은 미국에서는 주로 대인관할권(경우에 따라 대물관할권과 준대물관할권)의 문제로 다루어지는데 국제재판관할권을 '재판권의 물적 범위'로 설명하는 것은 독일법도 아니고 영미법도 아닌 독단적인 견해로 혼란을 초래할 뿐이다.[22] 즉 양자의 관계에 대한 일부 우리 민사소송법 학자들의 설명은 오해에 기인하는 것이지 법계의 차이로부터 파생되는 논리적 결과가 아니다. 더욱이 그런 설명은 재판적(즉 토지관

---

20) Burkhard Hess, Europäisches Zivilprozessrecht, 2. Auflage (2021), Rn. 6.6.

21) 저자는 석광현(註 1), 35면 이하에서 이 점을 지적하였다. 간단히는 석광현(註 10), 32면 이하 참조. 양자의 관계에 대한 오해가 아직도 불식되지 않고 있음은 유감이다. 예컨대 김홍엽, 민사소송법 제10판(2021), 42면; 정영환, "국제재판관할권의 행사기준과 그 범위", 안암법학 제28권(2009), 439면. 김상만, "국제거래에서 법정지선택 조항의 효력에 관한 고찰 ― 미국과 한국의 판례비교를 중심으로", 인하대학교 법학연구 제14집 제1호(2011. 3.), 308면 이하는 재판권과 재판관할권의 관계를 논의하면서 미국과 한국을 동일한 틀에서 설명하나 이도 잘못이다. 이연주, "국제재판관할의 체계적 지위에 관하여", 민사소송 제18권 제1호(2014. 5.), 16면 이하는 위에 소개한 민사소송법 학자들의 견해를 '물적 한계설', 필자의 견해를 '준별설'이라고 부르면서 비판한 뒤 '재판권-주권면제·외교적 면제-국제재판관할' 삼자 간에 단계적 구조가 있다는 견해(삼단계설)를 주장하나 수긍하기 어렵다. 적극적 요건과 소극적 요건 간에 단계구조를 인정할 것은 아니므로 위 주장은 오히려 '재판권-주권 [또는 주권 및 그와 유사한 무엇]-국제재판관할' 삼자라고 설명해야 하는데 영미에서는 중간단계를 첫단계와 마찬가지로 '관할권(jurisdiction)'이라고 하고 독일에서는 '재판권'이라고 하고 있어서 위 저자가 말하는 것이 무엇인지 불분명하다. 위 이연주, 30면은 '三段界'라고 하나 이는 '三段階'의 오기로 보인다.

22) 다행스럽게도 한충수, 민사소송법 제2판(2018), 896면; 안춘수, 국제사법(2017), 349면 이하; 전원열, 민사소송법 강의 제2판(2021), 98-99면 註 1; 문영화, "외국국가의 재산에 대한 민사집행법에 의한 강제집행", 성균관법학 제27권 제2호(2015. 6.), 267면, 註 1은 저자와 同旨다. 최공웅, 국제소송 개정판(1994)은 한편으로는 국제재판관할이 재판권의 대물적 제약이라고 보는 견해를 소개하면서(248면), 다른 한편으로는 주권과 재판권의 개념은 분석의 도구일 뿐이고 국제민사소송법상 독자의 소송요건으로서 의의를 가지는 것은 아니라는 견해를 소개하여(249면) 흥미롭다.

할의 발생원인이 되는 관련지점)을 사건의 당사자, 특히 피고와 관련되어 인정되는
'인적재판적'과 소송물과 관련되어 인정되는 '물적재판적'으로 분류하는 민사소송
법학의 태도와도 일관성이 없다. 국제재판관할의 근거는 재판국과의 관련성
(connection)에 근거한 것인데 그에는 전통적으로 ① 재판국과 피고 간의 관련성,
② 재판국과 청구(소송물) 간의 관련성과 ③ 동의(consent)에 기초한 관련성이 있
다고 설명한다.[23]

다. 국제재판관할합의의 효과와 법계에 따른 차이

우리가 이해하는 재판권을 당사자가 창설하거나 배제할 수 없음은 영미와 독
일이 마찬가지다. 한편 국제재판관할에 재판권의 요소가 포함되어 있다고 보는
영미에서는 당사자들이 합의를 함으로써 법원의 재판관할권을 배제하거나 창설할
수 없다고 본다.[24] 반면에 국제재판관할을 재판권과 별개로 파악하는 독일 기타
대륙법계에서는 이를 허용하여 당사자들의 창설적 합의(prorogation)에 의하여 국
제재판관할이 창설되고, 배제적 합의(derogation)에 의하여 국제재판관할권이 배제
된다고 파악한다. 즉 국제재판관할합의의 효력(또는 효과)의 측면에서 법계에 따른
차이가 있다는 것이다.[25] 유럽연합의 브뤼셀체제 —이는 유럽연합의 국제재판관
할법제를 말하는 것으로 브뤼셀협약, 브뤼셀 I 과 브뤼셀 I Recast(또는 브뤼셀 I
bis), 브뤼셀 Ⅱ와 이를 개정한 브뤼셀Ⅱbis(또는 브뤼셀Ⅱ Recast), 브뤼셀Ⅱter와
루가노협약과 이를 개정한 개정 루가노협약을 포함한다— 와 2005년 헤이그관할
합의협약(제5조 제1항)은 재판관할권이 창설된다는 식으로 규정함으로써 대륙법계
의 접근방법을 따르고 있다. 반면에 2019년 재판협약은 태도가 명확하지는 않은
데 국제재판관할의 근거와 배제적 합의를 승인거부사유로 구분하여 규정하는 점
에서 영미법계의 접근방법에 가까운 것처럼 보이기도 하나 그것이 관할근거와 승
인·집행 거부사유를 구분하여 규정한 탓에 발생하는 기술적인 문제인지 아니면
양자의 관계를 영미법계처럼 파악하기 때문인지는 불분명하다.

---

23) 2019년 재판협약의 보고서인 Francisco Garcimartín & Geneviève Saumier, Judgments
    Convention: Explanatory Report (2020), para. 138. 여기의 동의는 복종을 말하는 것으로
    보인다.
24) Adrian Briggs, Agreements on Jurisdiction and Choice of Law (2008), para. 8.49.
25) 이는 아래 합의관할에서 논의한다.

3. 국가관할권과 국제재판관할

국제법상 '국가관할권(state jurisdiction)'이라는 개념이 널리 사용되는데 국제
재판관할권도 그와의 관련 하에서 이해할 필요가 있다. '국가관할권'의 분류는 논
자에 따라 다양하나 저자는 미국법률협회(ALI)의 Restatement of the Law (Third):
The Foreign Relations Law of the United States (1987)(이하 "대외관계법 Restate-
ment"라고 한다)의 분류가 설득력이 있다고 본다.[26] 그에 따르면 국가관할권은 국
내법이 규율하는 사항의 범위의 문제인 '규율관할권(jurisdiction to prescribe)', 사법
기관이 그의 재판관할의 범위를 정하고 국내법령을 적용하여 구체적인 사안을 심
리하고 재판을 선고하는 권한인 '재판관할권(jurisdiction to adjudicate)'과 법원 또는
행정기관이 체포, 강제조사 등의 물리적인 강제조치에 따라 국내법을 집행하는
권한인 '집행관할권(jurisdiction to enforce)'으로 구분된다.[27] 대외관계법 Restate-
ment에 따르면 어느 국가가 규율관할권을 가지기 위하여는 그의 행사가 합리적
이어야 하는데, 대외관계법 Restatement는 관할권의 행사의 합리성을 판단함에
있어 고려할 요소들을 열거하고 있다.[28]

국제사법 제2조에서 말하는 국제재판관할은 이러한 국가관할권 중 재판관할
권의 문제에 해당하는 것이다.[29] 위에서 본 바와 같이 국제재판관할은 국제민사

---

26) §401 Categories of Jurisdiction. Restatement Of The Law Fourth, The Foreign Relations
Law of the United States: Selected Topics in Treaties, Jurisdiction, and Sovereign
Immunity (American Law Institute Publishers, 2018)에서도 위의 분류를 유지한다.
Reinhold Geimer, Internationales Zivilprozessrecht, 8. Auflage (2020), Rz. 373a도 제3차
Restatement와 제4차 Restatement를 소개한다.

27) 석광현, "클라우드 컴퓨팅의 규제 및 관할권과 준거법", Law & Technology 제7권 제5호
(2011. 9.), 13면 이하 참조. Restatement의 소개는 장준혁, "미국의 경제공법저촉법에 있
어서의 관할권과 역외적용 개념의 이해", 국제사법연구 제7호(2002), 38면 이하 참조. 국제
공법상 집행관할권행사의 한계에 관하여는 최태현, "국제법상 해외에서의 집행관할권 행
사의 한계와 조정", 국제법평론 제32권(2010), 1면 이하 참조.

28) §403(2).

29) 국제재판관할권이라는 용어보다 '국제관할권'이라는 용어가 적절하다는 의견도 있는데(호
문혁, 민사소송법 제13판(2016), 167면 註 4) 이는 민사소송법이 '재판관할'이라는 용어를
사용하지 않음을 고려한 것으로 보이기도 하나 국제법에서 말하는 '국가관할권'과 그의 분
류(예컨대 입법관할권, 재판관할권과 집행관할권)를 고려하지 않은 것으로서 바람직하지
않고 아마도 국제법상 국가관할권의 분류에 대하여 무관심한 탓이 아닐까 생각된다. 만일
국제재판관할에 관한 규정을 민사소송법에 둔다면 재판관할임이 명백하므로 '국제관할'이
라고 할 여지도 있겠지만 이를 국제사법에 두므로 '재판'이라는 표현을 넣을 필요성이 있

사건에서 제기되는 법적 쟁송에 대하여 어느 국가의 법원이 재판할 권한을 가지는가, 또는 재판임무를 어느 국가(또는 주)에 배당할 것인가의 문제이므로 이는 원래 국제법의 규율대상이라고 할 수 있으나 현재 이에 관한 전 세계적인 조약이나 국제관습법이 존재하지 않으므로 각국의 입법자는 자유롭게 국제재판관할규칙을 정립하고 있다.[30]

한편 연결원칙을 정한 협의의 국제사법(즉 준거법규칙. '저촉법', '지정규범' 또는 '법적용법'이라고도 한다)은 입법관할권의 국제적 한계의 문제인가라는 논의도 있으나 그렇게 볼 것은 아니다. 민사사건에서 규율관할권은 거의 한계가 없거나, 있더라도 매우 추상적인 원칙밖에 없다고 인식되고 있기 때문이다.[31][32] 만일 이를 입

다. 즉 국제사법에서 다루는 것이 규율관할권(또는 입법관할권)이나 집행관할권이 아니라 국제재판관할(권)이라는 점을 명확히 할 필요가 있으므로 이를 단순히 '국제관할(권)'이라고 할 것은 아니다. 즉 'international jurisdiction'보다는 'international adjudicatory jurisdiction' 또는 'international jurisdiction to adjudicate'가 더 정확하다는 것이다. 특히 역외적용의 맥락에서 문제되는 입법관할권의 국제적 한계의 문제도 국제관할권의 문제이지만 국제재판관할권의 문제는 아니다. 더욱이 외국판결의 승인을 규정한 구 민사소송법 제203조 제1호("법령 또는 조약으로 외국법원의 재판권을 부인하지 아니한 일")가 간접관할요건을 규정하면서 '재판권'이라는 용어를 사용한 데서 보듯이 과거 우리 민사소송법은 '재판권'과 '국제재판관할'을 제대로 구분하지 못하였다. 1998년 말에 공청회에서 논의된 민사소송법 개정안도 마찬가지로 '재판권'이라는 용어를 그대로 사용하였다. 그러나 2002. 7. 1. 자로 시행된 민사소송법 제217조 제1호는 "대한민국의 법령 또는 조약에 따른 국제재판관할의 원칙상 그 외국법원의 국제재판관할권이 인정될 것"이라고 수정됨으로써 '국제재판관할'과 '국제재판관할권'이라는 용어가 민사소송법에 정식으로 도입되었는데, 이는 저자가 당시 민사소송법 개정안을 그런 식으로 수정할 것을 공개적으로 촉구하고(석광현, "外國判決의 承認 및 執行에 관한 立法論 —民事訴訟法 改正案(제217조)과 民事執行法 草案(제25조, 제26조)에 대한 管見—", 인권과정의 제271호(1999. 3.), 8면 이하) 법원행정처에도 의견을 제출하였으며 법원행정처가 이를 수용함으로써 실현된 것이다. 위 글은 그 후 석광현, 국제사법과 국제소송 제1권(2001), 408면에도 수록되었다. 요컨대 현재 개정법은 제3조 제2항에서는 '재판권'을, 다른 조문들에서는 '국제재판관할(권)'을 적절히 사용하고, 민사소송법은 제4조에서는 '재판권'을, 제217조 제1항 제1호에서는 국제재판관할권을 적절히 사용한다.

30) Geimer(註 26), Rz. 383.

31) 다만 민사사건에서도 합리성에 의한 제한은 있다고 본다.

32) 국제법이 입법관할권과 사법관할권의 근거를 제공한다는 주장은 흔히 볼 수 있다. 이런 견해에 의하면 국가들은 '국제법에 근거한 관할권의 기초'와 같이 허용하는 규칙이 있지 않은 한 입법관할권 또는 사법관할권의 행사가 금지된다. 국제적 수준에서의 이러한 국제적 관할권 조정은 관습국제법을 반영한 것이라고 하며 국제관할권법을 구성한다고 한다. 국제법 학계에서는 이런 견해가 우세한 것으로 보이는데, 미국 대외관계법 제3차 Restatement, 유럽사법재판소 판례, 영국 상원의 판례도 일부 근거를 제공한다. 국제법이 모든 공적 행

법관할권의 문제로 본다면 준거법 결정원칙을 정한 협의의 국제사법이 국제(공)법의 일부가 되는 부당한 결과가 초래될 수 있다. 따라서 주로 국제법(또는 국제법및 국제행정법과 국제형법)의 문제로 다루어지는 행정사건과 형사사건에서의 규율관할권의 문제와 민사사건에서의 준거법의 문제는 달리 취급하여야 한다.

4. 국제재판관할의 분류: 일반관할과 특별관할

국제재판관할을 분류함에 있어서는 그 범위에 따라 법원이 사건의 종류나 내용에 관계없이 피고에 대한 모든 소송에 관해 재판관할을 가지는 경우 '일반관할(general jurisdiction)'을 가진다고 하고, 법원이 예컨대 계약 또는 불법행위 등과 같이 일정한 종류나 내용(또는 청구원인)에 기한 소송에 관하여만 재판관할을 가지는경우 '특별관할(special jurisdiction)' 또는 '특정관할(specific jurisdiction)'을 가진다고한다. 일반관할의 경우 피고와 법정지 간의 결합이 매우 강력해서 피고에 대한 모든 종류의 소에 관해 재판관할을 인정하고, 특별관할의 경우 어떤 종류의 사안과법정지 간에 관할의 존재를 정당화할 정도의 관련이 있어 당해 종류의 소에 한하여 재판관할을 인정하는 것이다.

독일 민사소송법을 계수한 우리 민사소송법은 토지관할의 맥락에서 독일의Gerichtsstand를 '재판적'이라고 번역하여 이를 '보통재판적(allgemeiner Gerichtsstand)'과 '특별재판적(besonderer Gerichtsstand)'으로 구분하면서 '관할'과 '관할권'이라는용어를 사용할 뿐이고 일반관할과 특별관할이라는 개념을 사용하지는 않는다. 그러나 국제적으로는 일반관할과 특별관할이라는 개념이 널리 사용되고 있고 개정법이 이를 정식으로 도입하였으므로 아래에서는 일반관할과 특별관할이라는 용어를 사용한다. 따라서 앞으로 토지관할의 맥락에서는 민사소송법, 민사집행법과 가사소송법의 용어에 충실하게 '재판적', '보통재판적'과 '특별재판적'을, 국제재판관할의 맥락에서는 개정법의 용어에 충실하게 '관할', '일반관할'과 '특별관할'이라는

위자들의 권한을 정의하는 헌법적 문서처럼 활용되는 듯한 인상을 주므로 이러한 논리는강력한 헌법주의적인 함축(overtones)을 담고 있다고 한다. Jean d'Aspremont, TheImplausibility of Coordinating Transborder Legal Effects of Domestic Statutes andCourts' Decisions by International Law, Muir Watt (ed.), Global Private InternationalLaw: Adjudication without Frontiers (2019), pp. 293-294 참조. 입법관할권에 관하여는장준혁, "국가 입법관할권의 장소적 범위: 미국 대외관계법 제3차 리스테이트먼트 제402조와 제403조", 중앙법학 제7집 제1호(2005. 2.), 279면 이하도 참조.

용어를 사용하는 것이 적절할 것이다.[33]

5. 발현형태: 직접관할과 간접관할

국제재판관할의 문제는 어느 국가(예컨대 한국)의 법원에 소가 제기된 경우 재판을 하기 위한 전제로서 국제재판관할을 가지는가와, 외국법원이 선고한 판결을 어느 국가(예컨대 한국)의 법원이 승인 및 집행하기 위한 전제로서 재판국인 당해 외국[34]이 국제재판관할을 가지는가라는 두 가지 형태로 제기된다. 전자를 '직접적 국제재판관할'(이하 "직접관할"이라 한다) 또는 '심리관할', 후자를 '간접적 국제재판관할'(이하 "간접관할"이라 한다) 또는 '승인관할'이라 한다. 이 책에서 다루는 국제재판관할은 직접관할의 문제이다.

한국 법원은 국제적인 사건에 대하여 직접관할을 가지는가를 심리하여 관할이 없는 때에는 소를 각하해야 하는데, 한국 법원이 어떤 국제재판관할규칙에 의하여 직접관할의 유무를 결정할 것인가가 문제로 된다. 위에서 언급한 것처럼 직접관할의 결정 또는 배분에 관하여는 현재 국제적으로 통일된 원칙이 존재하지 않으므로[35] 각국이 독자적으로 국제재판관할규칙을 정한다.

한편 간접관할에 관하여는 직접관할과의 관계가 우선 문제가 되는데 양자를 동일한 원칙에 따라 판단하는 견해가 구 민사소송법 하의 다수설[36]이고 주류적인

---

33) 저자는 과거 'general jurisdiction'을 '보통관할'이라고 번역할지 일반관할이라고 번역할지를 검토하다가 후자를 편의상 선택하였다고 밝힌 바 있다. 석광현(註 1), 28면 참조. 그것이 당시 언어관용에 더 부합하는 것으로 생각하였기 때문이다.

34) 국제재판관할의 유무는 어느 법원이 아니라 전체로서의 어느 국가(또는 주)를 기준으로 판단된다.

35) 재판협약은 간접관할과 외국재판의 승인·집행을 규율하고 직접관할은 규율하지 않는다. 외국재판의 승인·집행만을 규율하는 협약을 'convention simple(단일협약. 영어로는 single convention)', 브뤼셀협약처럼 직접관할도 함께 규정하는 협약을 'convention double(이중협약)'이라 한다. 이중협약이면서 직접관할을 망라적으로 규정하는 것이 아니라 체약국 국내법의 관할규칙을 근거로 직접관할을 인정하는 것을 "혼합협약(convention mixte)"이라 한다. 석광현, "2019년 헤이그 재판협약의 주요 내용과 간접관할규정", 국제사법연구 제26권 제2호(2020. 12.), 6면 註 7 참조. 재판프로젝트가 재판협약의 채택으로 마무리 됨에 따라 헤이그국제사법회의는 그의 후속작업으로 현재 '관할 프로젝트(Jurisdiction Project)'를 진행하고 있다. 배경과 자료는 https://www.hcch.net/en/projects/legislative-projects/jurisdiction-project 참조. 우리 문헌은 이필복, "헤이그국제사법회의 관할 프로젝트(Jurisdiction Project)의 주요 쟁점 및 교섭상의 고려 사항", 石光現교수정년기념헌정논문집: 國際去來法과 國際私法의 現狀과 課題(2022), 417면 이하 참조.

36) 최공웅(註 22), 398면; 이공현, "외국판결의 승인과 집행", 재판자료 34집 섭외사건의 제문

판례37)였다. 국가 간에 동일한 국제재판관할규칙을 적용함으로써 공평을 기할 수 있으므로 기본적으로 이 견해가 타당하다. 독일에서는 이러한 원칙을 '경상(鏡像)의 원칙(Spiegelbildprinzip)'이라 한다. 민사소송법 제217조 제1항 제1호는 "대한민국의 법령 또는 조약에 따른 국제재판관할의 원칙상 그 외국법원의 국제재판관할권이 인정될 것"(밑줄은 저자가 추가)이라고 하여 이 점을 명시한다.38) '대한민국의 법령'이라 함은 국제사법 제2조 내지 개정법 제2조 이하와 국내법의 국제재판관할규정을 말하고, '조약'이라 함은 한국이 가입한 조약을 말한다.39) 어느 견해를 취하는가에 따라 결론이 달라질 수 있다. 예컨대 영미법계 국가에서 해외 소재 피고에 대한 역외송달에 근거하여 국제재판관할이 인정되더라도 우리 법상 송달은 관할근거가 아니므로 우리 법상의 관할근거가 없는 한 간접관할요건은 구비되지 않는다. 여기의 간접관할의 기준에 관하여는 국제사법 제2조와 개정법 제2조 이하에 대한 논의가 원칙적으로 타당하다. 다만 간접관할에 특유한 관할규칙도 있다. 예컨대 우리 민사소송법이 알지 못하는 소송형태인 제3자소송인입의 경우와 미국의 중재판정의 확인명령(confirmation of arbitral award)의 승인 및 집행의 간접관할규칙을 들 수 있고 간접관할의 경우 부적절한 법정지의 법리의 적용 배제에서도 차이가 있을 수 있다.40)

　　만일 장래 우리가 간접관할을 규정한 재판협약에 가입한다면 그 범위 내에서는 동 협약이 정한 간접관할규칙과 우리 개정법이 규정하는 직접관할규칙이 다르게 될 것이다.

　　제(하)(1986), 596면. 그러나 안춘수, "국제재판관할권", 민사소송법의 제문제, 경허 김홍규박사화갑기념(1992), 438-439면은 구 민사소송법 제203조의 해석론으로서 이에 반대하였다.

37) 예컨대 대법원 1995. 11. 21. 선고 93다39607 판결 등.

38) 논리적으로는 "대한민국의 법령 또는 조약에 따른 국제재판관할의 원칙"을 "대한민국의 법령 또는 조약에 따른 간접관할의 원칙"이라고 이해한다면 민사소송법상으로도 여전히 논란의 여지가 있다고 주장할 수도 있다. 그러나 민사소송법이 특별히 간접관할임을 밝히지 않으면 직접관할을 가리키는 것으로 해석해야 할 것이다.

39) 그러한 조약의 예로는 '국제항공운송에 있어서의 일부규칙의 통일에 관한 협약'(1929년 바르샤바협약)을 일부 개정한 '1929년 10월 12일 바르샤바에서 서명된 국제항공운송에 있어서의 일부규칙의 통일에 관한 협약을 개정하기 위한 의정서'(1955년 헤이그의정서)가 있다. 또한 이를 개정한 1999년 몬트리올협약도 마찬가지이나 후자는 제5관할을 추가하였다.

40) 상세는 석광현(註 10), 357면 이하 참조.

6. 국제재판관할과 준거법의 관계

가. 국제재판관할규칙과 준거법규칙이라는 양 날개 체제의 도입

국제사법은 제2조에서 국제재판관할에 관한 원칙을 선언하고, 제12조, 제14조 및 제48조는 섭외사법과 마찬가지로 비송사건인 실종선고, 한정치산 및 금치산선고와 후견에 관하여 한국 법원이 관할을 가지는 경우를 규정하며, 제27조와 제28조는 소비자와 근로자의 보호를 위한 국제재판관할규칙을 두었다. 이런 태도는 준거법규칙만을 둔 독일의 민법시행법(EGBGB)과는 다른데, 국제사법이 단편적으로나마 국제재판관할규칙을 도입한 것은 준거법규칙과 국제재판관할규칙이 상호 밀접하게 관련된 문제라는 점에서 양자를 함께 규율할 현실적 필요가 있고 그렇게 하는 데 체계상의 장점이 있기 때문이다. 다만 당시 진행 중이던 헤이그국제사법회의의 재판협약의 작업경과를 지켜볼 필요가 있었기에 우선 필요한 조항만 도입한 단편적인 과도기적 입법이었다.

개정법이 민사·상사는 물론 가사와 비송사건에 관하여 국제재판관할규칙을 대폭 도입함으로써 우리는 과도기적 입법을 청산하고 정비된 국제재판관할규칙과 준거법규칙이라는 양 날개를 갖추게 되었다. 과거에도 강학상 국제재판관할규칙과 준거법규칙을 국제사법에서 함께 다루어 왔으나 이제는 그것이 실정법상 명시되었으므로 앞으로는 국제재판관할규칙과 준거법규칙 그리고 양자 간의 상호관계[41]에 대하여 더 체계적으로 접근할 필요가 있다.

여기에서는 이런 관점에서 양자의 관계에서 제기되는 몇 가지 논점을 언급한다.

나. 국제재판관할규칙과 준거법규칙에서 성질결정과 연결점

주지하는 바와 같이 우리는 종래 협의의 국제사법(즉 준거법규칙)의 맥락에서 예컨대 증명책임과 증명도는 실체인가 또는 절차인가 그리고 제조물책임은 불법행위 책임인가 아니면 계약 책임인가와 같은 성질결정과 연결점을 중요한 논점으로 다루어 왔다. 그에 비하면 국제재판관할의 맥락에서는 성질결정과 연결점(종래

---

41) 상세는 이연, "국제사법상 소비자보호에 관한 연구 —국제계약의 준거법 결정에서 당사자자치 원칙의 제한을 중심으로—", 서울대학교 대학원 법학박사학위논문(2022. 2.), 176면 이하 참조.

우리나라에서는 통상 '관할원인' 또는 '관할근거'라고 하나 국제재판관할에서의 '연결점'이
라고도 한다. 이하 호환적으로 사용한다)[42]을 상대적으로 소홀히 다루었다. 성질결정
과 연결점의 맥락에서 양 영역 간에 유사한 법리가 적용되지만 완전히 동일하지
는 않다.

(1) 성질결정

종래 협의의 국제사법학에서 '성질결정(characterization, classification, Qualifi-
kation)'이라 함은 어떤 사안을 적절한 저촉규정에 포섭할 목적으로 독립한 저촉규
정의 체계개념을 해석하는 것 또는 그의 사항적 적용범위를 획정하는 것을 말한
다.[43] 성질결정을 판단의 대상이 되는 어떤 생활사실(사안), 법률관계, 법적 문제
또는 쟁점을 국제사법의 구성요건에 포함된 어떤 연결대상에 포섭하는 것이라고
설명하기도 한다.

국제재판관할의 맥락에서도 유사한 성질결정의 문제가 제기된다. 예컨대 제
조물책임이 불법행위 책임인가 아니면 계약 책임인가와 같은 성질결정을 보면 협
의의 국제사법에서의 성질결정과 동일한 원칙을 적용하는 것이 다수설이나 독일
에서는 양자를 구별하는 소수설도 있다. 통상의 성질결정에서는 연결대상을 법정
지법상의 체계개념이 아니라 비교법적으로 획득된 기능개념으로 이해하는데, 우
리나라에서는 이런 취지의 '기능적 또는 목적론적 성질결정론' 내지 '신법정지법
설'이 유력하다.[44] 반면에 독일에서는 국제민사소송법의 맥락에서 예컨대 법정지
국은 원하는 모든 사항을 소송법에 따를 사항으로 결정할 수 있다는 점에서 '소송
법의 우위(Primat des Prozessrechts)'를 인정하는 소수설도 보인다.[45]

---

42) Haimo Schack, Internationales Zivilverfahrensrecht 8. Auflage (2021), Rn. 268; Geimer
(註 26), Rz. 282ff.

43) 이호정, 국제사법(1981), 102-103면; 석광현, 국제사법 해설(2013), 23-24면.

44) 석광현(註 43), 29면 이하.

45) 예컨대 Geimer(註 26), Rz. 314는 어떤 규범이 절차인지 실체인지는 법정지법인 독일법에
따라 성질결정을 해야 한다면서도, 방법론으로서는 국제사법학에서 발전된 기능적 성질결정
에 따를 것이라고 한다. 저자는 이를 가집행선고의 실효로 인한 가지급물 반환의무와 반환
범위의 준거법에서 논의한 바 있다. 부당이득반환의 문제는 실체의 문제이지만 우리 민사
소송법이 가집행선고의 요건, 절차, 방법과 그의 소송법적 효력, 가집행선고의 실효에 따른
부당이득반환의무와 손해배상의무의 유무를 규정하므로, 그와 밀접하게 관련되는 쟁점, 즉
그러한 부당이득반환의무의 범위와 손해배상의무의 범위도 법정지법인 한국법(정확히는
한국 민법)이 규율한다고 보는 것이 정책적으로도 바람직하다. 대법원 2015. 2. 26. 선고

(2) 연결대상과 연결점

연결대상의 구성에서 국제재판관할규칙과 준거법규칙은 차이가 있다. 연결대상의 구성은 아래(다.)에서 논의한다.

한편 협의의 국제사법에서 연결점(Anknüpfungspunkt, connecting factor)이라 함은 특정한 법률관계 또는 연결대상을 일정한 국가 또는 법질서와 연결시켜 주는 독립적 저촉규정의 일부분으로서 연결소 또는 연결개념이라고도 한다.[46] 국제재판관할에서도 이러한 개념이 사용되는데 종래 우리나라에서는 이를 관할원인이라고 부른다. 국제재판관할의 맥락에서 연결점을 보면 국적, 일상거소지, 소재지, 행위지, 지재권 침해지, 불법행위지, 당사자의 의사, 선적은 국제재판관할규칙과 준거법규칙에서 모두 연결점으로 사용된다. 한편 부당이득지, 혼인거행지와 가장 밀접한 관련(최밀접관련) 등은 준거법규칙에서만 사용되고, 영업활동지와 경영중심지는 국제재판관할규칙에서만 사용된다. 연결점은 우리 국제사법의 해석의 문제이므로 우리 법에 의하여 결정할 사항인데, 주의할 것은, 양자가 동일한 연결점을 사용하는 경우 그것이 항상 동일한 의미는 아니라는 점이다. 즉 개정법상 일반관할(제3조)의 연결점으로서의 일상거소와 준거법의 연결점으로서의 일상거소(예컨대 제56조)의 개념은 반드시 동일한 것은 아니고, 준거법의 맥락에서도 관련 분야 내지 맥락에 따라 다를 수 있으나 구체적인 차이가 무엇인지는 논란이 있다.[47]

2012다79866 판결은 원상회복의무는 성질상 부당이득의 반환채무이지만, 이러한 원상회복의무는 가집행선고의 실효가 기왕에 소급하는 것이 아니기 때문에 본래부터 가집행이 없었던 것과 같은 원상으로 회복시키려는 공평의 관념에서 <u>민사소송법이 인정한 법정채무이</u>므로, 국제사법 제31조 단서에 정한 '부당이득이 당사자 간의 법률관계에 기하여 행하여진 이행으로부터 발생한 경우'에 해당한다고 볼 수 없다고 판시하고 당해 사건에서 문제된 선수금환급보증서(refund guarantee)의 준거법인 영국법의 적용을 거부하였다. 상세는 석광현, "가집행선고의 실효로 인한 가지급물 반환의무의 준거법: 성질결정, 법정지법원칙, 국제사법의 법원(法源)에 관한 논점을 포함하여", 국제사법과 국제소송 제6권(2019), 507면 이하 참조(성질결정은 241면 註 46 참조).

46) 이호정(註 43), 173면; 석광현(註 43), 32면.
47) Dietmar Baetge, Der gewöhnliche Aufenthalt im Internationalen Privatrecht (1994), S. 86-101; 최흥섭, "國際私法에서 日常居所의 의미와 내용", 국제사법연구 제3호(1998), 533면 이하 참조. 예컨대 관할권의 영역에서는 법원에의 접근이 용이해야 하므로 비교적 쉽게 상거소를 인정할 수 있으나, 가족법 기타 속인법의 영역에서는 비교적 높은 수준의 통합이 요구되고, 부양법이나 아동의 보호를 위한 영역에서는 보호를 실현하기 위하여 속인법보다는 상대적으로 낮은 수준의 통합을 요구할 것이라고 한다. 나아가 위 Baetge, S. 86f.는 성년자와 미성년자의 경우를 구분하여 미성년자의 경우 상대적으로 쉽게 상거소를 인정하고, 상거소가 1차적 연결점인지 2차적 연결점인지에 따라 통합의 정도를 달리할 것이라고 하

그렇더라도 소비자계약에서처럼 국제재판관할(제42조)과 준거법(제47조)의 맥락에서 소비자의 일상거소가 연결점으로 사용되는 경우에는 동일한 의미를 가져야 할 것이나 이도 논란의 여지가 없지는 않다.

어쨌든 개정법이 국제재판관할과 준거법을 함께 규율하므로 앞으로는 양자의 異同과 상호작용에 대하여 전보다 더 체계적으로 검토할 필요가 있다. 국제재판관할규칙을 민사소송법에 두는 것과 비교할 때 이를 국제사법에 두는 때에 성질결정과 연결점에 대한 문제의식을 더욱 선명하게 느낄 수 있음은 분명하다.

상세는 장차 검토해야 할 것이나 여기에서는 두 가지 논점만 언급한다.

첫째는 실효적 국적의 개념이다. 준거법의 맥락에서 본국법의 결정에 관하여는 국제사법 제3조(개정법 제16조) 제1항이 명시한다. 그런데 국적관할을 인정할 경우 국제재판관할의 맥락에서 제3조(개정법 제16조)가 적용 내지 유추적용되는지는 논란의 여지가 있다. 개정법 제1장 제3절의 제16조(본국법)와 제17조(일상거소지법)는 연결점에 관하여 규정하는데 이는 제3절의 제목에서 보듯이 준거법의 맥락이다. 따라서 제16조는 국제재판관할의 맥락에서는 적용되지 않는다고 볼 수 있지만 유추적용될 가능성은 있다. 만일 유추적용을 부정한다면 복수국적의 경우 어느 국적이나 국적관할의 근거가 될 수 있다. 실제로 독일의 유력설은 복수국적자가 그 국가의 국적을 가지고 있으면 족하고 그 국적이 반드시 '실효적 국적'이어야 하는 것은 아니라고 본다.[48] 입법론으로는 제2절에도 제16조와 제17조에 상응하는 조문을 둘 수도 있으나, 제4절을 신설하여 국제재판관할과 준거법에 공통적으로 적용되는 연결점으로 규정할 수도 있다. '일상거소지법'을 정한 개정법 제17조도 '일상거소'로 수정하여 함께 규정하면 된다. 스위스 국제사법 제4절(제20조부터 제24조)이 그런 예를 보여준다.

둘째는 연결점인 당사자의사의 역할이다. 이는 당사자자치의 원칙을 말하는데 국제재판관할의 맥락에서는 관할합의(choice of court)로, 준거법의 맥락에서는

나, 위 최흥섭, 534면 註 26은 그에 대해 의문을 표시한다. 아동의 상거소에 관한 유럽사법재판소의 판결과 탈취협약상 아동의 상거소에 관한 독일 판례와 학설의 소개는 최흥섭, "헤이그 아동탈취협약에서 「아동의 상거소」에 관한 독일법원의 판결례와 학설", 국제사법에 관한 글모음집 2022년(2022), 11면 이하, 25면 이하 각 참조.

48) Geimer(註 26), Rz. 1327 참조. Geimer(註 26), Rz. 1086은 독일 민법시행법(제5조 제1항 제2문)이 정한 실효적 국적은 준거법규칙의 맥락에서는 의미가 있으나 국제재판관할의 맥락에서는 의미가 없다고 한다. Heinrich Nagel/Peter Gottwald, Internationales Zivilprozeßrecht 8. Auflage (2020), Rn. 4.28도 동지.

준거법합의(choice of law)로 나타난다. 재판관할의 맥락에서는 관할합의는 전통적으로 당사자가 처분할 수 없는 법률관계인 친족법과 상속법 영역을 제외하고는 광범위한 법률관계에서 허용되었으나 근자에는 친족법 영역에서도 재산적 색채가 강한 부부재산제와 부양 그리고 상속법 영역에서는 제한적으로 인정되고 있으며 개정법도 부양과 상속법에서는 이를 수용하고 있다. 한편 준거법의 맥락에서 당사자자치의 원칙은 제한적인 범위, 즉 계약의 준거법 결정에서 발전하였는데 과거에는 가장 밀접한 관련이 있는 법을 결정하기 어렵다는 점에서 궁여지책으로 출발하였으나 점차 사적자치의 연장으로서 예측가능성의 확보라는 적극적 의미가 더 강조되고 있고 현재는 계약을 넘어 다양한 법률관계에서 준거법 결정원칙으로 인정되는 탓에 급기야 국제사법에서 최밀접관련원칙에 이어 제2의 기본원칙이 되었다는 평가도 있다.[49] 이러한 당사자자치의 원칙이 국제재판관할과 준거법의 영역에서 담당하는 역할과 양자의 상호작용을 더 체계적으로 검토할 필요가 있다. 예컨대 불법행위에서 사전적 관할합의(제8조)는 어디까지 허용되는지와, 사후적으로 법정지법만의 준거법 지정을 허용하는 제한(제53조)이 일관성이 있는지도 문제된다. 더 나아가 법정에서의 변론에 근거한 사후적 관할합의와 유사한 측면이 있는 변론관할과 변론에 근거한 준거법의 사후적 변경합의에도 더 관심을 가질 필요가 있다.

다. 국제재판관할과 준거법의 병행(Gleichlauf)

개정법이 규정하는 국제재판관할규칙(연결대상의 범주가 제한되지 않는 일반관할과 변론관할 그리고 합의관할은 특수하다)과 준거법규칙은 대부분 연결대상의 범주를 설정하고 연결대상별로 적절한 연결점을 사용하여 관할법원과 준거법을 지정하는 점에서 유사한 구조를 취한다. 그러나 국제재판관할의 맥락과 비교할 때 준거법 맥락에서 연결대상이 세분화되는 경향이 있는데, 양자가 병행하는 경우도 있으나 병행하지 않는 경우도 있다.

---

49) Abbo Junker, Internationales Privatrecht, 3. Auflage (2019), §5, Rn. 17은 당사자자치는 최밀접관련원칙에 이어 국제사법의 제2의 기본원칙이 되었다고 평가한다. 당사자자치의 원칙을 독일 국제사법의 일반적 연결원칙으로 인정한 Jan Kropholler를 높이 평가하는 Giesela Rühl, Rechtswahlfreiheit im europäischen Kollisionsrecht, Diemar Baetge et al. (Hrsgs.), Die richtige Ordnung, Festschrift für Jan Kropholler zum 70. Geburtstag (2008), S. 188ff.도 동지로 보인다.

종래 준거법규칙에서와 달리 국제재판관할규칙의 맥락에서는 연결대상이라는 개념은 잘 사용하지 않는다. 특히 우리나라에서는 준거법규칙의 맥락에서도 '법률관계의 성질결정'이라는 표현에서 보듯이 연결대상이라는 용어도 잘 사용하지 않는다. 법률관계로부터 출발하여 각 법률관계의 본거(Sitz)를 탐구함으로써 준거법을 결정하는 사비니의 방법론에서 보듯이 국제사법학에서 법률관계라는 개념은 중요하고, 계약, 불법행위 또는 상속과 같은 전형적인 연결대상을 하나의 법률관계로 파악하는 것은 자연스러우나, 연결대상이 세분화된 오늘날 법률행위의 방식, 계약의 성립, 유효성 또는 해석을 각각 하나의 법률관계라고 하는 것은 부자연스럽기에 저자는 종래 준거법규칙의 맥락에서 '연결대상'이라는 표현을 선호한다. 여기에서는 준거법규칙과 국제재판관할규칙의 이동(異同)을 드러내기 위하여 국제재판관할규칙의 맥락에서도 연결대상이라는 개념을 사용한다. 연결점은 준거법규칙에서는 연결대상을 어느 국가의 법질서에 연결하고, 국제재판관할규칙에서는 어느 국가의 관할권에 연결한다.

(1) 국제재판관할과 준거법이 병행하는 경우

양자의 병행은 우선 전속관할규칙에서 볼 수 있다. 즉 아래 제3장에서 보는 바와 같이 일정한 분쟁에 대하여 특정 국가의 법원에 전속관할을 인정하는 것은 법률관계를 획일적으로 처리하기 위함인데 이를 위하여는 전속관할을 가지는 국가의 법을 준거법으로 지정함으로써 재판관할과 준거법이 병행하도록 할 필요가 있다.

또한 양자의 병행은 특별관할규칙에서 볼 수 있다. 여기에는 우선 연결대상과 연결점이 모두 동일한 경우가 있다. 예컨대 불법행위에서 행위지의 특별관할(제44조)과 행위지법의 적용(제52조), 친생자관계에 관한 사건에서 자녀의 일상거소지의 특별관할(제57조)과 일상거소지법의 적용(제72조), 부양에 관한 사건에서 부양권리자의 일상거소지의 특별관할(제60조)과 일상거소지법의 적용(제73조), 친족법 사건에서 국적관할을 인정하는 조문(예컨대 제56조)과 본국법을 준거법으로 지정하는 조문(예컨대 제63조와 제66조) 등을 들 수 있다. 이 경우 관할과 준거법이 병행하게 되므로 준거법 소속국이 관할을 가지게 되나 이는 연결점이 동일한 탓이지 준거법 소속국에 관할을 인정하기 때문은 아니다. 따라서 아래에서 언급하는 '준거법 관할(Statutszuständigkeit)' 또는 '병행관할(Gleichlaufszuständigkeit)'을 직접 인정하는 것은 아니다. 이처럼 관할규칙과 준거법규칙의 구조적 유사성에 주목한다면 준거법규칙을 '법의 저촉(*conflit de lois*)'으로, 국제재판관할규칙을 '관할의 저촉(*conflit de juridictions*)'으로 파악하면서 양자를 묶어서 국제사법의 문제로 이해하는 프랑스 국제사법의 체제를 더 쉽게 이해할 수 있다. 개정법의 시행을 계기로 우리도 이런 접근방법에 더 관심을 가지고 관할과 준거법의 관계와 상호작용을 더 깊이 검토할 필요가 있다.

한편 연결대상은 동일하지만 연결점은 다른 경우가 있다. 예컨대 계약에 관한 소의 특별관할(제41조)과 계약의 준거법(제45조 이하), 소비자계약의 특별관할(제42조)과 준거법(제47조) 및 근로계약의 특별관할(제43조)과 준거법(제44조)이 그런 예이다. 국제재판관할(제42조)과 준거법(제47조)의 맥락에서 개정법이 동일한 소비자계약 개념을 사용하는 점은 브뤼셀체제와 로마체제 간에 상위가 있는 유럽연합과는 다른 것으로 주목할 만하다(일부는 양 규범의 개정에 시차(時差)가 있기 때문이라고 본다).

그러나 국제사법에서 양자의 병행이 항상 바람직한 것은 아니다. 왜냐하면 양자는 서로 다른 목적을 가지고 다른 이념에 따라 지배되기 때문이다. 즉 준거법 결정은 연결대상과 가장 밀접한 관련이 있는 법을 찾는 것이므로 원칙적으로 하나의 준거법이 지정되는 데 반하여(물론 선택적 연결 등의 예외가 있다), 국제재판관할의 결정은 국제재판관할 배분의 이념을 고려하여 사건 또는 당사자와 실질적 관련이 있는 국가를 찾는 것이지 가장 적절한 하나의 국가를 찾는 것이 아니기 때문이다. 따라서 복수국적자의 경우 준거법의 맥락에서는 하나의 본국법을 결정할 필요가 있으나(개정법 제16조 제1항) 국제재판관할의 맥락에서는 하나의 실효적 국적을 정할 필요 없이 복수국가의 관할을 모두 인정할 수 있다. 또한 준거법규칙은 양면적 저촉규정의 형식을 가지나 국제재판관할규칙은 협의의 국제사법의 용어를 빌리자면 일면적 저촉규정의 형식을 가지는 점에 차이가 있다(물론 국제재판관할규칙은 간접관할의 맥락에서도 의미가 있다). 우리나라에서는 종래 '저촉규범(규정)'이라고 하면 준거법규칙을 말하는 것으로 이해하고 있고 국제재판관할규칙을 그렇게 부르지는 않는다.

(2) 국제재판관할과 준거법이 병행하지 않는 경우

국제재판관할의 맥락에서는 사무소·영업소 소재지의 특별관할(제4조)이 인정되나, 준거법규칙의 맥락에서는 사무소·영업소의 업무에 관한 통일적 준거법 규칙은 없다. 또한 부당이득은 국제재판관할규칙에서는 독립한 연결대상이 아니나 준거법규칙(제51조)에서는 독립한 연결대상이다. 또한 국제재판관할규칙에서는 혼인관계에 관한 사건이 하나의 연결대상인 데 반하여, 준거법규칙에서는 상응하는 연결대상이 혼인의 성립(이는 성립요건과 방식으로 세분된다)(제63조), 혼인의 일반적 효력(제64조), 부부재산제(제65조)와 이혼(제66조)으로 세분된다. 한편 지재권에 관한 제5장은 국제재판관할규칙에서는 계약에 관한 소(제38조)와 침해에 관한 소(제39조)를 각각 연결대상으로 규정하고, 등록 지재권의 성립, 유효성과 소멸에 관한 소에 대하여는 전속관할을 규정하나(제10조 제1항 제4호) 준거법규칙에서는 단지 지재권의 보호(제40조)만을 연결대상으로 규정한다(물론 다른 연결대상의 준거법은 해석론에 의하여 해결할 수 있다). 이처럼 연결대상의 구성이 다른데 이는 양자가 추구하는 목적이 다르기 때문이다. 또한 준거법규칙에서는 당사자이익이 양 당사자에게 동일한 경우가 많은 데 반하여(물론 항상 그런 것은 아니다) 국제재판관할규칙에서는 원고의 재판청구권과 피고의 보호이익이 대립하기 때문이라는 점을 지적하기도 한다. 이는 동일한 규칙에 포섭되는 연결대상의 범주(하나의 '다발' 또는 '단위') 설정(또는 범주화)의 문제이다. 준거법규칙의 맥락에서 독일에서는 이런 과정을 'Bündelung'(다발화 또는 결속)라고 부르기도 한다.[50]

---

50) 이익의 차이는 Junker(註 49), §1 Rn. 23. 다발화는 Klaus Schurig, Kollisionsnorm und Sachrecht: Zu Struktur, Standort und Methode des internationalen Privatrechts (1981) 참조. 소개는 Peter Mankowski, Das Bündelungsmodell im Internationalen Privatrecht, Ralf Michaels et al. (Hrsgs.). *Liber Amicorum* Klaus Schurig zum 70. Geburtstag (2012), S. 159ff. 참조. 이러한 범주 설정 또는 범주화는 민사소송에서 소송물의 개념에서도 나타난다. 독일에서는 소송물은 'Streitgegenstand', 연결대상은 'Anknüpfungsgegenstand'라고 하는데 전자는 직역하면 '쟁송의 대상'(이는 다툼의 대상, 즉 계쟁물을 가리키기도 한다)이고 후자는 '연결의 대상'이다. 참고로 하나의 소송물이 국제재판관할 맥락에서 하나의 연결대상이 되기도 하나 양자가 일치하지 않는 경우도 많다. 예컨대 우리 대법원은 불법행위 중 신체상해로 인한 손해배상청구의 경우 적극적 재산상 손해, 소극적 재산상 손해(일실이익)와 정신적 손해(위자료)를 각각 별개의 소송물로 파악하나(손해3분설), 국제재판관할의 맥락에서 이들은 모두 하나의 연결대상(즉 개정법 제44조가 정한 불법행위에 관한 소)에 포섭된다. 또한 우리 대법원은 이혼소송의 경우 이혼사유에 따라 별개의 소송물로 보나 국제재판관할의 맥락에서 이들은 모두 하나의 연결대상(즉 개정법 제56조가 정한 혼인관계에 관한 사건)에 포섭된다. 나아가 일반관할에서는 연결대상과 소송물의 관련이 문제되지 않고 합의관할에서는 당사자의 합의 내용에 따라 연결대상의 범주가 달라지므로 소송물과의 관계는 유동적이다. 물론 연결대상과 소송물은 모두 법정지에 따라 달라질 수 있다.

더욱이 국제재판관할에서는 사건의 종류나 내용에 관계없이 피고에 대한 모든 소송에 관하여 법원이 가지는 재판관할, 즉 일반관할이라는 개념을 인정하므로 동일한 사건에 대하여 복수국가가 경합관할(또는 임의관할)을 가질 수 있고 따라서 원고는 원칙적으로 정당한 권리로서 forum shopping을 할 수 있으며[51] 이는 빈번히 발생하는 자연스러운 현상인 데 반하여(전속관할이 인정되는 경우는 예외), 준거법의 맥락에서는 선택적 연결과 보정적 연결 등이 가능하나 이는 이례적이다. 그 점에서 국제재판관할규칙과 준거법규칙의 병행을 인정하는 데는 원천적 한계가 있다.

(3) 국제재판관할과 준거법의 병행이 논란이 있는 사례

국제재판관할과 준거법의 병행이 논란이 되는 사례로는 아래를 들 수 있다.

하나는 비송사건의 국제재판관할을 정함에 있어서 실체법과 절차법의 밀접 관련성을 고려하여 준거법과 국제재판관할의 병행주의(또는 병행원칙)를 채택할 것인가이다. 이 점은 제3장 중 비송사건에 관한 부분에서 논의한다.

다른 하나는 소비자계약에서 국제재판관할과 준거법의 병행이다. 국제사법과 개정법은 관할규칙과 준거법규칙의 맥락에서 특칙이 적용되는 범위를 정함에 있어서 동일한 소비자계약의 개념을 사용한다. 반면에 우리 법의 모델이 된 유럽연합에서는 국제재판관할규칙을 정한 브뤼셀체제와 준거법을 정한 로마체제 간에 차이가 있다. 이에 비추어 우리 법의 태도가 적절한지를 검토할 필요가 있다. 이 점은 제4장 중 소비자계약에 관한 부분에서 논의한다.

라. 국제사법상 국제재판관할 유무의 판단과 준거법: 국제사법 하에서의 논의

외국인 부부 간에 이혼과 재산분할을 청구한 사건에서 한국의 국제재판관할의 존부가 문제된 대법원 2021. 2. 4. 선고 2017므12552 판결[52]에서 대법원은 위 사건 당사자 또는 분쟁이 된 사안이 한국과 실질적 관련이 있어 한국 법원의 국제재판관할권을 긍정하였다. 이처럼 실질적 관련을 근거로 국제재판관할을 인정하는 경우 준거법이 어떤 의미를 가지는지가 문제된다. 그러나 정치한 국제재판관할규칙을 도입한 개정법 하에서는 이는 원칙적으로 문제되지 않고, 오히려 아

---

51) Forum shopping에 관하여는 Geimer(註 26), Rz. 1095ff. 참조.

52) 평석은 석광현, "외국인 부부의 이혼사건에서 이혼·재산분할의 국제재판관할과 준거법", 안암법학 제61호(2021. 5.), 643면 이하 참조.

래(마.)에서 보듯이 우리 법원이 재판관할권을 행사할지를 판단함에 있어서 고려할 요소가 된다.

국제사법 하에서 위 대법원 판결은 국제재판관할과 준거법의 관계에 대하여 아래 취지로 설시하였다.

> "준거법은 어느 국가의 실질법 질서에 따라 분쟁을 해결하는 것이 적절한지의 문제인 반면 국제재판관할권은 분쟁이 된 사안에 대하여 당사자의 공평, 재판의 적정, 신속과 경제 등에 비추어 어느 국가의 법원에 재판관할을 인정할 것인지의 문제로서, 이 둘은 서로 다른 이념에 따라 지배된다. 이 사건 법률관계의 준거법이 캐나다 이혼법 또는 퀘벡주 민법이라는 점만으로 이 사건 소와 한국 법원의 실질적 관련성이 부정되지 않는다."

위 판결은 준거법과 재판관할의 차이를 지적하였는데, 전에 재산법상의 사건에서도 유사하게 설시한 바 있다.[53] 이는 가사사건에 특유한 것은 아니다. 위 사건 법률관계의 준거법이 캐나다법이라는 사정만으로 위 사건 소와 한국 법원의 실질적 관련성이 부정되지 않는다는 것은 당연하므로 당연한 추상적 법률론을 되풀이 하여 설시하는 것은 무의미하다.

저자의 생각으로는 국제사법상 국제재판관할의 맥락에서 준거법 결정은 우선 아래 두 가지 의미가 있다.

첫째, 준거법이 한국법이면 한국 법원이 정확하게 판단할 개연성이 크므로 재판의 적정이라는 이념상 한국의 관할을 인정하는 데 플러스 요인이 된다. 물론 그것만으로 충분한 근거는 아니다.[54] 만일 준거법이 자국법임을 이유로 자국의 국제재판관할을 인정한다면 이는 'forum legis(법률에 근거한 법정지)'('준거법 관할(Statutszuständigkeit)' 또는 '병행관할(Gleichlaufszuständigkeit)'이라고도 부른다)를 인정하는 것이 된다. 독일에는 이를 인정하는 소수설과, 형성의 소에 한하여 이를 인

53) 중국 승무원이 중국 항공사를 상대로 불법행위로 인한 손해배상청구를 한 사건에 관한 대법원 2010. 7. 15. 선고 2010다18355 판결과 중국인들 간의 재산법상의 사건인 대법원 2019. 6. 13. 선고 2016다33752 판결 등 참조.
54) Geimer(註 26), 1041ff.; Schack(註 42), Rn. 267ff. Schack가 지적하듯이 준거법 관할을 인정하는 경우 관할의 결정에 앞서 준거법을 결정해야 하는 어려움이 있는데 이를 피하기 위하여는 준거법 소속국의 관할을 인정할 것이 아니라 관할규칙과 준거법규칙에 동일한 연결점을 사용해야 한다. Junker(註 49), §1 Rn. 22ff.도 참조. Junker(註 49), §1 Rn. 24는 브뤼셀체제와 로마체제에서 나타나는 관할법적 연결과 저촉법적 연결의 병행을 논의한다.

정하는 소수설도 있다. 병행이론은 당초 비송사건에서 비롯된 것이라고 한다.[55] 위 대법원 판결의 판시처럼 외국법이 준거법인 경우 그 이유만으로 우리 법원의 관할이 부정되지는 않지만, 외국법원이 우리 법원의 판결을 명백히 승인하지 않는다면 특히 준거법이 외국법인 신분사건의 경우 한국의 관할을 인정할 수 없다는 견해도 주장될 수 있다. 다만 현재 우리 법상은 그렇게 취급할 명문의 근거는 없다.[56] 논리적으로는 국제재판관할을 먼저 결정하고 만일 우리 법원에 국제재판관할이 있으면 한국 국제사법을 적용하여 준거법을 결정해야 한다. 우리의 관심은 준거법과 법정지의 병행이 국제재판관할 결정 시 고려요소인지 그렇다면 그 비중은 어느 정도인가인데, 위 판결은 준거법이 고려요소라고 판시하면서도 그 비중은 언급하지 않았다. 준거법이 고려요소로서 가지는 비중은 재산법상의 사건과 비교할 때 신분이 문제되는 가사사건의 경우 추상적으로는 더 클 것이다.

둘째, 개별사건에서 법정지에 따라 상이한 준거법이 지정되는가와 그 준거법에 따라 어느 당사자에게 유·불리가 있는가이다. 위 대법원 2021년 사건처럼 캐나다인 간 소송에서 캐나다인 남편이 캐나다인 부인을 상대로 한국에 제소하였는

---

55) Paul Neuhaus, Die Grundbegriffe des Internatinalen Privatrechts, 2. Auflage (1976), S. 428에서 말하는 완화된 병행이론에 따르면 독일법이 준거법인 경우 보충적인 관할을 인정한다. Jan Kropholler, Internationales Privatrecht, 6. Auflage (2006), S. 612도 동지. Kropholler는 적극적 병행과 소극적 병행을 구분하여 설명한다. Schack(註 42), Rn. 265ff. 도 참조. 장준혁, "외래적 재판외 이혼의 실행과 수용", 가족법연구 제36권 1호(통권 제73호) (2022. 3.), 124면은 신분관계 사건에서 준거법 소속국 관할이 너무나 당연하므로 굳이 명기하지 않은 것이라는 취지로 설명하나(149면도 같다) 이는 의외이다. 재산법 사건과 비교할 때 신분관계 사건에서 관할과 준거법의 병행이 더 중요하고 실제로 개정법이 가사사건에서 국적관할을 규정하는 것도 그런 이유에 기인한 것이지만, 개정법이 신분사건의 유형별로 국적관할의 인정 여부와 범위를 달리 규정하는 것은 준거법 소속국 관할이 당연한 것이 아님을 보여 준다. 예컨대 개정법(제56조)은 혼인관계사건의 경우 양 당사자의 국적관할을 인정하므로 국적이 연결점이라면 준거법과 관할이 병행한다. 그러나 이는 재판관할과 준거법의 맥락에서 동일한 연결점을 사용한 결과이지 준거법 소속국의 관할을 인정하는 것은 아니다.

56) 참고로 도산의 맥락에서 영국 대법원은 "도산절차는 권리의 존부를 결정하는 것이 아니라 그의 집단적 집행을 정하는 절차라는 점을 논거로 외국도산절차에서 이루어진 채무조정을 승인하는 데 대하여 소극적인 태도를 취하면서, 준거법이 영국법인 권리·의무는 영국 도산절차에 의하여만 변경될 수 있다"는 취지로 판시하였다. Gibbs v Societe Industrielle de Métaux [1890] 25 QBD 399 사건 판결 참조. 이것이 이른바 'Gibbs rule'이다. 우리의 관점에서는 설득력이 없지만, 도산사건의 맥락에서 준거법이 재판관할을 결정한다는 태도는 영국에서는 그 후에도 유지되고 있다. 위 판결의 소개는 김영석, "국제도산에서 도산절차와 도산관련재판의 승인 및 집행에 관한 연구", 서울대학교 대학원 법학박사학위논문 (2022. 2.), 114면 이하 참조.

데 실체의 준거법과 사건의 결론이 다르다면 한국법의 적용을 주장하는 원고로서는 자기에게 유리한 준거법을 지정하는 한국 법원에서 재판받을 이익이 있다. 위 사건에서 캐나다 법원은 캐나다법(이혼에 관하여)과 퀘벡주법(재산분할에 관하여)을 적용할 텐데, 우리 법원은 캐나다법이 준거법이라고 보았으므로 준거법지정이 달라지지는 않는다. 그러나 우리 법원이 숨은 반정(hidden *renvoi*)[57]을 인정하여 이혼과 재산분할에 대하여 한국법을 적용한다면 캐나다 법원의 플러스 요인은 없고, 이혼청구의 결론이 정반대일 수도 있으며 재산분할청구의 경우 내용이 크게 달라질 수 있다. 또한 캐나다의 이혼법은 이혼 후 구 배우자 간의 부양의무를 인정하나 우리 법은 이를 부정한다(재산분할의 맥락에서 의미가 있다). 국내법의 관할규정에 따라 또는 그것을 참작해서 국제재판관할을 결정한다면 준거법은 국제재판관할 판단 시 원칙적으로 고려요소가 아니나, 위 사건처럼 전적으로 실질적 관련에 근거하여 국제재판관할을 판단하는 경우에는 준거법도 고려요소의 하나라고 본다. 그렇다면 논리적으로는 숨은 반정의 가능성까지 관할 판단단계에서 고려해야 할 것이나 이 점은 논란의 여지가 있다.

마. 국제재판관할권 행사 여부의 판단과 준거법: 개정법상 부적절한 법정지의 법리와 준거법

개별사건에서 법정지에 따라 상이한 준거법이 지정될 수 있고 준거법에 따라 일방 당사자에게 유리 또는 불리하다면 그것이 예외적 사정에 따른 재판관할권의 불행사(개정법 제12조)에 어떤 영향을 미치는지가 문제된다. 즉 법원이 재판관할권의 행사 여부를 결정함에 있어서 준거법과 그에 따른 차이가 고려요소인가인데 이를 인정해야 한다. 이는 제3장 중 국제재판관할권의 불행사의 법리(제12조)에서 논의한다.

바. 국제재판관할규칙과 준거법규칙의 경직성 완화

국제사법(제8조, 개정법 제21조)은 다양한 연결원칙을 규정하면서도 그에 대한

---

57) 참고로 섭외사법(제4조)은 물론 국제사법(제9조)에서도 명시되었던 '反定'이라는 용어가 개정법(제22조)에서는 삭제되었는데 이는 알기 쉬운 법률이라는 방침을 따른 결과인지 모르겠으나 국제사법의 핵심적인 개념이자 용어인 반정(反定)이 법조문에서 사라졌다는 점은 매우 유감스러운 일이다. 이는 법제처 담당자의 국제사법에 대한 몰이해로 인한 폭거라고 짐작된다. 조금만 생각이 있었다면 '반대지정'이라는 용어를 사용할 수도 있었을 것이다.

예외로서 일반 예외조항을 두고 있고, 개정법은 다양한 국제재판관할규칙을 규정하면서도 그에 대한 예외로서 국제재판관할권의 불행사의 법리(제12조)를 두고 있다. 양자는 국제사법이 정한 규칙의 엄격성을 완화함으로써 개별사건에서 구체적 타당성을 보장하는 조정의 도구이다. 다만 일반 예외조항은 같은 평면에서 통상의 연결원칙에 우선하는 규칙으로 작용하나, 국제재판관할권의 불행사의 법리는 관할권의 유무 판단과 평면을 달리하여 행사 여부를 규율하는 점에서 차이가 있다. 즉 우리 국제사법상 준거법규칙에서는 준거법인지 아닌지만이 문제되나,[58] 국제재판관할규칙에서는 관할이 없는 경우 소를 각하하는 데 반하여 제12조를 적용하는 경우 소송절차를 중지할 수도 있다는 점에서 절차적 효과가 다르다. 과거 특별한 사정이론에 따르면 특별한 사정이 있는 경우 관할의 존재를 부정하므로 통상의 관할규칙에서처럼 같은 평면에서 작용한다는 점에서 준거법 맥락에서의 일반 예외조항과 유사하다.

사. 개정법상 국제재판관할규칙과 준거법규칙 흠결의 처리

개정법에 명확한 규정이 없는 경우, 즉 개정법이 명시하지 않는 연결대상 또는 법률관계의 관하여는 국제재판관할규칙에서는 실질적 관련(제2조)에 근거하여 관할을 결정하고,[59] 준거법규칙에서는 가장 밀접한 관련(제21조 참조)에 근거하여 준거법을 결정한다.

전자의 예로는 아래에서 보듯이 섭외사법과 국제사법 하에서 실질적 관련에 근거하여 한국의 국제재판관할을 인정한 도메인이름에 관한 대법원 2005. 1. 27. 선고 2002다59788 판결과 중국인 간의 재산권 분쟁에 대하여 한국의 국제재판관할을 인정한 대법원 2019. 6. 13. 선고 2016다33752 판결 등이 있다. 그러나 개정법은 정치한 국제재판관할규칙을 도입하였으므로 개정법 하에서 보충적 관할규칙인 제2조를 근거로 삼는 것은 매우 예외적인 경우로 한정해야 한다. 또한 국제재판관할의 맥락에서는 당사자들이 대립하는 소송의 경우 일반관할이 인정되므로 국제재판관할규칙이 흠결되는 사안은 많지 않을 것이다.

후자의 예로는 채권자취소권의 준거법에 관한 대법원 2016. 12. 29. 선고

---

58) 제3국의 국제적 강행규정의 취급 시 적용과 달리 '고려'라는 개념을 명시하는 입법례도 있으나 우리 국제사법은 이런 개념을 알지 못한다.

59) 제2조는 이런 경우를 대비한 조문이므로 엄밀하게는 이 경우에는 국제재판관할규칙의 흠결은 아니라고 할 수 있다.

2013므4133 판결(취소대상인 사해행위에 적용되는 법 적용)과 피해자의 책임보험자에 대한 직접청구권의 준거법에 관한 대법원 2017. 10. 26. 선고 2015다42599 판결(기초가 되는 책임보험계약의 준거법 적용) 등이 있다.

7. 민사소송법 등 국내법의 토지관할과 국제사법의 국제재판관할

개정법이 규정하는 국제재판관할규칙은 우리의 국내법 즉 민사소송법, 민사집행법, 가사소송법과 비송사건절차법 등의 토지관할규칙에 상응하는 규칙을 포괄적으로 둔 것이다. 사실 이러한 국내법의 토지관할규칙과 개정법의 국제재판관할규칙은 유사하거나 일맥상통하는 면이 있다. 개정법에 정치한 국제재판관할규칙이 도입되기 전 과거 민사소송법의 토지관할규칙이 국제재판관할규칙의 정립에서 어떤 의미가 있는지에 관하여는 다양한 견해가 있었다.

가. 양자의 관계에 관한 다양한 관점

첫째, 양자를 (원칙적으로) 동일시하는 견해. 민사소송법의 토지관할규칙은 독일의 개별법원의 토지관할을 정함과 동시에 간접적으로 국제재판관할을 정하는 이중기능(Doppelfunktion)을 가진다는 이중기능설과, 국내에 재판적이 존재하는 것으로부터 국제재판관할을 거꾸로 推知하는 역추지설이 이런 예이다. 과거 3단계 구조를 따른 일본과 한국의 판례도 「국제재판관할규칙 = 토지관할규칙」이라고 보므로 여기에 속한다.

둘째, 양자를 동일시하지는 않으나 토지관할규칙에 참조적 가치를 인정하는 견해. 토지관할규칙은 국내사건을 전제로 한 것이므로 국제사건에는 적절하지 않으며, 국제재판관할의 유무의 결정은 적정, 공평과 능률 등을 고려하여 국제사건에 적절한 관할배분원칙을 정할 것이라고 하면서 토지관할규칙을 국제적 규모로 확대하여 유추적용하거나 고려하는 견해, 즉 관할배분설은 이런 예이다.

셋째, 위 양자를 변형하거나 절충하는 다양한 절충설. 과거 4단계 구조를 따르는 판례는 3단계 구조를 따르면서도 국제재판관할을 인정하는 것이 조리에 반한다는 특별한 사정이 있는 때에는 국제재판관할을 부정하는 넷째 단계를 인정하므로 이는 절충설이다.[60] 즉 '국제재판관할규칙 = 토지관할규칙'이라는 공식을 항

---

60) 학설은 석광현(註 1), 149면 이하 참조. 과거 일본에는 더 다양한 학설이 있었다. 석광현(註 1), 89면 주 97 참조.

상 관철할 수는 없으므로 그러한 공식을 따를 경우 초래될 부당한 결론을 시정하는 '개별적 조정의 도구'로서 특별한 사정을 도입한 것이다. 저자는 절충설을 더 구체화하여 국내법(특히 민사소송법)의 토지관할규칙을 출발점으로 삼더라도 이는 동등한 가치를 가지는 것은 아니므로 개별조항을 검토하여 ① 국제재판관할규칙으로 삼을 수 있는 것, ② 국제재판관할규칙으로 삼을 수 없는 것과 ③ 수정해서 국제재판관할규칙으로 삼을 수 있는 것으로 유형화하고 ③ 유형의 경우 이를 어떻게 수정할지를 고민해야 하며, 나아가 ④ 민사소송법의 토지관할규칙에는 없으나 기타 국제재판관할의 근거가 될 수 있는 관할근거가 무엇인지도 검토해야 한다는 견해를 피력한 바 있다.[61]

나. 민사소송법 등 국내법의 토지관할규칙과 개정법의 국제재판관할규칙의 비교

이런 문제의식을 가지고 민사소송법, 민사집행법, 가사소송법과 비송사건절차법의 토지관할규칙과 개정법의 국제재판관할규칙을 비교하면 아래와 같다.

첫째, 용어의 차이. 위에서 언급한 바와 같이 민사소송법은 독일 민사소송법을 따라 재판적, 보통재판적과 특별재판적 그리고 관할이라는 용어를 사용하나, 개정법은 국제적으로 널리 사용되는 '관할', '일반관할'과 '특별관할'[62]이라는 용어를 사용한다.

둘째, 민사소송법 등 국내법과 개정법의 관할근거(관할원인 또는 연결점)를 비교하면 아래와 같다.

① 동일한 관할근거. 이에 해당하는 예로 예컨대 법인, 사단 또는 재단인 피고의 주된 사무소 또는 영업소 소재지의 일반관할(개정법 제3조)과 사무소·영업소 소재지 등의 특별관할(개정법 제4조 제1항), 불법행위지의 특별관할(개정법 제44조)을 들 수 있다.

② 민사소송법 등 국내법에는 있으나 재판관할에서는 배제된 관할근거. 예컨대 사무소·영업소 소재지의 일반관할을 규정한 민사소송법(제5조 제2항)과 근무지의 특별재판적을 규정한 민사소송법(제7조)을 들 수 있다. 다만 개정법은 브뤼셀체제와 헤이그국제사법회의의 1999년 "민사 및 상사(사건)의 국제관할과 외국재판에 관한 협약의 예비초안"(이하 "예비초안"이라 한다)처럼 과잉관할 또는 금지되

---

61) 석광현(註 1), 174면 이하.
62) 대법원 2019. 6. 13. 선고 2016다33752 판결은 특별관할이라는 용어를 처음 사용하였다.

는 관할을 명시하지 않으므로 ②인지 ③인지의 구분이 어려울 수 있다. 따라서
이는 입법의 배경, 입법과정에서의 논의와 국제적 논의를 참조하여 판단해야 한다.

③ 민사소송법 등 국내법의 관할근거이나 다소 수정되어 국제사법에 포함된
관할근거. 이는 양자가 유사하나 다소 상이한 관할근거이다. 예컨대 자연인인 피
고의 주소지의 관할(민사소송법상은 연결점이 주소이나 국제사법상으로는 일상거소이
다), 청구와 무관한 재산소재지의 특별관할(개정법 제5조),[63] 관련사건의 관할(개정
법 제6조), 사원 등에 대한 소의 특별관할(개정법 제25조), 계약에 관한 소의 특별관
할(개정법 제41조), 불법행위에 관한 소의 특별관할(개정법 제44조), 보전처분의 관
할(개정법 제14조), 혼인관계에 관한 사건의 특별관할(개정법 제56조), 상속·유증
등의 특별관할(개정법 제76조 제1항) 등. 개정법이 민사소송법과 달리 규정한 것은
국제재판관할규칙을 토지관할규칙과 의도적으로 차별화한 것이므로 개정법에 충
실하게 해석해야지 배제된 토지관할규칙을 직접 또는 간접적으로(즉 개정법 제2조
의 실질적 관련을 통하여) 국제재판관할규칙화하고자 시도해서는 아니 된다.

이처럼 차이를 두는 경우에는 국제재판관할규칙이 토지관할규칙보다는 관할
을 인정함에 있어서 대체로 더 엄격한 요건을 요구한다고 평가할 수 있다.

④ 국내법에는 없으나 국제사법에만 있는 국제재판관할의 근거. 예컨대 영업
활동에 근거한 관할(개정법 제4조 제2항), 부양에 관한 사건에서 부양권리자의 일상
거소지의 관할(개정법 제60조 제1항), 제7장(친족사건)에서 당사자의 국적 관할 등.
즉 민사소송법과 가사소송법에서는 국적관할은 인정되지 않는다.

⑤ 이런 맥락에서 특이한 것은 비송사건인데, 가사소송법과 비송사건절차법
은 다양한 유형의 비송사건에 대하여 관할규칙을 두는 데 반하여 개정법(제13조)
은 그처럼 정치한 국제재판관할규칙을 두는 대신 추상적인 원칙만 규정하기 때문
이다. 즉 제13조는 성질에 반하지 않는 범위 내에서 개정법의 국제관할규칙을 비
송사건에 준용하되, 비송사건을 세 개의 유형(첫째, 개정법 제1장 총칙의 적용 대상.
둘째, 인사비송사건, 가사비송사건 등의 경우와 셋째, 재산 관련 비송사건의 특별관할)으
로 구분하여 조금 더 구체적인 지침을 둔다.

셋째, 관할권의 행사에서 법원의 재량. 토지관할의 맥락에서는 민사소송법(제
35조)[64]상 예외적인 경우 법원의 재량에 의한 이송이 허용되는데, 국제소송에서도

---

63) 이는 브뤼셀체제에서는 ②에 속하나 우리 국제사법상으로는 ③에 속한다.

64) 제35조는 "손해나 지연을 피하기 위한 이송"이라는 제목 하에 "법원은 소송에 대하여 관할

그에 상응하는 사유가 있다면 이송할 필요가 있으나 국제소송에서는 조약상의 근거가 없는 한 이송이 불가능하므로 부적절한 법정지의 법리를 활용하여 소송절차의 중지를 허용하나 우리 법원이 합의관할을 가지는 경우에는 그러하지 않다(개정법 제12조).

넷째, 중복제소의 취급.[65] 민사소송법(제259조)은 법원에 계속되어 있는 사건에 대하여 당사자는 다시 소를 제기하지 못한다고 규정함으로써 중복제소금지의 원칙을 명시하는데 이는 당사자와 소송물의 동일성을 중심으로 논의된다. 국제적 맥락에서도 소송경합을 규제할 필요가 있음은 물론이나, 개정법(제11조)상 국제적 소송경합의 경우 민사소송법의 중복제소와 달리 비록 당사자와 소송물이 동일하더라도 우리 법원에서 재판하는 것이 외국법원에서 재판하는 것보다 명백히 더 적절한 때에는 예외가 인정된다. 국제적 소송경합은 민사소송법의 중복제소와 달리 국제재판관할(특히 부적절한 법정지의 법리)과 접점이 있고, 나아가 적극적 승인예측을 전제로 하는 점에서 외국재판의 승인 및 집행과 접점이 있다.

다. 개정법 하에서 민사소송법 등 국내법의 토지관할규칙의 의미

과거 국제사법에 정치한 국제재판관할규칙이 없을 때에는 민사소송법 등 국내법의 토지관할규칙은 국제재판관할규칙을 정립함에 있어서 결정적이거나 매우 중요한 의미를 가졌다. 독일의 이중기능설과 일본의 역추지설은 이를 단적으로 보여 준다. 그러나 그의 비중이 점차 줄어 신역추지설 또는 관할배분설이나 국제사법 제2조 하에서는 그는 참작의 대상으로 지위가 약화되었다. 이제 개정법이 정치한 국제재판관할규칙을 도입한 결과 개정법이나 기타 한국 법령 또는 조약에 국제재판관할에 관한 규정이 있는 범위 내에서는 민사소송법 등 국내법의 토지관

권이 있는 경우라도 현저한 손해 또는 지연을 피하기 위하여 필요하면 직권 또는 당사자의 신청에 따른 결정으로 소송의 전부 또는 일부를 다른 관할법원에 이송할 수 있다. 다만, 전속관할이 정하여진 소의 경우에는 그러하지 아니하다."고 규정한다.

65) 참고로 미국에서는 민사소송법의 토지관할을 의미하는 용어로는 'venue'를 사용하는데, 이는 제정법에 의하여 규율되고 주에 따라 차이가 있다. 미국에 있어 재판관할권(jurisdiction)의 문제는 주들 간의 또는 주법원들과 연방법원들 간의 사법권의 기본적인 배분에 관한 것으로서 주의 주권과 연방제도에 관계되는 헌법 차원의 문제임에 반하여, venue는 당사자와 증인의 최적의 편의와 사법자원의 효율적인 배분이라는 목적을 촉진하고 교량하기 위한 단순한 제정법상의 도구(simple statutory device)로 이해되고 있다. 우선 석광현(註 1), 99면 註 134와 그에 인용된 문헌 참조.

할규칙은 국제재판관할규칙의 정립에 원칙적으로 영향을 주지 않는다. 즉 양자는 상호 독립적인 관계에 놓이게 된 것이다.

반면에 국제사법이나 기타 한국 법령 또는 조약에 국제재판관할규칙이 없는 경우에는 국제재판관할규칙을 정립함에 있어서 국내법의 토지관할규칙은 여전히 참작의 대상이라는 점(개정법 제2조 제2항)에서 제한적인 의미를 가진다. 토지관할규칙이 상대적으로 큰 의미를 가지는 것은 비송사건의 국제재판관할이다. 즉 비송사건, 특히 개정법 제15조 제2항 각호에서 규정하는 경우 외에 개별 비송사건의 관할에 관하여 개정법에 다른 규정이 없는 경우에는 제2조에 따르기 때문이다.

어쨌든 토지관할의 맥락에서 제기되는 다양한 쟁점과 그에 대한 논의는 국제재판관할의 맥락에서도 여전히 유용하므로 양자를 연계하여 연구할 필요가 있다. 또한 실무적인 관점에서도 당사자들에게는 국제재판관할만이 아니라 토지관할을 가지는 법원의 결정도 중요하다. 다만 후자의 맥락에서는 국제재판관할에서와 달리 원고가 토지관할이 없는 법원에 제소하더라도 이송에 의하여 구제될 수 있다.

Ⅱ. 국제재판관할 결정의 실익과 국제재판관할에서 문제되는 이익

1. 국제재판관할 결정의 실익

국제민사소송에서는 법정지(forum)가 어디인가에 따라 지리적 거리와 언어의 차이 등으로 인하여 당사자들이 소송을 수행하는 데 실제적 난이도에 현저한 차이가 있다. 그 밖에도 다음과 같은 차이가 발생하는데 그로 인하여 국제재판관할의 문제는 국제소송에서 매우 중요한 실천적 및 이론적 의미를 가진다. 이를 국제재판관할 결정의 실익이라고 평가할 수 있다.

첫째, 소송에 적용되는 절차규범이 달라진다. 이는 국제사법상 또는 국제민사소송법상 '절차는 법정지법에 따른다'는 법정지법원칙(lex fori principle)이 확립되어 있기 때문이다. 그 결과 법정지가 상이함에 따라 절차의 진행, 기간 및 비용, 입증의 문제와 법관의 질에 있어 차이가 발생한다.

둘째, 분쟁의 실체에 적용되는 실질규범[66]이 달라질 수 있다. 이는 법정지는 자국의 국제사법을 적용하기 때문이다. 이처럼 어느 국가의 저촉규범을 적용할지

---

66) 이는 저촉규범(Kollisionsnorm)에 대비되는 개념으로 '사항규범(Sachnorm)'이라고도 한다.

를 결정하는 저촉규범을 "저촉근본규범(Kollisionsgrundnorm)" 또는 "메타-저촉규범(Meta-Kollisionsnorm)"이라고 부르기도 한다.[67]

셋째, 법정지는 원고가 승소판결을 받아 이를 피고의 재산소재지에서 집행할 수 있는가의 여부에도 영향을 미친다. 왜냐하면 피고가 재판국에 재산을 가지고 있으면 문제되지 않으나, 그렇지 않은 경우 당해 판결을 재산 소재지인 외국에서 집행할 필요가 있는데 외국재판의 승인 및 집행가능 여부와 그 요건 등은 국가에 따라 상이하기 때문이다.

넷째, 국제적 소송경합의 처리에도 영향을 미친다. 위에서 보았듯이 중복제소금지의 원칙과 달리 국제적 소송경합은 부적절한 법정지의 법리와 접점이 있기 때문에 외국법원에 전소가 계속 중이더라도 예외적인 경우에는 우리 법원이 소송절차를 진행하여 재판할 수 있다.

이런 이유로 미국 이외에도 편리하고 효율적인 법정지가 있음에도 불구하고 미국과 조금만 관련이 있으면 상대적으로 유리한 판결을 받기 위해 외국인들이 미국 법원에 쇄도하는 경향을 보이고 있다. 따라서 미국을 'magnet forum(자석법정지)'이라고도 하는데, 영국의 Lord Denning은 이런 현상을 가리켜 "As a moth is drawn to the light, so is a litigant drawn to the United States(나방이 불빛에 끌려가듯이 소송당사자는 미국으로 끌려간다)"라고 묘사한 바 있다.[68]

외국 원고들이 미국 법정으로 몰려가는 이유는 ① 상대적인 고액의 배상을 받을 수 있고, ② 제소에 대한 장벽이 낮기 때문이다. ①은 배심원에 의한 재판, 엄격한 제조물책임과 같이 고액의 손해배상을 허용하는 미국의 법, 피해자에게 유리한 준거법의 지정을 가능케 하는 미국의 국제사법규칙과 광범위한 증거조사를 가능케 하는 '기일 전 개시절차(pre-trial discovery)'에 있다. ②는 승소를 조건으로 하는 성공보수 제도와 소송비용을 패소자가 아니라 각자 부담하도록 하는 'American rule'의 결과이다.[69] 부적절한 법정지의 법리는 이러한 미국 법원에의

---

67) Schurig(註 50), S. 73; Christian von Bar/Peter Mankowski, Internationales Privatrecht, Band Ⅰ, 2. Auflage (2019), §5, Rn. 153.

68) Smith Klein & French Lab. Ltd. v Bloch, [1983] 1 WLR 730, 733.

69) 국제적으로는 American rule(즉 승소한 원고도 자신의 소송비용을 부담하는 규칙)에 대비되는 것을 흔히 'English rule'(승소한 원고는 패소한 피고로부터 소송비용을 상환 받을 수 있는 규칙)이라고 부르나(예컨대 제7순회구 연방항소법원의 2002. 11. 19. *Zapata Hermanos Sucesores, S.A. v. Hearthside Baking Co., Inc.*, 313 F.3d 385, 388 (7th Cir. 2002)) 패소자 부담의 원칙을 따르는 한국도 후자에 해당된다. American rule에 관하여는 Peter Hay,

쇄도를 저지하는 강력한 장벽으로 이용된다.

이와 같이 국제재판관할을 가지는 국가가 복수 존재하는 경우 법정지가 어디
인가에 따라 다양한 차이가 발생하므로 원고는 법정지 쇼핑(forum shopping. 법정
지낚기 또는 법정고르기라고 번역하기도 한다)을 하게 되는데 이는 우리 법상 원칙적
으로 정당하다. 다만 토지관할의 맥락에서 대법원 2011. 9. 29.자 2011마62 결정
도 관할선택권을 남용한 경우에는 신의칙에 위반하여 허용될 수 없다고 판시한
바 있으므로 그 한계를 더 검토할 필요가 있다. 반면에 영미법계 국가는 부적절한
법정지의 법리를 통하여 법정지 쇼핑을 통제하려는 경향이 있다. 개정법(제12조)
은 엄격한 요건 하에 부적절한 법정지의 법리를 도입하고 있다.

2. 국제재판관할에서 문제되는 이익

국제재판관할규칙을 정립하는 단계에서는 물론이고, 구체적인 사건에서 국제
재판관할의 행사 여부를 결정하는 단계에서는 항상 상호 대립하는 다양한 이익을
비교·형량한 뒤에 결정하게 되므로 관할이익에 대한 분석이 필요하다. 국가에 따
라 국제재판관할규칙이 다른 것은 관할이익에 대한 평가에 차이가 있기 때문이다.

저자는 관할이익은 우선 ① 사적 이익과 ② 공적 이익으로 구분할 수 있고,[70]
보다 구체적으로는 ① 당사자이익(Parteiinteresse), ② 법원이익(Gerichtsinteresse),
③ 국가이익(Staatsinteresse)과 ④ 질서이익(Ordnungsinteresse)으로 구분해 볼 수
있으며[71] 나아가 대체로 당사자이익은 사적 이익에, 나머지는 공적 이익에 해당
할 것이라고 설명한 바 있다.[72]

'당사자이익'은, 가능한 한 당사자와 가까운 법원에서 소송을 하는 데 대하여
당사자가 가지는 지리상, 언어상 또한 통신상의 이익을 말하는데, 당사자들은 사
안 및 증거와 밀접한 법원에서 재판을 받는 데 대하여는 공통된 이익을 가지지만,
원고와 피고의 당사자이익은 정면으로 대립된다. 당사자이익과 관련하여 중요한

Forum Selection Clauses-Procedural Tools or Contractual Obligations? Conceptuali-
zation and Remedies in American and German Law, IPRax (2020), p. 506, Fn. 12 참조.
70) Jan Kropholler, Handbuch des Internationalen Zivilverfahrensrechts, Band Ⅰ, Kapitel
Ⅲ, Internationale Zuständigkeit (J.C.B. Mohr (Paul Siebeck), 1982), Rz. 17.
71) Schack(註 42), Rn. 250ff. 이러한 이익의 분류는 Kegel이 준거법결정, 즉 협의의 국제사법
에서 이익을 분류하는 방법론에 의하여 영향을 받은 것이라고 할 수 있다.
72) 이하 이익과 밀접성에 관하여는 석광현(註 1), 52면 이하 참조.

것은 국제재판관할에 대한 당사자의 예견가능성을 보호하는 일이다. '법원이익'은 사안과 증거조사가 편리한 곳에서 재판을 하는 데 대하여 법원이 가지는 이익을 말한다. 또한 사안에 적용될 준거법이 국내법이라면 법원은 외국법의 적용으로 인한 어려움을 피할 수 있게 되므로 법원도 준거법과 관련하여 이익을 가진다. '국가이익'은 국제재판관할의 긍정 또는 부정에 대하여 국가가 가지는 이익을 말하는데, 국가는 원고의 정당한 이익을 침해함이 없이 피고를 보호함으로써 법적 평화를 유지해야 하고, 원고에 대해 그의 국적에 관계없이 실효적인 권리보호를 거부해서는 아니 된다. 의문이 있는 경우 당사자이익이 국가이익에 우선해야 한다. 다음으로 국제사법의 이상의 하나인 '국제적 판결의 일치(또는 조화)'를 실현하기 위하여 국제사법은 국제적으로 통용되는 연결원칙을 따라야 하듯이 국제재판관할의 배분도 국제적 판결의 일치라는 이상에 봉사하는 것이어야 하는바 이를 '질서이익'이라 한다. 즉 국제적으로 널리 인정되는 국제재판관할규칙을 수용함으로써 자국 판결이 외국에서 승인되고 동일사건에 대해 다시 외국에서 재판하는 것을 예방할 수 있게 된다.

　한편 위와 같은 이익을 보호할 필요가 있는지 여부를 판단하기 위한 객관적 기준으로서 ① 당사자와의 밀접성(Parteinähe), ② 사안과의 밀접성(또는 절차의 집중), ③ 준거법과의 밀접성과 ④ 판결의 유효성(또는 집행가능성)을 드는 견해가 있다.[73] 이 견해는 위 기준들 간의 서열을 정할 수는 없다고 하되, 일반적으로는 당사자와의 밀접성 또는 사안과의 밀접성(또는 절차의 집중)이 준거법과의 밀접성보다 우선할 것이나 구체적으로는 문제된 법분야에 따라 기준의 중요성이 달라질 수 있다고 본다. 예컨대 재산법상의 사건에서는 사익적 요소가 강한 ①과 ②가 우선하고, 신분법상의 사건에서는 공익적 요소가 강한 ③과 ④가 우선한다는 것이다.

　과거 대법원 판결은 국제재판관할은 "결국 당사자간의 공평, 재판의 적정, 신속을 기한다는 기본이념에 따라 조리에 의하여 이를 결정함이 상당하다"고 추상적으로 설시하는 데 그쳤으나 아래 소개하는 도메인이름에 관한 대법원 2005. 1. 27. 선고 2002다59788 판결은 다음과 같이 판시함으로써 이를 조금은 더 구체화함과 동시에 관할이익을 언급하였다.

---

73) Kropholler(註 70), Rz. 133, Rz. 19.

> "국제재판관할을 결정함에 있어서는 당사자 간의 공평, 재판의 적정, 신속 및 경제를 기한다는 기본이념에 따라야 할 것이고, 구체적으로는 소송당사자들의 공평, 편의 그리고 예측가능성과 같은 <u>개인적인 이익</u>뿐만 아니라 재판의 적정, 신속, 효율 및 판결의 실효성 등과 같은 <u>법원 내지 국가의 이익</u>도 함께 고려하여야 할 것이며, 이러한 다양한 이익 중 어떠한 이익을 보호할 필요가 있을지 여부는 개별 사건에서 법정지와 당사자와의 실질적 관련성 및 법정지와 분쟁이 된 사안과의 실질적 관련성을 객관적인 기준으로 삼아 합리적으로 판단하여야 할 것이다."(밑줄은 저자가 추가)

저자는 대법원의 위 설시는 저자가 소개한 위 견해를 참고한 것이라고 생각한다. 다만 대법원이 법원이익과 국가이익의 개념을 설명함이 없이 양자를 묶어서 거론한 점과 저자가 언급한 질서이익을 별도로 언급하지 않는 점에 차이가 있다.[74] 그 후 대법원은 위의 설시를 추상적 법률론으로서 답습할 뿐이고 더 진전된 논의를 하지는 않는다. 개정법은 정치한 국제재판관할규칙을 도입하였으므로 개정법 하에서는 이와 같은 이익의 설시는 원칙적으로 불필요한데 과연 대법원이 장래 관할이익을 어떻게 설시할지 궁금하다.

Ⅲ. 한국의 국제재판관할법의 발전경과와 개정법의 배경

우리나라의 국제재판관할법의 발전경과를 간단히 정리하면 아래와 같다.

과거 대법원은 섭외사법 하에서 재산법상의 사건과 가사사건에서 모두 일본 최고재판소의 판례를 따랐으나 이를 개선하기 위하여 입법자들은 국제재판관할에 관한 한 과도기적 입법으로서 2001년 시행된 국제사법에서 국제사법 제2조를 신설하였다. 대법원은 제2조의 도입을 계기로 3단계 구조(또는 접근방법) 또는 4단계 구조(또는 접근방법)와 결별하고 제2조를 참조한 법리를 전개하였으나 아래(2.)에서 소개하는 2019년 판결 전까지는 국제사법 제2조 제2항을 무시하고 단지 제2조 제1항만을 적용하여 '사안별 분석'을 거쳐 원하는 결론을 도출함으로써 법적 안정성을 해하는 상황에 이르렀다. 이를 시정하기 위하여 개정법에서 정치(精緻)한 국제재판관할규칙을 도입하였다. 그 경과는 아래와 같다.

---

74) 이런 차이점은 석광현, "國際裁判管轄의 기초이론 — 도메인이름에 관한 대법원 2005. 1. 27. 선고 2002다59788 판결의 의의", 한양대학교 법학논총 제22집 제2호(2005. 12.), 20면 이하(석광현, 국제사법과 국제소송 제4권(2007), 108면 이하)에서 이미 지적하였다.

1. 과거 섭외사법 및 국제사법 하의 학설과 판례[75)

과거 섭외사법과 국제사법 하에서 대법원 판례는 재산법상의 사건과 가사사건에 관하여 상이한 법리를 정립하였다. 이는 모두 일본 최고재판소 판례의 영향을 받은 것이다.

가. 재산법상의 사건[76)

섭외사법과 2002. 7. 1.자로 개정되어 민사소송법과 민사집행법으로 분리되기 전의 민사소송법(이하 "구 민사소송법"이라 한다)은 국제재판관할의 결정기준에 관하여 명시적 규정을 두지 않았다. 과거 우리 법원은 일본 판례의 영향을 받아 ① 민사소송법의 규정에 의하여 한국의 어느 법원이 토지관할을 가지는 경우에는 한국이 국제재판관할을 가진다는 역추지설, ② 민사소송법의 토지관할규정은 국내사건을 전제로 한 것으로 국제사건에는 적절하지 않으며, 국제재판관할의 유무의 결정은 적정, 공평, 능률 등을 고려하여 국제사건에 적절한 관할배분원칙을 정할 것이라고 하는 관할배분설과 ③ 원칙적으로는 역추지설에 따르되, 우리나라에서 재판함이 부당한 특별한 사정이 있을 때에는 관할배분설의 기준에 의한다는 견해 등이 있었다.[77)

한편 판례를 보면, 대법원 1972. 4. 20. 선고 72다248 판결은 재산권에 관한 소에 관하여 의무이행지 법원의 관할을 규정한 구 민사소송법 제6조(민사소송법 제8조)를 적용하여 보수금채무의 이행지가 한국임을 이유로 한국 법원의 국제재판관할을 인정하였다. 이것이 우리 대법원이 국제재판관할에 관하여 판시한 최초의 사건이었다. 또한 대법원 1988. 10. 25. 선고 87다카1728 판결은, 재산소재지의

---

75) 상세는 석광현(註 1), 149면 이하; 석광현, "국제사법학회의 창립 20주년 회고와 전망; 국제재판관할과 외국판결의 승인 및 집행에 관한 입법과 판례", 국제사법연구 제20권 제1호(2014. 6.), 5면 이하 참조. 2001년 국제사법 개정 후의 판례는 한애라, "재산소재지 특별관할에 관한 법리와 판례의 검토 및 입법론", 민사판례연구 XLIII(2021), 1090면 이하와 1167면 이하 표 참조.

76) 이를 '재산권상의 사건', '재산상의 사건' 또는 '재산사건'이라고 한다. 여기에서는 일단 편의상 이를 호환적으로 사용한다.

77) 국제재판관할의 결정기준에 관한 과거 학설의 대립은 2001년 섭외사법을 대체한 국제사법의 시행에 의하여 의미를 상실하였다. 그러나 민사소송법 교과서들은 여전히 학설을 소개하는 경향이 있으나 이는 근거가 없고 실익도 없다. 개정법 하에서는 더욱 그러하다.

관할을 규정한 구 민사소송법 제9조(민사소송법 제11조)를 국제재판관할의 근거로 사용할 수 있다고 판시하였는데, 위 판결들은 모두 역추지설의 입장에 선 것이었다. 그 후 대법원 1989. 12. 26. 선고 88다카3991 판결은 재산법상의 사건에 있어서 최초로 국제재판관할의 결정기준으로 '조리'를 도입하였다.

재산법상의 사건에 있어서 국제재판관할에 관한 대법원판결로서 특히 주목할 것은 직접관할에 관한 대법원 1992. 7. 28. 선고 91다41897 판결(이하 "1992년 판결"이라 한다)과 간접관할에 관한 대법원 1995. 11. 21. 선고 93다39607 판결(나우정밀 사건이다. 이하 "1995년 판결"이라 한다)이었다.

1992년 판결은 외국법인의 서울사무소에서 근무하던 외국인들이 부당해고를 이유로 우리 법원에서 외국법인에 대해 손해배상을 구한 사건에 관한 것인데, 대법원은 피고의 사무소가 국내에 있으므로 구 민사소송법 제10조(민사소송법 제12조) 소정의 재판적이 인정된다고 보아 우리 법원의 국제재판관할을 긍정하였다. 동 판결에서 대법원은 '3단계 구조'를 처음으로 채택하였다. 한편 1995년 판결은 한국 회사가 수출한 무선전화기의 결함으로 인해 손해를 입은 미국의 피해자들이 미국의 수입자를 상대로 소송을 제기하고, 수입자는 한국 회사를 제3자소송인수참가(third party practice 또는 impleader. 이를 '제3자소송인입(引入)'이라 한다)의 방식에 의해 제3자 피고로 참가시킨 뒤, 수입자와 제조물책임보험을 체결한 미국의 보험회사가 피해자들에게 손해를 일단 배상하고 승소판결을 받아 한국 법원에서 집행판결을 구한 사안에 관한 것인데, 위 판결에서 대법원은 국제재판관할을 판단하는 전제로서 국제재판관할의 결정에 관한 법리를 다음과 같은 '4단계 구조'로 설시하였다.

> ① 섭외사건의 국제재판관할에 관해 조약이나 일반적으로 승인된 국제법상의 원칙이 아직 확립되어 있지 않고 우리의 성문법규도 없다.
> ② 따라서 섭외사건에 관한 법원의 국제재판관할 유무는 결국 당사자 간의 공평, 재판의 적정, 신속이라는 기본이념에 따라 조리에 의해 결정함이 상당하다.
> ③ 이 경우 민사소송법의 토지관할규정 또한 위 기본이념에 따라 제정된 것이므로 위 규정에 의한 재판적이 한국에 있을 때에는 한국 법원에 국제재판관할이 있다고 봄이 상당하다.
> ④ 다만, 위 ③에 따라 국제재판관할을 긍정하는 것이 조리에 반한다는 특별한 사정이 있는 경우에는 한국 법원은 국제재판관할이 없다.

1995년 판결은 당해 사건에서 플로리다주 법원의 관할을 부정하였는데[78] 당해 사건에서 그러한 결론도 수긍하기 어렵고[79] 그 밖의 점에서도 비판의 여지가 많은 판결이나,[80] 이는 1992년 판결에는 없었던 특별한 사정에 의한 국제재판관할규칙의 수정가능성을 인정함으로써 4단계 구조를 취한 점에서 큰 의미가 있다.

요컨대 1995년 판결은 원칙적으로 「국제재판관할규칙 = 토지관할규정」이라

---

78) 동 판결은 " … 특히 물품을 제조하여 판매하는 제조자의 불법행위로 인한 손해배상책임에 관한 제조물책임소송에 있어서 손해발생지의 외국법원에 국제재판관할이 있는지 여부는 제조자가 당해 손해발생지에서 사고가 발생하여 그 지역의 외국법원에 제소될 것임을 합리적으로 예견할 수 있을 정도로 제조자와 손해발생지와의 사이에 실질적 관련이 있는지 여부에 따라 결정함이 조리상 상당하다 할 것이고, 이와 같은 실질적 관련을 판단함에 있어서는 예컨대 당해 손해발생지의 시장을 위한 제품의 디자인, 그 지역에서의 상품광고, 그 지역 고객들을 위한 정기적인 구매상담, 그 지역 내에서의 판매대리점 개설등과 같이 당해 손해발생지 내에서의 거래에 따른 이익을 향유하려는 제조자의 의도적인 행위가 있었는지 여부가 고려될 수 있을 것이다"라고 판시하고 제조자와 손해발생지와의 사이에 실질적 관련이 없다는 이유로 미국 플로리다주 법원의 국제재판관할을 부정하였다. 이런 설시는 미국의 최소한의 접촉의 핵심인 'purposeful availment(의도적 이용)'를 도입한 것으로서 놀라운 일이다.

79) 플로리다주에 물품을 판매한 제조사가 물품에 결함이 있을 경우 플로리다주에서 제소될 것은 당연히 예견할 수 있는 사항이다. 특히 이러한 설시를 고엽제소송에 관한 대법원판결의 설시와 비교해보면 대법원판결의 결론이 부적절함을 쉽게 알 수 있다. 즉 고엽제로 인하여 상해를 입은 베트남 참전 군인들이 고엽제의 제조사들을 상대로 손해배상을 청구한 사건에서 대법원 2013. 7. 12. 선고 2006다17539 판결은, 피고들은 한국 군인들이 베트남전에 참전하는 사실을 알고 있었으므로 베트남에서 살포된 고엽제에 노출된 한국 군인들이 귀국 후 질병 발생 시 한국에서 제조물책임을 묻는 소를 제기할 수 있음을 충분히 예견할 수 있었다고 판단한 원심의 판단을 정당하다고 보았다. 이는 위 판결과 전혀 균형이 맞지 않는다. 그 후 서울고등법원 2012. 1. 19. 선고 2011나6962 판결은 한국의 압력밥솥 제조회사인 피고에 대해 미국의 플로리다 주에 본점을 두고 홈쇼핑 사업 등을 하는 회사인 원고가 소비자들에게 손해배상금을 지급하고 피고를 상대로 제기한 소송에서 위 1995년 판결과 유사한 취지로 설시하고(즉 제조업자가 그 손해발생지에서 사고가 발생하여 그 지역의 외국법원에 제소될 것을 합리적으로 예견할 수 있을 정도로 제조업자와 손해발생지 사이에 실질적 관련성이 있는지를 고려하여야 한다) 뉴욕주의 국제재판관할을 부정하였고, 대법원 2015. 2. 12. 선고 2012다21737 판결은 위 원심판결의 결론을 인용하였다. 나우정밀 사건과의 차이는 석광현, "국제사법 제2조 제2항을 올바로 적용한 2019년 대법원판결의 평석: 일반관할과 재산소재지의 특별관할을 중심으로", 동아대학교, 국제거래와 법 제29호(2020. 4.), 153면 註 51 참조.

80) 위 판결에 대하여는 "대법원판결이 … 국제시대에 공정과 정의라는 기본이념에서 합리적인 판단을 시도한 점에서 하나의 이정표를 이루는 판례"라는 평가가 있다. 최공웅, "國際裁判管轄原則에 관한 再論", 법조 통권 503호(1998. 8.), 27면. 그러나 저자는 위 판결의 문제점을 비판한 바 있다. 석광현(註 1), 161면 註 42 참조.

고 보되, 그 결과 국제재판관할을 인정하는 것이 조리에 반한다는 특별한 사정이 있는 때에는 국제재판관할을 부정할 수 있다고 한다. 이는 「국제재판관할규칙 = 토지관할규정」이라는 공식을 항상 관철할 수 없음은 명백하므로 그러한 공식을 따를 경우 초래될 부당한 결론을 시정하는 '개별적 조정의 도구'로서 특별한 사정을 도입한 것이었다.[81] 이러한 입장에 따라, 우리 법원에서의 국제재판관할에 관한 다툼은 토지관할규정의 해석과 특히 특별한 사정의 유무를 중심으로 전개될 것으로 예상되었다.

그러던 중 우리 법원은 국제사법 제2조의 신설을 계기로 일본 판례와 결별하고 독자노선을 걷기 시작하였다. 그런 태도를 정립한 것은 도메인이름에 관한 위 대법원 2005년 판결이다. 동 판결은 위에서 언급한 바와 같이 새로운 추상적 법률론을 정립하였고 이후 법원은 이를 따랐다.[82]

그 결과 대법원은 재산소재지의 특별관할과, 영업소 소재지의 일반관할을 인정했던 과거의 태도와 결별하고, 이를 재판관할을 인정하기 위한 요소의 하나로 고려하는데 이런 변화는 「국제재판관할규칙 = 토지관할규칙」이라는 공식을 거부한 것으로서 긍정적인 변화이다. 그러나 전형적인 계약사건인 청어대금사건에서 대법원 2008년 판결이 거의 전적으로 실질적 관련에 근거하여 한국의 국제재판관할을 긍정함으로써 대법원의 태도가 무엇인지에 관하여 혼란을 초래하였다. 그 후 중국항공사 사건에서 2010년 대법원판결이 "실질적 관련의 유무를 판단함에 있어서 민사소송법상 토지관할권 유무가 여전히 중요한 요소가 됨을 부인할 수 없다"고 선언한 것은 그나마 균형을 잡은 것이었다. 그러나 전형적 계약사건인 재일교포 대여금사건에서 2014년 대법원판결은 다시 청어대금사건에 가까운 접근을 하였다. 2005년, 2008년과 2014년 대법원판결은 토지관할에 대한 적절한 고려 없이 모든 사정을 종합하여 실질적 관련성을 판단하였고, 2010년 대법원판결은 토지관할을 존중하면서 실질적 관련성을 판단하였다.

---

81) 우리 대법원이 취한 4단계 구조는 국제재판관할의 결정에 관한 일본의 지도적 판결인 최고재판소의 1981. 10. 16. 말레이시아항공 사건 판결(민집 35권 7호, 1224면)과 그 후의 하급심판결들(이는 최고재판소 1997. 11. 11. 판결에 의하여 받아들여졌다)을 따른 것이다. 소개는 석광현(註 10), 74면 註 19 참조.

82) 대법원 2008. 5. 29. 선고 2006다71908, 71915 판결, 대법원 2010. 7. 15. 선고 2010다18355 판결과 대법원 2013. 7. 12. 선고 2006다17539 판결 참조. 또한 징용사건에 관한 대법원 2012. 5. 24. 선고 2009다22549 판결은 간접관할의 맥락에서도 추상적 법률론으로서 동일한 설시를 하고 있다.

요컨대 적지 않은 사건에서 우리 법원의 국제재판관할의 유무는 누구도 예측하기 어려운 쟁점이 되었다. 국제사법 제2조가 신설된 결과, 우리는 법원이 일본 법원처럼 「토지관할규칙＝국제재판관할규칙」이라는 공식을 신봉하면서 필요할 때마다 특별한 사정이론에 과도하게 의지하여 그 결론을 뒤집는 대신에, 정치한 국제재판관할규칙을 정립해 나갈 것으로 기대하였다. 그러나 대법원은 제2조 제1항을 기초로 사안의 모든 사정을 고려하는 '사안별 분석(case-by-case analysis)'을 거쳐 원하는 결론을 내리고 있으며, 그 과정에서 토지관할규정은 아예 배제되거나 법원이 고려할 요소 중 하나로 전락하였다. 이는 국제재판관할규칙이 주는 법적 안정성과 당사자의 예측가능성을 훼손하는 것으로 제2조 제2항의 취지에 명백히 반한다. 이에 대하여 저자는 아래와 같은 취지의 비판을 하였다.

"법원으로서는 우선 토지관할규정 등 국내관할규정을 참작하여 정치한 국제재판관할규칙을 정립하기 위하여 노력해야지,[83] 다양한 사정만을 열거하고 원하는 결론을 내려서는 아니 된다. 그것은 국제사법 제2조 제1항과 실질적 관련을 법원의 자의적(恣意的) 결론을 정당화하는 도구로 사용하는 것이기 때문이다. 과거 "민사소송법의 규정에 의한 재판적이 한국에 있을 때에는 한국 법원에 국제재판관할이 있다고 봄이 상당하다"고까지 판시했던 대법원이, 국내법의 관할규정을 참작하여 국제재판관할권의 유무를 판단하라는 국제사법(제2조 제2항)의 명령에도 불구하고 토지관할규칙을 아예 무시하거나 고려할 요소들 중의 하나로 격하하는 것은 잘못이며, 심각한 법적 불안정성을 초래한다. 이런 우려를 불식하는 방법은 결국 정치한 국제재판관할규칙을 국제사법에 도입하는 것이다."

이런 배경 하에서 2012년 6월 한국국제사법학회는 국제사법을 개정하여 정치한 국제재판관할규칙을 국제사법에 도입할 것을 강력히 촉구하였고,[84] 법무부는 이를 받아들여 2014년 6월 위원회를 구성함으로써 국제사법 개정작업에 착수하였다.[85] 저자도 물론 이를 환영하였다.

---

[83] 그리고 개별사건에서 국제재판관할배분의 정의(正義)를 보다 세밀하게 실현하기 위하여 필요하다면 부적절한 법정지의 법리의 도입을 고민할 여지가 있다.

[84] 한국국제사법학회, 국제사법개정촉구결의문, 국제사법연구 제18호(2012), 551면 이하.

[85] 이런 과정에서 한국국제사법학회는 법무부의 요청에 따라 용역보고서를 제출하였고 이는 법무부에서 단행본으로 간행되었다. 이것이 손경한 외, 국제사법 개정 방안 연구(2014)이다.

나. 가사사건[86]

과거 대법원판결은 재산법상의 사건에 관하여는 위에서 본 4단계 접근을 하였으나, 가사사건에서는 그와 다른 접근방법을 취하였다.

예컨대 피고주소지주의를 확립한 대법원 1975. 7. 22. 선고 74므22 판결과 대법원 1988. 4. 12. 선고 85므71 판결 등을 보면, 대법원은 가사사건(특히 이혼관련 사건)에서 피고 주소지관할을 원칙으로 하면서도 예외적인 경우에는 원고의 주소지관할을 인정할 수 있다는 취지로 판시하였다. 이런 판결들을 보면, 가사사건에서 민사소송법의 토지관할규정을 기초로 할 수 없음은 당연하지만, 그렇다고 하여 가사소송법(제22조)의 관할규정을 기초로 한 것도 아니다. 또한 국내법의 관할규정을 기초로 하면서 특별한 사정에 의하여 이를 수정하는 방식이 아니라, 예외적인 사정이 있는 경우 곧바로 원고의 주소지관할을 인정할 수 있다고 판시한 점에 차이가 있다.

주목할 것은 국제사법 시행 후 대법원 2006. 5. 26. 선고 2005므884 판결이다.

사안은 아래와 같다. 미국인인 원고는 미주리주에 법률상 주소를 두고 있던 남자로서 한국 여자인 피고와 서울에서 혼인신고를 마쳤고, 피고는 혼인 후 미국 시민권을 취득하였고, 원·피고는 1994년 7월경 한국으로 돌아온 이래 한국에서 계속 거주하였는데, 원고는 피고의 귀책사유로 인하여 혼인관계가 파탄에 이르렀다는 이유로 대구지방법원에 이혼청구와 동시에 아이들에 대한 친권자 및 양육자를 원고로 지정하여 달라는 소를 제기하였으며, 피고는 한국에서 소장 부본을 송달받고 응소하였다.

대법원판결은 "원·피고는 거주기한을 정하지 아니하고 한국에 거주하므로 모두 한국에 상거소를 가지고 있고, 혼인이 한국에서 성립되었고 혼인생활의 대부분이 한국에서 형성되었다는 점까지 고려한다면, 이 사건 이혼청구 등은 한국과 실질적 관련이 있으므로 한국 법원은 재판관할권을 가진다"고 판시하였다.

2006년 대법원판결은 ①, ②단계에 대한 설시를 생략하고 곧바로 국제사법 제2조에 따라 실질적 관련의 유무에 관한 판단으로 들어가 실질적 관련의 존재를 긍정하고, 나아가 원·피고의 본국법인 동시에 종전 주소지를 관할하는 미주리주

---

86) 상세는 석광현, 국제사법과 국제소송 제6권(2019), 591면 이하 참조. 여기에서 '가사사건'은 개정법 제7장과 제8장이 정한 친족사건과 상속사건을 포괄하는 개념으로 사용하고, 제7장의 친족사건만을 가리킬 때는 '협의의 가사사건'이라고 한다. 상세는 아래 제4장 가사사건의 특별관할(개정법 제7장 제1절)에서 논의한다.

의 법에 비추어 대물소송에 해당하는 이혼청구와 대인소송에 해당하는 친권자 및 양육자지정 청구 등을 구분하여 모두 한국에 재판관할권이 있음을 긍정함으로써 '국제재판관할의 특수성'을 고려하더라도 한국에 재판관할권이 있다고 판단하였다. 저자는 이에 대하여 당해 사건의 결론은 타당하나, 국제재판관할에 관한 논점, 1975년 대법원판결이 정립한 추상적 법률론이 국제사법 하에서도 유지될 수 있는지, 아니면 도메인이름에 관한 2005년 대법원판결이 정립한 추상적 법률론이 가사사건에도 적용되는지에 관하여 지침을 제공하지 못하였음은 크게 아쉽다고 비판하였다.

한편 하급심의 실무를 보면 2006년 대법원판결 후에도 여전히 ① 과거 대법원판결의 설시를 따른 판결도 있으나 ② 이와 달리 국제사법 제2조 그리고 이를 구체화한 대법원의 추상적 법률론을 따르는 판결, 즉 개별적 사안 분석에 의하는 판결도 있다. 예컨대 한국 국적과 스페인 영주권을 가진 원고가 스페인 국적을 가진 피고를 상대로 우리나라에서 이혼 및 위자료, 재산분할 등을 구한 사건에서, 서울고등법원 2013. 2. 8. 선고 2012르3746 판결은 국제사법 제2조 제1항과 도메인이름에 관한 2005년 대법원판결을 기초로 다양한 논거를 들어 한국의 국제재판관할을 긍정하였다. 상고심에서 대법원 2014. 5. 16. 선고 2013므1196 판결은 이혼사건의 국제재판관할규칙에 관하여 구체적 지침을 제시하지 않음으로써 2006년 판결에 이어 다시 한번 자신의 직무를 해태하였다.[87] 대법원은 가사사건의 국제재판관할에 관하여 지침을 제시하지 못한 결과 하급심 판결의 혼란을 야기하였고 상당한 법적 불안정성을 초래하였기에 국제재판관할규칙을 국제사법에 도입할 필요성이 증대되었고 결국 개정법에 의한 입법적 해결을 도모하는 계기가 되었다.

2. 국제사법 제2조의 의미에 대한 대법원의 뒤늦은 각성

흥미로운 것은 대법원이 국제사법 제2조 제2항에 대하여 주목하지 않다가 개정안이 국회에 계류 중인 상태에서 뒤늦게 2019년 판결에서 제2조 제2항의 취지를 제대로 설시하고 구체적 지침을 제시하였다는 점이다.

또한 과거 대법원은 위에서 본 것처럼 국제사법 제2조가 가사사건에서 어떤

---

87) 대법원은 아래에서 소개하는 대법원 2021. 2. 4. 선고 2017므12552 판결에서 비로소 자신의 임무를 수행하였다.

의미가 있는지에 대하여 무관심하였으나 아래(나.)에 소개하는 2021년 판결에서 처음으로 국제사법 제2조가 가사사건에도 적용됨을 분명히 하고, 국제사법 제2조 제2항의 취지를 제대로 파악한 2019년 판결에서 더 나아가 이혼사건에서 실질적 관련의 판단기준을 처음으로 제시하였다. 개정법이 2022. 7. 5. 시행됨에 따라 대법원의 2019년과 2021년 판결은 한시적 의미밖에 없으나 이들을 간단히 소개한다.

가. 재산법상의 사건

재산법상의 사건으로서 주목할 것은 대법원 2019. 6. 13. 선고 2016다33752 판결이다. 위 판결에서 대법원은 아래 취지로 판시함으로써 뒤늦게 국제사법 제2조 제2항의 취지를 제대로 설시하고 구체적 지침을 제시하였다.

> "국제사법 제2조 제2항은 제1항에서 정한 실질적 관련성을 판단하는 구체적 기준 또는 방법으로 국내법의 관할 규정을 제시한다. 따라서 민사소송법 관할 규정은 국제재판관할권을 판단하는 데 가장 중요한 판단 기준으로 작용한다. 다만 이러한 관할 규정은 국내적 관점에서 마련된 재판적에 관한 규정이므로 국제재판관할권을 판단할 때에는 국제재판관할의 특수성을 고려하여 국제재판관할 배분의 이념에 부합하도록 수정하여 적용해야 하는 경우도 있다."

그 후 대법원은 위 판결의 설시를 따르고 있으므로 대법원의 태도로 자리 잡고 있다고 본다.[88] 대법원이 제2조 제2항에 의미를 부여한 점에서 저자는 대법원이 늦게나마 올바른 방향을 잡은 것으로 평가하였다.[89]

나. 가사사건

가사사건으로서 주목할 것은 캐나다인 부부 간의 이혼과 재산분할이 문제된 사건을 다룬 대법원 2021. 2. 4. 선고 2017므12552 판결이다. 위에서 보았듯이 이 판결에서 대법원은 처음으로 국제사법 제2조가 가사사건에도 적용됨을 분명히 하

---

88) 재산법상의 사건인 대법원 2021. 3. 25. 선고 2018다230588 판결과 이혼과 재산분할 사건인 대법원 2021. 2. 4. 선고 2017므12552 판결 참조.
89) 위 판결에 대한 평석은 석광현(註 79), 131면 이하 참조. 그러나 민사소송법 관할 규정이 국제재판관할권을 판단하는 데 가장 중요한 판단기준으로라는 설시는 너무 강하다는 비판도 있다. 김홍엽, "2019년 분야별 중요판례분석 ⑤ 민사소송법", 법률신문 제4773호(2020. 2. 20.), 12면.

고, 대법원 2019. 6. 13. 선고 2016다33752 판결을 따라 국제사법 제2조 제2항의 취지를 제대로 파악하였으며 이혼사건에서 실질적 관련의 판단기준을 제시하였다. 이로써 우리는 1975년 대법원 판결과 완전히 결별하였다. 국제사법 하에서 재산법상의 국제재판관할규칙을 정립한 2005년 대법원 판결(도메인이름 사건)에 이어, 2021년 판결이 선고됨으로써 가사사건에서도 실질적 관련의 판단기준이 제시되었다. 가사사건에 관하여는 위 2021년 판결이 선도적 판례가 될 것으로 기대되는데 대법원이 제2조 제2항에 의미를 부여한 점에서 저자는 대법원이 늦게나마 올바른 방향을 잡은 것으로 평가하였다.[90]

---

90) 위 대법원 판결에 대한 평석은 석광현(註 52), 643면 이하 참조.

제 3 장
개정법에 따른 국제재판관할법의 총칙

Ⅰ. 머리말

제3장에서는 개정 국제사법(또는 개정법) 중 총칙의 내용을 소개하고[1] 각칙은 제4장에서 다룬다. 제3장의 구체적인 논의 순서는 개정법의 조문 순서에 따라 일반원칙(제2조), 일반관할(제3조), 사무소·영업소 소재지 등의 특별관할(제4조), 재산소재지의 특별관할(제5조), 관련사건의 관할(객관적 병합, 공동소송)(제6조), 반소관할(제7조), 합의관할(제8조), 변론관할(제9조), 전속관할(제10조), 국제적 소송경합(제11조), 국제재판관할권의 불행사(제12조), 적용 제외(제13조), 보전처분의 관할(제14조)과 비송사건의 관할(제15조)의 순서로 한다.[2] 이는 성질상 총칙에 포함할

---

* 제3장은 당초 석광현, "2018년 국제사법 전부개정법률안에 따른 국제재판관할규칙: 총칙을 중심으로", 동아대학교 국제거래와 법 제21호(2018. 4.), 41-126면에 수록한 논문을 상당히 수정·보완한 것이다.

1) 국제사법을 개정하여 정치한 국제재판관할규칙을 두자는 견해를 피력한 저자는 과거 개정 방향에 관하여 두 차례 발표하였다. 석광현, "중간시안을 중심으로 본 국제재판관할에 관한 일본의 입법 현황과 한국의 입법 방향", 한양대학교 국제소송법무 제1호(2010. 9.), 32면 이하; 석광현, "한국의 國際裁判管轄規則의 입법에 관하여", 국제거래법연구 제21집 제2호(2012. 12.), 146면 이하 참조. 양자는 석광현, "國際裁判管轄에 관한 研究," 서울대학교 대학원 법학박사학위논문(2000)과 이를 수정·보완한 단행본, 즉 석광현, 國際裁判管轄에 관한 研究 — 민사 및 상사사건에서의 국제재판관할의 기초이론과 일반관할을 중심으로 (2001)에 기초한 것이다. 국제재판관할에 관한 입법과 판례의 변천은 석광현, "국제재판관할과 외국판결의 승인 및 집행 — 입법과 판례", 국제사법 제20권 제1호(2014. 6.), 6면 이하 참조.

2) 총칙에 두는 여러 조문의 순서는 일반적인 원칙을 앞에 두고 특별하거나 예외적인 규칙을 뒤에 배열한다는 기준에 따랐다. 그 과정에서 재판적에 관한 민사소송법의 조문과 예비초안의 조문 순서도 참고하였다. 금지관할을 규정한다면 여기에 포함될 것이나 개정법에는 이에 관한 조문은 없다.

조문으로서, 특정한 장이 아니라 모든 장 또는 복수의 장에 공통적으로 적용되는 관할규칙을 담은 것들이다. 다만 그에 앞서 개정작업의 지침이 되었던 정치한 국제재판관할규칙 입법의 방향을 간단히 언급한다.

Ⅱ. 정치한 국제재판관할규칙 입법의 방향

1. 정치한 국제재판관할규칙의 정립의 지침과 규정방식

가. 정립의 지침3)

(1) 국제사법 제2조와 대법원 판례의 구체화

국제사법 제2조는 국제재판관할 결정의 대원칙을 선언하였다. 당해 사건에 국제사법이 적용되는 것은 아니었지만, 위에서 소개한 대법원 2005. 1. 27. 선고 2002다59788 판결4)은 다음과 같이 판시함으로써 이를 조금 더 구체화하였다.

> "국제재판관할을 결정함에 있어서는 당사자 간의 공평, 재판의 적정, 신속 및 경제를 기한다는 기본이념에 따라야 할 것이고, 구체적으로는 소송당사자들의 공평, 편의 그리고 예측가능성과 같은 개인적인 이익뿐만 아니라 재판의 적정, 신속, 효율 및 판결의 실효성 등과 같은 법원 내지 국가의 이익도 함께 고려하여야 할 것이며, 이러한 다양한 이익 중 어떠한 이익을 보호할 필요가 있을지 여부는 개별 사건에서 법정지와 당사자와의 실질적 관련성 및 법정지와 분쟁이 된 사안과의 실질적 관련성을 객관적인 기준으로 삼아 합리적으로 판단하여야 할 것이다."

---

3) 참고로 국제법무과, 국제사법 개정위원회 위촉식 및 제1차 회의 자료집, 7면은 개정 착안사항[요강]으로 실질적 관련 원칙의 구체화, 국제 분쟁의 효율적 해결과 국제재판관할 배분 이념의 실천, 세계화·정보화에 상응한 입법, 부적절한 판례의 입법적 시정, 인접국의 국제재판관할규칙과의 조화, 간접관할 결정기준을 고려한 입법과 입법방식을 적고 있다. 그 전에 작성된 손경한 외, 국제사법 개정 방안 연구(2014), 14면 이하(손경한 집필부분)가 열거하는 국제재판관할규칙의 구체적 입법의 기본방향도 유사하나 후자에는 '일본 개정 민사소송법·민사집행법의 극복'이 포함되어 있다. 정보화와 관련된 논점으로는 예컨대 EU의 개인정보 보호법인 GDPR (General Data Protection Regulation) 제79조 제2항 후문이 상정하는 바와 같은 취지, 즉 정보주체는 자신의 일상거소지(habitual residence) 법원에 한국 controller를 상대로 소를 제기할 수 있다는 조문 등을 생각할 수 있으나 위원회에서는 그에 관한 논의는 없었다. 관련 논의는 전응준, "'개인정보의 국외 이전'의 국제사법적 쟁점에 관한 시론적 검토", 국제사법학회 2022. 3. 31. 발표자료집, 7면 이하 참조.

4) 평석은 석광현, 국제사법과 국제소송 제4권(2007), 85면 이하 참조.

이를 전제로 과거 저자는 개정법에 둘 국제재판관할규칙은 국제사법 제2조를 구체화한 세칙(細則)이어야 하는데, 민사소송법은 제2조부터 제25조에서 토지관할규칙을 두고 있으므로 정치한 국제재판관할규칙을 신설함에 있어서 토지관할규칙을 참작할 필요가 있음을 지적하였다.[5] 그러나 이는 문자 그대로 참작하는 수준에 머물러야지 토지관할규칙을 맹종할 것은 아니다.[6] 특히 참작하는 과정에서 모든 토지관할규칙에 동등한 가치를 부여할 것이 아니라 이를 ① 곧바로 국제재판관할규칙으로 삼을 수 있는 것, ② 적절히 수정함으로써 국제재판관할규칙으로 삼을 수 있는 것과 ③ 국제재판관할규칙으로 삼을 수 없는 것(예컨대 브뤼셀체제의 과잉관할과 예비초안의 금지되는 관할)으로 분류해야 한다. 나아가 ④ 토지관할규칙이 망라적인 것은 아니므로 토지관할규칙에는 없는 기타 국제재판관할의 근거를 검토할 필요가 있는데, 예컨대 피고의 활동에 근거한 국제재판관할과 가사사건(친족사건과 호환적으로 사용한다)에서 국적에 기한 국제재판관할을 고려할 수 있다. 저자는 국제사법의 해석론으로 이런 접근방법과 방향을 제시하였으나[7] 이는

---

5) 일본 개정 민사소송법은 이러한 접근방법을 보여준다. 일본 개정 민사소송법은 제3조의2 (피고의 주소 등에 의한 관할권), 제3조의3(계약상의 채무에 관한 소 등의 관할권), 제3조의4(소비자계약 내지 노동관계에 관한 소의 관할권), 제3조의5(관할권의 전속), 제3조의6 (병합청구에서의 관할권), 제3조의7(관할권에 관한 합의), 제3조의8(응소에 의한 관할권), 제3조의9(특별한 사정에 의한 소의 각하), 제3조의10(관할권이 전속하는 경우의 적용제외), 제3조의11(직권증거조사)와 제3조의12(관할권의 표준시)를 두고 있고 개정 민사보전법은 제11조(보전명령사건의 관할)를 두고 있다. 일본 개정 민사소송법 중 국제재판관할규칙의 국문번역은 국제사법연구 제18호(2012. 12.), 541면 이하; 석광현, 국제사법 해설 (2013), 717면 이하 참조. 상세는 장준혁 외, 일본과 중국의 국제재판관할 규정에 관한 연구(2017), 9면 이하 참조.

6) 예컨대 국제사법은 근로자를 보호하기 위한 국제재판관할규칙을 두고 있으므로 민사소송법상 근무지의 특별재판적(제7조)에 상응하는 국제재판관할규칙은 불필요하고, 지식재산권 등에 관한 특별재판적(제24조)은 전적으로 토지관할에 관한 것이므로 그에 상응하는 규칙도 불필요하다. 부동산이 있는 곳의 특별재판적(제20조)과 등기·등록에 관한 특별재판적(제21조)에 상응하는 규정은 전속관할의 맥락에서 검토할 필요가 있다. 장준혁, "국제재판관할법상 실질적 관련성 기준에 관한 판례의 표류—지도원리의 독립적 관할기초화와 예견가능성론에 의한 무력화—", 양창수 교수 고희기념논문집(2021), 1011면은 이를 '준용'이 아니라 '선택적 규정유추'라고 풀이한다.

7) 이는 저자가 과거 브뤼셀협약을 검토하면서 그리고 예비초안을 성안하기 위한 헤이그국제사법회의 특별위원회에 참가하는 과정에서 구상한 견해이다. 그 핵심은 엉성한 국제재판관할규칙을 상정하고 그에 대한 예외를 모두 특별한 사정이라고 정당화하는 대신에 본문처럼 토지관할규정을 유형화하고 기타 관할근거를 인정하여 국제재판관할의 유무를 판단한 뒤, 예외적인 사정이 있으면 부적절한 법정지의 법리를 활용하여 관할권의 행사를 거부

입법론의 맥락에서도 타당한데 개정법은 이런 태도를 반영한 것이라고 평가할 수 있다.[8]

　위원회의 제1차 회의 자료집이 적고 있는 개정사항별 검토 담당위원은 아래와 같다.[9]

분야		검토 담당위원
필수적 개정사항		
총론적 규정: 실질적 관련 원칙을 구체화하는 규정		손경한
일반관할		석광현
기타	합의, 변론(응소), 전속 관할	노태악
	긴급관할	장준혁
	객관적 및 주관적 병합, 보전관할, 국제적 소송경합	한충수
특별관할	영업소 소재지 · 영업활동지 관할	석광현
	계약관할	장준혁
	불법행위관할(사무관리, 부당이득 관할 포함)	노태악
	재산소재지 관할	장준혁
	지식재산사건 관할	손경한
	소비자 · 개별근로계약 기타 약자보호 관할	장준혁
	해상 항공 등과 운송사건에 관한 관할	정병석
	가사사건 및 비송사건 관할	한숙희

　하자는 것이다. 그 단초는 석광현, "國際裁判管轄의 몇 가지 문제점―종래의 論議에 대한 批判的 考察―," 인권과정의 제262호(1998. 6.), 32면 이하에서 처음 제시하였다. 개정법 제10조의 전속적 국제재판관할규칙은 여러 유형이 복합된 것이다. 국제재판관할에 관한 국제사법의 해석론은 석광현, 국제민사소송법: 국제사법(절차편)(2012), 67면 이하 참조. 우리 민사소송법 학자들이 국제사법 제2조가 도입됨으로써 효용을 상실한 역추지설, 수정 역추지설과 관할배분설을 아직도 소개하면서도 저자의 견해를 언급하지 않는 점은 아쉽다.

8) 개정법에 의하여 정치한 국제재판관할규칙이 도입됨으로써 저자가 과거 제시하였던 위의 견해는 시대적 소명을 거의 다하였다. 따라서 그 중요성은 현저히 감소하였으나, 개정법에 정치한 관할규칙이 없는 사건의 경우에는 의미가 있고, 비송사건에서는 개정법(제15조 제3항)이 "제2항 각 호에서 규정하는 경우 외에 개별 비송사건의 관할에 관하여 이 법에 다른 규정이 없는 경우에는 제2조에 따른다"고 명시하므로 여전히 의미가 있다.

9) 제1차 회의 자료집, 6면 참조.

선택적 개정사항	
보험, 신탁 및 어음수표사건, 간접보유증권 사건 관할	석광현
외국법원과의 협력, 외국소송의 지원	한충수
재판관할유무 결정을 위한 심리의 정도	한충수
재판관할권의 불행사	석광현

그리고 그 과정에서 인터넷의 활용도 고려해야 하므로 개정법은 지향된 활동(targeted activity)을 염두에 두고 "…를 향하여"라는 문구를 제4조 제2항(활동에 근거한 관할), 제39조 제1항 제3호(지식재산권 침해), 제42조 제1항 제1호(소비자계약)와 제44조(불법행위)에서 사용한다. 지향된 활동기준은 제4조(활동에 근거한 관할)에서는 영업소의 소재에 상응하는 것이고, 제43조(소비자계약)에서는 수동적(원칙적으로) 소비자의 범위를 결정하기 위한 것이라는 점에서 타당하다고 보지만, 제40조(지식재산권 침해)와 제45조(불법행위)에서 지향된 활동기준을 결과발생지와 병렬하는 것의 타당성은 의문이다. 이는 제40조와 제45조의 해설에서 언급한다.

(2) 국제재판관할 판단에서 법적 안정성과 유연성의 조화

국제재판관할 결정의 대원칙을 선언한 국제사법 제2조 제1항은 개방적인 규정으로 유연성을 확보하는 데 장점이 있다. 동시에 제2조 제2항이 국내법의 관할규정을 참작하되 국제재판관할의 특수성을 충분히 고려하라고 한 것은 국내법의 관할규정, 즉 토지관할규칙에 얽매이지는 말고 참작하여 법적 안정성을 보장함으로써 유연성과 법적 안정성의 균형을 잡기 위한 조치였다. 그러나 대법원은 제2조 제2항을 무시한 채 제2조 제1항을 기초로 사안의 모든 사정을 고려하는 사안별 분석을 거쳐 원하는 결론을 내렸으며, 그 과정에서 토지관할규정은 아예 배제되거나 법원이 고려할 요소 중 하나로 전락하였다. 따라서 개정법에서는 법적 안정성과 유연성 간의 균형 내지 조화를 달성할 필요가 있다. 이에 따라 개정법은 한편으로는 다양한 연결대상과 그에 대한 연결점을 규정하는 정치한 국제재판관할규칙을 도입함으로써 법적 안정성을 제고하고, 다른 한편으로는 제2조의 일반원칙을 존치함과 동시에 제12조에서 예외적 사성에 의한 재판관할권 불행사의 법리의 도입을 통하여 유연성을 확보함으로써 개별사건에서 구체적 타당성을 도모하고자 한다.

(3) 국제적 정합성의 고려

정치한 국제재판관할규칙을 도입함에 있어서는 국제적 정합성을 고려할 필요가 있다. 우리나라만 과도한 국제재판관할을 주장하는 것은 그 자체로서 근거가 없을 뿐만 아니라 국제적인 사법마찰을 초래할 여지가 있으며 외국에서 우리 법원 판결의 승인 및 집행을 구하는 경우 목적을 달성하기가 어렵기 때문이다. 이를 위하여 재산법 사건에서는 브뤼셀협약, 브뤼셀 I 과 브뤼셀 I Recast(또는 브뤼셀 I bis) 그리고 헤이그국제사법회의의 1999년 예비초안, 즉 "민사 및 상사(사건)의 국제관할과 외국재판에 관한 협약의 예비초안"[10]과 2001년 수정안 및 관할합의협약 등을 충분히 고려해야 한다. 특히 브뤼셀체제는 1968년 대륙법계의 국제재판관할규칙으로 출발한 것이라 우리에게 친숙하다.

또한 일본은 "민사소송법 내지 민사보전법의 일부를 개정하는 법률"을 통하여 민사소송법과 민사보전법에 정치한 국제재판관할규칙을 도입하였고 이는 2012. 4. 1. 발효되었으므로 이도 참조하고, 중국의 국제재판관할규칙[11]도 참조할 필요가 있다. 이를 위하여 한국국제사법학회는 위원회의 작업과정에서 당시 초안을 기초로 2015. 9. 22. 제1회 한일국제사법공동학술대회와 2015. 10. 31. 제5회 한중국제사법학회 공동학술대회를 통하여 일본 학자들 및 중국 학자들의 의견을 듣는 자리를 마련하였다.

한편 친족사건과 상속사건에서는 유럽연합의 브뤼셀 II bis(또는 브뤼셀 II a), 브뤼셀 II ter(또는 브뤼셀 II b), EU부양규정, 2012년 EU상속규정과 2016년 EU부부재산제규정과 헤이그국제사법회의의 아동보호를 위한 협약들(이는 원래 1980년 탈취협약, 1993년 입양협약과 1996년 아동보호협약을 말한다[12])과 2000년 성년자보호협약

---

10) 영문 명칭은 "Preliminary Draft Convention on Jurisdiction and Foreign Judgments in Civil and Commercial Matters"이다.

11) 다만 중국의 국제재판관할규칙은 아직 정립되지 않은 것으로 보인다. 즉 중국에는 국제민사소송관할에 관한 일반적인 성문 법률은 없고, 중국 민사소송법(제4편 제24장)에 섭외민사소송절차에 관한 일부 규정이 있으나 이는 계약과 기타 재산권분쟁사건에만 적용되고, 그 밖의 국제민사사건은 국내관할에 관한 민사소송법의 규정(제1편 제2장)에 따라 처리된다. 다만 해사소송에 관하여는 해사소송특별절차법이 있고 이는 "관할"에 관한 제2장(제6조-제11조)에서 토지관할뿐만 아니라 전속관할, 합의관할 등에 관한 규정을 두고 있다. 소개는 전대규, "중국법상 섭외사건의 국제재판관할에 관하여", 국제사법연구 제18호(2012), 408면 이하; 손경한 외(註 3), 17면(손경한 집필부분) 참조. 상세는 장준혁 외(註 5), 169면 이하; 김현아, "중국법상 재산관계사건에 관한 국제재판관할", 국제사법연구 제23권 제1호(2017. 6.), 345면 이하 참조.

12) 탈취협약은 "국제적 아동탈취의 민사적 측면에 관한 협약"을, 입양협약은 "국제입양에서

등의 국제재판관할규칙을 고려할 필요가 있다. 또한 당시 추진 중이던 일본의 인사소송법과 가사사건수속법에 대한 개정작업13)도 고려할 필요가 있었다. 그 후 일본은 2018. 4. 18. 공표된 인사소송법등의 일부를 개정하는 법률에 의하여 인사소송법과 가사사건절차법에 각각 국제재판관할규칙을 신설하여 2019. 4. 1.부터 시행하고 있다.14)

나. 국제재판관할규칙의 규정방식: 일면적 규정 v. 양면적 규정

국제사법에 정치한 국제재판관할규칙을 둔다면 우리 법원이 국제재판관할을 가지는 경우만을 규정할지, 아니면 조약에서처럼 중립적 규정을 둘지가 문제된다. 국제사법 제2조는 우리 법원이 국제재판관할을 가지는 경우만을 규정하나 제27조와 제28조는 우리 법원과 외국법원이 국제재판관할을 가지는 경우를 함께 규정한다. 저촉규범에 관한 용어를 빌리면, 제2조는 일면적 규정이고 제27조와 제28조는 양면적 규정이다.15) 국제사법이 외국법원의 국제재판관할을 규정하더라도 외국법

아동보호 및 협력에 관한 협약을, 아동보호협약"은 "부모책임 및 아동의 보호조치와 관련한 관할, 준거법, 승인, 집행 및 협력에 관한 협약"을 말한다. 근자에는 2007년 신부양협약(즉 아동부양협약)을 아동보호를 위한 협약들에 포함시킨다.

13) 우리 가사소송법은 가사소송, 가사비송과 가사조정절차를 모두 규율한다. 그러나 일본은 가사소송절차는 인사소송법(2004. 4. 1. 시행)에서, 가사비송절차와 가사조정절차는 가사사건수속법(2013. 1. 1. 시행)에서 각각 규율하므로 종래 추진 중인 일본의 국제재판관할 입법은 인사소송법과 가사사건수속법에 각각 국제재판관할규칙을 신설하는 방식을 취한다.

14) 일본 人事訴訟法等の一部を改正する法律案 참조. 소개는 장준혁 외(註 5), 117면 이하 참조. 개정된 일본법의 소개는 김문숙, "일본에서의 인사소송사건에 관한 국제재판관할 —개정 인사소송법을 중심으로—", 국제사법연구 제25권 제2호(2019. 12.), 403면 이하; 김문숙, "일본에서의 가사사건에 관한 국제재판관할 —개정 가사사건절차법을 중심으로—, 국제사법연구 제26권 제2호(2020. 12.), 435면 이하 참조. 일본 문헌은 內野宗揮 編著, 一問一答 平成30年人事訴訟法・家事事件手續法等改正(2019)와 기타 일본 국제사법연보 제62권(2019)에 수록된 논문들 참조.

15) 그 이유는 제2조는 적용범위가 매우 넓어 전면적으로 규정하기 어려우나, 제27조는 적용범위가 좁으므로 그렇게 규정하는 것이 쉽고, 만일 한국의 소비자만을 보호하는 규정을 둘 경우에는 마치 이들만을 외국의 소비자와 차별적으로 보호하는 듯한 인상을 줄 우려가 있기 때문이었다. 하지만 양면적 규정을 두는 태도를 비판하는 견해도 있다. 본문에서 "저촉규범에 관한 용어를 빌리면"이라고 한 것은 통상 준거법 결정규칙을 저촉규범으로 인식하기 때문이다. 그러나 국제사법상의 국제재판관할규칙도 어느 국가의 법원이 국제적 관할권을 가지는가를 규정하므로 '저촉규범'이라고 부르기도 한다. 이호정, 국제사법(1981), 202면. 프랑스에서는 '법의 저촉(*conflit de lois*)'과 유사하게 '관할의 저촉(*conflit de juri-*

원이 그에 구속되지 않음은 물론이며 이는 우리나라에서 외국재판의 승인 및 집행을 다루는 경우 의미가 있다.

입법례를 보면 조약 기타 국제규범의 경우 당연히 중립적 규정을 두나, 스위스 국제사법(제1조 제1항, 제2조-제11조, 제51조, 제59조, 제86조 등), 이탈리아 국제사법(제1조, 제3조-제11조)과 일본 민사소송법(제3조의2-제3조의12를 정한 제1편 제2장 제1절의 제목이 '일본의 재판소의 관할권'이다)은 거의 모두 자국 법원이 국제재판관할을 가지는 경우만을 규정한다. 이는 외국법원의 국제재판관할을 규정함으로써 외국의 재판관할권에 간섭하는 듯한 인상을 주는 것을 우려하고, 또한 외국의 국제재판관할규칙을 규정하더라도 외국이 그에 구속되는 것은 아니므로 의미가 없기 때문일 것이다. 위원회는 개정법에서는 원칙적으로 우리 법원이 국제재판관할을 가지는 경우만을 규정하고, 예외적인 경우 예컨대 관할합의의 경우 양면적 관할규칙을 두기로 결정하였다. 이 점은 일본 민사소송법(제3조의7)의 경우도 같다. 이는 관할합의의 경우 우리 법원에 관할을 부여하는 합의와 외국법원에 관할을 부여하는 합의가 동일한 원칙에 따름을 명시하는 것이 자연스럽기 때문이다. 그에 따라 개정법에서는 양면적 규정의 형식을 취한 국제사법 제27조와 제28조도 일면적 규정으로 전환하기로 하고 또한 제27조와 제28조는 준거법과 국제재판관할을 함께 규정하므로 이를 분리하기로 하였다.

이처럼 우리가 일면적 규정방식을 채택하여 우리 법원이 국제재판관할을 가지는 경우만을 규정하지만 우리는 외국법원에 대하여도 동일한 관할규칙을 적용한다. 예컨대 불법행위에 관한 소의 경우 행동지 또는 불법행위지가 외국이라면 그 외국법원이 국제재판관할을 가진다. 따라서 우리는 우리 법원의 국제재판관할을 부정하고(직접관할의 맥락), 그 외국법원에서 재판한 경우 그 외국법원의 관할을 인정한다(간접관할의 맥락). 이것이 특히 의미가 있는 것은 전속관할규칙이다. 예컨대 일본에 등록된 특허권의 유효성에 관한 소의 경우 개정법(제10조 제1항 제4호)이 이를 직접 명시하지는 않지만 우리는 그 관할규칙에 따라 일본 법원이 전속관할을 가지는 것으로 보고 우리 법원의 관할을 부정한다. 요컨대 개정법은 일면적 규정방식을 채택하고 있지만 동일한 관할규칙을 외국법원에 대하여도 적용하므로 실질은 양면적 규정방식이라는 것이다(이런 의미에서 예컨대 개정법(제30조 단서)에서 보듯이 일면적 저촉규범을 양면적 저촉규범으로 볼 수 있는지를 개별적으로 검토

diction)'이라는 표현을 널리 사용하면서 양자를 국제사법의 문제로 다룬다.

해야 하는 것과는 다르다). 물론 그것은 우리 법원의 관점에서 볼 때 그렇다는 것이고, 실제로 외국법원이 국제재판관할을 인정하고 관할권을 행사할지는 자국의 국제재판관할규칙에 따라 결정할 사항이라는 점에서 양면성이 제한된다.

2. 국제재판관할규칙의 편제

가. 국제사법에 통합규정하는 방식

2001년 섭외사법을 개정함으로써 국제사법에 국제재판관할규칙을 도입하기 전에는 논리적으로 국제재판관할규칙을 국제사법에 둘 수도 있었고 민사소송법에 둘 수도 있었으나 저자는 전자를 선호하였고[16] 입법자도 이를 국제사법에 두는 방안을 선택하였다. 따라서 국제사법의 개정작업을 시작한 2014년에 이르러서는 정치한 국제재판관할규칙을 국제사법에 두는 것은 당연한 논리적 귀결이었다.[17][18] 이는 민사소송사건만이 아니라 가사소송사건과 가사비송사건 및 재산법

---

16) 석광현, 國際裁判管轄에 관한 研究―민사 및 상사사건에서의 국제재판관할의 기초이론과 일반관할을 중심으로(2001), 311면 이하 참조. 1984년 「國際訴訟」이라는 저서를 간행하는 등 한국에서 국제재판관할법을 포함한 국제사법 내지 국제민사소송법 분야에서 선구적 연구업적을 쌓은 최공웅 변호사(당시)도 2001년 섭외사법개정특별분과위원회의 위원으로서 섭외사법을 대신하는 국제사법에 제2조 기타 국제재판관할규칙을 두는 방안을 적극 지지하였다.

17) 함영주, "유럽연합 민사소송절차의 운용원리와 발전방향", 민사소송 제19권 제2호(2015. 11.), 374면은 "현재 국제사법에 규정된 국제재판관할에 관한 원론적인 기준은 민사소송법으로 옮겨 규정하고 국제사법은 섭외적 사건에 한하는 최소한의 절차를 규정하는 것으로 개정하는 것이 바람직하다"고 하나 무슨 말인지 잘 이해되지 않는다. 국제재판관할규칙을 제외하면 국제사법에는 준거법규칙만이 남는데 이는 섭외적 사건에 관한 절차를 정한 것이 아니다. 준거법규칙을 정하는 협의의 국제사법은 절차법이 아니다. 또한 저자의 위 견해에 대하여 오정후, "국제사법 개정안의 국제재판관할 ―개정안의 편제와 총칙의 검토―", 민사소송 제22권 2호(2018. 11.), 57면 註 1은 이제 정치한 국제재판관할규칙을 국제사법에 두는 것은 입법자의 '정책적 선택'에 따른 결과이지 '논리적 귀결'은 아니라고 주장한다. 2001년이라면 이런 지적은 타당할 수 있다. 그러나 저자의 취지는, 일반원칙, 소비자와 근로자를 위한 보호적 관할규칙이 2001년에 국제사법 제2조, 제27조와 제28조에 이미 포함된 이상 2014년에 이르러 정치한 국제재판관할규칙을 추가하는 단계에서는 이를 국제사법에 포함시키는 것이 당연한 논리적 귀결이라는 것이다.

18) 우리 민사소송법학자들이 대체로 국제재판관할에 무관심한 것은 아쉽다. 국제재판관할은 국제사법의 주요 논점이지만 '국제'민사소송법의 일부로 인식할 수도 있기 때문이다. 근자의 이시윤, "신민사소송법 제정 15년의 회고와 전망[한국민사소송법학회 창립 25주년 기념 학술대회 기조강연문]", 민사소송 제21권 제1호(2017. 5.), 16면이 민사소송법 분야의 대표적 판례의 일부로 국제재판관할을 다룬 대법원 판결을 소개하는 점은 다행이다.

상의 비송사건에 관한 국제재판관할규칙을 국제사법에 묶어서 규정할 수 있는 장점이 있다. 특히 국제사법은 준거법에 관하여 소송만이 아니라 비송사건에도 모두 적용되는 준거법 결정원칙을 두고 있으므로 이렇게 함으로써 국제재판관할과 준거법을 묶어서 규정할 수 있게 된다. 즉 국제재판관할과 준거법이 정확히 일대일 대응은 되지 않지만 유기적 관련성을 확보할 수 있게 된다.[19]

이와 달리 만일 국제재판관할규칙을 민사소송법에 둔다면 일본처럼 토지관할규칙 앞에 가지번호를 붙여서 30여개의 조문을 두어야 한다. 그러나 애당초 준거법규칙만 담을 수 있는 법적용통칙법이라는 작은 집을 가지고 있는 일본과 달리 우리나라는 국제재판관할, 준거법과 외국재판의 승인·집행까지 함께 담을 수 있는 국제사법이라는 큰 집이 준비되어 있으므로 상황이 전혀 다르고 준거법규칙을 두는 국제사법에 국제재판관할규칙을 넣을 수 있다. 더욱이 통상의 국제재판관할규칙을 민사소송법에 둔다면 가사소송과 가사비송에 관한 국제재판관할규칙은 가사소송법에, 기타 비송사건에 관한 국제재판관할규칙은 비송사건절차법에 각각 두어야 한다고 주장할지도 모르나 이는 재판관할규칙 간의 유기적 관련성을 해할 우려가 있다.[20]

나. 국제사법 내의 편제

국제사법에 국제재판관할규칙을 도입하는 경우 국제사법의 편제를 검토해야 한다. 위원회에서는 두 개의 견해가 제시되었는데 1안은 국제사법 제2조에 이어 제2조의2, 제2조의3, 제2조의4 … 라는 방식으로 가지번호를 부여하는 방안이고,[21]

---

19) 개정안처럼 재판관할과 준거법을 함께 규정하는 방법의 장점은 Thomas Kadner Graziano, "Gemeinsame oder getrennte Kodifikation von IPR und IZVR", Jan von Hein & Giesela Rühl (Hrsgs.), Kohärenz im Internationalen Privat- und Verfahrensrecht der Europäischen Union (2016), S. 44ff. 참조. 이 글은 더 나아가 외국재판의 승인 및 집행도 함께 규정하는 스위스 방식(225개 조문)의 장점을 주장한다.

20) 정선주, "한국의 가사비송절차 ─2015년도 법원행정처 가사소송법 전부 개정법률안을 중심으로─", 민사소송 제19권 제2호(2015. 11.), 342면은 가사사건의 국제재판관할에 관한 규정을 가사소송법 개정안에 반드시 넣어야 한다고 하나 그 논거는 물론이고 구체적 문언이나 방향을 제시하지 않으므로 공허하다. 저자가 이해하기로는 2013년 구성된 가사소송법 개정을 위한 위원회는 가사사건에 관한 국제재판관할규칙을 가사소송법에 두는 방안을 검토하였으나 결국 두지 않기로 결정하였다. 그 무렵 국무회의를 통과한 가사소송법 전부 개정법률안도 마찬가지였다. 이는 결국 개정에 이르지 못하였다.

21) 손경한, "한국 국제재판관할입법의 방향", 2015. 9. 22. 제1회 한일국제사법공동학술대회 발표자료, 12면은 이를 지지한다.

2안은 국제관할규칙 중 총칙은 제2장에 두고 특별관할규칙은 각장에 배치하는 방안이다.[22] 저자는 과거부터 2안을 제안하였는데 논의 결과 위원회도 이를 채택하였다.[23] 2안은 구체적으로 아래와 같다.

국제사법 제1장(총칙)을 3개 절로 구분하여 제1절을 목적으로 하고, 제2절에 국제재판관할규칙을 두며, 총칙에 있는 조문들은 제3절에 준거법이라는 제목으로 묶는다. 제2절에는 총칙의 성질을 가지는 관할규칙과, 국제사법이 규율하는 다양한 법률관계의 전부 또는 일부에 공통적으로 적용되는 탓에 어느 특정한 장에 편입하는 것이 부적절한 관할규칙을 두는 방안이다. 개정법은 이를 따르는데 제1장의 편제는 아래와 같다.

국제사법의 편제		개정법의 편제		
제1장	총칙[24] (§§1-10)	제1장	제1절	목적
				제1조 기존조문(§1) 다소 수정
			제2절	국제재판관할[25]
				일반원칙, 일반관할, 사무소(영업소) 소재지 및 영업활동 관할, 재산소재지 관할, 관련사건 관할(객관적 병합/공동소송), 반소관할, 합의관할,[26] 변론관할, 전속관할, 국제적 소송경합, 국제재판관할권의 불행사, 적용 제외, 보전처분, 비송사건에 관한 조문 신설(§§2-15)
			제3절	준거법
				준거법에 관한 기존조문(§§3-10) 移記(§§16-23)

---

22) 국제사법학회의 용역보고서도 이런 두 가지 가능성을 언급한다. 손경한 외(註 3), 19-20면 (손경한 집필부분).

23) 저자의 과거 제안은 석광현, "중간시안을 중심으로 본 국제재판관할에 관한 일본의 입법현황과 한국의 입법 방향", 한양대학교 국제소송법무 제1호(2010. 9.), 32면 이하; 석광현, "한국의 國際裁判管轄規則의 입법에 관하여", 국제거래법연구 제21집 제2호(2012. 12.), 146면 이하 참조. 석광현(註 16), 309면 이하도 참조. 저자는 위원회에서 편제를 가급적 일찍 결정할 것을 촉구하였음에도 불구하고 위원장은 결정을 미루다가 마지막에서 두 번째인 2015. 12. 22. 제18차 회의에 이르러 비로소 결정한 탓에 더 체계적인 검토를 할 시간이 없었다.

24) 여기에서는 상세히 논의하지 않지만 만일 외국판결의 승인 및 집행에 관한 조문도 국제사법에서 규정한다면 제1장에 "제4절 외국판결의 승인 및 집행"을 추가하면 될 것이다.

25) 스위스 국제사법 제1장(공통규정) 제1절은 적용범위를 정하고 제2절은 관할에 관한 조문들을 두고 있다.

국제사법은 다양한 법률관계를 여러 개의 장으로 구분하여 준거법규칙을 두므로 2안은 그에 상응하여 국제사법의 각장에 각 법률관계별로 적용되는 관할규칙(주로 특별관할규칙)을 두는 것이다. 즉 제2장부터 제9장에는 제1절을 신설하여 대체로 특별관할규칙을 두고, 기존의 준거법 관련 조문은 각장 제2절로 옮길 것이나[27] 제2장과 제3장에는 특별관할규칙을 두지 않으므로 그대로 두고, 1999년 개정 시 1개의 조문만 있다는 이유로 물권의 장에 편입되었던 제24조는 지식재산권에 관한 장으로 독립시켜 제1절과 제2절로 구분한다. 2안에 따른 제2장 이하의 편제는 아래와 같다.

국제사법의 편제		개정법의 편제		
제2장	사람(§§11-16)	제2장	제1절	관할에 관한 신설조문(§§24-25)
			제2절	준거법에 관한 기존조문 移記(§§26-30)
제3장	법률행위(§§17-18)	제3장	내용 수정 없음(§§31-32)	
제4장	물권(§§19-23)	제4장	내용 수정 없음[28](§§33-37)	
	지식재산권의 보호(§24)	제5장(독립)	제1절	관할에 관한 신설조문(§§38-39)
			제2절	준거법에 관한 기존조문 移記(§40)
제5장	채권(§§25-35)	제6장	제1절	上同(§§41-55). 다만 관할과 준거법이 결합된 일부 조문(소비자계약과 근로계약) 분리(§§42-43)
			제2절	
제6장	친족(§§36-48)	제7장	제1절	上同(§§56-75)
			제2절	
제7장	상속(§§49-50)	제8장	제1절	上同(§§76-78)
			제2절	
제8장	어음·수표(§§51-59)	제9장	제1절	上同(§§79-88)
			제2절	
제9장	해상(§§60-62)	제10장	제1절	上同(§§89-96)
			제2절	

---

26) 다만 소비자계약과 근로계약의 맥락에서 관할합의에 관하여는 소비자계약과 근로계약에 관한 조문에서 규정한다.

27) 스위스 국제사법은 바로 그러한 규정방식을 취한다. 스위스 국제사법은 나아가 총칙과 각장 또는 각절에서 외국판결의 승인 및 집행도 함께 규율하나 우리는 그렇게까지 할 필요는 없다.

28) 개정안에서는 제4장에도 관할규칙을 두었으나 국회 제출 개정안에서는 삭제되었다.

개정법은 예컨대 계약(통상의 계약, 소비자계약과 근로계약), 법정채권을 규정하는 제6장의 경우에도 재판관할에 관한 제1절과 준거법에 관한 제2절로 구분한다.[29] 이런 접근방법을 취함으로써 친족(제7장)과 상속(제8장)에 관한 가사소송과 비송사건 절차 등에 관한 국제재판관할규칙도 국제사법에 둘 수 있다. 실종선고, 금치산 및 한정치산과 관련된 비송사건에 관하여는 국제사법이 이미 (예외적인) 관할규칙을 두고 있으므로(제12조, 제14조) 이러한 접근방법을 쉽게 수용할 수 있다. 다만 이 경우 국제사법 제27조와 제28조에 포함된 소비자계약과 근로계약의 관할규칙은 준거법규칙과 분리하여 제1절로 옮길 필요가 있다. 개정법은 실제로 그런 방식을 취하여 관할규칙은 제42조와 제43조에, 준거법규칙은 제47조와 제48조에 규정한다.

개정법은 첫째, 준거법규칙과 관할규칙을 체계적으로 파악할 수 있고 준거법을 다루는 협의의 국제사법에서 정립된 성질결정과 연결점에 관한 이론 등을 원용할 수 있으며,[30] 둘째, 관할규칙 상호 간의 관계를 체계적으로 파악할 수 있게 하는 장점이 있다.[31][32] 다만 2안을 따를 경우 조문번호를 새로 부여하게 되는 단

---

29) 이론적으로는 이와 달리 제5장을 제1절 계약, 제2절 부당이득, 제3절 불법행위라는 식으로 세분하고 각 절에서 국제재판관할(제1관)과 준거법(제2관)을 열거할 수도 있다. 스위스 국제사법은 이런 방법을 따른다. 다만 우리는 부당이득에 관하여 별도의 특별관할규칙을 두지 않는다.

30) 제2장에서 언급한 바와 같이 관할과 준거법의 맥락에서 성질결정론과 연결점이론에 적용되는 법리가 완전히 동일하지는 않은데 앞으로 양자의 異同을 구체화해야 한다. 위원회에서도 국제재판관할 결정기준을 준거법 결정기준과 동일시하거나 일치시키려는 견해는 주장된 적도 없고 타당하지도 않다. 각장의 제1절과 제2절을 구분하여 재판관할과 준거법을 병렬적으로 규정하는 태도가 마치 그런 견해인 것처럼 비난한다면 그것은 오해이다. 국제재판관할에서 사용되는 연결점(예컨대 불법행위지)을 국제사법과 민사소송법 중 어디에 둔다고 해서 그의 해석이 달라져야 하는 것은 아니다. 국제재판관할의 맥락임을 우선시켜야 하기 때문이다. 보다 근본적으로 제2장에서 언급한 바와 같이, 준거법 결정은 원칙적으로 가장 밀접한 관련을 가지는 하나의 준거법을 지정하는 데 반하여, 국제재판관할에서는 사건 또는 당사자와 실질적 관련이 있는 국가를 찾는 것이지 가장 적절한 하나의 국가를 찾는 것이 아니고, 더욱이 일반관할이라는 개념을 인정하므로 동일한 사건에 대하여 복수국가가 경합관할(또는 임의관할)을 가질 수 있고 이는 빈번히 발생하는 자연스러운 현상이다.

31) 후자는 예컨대 친족에 관한 분쟁의 관할규칙을 판단함에 있어서는 친족에 관한 장의 규칙과 총칙(제1장)에 규정된 관할규칙만을 고려하면 되도록 하자는 것이다. 1안에 따라 관할규칙을 열거할 경우 친족에 관한 분쟁의 관할규칙을 이해하자면 모든 관할규칙을 고려하지 않으면 아니 된다. 만일 다른 장도 고려해야 한다면 그러한 취지가 드러나도록 해야 한다.

32) 그러나 손경한 외(註 3), 12면(손경한 집필부분)은 1안은 아래와 같은 장점이 있다고 주장한다. 첫째, 관할규칙 간의 정합성을 확보할 수 있다. 둘째, 국제재판관할규칙과 준거법규칙을 병행하여 규정한다면 개별 법률관계의 구분, 양 규칙 간의 일관성 등 양 규칙간의 정

점이 있으나, 개정법에서는 34개 조문이 신설되므로 새 번호를 부여할 충분한 이유가 있고, 더욱이 2001년 섭외사법의 개정과정에서 그것이 과도기적 조치였음을 분명히 밝혔으므로 이제 입법작업을 완성하는 단계에서 새 번호를 부여하는 것을 정당화할 수 있을 것이다.[33][34] 관할규칙을 국제사법에 규정하면서 위와 같이 배열하는 개정법의 편제는 일본 및 중국과 구별되는 한국 국제사법의 특색을 보여준다. 근자에는 국제재판관할규칙, 준거법규칙과 외국재판의 승인 및 집행규칙을 포함하는 국제사법의 입법들이 많이 있으나, 과거 준거법규칙만을 규정하는 국제

합성 확보를 위한 엄밀한 검토를 하여야 하며 그러기 위해서는 의도하지 않았던 준거법규칙 개정 문제가 제기될 가능성이 있다. 셋째, 준거법규칙을 개정하지 않는다면 새로운 조문배치로 국민들에게 불필요한 불편을 줄 이유가 없다. 넷째, 이번 개정에서는 준거법규칙은 개정하지 않기로 하였으므로 국제재판관할규칙에는 규정이 있으나 준거법규칙에는 규정이 없는 법률관계가 생겨 외견상으로도 입법상의 공백과 불균형이 노정된다. 저자의 생각으로는 셋째 근거 외에는 별로 설득력이 없다. 참고로 일본 입법은 국제사법이 아니라 민사소송법에 규정하므로 위치는 다르나 이런 규정방식을 취한 것이라고 할 수 있다. 특히 둘째의 지적처럼 국제재판관할규칙과 준거법규칙은 정확히 대응할 수는 없다. 국제재판관할규칙의 경우 준거법규칙과 달리 경합이 가능하고, 일반관할이라는 개념이 있으나 준거법규칙에는 그런 개념이 없다. 이는 1안을 따를지 2안을 따를지와는 별개의 논점이다.

33) 일단 우리 국제사법의 체제 정비가 일단락된 이상 앞으로 당분간은 조문번호를 수정할 것은 아니다. 개정법의 편제와 달리 만일 국제재판관할규칙을 묶어서 규정하자면 이탈리아 국제사법처럼 현재의 총칙 중 준거법에 관한 조항을 제3장으로 보내고, 그에 앞서 제2장에서 국제재판관할규칙을 통합하는 방식이 바람직하다.

34) 장준혁 외(註 5), 15면 이하는 개정법처럼 조문번호를 다시 매기는 일은 대륙법계에서 정상적인 일이 아니라고 지적하고, 한국에서도 장기적으로 넓은 의미의 국제사법 전반(외국재판의 승인 및 집행, 국제적 이중소송, 국외송달, 국외 증거조사, 국제상사중재와 국제도산 등)을 포괄하는 단일법전을 구성한다는 데 확고한 합의가 있다면, 독일, 프랑스, 영국, 일본 등처럼 국제사법의 종합적 법전화를 미루는 것도 가능하였을 것이라고 한다. 그러나 독립적인 국제사법 법전이 없는 프랑스와 판례법 국가인 영국은 예시로서 부적절하고, 준거법규칙만을 담은 국제사법을 민법시행법에 두고 있는 독일이나 법적용통칙법을 가지고 있는 일본과 개정법을 대비시킬 것은 아니다. 국제재판관할규칙을 국제사법에 편입한다는 입법적 결단은 2001년에 이미 있었다. 더욱이 국제적 이중소송은 개정법에 포함시켰고, 저자는 외국재판의 승인·집행을 국제사법에 포함시키기를 희망하나 이는 스위스처럼 각 장별로가 아니라 제1장(총칙)에 가지번호를 단 조문을 추가하면 족하고, 저자는 국외송달과 국외 증거조사, 국제상사중재와 국제도산을 국제사법에 두자고 주장하지 않으므로 그런 걱정은 불필요하다. 장준혁 외(註 5), 15면 註 13이 언급하는 광의의 국제사법의 종합법전화는 저자가 바라는 바도 아니고, 한국에서 광의의 국제사법 전반을 포괄하는 단일법전을 구성한다는 취지의 확고한 합의는 불가능하다고 본다. 다만 저자도 조문번호를 수정한 것이 "비생산적이고 안타까운 일"이라는 지적(장준혁, 법률검토의 방법(2022), 70면 註 6)이 틀린 것은 아니지만 다소 지나치고 우리로서는 불가피하였다는 것이다.

사법전을 가지고 있던 대륙법계 국가가 뒤에 국제재판관할규칙을 국제사법전에 추가한 입법례는 흔하지 않다.

나아가 2안은 국제사법의 중요한 주제인 국제재판관할과 준거법에 대등한 지위를 부여하는 편제라는 점에서도 매력이 있다. 국가 간 법제의 차이를 조정하는 접근방법에는 첫째, 준거법의 지정과 둘째, 국가의 개별 고권행위의 절차적 승인 (대표적으로 외국재판의 승인)이 있는데 국제재판관할은 후자의 핵심적 요소이다.[35) 저자가 현재 민사소송법과 민사집행법으로 나뉘어 있는 외국재판의 승인·집행에 관한 조문을 장래에는 국제사법에 통합하여 규정하자고 제안하는 것은 양대 접근 방법을 상호 연계 하에 체계적으로 파악하기 위한 것인데, 국제재판관할규칙을 국제사법에서 체계적으로 규정하는 것은 바로 그 전제조건이다.[36)

요컨대 민사소송법이 아니라 국제사법에 정치한 국제재판관할규칙을 두는 실익은 2안을 따르는 경우에 제대로 발휘될 수 있고, 1안을 따를 경우 실익이 몰 각되거나 대폭 약화된다.

Ⅲ. 국제재판관할에 관한 일반원칙

1. 존치와 문언의 수정

개정법에 제2조를 존치할지에 관하여는 논란이 있었다.[37) 그러나 아래에서

---

35) 근자에 유럽에서는 특히 성씨, 신분과 가족법에서 '준거법 지정에 갈음하는 저촉법적 승인' 을 새로운 또는 보완적 접근방법으로 인정할지를 둘러싸고 논란이 있다. 이는 외국법질서 에 의하여 형성된 법상태의 승인이라는 점에서 Ulricus Huber의 기득권이론을 연상시킨 다. 이는 주로 회원국 국내법 위에 상위규범이 존재하는 유럽연합법의 맥락에서 논의되나 국제사법의 근본문제를 다루는 점에서 우리에게도 유의미하다. 상세는 석광현, "국제사법 에서 준거법의 지정에 갈음하는 승인: 유럽연합에서의 논의와 우리 법에의 시사점", 동아 대학교 국제거래와 법 제35호(2021. 10.), 1면 이하 참조. 종래의 국제사법이론은 준거법의 지정과 국가의 개별 고권행위의 절차적 승인 간의 상호관련성을 충분히 검토하지 못하였 는데, 앞으로는 저촉법적 승인(또는 법상태)의 필요성을 포함하여 준거법의 지정과 개별 고권행위의 절차적 승인을 아우르는 문제의식과 이론구성을 모색할 필요가 있다.
36) 그렇다고 해서 스위스 국제사법처럼 각 장마다 외국재판의 승인 및 집행에 관한 조문을 두 자는 말은 아니다. 제1장 제4절을 신설하여 재산법상의 사건과 가사사건으로 구분하여 규 정하고, 비송사건에 대하여는 별도 조문을 두거나 개정법 제15조(비송사건의 관할)와 같은 조문을 두면 될 것이다.
37) 제2조는 반드시 존치해야 하는 것은 아니다. 저자는 국제사법에 정치한 국제재판관할규칙

보는 바와 같이 개정법에서도 모든 법률관계에 관하여 완벽한 국제재판관할규칙을 두는 것은 아니므로 이를 둘 실익이 있다는 견해가 채택되었다. 이를 고려하여 개정법은 국제사법 제2조를 존치하면서 아래 밑줄 친 부분에서 보듯이 문언을 수정하였다.

> **"제2조 (일반원칙)**
> ① 대한민국 법원(이하 "법원"이라 한다)은 당사자 또는 분쟁이 된 사안이 대한민국과 실질적 관련이 있는 경우에 국제재판관할권을 가진다. 이 경우 법원은 실질적 관련의 유무를 판단할 때에 <u>당사자 간의 공평, 재판의 적정, 신속 및 경제를 꾀한다는</u> 국제재판관할 배분의 이념에 부합하는 합리적인 원칙에 따라야 한다.
> ② <u>이 법이나 그 밖의 대한민국 법령 또는 조약에 국제재판관할에 관한 규정이 없는 경우</u> 법원은 국내법의 관할 규정을 참작하여 국제재판관할권의 유무를 판단하되, 제1항의 취지에 비추어 국제재판관할의 특수성을 충분히 고려하여야 한다."(밑줄은 저자가 추가)

2. 국제재판관할배분의 이념의 구체적 언급

국제사법 제2조 제1항 2문은, 법원은 실질적 관련의 유무를 판단함에 있어 국제재판관할 배분의 이념에 부합하는 합리적인 원칙에 따라야 한다고 규정할 뿐이고 그 이념을 구체적으로 명시하지 않는다. 반면에 개정법 제2조 제1항 2문은 "당사자 간의 공평, 재판의 적정, 신속 및 경제를 꾀한다는 국제재판관할 배분의 이념"이라고 하여 국제재판관할 배분의 이념을 구체적으로 열거하는데 이는 도메인이름에 관한 2005년 대법원판결 이래 대법원 판례의 추상적 법률론을 따른 것이다.[38] 저자는 과거 굳이 이를 열거하지 않는 것이 바람직하다는 견해를 피력하

을 망라적으로 둔다면 국제사법 제2조는 삭제하는 것이 옳으나, 국제재판관할규칙이 불충분하다면 국제사법 제2조를 존치할 필요가 있다고 전제하고, 제2항의 밑줄 친 문언을 제1항에 규정하는 취지의 제안을 하였다. 국제사법이 명시하는 정치한 관할규칙은 제1항의 원칙을 반영한 것이므로 다시 제1항을 둘 필요가 없고, 특별관할규칙을 두지 않은 법률관계에 관하여만 제2조를 적용하자는 것이었다. 예컨대 만일 물권에 관하여 특별관할규칙을 두지 않으면서 친족에 관하여는 특별관할규칙을 둔다고 가정한다면 양자를 구별하자는 것이다. 전자에 관한 한 제2조는 여전히 필요하다. 다만 전속관할을 인정하는 경우에는 제2조 제1항을 근거로 관할을 인정할 수는 없다.

38) 종래 대법원 판결에서는 "기한다는"이라고 하였으나 법제처를 거치면서 "꾀한다는"으로 수정된 것으로 보인다.

였고[39] 국제사법도 그런 태도를 따랐다.

개정법이 대법원판례를 따른 점에서 저자는 크게 반대하지는 않으나 이를 명시하지 않는 것이 바람직하다고 본다. 2005년 대법원 판결 전의 대법원판결은 일본 최고재판소의 판례를 따라 국제재판관할을 결정하는 궁극적인 기준으로서 민사소송법의 기본이념(또는 이상)인 "적정, 공평 및 신속"을 들었더랬는데 그에 '경제'를 추가한 2005년 판결을 따른 문언을 굳이 명시할 필요가 없고, 자칫 민사소송의 이념과 국제재판관할배분의 이념이 완전히 동일한 것이라는 오해를 초래할 수 있으며,[40] 나아가 개정법과 조금 달리 ① 공평(fairness)과 합리성(reasonableness),[41] ② 공평과 실질적 정의(fair play and substantial justice), ③ 미국 연방 헌법상의 적법절차(due process)[42]의 원칙과 ④ 근접성(또는 밀접성. proximity)의 원칙 또는 중요한 관련성(significant connection)의 원칙 등을 열거할 수도 있기 때문이다.[43] 또한 2005년 판결은 국제사법 제2조를 참조하여 과거 대법원 판결은 언

---

39) 석광현(註 16), 167면 이하. 당초에는 언급하는 안을 제시하였으나 그 후 제외하였다. 석광현(註 16), 319면 이하.

40) 동일한 가치를 민사소송의 이념과 국제재판관할배분의 이념으로 열거하더라도 양자가 반드시 동일하지는 않다고 본다. 국제재판관할의 맥락에서는 예컨대 공평의 경우 법정지의 선택 자체가 원고와 피고의 이익을 형량하여(balancing of interests) 당사자들에게 공평한 것이어야 하고, 그 경우 출발점은 'actor sequitur forum rei (원고는 피고의 법정지를 따른다)'라는 원칙일 것이나, 다만 소비자, 근로자 기타 사회·경제적 약자를 보호할 필요성을 고려해야 한다. 반면에 민사소송법의 기본이념으로서의 당사자의 공평은 법관이 중립적 제3자의 위치에서 어느 쪽에도 편파됨이 없이 당사자를 공평하게 취급하는 것이므로 명문의 법적 근거가 없는 한 피고를 우대하거나 사회·경제적 약자를 우선하는 것은 허용되지 않는다는 점에서 양자는 차이가 있다고 봄이 합리적이다. 석광현(註 16), 167면 이하 참조.

41) 미국 연방대법원의 World-Wide Volkswagen Corp. v. Woodson, 444 U.S. 286 (1980) 사건 판결도 International Shoe Co. v. Washington 사건 판결을 인용하면서 적법절차의 둘째 요소로서 공평과 합리성을 들었다. Restatement (Third) Foreign Relations §421 제1항도 합리성을 재판관할권의 근거로 제시하고, 관할권의 행사가 합리적인 경우의 11 가지 예를 열거한다.

42) 이처럼 종래 미국에서는 우리의 국제재판관할에 상응하는 대인관할권, 대물관할권과 준대물관할권은 헌법상의 문제, 특히 적법절차(due process)의 문제로 다루어진 점에 특색이 있다. 우리나라에서는 그러한 논의가 별로 없다. 그에 상응하는 논의는 석광현, "국제사법에 대한 헌법의 영향", 저스티스 통권 제170-3호(2019. 2. 한국법률가대회 특집호 II), 495면 이하 참조. 우리 법은 대물소송의 개념을 알지 못하므로 국제재판관할의 맥락에서 우리에게 참고가 되는 것은 미국의 대인관할권과 준대물관할권이다. 우리 문헌은 김종호, "미국법상 대물소송(Action in rem) 제도에 관한 소고", 한양법학 제23권 제4호(2012. 11.), 259면 이하 참조.

43) 그 밖에 절차적 효율성을 강조할 수도 있다. 상세는 석광현(註 16), 170면 참조.

급하지 않던 '합리성'을 언급하는데 국제재판관할배분의 이념과 합리성의 관계도 문제된다. 더욱이 2001년 섭외사법 개정 시 심사숙고하여 기본이념을 열거하지 않았는데 이제 와서 뚜렷한 근거 없이 이를 명시하는 것은 입법의 연속성 내지 일관성이라는 측면에서도 바람직하지 않다.

3. 제2조의 기능

개정법 하에서 제2조는 다음과 같은 기능을 할 수 있을 것이다.

가. 국제재판관할규칙의 대원칙 정립

제2조 제1항은 국제사법이 정한 국제재판관할의 대원칙을 선언하는 의미가 있다. 따라서 법원이 국제재판관할에 관하여 판단하는 모든 사안에서 궁극적인 지도원리 내지 잣대로서 기능한다. 이는 일차적으로 국제사법이 정한 국제재판관할규칙에 따라 국제재판관할의 유무를 판단하는 단계에서 중요한 기능을 하지만, 개정법 제12조에 따른 재판관할권의 행사 여부 판단에서도 기능하는데 다만 아래 (XIII.)에서 보듯이 후자의 맥락에서는 개별사건의 구체적 상황을 고려하여야 한다.

나. 실질적 관련에 근거한 국제재판관할의 인정(제2조 제1항 관련)

개정법에 국제재판관할규칙이 없고 국내법에 토지관할규칙도 없는 사안(예컨대 신탁의 내부관계에 관한 소 또는 항공사건에 관한 소)에서, 과거 대법원이 도메인이름에 관한 대법원 2005. 1. 27. 선고 2002다59788 판결과 이혼에 관한 대법원 2021. 2. 4. 선고 2017므12552 판결에서 그랬듯이, 법원이 제2조 제1항을 근거로 실질적 관련만에 근거하여 국제재판관할을 인정할 여지가 있다. 저자는 국제사법 하에서 제2조 제1항의 적극적 기능을 긍정한 바 있는데[44] 개정법에서도 원칙적으

---

44) 그러한 사례로 과거 저자는 가사사건에서의 국적관할(또는 본국관할)과 활동에 근거한 관할을 들었다. 석광현(註 4), 94면, 註 14. 개정법 하에서는 브뤼셀 I Recast(제8조 제2호)가 규정하는 담보책임에 관한 소나 기타 제3당사자소송(an action on a warranty or guarantee or in any other third-party proceedings)의 국제재판관할도 그에 해당하는 것으로 볼 수 있다. 브뤼셀체제는 담보책임에 관한 소송이나 기타 제3당사자소송(예컨대 제3자소송인입)을 관련관할의 하나로 다루면서 그에 대하여는 본래의 소를 담당하는 법원의 관할을 인정하지만 본래의 소가 피고의 사건에 대해 관할을 가지는 법원의 관할을 배제할 목적만으로 제기된 경우는 제외된다. 간접관할의 맥락에서 제3자소송인입이 다루어진 대법원 1995. 11. 21. 선고 93다39607 판결도 있으나 그것이 쟁점이 되지는 않았다. 석광현, 국제

로는 같은 결론이 가능하다고 보지만, 개정법이 정치한 국제재판관할규칙을 도입한 이상 제2항의 밑줄 친 부분이 명시하는 바와 같이 이는 보충적인 규칙이므로 이는 "개정법이나 그 밖의 대한민국 법령 또는 조약에 국제재판관할에 관한 규정이 없는 경우"에만 적용해야 하고 그에 해당하는지를 해석함에 있어서도 엄격하게 하여야 한다. 즉 특별관할규칙이 있는 경우 그것만으로 당연히 국제재판관할이 인정되나, 그것이 없는 때에는 여러 가지 사정을 종합한 결과 그것이 제2조 제1항이 선언하는 일반원칙에 부합할 때에 비로소 국제재판관할을 인정할 여지가 없지는 않지만 법적 안정성을 고려하여 이를 매우 예외적인 경우로 한정하여야 한다는 것이다. 이런 맥락에서 "대한민국에 당사자들의 국적이나 주소가 없어 대한민국 법원에 국내법의 관할 규정에 따른 관할이 인정되기 어려운 경우라도 이혼청구의 주요 원인이 된 사실관계가 대한민국에서 형성되었고 이혼과 함께 청구된 재산분할사건에서 대한민국에 있는 재산이 재산분할대상인지 여부가 첨예하게 다투어지고 있는 사정 등이 있다면, 대한민국과 실질적 관련성을 인정할 수 있다"고 판시한 대법원 2021. 2. 4. 선고 2017므12552 판결의 취지는 개정법 하에서는 원칙적으로 허용되지 않는다.

개정법 하에서 법원이 제2조 제1항을 과도하게 활용할 가능성에 대한 심각한 우려[45]가 있음을 유념하여야 한다. 국제사법과 개정법 제2조는 '당사자'라고 하나 이는 소비자 또는 근로자와 같은 보호적 관할의 경우가 아닌 통상적인 경우 피고의 보호에 주안점이 있는 것이다. 그렇지 않으면 원고가 한국인 또는 한국 기업이라는 점을 주된 근거로 한국과의 실질적 관련이 있다고 보아 제2조를 남용하게 된다. 그렇게 하는 것은 '원고관할(forum actoris. 또는 원고법정지)'을 인정하는 것이 되어 개정법 제3조와 민사소송법 제2조가 정한 "피고관할원칙"에 반하는 부당한 결과를 초래한다. 국제사법 하에서는 정치한 국제재판관할규칙이 없었기에 대법원이 제2조 제1항의 실질적 관련만을 근거로 관할을 인정할 여지가 있었더라도, 정치한 국제재판관할규칙을 도입한 개정법 하에서는 사정이 다르므로, 개정법이

사법과 국제소송 제1권(2001), 292면 이하에서는 간접관할의 맥락에서 견해를 소개하였다.

45) 장준혁(註 6), 1030면 이하는 종래 대법원이 실질적 관련성 기준을 오남용하고 있다고 신랄하게 비판하고, "개정안이 입법되더라도 규칙다운 규칙보다 고차원적 명제와 지도원리에 직접 의지하여 '실질적 관련성 관할'을 인정하기를 압도적으로 선호하는 판례의 습성이 입법취지에 반하여 온존될 우려가 없지 않다"고 하면서 개정안이 입법화된 후의 앞날이 어둡다고 평가한다.

관할규칙을 두고 있고 그에 따르면 한국의 국제재판관할이 부정되는 연결대상(대체로 법률관계)에 관한 한 법원이 제2조의 실질적 관련만을 근거로 관할을 인정해서는 아니 된다는 점을 분명히 지적하여 둔다. 나아가 그런 사안이라면 가사 한국의 국제재판관할을 인정하더라도 대체로 외국에 대체법정지가 있고 아마도 그곳에서 재판하는 것이 더 적절하다는 예외적인 사정이 명백히 존재할 가능성이 있는데 만일 그렇다면 법원으로서는 관할권을 행사하지 말아야 한다(개정법 제12조).

다만 개정법 하에서도 원고가 관할권이 없는 법원에 제소함으로써 발생하는 복종관할과 예외적인 경우 재판의 거부를 피하기 위한 긴급관할은 인정할 수 있다.

다. 토지관할규칙에 근거한 국제재판관할규칙의 인정(주로 제2조 제2항 관련)

위 둘째의 연장선상에서 제2조 제2항은 국제사법이 국제재판관할규칙을 두지 않으나 국내법에 토지관할규칙이 있는 사안에서, 법원이 토지관할규칙을 참작하여 국제재판관할, 특히 특별관할을 인정할 수 있는 근거가 될 수 있는지가 문제된다. 비송사건의 경우에는 개정법이 명시적 규정(제15조 제3항)을 두므로 이는 당연하나 소송사건에서도 그럴 여지가 있는가이다.

문제는 재산상의 소(개정법 제5조), 관련사건의 관할(개정법 제6조), 사원 등에 대한 소(개정법 제25조), 계약에 관한 소의 특별관할(개정법 제41조)처럼 국제사법이 특별관할규칙을 도입하면서 민사소송법의 토지관할규칙을 의도적으로 제한하거나 수정한 경우이다. 또한 개정법은 일부 유형의 가사사건에서만 국적관할[46]을 인정하는데 다른 유형의 가사사건에서도 국적관할을 인정할 수 있는가도 문제된다. 아래에서 보듯이 근무지의 특별재판적을 정한 민사소송법 제7조에서도 이런 의문이 제기된다. 이는 그런 경우가 제2조 제2항의 "이 법이나 그 밖의 대한민국의 법령 또는 국제재판관할에 관한 규정이 없는 경우"에 해당하는가의 문제이다. 생각건대 그 경우는 국제재판관할에 관한 규정이 없는 경우가 아니므로 법원으로서는 그런 경우(더 정확히는 개정법에 의하여 배제된 경우) 제2조 제2항을 적용하여서는 아니 된다.[47] 따라서 국제재판관할규칙으로 채택되지 않은 토지관할규칙에

---

46) 또는 본국관할. 이를 'home jurisdiction'이라고 부르기도 한다. Heinz-Peter Mansel, Nationality, in Encyclopedia of PIL, Volume 2, p. 1301.

47) 이와는 별개로 저자는 과거 입법론의 하나로 종래 근거가 약한 특별관할규칙의 경우에 다른 요건과 결합하여 국제재판관할을 인정할 수 있는 요건으로 기능한다는 점을 지적하였다. 국제사법이 완전한 재판관할규칙을 두는 경우와 달리 '불완전한 재판관할규칙'을 두는

근거하여 곧바로 국제재판관할을 인정하는 것은 허용되지 않으나, 매우 예외적인 경우에는 그러한 토지관할규칙과 다른 사정들을 종합적으로 고려하여 실질적 관련에 근거한 관할을 인정할 가능성이 완전히 배제되는 것은 아니다.

한편 제2조는 개별조문에 따라 우리나라에 재판관할이 있음에도 불구하고 이를 부정하는 근거가 될 수는 없다. 그런 소극적 기능은 국제재판관할권의 불행사에 관한 조문(제12조)에 따를 사항이다.

Ⅳ. 일반관할(제3조)

1. 일반관할과 특별관할

국제재판관할은 그 범위에 따라 구분된다. 즉 위에서 본 것처럼 법원이 사건의 종류나 내용에 관계없이 피고에 대한 모든 소송에 관해 재판관할을 가지는 경우 '일반관할'을 가지고, 법원이 예컨대 계약 또는 불법행위 등과 같이 일정한 종류나 청구원인에 기한 소송에 관하여만 재판관할을 가지는 경우 '특별관할' 또는 '특정관할'을 가진다고 한다. 일반관할의 경우 피고와 법정지 간의 결합이 매우 강력해서 피고에 대한 모든 종류의 소송에 대하여 재판관할을 인정하고, 특별관할의 경우 어떤 종류의 사안과 법정지 간에 관할의 존재를 정당화할 정도의 관련이 있어 당해 종류의 소송에 한하여 재판관할을 인정하는 것이다. 민사소송법은 '보통재판적'과 '특별재판적'이라는 용어를 사용하는데 이는 독일 민사소송법의 용어를 번역한 것이다.

개정법에서 보통재판적이라는 용어 대신 일반관할이라는 용어를 사용하는 이유는, 2001년 7월 시행된 국제사법에 국제재판관할에 관한 개념을 처음 도입하면서 국제적으로 널리 사용되는 용어를 채택하였기 때문이다. 재판적을 사용할 여지도 있으나 재판적에 이중기능(Doppelfunktion)을 인정하는 독일과 달리(따라서 독일에서는 국제재판관할의 맥락에서도 재판적을 사용한다) 우리 민사소송법은 국제재

_____

경우에는 국제사법 제2조 제1항의 대원칙과 결합하여 국제재판관할을 인정할 수 있고, 그 예로 ① 피고의 활동에 근거한 관할, ② 주관적 병합, ③ 객관적 병합, ④ 반소의 일부 경우와 ⑤ 매매계약과 용역제공계약 이외의 계약사건의 경우를 들었다. 저자는 위원회에서 이런 견해의 채택을 제안하지는 않았다. 개정법 하에서는 이런 접근방법은 허용되지 않는다고 본다.

판관할을 규율하지 않는다는 것이 과거 확립된 판례와 학설이었으므로 재판적은 국제재판관할의 맥락에서는 적절하지 않다고 판단하였기 때문이다.[48] 참고로 개정법에서 말하는 국제재판관할이라 함은 당연히 우리 국제사법상의 개념이고 영미식의 jurisdiction(관할권)처럼 재판권('Gerichtsbarkeit' 또는 '*facultas iurisdictionis*')을 포함하는 개념이 아니다. 따라서 위에서 본 것처럼 영미에서와 달리 우리 법상으로는 당사자의 국제재판관할합의에 의하여 국제재판관할권이 창설되거나(pro-rogation의 경우) 배제될(derogation의 경우) 수 있다.

2. 일반관할규칙

민사소송법 제2조는 '보통재판적'이라는 표제 하에 "소는 피고의 보통재판적이 있는 곳의 법원이 관할한다"고 규정한다. 이는 '원고는 피고의 법정지를 따른다(*actor sequitur forum rei*)'는 로마법 이래 대륙법의 원칙(이를 "피고관할원칙"이라고 부르기도 한다)을 수용한 것이다. 대륙법계 국가에서는 국제재판관할, 특히 일반관할의 배분에 있어 위 원칙이 당사자의 공평 내지 이익형량의 출발점이다.

보통재판적을 정한 민사소송법 제2조, 제3조와 제5조 제1항의 토지관할규칙은 그대로 국제재판관할규칙으로 사용할 수 있는 것이다. 따라서 개정법도 이를 국제재판관할규칙으로 명시하되, 준거법결정의 연결점으로 국제사법이 일상거소(habitual residence)를 사용하는 점과, 국제재판관할규칙의 국제적 정합성을 고려하여 주소 대신 일상거소를 관할근거(또는 관할원인. 이하 호환적으로 사용한다) 또는 국제재판관할의 연결점으로 선택하였다. 우리 민사소송법과 가사소송법은 '주소'를 토지관할의 근거로 사용하나 이는 정주의사(*animus manendei*)를 요구하지 않는 객관주의에 따른 주소개념이므로 이를 상거소로 대체할 수 있고, 특히 헤이그

---

48) 더욱이 영미법계는 물론이고 전 세계적으로 '일반관할(general jurisdiction)'과 '특별관할(special jurisdiction)'이라는 용어와 개념이 널리 사용되고 있다(브뤼셀 I Recast의 SECTION 2는 Special jurisdiction 이라는 제목을 달고 있다). 저자가 일반관할과 특별관할이라는 개념을 사용하게 된 배경은 석광현(註 16), 25면 이하에서 밝힌 바 있다. 일반관할에 관한 제 논점은 석광현(註 16), 209면 이하 참조. 손경한 외(註 3), 38면 이하(한애라 집필부분)도 일반관할과 특별관할이라는 용어를 사용한다. 참고로 대법원 2019. 6. 13. 선고 2016다33752 판결은 국제재판관할의 맥락에서 '특별관할'이라는 용어를 (아마도) 처음으로 사용하였다. 오정후(註 17), 71면은 우리도 '재판적'이라는 용어를 사용하는 것이 바람직하다고 하나, 한충수, "헤이그 재판협약과 민사소송법 개정 논의의 필요성 — 관할규정의 현대화 및 국제화를 지향하며", 인권과정의 제493호(2020. 11.), 81면 註 26은 재판적이라는 용어의 사용에 반대하고 관할이라는 용어의 사용을 지지한다.

국제사법회의에서 성안한 국제협약과의 조화 내지 국제적 정합성을 고려하면 일
상거소가 연결점으로서는 더 설득력이 있다.[49]

개정법 제3조 제1항은 국제사법 제3조 제2항의 '상거소(常居所)' 대신 '일상거
소(habitual residence)'라는 용어를 사용하는데 이런 뜬금없는 수정과 영어의 병기
는 바람직하지 않다(어쨌든 법조문이 명기하므로 이하 양자를 호환적으로 사용한다).[50]

---

49) 국제사법상 혼인의 일반적 효력과 이혼의 준거법 결정시 상거소가 연결점으로 사용되고
있음(국제사법 제37조와 제39조)을 고려한다면, 관할과 준거법과의 병행(Gleichlauf)이라
는 관점에서도 일상거소가 더 낫다. 흥미로운 것은 대법원 2019. 6. 13. 선고 2016다33752
판결인데 이는 피고들이 한국에 실질적인 생활 기반을 형성했다고 볼 수 있다고 하면서도
일반관할을 인정하지는 않았다. 이에 대해 장준혁(註 6), 1031면은 위 사건은 피고 상거소
지관할을 인정하면 충분한 경우였다고 평가하나, 한애라, "재산소재지 특별관할에 관한 법
리와 판례의 검토 및 입법론", 민사판례연구 XLⅢ(2021), 899면은 "대상판결의 사실관계가
민사소송법 제3조를 문언 그대로 충족하는지 다소 불분명하자, 대상판결의 원심은 민사소
송법 제11조도 고려하였고(오히려 재산소재지 특별관할의 판단에 더 중점을 두었다), 대상
판결도 이를 수긍하였다"고 평가한다. 평석은 석광현, "국제사법 제2조 제2항을 올바로 적
용한 2019년 대법원 판결의 평석: 일반관할과 재산소재지의 특별관할을 중심으로", 동아대
학교, 국제거래와 법 제29호(2020. 4.), 131면 이하 참조. 그러나 민법의 주소는 '법률개념'
으로서 국내법상 일원적이고 고정적인 데 반하여, 상거소는 '사실개념'('법적개념'인지는 논
란이 있으나)으로서 다원적이고 고정적일 수 없다는 차이를 지적하면서 깊이 있는 검토가
필요하다는 지적이 있다. 최흥섭, "유럽연합의 브뤼셀Ⅱa 규칙에서 「아동의 상거소」에 관
한 유럽사법재판소의 선행판결에 대한 검토", 국제사법에 관한 글모음집 2022년(2022), 10
면 이하 참조.

50) 즉 개정법에서는 국제사법과 개정안의 "상거소(常居所)"가 "일상거소(habitual residence)"
로 수정되었다. 제382회 국회(정기회) 제3차 법제사법위원회 국제사법 전부개정법률안 검
토보고(18면 註 8)는 그 이유를 "'상거소'는 "habitual residence"를 우리나라 법률용어로
번역한 것으로서, 의미가 통하지 않는 '상거소'라는 용어보다는 최소한의 의미단위가 되는
요소를 사용하여 국민이 이해할 수 있는 단어로 바꾸는 것이 바람직하다는 점 등을 고려하
여, 법제처 심사과정에서 '일상거소'로 바꿈."이라고 설명한다. 이는 2000년경 섭외사법 개
정 시에는 법제처와 국회는 의미가 통하지 않는 용어를 사용했다는 말인데 저자는 왜 의미
가 통하지 않는다는 것인지 이해할 수 없고 지난 20년 동안 상거소를 사용하였기에 상거
소는 이미 정착되었다고 본다. 1980년 국제물품매매계약에 관한 국제연합협약(CISG) 제10
조 (b)호의 국문번역도 'habitual residence'를 '상거소'라고 번역한다. 또한 국제사법처럼
기본적인 법률에서 영문병기를 하는 것은 수용할 수 없다. 국회제출 개정안에 대한 대한변
호사협회의 의견서도 상거소를 존치하는 견해를 지지하였다. 20년 전과 비교하여 국민의
한자 실력은 저하되었고 영어 실력은 향상되어 '常居所'는 이해하지 못하지만 'habitual
residence'는 이해할 수 있게 되었다는 것인가. 이런 비판은 석광현(註 49), 158-159면 註
62에도 적었다. 사실 섭외사법 개정작업을 하던 2000년에도 일상거소라는 용어를 사용하
자는 제안이 있었으나 '상거소(常居所)'가 채택되었던 것이다. 그때 만일 '일상거소(日常居
所)'를 채택했더라면 이를 비판할 생각은 없으나 20년이 지난 뒤에 군이 '상거소(常居

개정법은 법인 또는 단체의 경우 민사소송법 제5조 제1항이 정한 주된 사무소(또는 영업소)만이 아니라 정관상의 본거지, 경영의 중심지와 법인 또는 단체의 설립준거법 소속국을 기준으로 우리 법원의 일반관할을 규정한다. 이처럼 일반관할의 연결점이 4개로 확대되는 데 대한 거부감이 없지는 않았으나 브뤼셀 I Recast(제63조 제1항), 예비초안(제3조 제2항)과 관할합의협약(제4조 제2항) 등을 참조하여 그렇게 규정하였다. 2019년 재판협약(제3조 제2항)도 마찬가지다(간접관할의 맥락에서).

여기에서 '주된 사무소(또는 영업소)'는 사실상의 주된 사무소(또는 영업소)를 말한다. 정관상의 본거지(statutory seat, *siège statutaire*, satzungsmäßiger Sitz)[51]와의 대비로부터 이렇게 해석한다. 경영 중심지(central administration, Hauptverwaltung. '주된 집행부'라고도 번역한다)는 법인 등의 경영과 통제의 중심으로서 의사결정이 이루어지는 장소(예컨대 이사회의 개최지)를 의미하므로 사실상의 주된 사무소(또는 영업소)와 일치할 수 있으나 항상 그런 것은 아니다.[52] 예컨대 이사회가 화상회의 또는 전자적 통신에 의하는 경우 그 결정이 어려울 수 있다. 어쨌든 이는 개별사안에서 제반사정을 고려하여 결정할 사항이다. 예컨대 선박금융 기타 금융 목적으로 외국에 서류상의 회사(paper company)인 특수목적회사(special purpose company)를 설립하고(편의치적) 그 회사의 의사결정을 한국에서 하고 있다면 한국법원은 경영중심지로서 그 외국회사에 대하여 일반관할을 가진다.[53]

이와 같이 일반관할이 확대됨에 따라 경합관할이 발생할 가능성이 커졌다.

所)'를 '일상거소(habitual residence)'로 수정하는 행태는 입법의 일관성도 없고 이해할 수도 없는 일이다. 이런 식이라면 법제처의 담당자가 바뀔 때마다 그의 언어감각과 취향에 따라 얼마든지 수정될 수 있다는 것밖에는 되지 않는다. 법률가로서 부끄러운 일이다.

51) '본거(seat)'는 국제사법에서 강학상 흔히 사용되는 개념이나(예컨대 법률관계의 본거 또는 본거지) 우리 국제사법 조문에는 처음으로 등장하였는데 여기에서는 정관에 기재된 본거지 또는 본점을 가리킨다. 국가에 따라 다를 수는 있으나 이는 대체로 설립준거법 소속국과 일치할 것으로 생각된다.

52) Peter Nygh & Fausto Pocar, Report of the Special Commission, Preliminary Document No. 11 of August 2000, pp. 41-42; Ulrich Magnus/Peter Mankowski (eds.), Brussels I Regulation (2007), Art. 60, para. 5 (Paul Vlas 집필부분).

53) 2001년 섭외사법 개정작업 시 일반관할이 아니라 계약의 객관적 준거법의 맥락에서 '경영의 중심지'라는 개념을 도입하고자 하였다. 연구반초안 제43조 제2항 참조(조문은 석광현, 2001년 개정 國際私法 해설, 제2판(2003), 497면 참조). 그러나 당시에는 생소한 개념이라는 이유로 채택되지 않았다.

그 경우 법원으로서는 재판관할권 불행사에 관한 개정법 제12조를 적절히 활용할 필요가 있다.

주된 사무소(또는 영업소)에 근거한 일반관할은 법문이 명시하는 바와 같이 법인 또는 단체에 적용되는 것이지 자연인에게는 적용되지 않는다. 물론 자연인이 사무소(또는 영업소)를 운영하는 경우 그 사무소(또는 영업소)의 업무에 관한 소에 대하여는 개정법(제4조 제1항)에 따른 특별관할이 인정될 수 있으나 일반관할을 인정할 것은 아니다.

국제사법과 개정법은 준거법의 맥락에서 법인 또는 단체의 경우 일상거소라는 개념을 사용하지 않는다. 그러나 개정법 제3조가 국제재판관할의 맥락에서 자연인의 일상거소에 상응하는 연결점으로 주된 사무소(또는 영업소), 정관상의 본거지, 경영의 중심지와 법인 또는 단체의 설립준거법 소속국을 사용하므로, 준거법의 맥락(예컨대 개정법 제52조 제2항에 따라 불법행위의 준거법으로 공통의 일상거소지법을 적용하는 경우)에서도 그것이 결정적이지는 않지만 유추적용의 출발점으로 삼을 수 있다. 개정법(제46조 제2항)이 계약의 객관적 준거법에서는 자연인의 일상거소에 상응하는 연결점으로 법인 또는 단체의 주된 사무소를 사용하나 이는 계약에 한정된 것이므로 그보다는 제3조를 유추적용하는 편이 좋을 것으로 생각한다.

이와 관련하여 흥미로운 것은 근무지의 특별재판적을 규정한 민사소송법 제7조이다. 그에 따르면 사무소 또는 영업소에 계속하여 근무하는 사람에 대한 소는 그 사무소 또는 영업소가 있는 곳을 관할하는 법원에 제기할 수 있다. 이는 과거 소송촉진 등에 관한 특례법 제17조에 소액사건에 관한 특례였던 것을 1990년 민사소송법 개정 시에 민사소송법에 추가한 것인데, 업무와 관련하여 사용자가 제기하는 소만이 아니라 업무에 관계없이 제3자가 제기하는 소에도 적용되는 것으로 동조는 그 경우 주소지 대신에 근무지에서 제소하는 것이 당사자 쌍방에게 편의하다는 고려에 근거한 것이라고 한다.54) 이런 설명에 의하면 사무소 또는 영업소에 계속하여 근무하는 자에 대하여는 청구원인에 관계없이 제소할 수 있게 되어 그 제목에도 불구하고 마치 보통재판적과 같은 인상을 준다.55) 어쨌든 개정법

---

54) 김상원 외, 주석민사소송법(Ⅰ), 제5판(1997), 119면(박우동 · 강현중 집필부분).

55) 사무소 또는 영업소에 계속하여 근무하는 자에 대하여만 허용된다는 취지에서 특별재판적이라고 규정한 것인지 모르겠으나 설득력은 별로 없다. 제7조의 문제점은 석광현, "國際勤勞契約과 勤勞者保護 —改正 國際私法을 중심으로—", 노동법학(제13호)(2001. 12.), 26면에서 지적한 바 있다.

은 제7조를 국제재판관할규칙으로 규정하지 않으므로 그것이 특별재판적을 정한 것이든 보통재판적을 정한 것이든 간에 국제재판관할에 관한 한 제7조는 독자적인 의미는 없다.

3. 일반관할의 적용범위: 각장에 규정된 관할규칙과의 관계

조문의 체계상 개정법(제3조)은 한국에 일상거소를 가지는 사람에 대한 소에 관하여 우리 법원의 일반관할을 명시하므로 이는 그런 요건이 구비되는 한 국제사법이 적용되는 모든 법률관계에 대하여 그것이 소송인지 비송인지에 관계없이 적용되는 것으로 보인다. 그렇다면 상속사건을 포함하는 가사사건, 즉 제7장과 제8장이 적용되는 사건에서도 일반관할을 정한 제3조가 적용된다. 가사비송사건은 비송사건에 관한 조문(개정법 제15조)에 따라 어느 정도 해결될 것이고, 가사소송사건에 대하여는 개정법이 전면적으로 적용된다.

그러나 과연 그런 결론이 어느 범위에서 타당한지는 더 검토할 필요가 있다.[56]

V. 피고의 영업소 소재지 또는 영업활동에 근거한 특별관할(제4조)

양자는 특별관할이기는 하나 가사사건 이외의 여러 장에 공통되는 것이므로 제1장에 규정하고, 또한 당해 사업소(또는 영업소)의 업무(또는 영업)에 관한 한 일반관할과 유사한 기능을 하는 측면이 있으므로 민사소송법(제12조)과 달리 개정법은 이를 일반관할에 이어서 규정한다(이하 편의상 '영업소'와 '영업활동'만 언급한다).

피고가 한국에 영업소 등을 두고 영업활동을 하는 경우에는 제4조 제1항이 적용되므로 제4조 제2항을 적용할 필요는 없다. 따라서 조문은 명시하지 않지만 제4조 제2항은 피고가 한국에 영업소 등을 두지 않은 채 영업활동을 하는 경우에 적용되는 것으로 본다.

---

56) 제2조에서 일반관할을 규정하고 각장에서 별도의 특별한 관할규칙을 두는 스위스 국제사법 하에서도 유사한 문제가 제기된다. 다만 스위스 국제사법 제2조는 "이 법률이 특별한 관할을 규정하고 있지 아니한 때에는 피고의 주소지에 있는 스위스의 법원 또는 관청이 관할을 가진다"고 규정함으로써 보충적 성격을 명시하고, 경우에 따라 각장에서 피고주소지 관할을 명시하거나(제59조 a호, 제98조 제1항, 제109조 제1항 등) 다소 수정하여 규정하는데(제33조, 제151조 등) 반하여, 우리 개정법은 일반관할에서 보충성을 명시하지 않고, 또한 각장에서 일반관할을 전혀 규정하지 않는 점이 다르다.

1. 피고의 영업소 소재에 근거한 특별관할(제4조 제1항)

민사소송법 제5조(제1항, 제2항)에 의하면 외국법인은 한국에 있는 사무소 또는 영업소 소재지에 보통재판적을 가지는 것처럼 보인다. 한편 민사소송법 제12조는 "사무소 또는 영업소가 있는 사람에 대하여 그 사무소 또는 영업소의 업무에 관한 소를 제기하는 경우에는 그 사무소 또는 영업소가 있는 곳의 법원에 제기할 수 있다"고 규정한다. 영업소 소재지의 특별관할을 인정하는 이유는 피고가 영업소를 설치함으로써 자신의 활동범위를 제고하였다면 그로 인하여 발생한 결과에 대하여도 책임을 져야 한다거나,[57] 영업소를 설치한 피고로서는 그 장소의 관할에 복종할 의사가 있다고 볼 수 있기 때문이라고 설명한다.[58] 독일 민사소송법에는 우리 민사소송법 제12조에 상응하는 조문은 있으나 우리 민사소송법 제5조 제2항에 상응하는 조문은 없는데 후자는 1926년 개정된 일본 민사소송법에서 유래한다.[59]

문면상 제5조는 보통재판적을, 제12조는 특별재판적을 정한 것처럼 보이는데 만일 제5조와 제12조를 국제재판관할에도 유추적용한다면 양자의 관계가 문제가 된다. 종래 학설로는 민사소송법 제12조를 특별관할의 근거로 보는 데는 이견이 없으나, 제5조를 일반관할의 근거로 볼 것은 아니라는 견해가 유력하였는데, 대법원 2000. 6. 9. 선고 98다35037 판결은 민사소송법 제5조를 근거로 일반관할을 인정한 바 있다.[60] 그러나 중국 승무원의 유가족이 중국항공사를 상대로 제기한 손

---

57) Magnus/Mankowski (eds.)(註 52), Art. 5, para. 270 (Mankowski 집필부분).

58) Andrew Dickinson and Eva Lein, The Brussels I Regulation Recast (2015), para. 4.133.

59) 석광현(註 16), 236면.

60) 특히 동 판결은 "… 증거수집의 용이성이나 소송수행의 부담 정도 등 구체적인 제반 사정을 고려하여 그 응소를 강제하는 것이 민사소송의 이념에 비추어 보아 심히 부당한 결과에 이르게 되는 특별한 사정이 없는 한, 그 분쟁이 외국법인의 한국 지점의 영업에 관한 것이 아니더라도 우리 법원의 관할권을 인정하는 것이 조리에 맞는다"는 취지로 판시하였다. 비판은 석광현(註 16), 236면 이하 참조. 제1심판결(서울지방법원 1997. 7. 31. 선고 96가합4126 판결)도 한국법원의 일반관할을 인정하였는데, " … 외국에 주된 사무소를 두고 있는 외국법인이 한국에 그 밖의 사무소를 두고 있는 경우에는 그 외국법인은 한국에서 지속적이고도 조직적인 영업활동을 영위하는 것이어서 비록 사건이 그 사무소 등의 업무에 관한 것이 아니더라도 한국의 재판권에 복종시키는 것이 합리적이고도 정당하고, 또 외국법인으로서도 한국법원에 제소될 것임을 합리적으로 예견할 수 있을 정도로 그 영업소 등의 소재지와의 사이에 실질적 관련이 있다고 보이며 한편 최근 기업은 고도의 조직과 통제력을 가지고 지점과 영업소를 관리해 본점의 지시하에 지점이나 영업소가 자신과는 무관한 업무

해배상청구사건에서 대법원 2010. 7. 15. 선고 2010다18355 판결은 진일보한 판시를 하였다. 그 사건에서 중국 항공사인 피고가 한국에 영업소를 두고 있었으므로 만일 대법원이 위 2000년 대법원 판결의 태도를 따랐다면 당연히 한국의 일반관할을 인정했을 것이나 2010년 판결에서 대법원은 그 점을 포함한 다양한 요소를 고려한 뒤에 한국의 국제재판관할을 긍정하였기 때문이다.[61)62)] 이는 국제사법 제2조의 시행이 초래한 변화이다.

저자는 종래부터 위 2000년 대법원판결에 대해 비판적이다. 제5조를 일반관할의 근거로 인정하는 것은 과거 미국 판례는 피고가 "지속적이고 조직적인 활동(continuous and systematic activities)"을 하는 경우 이른바 '영업활동(doing business)'을 근거로 일반관할을 인정하던 것을 연상시키는데, 이는 세계적으로 과잉관할의 전형으로 비판 받았다.[63)] 요컨대 제5조를 근거로 일반관할을 허용하는 것은 부적절하며, 영업소가 있는 경우 제12조를 근거로 특별관할을 인정하는 데 그치는 것이 적절하다. 독립한 법인인 자회사는 통상은 제12조의 사무소 또는 영업소에 해당하지 않으나, 예외적으로 법인격을 부인할 수 있는 경우 또는 마치 자회사가 모회사의 사무소 또는 영업소인 것과 같은 권리외관(Rechtsschein)을 형성한 경우에는 동조가 적용될 수 있다는 점에서 법인격의 유무가 결정적 기준은 아니다.[64)] 저자는 과

에 관한 소송을 수행하더라도 어려움이 없는 것이 보통"이라고 판시하였다. 원심판결인 서울고등법원 1998. 6. 12. 선고 97나42160 판결은 1심판결을 그대로 인용하였다. 또한 서울지방법원 1998. 1. 15. 선고 95가합105237 판결과 서울지방법원 1999. 11. 5. 선고 99가합26523 판결도 위 1심판결과 유사한 설시를 하였다.

61) 위 대법원 판결은 피고 회사의 영업소가 한국에 존재하고 피고 회사 항공기가 한국에 취항하며 영리를 취득하는 이상, 피고 회사가 그 영업 활동을 전개하는 과정에서 한국 영토에서 피고 회사 항공기가 추락하여 인신사고가 발생한 경우 피고 회사로서는 한국법원의 재판관할권에 복속함이 상당하고, 피고 회사도 이를 충분히 예측할 수 있다고 보아야 하므로 개인적인 이익 측면에서도 한국법원의 재판관할권이 배제된다고 볼 수 없다고 판시하였다. 평석은 최영란, "실질적 관련은 어디까지인가?—국제재판관할 판단 기준에 관한 대법원 2010. 7. 15. 선고 2010다18355 판결에 대한 평석—", 원광법학 제26권 제4호(2010), 525면 이하 참조.

62) 징용사건에 관한 대법원 2012. 5. 24. 선고 2009다22549 판결은 간접관할의 맥락에서 피고의 연락사무소가 한국에 있었던 점과 한국이 불법행위지인 점 등을 고려하여 한국의 국제재판관할을 인정하였는데 이도 동일한 취지라고 생각된다.

63) 예비초안과 2001년 초안 제18조 제2항 e)호는 이를 금지되는 관할의 하나로 열거한다. 영업활동에 근거한 관할에 관하여는 석광현(註 16), 223면 이하 참조.

64) 유럽사법재판소의 1987. 12. 9. SAR Schotte GmbH v. Parfums Rothschild SARL 사건 판결(C-218/86) 참조.

거 입법론으로서는 국제재판관할의 맥락에서 제12조에 따른 특별관할을 인정하되 제5조에 따른 일반관할은 부정하는 방향으로 제5조와 제12조의 관계를 정리할 필요가 있음을 지적하고 그런 태도를 취한 일본 개정 민사소송법을 지지한 바 있다.[65]

위원회는 영업소 소재지는 특별관할의 근거가 될 수 있을 뿐이고 일반관할의 근거가 될 수는 없다는 견해를 지지하였다.[66] 그에 따라 개정법은 영업소 소재지를 특별관할의 근거로만 규정하고 일반관할의 근거로 규정하지는 않는데 그로부터 개정법의 해석상으로도 위와 같은 결론이 도출된다. 일본 개정 민사소송법(제3조의3 제4호)[67]도 동일한 태도를 취한다.

그렇다면 외국 회사가 한국에 영업소를 가지고 있다면 통상은 한국에 상당한 재산을 가지고 있을 것이므로 개정법 제5조가 정한 재산소재지의 관할이 발생할 여지가 있는지가 문제된다. 영업소의 업무에 관련된 소에 대하여는 제4조 제1항에 따라 한국의 관할이 인정되므로 이런 가능성은 외국 회사에 대하여 영업소의 업무에 관련되지 않은 소를 제기하는 경우에 실익이 있다. 제5조 제2호에 따르면

---

65) 석광현, "한국의 國際裁判管轄規則의 입법에 관하여", 국제거래법연구 제21집 제2호(2012. 12.), 158면 참조.

66) 주목할 것은 근자의 미국의 변화이다. 미국 연방대법원은 2014. 1. 14. Daimler AG v. Bauman, 571 U.S. 117 (2014) 사건 판결에서 ① 법인의 설립지, ② 법인의 주된 영업소 소재지와 ③ 법인의 활동이 '본질적으로 본국에 있는(essentially at home)' 것과 마찬가지일 정도로 지속적이고 광범위한 경우에 일반관할권을 가질 수 있다고 판시하고 특히 3번째 기준은 예외적인 상황에서만 적용할 수 있다고 강조하였다. 이 판결에 의하여 미국은 수십 년 간 유지해 영업활동에 근거한 일반관할권을 사실상 폐기하였다고 평가된다. Linda J. Silberman, The End of Another Era: Reflections on Daimler and Its Implications for Judicial Jurisdiction in the United States, 19 Lewis & Clark L. Rev. 675 (2015) 참조. '사실상 본국에 있는' 요건은 그 전의 Goodyear Dunlop Tires Operations, S.A. v. Brown, 564 U.S. 915 (2011) 사건 판결이 처음 제시한 것이었다. 우리 문헌은 김용진, "역내·외 모자회사에 대한 미국법원의 재판관할권의 제한적 행사 경향과 그 한계", 비교사법 제21권 제3호(통권 제66호)(2014. 8.), 1323면 이하; 장지용, "미국 국제사법의 현황 — 외국판결의 승인·집행을 중심으로", 국제사법연구 제22권 제1호(2016. 6.), 7면 이하; 한창완, "미국법상 외국기업에 대한 인적 관할에 관한 검토", 기업법연구 제31권 제3호(통권 제70호)(2017. 9.), 553면 이하 참조. Daimler 판결에는 Sotomayor 대법관의 보충의견이 있는데 동 판결에 대하여는 많은 평석들이 있다. 문헌은 한창완 참조.

67) 일본 개정 민사소송법(제3조의3 제4호)은 사무소, 영업소 등을 가지는 자에 대한 소에서 그 사무소 또는 영업소에 있어서 업무에 관한 것에 대해 당해 사무소 또는 영업소가 일본국 내에 있는 때에는 일본의 관할을 규정하나, 영업소 소재를 근거로 외국법인에 대한 일본의 일반관할을 인정하는 조문을 두지 않는다. 이는 일본 최고재판소 1981. 10. 16. 말레이시아 사건 판결(民集35卷7号, 1224면)의 결론을 입법에 의하여 배척한 것이다.

"압류할 수 있는 피고의 재산이 한국에 있더라도 분쟁이 된 사안이 한국과 아무런 관련이 없거나 근소한 관련만 있는 경우"에는 동조의 적용을 제외하므로 원고가 한국 회사이거나 한국인이더라도 위 밑줄 친 경우에 해당한다면 재산 소재지 관할이 인정될 수는 없다.[68] 다만 재산소재지의 국제재판관할을 제한적으로 수용한 대법원 2019. 6. 13. 선고 2016다33752 판결(아래에서 소개한다)의 취지에 따르면 피고의 재산이 한국에 있게 된 경위, 재산의 가액, 원고의 권리구제 필요성과 판결의 실효성 등을 고려하여 판단하고, 예측가능성이 있다면(즉 피고와 한국 사이에 어느 정도 관련이 있어서 한국법원에 소가 제기되는 것을 합리적으로 예견할 수 있었다면) 재산 소재지를 근거로 국제재판관할을 인정할 여지가 있을 것이다.

다만 국제사법 제2조를 통하여 이런 취지를 잠탈하는 것은 허용되지 않는다. 또한 개정법 제4조 제1항에도 불구하고 법원이 영업소의 소재를 일반관할의 근거로 삼거나 재산소재지의 관할을 쉽게 인정하거나 개정법 제2조를 통하여 관할을 널리 인정하는 것은 개정법의 취지에 반하는 것이다.

재판협약(제5조 제1항 d호)도 간접관할의 맥락에서 지점, 대리점 기타 영업소의 소재를 근거로 특별관할을 인정할 뿐이지 일반관할을 인정하지는 않는다.

여기에서 영업소는 통상 어느 정도 독립하여 업무의 전부 또는 일부를 총괄적으로 경영하는 장소라고 이해되는데 그것이 주된 영업소를 포함하는지는 논란의 여지가 있다. 한국에 주된 영업소가 있으면 개정법(제3조)에 따라 한국이 일반관할을 가지므로 특별관할의 존부를 문제 삼을 이유는 없다. 다만 조문 자체에서 주된 영업소를 배제하지 않으므로 해석론으로는 영업소는 주된 영업소를 포함한다고 볼 수 있다.

2. 피고의 영업활동에 근거한 특별관할(제4조 제2항)

가. 국제사법상 해석론

한국 기타 대륙법계 국가의 경우 피고의 영업활동과 관련된 특별관할은 종래 주로 계약과 불법행위로 나누고 각각에 관하여 논의되었으므로 국제재판관할의 유무를 판단하기 위해서는 우선 문제된 법률관계의 성질결정을 하여야 하고 피고의 영업활동 그 자체에 근거한 특별관할은 인정되지 않았다. 그러나 당사자가 영

---

68) 섭외사법과 국제사법 하에서 그런 가능성에 대한 논의는 석광현(註 16), 241면, 260면 이하 참조.

업소를 가지고 있지 않더라도 어느 국가 내에서 영업활동을 통하여 이득을 얻고 있다면 그로부터 발생하거나 그와 관련된 소송에 대해서는 당해 국가의 특별관할을 인정하는 것이 불합리한 것만은 아니다. 이것이 피고의 '활동에 근거한 관할(activity based jurisdiction)'이다. 예비초안을 성안하기 위한 특별위원회의 작업에서는 이를 일반관할의 근거가 되는 doing business와 구별하기 위하여 'transacting business'라는 용어를 사용하기도 하였다.[69] 이러한 개념은 미국으로부터 연원하였는데, 미국 판례는 '최소한의 접촉(minimum contact)'의 핵심적 개념인 '의도적 이용(purposeful availment)'을 인정하기 위한 요건으로 피고의 행위 내지는 활동에 착안하였으므로 피고의 활동에 기한 국제재판관할을 자연스럽게 인정할 수 있었다. 그러나 이러한 전통이 없는 우리로서는 미국과 같은 접근은 쉽지 않다.[70] 이를 인정한다면 피고의 어떠한 성질, 빈도 또는 양의 활동이 관할근거가 되는지의 판단이 어려우므로 사소한 관련을 근거로 재판관할이 확대될 위험성이 있다. 국제사법의 해석론으로는 국제재판관할을 인정하는 것이 국제재판관할 배분의 이념에 부합하고 합리적이면 피고의 활동에 근거한 특별관할을 인정할 수 있다.

피고의 활동에 기한 특별관할의 인정 여부는 특히 전자상거래와 관련하여 중요하다.[71] 저자는 국제사법의 해석론상 피고의 활동에 기한 특별관할을 인정할 수 있으나, 국제사법(제27조 제1항)이 'targeted activity criterion'(지향된 활동기준)에 근거한 재판관할을 명시하는 소비자계약의 경우와 동일한 정도로 비소비자, 즉 사업자에게 보호를 부여할 수는 없다고 보았다. 여기의 활동은 영업소의 소재에 비견할 만한 영업활동을 말한다.

---

69) 석광현, 국제사법과 국제소송 제2권(2001), 129면 이하 참조.

70) 그러나 대법원 1995. 11. 21. 선고 93다39607 판결은 '의도적 이용'이라는 개념을 사용한 바 있다. 서울고등법원 2012. 1. 19. 선고 2011나6962 판결은 위 대법원 판결과 유사한 취지로 설시하였다. 양자는 아래 각칙에서 상세히 소개한다. 석광현, 국제사법과 국제소송 제5권(2012), 413면, 註 55도 참조.

71) 미국 판결들이 현실공간의 관할이론을 가상공간에 접목하여, 웹사이트를 운영하는 유형을 세 가지로 분류함으로써 그 운영자에 대한 다른 주의 대인관할권의 유무를 결정하는 경향이 있음은 주목할 만하다. 이는 Zippo Manufacturing Co. v. Zippo Dot Com, Inc. 사건 판결에 의해 제시된 원칙이다. 952 F. Supp. 1119 (W.D. Pa. 1997). 우리나라에서는 '영역별분석방법(sliding scale approach)'이라고 부른다. 소개는 석광현(註 70), 419면 이하, 사안은 420면 註 69 참조.

나. 저자의 과거 입법론과 개정법의 규정

저자는 종래 입법론으로 영업활동에 근거한 국제재판관할을 규정하는 방안을 적극적으로 검토할 필요가 있음을 지적하였다. 실제로 일본 개정 민사소송법(제3조의3 제5호)은 일본에서 사업을 행하는 자(일본에 있어서 거래를 계속하여 하는 외국회사, 즉 일본 회사법 제2조 제2호에 규정한 외국회사를 포함한다)에 대한 소에 관하여 일본에서의 업무와 관련된 것에 대하여 활동에 근거한 관할을 도입하였다. 외국회사가 한국 내 대리상을 통하여 제품 판매와 같은 영업을 하는 경우 영업소를 가지는 것은 아니므로 영업소 소재지 관할을 인정하기는 어려우나[72] 영업활동에 근거한 관할을 인정할 여지는 있다. 다만 일본 민사소송법의 위 문언은 "사업을 행하는" 자라고 할 뿐이고 일본을 지향하여 활동을 하는 경우를 포함하지는 않는다.

과거 저자는 입법 시 외국회사가 한국에서 '영업활동을 할 것'이라는 요건을 명확히 해야 하는데 구체적으로 ① 한국 내에서 영업활동을 할 것, ② 한국 내에서 영업활동을 계속할 것, ③ 한국 내에서 또는 한국을 지향하여 영업활동을 할 것, ④ 한국 내에서 영업활동을 하거나, 외국에서 영업활동을 하더라도 그 실질적 효과가 한국 내에서 나타날 것 등 또는 ⑤ 영업활동에 근거한 관할이 국제재판관할의 대원칙에 부합하는 것을 요구하는 방안을 선택지로 고려할 수 있고, 또한 비인터넷 거래와 인터넷 거래에 대한 규칙을 이원화할지도 고려할 필요가 있음을 지적한 바 있다.[73]

---

72) 손경한 외(註 3), 76면(한애라 집필부분)이 소개하는 유럽사법법원 1981. 3. 18. Blanckaert & Willems PVBA v Luise Trost 사건 판결(Case 139/80) 참조. 이는 중개대리상에 관한 사건이다. 중요한 것은 대리상은 독립한 상인으로서 자신의 영업을 한다는 점이다. 따라서 특정 상인에게 종속한 대리인은 이와 구별된다. 만일 대리상이 한 사람만을 위해서 행위하면 본인이 영업하는 것으로 될 수 있을 것이다. Richard Fentiman, International Commercial Litigation, 2nd Ed. (2015), para. 9.24 참조. 한편 근자에 논란이 있었던 공정거래위원회의 써브웨이 사건(공정거래위원회 2021. 6. 29.자 의결 제2021-182호)처럼 해외(네덜란드)에 본사를 두고 있는 가맹본부(상법상의 가맹업자)가 한국의 가맹점사업자(상법상의 가맹상)와 가맹거래계약을 체결하는 경우에는 외국 가맹본부가 한국에서 영업활동을 한 것인가가 문제된다. 소개는 김민경, "가맹사업거래의 공정화에 관한 법률 제12조는 국제적 강행규정인가", 서울대학교 法學 제63권 제1호(2022. 3.), 4면 이하 참조. 외국의 가맹본부가 (국내 가맹본부를 통하지 않고) 직접 가맹점사업자와 가맹거래계약을 체결하는 경우는 최근까지 써브웨이가 유일하다고 한다.
73) 석광현(註 65), 160면. 손경한 외(註 3), 82-83면(한애라 집필부분)도 영업활동에 근거한 관할에 대해 긍정적인 의견을 피력하면서 그 모호성을 입법적으로 어떻게 해결할지는 추가적인 논의가 필요하다고 지적하였다.

위원회는 외국의 사업자가 한국에서 또는 한국을 지향하여 영업활동을 하는 경우에도 특별관할을 인정하기로 하고 다만 계속적이고 조직적인 영업 또는 사업 활동을 할 것이라는 요건을 요구하기로 하였다. 이는 위 ③을 기초로 하되 보다 엄격한 요건을 요구하는 것이다. 위원회가 영업활동에 근거한 관할을 전향적으로 고려하는 데는 예비초안(제9조 제1항)[74]도 영향을 미쳤다. 개정법은 이 점을 고려하여 영업활동이 한국에서 또는 한국을 향하여 "계속적이고 조직적"으로 이루어 질 것을 요구하는 방향으로 요건을 다소 강화하였다.[75] 2018. 2. 27. 개최된 법무부의 공청회에서 개정안의 위 요건은 지나치게 엄격하므로 이를 "계속적 또는 조직적"이라고 완화하자는 의견이 있었으나[76] 위의 이유로 수용하기 어려웠다.

한편 피고의 영업소 등에 대한 관할과 영업활동에 근거한 관할을 통합규정할지 아니면 별도로 규정할지는 기술적 사항인데, 개정법은 예비초안(제9조)과 달리 양자를 별개의 항으로 규정한다.[77]

다. 개정법의 해석론상의 몇 가지 논점

위에서 언급하였듯이 개정법은 지향된 활동(targeted activity)을 염두에 두고

---

74) 제9조는 아래와 같다. 이는 2001년 초안(제9조 제1항)과 같다.
   "제9조 지점[과 규칙적인 상업적 활동]
   원고는 분쟁이 그 지점, 대리점 또는 영업소의 활동 [또는 그 규칙적인 상업적 활동 (regular commercial activity)]에 직접 관련된 경우에는 피고의 지점, 대리점 또는 기타 영업소가 소재하는 [또는 피고가 다른 수단에 의하여 규칙적으로 상업적 활동을 영위한] 국가의 법원에서 소를 제기할 수 있다."
75) 이는 과거 미국에서 일반관할의 근거로 인정되었던 "지속적이고 조직적인 활동(continuous and systematic activities)"을 연상시킨다. 이러한 기준은 연방대법원의 Perkins v. Benguet Consolidated Mining Co. 사건 판결(342 U.S. 437 (1952))에서 확립되었고, 그 후 Helicopteros Nacionales de Colombia, S.A. v. Hall 사건 판결(466 U.S. 408 (1984))에서도 확인된 바 있었다. 그러나 위(註 66)에서 보았듯이 이는 2014. 1. 14. Daimler AG v. Bauman 사건 판결을 계기로 공식적으로 종말을 고하였다.
76) 임성권, 토론문, 공청회 자료집, 118-119면.
77) 예비초안 제9조(Branches [and regular commercial activity])는 아래와 같이 이를 묶어서 규정한다.
   "A plaintiff may bring an action in the courts of a State in which a branch, agency or any other establishment of the defendant is situated, [or where the defendant has carried on regular commercial activity by other means,] provided that the dispute re-lates directly to the activity of that branch, agency or establishment [or to that regular commercial activity]."

"…를 향하여"라는 문구를 제4조 제2항(활동에 근거한 관할)만이 아니라, 제39조 제1항 제3호(지식재산권 침해), 제42조 제1항 제1호(소비자계약)와 제44조(불법행위)에서 사용한다. 따라서 그러한 조항과의 관계도 문제된다.

영업활동에 근거한 특별관할은 소비자계약의 관할(국제사법 제27조와 개정법 제42조)과 관련된다. 즉 국제사법 제27조 제1항 제1호는 인터넷 거래를 고려하여 사업자가 소비자의 상거소지 국가 외의 지역에서 그 국가로, 즉 그 국가를 지향하여 광고에 의한 거래의 권유 등 직업 또는 영업활동을 행한 경우를 명시하므로 소비자계약이 아닌 경우 어느 범위까지 영업활동에 근거한 관할을 인정할지가 문제이다. 또한 현재는 소비자계약에서만 지향된 영업활동에 근거한 관할을 인정하나, 만일 사업자에 대하여도 영업활동에 근거한 관할을 인정하고, 소비자의 경우 소비자가 한국에서 계약체결에 필요한 행위를 할 것을 요구한다면 "大는 小를 포함한다"는 원칙에 따라 소비자계약에 관한 특칙은 소비자가 사업자를 상대로 제기하는 소에 관한 한 의미를 상실할 것이기 때문이다. 만일 외국 회사가 한국을 향하여 광고에 의한 거래의 권유 등 직업 또는 영업활동을 한다면 그 활동에 관하여는 개정법(제4조 제2항)에 의하여 한국의 특별관할이 긍정될 것이므로 소비자계약에 관한 별도의 조문이 없더라도 소비자가 사업자를 상대로 제기하는 소에 관한 한 소비자는 보호되기 때문이다. 즉 지향된 활동에 근거한 국제재판관할의 맥락에서 B2C의 경우 소비자를 위한 보호적 관할은 B2B의 경우에 비하여 그 요건은 더 완화된 것이어야 한다. 이러한 취지에서 개정법(제4조 제2항)에서 한국을 향하여 계속적이고 조직적인 사업 또는 영업활동을 할 것을 요구하는 데 반하여 개정법(제42조)에서는 사업자가 소비자의 상거소지국을 향하여 직업 또는 영업활동을 할 것을 요구하면서(계속적이고 조직적일 것 불요) 보호의 대상인 소비자의 범위를 다소 확대하였다.[78] 제42조의 문언은 사업자의 영업활동이 계속적이고 조직적일 것을 요구하지 않지만 사업자의 직업 또는 영업활동이어야 하므로 그 차이는 축소된다. 반면에 지식재산권 침해와 불법행위의 경우 지향된 활동은 가해자의 직업 또는 영업활동일 필요는 없다.

'지향된 활동기준'의 역할은 맥락에 따라 다르다. 즉 소비자계약의 경우 보호

---

78) 일본에서는 소비자계약은 지향된 활동을 요구하지 않으므로 활동에 근거한 관할과 소비자 보호관할 간의 경계는 문제되지 않는다. 일본의 사업자는 활동에 근거한 관할을 주장할 수 있고, 일본의 소비자(자연인)는 활동에 근거한 관할과 소비자계약의 관할을 선택적으로 주장할 수 있을 것이다. 다만 후자의 경우 활동에 근거한 관할은 별 실익이 없을 것이다.

대상을 지향된 곳에 상거소를 가진 수동적(원칙적으로) 소비자로 한정함으로써 보호적 관할규칙의 범위를 제한하는 데 반하여, 인터넷에 의한 지재권 침해(개정법 제39조)와 불법행위(개정법 제44조)의 경우 문언상으로는 행동지 또는 결과발생지와 독립한 관할근거로 규정되어 있으나, 아래에서 보는 바와 같이 저자는 이를 결과발생지의 관할이 지나치게 확대되는 것을 통제하는 기능을 하거나 결과발생지의 한 유형을 열거하는 것으로 풀이한다. 제4조 제2항은 지식재산권 침해 또는 불법행위에 해당하지 않는 경우 실익이 있는데,[79] 제4조 제2항은 한국을 향한 "계속적이고 조직적인 사업 또는 영업활동"을 요구하는 점에서 지식재산권 침해와 불법행위의 경우보다 문턱이 높다. 제4조 제2항이 어떤 사안에서 실익이 있는지는 앞으로 사례의 집적을 통하여 구체화될 것으로 기대된다.

VI. 재산소재지의 특별관할(제5조)[80]

개정법 제5조는 재산소재지 관할 또는 '재산관할(*forum patrimonii*)'(이하 양자를 호환적으로 사용한다)을 특별관할의 하나로 명시한다.

1. 재산소재지의 특별관할의 논점

이는 특별관할이기는 하나 예컨대 물권, 지재권, 채권, 어음과 해상 등 가사사건 이외의 여러 장에 널리 적용될 수 있는 관할근거이므로 제1장(총칙)에 규정한다.

민사소송법 제11조에 의하면 한국에 주소가 없는 사람에 대하여 재산권에 관한 소[81]를 제기하는 경우 청구의 목적 또는 담보의 목적이나 압류할 수 있는 피

---

79) 논자에 따라서는 지향된 활동기준을 지재권 침해와 불법행위에 두는 이상 제4조 제2항은 불요라고 볼 여지도 있으나 지재권 침해와 불법행위에 관계없이 영업소 관할을 두는 점을 고려하면 반드시 그런 것은 아니다. 더욱이 지향된 활동기준을 결과발생지의 관할을 제한하는 요소로 파악한다면 더욱 그러하다. 다만 후자는 논란의 여지가 있다.

80) 재산소재지 관할에 관한 상세는 석광현(註 16), 245면 이하 참조. 재산소재지의 결정도 문제가 되는데 특허법 제13조(재외자의 재판관할)는 "재외자의 특허권 또는 특허에 관한 권리에 관하여 특허관리인이 있으면 그 특허관리인의 주소 또는 영업소를, 특허관리인이 없으면 특허청 소재지를 민사소송법 제11조에 따른 재산이 있는 곳으로 본다."고 규정하므로 이도 참고할 필요가 있다.

81) 민일영/김능환(편집대표), 주석민사소송법(Ⅰ), 제7판(2012), 172면(김상준 집필부분)은 '재산권에 관한 소'라 함은 성질상 금전적 가치나 경제적 이익을 기초로 한 권리나 법률관

고의 재산소재지의 법원에 제기할 수 있다. 이 중에서 청구와 무관함에도 불구하고 압류할 수 있는 피고의 재산소재지라는 근거로 국제재판관할을 긍정할 수 있는지가 종래 논란이 되었다. 과거 대법원 1988. 10. 25. 선고 87다카1728 판결은, 당해 사건에서는 국내에 재산이 없다는 이유로 한국의 국제재판관할을 부정하였으나, 추상적 법률론으로는 승소판결을 받아 집행함으로써 재판의 실효를 거둘 수 있다는 근거로 재산소재지의 국제재판관할을 인정할 수 있다고 판시하였다.[82]

그러나 재산의 소재를 근거로 당해 재산에 관한 소송이 아니라 '재산권에 관한 소'에 대해 광범위한 특별관할을 인정하는 것은 '과잉관할(exorbitant jurisdiction)'의 대표적인 예라는 이유로 전 세계적으로 비판을 받았다. 즉 재산의 소재를 당해 재산과 관련되지 않은 사건의 광범위한 특별관할의 근거[83]로 인정할지에 관하여는 ① 브뤼셀체제와 1988년 루가노협약(각 제3조 제2항)이나 미국 연방대법원의 Shaffer v. Heitner 사건 판결[84]처럼 부정하는 견해, ② 독일의 유력설처럼 제한 없이 인정하는 견해와 ③ 일정한 제한 하에 인정하는 절충적 견해가 있는데, 절충적 견해에는 ③-1 재산가액이 청구금액을 상회할 것 또는 청구금액에 상당하는 재산의 어느 정도 계속적인 국내 소재를 요구하는 견해[85]와 ③-2 독일 연방대법원의 1991. 7. 2. 판결[86]처럼 '법적 쟁송의 충분한 내국관련'을 요구하는 견해 등이 있다.[87]

계에 관한 소를 말한다고 설명한다. 민일영/김능환(편집대표), 주석민사소송법(Ⅲ), 제7판(2012), 313면(강승준 집필부분)은 '재산권의 청구'라 함은 금전적으로 평가할 수 있는 권리에 대한 청구를 말한다고 한다.

82) 평석은 최공웅, "국내재산의 소재와 국제재판관할", 사법논집 제20집(1989), 597면 이하(최공웅, "국내재산의 소재와 국제재판관할", 민사재판의 제문제 제6권(1991), 378면 이하) 참조.

83) 재산소재를 일반관할의 근거로 삼는 것은 더 큰 문제가 있다.

84) 433 U.S. 186 (1977). 미국 판례의 태도는 최공웅, "국내재산의 소재와 국제재판관할", 민사재판의 제문제 제6권(1991), 390면 이하; 석광현(註 16), 256면 이하 참조.

85) 고엽제소송에서 서울고등법원 2006. 1. 26. 선고 2002나32662 판결은 재산소재지에 따른 국제재판관할을 인정하기 위해서는 ① 피고의 재산이 국내에 일정기간 동안 계속적으로 소재하고 있다든가 혹은 한국 법률에 따른 일정한 절차를 거쳐 국내에서 인정받고 있어야 하고 또한 ② 판결의 실효성을 위하여 그 재산의 가액이 청구금액이나 승소가 예상되는 금액에 상당하다는 등의 사정이 인정되어야 한다고 판시하였다. 일본 민사소송법 제3조의2 제3호는 "청구의 목적이 일본국 내에 있는 경우 또는 해당 소송이 금전의 지급을 청구하는 경우에는 압류할 수 있는 피고의 재산이 일본국 내에 있는 경우(그 재산의 가액이 현저하게 적은 경우를 제외한다)" 일본의 국제재판관할을 인정한다.

86) BGHZ 115, 90 = NJW 1991, 3092 = IPRax 1992, 160.

87) 상세는 석광현(註 16), 247면 이하 참조.

흥미로운 것은 재일교포 대여금사건의 대법원 2014. 4. 10. 선고 2012다7571 판결이다. 원심 판결[88]은 당해 사건 소가 민사소송법 제11조의 재산권에 관한 소이고 원고가 가압류를 집행한 피고 소유의 부동산 소재지가 한국이지만, 한국과 당사자 또는 분쟁이 된 사안 사이에 실질적 관련성이 없다는 이유로 한국법원의 국제재판관할을 부정하였다. 대법원판결은 반대로 한국의 국제재판관할을 긍정하였는데, 재산소재지라는 이유만으로 관할을 인정한 것은 아니고, 3회의 대출금 별로 실질적 관련성을 검토하고[89] 이 과정에서 의무이행지는 고려되지 않았던 것으로 보인다. 대법원이 1988년 대법원판결의 추상론처럼 재산소재지라는 이유만으로 국제재판관할을 인정하는 대신 다양한 요소를 고려한 점은 국제사법 제2조의 시행이 초래한 변화이다.

저자는 원칙적으로 ①을 지지하였으나(다만 해사사건의 경우 예외 인정), 만일 재산소재에 근거한 재판관할을 긍정한다면 ③을 따라 (i) 압류할 수 있는 피고의 재산가액이 현저하게 낮지 않을 것(이 점은 일본 개정 민사소송법과 같다)과 (ii) 당사자 또는 당해 사안의 내국관련성이 필요하다고 보면서 —이에 더하여 법원의 국제재판관할을 인정하는 것이 국제재판관할 결정의 대원칙에 부합할 것을 요구할 여지도 있다—, (iii) 다만 해사채권에 기하여 선박을 (가)압류한 경우는 예외적으로 내국관련성을 요구하지 않는 것이 바람직하다는 견해를 피력하였다.[90] 이처럼 내국관련성을 요구한다면 재산권상의 소이면 되고 일본 민사소송법처럼 이를 금전지급을 구하는 소에 한정할 필요는 없다고 보았다.

개정법은 청구의 목적 또는 담보의 목적인 재산이 한국에 있는 경우 한국의 특별관할을 인정한다.[91] 나아가 개정법은 압류할 수 있는 피고의 재산이 한국에

---

88) 서울고등법원 2011. 12. 8. 선고 2011나43329 판결.

89) 첫째 대출금은 채권의 발생 자체가 한국 내 개발사업과 직접 관련이 있고, 원고가 가압류 집행한 피고 소유의 부동산도 위 개발사업의 부지로서 당해 재산과 분쟁의 사안 사이에 실질적 관련이 있고, 둘째 대출금은 돈의 수령 및 사용 장소가 한국이고 수령인도 한국 내 거주자라는 점, 셋째 대출금에 관하여는 변론관할을 인정함으로써 결국 한국의 국제재판관할을 긍정하였다.

90) 석광현(註 65), 162면 이하 참조.

91) 일본 개정 민사소송법(제3조의3 제3호)은 일본국 내에 있는 재산이 청구의 목적인 경우에만 이를 인정하고 담보의 목적인 경우는 제외하고 있다. 예비초안(제18조 제2항 a호)은 당해 재산이 청구의 목적인 경우는 과잉관할에서 제외하였다. 참고로 유럽연합의 브뤼셀 I Recast는 단순한 재산소재지의 관할을 과잉관할이라고 보아 역내에 주소를 둔 피고에 대하여 사용할 수 없도록 배제하면서도(제5조 제2항과 제76조 제4항) 문화재의 소유권에 기

있는 경우에는 당해 재산에 관한 분쟁이 아니더라도 재산소재지의 특별관할을 인정하되, 다만 분쟁이 된 사안이 한국과 아무런 관련이 없거나 근소한 관련만 있는 경우 또는 그 재산의 가액이 현저하게 적은 경우에는 이를 부정한다. 이는 ③-1을 조금 변형한 방안이다.92)93)

　　분쟁이 된 사안이 한국과 실질적 관련이 있으면 제2조에 따라 한국이 국제재판관할을 가진다. 그러나 개정법은 소극적 요건으로 "분쟁이 된 사안이 대한민국과 아무런 관련이 없거나 근소한 관련만 있는 경우"에는 국제재판관할이 없음을 규정하는데, 이는 한국의 국제재판관할을 인정하기 위하여 실질적 관련까지 요구하지는 않지만 근소한 관련만으로는 부족하다는 취지이다. 만일 여기에서 재산소재지에 추가적인 요건으로서 "분쟁이 된 사안이 한국과 실질적인 관련이 있을 것"을 요구한다면 이는 적절하지 않다.94) 사안이 한국과 실질적 관련이 있으면 그 자체로써 제2조에 따라 한국에 국제재판관할이 인정되기 때문이다. 따라서 제2조와 차별화할 필요가 있기 때문에 근소한 관련만 있는 사안이라는 개념을 도입하였다. 즉 위원회의 작업과정에서는 한국과 조금이라도 관련이 있는 사안을 ① 한국과 실질적 관련이 없는 경우와 ② 한국과 실질적 관련이 있는 경우로 양분하였다. 반면에 개정법은 위 ①을 다시 세분하여 ①-1 근소한 관련만 있는 경우와 ①-2 근소한 관련보다는 크지만 실질적 관련에는 미치지 못하는 단계로 양분하는 것이다. 즉 개정법에 따르면 한국과 관련이 있는 사안은 ①-1 근소한 관련만 있는 경우(따라서 실질적 관련에는 미치지 못한다), ①-2 실질적 관련은 없으나 근소한 관련보다는 큰 관련이 있는 경우, ② 실질적 관련이 있는 경우로 삼분된다. ①-1의 경우는 비록 재산소재지더라도 재판관할이 인정되지 않으나, ①-2의 경우는 재산소재지와 결합하면 재판관할이 인정되고, ②의 경우 그 자체만으로써 재판관

　　한 반환청구에 관하여는 동 규정 제32조에 의하여 결정되는 제소 당시 소재지의 관할을 인정한다(제7조 제4호). 그러나 개정법은 소유권에 기한 반환청구에 한정하는 것이 아니라는 점에서 범위가 더 넓다.
92) 일본 개정 민사소송법(제3조의3 제3호)은 금전지불을 청구하는 재산권상의 소일 것을 요구하고, 압류할 수 있는 피고의 재산가액이 현저하게 낮은 때에는 관할을 부정한다.
93) 다만 개정법은 제10장에서 보듯이 가압류에 근거한 본안에 대한 관할, 즉 가압류관할을 인정하나 이는 해사사건에서 선박을 가압류한 경우에만 한정한다. *Forum arresti*를 '은폐된 재산관할'이라고도 하는데, 스위스 국제사법(제4조)은 가압류지에 Arrestprosequierungs-klage를 허용하는데 벨기에와 네덜란드에서 인정된다고 한다.
94) 위원회에서는 그런 견해가 있었다.

할이 인정된다.[95] 이를 표로 정리하면 아래와 같다.

관련성 유무	관련성 정도	관할 유무	관할근거(관할원인)
전혀 없음	영(제로)	×	−
어떤 관련 있음	근소한 관련 ①-1	×	−
	중간 영역 ①-2	재산 소재지면 ○	제5조
	실질적 관련 ②	○	제2조와 기타 관할근거

물론 '근소한 관련'과 '가액이 현저하게 적은 경우'의 기준이 모호하여 논란의 소지가 있음은 사실이나 입법기술상 다소 추상적이고 일반적인 기준을 도입할 수밖에 없고 더 나은 대안이 없어 규정하게 되었다. '근소한'이라는 표현은 다소 생소하나 국제사법 제8조(예외조항)가 이미 사용하는 점[96]을 고려하여 이를 채택하였다. 장래 법원이 판례를 통해서 판단기준을 구체화해 나가기를 기대한다.

여기에서 주목할 것은 개정안이 2018년 국회에 제출된 후에 나온 대법원 2019. 6. 13. 선고 2016다33752 판결[97]이다. 동 판결에서 대법원은 민사소송법 제11조를 인용한 뒤 아래의 취지로 판시하였다.

> "제소 당시 피고의 재산이 한국에 있는 경우 한국법원에서 승소판결을 얻으면 바로 집행하여 재판의 실효를 거둘 수 있다. 피고의 재산이 한국에 있다면 당사자의 권리구제나 판결의 실효성 측면에서 한국법원의 국제재판관할권을 인정할 수 있다. 그러나 그 재산이 우연히 한국에 있는 경우까지 무조건 국제재판관할권을 인정하는 것은 피고에게 현저한 불이익이 발생할 수 있으므로 원고의 청구가 피고의 재산과 직접적인 관련이 없는 경우에는 그 재산이 한국에 있게 된 경위, 재산의 가액, 원고의 권리구제 필요성과 판결의 실효성 등을 고려하여 국제재판관할권을 판단해야 한다. 나아가 예측가능성은 피고와 법정지 사이에 상당한 관련이 있어서 법정지 법원에 소가 제기되는 것에 대하여 합리적으로 예견할 수 있었는지를 기준으로 판단해야 하는데, 피고가 한국에서 생활 기반을 가지고 있거나 재산을 취득하여 경제활동을 할 때에는 한국법

---

95) 여기에서 제2조와 달리 '당사자'를 언급하지 않는 점에 대해서는 비판이 있을 수 있으나, 일방 당사자는 한국인일 것이기에 그것만으로는 부족하다고 보아 사안의 관련성을 요구하는 것으로 생각된다.

96) 제8조(개정법 제21조) 제1항은 "이 법에 의하여 지정된 준거법이 해당 법률관계와 근소한 관련이 있을 뿐이고, 그 법률관계와 가장 밀접한 관련이 있는 다른 국가의 법이 명백히 존재하는 경우에는 그 다른 국가의 법에 의한다."고 규정한다.

97) 평석은 위(註 49)에 인용된 문헌들 참조.

원에 피고를 상대로 재산에 관한 소가 제기되리라는 점을 쉽게 예측할 수 있다."(밑줄
은 저자가 추가)

　　위 대법원 판결이 말하는 "원고의 청구가 피고의 재산과 직접적인 관련이 있
는 경우"라 함은 개정법이 말하는 "청구의 목적 또는 담보의 목적인 재산이 한국
에 있는 경우"에 상응한다. 또한 위 대법원 판결은 근소한 관련이라는 개념은 사
용하지 않지만 ①-1과 ①-2를 구별하는 기준을 제시하고자 노력한 점에서도 의
미가 있다. 즉 이런 점에서 위 대법원 판결은 개정법과 취지를 같이하나 그보다는
더 넓게 허용하는 것이다.

　　한편 청구의 목적 또는 담보의 목적인 재산소재지의 재판관할도 주목할 필요
가 있다. 민사소송법의 문언상으로는 오해의 소지가 있으나, 재산이 청구의 목적
또는 담보의 목적인 경우에는 피고의 재산일 필요가 없다. 따라서 개정법은 "청구
의 목적 또는 담보의 목적인 재산이 한국에 있는 경우" 한국이 국제재판관할을
가지는 것으로 규정한다.

　　한 가지 지적할 것은, 민사소송법 제11조는 "한국에 주소가 없는 사람에 대
하여 재산권에 관한 소를 제기하는 경우"라고 규정함으로써 동조의 보충성을 명
시하는 데 반하여 개정법 제5조 제2호는 피고의 주소가 한국에 없을 것(또는 알 수
없을 것)이라는 요건을 규정하지 않는 점이다. 한국에 주소가 있거나(자연인의 경
우) 주된 영업소 등이 있어서(법인 또는 단체의 경우) 한국이 일반관할을 가지는 때
에는(민사소송법 제11조는 전자만을 언급한다) 굳이 재산소재지의 특별관할을 인정할
필요가 없다. 민사소송법 제11조가 한국에 주소가 없는 사람에 대하여 재산권에
관한 소를 제기하는 경우라고 범위를 제한하는 것은 재산소재지 특별재판적의 보
충성을 정한 것이다. 그러나 개정법은 보충성을 명시하지 않으므로 해석론으로서
는 한국이 일반관할을 가지는 경우에도 재산소재지의 특별관할을 인정할 여지가
있다. 개정법에서 보충성요건을 명시하지 않은 이유는 분명하지 않은데, 재산소재
지의 특별관할에 대한 비판과, 독일에는 전부터 재산소재지 특별관할은 피고에
대하여 독일이 일반관할뿐만 아니라 특별관할도 가지지 않는 경우에 한하여 인정
하자는 견해가 있었던 점 등을 고려한다면 이 점은 다소 의외이다. 다만 일반관할
과 특별관할을 대등한 지위를 가지는 것으로 이해한다면(공동소송의 경우 기초가 되
는 관할은 일반관할에 한정된다는 차이가 있지만) 한국이 어느 피고에 대하여 일반관

할을 가지는 경우 재산소재지 특별관할을 별도로 인정할 실익은 없을 것이다.

2. 재산소재지 관할과 선박 가압류관할의 관계

재산소재지 관할은 재산의 소재를 근거로 가지는 재판관할을 가리키고 그 경우 재판관할은 재산의 가액에 한정되지 않는다. 반면에 '가압류관할(*forum arresti*)'은 재산소재가 아니라 재산에 대한 가압류를 근거로 본안소송에 대하여 인정하는 재판관할을 말하고 이 경우 재판관할은 가압류된 재산의 가액에 한정된다.[98] 하지만 민사소송법상 재산소재지 특별재판적은 가압류재판적에서 유래한다고 설명된다.[99]

해사사건의 국제재판관할규칙을 정한 개정법(제10장) 제89조부터 제93조는 모두 선박의 가압류에 근거하여 본안에 대한 관할을 인정하는 이른바 (선박) '가압류관할'을 규정한다.[100] 이는 Arrest Convention(제7조 제1항과 제2항)이 원칙적으로 선박을 압류·가압류한 국가 법원에 본안에 대한 국제재판관할을 긍정하는 태도를 수용한 것이나, 개정법은 해사채권(maritime claims)의 개념은 수용하지 않았다. 이는 개정법 제5조(재산소재지 특별관할) 제2호 단서의 제한 없이 선박의 압류 등이 된 곳에 본안에 대한 관할을 인정함으로써 분쟁해결의 실효성을 확보하기 위한 것이다.

개정법이 도입한 가압류관할은 해사사건에서 선박을 가압류·압류한 경우에만 한정하고, 재판관할의 범위를 재산 가액에 한정하지 않는 점에 특색이 있다. 즉 개정법에 따르면 해사사건에 관하여 소를 제기하려는 자는(제89조는 제외) 보전처분의 관할을 정한 개정법(제14조)에 따라 선박의 한국 내 소재를 근거로 선박을 일단 가압류하고 다시 그를 근거로 본안에 관한 소를 제기할 수 있다.

---

98) Lawrence Collins, Essays in International Litigation and the Conflict of Laws (1994), p. 17.

99) 석광현(註 16), 250면, 註 14; 민일영/김능환(편), 주석민사소송법(Ⅰ), 제7판(2012), 181면. *Forum arresti*를 '은폐된 재산관할'이라고도 한다. 독일의 가압류재판적에 관하여는 최공웅(註 84), 385면 이하 참조.

100) 개정법 제10장의 가압류관할은 선박 가압류에 한하여 허용되고(비송사건인 제89조는 제외) 재산의 가액에 한정되지 않으므로 통상의 가압류관할과는 다르다고 할 수 있다. 또한 여기의 가압류는 압류와 가압류 나아가 압류에 갈음한 담보 제공을 포함하는 개념이므로 민사집행법상의 가압류와 일치하지는 않는다. 해사사건에 관하여는 석광현, "2018년 국제사법 전부개정법률안에 따른 해사사건의 국제재판관할규칙", 한국해법학회지 제40권 제2호(2018. 11.), 7면 이하 참조. 이 논문은 이 책 제3편에도 수정·보완되어 수록되어 있다.

종래 우리나라에서 해사사건의 실무상 선박의 가압류에 근거하여 본안에 대한 재판관할을 인정하는 경향이 있는데, 이는 재산소재지의 관할을 인정하는 것으로 볼 여지도 있다. 여기에서 제10장의 선박 가압류관할과 제1장 재산소재지의 특별관할(개정법 제5조)의 관계가 문제된다. 특히 개정법 제5조에 따르면, 청구의 목적 또는 담보의 목적인 재산이 한국에 있으면 한국의 국제재판관할이 인정되고(제1호), 압류할 수 있는 피고의 재산이 한국에 있는 경우에는 원칙적으로 한국의 국제재판관할이 인정되나(제2호), 제2호의 경우에는 예외적으로 분쟁이 된 사안이 한국과 아무런 관련이 없거나 근소한 관련만 있는 경우 또는 그 재산의 가액이 현저하게 적은 경우에만 국제재판관할이 부정된다. 따라서 해사사건에 관하여 소를 제기하려는 자는 가압류 없이도 제5조를 근거로 소를 제기할 수 있으므로 재산소재지 관할을 규정하는 이상 제10장에서 선박 가압류관할을 별도로 도입할 필요는 없지 않는가라는 의문이 제기된다. 하지만 과거 우리 법원에서 실제로 문제된 사안, 즉 독일 기업이 러시아 선박을 한국에서 가압류하고 이를 근거로 러시아 기업을 상대로 우리 법원에 소를 제기한 사안처럼,[101] 만일 분쟁이 된 사안이 한국과 아무런 관련이 없다면 이제는 과거와 달리 제5조를 근거로는 재판관할을 주장할 수는 없는 데 반하여, 그 경우에도 제10장에 따른 선박 가압류관할을 주장할 수 있으므로 양자는 차이가 있으며 선박 가압류관할을 별도로 인정할 실익이 있다. 다만 선박 가압류관할을 인정하기 위한 전제로서 어느 선박을 (가)압류해야 하는지는 조문 별로 검토해야 한다.

Ⅶ. 관련사건의 관할: 객관적 병합과 공동소송(제6조)

특정한 청구 또는 피고에 대하여 국제재판관할이 없더라도 다른 청구 또는 공동피고와의 관련성에 근거해서 재판관할이 인정되는 경우도 있다. 이는 민사소송법(제25조)이 '관련재판적'에 관한 규정을 두는 점으로부터 쉽게 짐작할 수 있는데, 이러한 관련성에 근거한 관할을 '관련사건의 관할'(또는 관련관할 또는 관련법정지(*forum connexitatis*))라고 부를 수 있다. 문제는 그 요건을 어떻게 합리적으로 규정할 것인가이다. 다만 그러한 관련관할이 인정될 여지가 있는 경우에도 관련사건인 다른 청구 또는 다른 공동 피고에 대한 청구가 외국의 전속관할에 속하는

---

101) 부산고등법원 2001. 2. 2. 선고 99나5033 판결의 사안.

경우에는 이는 허용되지 않는다(제10조 제2항).

1. 청구의 객관적 병합과 관련관할

가. 일반원칙

민사소송법(제25조 제1항)은 "하나의 소로 여러 개의 청구를 하는 경우에는 제2조 내지 제24조의 규정에 따라 그 여러 개 가운데 하나의 청구에 대한 관할권이 있는 법원에 소를 제기할 수 있다"고 규정하여 청구의 객관적 병합의 경우 관련재판적을 규정한다. 이를 '객관적 병합에 따른 관련관할' 또는 '병합청구의 재판관할'이라고 부를 수 있다. 문제는 동항의 원칙을 국제재판관할에도 적용 내지 유추적용할 수 있는가이다.

청구의 객관적 병합의 경우 관련재판적을 근거로 국제재판관할을 인정하는 것이 전혀 근거가 없지는 않지만, 이를 규정하지 않는 브뤼셀 I Recast 및 그와 유사한 1999년 초안(예비초안) 및 2001년 초안의 태도를 고려할 때,[102] 적어도 민사소송법(제25조 제1항)을 국제재판관할에도 곧바로 적용하여 병합된 청구에 대해 국제재판관할을 인정하는 것은 주저된다. 병합되는 청구에 관한 피고의 관할이익을 부당하게 침해할 우려가 있기 때문이다. 그러나 청구의 객관적 병합 일반에 대하여가 아니라, 동일한 사실관계로부터 발생하는 불법행위와 채무불이행의 청구권경합의 경우에는 객관적 병합을 근거로 국제재판관할을 허용할 여지가 있다.

이와 관련하여 ① 청구 간에 매우 밀접한 관련이 있어서 저촉되는 판결이 선고될 중대한 위험을 피하기 위하여 함께 재판해야 할 것을 요구하는 방안도 고려할 수 있으나 이는 너무 엄격한 것으로 보인다. 따라서 저자는 ② 소송의 목적인 권리 또는 의무가 동일한 사실상 및 법률상 원인에 기초한 때로 규정하거나, ③

---

102) 독일 민사소송법과 브뤼셀 I (브뤼셀협약도 같다)은 이러한 조항을 두지 않는데, 그런 취지의 규정을 두자는 입법론이 있었으나 거부되었으며, 독일 연방대법원과 유럽사법재판소는 독일 민사소송법과 브뤼셀 I 의 해석론으로서 그러한 주장을 배척하였다. 신소송물이론을 취하는 독일에서는 동일한 사실관계에 기하여 계약책임과 불법행위책임을 묻는 경우 우리와 달리 하나의 청구만이 존재한다고 보면서도, 특별재판적을 근거로 한다면 의무이행지와 불법행위지가 일치하지 않는 한 각 국제재판관할을 가지는 국가의 법원에서 별도로 재판할 수밖에 없다는 견해가 통설이다. Haimo Schack, Internationales Zivilverfahrensrecht, 8. Auflage (2021), Rn. 426. 참고로 독일 민사소송법 제25조와 제26조는 특정한 경우에 한정하여 객관적 병합을 규정하나 이는 우리 민사소송법 제25조 제1항처럼 청구병합 일반에 관한 것은 아니다. 오정후, "판례에 나타난 국제재판관할에 대한 이해에 관한 소고", 서울대학교 법학 제48권 제1호(통권 제142호)(2007. 3.), 76면 참조.

(일본 개정 민사소송법 제3조의6처럼) 청구 상호 간에 밀접한 관련이 있을 것을 요구하거나, ④ 청구 간의 밀접한 관련이 있어서 법원의 국제재판관할을 인정하는 것이 제2조 제1항이 정한 국제재판관할 결정의 대원칙에 부합할 것을 요건으로 고려할 수 있다는 견해를 피력한 바 있다.[103] 우리 판례의 태도는 분명하지 않다.[104]

개정법(제6조 제1항)은 재산법상의 사건에 관하여 위 ③을 채택하였는데 이는 민사소송법보다는 요건을 조금 더 강화한 것이다.

나. 가사사건에 대한 특칙

반면에 가사사건의 경우 특수성이 있다. 예컨대 가사소송인 이혼소송에는 가사비송인 재산분할, 친권자 및 양육자 지정, 양육비, 면접교섭권청구 등과 같은 부수적 효과에 관한 청구를 병합하여 청구하는 경우가 많고 경우에 따라 위자료청구도 병합된다.[105][106] 따라서 이혼사건에 대하여 국제재판관할을 가지는 법원에 이러한 부수적 효과에 관한 소송에 대하여도 관할을 인정할 필요가 있다.

브뤼셀 II bis(제12조)에 따르면, 이혼사건에 대해 관할을 가지는 법원이, 일정한 요건 하에 친권의 문제(양육자 지정 등)에 대해 관할을 가진다. 이혼사건에 대해 관할을 가지는 법원은 부양료청구에 대하여도 관할을 가지는데, 이는 유럽연합의 부양규정(제3조 c호)이 명시한다. 우리 가사소송법도 토지관할의 맥락에서 이 점을

---

103) 석광현(註 65), 172면.

104) 한국 국민인 원고들이 일제강점기 태평양전쟁 당시 피고(미쓰비시중공업주식회사)의 전신인 구 미쓰비시중공업주식회사에 의하여 강제징용되어 강제노동기간 동안의 미지급 임금과 강제징용 등 불법행위로 인한 손해배상의 지급을 구한 사건에서 대법원 2012. 5. 24. 선고 2009다22549 판결은 당해 사안의 제반사정을 고려하고 또한 불법행위로 인한 손해배상청구와 미지급임금 지급청구 사이에는 객관적 관련성이 인정되는 점을 들어 우리 법원의 국제재판관할을 인정하였다. 이는 위 ②, ③와 ④의 어느 것으로도 설명할 수 있다.

105) 숨은 반정(hidden *renvoi*)을 인정한 대법원 2006. 5. 26. 선고 2005므884 판결은 원고의 이혼청구와 친권자·양육자지정 청구 등을 구분하여 각각 관할을 검토하고 한국의 관할을 긍정하였으나 그 과정에서 병합에 근거한 관련관할을 언급하지는 않은 것으로 보인다.

106) 위와 같이 병합한다고 해서 모든 청구에 대하여 이혼의 준거법이 적용되는 것은 아니고 국제사법에 따라 각각의 준거법을 판단하여야 한다. 실무상 흔히 함께 진행되는 이혼, 위자료와 재산분할청구는 동일한 준거법에 의하여 규율된다고 보는 것이 판례이나(재산분할에 관하여는 판례가 나뉜다), 친권자·양육자지정과 면접교섭권은 원칙적으로 부모·자녀 간의 법률관계의 준거법인 자녀의 일상거소지법에 따르고(예외적으로 부모와 자녀의 동일한 본국법)(개정법 제72조), 양육비는 부양의 준거법인 부양권리자의 일상거소지법에 따른다(개정법 제73조).

명시한다. 즉 가사소송법 제14조는 "관련사건의 병합"이라는 제목 하에, 청구원인이 동일한 사실관계에 기초하거나 1개의 청구의 당부가 다른 청구의 당부의 전제가 되는 때에는 수개의 가사소송사건 또는 가사소송사건과 가사비송사건[107])을 1개의 소로 제기할 수 있고, 그 사건의 관할법원이 다를 때에는 가사소송사건 중 1개의 청구에 대한 관할권이 있는 가정법원에 제소할 수 있음을 명시한다. 독일 가사비송법(제98조 제2항)은 제1항에 의한 독일 법원들의 관할은 이혼사건과 효과사건(Folgesachen)의 병합의 경우에는 효과사건에도 미친다는 점을 더욱 명확히 규정한다.

　　이혼사건에서 관련성에 근거한 관할을 이혼의 부수적 효과에 관한 소송에까지 확장하는 것은, 재산법상의 소송에서 '객관적 병합에 따른 관련관할'에 대해 부정적인 견해를 취하거나 엄격한 요건 하에서 인정하는 독일이나 유럽연합에서도 별 거부감 없이 인정된다. 다만 이혼사건에 효과사건을 병합하는 것인 아니라 반대로 효과사건에 이혼사건을 병합하는 것은 곤란하다. 예컨대 개정법(제60조)은 부양사건에서 부양권리자의 상거소지 관할을 인정하는데, 그를 기초로 이혼사건 기타 관련사건을 병합하는 것을 허용하는 것은 주저되고, 우리 가사소송법도 가사소송사건을 중심으로 관련재판적을 인정하지만 가사비송사건을 중심으로 관련재판적을 인정하지는 않는다.

　　이 점을 고려하여 개정법은 일정한 가사사건(즉 혼인관계 사건, 친생자관계 사건, 입양관계 사건, 부모·자녀 간 관계 사건, 부양관계 사건과 후견관계 사건)의 주된 청구에 대하여 재판관할을 가지는 법원에 부수적 청구(즉 친권자·양육자 지정, 부양료 지급 등)에 대한 관련관할을 인정하지만(제6조 제3항), 반대의 경우에는 관련관할을 인정하지는 않는다(제6조 제4항).[108]) 다만 위와 같은 예시는 이해할 수 있지만 주된 청구와 부수적 청구의 경계와 범위가 항상 분명한 것은 아니다.[109]) 이와 관련

---

107) 혼인관계와 관련된 마류사건, 즉 가사비송사건에는 부부의 동거·부양·협조 또는 생활비용의 부담에 관한 처분, 재산분할에 관한 처분 등이 있다(가사소송법 제2조 제1항 나호 (2)목).

108) 이러한 편제에 대하여는 가사사건의 경우 예컨대 이혼에서 이혼효과사건 등 부수사건관할을 관련관할과 별도로 가사사건편에 규정하는 방법이 더 바람직하다는 견해도 있다. 장준혁, "부양사건의 국제재판관할", 가족법연구 제31권 제1호(2017. 3.), 206면.

109) 개정안 또는 개정법에 관한 것은 아니나, 인지청구사건에 수반하여 친권자 지정이 문제되는 경우에도 관련관할이 인정될 수 있는지를 다룬 견해가 있다. 즉 국제사법의 해석론으로 권재문, "친자관계의 성립과 효력, 성년후견, 부재와 실종에 관한 국제재판관할", 국제사법연구 제21권 제1호(2015. 6.), 33면은 아래 이유로 관련관할을 부정한다. 인지청구사건에

하여 개정안은 주된 청구의 예로 주로 문제되는 "이혼, 파양 등"만을 명시하였으
나 개정법은 주된 청구의 유형이 위와 같이 확대되었는데 부양료 청구를 보면 '부
양관계 사건'과 '부양료 지급'이 주된 청구와 부수적 청구에 열거되어 있어 다소
혼란스럽다. 물론 이혼에 부수하는 부양료 지급이라면 문제될 것이 없으나 '부양
관계 사건'과 '부양료 지급'을 묶는 것은 어색하다. 주된 청구가 부양관계 사건인
경우가 어떤 경우인지 궁금하다.

　주의할 것은, 문언에서 보듯이 제6조 제3항은 주된 청구에 대하여 법원에 국제
재판관할이 있는 경우 부수적 청구에 대하여도 법원의 국제재판관할을 인정하는 것
이지 부수적 청구가 주된 청구와 병합될 것을 전제로 하는 것은 아니라는 점이다.
따라서 관련관할은 부수적 청구가 독립한 소로써 제기되는 경우에도 적용된다.

2. 공동소송과 관련관할

　민사소송법(제25조 제2항)은 "소송목적이 되는 권리나 의무가 여러 사람에게
공통되거나 사실상 또는 법률상 같은 원인으로 말미암아 그 여러 사람이 공동소
송인으로서 당사자가 되는 경우에는 제1항의 규정을 준용한다"고 하여 공동소송
의 경우 관련재판적을 인정한다. 이는 1990. 1. 13. 구 민사소송법 개정 시 통상의
공동소송의 경우 중 공동소송인 사이의 관련이 상대적으로 밀접한 구 민사소송법
제61조[110] 전문의 경우에만 관련재판적을 인정하고, 제61조 후문의 경우에는 이
를 제외하여 구 민사소송법상 다수설이던 절충설을 입법화한 것이다. 따라서 예
컨대 공동소송인 상호 간에 소송연대성이 강력한 필수적 공동소송의 경우 관련재
판적이 인정된다. 이를 '주관적 병합에 따른 관련관할'이라고 부를 수 있다. 문제
는 동항의 원칙을 국제재판관할에도 적용 내지 유추적용하여 공동소송인 간의 '관

　　서는 대체로 미성년 자녀는 모의 단독친권 하에 있어 인지에 대한 재판만 진행하여도 자녀
　　에 대한 보호의 공백이 발생할 우려가 없고, 둘째, 인지청구사건에서는 부의 주소지(또는
　　본국)에 관할이 인정될 수 있는데 자녀는 모와 함께 살고 있으며 부는 다른 나라에 살고
　　있는 것이 일반적이고, 혼인 외 출생자인 자녀가 부의 주소지(또는 본국)와 관련성을 가지
　　는 경우는 거의 없으므로 부의 주소지(또는 본국)가 친권 등에 관한 사건에 대해서는 실질
　　적 관련성이 인정되기 어렵다는 것이다.

110) 이는 민사소송법(제65조), 즉 "소송목적이 되는 권리나 의무가 여러 사람에게 공통되거나
　　사실상 또는 법률상 같은 원인으로 말미암아 생긴 경우에는 그 여러 사람이 공동소송인으
　　로서 당사자가 될 수 있다. 소송목적이 되는 권리나 의무가 같은 종류의 것이고, 사실상 또
　　는 법률상 같은 종류의 원인으로 말미암은 것인 경우에도 또한 같다"에 상응한다.

련관할' 또는 '관련성에 근거한 관할'을 인정할 수 있는지이다.

독일에서는 원칙적으로 각 공동소송인에 대해 독립적으로 독일 민사소송법 (제12조 이하)의 규정에 따라 국제재판관할이 존재해야 한다고 함으로써 공동피고 인의 이익을 보호한다. 브뤼셀 I (제6조 제1호)(브뤼셀 I Recast 제8조도 동일)은 "청구 들이 매우 밀접하게 관련되어 있어서 별개의 소송절차로부터 저촉되는 판결이 생길 위험을 피하기 위하여 그들을 함께 심리, 재판할 필요가 있는 경우에 한하여 "공동 피고에 대한 소는 공동피고들 중 1인이 주소를 가지는 법원에 제기할 수 있다"고 규정하며, 예비초안(제14조)은 더욱 구체적 요건 하에 공동소송을 인정하는 점[111] 과, 무엇보다도 민사소송법의 규정을 그대로 국제재판관할규칙화할 경우 끌려 들 어가는 공동피고에게 매우 불리하게 되므로 이를 전혀 인정하지 말거나, 만일 인 정한다면 상당히 제한적인 요건 하에 이를 인정하는 것이 타당하다.

이를 위하여 구체적으로 저자는 ① 법정지가 어느 피고(중심축인 또는 관할의 기초가 되는 피고라는 의미로 이를 'Ankerbeklagter'라고 부르기도 한다)의 상거소 소재 지 국가의 법원일 것, ② 그 피고와, 관련성이 있다는 이유로 끌려 들어가는 다른 피고들에 대한 청구가 매우 밀접하게 관련되어 있어서 모순된 재판이 선고될 [중 대한][112] 위험을 피하기 위하여 함께 재판해야 할 것[113]과 ③ 당해 국가에 상거 소를 가지지 않는 각 피고에 관하여 그 국가와 그 피고에 관한 분쟁 간에 어떤 관 련이 있을 것이라는 요건을 요구하거나, 위 ②와 ③의 요건을 묶어 ④ 그 피고와 다른 피고들에 대한 청구가 매우 밀접하게 관련되어 있어서 다른 피고들에 대하 여 법원의 국제재판관할을 인정하는 것이 제2조 제1항이 정한 국제재판관할 결정 의 대원칙에 부합할 것을 요구할 수도 있다는 견해를 피력한 바도 있다.[114]

---

111) 예비초안(제14조 제1항)은 셋째 요건으로 "당해 국가에 상거소를 가지지 않는 각 피고에 관하여 그 국가와 그 피고에 관한 분쟁 간에 실질적 관련이 있을 것"을 요구한다. 이는 우 리 국제사법(제2조)이 말하는 관할의 적극적 근거가 되는 실질적 관련이 아니라, 관할을 부정할 근거가 없다는 의미의 실질적 관련으로서 상대적으로 낮은 정도의 관련이다. 이런 취지를 반영하기 위해 개정법에서는 본문에서와 같이 다소 다른 문언을 사용한다.

112) 저자는 과거 '중대한'을 둘지는 검토할 필요가 있다고 하였다.

113) ②의 요건은 소송의 목적인 권리 또는 의무가 수인에 대해 공통인 때 또는 동일한 사실상 및 법률상 원인에 기초한 때와 대동소이할 것이나 토지관할과 다른 표현을 사용하고, 법원 의 유연한 판단을 가능하게 하는 점에서 예비초안이 바람직하다고 본다.

114) 석광현(註 65), 170면 이하 참조. 일본의 개정 민사소송법(제3조의6)은 일본 민사소송법 제 37조 전단이 규정하는 관련재판적의 요건, 즉 소송의 목적인 권리 또는 의무가 수인에 관 하여 공통인 때 또는 동일한 사실상 및 법률상 원인에 기초한 때에(우리 민사소송법 제25

개정법(제6조 제2항)은 위 ①과 ②의 요건을 요구하나 '중대한'이라는 요건은 규정하지 않는다. 이는 민사소송법보다는 요건을 조금 더 강화한 것이다. 민사소송법은 공동소송이라고 할 뿐이고 공동소송인이 원고인지 피고인지를 구별하지 않으나 개정법은 공동피고인 경우만을 다루는 점에 차이가 있다.

다만 관할을 발생시킬 목적으로 본래 제소할 의사가 없는 당사자를 공동소송인으로 하여 함께 제소하는 경우에는 관련재판적에 기한 국제재판관할을 인정할 수는 없다. 토지관할의 맥락에서 대법원 2011. 9. 29.자 2011마62 결정은 관할만을 발생시킬 목적으로 본래 제소할 의사가 없는 청구를 병합한 것이 명백한 경우 이는 관할선택권의 남용으로서 신의칙에 위반하여 허용될 수 없고 이 경우 민사소송법 제25조는 적용이 배제된다고 판시하였다. 개정법은 이를 명시하지 않으나 이런 법리는 국제재판관할에서도 타당하다고 본다.

VIII. 반소의 재판관할(제7조)

민사소송법(제269조 제1항)에 따르면, 피고는 소송절차를 현저히 지연시키지 아니하는 경우에 한하여 변론종결 시까지 본소가 계속된 법원에 반소를 제기할 수 있으나, 다만 소송의 목적이 된 청구가 다른 법원의 관할에 전속되지 아니하고, 본소의 청구 또는 방어의 방법과 서로 관련이 있어야 한다. 방어방법과 관련이 있기만 하면 족하고 굳이 반소가 본소의 기초가 된 거래 또는 사건으로부터 발생한 것일 필요는 없다. 예컨대 피고는 본소 청구와 아무런 관련이 없는 반대청구에 기하여 상계의 항변을 할 수 있는데 민사소송법에 따르면 그 경우 상계항변 후 남은 채권에 기한 반소관할이 인정된다.

하지만 예비초안(제15조)은 "협약의 조항에 따라 어느 소에 대하여 관할을 가지는 법원은 <u>본소의 기초가 된 거래 또는 사건으로부터 발생하는 반소</u>에 대하여도 재판할 관할을 가진다"고 규정하고(밑줄은 저자가 추가), 브뤼셀 I (제6조 제3호)(브뤼셀 I Recast 제8조 제3호도 같다)도 "<u>본소와 동일한 계약 또는 사안에 기한 반소</u>"에 한하여 관할을 긍정하는(밑줄은 저자가 추가) 점을 주목할 필요가 있다. 일본 개정 민사소송법은 제146조 제3항을 신설하여 "일본 법원이 반소의 목적인 청구

조 제2항의 요건에 상응) 일본 법원은 모든 병합된 청구에 대해서도 국제재판관할을 가진다는 취지로 규정한다.

에 관하여 관할권을 가지지 않는 경우에는, 피고는 본소의 목적인 청구 또는 방어
방법과 밀접한 관련이 있는 청구를 목적으로 하는 경우에 한하여 제1항의 규정에
의한 반소를 제기할 수 있다. 다만 일본의 법원이 반소의 목적인 청구에 관하여
관할권을 가지지 않는 때에는 그러하지 아니하다"는 취지로 규정한다(밑줄은 저자
가 추가). 이는 일본 민사소송법상 반소의 토지관할에 관한 조항을 기초로 하되 더
엄격하게 '밀접한' 관련이 있을 것을 요구한다.

　　개정법은 민사소송법(제269조 제1항)의 토지관할규칙을 국제재판관할규칙으로
수용하면서 단순한 관련이 아니라 그 요건을 조금 더 강화하여 '밀접한' 관련의
존재를 요구함으로써 결국 일본법과 유사한 태도를 취한다.[115] 물론 반소의 목적
인 청구가 외국법원의 전속관할에 속하는 경우에는 그러하지 아니하다(개정법 제
10조 제2항).[116]

IX. 합의관할(제8조)

1. 합의관할규칙의 명문화

　　민사소송법(제29조)은 당사자들이 일정한 법률관계로 말미암은 소에 관하여
관할합의를 할 수 있음을 명시하고 서면에 의할 것을 요구하는데, 국제재판관할
에 관한 합의도 허용됨은 종래 의문이 없다.[117] 국제재판관할의 합의는 주된 계약
에 포함되거나 별도로 이루어질 수 있고, 일정한 법률관계로 말미암은 소이면 족
하고 계약에 관한 사건에 한정되는 것은 아니나 가장 전형적인 것은 국제계약의

---

115) 저자는 과거 반소 피고가 가지는 국제재판관할상의 이익을 고려할 때 반소에 기한 재판관
　　할의 범위를 확대하는 것은 주저되므로 예비초안을 따라 제1항에서는 본소의 기초가 된
　　거래 또는 사건으로부터 발생하는 반소에 대하여도 국제재판관할을 인정하고, 제2항에서
　　는 그 밖에 반소청구가 본소청구 또는 방어방법과 밀접한 관련이 있어서 법원의 국제재판
　　관할을 인정하는 것이 제2조 제1항이 정한 국제재판관할 결정의 대원칙에 부합하는 때에
　　는 관할을 인정하는 방안을 지지하였는데, 전자는 완전한 국제재판관할규칙, 후자는 불완
　　전한 국제재판관할규칙으로 규정하자는 것이었다. 석광현(註 65), 173면.
116) 본소에 대하여 우리 법원의 관할이 불분명한데 피고가 반소를 제기하는 경우 사안에 따라
　　서는 그를 기초로 본소에 대하여도 관할이 인정될 수도 있다. 물론 반소원고가 한국의 관
　　할이 있음을 전제로 하는 경우에 그러하다. 대법원 2019. 12. 27. 선고 2017다208232(본
　　소), 2017다208249(반소) 판결 참조.
117) 대법원 1992. 1. 21. 선고 91다14994 판결; 대법원 1997. 9. 9. 선고 96다20093 판결 참조.

일부로 이루어지는 경우이다. 개정법은 2015. 10. 발효한 헤이그국제사법회의의 관할합의협약[118]의 내용을 가급적 반영한 조문을 도입하였다.

　　다른 조문과 달리 이는 관할합의의 결과 한국이 국제재판관할을 가지는 경우만이 아니라 외국법원이 관할을 가지는 경우도 함께 규율하는 양면적인 성질을 가진다. 다만 제5항은 외국법원을 위한 전속적 국제재판관할합의(이하 "전속적 관할합의"라고 한다)만을 규율한다.

2. 국제재판관할합의의 유형

　　국제재판관할합의는 전속적 관할합의와 부가적 국제재판관할합의 그리고 설정적 관할합의와 배제적 관할합의로 구분할 수 있다.

가. 전속적 관할합의와 비전속적 관할합의

　　국제재판관할합의에는 우선 전속적 관할합의와 비전속적(또는 부가적) 관할합의가 있다. 전자는 어느 특정국가의 법원에만 국제재판관할을 부여하는 합의이고 (따라서 이는 다른 법원의 관할을 배제한다), 후자는 다른 법정의 관할법원에 추가하여 합의된 국가의 법원에 국제재판관할을 부여하는 합의이다. 관할합의협약에 따르면 전속적 관할합의는 하나의 체약국의 법원들, 또는 하나의 체약국 내의 하나 또는 둘 이상의 특정한 법원들을 지정하고 다른 모든 법원들의 관할을 배제하는 계약을 의미하고(제3조 a호) 브뤼셀체제에서도 같다. 예컨대 독일과 영국의 법원들에서만 제소할 수 있다는 합의는 전속적 관할합의에 해당하지 않는다. 개정법은 이 점을 명시하지 않지만 동일하게 보는 것이 바람직할 것이다.

　　관할을 부여하는 합의의 결과 합의된 법원이 전속적 관할을 가지는지, 아니면 부가적 관할을 가지는지의 여부는 원칙적으로 당사자들의 의사에 따를 사항이고 그것이 분명하지 않을 때에는 제반사정을 고려하여 판단해야 할 것이다. 1999

---

118) 관할합의협약은 EU 국가들이 가입함으로써 2015. 10. 1. 발효되었다. 이 협약은 Arthur von Mehren의 '마지막 유산' 또는 '아이'라는 평가를 받기도 한다. Louise Ellen Teitz, "The Hague Choice of Court Convention: Validating Party Autonomy and Providing an Alternative to Arbitration, 53 Am.J.Comp.L. 543-44 (2005). 관할합의협약은 양 당사자가 유럽연합 회원국에 거주하는 경우에는 적용되지 않는다(제26조 제6항 a호). 브뤼셀 I Recast의 관할합의 조문(제25조 이하)은 당사자의 주소에 관계없이 회원국 법원에 관할을 부여하는 경우에 적용된다.

년 예비초안과 2001년 초안(각 제4조 제1항)에 따르면, 당사자들이 명시하지 않은 경우 합의된 법원은 전속적 관할을 가지며, 브뤼셀협약(제17조)과 브뤼셀 I 규정 (제23조)(브뤼셀 I Recast 제25조)에서도 원칙적으로 전속적 합의이다.[119] 국제재판 관할합의의 경우 종래 우리나라에서는 견해가 나뉘는데,[120] 합의된 법원이 전속 관할을 가지는지는 당사자가 결정할 사항이나 분명하지 않은 경우 전속적인 것으로 추정함이 법적 안정성 측면에서 바람직하다. 개정법(제8조 제3항)은 그런 취지를 명기한다.[121] 이는 추정이므로 깨어질 수 있다.

---

119) 영미의 전통은 비전속적 합의로 추정하는 것이라는 견해(Ronald A. Brand & Paul M. Herrup, The 2005 Hague Convention on Choice of Court Agreements: Commentary and Documents (Cambridge University Press. 2008), p. 42. 이는 John Boutari and Son v. Attiki Importers, 22 F.3d 51 (2d Cir. 1994) 판결을 인용한다)도 있으나 Peter Hay, Forum Selection Clauses-Procedural Tools or Contractual Obligations? Conceptualization and Remedies in American and German Law, IPRax (2020), S. 509, Fn. 32는 미국 판례는 불분명한 경우 전속적 합의로 추정하는 것을 조금 더 선호한다고 평가한다. 위 논문은 35 Emory Int'l L. Rev. 1 (2021)에도 간행되었다. 이하 IPRax (Praxis für Internationales Privat- und Verfahrensrecht)를 인용한다. 전속성 여부에 관한 견해의 소개는 이창현, 국제적 분쟁과 소송금지명령(2021), 230면 이하 참조. 위 책은 이창현, "국제적 분쟁해결에 있어서 '소송금지명령'의 활용에 관한 연구", 서울대학교 대학원 법학전문박사학위논문(2020. 8.)의 단행본이다. 이하 단행본을 인용한다.

120) 참고로 토지관할에 관한 합의의 경우, 우리의 통설과 판례는 법정관할 중 어느 하나를 특정하는 합의는 전속적 합의로, 법정관할이 없는 법원을 특정하는 합의는 부가적 합의로 보는데(대법원 1963. 5. 15. 선고 63다111 판결; 대법원 2008. 3. 13. 선고 2006다68209 판결 등), 이는 일본의 판례와 학설을 따른 것으로 보이나 그 자체로서 합리적 근거가 있는지 매우 의문이며, 더욱이 이를 국제재판관할합의에까지 적용할 것은 아니다. 토지관할과 달리 국제재판관할의 경우 어느 국가의 법에 따른 법정관할인지가 분명하지 않고, 당사자들은 법적 불확실성을 제거하기 위하여 관할합의를 할 수도 있는데 그 경우는 전속적 합의인지 부가적 합의인지가 불확실하게 된다. 또한 법정관할은 누가 원고인지에 따라 달라지는데 위 견해는 이를 고려하지 않는다. 저자는 국제사법의 해석론으로는 위 판례의 견해를 지지하지 않는다. 해석론은 석광현, 국제민사소송법(2012), 117-118면 참조.

121) 예컨대 해운선사로서는 관할을 집중할 필요가 있는 반면에, 금융기관으로서는 채무자의 재산이 있는 곳이라면 관할을 인정할 필요가 있으므로 부가적 관할합의를 선호하는 점(금융계약에서는 흔히 '비대칭적 관할합의(asymmetric or asymmetrical jurisdiction agreements)'를 한다. 이는 예컨대 은행은 복수의 국가에서 제소할 수 있으나 채무자는 특정 국가에서만 제소할 수 있다는 취지의 관할합의이다)을 고려하여, 저자는 거래의 유형별로 달리 볼 수 있다는 견해를 피력하였다. 비대칭적 관할합의(또는 중재합의)를 '일방적 구제조항(one-sided remedy clause)'이라고 부르기도 한다. Peter Hay, One-Sided (Asymmetrical) Remedy Clauses and Weaker Party Protection in American Law, Rolf A. Schütze et al. (Hrsgs.), Festschrift für Reinhold Geimer zum 80. Geburtstag (2017), p. 217 이하. 일방적 관할조항 또는 중재조항의 효력은 우리나라에서는 아직 충분히 검토되

개정법 제8조 제1항(비전속적 관할합의)과 제8조 제5항(전속적 관할합의)의 유효요건에 다소 차이가 있음을 유념할 필요가 있다.

나. 설정적 관할합의와 배제적 관할합의

우리나라에서는 양자를 구별하지 않는 경향이 있으나, 국제재판관할합의에는 '관할을 부여하는 합의', 즉 '설정적(또는 창설적) 관할합의'(prorogation. 이하 "관할설정합의"라고 한다)와 '관할을 배제하는 합의', 즉 '배제적 관할합의'(derogation. 이하 "관할배제합의"라고 한다)의 유형이 있고 양자를 결합한 유형도 있다. 설정적 합의는 원래 법률상 국제재판관할(민사소송법학에서는 토지관할의 맥락에서 이를 '법정관할'의 하나로 취급한다)[122]이 없는 법원에 국제재판관할을 부여하는 합의이고, 배제적 합의는 원래 가지고 있던 국제재판관할을 배제하는 합의이다. 즉 설정적 합의의 결과 외국법원은 법률상 원래 가지고 있지 않았던 국제재판관할을 취득하고, 배제적 합의의 결과 한국법원은 원래 가지고 있던 국제재판관할을 상실하는데 이것이 국제재판관할합의의 기본적 효력(효과. 이하 "효력"이라 한다)이다. 원래 관할이 없는 법원을 지정하여 그곳에만 국제재판관할을 부여하기로 합의하는 경우 이는 배제적 합의와 설정적 합의를 결합한 것이다.

이런 식의 설명은 우리나라를 포함한 대륙법계에서는 자연스럽다. 브뤼셀Ibis(제25조 제1항)와 관할합의협약(제5조 제1항)도 "지정된 … 법원(들)은 … 분쟁을 재판할 관할을 가진다(The … courts … shall have jurisdiction …)고 규정하여 이런 접근방법을 취한다. 반면에 재판권적 요소가 포함된 관할권(jurisdiction) 개념을 가지고 있는 영미에서는 이런 식으로 설명하지 않는다. 당사자들은 법원이 가지지 않는 국제재판관할권을 창설할 수 없고 법원이 가지는 관할권을 배제할(oust) 수도 없으며, 당사자들은 단지 원래 존재하는 관할권을 원용하여 그곳에서 재판을 받

지 않은 듯한데 이는 약관에 포함된 경우 특히 문제된다. 위에 언급한 비대칭적 관할합의는 관할합의협약상으로는 전속적 관할합의가 아니다. Dogauchi/Hartley 보고서, para. 105. 이는 관할합의협약에 대하여 Trevor C. Hartley와 일본의 Masato Dogauchi가 작성한 Explanatory Report를 말한다. http://www.hcch.net/index_en.php?act=publications.details &pid=3959&dtid=3 참조.

122) 관할의 구분방식은 다양하나 관할의 결정근거에 따라 법정관할, 재정관할과 당사자의 거동에 의한 관할로 구분하기도 하는데 법정관할에는 직분관할, 사물관할과 토지관할이 있다고 설명한다. 김홍엽, 민사소송법 제10판(2021), 68면; 전원열, 민사소송법 강의 제2판(2021), 3-3-2-1.

기로 한다거나 반대로 관할권을 원용하여 그곳에서 제소하는 것은 하지 않겠다는 약속을 할 뿐이라고 이해한다.[123] 따라서 관할배제합의에 의하여 관할권이 배제된 것처럼 보이는 법원으로서도 관할권을 여전히 가지므로 법원은 관할합의에 의하여 구속되는 것이 아니라 단지 다양한 이익을 형량하여 재량으로 부적절한 법정지의 법리에 따라 관할권을 행사하거나 행사하지 않을 수 있을 뿐이다.[124]

3. 관할합의의 준거법

가. 관할합의의 유효요건, 방식과 (소송법적) 효력의 준거법

개정법 제8조는 관할합의가 허용되기 위한 요건을 규정한다. 당사자는 일정한 법률관계로 말미암은 소에 관하여 국제재판관할합의를 할 수 있으나 일정한 경우 그 합의는 허용되지 않으며 하더라도 무효이다. 이처럼 관할합의가 허용되기 위한 요건을 한국에서는 전속적 관할합의를 다룬 대법원 판결의 설시를 참조하여 '유효요건'이라고 부른다.[125]

---

123) 예컨대 Adrian Briggs, Agreements on Jurisdiction and Choice of Law (2008), para. 8.49 이하 참조. 반면에 영미법상 관할권에의 복종(submission)은 대인관할권의 근거가 될 수 있다(이를 '복종관할'이라고 부르기도 하는데 우리 법상으로도 인정된다). 그러나 관할합의가 있더라도 그 자체로써 관할권에의 복종은 아니고 그것은(특히 전속적 관할합의인 경우) 다만 법원이 관할권에 관한 재량을 행사함에 있어서 비중 있는 요소가 될 뿐이다. Paul Torremans (ed.), Cheshire, North & Fawcett Private International Law, 15th Edition (2017), p. 333. 이렇게 이해한다면 복종에 기초한 변론관할은 제소 후의 관할합의와는 성질이 다르다(시간적 차이가 아니더라도). 이런 식으로 접근하면 관할합의가 있더라도 그와 관계없이 법정관할원인이 존재해야 한다(이는 부적절한 법정지의 법리가 적용되기 위한 전제이다).

124) 아래에서 소개하는 전속적 관할합의 위반의 경우 당사자의 손해배상책임을 인정한 독일 연방대법원의 2019. 10. 17. 판결의 사안에서도 원고가 독일 Bonn 법원에 전속관할을 부여하는 합의를 위반하여 미국 버지니아주 연방지방법원에 제소하였으나 버지니아주 연방지방법원은 부적절한 법정지의 법리를 적용하여 소를 각하하였다(dismiss). IPRax (2020), S. 459 등에 소개된 독일 연방대법원 판결과 여러 문헌에서는 버지니아주 연방지방법원이 관할 없음을 이유로 각하하였다고 하나 아래(註 175)에서 보듯이 Hay는 버지니아주 연방지방법원의 판결문을 인용하면서 연방지방법원이 부적절한 법정지의 법리를 적용하였다고 밝히고 있고, 또한 그것이 국제재판관할합의의 소송법적 효력에 관한 종래 미국의 법리에 부합하므로 그를 따랐다. 만일 우리 법처럼 이해한다면 미국 버지니아주 연방지방법원은 국제재판관할이 없으므로 소를 각하해야 하지 부적절한 법정지의 법리를 적용할 수는 없다.

125) 예컨대 대법원 1997. 9. 9. 선고 96다20093 판결; 대법원 2010. 8. 26. 선고 2010다28185 판결; 대법원 2011. 4. 28. 선고 2009다19093 판결 등. 독일에서는 위 유효요건을 'Zulässigkeitsvoraussetzung'이라고 부르는데 이는 통상 '적법요건 또는 '허용요건'이라고 번역한

종래 우리 국제사법과 민사소송법은 국제재판관할합의에 관하여 규정하지 않았으나 제8조는 관할합의협약(제6조)[126]과 대법원 판결들을 참조하여 관할합의의 유효요건(제1항), 방식(즉 형식적 유효성)(제2항), 전속성 추정(제3항), 관할조항의 독립성(제4항)과 외국법원을 위한 전속적 관할합의의 효력(제5항)을 명시하는데 이는 전속적 관할합의와 비전속적 관할합의에 모두 적용된다(다만 제5항은 전속적 관할합의의 효력만 규율한다). 제8조는 다른 관할규칙처럼 한국법원이 관할을 가지는 경우만을 규정하지 않고 양면적 규정의 형식을 취한다(다만 제5항은 제외).

제8조에서 보듯이 관할합의의 유효요건, 방식과 (소송법적) 효력은 법정지법이 정할 사항이다. 저자는 종래 그런 견해를 취하였다.[127] 아래 소개하는 대법원 1997. 9. 9. 선고 96다20093 판결은 관할합의의 유효요건의 준거법이 법정지법이라는 점을 명확히 보여준 것이다.

나. 관할합의의 성립, 유효성과 실체법적 효력의 준거법

저자는 종래 관할합의의 성립과 유효성(실질적)은 법정지의 소송법이 별도의 규정을 두지 않는 한, 국제재판관할합의의 법적 성질에 관계없이,[128] 통상의 국제

다. 유효요건은 예컨대 의사표시의 하자가 없을 것과 같은 관할합의의 실질적 유효성 (validity)의 요건과는 다르다. 국제계약법상 일반적으로 강행법규 위반과 공서위반은 실질적 유효성의 문제로 다루는데(예컨대 2016년 UNIDROIT 국제상사계약원칙 제3장 (validity)(유효성) 제3절(Illegality)(위법성) 참조) 대법원 판결과 개정법은 이를 유효요건의 하나로 취급하므로 이 점을 어떻게 취급할지는 다소 혼란스럽다. 어쨌든 개정법이 이를 명시하므로 우선 법정지의 법을 적용해야 하는데 그 경우의 공서는 절차법상(또는 관할합의법상의) 공서이고, 관할합의의 유효성의 준거법이 요구하는 공서는 준거법인 사법상의 공서이므로 양자를 누적적으로 적용해야 한다는 견해도 가능할지 모르겠다.

126) 관할합의협약(제6조)에 따르면, 선택된 법원의 국가 이외의 체약국의 모든 법원은 다음의 경우를 제외하고는 전속적 관할합의가 적용되는 소송절차를 중지하거나 각하하여야 한다.
  가) 선택된 법원의 국가의 법에 따라 그 합의가 무효인 경우, 나) 소가 계속한 법원의 국가의 법에 따라 당사자가 합의를 체결할 능력이 없는 경우, 다) 그 합의의 효력을 인정한다면 명백한 부정의에 이르게 되거나 또는 소가 계속한 법원의 국가의 공서에 명백히 반하는 경우, 라) 예외적인 이유로 인하여 그 합의가 합리적으로 이행될 수 없는 경우 또는 마) 선택된 법원이 그 사건을 심리하지 않기로 결정한 경우.

127) 석광현(註 7), 118면; 이창현(註 119), 283면도 동지.

128) 과거 일부 견해는 국제재판관할합의의 법적 성질, 즉 그것이 소송행위(소송계약)인지 사법상의 계약인지 또는 절충적 성질인지를 결정하고, 그에 따라 소송행위이면 법정지법을, 사법상의 계약이면 법정지 국제사법에 따라 결정되는 준거법을 각 적용하는 방법으로 준거법을 추론한다. 그러나 저자는 국제재판관할합의의 법적 성질을 소송행위라고 보더라도 방

계약과 마찬가지로 법정지가 한국이라면 한국의 국제사법에 따른 관할합의의 성립과 유효성의 준거법에 의할 사항이라고 보았다.[129)130)] 그런데 개정법 제8조는 관할합의 유효성의 준거법을 합의관할 부여국의 법(그 국가의 국제사법 포함)이라고 명시함으로써 준거법에 관한 논란을 해소하고 있다. 이는 관할합의협약(제5조 제1항)과 브뤼셀 I Recast(제25조)와 같은 태도인데 위 괄호 안의 밑줄 친 문언을 추가함으로써 준거법 지정이 당해 국가의 실질법만을 지정하는 '사항규정지정'

식이나 효력처럼 민사소송법이 직접 규정을 두고 있는 사항이 아닌 국제재판관할합의의 성립 및 유효성(예컨대 의사표시의 하자)은 법정지의 국제사법에 따라 결정되는 준거법에 의할 것이라고 보았다. 학설의 소개는 한승수, "국제재판관할합의의 위반과 손해배상책임", 국제사법연구 제25권 제1호(2019. 6.), 22면 이하 참조.

129) 석광현(註 7), 118면. Reinhold Geimer, Internationales Zivilprozessrecht, 8. Auflage (2020), Rz. 1677, Rz. 1757 참조. 한승수(註 128), 20면; 이창현(註 119), 283면; 김민경, "전속적 국제재판관할합의 위반으로 인한 소송금지가처분(Anti-suit injunction)과 손해배상청구", 국제거래법연구 제30집 제1호(2021. 7.), 125면도 동지. 우리나라에서는 저자의 견해를 이분설이라고 부른다. 관할합의의 준거법에 관한 종래의 학설은 손경한, "국제재판관할합의에 대한 새로운 이해", 국제사법연구 제19권 제1호(2013. 6.), 425면 이하; 이창현(註 119), 277면 이하 참조. 위 손경한, 426면 이하는 중재합의의 준거법에서와 마찬가지로 관할합의의 방식, 효력도 성립과 유효성과 마찬가지로 관할합의의 준거법에 따를 사항이라고 보면서(법정지의 강행규정이나 공서위반의 경우는 제외) 당사자들은 합의관할 부여국의 실질법을 묵시적으로 지정한 것으로 본다. 손경한, "분쟁해결합의에 관한 일반적 고찰", 법조 통권 제675호(2012. 12.), 61면도 같은 것으로 보이나 유효요건을 별도로 논의하고 있어 다소 불분명하다. 위 견해는 얼핏 보면 당사자자치를 최대한 존중하는 이상적인 해결방안처럼 보이나, 한국 법원의 국제재판관할을 배제하는 배제적 합의의 허용요건(즉 유효요건)을 법정지법인 우리 법이 결정함을 전제로 합리적 관련성을 요구한 대법원 1997. 9. 9. 선고 96다20093 판결과 개정법(제8조 제5항)에 정면으로 반하고, 유효요건을 직접 명시하면서 유효성의 준거법을 합의관할 부여국법에 맡기는 관할합의협약에도 반한다. 더욱이 관할합의의 효력까지도 관할합의의 준거법에 의한다고 하는 것은 '절차는 법정지법에 따른다'는 법정지법원칙(*lex fori* principle)에도 정면으로 반하는 것으로서 수용할 수 없다. 만일 그에 따른다면 영미의 법원을 위한 전속적 관할합의가 있는 경우 우리 법원은 소를 각하하는 대신 소송절차를 중지해야 한다는 것이 되나 이는 비현실적이다.

130) 법정지의 의미에 관하여 과거 저자는 소가 계속한 법정지가 그에 해당하고 또한 배제적 합의의 경우, 특히 남용통제에서는 합의관할 배제국도 포함된다고 보았다. 한국 기업 또는 소비자가 가지는 국제재판관할에 관한 이익이 관할합의에 의하여 부당하게 박탈된 때에는 법정지가 외국이더라도 우리 법(약관규제법 포함)에 의하여 관할합의가 허용되지 않는다는 것이다. 즉 외국 재판의 승인·집행이 한국에서 문제되는 경우 한국법에 따라 관할합의의 효력을 판단할 수 있다는 것이었다. "일방 당사자로부터 스위스법이 정하는 재판적이 부당하게 박탈되는 경우에는 재판적의 합의는 무효"라고 명시하는 스위스 국제사법(제5조 제2항)은 이런 입장을 취한 것이다. 개정법은 제8조 제5항에서 이 점을 명시적으로 규율하므로 이제는 의문이 없다.

(Sachnorm-Verweisung. 또는 실질법지정)이 아니라 국제사법을 포함하는 지정, 즉 '총괄지정(Gesamtverweisung)'(또는 국제사법지정)임을 명확히 하고 있다.[131] 그렇게 함으로써 국제적 판단의 일치를 달성할 가능성이 크다는 것이다. 즉 관할합의를 한 경우 합의관할 부여국과 다른 국가들 그리고 승인·집행을 요청받은 국가가 동일한 준거법규칙을 적용해야 하는데 그 중심에 있는 것은 합의관할 부여국이고 그 국가는 자국의 국제사법규칙을 적용하여 관할합의의 유효성의 준거법을 지정하므로 그 원칙을 합의관할 배제국과 승인·집행국에서 동일하게 적용하자는 취지일 것이다.

관할합의협약과 마찬가지로 제8조 제1항은 관할합의의 유효성(즉 효력의 유무)만을 언급하고 성립을 언급하지는 않는데 제8조가 직접 규율하는 사항(예컨대 합의의 존재)을 제외한다면 관할합의의 성립도 유효성의 준거법에 따른다고 본다.[132]

실제로는 당사자자치가 널리 인정되는 점에 비추어 제8조에 의할 경우 관할합의가 주된 계약의 일부를 이루는 많은 사안에서 주된 계약의 준거법이 명시적 또는 묵시적으로 지정되어 있다면 그 준거법이 관할합의의 유효성의 준거법이 될 것이다. 그것이 당사자의 의사에 합치할 것이기 때문이다.[133][134] 주된 계약의 준

---

131) 사항규정지정(또는 실질법지정)과 총괄지정에 관하여는 이호정(註 15), 139면 이하 참조.

132) Burkhard Hess, Europäisches Pzivlprozessrecht, 2. Auflage (2021), Rn. 6.159 참조. 장준혁, "대한민국에서의 헤이그관할합의협약 채택방안 —2019년 재판협약 성립을 계기로 돌아본 의의와 과제—", 안암법학 제61호(2020. 11.), 79면은 양자의 준거법이 동일함을 당연시한다. 그러나 관할합의협약상 Brand/Herrup(註 119), p. 79는 성립은 법정지 국제사법에 따를 사항이라고 본다. 저자는 관할합의 해석의 준거법은 관할합의의 성립 및 유효성의 준거법과 동일하다고 본다. Christoph Reithmann/Dieter Martiny (Hrsgs.), Internationales Vertragsrecht, 8. Auflage (2010), Rn. 8.53 (Rainer Hausmann 집필부분); Schack(註 102), Rn. 568 참조. 그러나 독일의 실무에서는 법정지법에 따르는 경향이 있다고 한다.

133) 관할합의협약의 영향을 받은 브뤼셀 I Recast 제25조의 해석상으로도 유사한 태도를 취하여 당사자가 선택한 법, 그것이 없으면 객관적 준거법에 따를 것이라는 견해가 유력하다. MüKoZPO/Gottwald, Brüssel Ia-VO Art. 25 Rn. 18. 즉 유럽연합 내에서는 로마 I 은 관할합의에 적용되지 않지만 그 밖에 통일된 규칙이 없고 독일의 경우 민법시행법 제27조 이하는 삭제되었으므로 흠결 보충수단으로 로마 I 을 원용할(또는 유추적용) 수 있다고 한다. Abbo Junker, Internationales Zivilprozessrecht, 3. Auflage (2016), §15 Rn. 10도 로마 I 의 적용범위의 예외를 목적론적 축소에 의하여 소송법적 효과에 한정함으로써 유사한 결론을 취하는데 그것이 통설이라고 소개한다. Frederick Rieländer, Schadensersatz wegen Klage vor einem aufgrund Gerichtsstandsvereinbarung unzuständigen Gericht, Rabels Zeitschrift, Band 84 (2020), S. 582; Fentiman(註 72), para. 2.95도 동지. 브뤼셀

거법이 지정되지 않은 경우에는 여전히 문제가 발생한다.

관할합의에 의하여 한국법원에 관할이 부여된 경우 위와 같이 제8조의 취지를 살려 주된 계약의 준거법에 따르면 되고 다시 외국법으로 반대지정할 이유는 없다. 반대로 외국법원에 관할이 부여된 경우 주된 계약의 준거법 지정이 없거나 당해 외국의 법이 당사자자치를 허용하지 않는 등 관할합의의 준거법 지정에 관하여 다른 태도를 취하는 때에는 그에 따라야 할 것이다. 다만 그 국가의 국제사법이 한국법으로 직접반정을 하거나 제3국법으로 전정을 하는 경우 어떻게 처리할 것인지가 문제된다. 전정을 부정할 근거는 없으나, 직접반정의 경우 개정법(제22조 제1항)을 적용하여 반정의 고리를 끊을 수 있는지 의문이다. 예컨대 주된 계약의 준거법 합의 없이 외국(A국)법원에 관할을 부여하는 합의를 하였음에도 일방이 한국법원에 제소하였다고 가정하자. 이 경우 개정법은 A국법(국제사법 포함)을 적용하라고 하는데 만일 A국이 법정지법설을 따른다면 우리 법원은 한국법을 적용해야 한다. 이 경우 반정에 수반되는 문제점(예컨대 '끝없는 순환론' 또는 '논리적 반사경')135)이 발생하는데 개정법상 이를 어떻게 해결해야 하는가. 저자는 이런 문제점들을 고려하여 총괄지정(또는 국제사법지정)을 하는 관할합의협약에 대하여 비판적인 견해를 취하였다. 특히 외국의 국제사법규칙의 조사·확정은 쉽지 않고 당해 외국에 관련된 성문화된 국제사법규칙이 존재하지 않는 경우에는 어려움이 배가된다.136)

I Recast에 따른 관할합의에 관한 우리 문헌인 박찬동·신창섭, "국제대출계약의 재판관할선택에 관한 연구", 고려법학 제77호(2015. 6.), 257면과 김용진, "제3국의 관점에서 본 차세대 유럽민사송법", 인권과정의, 제469호(2017. 11.), 43면 이하도 참조. 여기의 주된 계약의 준거법은 주관적 준거법을 말하고 객관적 준거법은 배제된다. 주된 계약의 준거법에 관한 명시적 또는 묵시적 합의가 없는 때에는 국제사법 제8조에 따라 당사자가 선택한 법정지 소속국법을 관할합의의 준거법으로 보아야 한다. 당사자들은 관할합의의 성립과 유효성에 대하여 주된 계약의 준거법과 다른 준거법을 지정할 수 있다.

134) 반면에 만일 관할합의의 독자성을 중시하여 관할합의의 준거법을 독립적으로 결정한다면 합의관할 부여국법이 묵시적으로 지정된 것으로 볼 가능성이 있다. 이런 논의는 주된 계약의 준거법 소속국과 합의관할 부여국이 다른 경우에 실익이 있다.

135) 서희원, 신고판 國際私法講義(1992), 93면.

136) 석광현, "2005년 헤이그 재판관할합의협약의 소개", 국제사법연구 제11호(2005), 201면 이하. Ulrich Magnus, Sonderkollisionsnorm für das Statut von Gerichtsstands- und Schiedsgerichtsvereinbarungen?, IPRax (2016), S. 528도 사항규정지정을 선호한다(브뤼셀I Recast의 맥락에서). 장준혁(註 132), 80면 註 68은 총괄지정을 지지한다. 이는 외국중재판정의 승인 및 집행에 관한 국제연합협약(뉴욕협약)의 맥락에서도 같았다.

나아가 개정법은 관할합의의 준거법에 관하여 관할합의협약의 태도를 따르는데 이는 협약 당사국 간에 통일적인 저촉법규칙을 적용할 수 있을 것으로 기대하기 때문이다.[137) 이미 관할합의협약이 발효된 유럽연합 회원국들과는 그런 기대를 충족할 수 있다. 그러나 우리나라처럼 관할합의협약의 당사국이 아닌 국가들과의 사이에서는 개정법이 명시하더라도 법적용상의 통일을 달성할 수 없다는 점에서 반정의 허용은 문제가 있다는 것이다.

한편 관할합의의 실체법적 효력이 인정되는지는 종래 논란이 있는데 이는 일방 당사자가 전속적 관할합의를 위반하여 상대방에게 손해가 발생한 경우 손해배상의무를 부담하는지 그리고 전속적 관할합의에 반하는 제소 또는 소송수행을 금지하는 소송금지명령을 신청할 수 있는지와도 관련된다. 이 점은 아래(6.)에서 논의한다.

관할합의의 법적 성질에 관하여 종래 우리나라에서는 관할합의를 관할의 발생이라는 소송법상의 효과를 가지는 소송행위로서 소송계약의 일종이라는 견해가 유력한데 이에 따르면 관할합의의 결과 당사자는 '소송상의 부담(prozessuale Last)'을 질 뿐이고 실체법상의 의무를 지지 않으므로 그 위반으로 인하여 불이익을 받을 뿐이지 손해배상책임을 지는 것은 아니다.[138) 마치 민법상 간접의무(또는 책무)의 경우처럼 위반에 따른 불이익을 받을 뿐이지 위반으로 인하여 손해배상책임을 지지는 않는다는 것이다. 관할합의에 따른 실체법적 효력은 관할합의에 내재하는 또는 그에 수반된 부수적 합의로서 관할합의의 준거법에 따를 사항이라고 본다.

4. 관할합의의 유효요건(또는 허용요건)

제8조 제1항에 따라 관할합의가 유효하자면 아래와 같은 사유(편의상 "무효사유"라 한다)가 없어야 한다.

---

137) Magnus(註 136), S. 525 참조.

138) 김홍엽(註 122), 90면(토지관할의 맥락에서). 또한 독일의 다수설이다. Lukas Colberg, "Schadensersatz wegen Verletzung einer Gerichtsstandsvereinbarung", IPRax (2020), S. 428; Rieländer(註 133), S. 557. 관할합의의 법적 성질은 이창현(註 119), 240면 이하; 김민경(註 129), 120면 참조. 발전된 소송계약설에서는 관할합의를 처분적 효과를 발생시키는 소송계약으로 보면서도 소송법상의 효과만이 아니라 의무부과적 효과도 인정한다. 소송계약의 법적 성질에 관하여는 전원열(註 122), 8-1-15 참조. 그러나 아래에서 보는 바와 같이 독일에서도 근자에는 관할합의를 소송계약으로 보면서도 그에 위반하여 소를 제기하지 않을 의무를 발생시킨다고 하고 이를 위반하면 손해배상책임이 있다는 견해도 있다.

가. 개정법에 따른 관할합의의 무효사유

(1) 합의관할 부여국법상 관할합의가 효력이 없는 경우

합의관할이 부여된 국가(*forum prorogatum.* "합의관할 부여국")의 법(준거법의 지정에 관한 법규를 포함하므로 이는 총괄지정 또는 국제사법지정이다)에 따를 때 그 합의가 효력이 없는 경우. 예컨대 당사자들이 영국 법원에 관할을 부여하는 합의를 한 경우 관할합의의 유효성은 영국법(정확히는 영국의 국제사법에 의하여 지정되는 준거법)에 따른다는 취지이다. 이는 관할합의협약의 해석론과 브뤼셀 I Recast(제25조 제1항)의 태도를 따른 것으로 준거법을 명확히 지정함으로써 예견가능성과 법적 안정성을 제고한다. 다만 종래 우리나라에서는 관할합의 조항의 성립과 유효성의 준거법에 관하여는 논란이 있는데, 국제사법의 해석론으로는 개정법과 같은 결론을 도출하기는 어렵다.[139]

(2) 관할합의의 당사자의 무능력

합의를 한 당사자가 합의를 할 능력이 없었던 경우.[140] 여기의 능력은 일응 권리능력과 행위능력을 말하는 것으로 보이나, 그것이 소송법상의 개념인 당사자능력과 소송능력을 말하는지는 논란의 여지가 있다.[141] 만일 관할합의를 실체법상의 계약으로 보면 전자가, 소송법상의 계약으로 보면 후자가 설득력이 있으나, 우리 민사소송법상 당사자능력은 권리능력을, 소송능력은 행위능력을 기초로 하므로 양자는 대체로 유사한 결론이 되지만 차이가 전혀 없는 것은 아니다.[142]

---

139) 그러나 독일법의 해석상 개정법과 같은 결론을 지지한다. Nagel/Gottwald(註 194), Rn. 3,565. 약관에 포함된 관할조항에 대한 약관규제법의 내용통제가 법정지법에 따를 사항인지는 논란이 있는데(석광현, 국제사법 해설(2013), 127면; 석광현, "해외직접구매에서 발생하는 분쟁과 소비자의 보호", 서울대학교 법학 제57권 제3호(2016. 9.), 95면) 개정법에서도 논란의 여지가 있다. 이를 관할합의의 유효요건으로 보아 법정지법에 따를 사항이라고 볼지 아니면 관할합의의 성립과 유효성의 문제로 보아 준거법에 따를 사항이라고 볼지의 문제인데 이는 아래에서 논의한다.

140) 이는 뉴욕협약(제5조 제1항 a호)이 중재판정의 승인 및 집행의 거부사유로서 중재합의의 당사자가 그들에게 적용될 법률에 의하여 무능력자인 경우를 규정하는 것과 같다.

141) 장준혁(註 132), 86면은 전자로 본다.

142) 우리 민사소송법상 당사자능력과 소송능력의 준거법에 관하여는 견해가 나뉜다. 석광현(註 4), 125면 이하 참조. 중재합의에 관하여는 Manja Epping, Die Schiedsvereinbarung im internationalen privaten Rechtsverkehr nach der Reform des deutschen Schieds-verfahrensrechts (1999), S. 173-174 참조. 그러나 Geimer(註 129), Rz. 3815ff.는 중재합의를 소송행위로 보면서도 권리능력, 행위능력, 나아가 당사자능력과 소송능력이 필요하다고

여기에서 당사자의 능력에 대리의 문제가 포함되는가라는 의문이 제기된다. 관할합의협약의 해석상 긍정설[143)이 보인다. 일반론으로는 관할합의에 관한 개정법의 조문은 관할합의협약을 수용한 것이므로 가급적 관할합의협약의 해석론과 일치하게 해석해야 한다. 하지만 대리의 준거법을 명시하지 않는 관할합의협약이나 외국중재판정의 승인 및 집행에 관한 국제연합협약(뉴욕협약)과 달리 우리 국제사법(제18조, 개정법 제32조)은 대리를 별도의 연결대상으로 취급하여 그 준거법을 명시하므로 법정지가 한국인 때에는 개정법의 해석론으로는 대리의 준거법에 따라야 한다.[144) 즉 외국에 합의관할이 부여되었음에도 불구하고 한국이 법정지가 된 경우라면 개정법상 ① 관할합의의 허용요건과 방식은 개정법이 정한 요건에 의하고 ② 관할합의의 유효성은 합의관할 부여국인 외국의 국제사법에 의하여 지정되는 법에 의하나, ③ 능력과 대리의 문제는 각각 한국 국제사법에 의하여 지정된 능력과 대리의 준거법에 의한다는 것이다. 이처럼 준거법의 결정이 복잡하게 되는 것은 바람직하지 않지만 현재로서는 부득이하다.[145)

(3) 합의의 대상이 된 소가 합의관할 부여국 이외 국가의 국제재판관할에 전속하는 경우
대한민국의 법령 또는 조약에 따를 때 합의의 대상이 된 소가 합의로 정한 국가가 아닌 다른 국가의 국제재판관할에 전속하는 경우. 이는 법령이나 조약에 의하여 지정된 전속관할을 당사자들이 합의로써 배제할 수 없기 때문이다.

하고 이는 국제사법에 따라 권리능력과 행위능력의 준거법에 의한다고 한다. 중재합의에 관하여는 석광현, 국제상사중재법연구 제1권(2007), 112면 참조.

143) 장준혁(註 132), 86면은 관할합의협약의 맥락에서 관할합의협약 교섭에서 모델이 된 뉴욕협약의 교섭경과와 해석론을 참조하여 "무능력"은 권리능력, 특별권리능력, 행위능력, 특별행위능력만을 가리키는 것이 아니라, 대리나 대표의 부적법으로 인하여 본인에게 합의의 효력이 미치지 못하는 것도 포함한다고 넓게 이해한다.

144) 개정법 제8조와 유사한 취지의 조문을 둔 브뤼셀 I Recast의 해석상 Magnus(註 133), S. 526도 동지. 저자는 다른 기회에 뉴욕협약의 해석론상 장준혁 교수의 견해가 설득력이 있으나 달리 볼 여지가 있다는 견해를 피력하였다. 석광현, "캘리포니아주 법원이 확인한 미국 중재판정의 승인·집행에서 그 대상, 중재합의의 성립과 임의대리의 준거법", 사법(司法)2020년 가을호(53호)(2020. 9.), 339면 참조.

145) Magnus(註 136), S. 526ff.는 유럽연합과 관할합의협약의 차원에서 유사한 문제점을 지적하고 이를 해결하기 위한 해석론과 입법론을 제기한다.

(4) 합의의 효력을 인정하면 법정지국의 공서에 명백히 위반되는 경우

합의의 효력을 인정하면 소가 계속된 국가의 선량한 풍속이나 그 밖의 사회질서에 명백히 위반되는 (결과를 가져오는) 경우[146]이다.

여기에서 우선 두 개의 의문이 있다. 하나는 공서만에 착안하는 개정법의 문언과 공서와 명백한 부정의를 언급하는 관할합의협약의 문언이 동일한 취지인가이다.

다른 하나는 구체적으로 외국법원을 위한 전속적 관할합의의 결과 한국의 국제적 강행규정인 독점규제법의 적용이 배제되거나 배제될 가능성이 있는 경우가 공서위반에 해당하는가이다. 저자는 이것이 당연히 공서위반이 되는 것은 아니라고 보나 일본에서는 일본법상 이를 긍정하는 경향이 있고[147] 독일과 영국에서도 이런 취지를 긍정하는 판례와 견해가 있음을 주목할 필요가 있다.[148] 저자로서는

---

146) 이런 문언은 아래에서 소개하는 대법원판례의 설시(전속적 관할합의가 현저하게 불합리하고 불공정한 경우에는 그 관할합의는 공서양속에 반하는 법률행위에 해당하는 점에서도 무효라고 판시하였다는 점이다)를 방불케 한다.

147) 노태악, "국제재판관할합의에 관한 2018년 국제사법 전부개정법률안의 검토 —법원의 실무와 헤이그재판관할협약을 중심으로—", 국제사법연구 제25권 제1호(2019. 6.), 139면이 소개하는 동경지방재판소 2016. 2. 15. 판결 참조. 위 판결은 일본의 국제적 강행규정을 면탈하려는 관할합의의 효력을 부정하나 미국 법원이 일본의 국제적 강행규정을 적용할지는 예측하기 어렵다. 따라서 일본의 국제적 강행규정이 적용되지 않을 위험이 있다는 근거로 관할합의의 효력을 부정하는 것은 정당화되기 어렵다. 장래 관할합의협약의 해석상 이것이 쟁점이 될 수 있는데 국제적 강행규정 위반이 당연히 공서위반은 아니지만 경우에 따라 그렇게 될 가능성은 있다. 석광현(註 4), 312면 이하 참조. 이런 논의는 과거 독점규제법 위반의 중재가능성을 부정함으로써 중재합의의 효력을 부정한 견해를 연상시킨다. 그러나 1985년 Mitsubishi Motors Corp. v. Soler Chrysler—Plymouth, Inc. 사건 판결(473 U.S. 614(1985))에서 미국 연방대법원은 독점규제법 위반의 중재가능성(나아가 중재합의의 효력)을 긍정하였다. 기업결합의 경우 복수 국가(예컨대 일본과 미국)의 독점규제법이 적용되기도 하는데, 위 일본 판례의 태도에 따르면 이 경우 미국 또는 일본에 전속관할을 부여하는 관할합의는 (만일 준거법 소속국이 아니라면) 각각 상대방 국가(즉 일본 또는 미국)에서 효력이 부정되는 부당한 결과가 된다.

148) 독일에서는 그것이 연방대법원의 확립된 태도라고 한다. Geimer(註 129), Rn. 1770. 뮌헨 항소법원(OLG) 2006. 5. 17. 판결 = IPRax 2007, 322; Hess(註 132), Rn. 6.171. 노태악 (註 147), 138면은 이 판결은 아니지만 강행법규 위반을 이유로 관할합의의 효력을 부정한 독일과 영국 판례를 소개한다. 만일 이를 긍정한다면 순수한 국내사건에서 외국법원을 위한 관할합의는 국제적 강행규정의 적용을 회피하기 위한 것이 되어 공서위반이 될 가능성이 크다. 만일 한국법원이 재판한다면 한국의 국제적 강행규정은 법정지의 국제적 강행규정으로서 개정법(제21조)에 따라 당연히 적용되나, 그런 사안의 경우 준거법도 당해 외국의 법일 가능성이 크므로 외국법원의 관점에서는 제3국인 한국의 국제적 강행규정을 적용하지 않을 가능성이 다분하기 때문이다.

실제로 외국법원의 재판이 있고 한국의 국제적 강행규정을 적용하지 않은 외국법원의 재판이 우리 공서위반이 되어 승인이 거부될 수는 있으나 사전적으로 관할합의의 효력을 부정하기는 주저된다. 그러나 당사자들이 한국의 국제적 강행규정의 적용을 면탈할 목적으로 한국법원의 관할을 배제한 경우에는 관할합의의 효력을 부정하는 견해가 유력하다.149)

　　주목할 것은 과거 우리 대법원은 한국법원이 국제재판관할을 가지는 사건에서 관할을 배제하고 외국법원을 관할법원으로 하는 전속적 관할합의가 유효하기 위해서는 "당해 사건이 그 외국법원에 대하여 합리적인 관련성을 가져야 한다"고 판시하였고150) 이는 많은 비판을 받았는데 개정법 제8조는 이를 요구하지 않는다. 이 점은 중요한 변화이다. 이는 아래(9.)에서 별도로 언급한다.

나. 판례와 규범에 따른 관할합의의 유효(무효)요건과 효력 제한 사유의 비교

　　관할합의의 유효(무효)요건과 효력 제한 사유에 관하여 과거 우리 대법원 판결, 관할합의협약과 개정법의 태도를 비교하면 아래와 같다.

---

149) 석광현(註 69), 240면 이하 참조. 당사자들의 목적을 확인하기는 쉽지 않고, 실제로 재판이 선고되기 전에는 외국법원이 한국의 국제적 강행규정의 적용을 배제할지를 정확히 예측하기 어렵다. 그러나 노태악(註 147), 138면은 관할합의가 "당사자들이 특정 국가의 강행규정의 적용을 면탈할 목적으로 이루어진 것이라면 당연히 그 효력을 배제할 수 있을 것이나, 관습로 지정된 국가의 강행법규 적용가능성이 없음을 미리 문제 삼아 국제재판관할합의의 효력을 배제한다면 이는 온당치 못한 결과가 될 것"이라고 지적한다. 이런 견해가 독일의 통설이다. Geimer(註 129), Rz. 1762. 장준혁(註 132), 83면의 태도는 분명하지 않다. Kazuaki Nishioka, Choice of court agreements and derogation from competition law, 일본 国際私法年報, Volume 16 (2020), pp. 300-319도 참조.

150) 대법원 1997. 9. 9. 선고 96다20093 판결. 뿐만 아니라 대법원 2004. 3. 25. 선고 2001다53349 판결은 홍콩기업과 일본 선사(가와사키기센) 간에 선하증권에서 장래의 분쟁을 선사 소재지인 동경 지방재판소에서 해결하기로 전속적 관할합의를 하였음에도 불구하고 합리적인 관련성의 존재를 부정하였다. 합리적인 관련성 요건은 그 자체로서도 문제이지만, 위 사건에서 일본 선사가 자신에 대한 소를 동경지방재판소에 집중시키고자 전속적 관할합의조항을 두었음에도 불구하고 대법원이 당초 관할합의와는 직접 관련이 없는 사정을 이유로 합리적인 관련성을 부정해 버린 결과 유효한 전속적 관할합의를 함에 있어 매우 중대한 걸림돌이 되었다. 이 판결에 대한 비판은 석광현, "국제재판관할합의의 유효요건으로서의 합리적인 관련성", 법률신문 제3129호(2002. 12. 9.) 참조(이는 석광현, 국제사법과 국제소송 제3권(2004), 244면 이하에도 수록되었다).

구 법상 대법원 판결 전속적 관할합의	관할합의협약(제6조) 전속적 관할합의	개정법(제8조)	
		전속적 관할합의	비전속적 관할합의
─지정된 외국법원이 그 외국법상 사건에 대하여 관할권을 가질 것 ─전속적 관할합의가 현저하게 불합리하고 불공정하지 않을 것 ─사건이 한국법원의 전속관할에 속하지 않을 것 ─사건이 그 외국법원에 대하여 합리적 관련성을 가질 것	─선택된 국가 법에 따른 합의의 무효 ─법정지법에 따른 당사자의 무능력 ─합의 효력의 인정이 명백한 부정의에 이르거나 법정지국 공서에 명백히 반하는 경우	─합의에 따라 국제재판관할을 가지는 국가의 법(준거법의 지정에 관한 법규 포함)에 따를 때 그 합의가 효력이 없는 경우 ─합의를 한 당사자가 합의를 할 능력이 없었던 경우 ─합의의 효력을 인정하면 소가 계속된 국가의 선량한 풍속이나 그 밖의 사회질서에 명백히 위반되는 경우 ─대한민국의 법령 또는 조약에 따를 때 합의의 대상이 된 소가 합의로 정한 국가가 아닌 다른 국가의 국제재판관할에 전속하는 경우	
	─선택된 법원의 사건 불심리 결정 ─합의가 합리적으로 이행될 수 없는 경우	─제9조에 따라 변론관할이 발생하는 경우 ─선택된 법원이 사건을 심리하지 아니하기로 하는 경우 ─합의가 제대로 이행될 수 없는 명백한 사정이 있는 경우	

다. 합의관할 부여국과의 관련성: 유효요건의 문제

여기에서는 당사자들이 당사자 및 사안과 아무런 관련이 없는 중립적 법원을 관할법원으로 선택할 수 있는가를 논의한다. 첫째는 외국적 요소가 있는 사건에서 예컨대 한국법원에 관할을 부여하는 합의를 하는 경우 한국 관련성이 있어야 하는가의 문제이다(아래 가.). 둘째는 더 나아가 외국적 요소가 아예 없는 사건(즉 순수한 국내사건)에서 외국법원을 위한 관할합의를 할 수 있는가의 문제이다(아래 나.). 위의 사례는 편의상의 것이고 반대로 당사자들이 어느 외국을 합의관할 부여국으로 지정하는 경우 당해 외국과 관련성이 있어야 하는가, 또한 어느 외국의 순수한 국내사건에 대하여 한국을 합의관할 부여국으로 지정할 수 있는가의 형태로 제기될 수 있다.

(1) 한국법원에 관할을 부여하는 합의에서 한국 관련성의 요부

어떤 외국적 요소가 있는 사건(즉 국제적 사건)에서 당사자들이 아무런 관련이 없는 한국법원 기타 중립적 법원을 관할법원으로 선택할 수 있는가의 문제가 있다. 그 경우 사안의 국제성은 명백하다. 우리 국제사법(제25조 제4항)상 준거법의 맥락에서 당사자들이 사안과 아무런 관련이 없는 중립적 법을 선택할 수 있는 것처럼(물론 이를 제한하는 국가도 있지만), 당사자들은 사안과 아무런 관련이 없는 중립적 국가의 법원에 관할을 부여하는 합의를 할 수 있다. 즉 과거 대법원 판례에 따르면 그 경우 전속관할을 부여하는 합의는 허용되지 않았으나 개정법 하에서는 사안 및 당사자와 아무런 관련이 없는 중립적 법원에 관할을 부가적 관할을 부여하는 합의는 물론이고 전속적 관할을 부여하는 합의도 허용된다. 문제는 당사자 또는 사안과 실질적 관련의 존재를 전제로 하는 개정법 제2조인데 이는 국제사법 하에서도 마찬가지이다. 논란의 여지는 있으나 이는 결국 문제가 없다고 본다. 첫째, 법원은 실질적 관련의 유무를 판단함에 있어 국제재판관할 배분의 이념에 부합하는 합리적인 원칙에 따라야 하므로 중립적인 법원의 선택을 허용하는 것이 합리적이라면 이를 인정할 수 있다. 둘째, 국제재판관할이 있기 위해서는 사안 또는 당사자와 법정지 간에 실질적 관련이 있어야 하나 이는 당사자의 합의도 포함한다. 셋째, 가사 그렇지 않더라도 국제사법 제2조 제1항은 합의관할과 변론관할의 경우를 제외한 통상적인 경우를 규정한 것이다.[151] 특히 개정법 제2조에 대한 특칙인 제8조가 실질적 관련의 존재를 요구하지 않으므로 관할합의의 경우에는 그 요건은 불필요하다.

관할합의협약(제19조)에 따르면 어떤 국가든지, 선택된 법원의 장소를 제외하고는 그 국가와 당사자들 또는 분쟁 간에 아무런 관련이 없는 경우, 그의 법원들은 전속적 관할합의가 적용되는 분쟁을 재판하는 것을 거부할 수 있다는 선언을 할 수 있다. 만일 우리가 관할합의협약에 가입한다면 제19조에 대해 이의할지는 위 논점과 관련하여 검토할 필요가 있으나 저자로서는 이는 굳이 할 필요는 없다고 본다.

---

151) 석광현, 국제사법과 국제소송 제3권(2004), 232면 참조.

(2) 순수한 국내사건에서 외국법원을 위한 관할합의의 허용 여부

순수한 국내사건, 즉 당사자들이 한국 법인이거나 한국에 거주하는 자연인이고 선택된 법원 외에 당사자들과 분쟁에 관계된 그 밖의 모든 요소들이 한국에만 관련된 경우에 외국법원을 관할법원으로 합의할 수 있는지가 문제된다. 종래 이 점에 관하여 논란이 있었으나 저자는 약관에 의한 경우는 무효이고, 약관이 아닌 경우에는 논리적으로 가능할 수 있으나 가사 가능하더라도 정책적으로 바람직하지 않다는 견해를 피력하였다.[152] 여기에서도 당사자 또는 사안과 실질적 관련의 존재를 전제로 하는 개정법 제2조와의 관계가 문제되는데 논란의 여지는 있으나 위(1.)에서 본 것과 같은 이유로 이 점은 결국 문제가 없다고 본다.

우리의 관심사는 개정법의 해석론이다. 약관규제법(제14조)이 적용되는 사건에서는 관할합의는 약관규제법상 효력이 없으나, 문제는 약관규제법이 적용되지 않는 B2B 거래이다. 이에 관하여는 두 개의 논점이 있다.

첫째는 달리 외국적 요소가 없으나 외국법원을 위한 관할합의가 있는 경우 (나아가 외국법의 준거법지정과 병행하는 관할합의가 있는 경우) 그로 인하여 외국적 요소가 인정되는지이다. 만일 이를 긍정한다면 둘째 논점은 문제되지 않으나 부정한다면 견해가 나뉠 수 있다. 둘째는 순수한 국내사건에 국제사법 제8조가 적용되는지이다.

(가) 외국적 요소의 존부

국제적 논의를 보면 다른 점에서는 외국적 요소가 없는 사건이라면 외국법의 지정 또는 외국법원의 지정만으로는 외국적 요소의 존재를 인정하지 않는 경향이 보인다. 하지만 개정법 제45조 제4항(구 국제사법 제25조 제4항)은 "모든 요소가 오

---

152) 석광현, "외국법제로의 과도한 도피와 國際私法的 思考의 빈곤", 법률신문 제3926호(2011. 4. 11.) 13면 참조. 참고로 관할합의협약(제20조)은 어떤 국가든지, 당사자들이 승인국에 거주하고, 선택된 법원의 장소 이외에 당사자들의 관계와 분쟁에 관계된 그 밖의 모든 요소들이 승인국에만 관련된 경우에는, 그의 법원들은 다른 체약국의 법원의 재판의 승인 또는 집행을 거부할 수 있다는 선언을 할 수 있음을 명시한다. 제20조는 법원의 선택 외에는 승인국의 순수한 국내사건에 대해 외국법원이 선고한 판결의 승인 및 집행을 거부할 수 있도록 하기 위한 것이다. 만일 선언을 하지 않으면 순수한 국내사건이더라도 승인을 거부할 수 없다. 따라서 저자는 우리나라가 만일 협약에 가입한다면 제20조의 선언을 할 필요가 있다는 견해를 피력하였다. 석광현, "2005년 헤이그 재판관할합의협약의 소개", 국제사법 연구 제11호(2005), 219면 참조.

로지 한 국가와 관련이 있음에도 불구하고 당사자가 그 외의 다른 국가의 법을 선택한 경우에 관련된 국가의 강행규정은 적용이 배제되지 아니한다."고 규정하는데 이는 외국법의 지정만으로 계약에서 외국적 요소의 존재를 제한적으로나마 인정한다고 볼 수 있으므로 마찬가지로 외국법원의 지정만으로도 외국적 요소를 긍정할 여지도 있다. 특히 외국법 지정과 병행하여 당해 국가(또는 제3국) 법원을 관할법원으로 지정한다면 이런 주관적 요소만으로 외국적 요소의 존재를 긍정할 수 있다.[153]

다만 다른 모든 요소가 한국과 관련이 있는데 외국법을 준거법으로 지정하고 그에 더하여 외국법원을 관할법원으로 지정하더라도 통상의 외국적 요소가 있는 경우에 해당하지 않고 제25조의 제4항은 여전히 적용된다고 본다.[154]

(나) 순수한 국내사건에 대한 제8조의 적용 여부

만일 저자와 달리 이를 순수한 국내사건으로 본다면 제8조의 적용 여부가 중요한 논점이 된다. 여기에서는 견해가 나뉠 수 있다.

부정설. 개정법 제1조는 "이 법은 외국과 관련된 요소가 있는 법률관계에 관하여 국제재판관할과 준거법(準據法)을 정함을 목적으로 한다."고 규정한다. 위 문언에 충실하면 제8조를 포함한 국제사법 규정은 국제사건에만 적용되고 순수한 국내사건에는 적용되지 않는다. 그 경우 과거 판례가 적용될 수 있는데 만일 이를 따를 경우 전속적 관할합의라면 합리적 관련성이 없어 무효이나 비전속적 관할합의라면 유효하다. 하지만 과거 대법원에서 다루어진 사건은 외국적 요소가 있는 사건이라서(대법원은 관할이 부여된 뉴욕주와의 관련성을 부정하였으나 양 당사자가 한국 회사이더라도 해상운송의 목적지가 텍사스주이고 당사자들이 운송증권의 준거법을 미국법으로 지정하였으므로 외국적 요소의 존재를 긍정할 수 있다) 과연 그런 결론이 타

---

153) Markus Müller-Chen *et al.* (Hrsgs.), Zürcher Kommentar zum IPRG, 3. Auflage (2018), Art. 1, Rz. 7 (Markus Müller-Chen 집필부분)은 스위스 국제사법의 해석상 같은 견해이다. 지식재산권과 국제거래에 관한 소의 특별재판적을 정한 민사소송법 제24조는 관할을 집중하기 위하여 광역토지관할을 인정하는데 그 맥락에서 국제거래사건의 개념이 문제된다. 대법원예규(전문재판부의 구성 및 운영 등에 관한 예규. 재일 98-3)는 국제간의 인적 · 물적 거래로 인한 사건으로서 최소한 당사자 일방이 외국법인 또는 외국인이 사건을 국제거래사건의 하나로 예시한다. 민사소송법 제24조나 위 예규는 국제재판관할과는 직접 관련이 없다.

154) 석광현(註 5), 301면 참조.

당한지는 다소 의문이다. 한편 제8조는 관할합의협약을 모델로 한 것인데 동 협약
은 순수한 국내사건에는 적용되지 않는다(동 협약 제1조 제2항).

　　긍정설. 개정법 제1조는 문언상 외국적 요소를 전제로 하나, 준거법의 맥락에
서 순수한 국내사건에도 국제사법이 적용된다는 견해[155])가 있듯이 국제재판관할
의 맥락에서도 그런 견해가 주장될 수 있다. 이에 따르면 제8조는 순수한 국내사
건의 국제재판관할합의에도 적용되는데, 순수한 국내사건에서 당사자들이 외국법
원을 관할법원으로 합의하는 것을 허용하더라도 당연히 공서위반이 되는 것은 아
니다. 따라서 전속이든 비전속이든 간에 순수한 국내사건에서 외국법원을 위한
관할합의도 유효하다고 본다.[156])

　　생각건대 공서위반이 되는 예외적인 경우를 제외한다면, B2B의 경우 개정법
상 순수한 국내사건이라는 이유로 외국법원에 국제재판관할을 부여하는 합의의
효력을 일반적으로 부정할 근거는 없다.[157]) 이런 결론은 긍정설에서는 당연하나

---

155) 예컨대 이호정(註 15), 2면; 윤진수(편), 주해상속법 제2권(2019), 1282면(장준혁 집필부
　　분)은 위 견해를 따른다. 헤이그국제사법회의 사무국, 국제상사계약에서 법의 선택에 관한
　　원칙, 주석(2016), para. Ⅰ.13은 외국적 요소의 존재를 전제로 하면서 그것이 다수설이라
　　고 한다. 하지만 위에 언급한 소수설이 독일에서는 다수설이라고 소개한다. Abbo
　　Junker, Internationales Privatrecht, 3. Auflage (2019), §1 Rn. 13. 우리 국제사법의 해석
　　론으로는 문언에 충실하게 외국적 요소의 존재를 전제로 하는 견해가 설득력이 있다. 이것
　　이 우리 다수설이다. 예컨대 신창선·윤남순, 신국제사법 제2판(2018), 18면; 신창섭, 국제
　　사법 제3판(2015), 4면; 최흥섭, 한국 국제사법 Ⅰ—법적용법을 중심으로—(2019), 28면
　　이하; 김인호, "순수 국내계약에 대한 국제사법규정의 비판적 고찰", 국제사법연구 제26권
　　제1호(2020. 6.), 205면 이하. 안춘수, 국제사법(2017), 7면도 동지로 보인다. 다만 어떤 견
　　해를 따르든 간에 당사자의 외국법의 지정 또는 외국법원의 지정에 의하여 외국적 요소가
　　존재한다고 볼 수 있다. 외국적 요소의 존재를 요구하는 점은 준거법에 관한 대법원 판례
　　도 같은데, 그 경우 대법원은 연결점이 외국과 밀접하게 관련되어 있어 곧바로 내국법을
　　적용하기보다는 국제사법을 적용하여 그 준거법을 정하는 것이 더 합리적이라고 인정되는
　　법률관계일 것을 요구하나, 저자는 그런 합리성요건은 근거가 없다고 보고 대체로 연결점
　　에 외국적 요소가 있으면 외국적 요소의 존재를 인정하면서 개별 조문의 적용 여부는 당해
　　조문의 해석의 문제로 이해한다. 스위스 국제사법(제1조 제1항)은 국제적 법률관계일 것을
　　요구하는데 법문에 충실한 견해가 지배적이다. Zürcher Kommentar(註 153), Art. 1, Rz. 7
　　(Markus Müller-Chen 집필부분).
156) 참고로 독일의 경우 Geimer(註 129), Rz. 1745ff.는 순수한 국내사건에서도 외국법원을 위
　　한 관할합의를 허용하나 Jan Kropholler, Handbuch des Internationalen Zivilverfahrens-
　　rechts Band Ⅰ, Kapitel Ⅲ Internationale Zuständigkeit (1982), Rz. 543은 불허한다. 과
　　거 독일 학설의 소개는 Jens Heinig, Grenzen von Gerichtsstandsvereinbarungen im
　　Europäischen Zivilprozessrecht (2010), S. 106ff. 참조.
157) 준거법의 맥락에서는 국제사법 제25조 제4항이 순수한 국내사건에서 외국법 준거법 지정

부정설에서는 논란의 여지가 있다. 그러나 우리가 한국을 국제분쟁해결의 허브로 만들고자 하는 정책적 목표를 추구한다면 그런 관할합의를 허용 내지 권장함으로써 우리의 텃밭은 포기할 이유가 없다.[158] 그런 입장에서는 부정설을 선호할 것이다.

순수한 국내사건에서 외국법원을 위한 관할합의를 하는 경우 전속관할 추정이 적용되는지도 어느 견해를 따르는가에 따라 달라질 수 있다.

라. 유효요건에 관한 판례의 변경과 장래의 변화

주목할 것은, 종래 우리 대법원 ·판례[159]에 따르면, 한국법원이 국제재판관할을 가지는 사건에서 한국법원의 관할을 배제하고 외국법원을 관할법원으로 하는 전속적 국제재판관할의 합의가 유효하기 위해서는 ① 당해 사건이 한국법원의 전속관할에 속하지 아니하고, ② 지정된 외국법원이 그 외국법상 당해 사건에 대하여 관할권을 가져야 하며, ③ 당해 사건이 그 외국법원에 대하여 합리적인 관련성을 가져야 하고, ④ 전속적 관할합의가 현저하게 불합리하고 불공정한 경우에는 그 관할합의는 공서양속에 반하는 법률행위에 해당하는 점에서도 무효라고 판시하였다는 점이다. 위 ③의 요건은 많은 비판을 받았는데 해석론상 이를 폐지해야 하고 입법론으로도 이를 제외해야 한다는 것이 유력설이었다.[160] 개정법은 명시

___

을 허용하면서도 강행규정의 적용이 배제되지 않음을 명시하나 관할합의에는 상응하는 제한이 없다. 즉 순수한 국내사건의 경우 외국법원을 위한 관할합의의 효력을 제한하는 취지의 규정을 국제사법에 둘 수도 있었으나 개정법에는 그런 조문은 없다.

158) 이런 이유로 저자는 한국의 관할합의협약 가입시 제20조에 따른 유보선언을 할 필요가 있다는 견해를 피력하였다. 석광현(註 136), 219면. 김효정, "헤이그관할합의협약 가입시의 실익과 고려사항", 국제사법연구 제25권 제1호(2019. 6.), 205면도 동지. 반면에 장준혁(註 132), 141면은 제20조의 유보선언은 하지 않는 것이 좋다고 한다. 다만 국제사법 기타 국내법에서 금지하지 않으면서 그런 식으로 유보선언만하는 것이 적절한지는 의문이고, 국제사법에서 규정을 두는 것이 바람직하였을 것이다.

159) 예컨대 대법원 1997. 9. 9. 선고 96다20093 판결; 대법원 2010. 8. 26. 선고 2010다28185 판결; 대법원 2011. 4. 28. 선고 2009다19093 판결 등. 1997년 판결에 관하여는 석광현, 국제사법과 국제소송 제3권(2004), 212면 이하 참조.

160) 1999년 예비초안 제4조. 장준혁 외(註 5), 84면(장준혁 집필부분)은 일본 최고재판소의 1975. 11. 28. 치사다네호 사건 판결(民集 29卷 10号, 1554頁)도 '합리적 관련성'을 요구하였다고 하나 일본 최고재판소는 이를 요구하지 않는다. 석광현, 국제사법과 국제소송 제3권(2004), 218면 註 13 참조. 유혁수 외(편), 일본법 강의(2021). 391면(김언숙 집필부분)은 한국 대법원 판결과 대비시켜 일본 판례가 그 점에서 다름을 명확히 지적한다. 위 일본 판례의 소개는 이성웅, "日本法上 船荷證券에 의한 國際裁判管轄合意의 要件," 해사법연구

하지는 않으나 위 ③의 요건은 불필요함을 전제로 한다. 왜냐하면 외국법원을 위한 전속적 관할합의의 효력을 부정할 사유를 열거하면서 ③의 요건을 포함시키지 않기 때문이다. 즉 전속적 관할합의에서 합의관할 부여국과 당해 사건 간의 합리적 관련성의 존재를 요구하던 대법원 판례의 태도는 개정법 하에서는 유지될 수 없다.161)

앞으로는 국제거래의 증가와 거래 당사자들의 분쟁에 대한 인식 제고에 따라 관할합의의 실무적 중요성은 더욱 커질 것이다. 특히 전속적 관할합의의 경우에도 법원과 당해 사건 간의 합리적 관련성의 요건을 배제하고, 나아가 관할합의의 경우 '부적절한 법정지의 법리' 또는 '예외적 사정에 의한 재판관할권 불행사의 법리'의 적용도 배제하기 때문이다(개정법 제12조 제1항).

5. 관할합의의 방식

저자는 우리도 예비초안(제3조 c호)에 준하여 관할합의의 서면요건을 완화하는 것이 바람직하다는 견해를 피력하였는데,162) 개정법(제8조 제2항)은 관할합의의 방식(또는 형식적 유효성. formal validity)에 관하여 UNCITRAL의 2006년 개정 모델중재법을 수용한 중재법(제8조 제3항 제2호)을 참조하여 서면은 "전보(電報), 전신(電信), 팩스, 전자우편 또는 그 밖의 통신수단에 의하여 교환된 전자적(電子的) 의사표시를 포함한다"고 규정한다. 개정법은 일본 민사소송법(제3조의7)과 유사한 수준의 서면요건을 요구하는 결과가 되었다.

개정법은 관할합의의 방식에 관하여 관할합의협약과 조금 차이가 있는 점,163) 개정법에 정치한 국제재판관할규칙을 두면서도 방식요건을 망라적으로 규

제15권 제2호(2003), 121면 이하 참조.

161) 위에서 보았듯이 과거에는 한국이 국제재판관할을 가지기 위하여는 국제사법 제2조가 당사자 또는 사안이 한국과 실질적 관련의 존재를 요구하므로 관할합의의 경우에도 실질적 관련성이 있어야 한다는 견해도 주장될 여지가 있었다. 이제는 개정법이 명시하므로 그런 식의 정당화는 굳이 불필요하다.

162) 관할합의를 정한 일본 개정 민사소송법(제3조의7)은 일정한 법률관계에 기한 소일 것과 방식으로서 서면요건을 요구하고, 관할합의가 그 내용을 기록한 전자적 기록(전자적 방식, 자기적 방식, 기타 사람의 지각에 의해서는 인식할 수 없는 방식으로 작성된 기록으로서 전자계산기에 의한 정보처리의 이용에 제공된 것을 말한다)에 의해 행해진 때에는 서면요건을 충족한 것으로 본다.

163) 위원회에서는 국제재판관할합의는 서면으로 체결되거나 증명 가능한 기록으로 작성되어야 한다는 견해가 유력하였던 것으로 생각하나, 법무부의 검토과정에서 위와 같이 변경되었다. 이는 아마도 위 문언, 특히 기록으로 작성되어야 한다는 취지가 다소 불분명했기 때문

정하지 않고 상당 부분을 해석론에 맡기는 점에서 비판의 여지가 있다. 특히 "관할합의가 서면으로 체결되거나 작성되어야(concluded or documented) 한다"는 관할합의협약의 수준과 동일한 것인지는 다소 의문이다. 우리 중재법 제8조(중재합의의 방식) 제2항은 서면요건을 요구하고, 더 나아가 "구두나 행위, 그 밖의 어떠한 수단에 의하여 이루어진 것인지 여부와 관계없이 중재합의의 내용이 기록된 경우"(제3항 제1호)와 "어느 한쪽 당사자가 당사자 간에 교환된 신청서 또는 답변서의 내용에 중재합의가 있는 것을 주장하고 상대방 당사자가 이에 대하여 다투지 아니하는 경우"(제3항 제3호) 서면요건이 구비된 것으로 본다. 상응하는 조문이 없는 개정법에서는 그러한 경우 방식요건의 구비 여부에 논란이 있을 수 있다.

개정법은 "서면은 … 전자적(電子的) 의사표시를 포함한다"고만 규정하므로 개정법의 해석상으로도 관할합의의 방식을 민사소송법상의 서면요건보다 다소 완화해서 보는 종래의 견해를 유지하는 것이 적절하다. 개인적으로는 제8조에서 더 명확히 규정하였더라면 하는 아쉬움이 있다. 다만 이는 우리나라의 관할합의협약 가입 시 해소할 수 있을 것이다.

6. 관할합의의 효력

국제재판관할합의의 결과 국제재판관할이 발생하거나 배제된다. 이는 우리에게 익숙한 국제재판관할합의의 본래의 효력(즉 소송법적 효력)의 문제이므로 이를 우선 논의한다(아래 가). 근자에는 그에 부수하는 실체법적 효력으로서 관할합의 위반에 따른 손해배상이 논의되고 있고, 나아가 관할합의 위반에 따른 소송유지(留止)명령이 문제되므로 이를 차례대로 논의한다.

가. 소송법적 효력

관할합의의 결과 합의의 내용에 따라 국제재판관할이 변동된다. 더 정확히는 관할합의의 효력은 그것이 설정합의인가, 배제합의인가 아니면 양자의 결합인가에 따라, 그리고 그것이 설정합의라면 전속적인가 아니면 부가적인가에 따라 결정된다. 물론 법계에 따른 차이가 있으나 우리 법상 그렇다는 것이다.

관할합의의 효력과 관련해서는 그 효력의 주관적 범위와 객관적 범위 등이 문제된다. 주관적 범위에 관하여 보면, 관할합의의 효력은 원칙적으로 당사자와

이 아닐까 생각된다.

그 승계인에게 미친다. 그러나 예외적으로 관할합의의 효력이 제3자에 미치는 경우가 있는데 예컨대 법인격을 부인함으로써 관할합의로부터 발생하는 이익과 의무가 법인의 배후에 있는 사원에게까지 확장되는 경우이다. 그런데 계약인수처럼 당사자의 권리와 의무를 승계하는 경우 관할합의의 효력이 그 승계인에게 미치는 것은 당연하지만, 채권양도의 경우처럼 권리의 특정승계가 있는 경우에는 논란이 있다. 얼핏 제3자는 관할합의에 구속되지 않음이 자명할 것 같지만 국제적으로 견해가 나뉜다.[164]

개정법(제8조 제5항)에 따르면, 외국법원을 선택하는 전속적 관할합의가 있는 경우 우리 법원은 원칙적으로 소를 각하하여야 한다. 이는 우리 법원에 관할이 없기 때문이다. 이 점에서 우리 법의 접근방법은 브뤼셀체제나 관할합의협약과 마찬가지로 당사자에게 국제재판관할권의 변경을 허용하는 것이고, 관할합의에 의하여 관할권의 창설 또는 배제를 인정하는 대신 부적절한 법정지의 법리를 적용하는 영미와는 다르다. 우리 법원을 배제하고 외국법원을 위한 전속적 관할합의가 있음에도 불구하고 우리 법원이 스스로 외국이 부적절한 법정지라고 판단하고 그를 이유로 관할합의의 효력을 부정할 수 없다.[165][166]

---

164) 이 점은 석광현(註 5), 122면 이하 참조.
165) 그러나 영미에서는 배제합의의 결과 자국의 관할권이 배제되는 것이 아니라 여전히 관할권을 가지고 있다고 보면서 단지 법원이 당사자들의 관할합의를 존중하여 관할권을 행사하지 않는다고 본다. 과거 미국에서는 법원의 재판관할권을 배제하는(ouster) 당사자의 사전합의는 공서에 반하는 것으로서 강제할 수 없다는 법리가 통용되었으나(이는 국제사법 Restatement (Second) 제80조(the parties' agreement as to the place of the action cannot oust a state of judicial jurisdiction)에도 반영되었다. 이를 "Non Ouster Doctrine"이라 한다. Jennifer Antomo, Schadensersatz wegen der Verletzung einer internationalen Gerichtsstandsvereinbarung? (2017), S. 160ff. 277ff.; Friederike Sandrock, Die Vereinbaung einer „neutralen" internationalen Gerichtstandes (1997), S. 231ff.), 위 법리는 미국 연방대법원의 The Bremen v. Zapata Off-Shore Co., 407 U.S. 1 (1972) 사건 판결을 계기로 극복되었고 위 판결은 국제거래에서 국제재판관할에 관한 당사자자치를 확립한 결정적 계기가 되었다. Muir Watt *et al.* (eds.), Global Private International Law: Adjudication without Frontiers (2019), p. 24(Jacco Bomhoff 집필부분). 그러나 위 판결도 배제합의에 의하여 미국 법원의 관할권이 배제되는 것이 아니라 여전히 존재하고(판결도 "No one seriously contends in this case that the forum-selection clause "ousted" the District Court of jurisdiction over Zapata's action."이라고 설시한다. 407 U.S. 1, 13), 관할합의가 합리적이라면 법원이 관할합의를 고려하여 관할권을 행사하지 않는 것임을 밝혔다. Hay(註 119), S. 508ff.는 이를 명확히 지적한다. 결국 미국의 과거 "Non Ouster Doctrine"은 "합리성 기준"으로 대체된 것이라고 한다. 그렇다면 Bremen 사건에서 법원이

그러나 위 원칙에 대하여는 예외가 인정된다. 즉 첫째, 관할합의가 제8조 제1항 각 호의 사유로 효력이 없는 경우, 둘째, 제9조에 따라 변론관할이 발생하는 경우,[167] 셋째, 합의에 따라 국제재판관할이 부여된 국가의 법원이 사건을 심리하지 아니하기로 하는 경우(이는 재판의 거부를 피하기 위한 것이다)와 넷째, 합의가 제대로 이행될 수 없는 명백한 사정이 있는 경우가 그러한 예이다. 셋째는 외국법원이 관할을 부정한 경우만이 아니라 관할을 긍정하면서도 '부적절한 법정지의 법리' 또는 '예외적 사정에 의한 재판관할권 불행사의 법리'(이하 양자를 호환적으로 사용한다)를 적용하여 관할권을 행사하지 않기로 결정한 경우도 포함하는 것으로 보인다. 한편 넷째와 관련하여 관할합의협약의 보고서에 따르면, 이행이 절대적으로 불가능해야 하는 것은 아니지만 예컨대 소가 제기된 국가에 전쟁이 일어나 법원이 기능할 수 없는 경우 또는 선택된 법원이 존재하지 않거나 심하게 변경되어서 더 이상 동일한 법원이라고 볼 수 없는 경우처럼 예외적인 상황이어야 하는데, 이는 영미의 "계약좌절의 법리(doctrine of frustration)"가 적용된 것으로 볼 수 있다고 한다.[168]

나. 관할합의의 실체법적 효력과 관할합의 위반에 따른 손해배상

이는 전속적 관할합의가 있음에도 불구하고 일방 당사자가 그에 위반하여 다

관할합의에 의해 재판관할권의 폐지를 인정하였다는 김문환, 美國法研究 (Ⅰ)(1988), 469면의 설명은 부정확하다. 다만 미국 법원들이 국제재판관할합의를 널리 승인하지만 '왜'와 '어떻게'는 여전히 "fuzzy"(불명확)하다고 한다. Hay(註 119), p. 512. 참고로 松岡 博, アメリカ 国際私法・国際取引法判例研究(2010), 92면은 제80조에서 "… 주의 관할권을 배제할 수 없다. 그러나"라는 부분은 그 후 삭제되었다고 지적한다. 이 점은 Arthur T. von Mehren, Adjudicatory Authority in Private International Law: A Comparative Study (2007), pp. 216-217도 언급한다.

166) 영국에서도 당사자는 법원의 국제재판관할권을 창설하거나 배제할(oust) 수 없다고 본다는 점은 위에서 언급하였다. Briggs(註 123), para. 8.49 이하; Antomo(註 165), S. 281-282. 한편 관할합의협약(제5조)은 관할합의에 의하여 선택된 법원은 관할(권)을 가진다고 규정하여 대륙법계의 접근방법을 따르면서도, 선택되지 않은 법원의 관할권이 전속적 관할합의에 의하여 배제된다고 명시하지 않으나 그런 취지로 이해된다. Hay(註 119), p. 507, Fn. 17 참조.

167) 당사자들이 전속적 관할합의를 한 경우에도 전속적 국제재판관할이 발생하는 것은 아니라서 변론관할은 허용되기 때문이다. 이 점은 브뤼셀 I Recast(제31조 제2항)도 같다. 관할합의협약은 이 점을 명시하지는 않는다.

168) Dogauchi/Hartley 보고서, para. 129.

른 국가에서 소를 제기하는 경우 상대방 당사자는 응소하여 관할항변을 하는 등
다툴 필요가 있다. 그로 인하여 소송비용 등을 부담하게 되어 손해를 입은 경우
손해배상을 청구할 수 있는지가 문제된다. 이를 간단히 논의한다.

관할합의의 법적 성질에 관하여 종래 우리나라에서는 관할합의를 관할의 발
생이라는 소송법상의 효과를 가지는 소송행위로서 소송계약의 일종이라는 견해가
유력한데 이에 따르면 관할합의의 결과 당사자는 '소송상의 부담'을 질 뿐이고 실
체법상의 의무를 지지 않으므로 그 위반으로 인하여 불이익을 받을 뿐이지 손해
배상책임을 지는 것은 아니다.[169) 마치 민법상 간접의무(또는 책무) 위반의 경우처
럼 위반에 따른 불이익을 받을 뿐이지 위반으로 인하여 손해배상책임을 지지는
않는다는 것이다.

이는 국제재판관할합의의 소송법적 효력과도 관련된다. 즉 전속적 관할합의
에 의하여 관할이 배제된 국가(*forum derogatum.* "합의관할 배제국")의 관할권이 소
멸하는 것이 아니라 당사자들 간에 그 국가에서 제소하지 않겠다는(배제된 국가의
관할권을 원용하지 않겠다는) 통상의 계약과 같은 합의를 한 것으로 이해하는 영미
의 접근방법에 따르면 그에 위반할 경우 손해배상책임을 지는 것이 자연스러우
나,[170) 전속적 관할합의에 의하여 관할권이 배제되는 데 초점을 맞추는 독일에서
는 그 효과에 관심을 가질 뿐이기 때문이다. 그러나 소송법적 효과를 인정한다고

---

169) 그러나 Geimer는 관할합의를 소송계약으로 보면서도 관할합의는 그에 위반하여 소를 제기
하지 않을 의무를 발생시킨다고 하고 이를 위반하면 손해배상책임이 있다고 본다. Geimer
(註 129), Rz. 1716. 중재합의의 경우에도 이를 소송계약으로 보면서도 그에 위반하여 법
원에 소를 제기한 자는 손해배상책임이 있다는 견해가 독일에서도 점차 널리 인정되고 있
다. 예컨대 중재합의의 처분효(Verfügungswirkung)에는 중재절차에 의하여 분쟁을 해결해
야 한다는 적극적 내용의 처분효와 법원에 소를 제기하여서는 아니 된다는 소극적 내용의
처분효가 있고, 소극적 처분효에는 간접적인 의무부과효가 포함된다는 것이다. 소개는 김
용진, "중재와 법원 사이의 역할분담과 절차협력 관계 —국제적 중재합의의 효력에 관한
다툼과 합의관철 방안을 중심으로—", 중재연구 제27권 제1호(2017. 3.), 94면 이하 참조.
과거 중재 맥락에서의 논의는 오창석, "파산절차에 있어서의 중재합의의 효력과 중재절
차," 중재연구 제15권 제1호(2005. 3.), 131면.

170) Antomo(註 165), S. 281ff. 이처럼 영미법계에서는 전속적 관할합의도 통상의 계약과 마찬
가지로 당사자의 협상의 결과라고 보기 때문이나(김민경(註 129), 136면), 관할합의의 소
송법적 효력에 대한 이해가 다르다는 점도 기억할 필요가 있다. Briggs(註 123), para.
8.05, para. 8.50 참조. 전속적 관할합의 위반에 따른 손해배상책임에 관한 영국의 지도적
판례로는 Union Discount Co v Zoller 사건 판결([2002] WLR 1517)이 있다. 영미의 판례
와 학설은 Antomo(註 165), S. 275ff. 참조. 하지만 영국의 통설도 관할합의의 이중적 성질
은 인정한다고 한다. Rieländer(註 133), S. 554.

해서 그에 부수하는 의무(즉 실체법적 효과)를 부정해야 하는 것은 아니다. 즉 저자는 기본적으로 독일 연방대법원 판례처럼 이를 "소송법적 법률관계에 관한 실체법상의 계약(materiellrechtlicher Vertrag über prozessrechtliche Beziehungen)" 또는 "소송법적 효력을 가지는 특수한 사법(私法)상 계약(privatrechtlicher Vertrag mit prozessualer Wirkung)"이라고 이해한다.[171] 이렇게 본다면 전속적 관할합의의 주된 효과가 소송법의 영역에서 발생하고(우리 법을 포함한 대륙법계의 태도를 따르는 경우), 더 나아가 소를 제기한다면 전속적 관할합의에 의하여 지정된 법원에서만 소를 제기하고 그에 위반하여 다른 법원에서 제소하지는 않겠으며 만일 그를 위반하는 경우에는 그에 따른 책임을 지겠다는 실체법상의 합의가 존재한다고 볼 수 있다. 전속적 관할합의 속에는 그런 취지의 합의가 내재되어 있거나 부수한다고 보는 것이 당사자의 의사와 상식에 부합한다. 위 판례를 전속적 관할합의는 소송계약과 실체법상 계약의 성질을 모두 가진다는 견해(이 점에서 이를 '양행위경합설' 또는 '양성설'이라고 부를 수도 있고, '혼합계약'이라는 견해도 있다)로 이해할 수 있고 그에 의하면 위의 결론이 자연스럽게 도출된다.[172] 그렇다면 우리 법상으로도 상대방이 전속적 관할합의에 위반하여 제소한 경우 손해를 입은 당사자는 의무위반으로 인한 손해배상을 청구할 수 있고, 이 경우 일방 당사자는 외국에서 소송을 방어하는 데 발생하는 합리적인 비용과 그 소송에서 부담한 소송비용을 손해배상으로 청구할 수 있다.[173] 실무적으로는 당사자들이 계약서에서 전속적 관할합의

---

171) 이것이 독일 연방대법원의 전통적 판례이다. Hess(註 132), Rn. 6.152. 전속적 관할합의 위반의 경우 당사자의 손해배상책임을 인정한 독일 연방대법원의 2019. 10. 17. III ZR 42/19 판결, NJW 2020, 399 = IPRax 2000, 461도 같다. 저자는 중재합의의 법적 성질도 관할합의의 경우와 동일하게 보는데(석광현, 국제상사중재법연구 제1권(2007), 110면) 이는 종래 독일 연방대법원의 태도와 같다. Colberg(註 138), S. 433.

172) 근자에는 한국에서도 이런 견해가 확산되고 있다. 한승수(註 128), 27면; 이창현(註 119), 240면 이하; 김민경(註 129), 121면. 과거 독일 통설은 소송법적 효력만을 인정할 뿐이고 실체법상의 의무를 부정하였다. 즉 관할합의는 처분행위일 뿐이고 의무를 부담시키지는 않는다고 보았으므로 전속적 관할합의 위반 시 손해배상을 구하는 소를 제기할 수 없다고 보았다. 그러나 위에 소개한 독일 연방대법원의 2019. 10. 17. 판결은 전속적 관할합의 위반에 따른 손해배상책임을 긍정하였다.

173) 김동진, "국제재판관할의 경합에 있어 영미법상의 소송금지명령(Anti Suit Injunction)에 대한 검토", 해상·보험연구 제4호(2004. 3.), 112면; 정해덕, "미국해사소송에 있어서의 대한민국법상의 소멸시효와 소송중지명령", 한국해법학회지 제31권 제2호(2009. 11.), 86면; 이규호, "관할합의에 기초한 소송유지명령(Anti-suit Injunction)의 법적 쟁점", 국제사법연구 제25권 제1호(2019. 6.), 104면 이하; 김민경(註 129), 142면 이하도 동지. 우리 학설은 김

위반 시 손해배상을 청구할 수 있음을 명시하면서 손해배상액 산정의 어려움에 대비하여 손해배상액의 예정을 하기도 한다.[174]

위 2019년 판결에서 독일 연방대법원은 관할합의 위반으로 인한 손해배상책임을 최초로 인정하였다. 원고(Cogent Communications, Inc.)는 미국 회사이고 피고(Deutsche Telekom AG)는 독일 회사인데 당사자들은 '인터넷 피어링 계약'을 체결하여 피어링 지점에서 상대방의 데이터 거래를 기록하고 이를 네트워크에서 연결된 고객들에게 전송하기로 하고 네트워크 내 피어링 지점에서 필요한 전송용량을 확장하기로 하였다. 당사자들은 관할법원을 독일 Bonn으로, 준거법을 독일법으로 합의하였다. 그러나 계약위반이 발생하자 원고는 미국 버지니아주 연방지방법원에 제소하였다. 미국 법원은 부적절한 법정지의 법리를 이유로 소를 각하하였으나[175] 각자 소송비용을 부담하는 American rule에 따라 소송비용 부담에 관하여는 판단하지 않았다. 원고는 다시 Bonn 지방법원에 동일한 내용의 소를 제기하였고, 피고는 원고가 미국 법원에 제소함으로써 관할합의를 위반하였다고 주장하면서 피고가 방어하기 위하여 지출한 변호사비용의 배상을 구하는 반소를 제기하였다.

민경(註 129), 142면 참조. 저자는 과거 중재합의가 있는 경우 소송유지명령의 가부를 논의하면서 중재합의와 전속적 관할합의와 같은 '분쟁해결합의'가 있는 경우를 묶어서 동일하게 취급한 바 있다. 석광현(註 70), 675면 이하 참조. 위 논문은 석광현, 국제상사중재법연구 제2권(2019), 275면 이하에도 수록되었다.

174) 손해액의 산정은 Koji Takahashi, Damages for Breach of Choice-of-Court Agreement, Yearbook of Private International Law, vol Ⅹ (2008), pp. 60-63처럼 ① 전속적 관할합의를 위반하여 제기된 전소에서 외국법원이 관할합의를 이유로 소를 각하한 경우와 ② 외국법원이 소를 각하하지 않고 본안판단으로 나아간 경우로 구분할 필요가 있다. 한승수(註 128), 8-9면, 30면 이하; 김민경(註 129), 138면 이하도 같다. 문제는 ② 유형의 경우 손해액은 추상적으로는 외국 소송을 방어하기 위하여 지출한 비용과 한국에서 제소되었더라면 지출하였을 방어비용의 차액, 그리고 외국법원에서 인정된 판결금액과 한국법원에서 인정되었을 판결금액의 차액이 될 텐데 그의 산정과 증명, 특히 손해배상청구의 소의 피고가 한국 소송에서 지출하였을 소송비용과 판결금액의 산정과 증명이 어렵다는 문제가 있다. 당사자가 전속적 관할합의에 위반하여 제소한 경우 손해배상을 하기로 하는 문언과 해설은 Briggs(註 123), paras. 5.17과 5.51 이하 참조.

175) 판결문은 미공간이나 Hay(註 119), p. 506은 피고측으로부터 구한 판결문을 기초로 이 점을 밝히고 있다. 실제로 피고도 미국 법원에서 관할합의의 존재를 근거로 부적절한 법정지의 법리에 기하여 각하를 구하였다고 한다. 그런 취지의 버지니아주 연방지방법원의 선례(Harmon v. Dyncorp Int'l Inc., 2015 WL 518694 t ★8 (E.D. VA. Feb. 6, 2015)가 이미 있었다고 한다(Hay(註 119), p. 506, Fn. 9에서 재인용).

독일 연방대법원은 Bonn의 재판적과 독일법을 준거법으로 하는 합의를 통하여 당사자들은 실체법과 절차적 측면에서 법적 쟁송을 계획할 수 있도록 하는 데 관심을 표명하였는데, 특히 국제적 법적거래에 관련된 계약 당사자들은 이를 통하여 법적 안전성을 보장하고 (경제적이기도 한) 소송위험을 계산할 수 있기를 원한다는 점을 확인한 뒤, Bonn 법원의 합의는 그 법원에서만 제소해야 한다는 의무를 근거지울 수 있다고 판단하고, 일방 당사자가 미국 법원에서 제소함으로써 귀책사유로 이런 의무를 위반하고 미국 법원이 소를 각하하고 소송비용의 상환을 명하지 않은 경우 상대방 당사자에게 준거법인 독일 민법(제280조 제1항)에 따라 외국법원에서 상대방이 권리보호를 위하여 부담한 합리적 수준의 변호사비용을 손해로서 배상할 의무가 있다고 판단하고 반소청구를 인용하였다.[176] 과거 "전속적 관할합의와 중재합의와 같은 분쟁해결합의 위반의 경우에는 그의 주된 효력이 비록 소송법상의 효력이라고 하더라도, 그에 포함된 또는 그와 함께 체결된 것으로 볼 수 있는 부수적 합의를 근거로 소송유지명령을 허용할 여지가 있지 않을까 생각된다. … 전속적 관할합의와 중재합의의 법적 성질이 소송계약이라는 도그마에 빠져 상식적 접근방법을 외면하(…)는 것은 어리석은 일"이라고 지적한 바 있는[177] 저자로서는 독일 연방대법원의 판결을 환영한다.

여기에서 실제로 손해배상청구를 관철하기 위하여는 여러 가지 의문이 제기되므로 이를 간단히 언급한다. 여기의 손해배상청구는 관할합의라고 하는 계약위반을 전제로 하는 것이다. 나아가 당사자 간에 분쟁해결합의가 없다면 당사자가 외국법에 따라 국제재판관할을 가지는 외국에서 소를 제기하는 것은 적법한 권리

---

176) 이는 독일의 소송 및 중재 실무를 변화시킬 기념비적 판결이라고 하는데, 다만 이 판결은 '관할이 배제된 법원에 소를 제기하지 않을 의무'를 관할합의 자체의 내재적 구성부분으로 보는 것이 아니라, 구체적 사건에서 당사자의 합의를 해석함으로써 부가적인 추단적인 의무의 유무를 판단하는 취지라는 점을 유의할 필요가 있다는 지적이 있다. Colberg(註 138), S. 429; 김민경(註 129), 141면 참조. 위 판결의 소개는 우선 Hay(註 119), p. 506 이하; Colberg(註 138), S. 426ff.; Rieländer(註 133), S. 557f. 참조. 우리 문헌은 한민오·유은경, "중재합의 위반시 손해배상청구 가부에 대한 비교법적 고찰", 石光現교수정년기념헌정논문집: 國際去來法과 國際私法의 現狀과 課題(2022), 469면 이하; 김민경(註 129), 140면 참조. 위 독일 연방대법원 판결의 법리는 중재합의 위반의 경우에도 동일하게 적용될 수 있다. Hay(註 119), p. 512도 동지. 중재의 맥락은 위 한민오·유은경, 461면 이하 참조.

177) 석광현(註 70), 687면, 만일 관할합의가 소송행위와 실체법상의 성질을 겸유한다면 관할합의에 '내재하는' 실체법적 효력을 쉽게 인정할 수 있으나, 만일 관할합의를 순수하게 소송행위로만 이해한다면 그에 '부수하는' 실체법상의 의무가 있다는 것이다.

의 행사이므로 준거법에 따라 다를 수는 있으나 원칙적으로 불법행위를 구성하지 않을 것이다.

우선 전속적 관할합의를 위반하여 발생하는 손해배상청구에 대하여 관할법원은 어디인가. 즉 그러한 손해배상청구에 대하여 당사자 간의 전속적 관할합의의 효력이 미치는가가 문제된다. 통상적으로 당사자들은 주된 계약으로부터 또는 그와 관련하여 발생하는 분쟁에 대하여 관할합의를 하므로 그 범위에 포함된다고 본다.178)

다음으로 위와 같은 실체법상의 손해배상책임이 있는지를 결정하는 준거법은 무엇인지가 문제되는데 이는 위반된 의무의 준거법이다. 이는 관할합의에 내재하거나 그에 부수하는 의무의 준거법이므로 관할합의의 준거법인데, 위에서 언급한 바와 같이 관할합의의 성립과 유효성의 준거법은 주된 계약의 주관적 준거법이라고 보므로 양자는 동일하게 된다. 결국 당사자의 별도 합의가 없다면 손해배상청구가 가능한지는 관할합의의 성립과 유효성의 준거법에 따를 사항인데 주관적 준거법이 있다면 그와 동일하고,179) 만일 주관적 준거법이 없다면 객관적 준거법은 개정법(제8조 제1항)에 따라 결정된다. 준거법이 영국법이면 손해배상청구가 가능한 반면에 과거 독일이나 한국의 유력설에 따르면 부정하므로(위 연방대법원 판결이 없었다면) 준거법에 따라 결론이 달라질 수 있다.

위에서 보았듯이 저자는 준거법이 한국법인 경우 전속적 관할합의 위반에 대한 손해배상청구가 가능하다고 본다.180) 이 점은 개정법에 의하여 달라지는 것은 아니나 개정법이 관할합의의 유효성의 준거법을 명시하므로 그 점에서 의미가 있다. 나아가 관할합의협약은 실체법적 효력을 규율하지 않으므로 우리나라가 동 협약에 가입하더라도 위 문제는 여전히 국내법에 따라 해결할 사항이다.

다. 관할합의의 위반에 따른 소송유지(留止)명령(anti-suit injunction)

이는 전속적 관할합의에서 발생하는 문제이다. 영미에서는 적극적인 국제 소송전략의 일환으로 상대방이 외국에서 제소하거나 소송을 수행하는 것을 선제적

---

178) 한승수(註 128), 31면; 이창현(註 119), 182면; Rieländer(註 133), S. 585도 동지. 김용진(註 169), 94면 이하도 참조.

179) Junker(註 133), §23, Rn. 29.

180) 준거법이 한국법인 경우 손해배상액의 산정과 손해배상액 예정의 효과는 한승수(註 128), 38면 이하 참조.

으로 차단하기 위한 적극적인 수단으로 소송유지(留止)명령(또는 소송금지명령. 이하 양자를 호환적으로 사용한다)을 활용한다. 이는 소를 제기하거나 가처분을 신청하는 방식으로 할 수 있다. 전속적 관할합의 또는 중재합의와 같은 분쟁해결합의가 없는 경우에도 영미에서는 소송유지명령을 활용한다. 예컨대 영국에서는 소송유지명령을 발하는 것이 정의의 목적에 부합하고 예양의 원칙에 반하지 않아야 하는데, 그 경우 원고가 '외국에서 제소되지 않을 권리(right not to be sued abroad)'를 가져야 한다.181) 이를 통하여 외국 소송을 배제하고 국내법원의 배타적 관할권을 확보할 수 있다. 특히 당사자들이 영국 법원에 전속적 관할을 부여하는 합의를 한 경우 일방 당사자가 그에 위반하여 소를 제기하는 경우 소송유지명령을 발령함으로써 영국 법원의 관할권을 보장하는 법적 인프라로 활용한다. 소송유지명령을 본안으로 제기할 수도 있으나 실무적으로는 통상 가처분의 형태로 신청할 것이다.

여기에서는 국제소송의 맥락에서 우리 법원에서 소송유지명령이 가능한지를 간단히 언급한다. 보전처분이 가능한가는 절차법의 문제이므로 이른바 법정지법 원칙(*lex fori* principle)에 의하여 법정지법에 따를 사항이다. 우리 민사집행법상 보전처분으로 소송유지명령을 하자면 ① 우리 법원에 국제재판관할이 있어야 하고, ② 피보전권리가 있어야 하며 ③ 보전의 필요성이 있어야 한다.

첫째, 국제재판관할요건을 보면, 개정법(제14조)에 따르면 가처분의 경우 본안관할을 가지는 국가의 법원과 다툼의 대상(계쟁물) 소재지 국가가 국제재판관할을 가진다. 따라서 전속적 관할합의 위반을 근거로 하는 가처분이라면 전속적 관할법원이 한국법원이라는 점을 근거로 우리 법원의 국제재판관할을 긍정할 수 있다.182)

둘째, 보전처분의 형식으로 소송유지명령을 구할 경우 신청인의 피보전권리

---

181) 석광현(註 70), 653면 이하 참조. 영국법상 예양에 관하여는 우선 Adrian Briggs, The Principle of Comity in Private International Law, *Recueil des Cours Tome* 354 (2012) 참조. 우리 문헌은 김민경, "영국 국제사법의 예양의 원칙", 石光現교수정년기념헌정논문집: 國際去來法과 國際私法의 現狀과 課題(2022), 389면 이하 참조. 흥미로운 것은 부적절한 법정지의 법리가 예양의 원칙과 부합하는지에 관하여 이를 긍정하는 견해와 부정하는 견해가 있다는 점이다(위 김민경, 390면 이하 참조).

182) 전속적 관할합의 위반에 따른 손해배상청구에 대하여 합의관할 부여국이 관할을 가진다는 것이 독일의 통설이다. Peter Mankowski, "Ist eine vertragliche Absicherung von Gerichts-standsvereinbarungen möglich?", IPRax(2009), S. 34; Antomo(註 165), 365.

가 있어야 하고, 본안의 형식으로 소송유지명령을 구할 경우에도 원고가 피고에 대해 부작위를 요구할 수 있는 실체법상의 권리가 있어야 하는데 이는 당해 법률관계의 준거법에 따를 사항이다.[183] 당사자들 간에 전속적 관할합의가 없는 경우 우리 법상으로는 일방 당사자가 외국법에 따라 국제재판관할이 있는 외국에서 소를 제기하는 것은 그의 권리행사로서 허용되며 이는 원칙적으로 적법하므로 위와 같은 피보전권리를 인정할 수 없다. 반면에 전속적 관할합의 위반이 있는 경우에는 아래의 이유로 피보전권리를 인정할 수 있다. 즉 위에서 언급한 바와 같이 저자는 관할합의의 법적 성질을 "소송법적 법률관계에 관한 실체법상의 계약"이라고 파악하고 전속적 관할합의 속에는 그 밖의 외국법원에 제소하지 않기로 하는 합의가 포함되어 있거나 그런 취지의 부수적 합의가 존재한다고 보므로 당사자는 그에 따른 실체법상의 의무를 부담한다고 본다. 요컨대 우리 법상으로는 당사자가 외국법에 따라 국제재판관할을 가지는 외국에서 소를 제기하는 것은 적법한 권리의 행사이므로 원칙적으로 외국법원의 소송절차에 간접적으로 간섭하는 소송유지명령을 허용할 근거는 없고 일방 당사자는 '외국에서 제소되지 않을 권리'를 가지지 않지만 전속적 관할합의와 중재합의와 같은 분쟁해결합의 위반의 경우에는 그에 포함된 또는 부수적 합의를 근거로 '외국에서 제소되지 않을 권리'를 가지므로 이를 피보전권리로 하여 소송유지명령을 허용할 수 있다는 것이다.[184]

셋째, 보전의 필요성을 보면, 전속적 관할합의가 있더라도 피고로서는 실제로 외국의 소송에 출석해서 방어하지 않을 수 없고 그에 따른 시간, 노력과 비용

---

183) 이처럼 보전처분의 절차법적 요건은 법정지법에 따르지만, 법정지법이 요구하는 피보전권리의 존재를 판단하는 과정에서 실체법적 요건이 요구되는 경우 이는 그 법률관계의 준거법에 따를 사항이다. 이는 과거 신용장 사건에서 수익자가 한국의 개설은행을 상대로 지급금지가처분신청을 할 수 있는가라는 논의의 맥락에서 이미 밝힌 바 있다. 석광현, "國際信用狀去來와 詐欺의 原則에 관한 小考 —한국법상의 법리를 중심으로—", 한양대학교 법학논총 21집(2004. 10.), 112면 이하 참조. 이창현(註 119), 194면 이하도 같다.

184) 독일 법원이 관할합의 또는 중재합의 위반에 대한 구제수단으로 소송유지명령에 대하여는 종래 부정설을 취하는 것으로 보인다. Geimer(註 129), Rz. 1717도 같다. 다만 근자에 긍정하는 견해와 판례가 등장하기 시작한 점에서 장래의 발전을 지켜볼 필요가 있다고 한다. 소개는 이창현(註 119), 116면 이하 참조. 우리 민사소송법상 전속적 관할합의가 있는 경우 그 효력으로서 소송금지청구권이 발생하는가, 즉 당사자가 그 관할합의에 반하는 제소행위를 하여서는 아니 될 의무(소송금지의무)를 부담하는지에 관하여는 긍정설(정동윤/유병현/김경욱, 민사소송법 제7판(2019), 469면 등)과 부정설(한충수, "국제재판관할합의에 관한 연구", 연세대학교 대학원 박사학위논문(1997), 131면 이하 등)이 나뉜다. 소개는 이창현(註 119), 256면 이하 참조.

이 소요되고 명성에 손상이 발생할 수 있으므로 적어도 상대방의 제소가 임박한 상황이 있거나 실제로 소를 제기하였다면 외국에서의 소 제기 또는 소의 수행을 금지할 실제적 필요성이 있다고 본다.

소송유지명령의 가능 여부는 손해배상에 관한 논의에서 본 것처럼 관할합의에 내재하거나 부수하는 실체적 의무의 준거법에 따를 사항이고 주관적 준거법이 있는 경우 이는 통상 관할합의의 성립과 유효성의 준거법과 같다.[185] 위에서 보았듯이 저자는 준거법이 한국법인 경우 전속적 관할합의에 근거한 소송유지명령이 가능하다고 본다. 이 점은 개정법에 의하여 달라지는 것은 아니나 관할합의의 성립과 유효성의 준거법이 명시되었다는 점에서 의미가 있다.[186] 관할합의협약은 실체법적 효력을 규율하지 않으므로 우리나라가 동 협약에 가입하더라도 위 문제는 여전히 국내법에 따라 해결할 사항이다.

7. 주된 계약과 관할조항의 독립성

개정법(제8조 제4항)은 관할합의조항을 포함하는 주된 계약 중 다른 조항의 효력은 관할합의조항의 효력에 영향을 미치지 아니한다고 규정함으로써 '관할조항의 독립성'을 명시한다. 이는 종래 강학상 인정되던 것을 명문화한 것이다. 중재법(제17조 제1항)이 중재조항의 독립성을 명시하는 것과 같은 취지이다. 관할합의협약(제3조 d호)도 관할조항의 독립성을 명시한다.

8. B2B 거래에서 약관에 의한 국제재판관할합의의 특수성

여기에서는 소비자계약에서 국제재판관할의 특칙을 정한 개정법 제42조가 적용되지 않는 사안, 즉 B2B 거래이면서[187] 약관규제법이 적용되는 업종[188]의 약

---

185) 반면에 분쟁해결합의가 존재하지 않는 경우에는 불법행위로 성질결정할 수 있다. 이창현(註 119), 377면 이하 참조. 분쟁해결합의가 있는 경우에는 통상은 계약위반이라고 본다. 그러나 이규호(註 173), 104면은 후자의 경우도 불법행위로 성질결정할 수 있다고 본다.
186) 우리 학설의 소개는 김민경(註 129), 130면 이하 참조.
187) 소비자계약의 경우에는 개정법 제42조(국제사법 제27조에 상응)가 특칙을 두므로 제27조가 적용되는 소비자계약과 제27조가 적용되지 않는 소비자계약을 구분할 필요가 있다.
188) 약관규제법 제15조와 동법시행령 제3조는 국제적으로 통용되는 운송업, 금융업과 보험업 등 특정업종의 약관에 대하여는 약관규제법 제7조부터 제14조까지의 적용을 배제하는데, 대법원 1999. 12. 10. 선고 98다9038 판결은 약관의 내용통제에 관한 일반원칙을 정한 제6조도 적용되지 않는다고 보았다. 이에 따르면 약관규제법이 적용되지 않는 특정업종의 약관에서는 국제사법과 약관규제법에 따른 통제가 모두 적용되지 않는다.

관에 의한 국제재판관할합의를 논의한다.

약관규제법 제14조는 "고객에 대하여 부당하게 불리한 재판관할의 합의조항
은 무효로 한다"는 취지의 규정을 둠으로써 약관에 의한 재판관할합의를 규제하
고 있다. 약관에 대한 통제는 첫째, 약관에 포함되어 있는 관할합의조항 자체에
대한 통제(이는 약관에 의한 관할합의에 대한 통제로서 관할합의의 유효요건을 말한다)
와, 둘째, 주된 준거법이 외국법인 경우 약관의 편입통제와 내용통제로 구분된다.

우선 약관의 편입통제를 보면, 약관의 편입과 약관의 명시·설명은 관할합의
의 성립의 문제로서 제8조가 직접 규율하지 않는 한 관할합의의 준거법, 즉 합의
관할 부여국의 국제사법이 지정하는 성립의 준거법에 따를 사항이다.[189]

다음으로 약관의 내용통제를 보면, 약관규제법의 내용통제도 편입통제와 동
일하게 보는 견해도 주장될 수 있으나, 관할합의의 유효요건의 준거법에 따라 결
정된다고 본다. 과거 정설이 없었으나 저자는 약관의 남용에 대한 통제를 포함하
여 관할합의의 유효요건, 방식과 효력은 법정지법에 의하여 판단할 사항이라는
견해를 피력한 바 있다. 여기의 법정지에는 관할이 배제된 한국도 포함된다.[190]
따라서 준거법의 맥락에서는 주된 계약의 준거법이 외국법이면 약관규제법의 내
용통제는 원칙적으로 적용되지 않지만, 국제재판관할의 맥락에서는 비록 주된 계
약의 준거법이 외국법이더라도 한국의 법정관할이 배제되었다면 약관규제법 제14
조가(비록 개정법 제8조가 정한 것은 아니지만) 유효요건의 준거법으로서 적용된
다.[191] 다만 약관규제법 제14조가 적용되더라도 추상적인 내용이라 실익은 의문
이다. 과거 대법원 1997. 9. 9. 판결은 "전속적 관할합의가 현저하게 불합리하고

---

189) 저자는 약관에 포함된 중재합의의 편입통제에 관하여도 동일한 견해를 취하였다. 그러나
장준혁(註 132), 73면은 약관의 제시와 설명은 관할합의의 방식의 문제라고 본다. 브뤼셀
I Recast의 경우 약관의 편입은 그 규정 자체로부터 도출한다. Hess(註 132), Rn. 6.160.
190) 즉 한국 기업/소비자가 국제재판관할합의조항이 없었더라면 한국법원이 국제재판관할을
가졌을 것인데도 불구하고 약관조항에 의해 그 관할이 배제되는 경우 법정지가 아니더라
도 당해 계약의 준거법에 관계없이 약관규제법이 적용되어야 한다. 이 경우 만일 한국 당
사자가 한국법원에 제소하거나 한국에서 외국판결의 집행을 구하는 경우 관할합의조항의
효력이 다투어지는 때에는 약관규제법의 적용 여부가 문제된다. 참고로 스위스 국제사법
(제5조 제2항)은 "일방 당사자로부터 스위스법이 정하는 재판적이 부당하게 박탈되는 경
우에는 재판적의 합의는 무효"라고 규정한다.
191) 그러나 본문과 달리 제14조에 대하여도 통상의 내용통제에 관한 원칙을 적용하여 관할합
의의 준거법에 따른다는 견해도 가능하다. 석광현, 국제사법과 국제소송 제6권(2019), 188
면 註 57 참조.

불공정한 경우에는 그 관할합의는 공서양속에 반하는 법률행위로서 무효"라는 취지로 판시하였는데, 학설은 부당약관에 대한 통제의 근거로 민법 제103조 또는 국제사법 제10조 내지 그 유추적용을 들고 있으므로, 약관규제법이 없더라도 약관에 의한 부당한 국제재판관할합의를 통제할 수 있기 때문이다. 심지어 관할합의가 약관에 의한 것인지의 여부는 무의미하다는 견해도 주장될 수 있다. 만일 우리가 관할합의협약에 가입한다면 관할합의의 성립, 유효성과 약관의 편입 및 내용통제는 동 협약이 규율하는 범위 내에서는 그에 의하여 규율될 것이다.

요컨대 국제재판관할합의가 약관에 의한 것이라는 이유만으로 무효는 아니나 과연 어느 경우 효력을 부인할지가 문제이다. 위 1997년 대법원판결도 약관규제법은 전혀 고려하지 않은 것으로 보인다.[192]

9. 소비자계약과 근로계약에서 합의관할의 특칙

소비자계약(개정법 제42조)과 근로계약(개정법 제43조)의 맥락에서 관할합의에 관하여는 종전과 마찬가지로 소비자계약과 근로계약에 관한 조문에서 개정법 제8조에 대한 특칙을 둔다. 소비자계약과 근로계약에서 관할합의가 허용되는 범위 내에서는 관할합의의 유효성은 명문의 규정이 없지만 개정법 제8조가 정한 바에 따라 합의관할 부여국법이 총괄지정에 의한 준거법이라고 보는 견해가 설득력이 있을 것이다.

X. 변론관할(제9조)

민사소송법 제30조는 '변론관할'이라는 제목 하에 "피고가 제1심 법원에서 관할위반이라고 항변하지 아니하고 본안에 대하여 변론하거나 변론준비기일에서 진술하면 그 법원은 관할권을 가진다"고 규정한다. 이는 피고의 복종(submission)에 기초한 관할이므로 국제재판관할에서도 변론관할(응소관할)을 인정할 수 있다. 그

---

192) 근자에 미국 캘리포니아주 산타클라라 카운티의 연방 또는 주법원에 전속관할을 부여하는 취지의 '구글약관'(이는 캘리포니아주법을 준거법으로 지정한다)을 둘러싸고 그 효력을 인정하는 것이 타당한지 논란이 있었다. 법조신문 제846호(2021. 3. 15.), 3면 기사 참조. 기본적으로 당사자들 간의 합의에 의하여 이루어지는 B2B거래에서 사용되는 약관상의 전속관할합의를 통제할 필요가 있는지, 만일 통제한다면 약관규제법에 규정을 두어야 할 것이나 어떤 내용을 담을지는 더 숙고할 사항이다.

러나 전속관할에 반하는 경우에는 그러하지 아니하다. 변론관할을 묵시적 관할합의 또는 관할합의에 준하는 것으로 보는 견해도 있고 특히 대륙법계에서 그런 경향이 있으나 양자는 구별해야 한다.193) 따라서 묵시적 관할합의의 성립 등에 관하여 그 준거법에 따른 판단은 불필요하며 법정지법에 따라 변론관할이 성립하는지를 판단하면 족하다.194)

　개정법(제9조)은 국제재판관할의 맥락에서 변론관할을 명시한다. 즉 개정법에 따라 법원에 국제재판관할이 없는 경우에도 피고가 국제재판관할이 없음을 주장하지 아니하고 본안에 대하여 변론하거나 변론준비기일에서 진술하면 법원에 그 사건에 대한 변론관할이 인정된다. 종래 해석론상 피고가 국제재판관할을 다투기 위한 출석, '특별출석(special appearance)'을 한 경우에는 가사 예비적으로 본안에 관하여 변론을 하더라도 변론관할이 발생하는지는 논란이 있었는데 개정법은 이를 명시적으로 규정하지 않는다. 일본 개정 민사소송법(제3조의8)도 이 점을 명시하지 않으나, 브뤼셀 I Recast(제26조 제1항)는 명시한다. 그 경우에는 피고가 관할을 다툰 것임은 명백하므로 변론관할이 발생하지 않는다고 보아야 한다.195)196)

　당사자 간에 외국의 법원을 위한 전속적 관할합의가 있더라도 피고가 법정지인 한국법원에 출석하여 본안에 관하여 변론하는 때에는 변론관할이 발생한다(개정법 제8조 제5항). 따라서 변론관할이 관할합의에 우선하여 적용되는 결과가 된다. 반면에 개정법 또는 조약상 외국에 전속관할이 인정되는 경우에는 위의 요건이 구비되더라도 한국의 변론관할이 발생하지는 않는다(제10조 제2항). 브뤼셀 I Recast

---

193) 영미법계에서는 전통적으로 당사자의 복종(submission)이 하나의 관할근거가 된다. 반면에 관할합의는 그 자체로서는 관할근거가 아니다.

194) Heinrich Nagel/Peter Gottwald, Internationales Zivilprozeßrecht 8. Auflage (2020), Rn. 3.585.

195) Nagel/Gottwald(註 194), Rn. 3.588도 동지. 반면에 캘리포니아 민사소송법(Code of Civil Procedure, §418.10[a])은 그 경우에도 변론관할을 인정한다고 한다.

196) 이 점은 외국판결의 승인을 위한 송달요건의 맥락과 다르다. 민사소송법(제217조 제1항 제2호)상 피고가 적법한 적시의 송달을 받지 못하였더라도 응소한 때에는 송달요건은 구비된 것으로 취급된다. 문제는 피고가 관할위반의 항변을 제출하기 위하여 법원에 출석한 경우에도 응소가 있다고 볼 수 있는가인데 변론관할을 인정하기 위한 경우와 달리 송달요건은 피고의 방어권을 보호하기 위한 것이므로 피고가 실제로 방어할 수 있는 기회를 가졌는지의 여부가 관건이다. 따라서 관할 없음을 주장하기 위한 출석, 즉 특별출석도 승인의 맥락에서는 응소에 해당한다. 석광현(註 7), 371-372면.

(제26조 제1항)도 이 점을 명시한다.

소비자계약과 근로계약의 경우에도 본안에 대하여 피고인 소비자와 근로자의 이의 없는 변론이 있으면 변론관할이 발생한다. 다만 브뤼셀 I Recast(제26조 제2항)는 과거와 달리, 법원이 관할을 가지기에 앞서 법원이 소비자와 근로자에게 관할을 다툴 수 있다는 점과 이를 다투지 않을 경우의 효과(즉 변론관할이 발생할 수 있음)를 알려주어야 함을 명시한다. 독일에서는 이를 '교시의무(Belehrungs-obliegenheit)'라고 부르기도 한다.

재판협약도 변론관할을 인정하는데, 흥미로운 것은 피고의 관할항변이 재판국법상 성공가능성이 없음이 명백한 때에는 변론관할을 부정하는 점이다(제5조 제1항 f호). 피고의 관할 또는 관할권의 행사에 대한 항변이 재판국법상 성공가능성이 없음이 명백하다면 항변하지 않더라도 변론관할이 성립하지 않는다는 것이다.[197]

XI. 전속적 국제재판관할(제10조)

1. 전속관할에 관한 종래의 논의

소송의 대상인 분쟁의 성질상 어느 하나의 국가에만 국제재판관할을 인정하는 경우가 있는데 이것이 전속적 국제재판관할(전속관할)이다. 이는 당해 분쟁과 밀접한 관련이 있는 특정 국가의 법원에 전속관할을 인정함으로써 법률관계를 획일적으로 처리할 필요가 있기 때문이다.[198] 그러한 목적을 달성하자면 국제적 컨

---

[197] 상세는 석광현, "2019년 헤이그 재판협약의 주요 내용과 간접관할규정", 국제사법연구 제26권 제2호(2020. 12.), 29면 이하 참조.

[198] Jürgen Basedow, Das Prinzip der gegenseitigen Anerkennung im internationalen Wirt-schaftsverkehr, Normann Witzleb et al. (Hrsgs.) Festschrift für Dieter Martiny zum 70. Geburtstag (2014), S. 246. Basedow는 "외국적 요소가 있는 법률관계에서 사적 행위주체(private Akteure)를 다양한 사법(私法)의 병존으로부터 발생할 수 있는 상이한 판단으로부터 보호하는 것"이 국제사법의 과제라고 하면서, 이를 실현하는 방법 중 주요한 것으로 '지정규범에 의한 법관의 준거법 지정'과 '(외국재판의) 승인' 그리고 '전속관할'을 든다. 그러나 특정 국가에 전속적 국제재판관할을 인정하는 다양한 근거(자국법 적용을 적용한 데 대한 이익과 외국법 적용의 어려움, 증거 및 사안의 근접성, 국가의 주권적 이익 등)를 검토한 뒤 조약이 없는 한 모두 타당하지 않다는 강력한 비판도 있다. Geimer(註 129), Rz. 878ff. 참조(다만 Geimer도 독일 민사소송법 제32a조에 따른 환경책임법에 따른 소는 비판의

센서스가 중요하다고 본다. 전속관할에 대비되는 관할을 '임의관할(또는 경합관할)' 이라고 한다.

우리 국제사법과 민사소송법은 전속(국제재판)관할을 규정하지 않으나 브뤼셀 협약(제16조), 브뤼셀 I (제22조)(브뤼셀 I Recast 제24조), 예비초안(제12조)과 2001 년 초안(제12조)은 대체로 다음의 경우 전속관할을 인정한다.[199]

---

① 부동산에 대한 물권 또는 임대차를 목적으로 하는 소에 대해서는 부동산 소재지
② 법인의 존부, 그 기관의 결정의 유·무효 등에 관한 소에 대해서는 법인의 설립준 거법 소속국
③ 공적 장부상의 기재의 유·무효를 목적으로 하는 소에 대해서는 공부를 관리하는 국가[200]
④ 지적재산권의 등록, 유효성에 관한 소에 대해서는 등록지
⑤ 재판의 집행에 관한 소에 대해서는 그 재판의 집행이 행해지거나 행해질 국가

우리나라에도 대체로 유사한 견해가 있으나[201] 그 정확한 범위는 논자에 따라 다소 다르다. 한국의 전속관할에 속하는 사건에 대해서는 당사자들이 합의에 의하여 이를 배제할 수 없다(제8조 제1항). 주의할 것은, 우리 법이 전속적 토지관 할을 규정하더라도 그로부터 당연히 전속적 국제재판관할이 도출되지는 않는다는

대상에서 제외한다). 나아가 지식재산권에 한정된 것이나 Benedetta Ubertazzi, Exclusive Jurisdiction in Intellectual Property (2012)는 등록 지식재산권의 유효성에 관한 소의 전속관할을 인정하는 근거로 제시되는 관습국제법(제2장), 국가행위이론과 예양(제3장), 그리고 속지주의(제4장) 등이 근거가 될 수 없음을 주장하고 오히려 그 경우 전속관할을 인정하는 것은 재판의 거부를 의미하게 되어 법원에의 접근이라고 하는 기본적 인권에 반한다(제6장)고 주장하면서 위 원칙의 폐기를 주장한다.

199) 일본 개정 민사소송법(제3조의5)은, 회사법 제7편 제2장에 규정된 소 기타 일본 법령에 의하여 설립된 사단 또는 재단에 관한 소(제1호), 등기·등록에 관한 소(제2호)와 지적재산권 중 설정의 등록에 의해 발생하는 것의 존부 또는 효력에 관한 소(제3호)에 대해 전속관할을 규정한다. 그러나 부동산에 관한 소는 그것이 부동산 물권에 관한 것이더라도 부동산 소재지의 전속관할을 인정하지 않는다(제3조의3 제11호 참조). 다만 이런 규정들은 등기·등록에 관한 소를 제외하면 주로 재산법상의 사건을 염두에 둔 것이라 가사사건의 특수성을 더 검토할 필요가 있지 않을까 생각한다.

200) 이에 따르면 전속관할은 등록의 유무효만이다. 예컨대 이혼에 기한 등록은 가능하다. 등록 자체를 청구하는 것과 이혼을 선언하고 그 결과를 등록하는 것은 구분한다는 것이다.

201) 이인재, "국제적 관할합의", 사법논집 제20집(1989), 641면; 한충수(註 184), 118-121면. 근자의 문헌은 이필복, "전속적 국제재판관할(국제적 전속관할) 개관", 국제사법연구 제24 권 제1호(2018. 6.), 299면 이하 참조.

점이다. 이는 민사소송법 등 국내법의 재판적에 이중기능을 인정하지 않는 우리로서는 당연하다. 더욱이 재판적에 이중기능을 인정하는 독일에서도 그렇게 해석한다. 즉 독일 국내법이 전속적 토지관할을 규정하더라도 그로부터 당연히 전속적 국제재판관할이 도출되는 것이 아니라 만일 국제재판관할규칙에 따라 독일에 국제재판관할이 있다면 그 경우 민사소송법 등 국내법에 정한 법원이 전속적 토지관할을 가진다고 이해한다.[202] 간접강제에 관한 대법원 2018. 11. 29. 선고 2016다18753 판결도 "우리나라 민사집행법 제21조, 제261조에서 간접강제결정을 제1심 법원의 전속관할로 정한 것은 우리나라 법원에서 간접강제결정을 내릴 경우를 전제로 하는 것"이라고 판시함으로써 전속적 토지관할이 반드시 전속적 국제재판관할은 아니라는 점을 밝힌 바 있다.

전속관할은 당사자가 다른 경합하는 관할 법원에서 소송을 수행할 권리를 박탈하고 그에 반하는 관할합의를 제한하는 효과를 가지므로 필요한 범위 내에서 제한적으로 해석하여야 한다.[203] 따라서 아래에서 보듯이 여기에서 전속관할이 인정되는 것은 전속관할에 속하는 사항이 본문제인 경우에 한정되고 선결문제인 경우에는 그렇지 않다. 개정법(제10조 제3항)은 이 점을 명시하나 이런 조항이 없어도 그렇게 토아야 한다는 견해도 가능하다. 우리 법원이 선결문제로 판단한 경우 그에 대하여는 기판력이 미치지 않는다.

2. 전속관할규칙의 위치

위원회에서는 전속관할에 관한 규정을 총칙에 묶어서 규정할지 아니면 각 관련되는 장에서 규정할지 논란이 있었다. 위원회에서는 이를 각장에서 개별적으로 규정하는 방안이 유력하였으나 법무부(전문가 회의의 도움을 받은 것이나 편의상 법무부라고 한다)는 후속작업 과정에서 이를 총칙(제10조)에 묶어서 규정하기로 하였다. 예컨대 개정법(제10조 제1항 제1호)이 정한 "한국의 공적 장부의 등기 또는 등록에 관한 소"는 물권만이 아니라 친족과 법인에도 관련되므로 어느 장에 귀속시키는 것이 부적절하기 때문이었다. 이처럼 총칙에 규정하는 김에 어느 장에 귀속시키기 어려웠던 집행 관련 조문도 두게 되었다(제10조 제1항 제5호).

---

202) Geimer(註 129), Rz. 873, Rz. 866; Schack(註 102), Rn. 248.
203) Junker(註 133), §15 Rn. 5 참조.

3. 개정법(제10조)이 규정하는 전속관할규칙

개정법이 도입한 전속관할규칙은 아래와 같다. 이는 우리나라에서는 종래 별로 주목을 받지 못하였는데, 이에는 민사소송법 기타 국내법에서는 전속적 토지관할규칙이 아님에도 불구하고 전속적 국제재판관할규칙으로 인정되는 사례(따라서 이는 토지관할규칙으로부터 직접 도출할 수는 없다)와 전속적 토지관할규칙이 전속적 국제재판관할로 인정되는 사례가 있다.

가. 공적 장부의 등기 또는 등록에 관한 소

개정법(제1호)은 한국의 공적 장부의 등기 또는 등록에 관한 소에 대하여는 한국의 전속관할을 규정한다. 이는 위 ③을 반영한 것이나 브뤼셀체제(예컨대 브뤼셀 I Recast 제24조 제3호)나 예비초안(제12조 제3호)처럼 "공적 장부상 기재의 유·무효를 목적으로 하는 소"에 한정하는 것이 아니라 "공적 장부의 등기 또는 등록에 관한 소"라고 하여 범위가 더 넓은데[204] 다만 단서에 의하여 그 범위가 다소 제한되므로 그 차이는 축소된다. 이 경우 전속관할을 규정하는 이유는 등기·등록이 공익성이 큰 공시제도와 밀접한 관련을 가지기 때문이다. 브뤼셀체제에서는 공적 장부상의 기재의 유·무효를 목적으로 하는 소에 한하여 전속관할을 인정하므로 등기·등록의 요건이나 등기·등록으로부터 발생하는 실체법적 효력의 범위에 관한 소는 전속관할에 속하지 않지만[205] 개정법상으로는 등기·등록의 요건에 관한 소는 전속관할의 대상이 될 것이다. 예컨대 부동산 등기가 일단 유효하게 이루어진 뒤에 채무의 변제 등으로 인하여 등기가 부적법하게 된 경우와 변경등기를 구

---

204) 위원회가 그처럼 범위를 확대한 이유가 일본 민사소송법의 영향인지 아니면 대법원 2011. 4. 28. 선고 2009다19093 판결을 고려한 탓인지 확실하지 않다. 아래에서 보듯이 다만 대법원 판결은 등록을 요하는 특허권의 성립에 관한 것이거나 유·무효 또는 취소 등을 구하는 소는 일반적으로 등록국 또는 등록이 청구된 국가 법원의 전속관할에 속한다고 확인하였을 뿐이고 등록을 구하는 소 자체에 대하여는 전속관할에 속한다고 판시하지는 않았으나 당해 사건에서 특허권의 이전등록 등을 구하는 데 대하여 그것이 전속관할의 대상임을 전제로 하면서 양도계약에 기하여 구하는 경우에는 예외라고 본 것으로 이해하였기 때문인지 모르겠다. 일본 민사소송법(제3조의5 제2항)은 등기·등록에 관한 소 전반에 대하여 전속관할을 인정하므로 개정법의 문언은 일본법에 접근한다. 일본 민사소송법은 문언상 '공적 장부' 또는 '공부(公簿)'라는 표현을 사용하지 않으나 해석상 공부일 것을 요한다. 伊藤達文·小林康彦, 一問一答 平成 23年 民事訴訟法等 改正: 国際裁判管轄法制の整備(2012), 107면.

205) Nagel/Gottwald(註 194), Rn. 3.327.

하는 소의 경우에도 개정법에 따르면 전속관할의 대상이 될 수 있다.[206] 한편 민사소송법(제21조)은 "등기ㆍ등록에 관한 특별재판적"이라는 제목 하에 "등기ㆍ등록에 관한 소를 제기하는 경우에는 등기 또는 등록할 공공기관이 있는 곳의 법원에 제기할 수 있다"고 규정할 뿐이고 토지관할의 맥락에서도 이를 전속관할로 규정하지는 않는다.

당초 위원회는 이를 주로 물권에 관한 공적 장부로 보아 이를 물권에 관한 장에 규정하는 것을 선호하였다.[207] 그러나 여기에서 말하는 공적 장부는 부동산등기부만이 아니라 법인등기부, 회사등기부, 가족관계등록부, 지식재산권에 관한 등록부와 선박등기부도 포함할 수 있으므로 이를 물권에 관한 장에 넣을 것은 아니라고 보아 총칙에 두게 되었다.

가족관계등록부의 정정(성별 정정이나 생년월일 정정)을 구하는 소도 전속관할의 대상이다. 반면에 외국의 이혼판결에 대한 집행판결청구의 소는 비록 집행판결에 기하여 가족관계등록부의 등록이 이루어지더라도 등기 또는 등록에 관한 소라고 보기는 어려울 것이다.

참고로 재판협약(제5조 제3항)상 부동산의 주거용 임대차 또는 부동산의 등록에 대한 사건에 대하여는 그 소재국의 법원이 전속관할을 가진다. 다만 재판협약은 그 경우 국내법에 의한 간접관할을 배제하지는 않으므로 부동산 물권에 관한 사건의 전속관할(재판협약 제6조)만큼 전속성이 강하지는 않다.

나. 법인 또는 단체의 설립 무효 또는 그 기관 결의의 유효성에 관한 소

개정법(제2호)은 한국 법령에 의하여 설립된 법인이나 단체의 설립 무효, 해산 또는 그 기관의 결의의 유효 또는 무효에 관한 소에 대하여는 한국법원의 전속관할을 인정한다. 이는 위 ②를 반영한 것이다. 이는 법인이나 단체의 이른바 '조직분쟁(Organisationsstreitigkeiten)'에 관하여 '관할과 준거법의 병행(Gleichlauf von *forum* und *ius*)'을 실현함으로써 그러한 소에 대하여 상충ㆍ모순되는 판결을 막기 위한 것이다.[208] 우리 상법은 회사설립의 무효ㆍ취소의 소와 회사합병 무효

---

206) 이필복(註 201), 308면.

207) 각장에 규정할 경우 저자는 각장의 맨 앞에 전속관할을 규정하고 이어서 특별관할을 규정하자는 제안을 하였으나 채택되지 않았다. 결국 전속관할에 관한 규정을 총칙에 두기로 했으므로 이는 문제되지 않는다.

208) Hess(註 132), Rn. 6.137. 이런 분쟁의 특수성은 중재가능성에서도 문제를 제기한다. 물론

의 소, 회사분할(합병) 무효의 소와 주주총회결의 취소·변경·무효·부존재확인의
소 등에 대하여 전속적 토지관할을 규정하는데(제184조부터 제186조, 제380조와 제
381조 등) 그러한 소는 제2호의 전속적 국제재판관할의 대상인 소에 해당될 것이
다. 반면에 사원들 간의 소나 사원과 회사 간의 소는 여기에 해당되지 않고 개정
법(제25조)이 정한 '단체 내부관계의 특별관할'에 따른다. 브뤼셀체제의 해석상으
로는 여기에는 대심적 절차만 포함되고 비대심적 절차인 비송사건은 포함되지 않
는다고 한다.[209]

　　주목할 것은 위에 언급한 법인 등에 관한 소의 전속관할의 근거, 일반관할의
근거와 준거법의 관계이다. 개정법상 법인이나 단체의 일반관할의 근거는 네 가
지, 즉 주된 사무소·영업소, 정관상의 본거지, 경영의 중심지와 설립준거법 소속
국이고, 개정법상 법인이나 단체의 준거법은 원칙적으로 설립준거법이고 예외적
으로(즉 외국에서 설립된 법인 또는 단체가 한국에 주된 사무소가 있거나 한국에서 주된
사업을 하는 경우) 한국법이 되나, 여기의 전속관할의 근거는 설립준거법 소속국에
한정된다는 차이가 있다. 이런 태도는 예비초안(제3조 제2항과 제12조 제2호)과 같
다. 브뤼셀 I Recast(제24조 제2호)에 따르면 전속관할의 근거는 본거지(seat)인데
준거법과 관할의 병행을 확보하기 위하여 본거지를 통일적으로 해석하는 대신 법
정지의 국제사법에 맡긴다.[210] 한편 일반관할의 근거는 주된 사무소·영업소, 정관
상의 본거지 또는 경영의 중심지이나, 예외적으로 영국 등의 경우 정관상의 본거
는 등기된 사무소, 만일 그것이 없으면 설립지이다(제63조). 위에서 언급한 것처럼
제2호의 전속관할은 법인 등의 조직분쟁에 하여 '관할과 준거법의 병행'을 실현하
기 위한 것인데 개정법 제30조 단서("다만, 외국에서 설립된 법인 또는 단체가 대한민
국에 주된 사무소가 있거나 대한민국에서 주된 사업을 하는 경우에는 대한민국 법에 의한
다.")가 적용되는 외국 법인 등의 경우에는 관할과 준거법은 병행하지 않는다.

　　한편 국제적으로 도산사건(특히 주된 도산절차 개시재판)의 관할은 주된 이익의

　　　특정국의 전속적 국제재판관할이 인정된다고 하여 중재가능성이 부정되는 것은 아니다. 석
　　　광현, 국제상사중재법연구 제2권(2019), 99면 이하 참조.

209) Hess(註 132), Rn. 6.137.

210) 독일 등 대륙법계 국가들도 유럽연합 내에서는 유럽사법재판소의 판례에 의하여 법인 등
　　　의 속인법으로 본거지법이 아니라 설립준거법을 받아들이지 않을 수 없으므로(석광현, "한
　　　국에서 주된 사업을 하는 외국회사의 법인격과 당사자능력: 유동화전업 외국법인에 관한
　　　대법원 판결과 관련하여", 선진상사법률연구 제90호(2020. 4.), 38면 이하 참조) 관할과 준
　　　거법의 병행은 결국 설립준거법 소속국으로의 관할집중에 의하여 달성되는 것으로 보인다.

중심(COMI) 소재지국에 있다는 견해가 유력하고 그 기준은 등기된 사무소(즉 정관
상의 본거)일 것이나(유럽의회와 유럽연합이사회의 2015. 5. 20. 도산절차에 관한 (EU)
규정(Recast)(번호 2015/848)(EU도산규정 Recast 제3조 제1항)) 반드시 전속관할국과
일치하는 것은 아니다.

다. 부동산 물권 또는 등기된 임대차를 목적으로 하는 소

개정법(제3호)은 한국에 있는 부동산의 물권에 관한 소 또는 부동산의 사용을
목적으로 하는 권리로서 공적 장부에 등기나 등록이 된 것에 관한 소에 대하여는
한국의 전속관할을 인정한다. 브뤼셀체제[211])도 전속관할을 규정한다. 유럽사법재
판소(CJEU. 또는 유럽법원. 정확히는 유럽연합사법재판소이나 '유럽사법재판소'라 한다)
는 1990. 1. 10. Mario P. A. Reichert and Others v. Dresdner Bank 사건 판결
(C-115/88)에서, 전속관할을 인정하는 근거를 근접성이 있는 소재지 법원이 사실
관계를 정확히 파악하고 통상 준거법이 되는 소재지법을 정확히 적용하기에 최적
의 위치에 있기 때문이라고 판시하였다. 부동산 물권 관련 소재지법은 대체로 강
행적 성질을 가지고 당해 국가의 경제질서와 밀접한 관련을 가지므로 전속관할을
인정함으로써 그 적용을 보장할 수 있다는 점을 근거로 들기도 한다.[212] 간접관할
의 맥락이기는 하나 재판협약(제6조)의 태도도 같다.

그러나 종래 우리나라에서는 민사소송법(제20조)이 부동산 소재지의 특별재
판적을 규정할 뿐이고 전속관할을 정한 명문의 규정이 없기 때문인지 몰라도 부
동산의 물권에 관한 소가 그 소재지 법원의 전속관할에 속한다는 인식이 부족한
것 같다. 예컨대 개성공단에 있는 한국 기업 간에 소유권에 기한 건물명도소송에서
대법원 2016. 8. 30. 선고 2015다255265 판결은 한국(남한)의 재판관할권을 인정하
였다. 이를 보면 대법원은 부동산 소재지의 전속관할을 부정하는 것처럼 보인다.
다만 그것이 남북관계의 특수성을 반영한 것인지는 불분명하다. 또한 전속관할의
범위를 오해하여 전속관할을 지나치게 넓게 인정한 하급심 판결들도 있다.[213]

---

211) 브뤼셀협약 제16조 제1호, 브뤼셀 I Recast 제24조 제1호. 부동산 관련 소송을 유형화해서
　　더 면밀하게 검토할 필요가 있다. 이 점은 우선 이필복(註 201), 313면 이하 참조.
212) Magnus/Mankowski (eds.)(註 52), Art. 22, para. 24 (Luis de Lima Pinheiro 집필부분).
　　이필복(註 201), 311면은 그 밖에도 부동산 소재지 특유의 관습적 관행이 적용될 가능성,
　　부동산 등기제도와의 밀접한 관련성과 영토주권의 침해가능성 배제 등의 근거를 소개한다.
213) 예컨대 서울고등법원 2014. 1. 17. 선고 2013나17874 판결(확정)은 홍콩 소재 부동산에 관

반면에 일본 민사소송법(제3조의3 제11호)은 부동산 물권에 관한 소에 대하여
도 전속관할을 규정하지 않는다. 제3호에 관하여는 위원회에서 논란이 있었는데,
위원회에서는 부동산 물권에 관한 소에 대하여 부동산 소재지의 전속관할을 인정
하지 않는 견해와 전속관할을 인정하는 견해가 있었다. 법무부는 후속작업 과정
에서 국제적 정합성을 고려하여 이를 전속관할로 규정하기로 하였다.[214] 당시 진
행 중이던 헤이그국제사법회의 재판 프로젝트도 간접관할의 맥락에서 부동산 소
재지의 전속관할로 규정하고자 하므로 그와의 정합성도 고려하였다. 따라서 예컨
대 원고가 부동산 소재지법에 따라 매매계약에 기하여 소유권을 이미 취득하였음
을 주장하는 경우 이는 부동산상의 물권에 관한 소이므로 부동산 소재지국이 전
속관할을 가진다. 반면에 원고가 채권계약인 매매계약에 기하여 부동산소유권이
전청구 또는 소유권이전등기청구를 하는 경우에는 부동산상의 물권에 관한 소가
아니라 부동산에 관한 채권의 소이므로 전속관할에 속하지 않는다.[215] 다만 부동
산소유권이전등기를 구한다면 이도 등기에 관한 소이므로 제1호에 따라 전속관할
을 인정할 여지가 있으나 제1호 단서에 의하여 전속관할에 속하지 않는다.

한 소유권이전등기를 구하는 소에 대하여 판단하면서 부동산등기제도는 공익성이 강한 물
권의 공시제도와 불가분의 관계를 가지고 있고 이러한 공시제도는 나라마다 그 성립이나
유효요건, 절차 등이 서로 달라 당해 국가의 법원이 가장 신속하고 적정한 재판을 할 수
있다는 점 등과 브뤼셀규정 및 헤이그예비초안 등이 부동산 물권의 전속관할을 규정하는
점 등을 근거로 부동산 소재지인 홍콩의 국제재판관할에 전속한다며, 원·피고가 모두 한
국인이고 주소지가 한국에 있는 등으로 한국법원에 국제재판관할을 인정하는 것이 소송
당사자들의 개인적 이익에 부합하는 측면이 있더라도 달리 볼 것이 아니라면서 소를 각하
하였다. 그러나 한애라, "국제사법 전부개정안 검토 — 물권, 계약에 관한 소의 국제재판
관할을 중심으로", 민사소송 제22권 제2호(2018. 11.), 102면이 지적하듯이 위 사건은 매
매계약에 기한 이전등기 청구소송이므로 부동산 물권에 관한 소는 아니다. 브뤼셀규정의
해석상 예컨대 Thomas Rauscher (Hrsg.), Europäisches Zivilprozess- und Kollisionrecht
EuZPR/EuIPR (2011), Art 22 Brüssel I-VO, Rn. 8 (Mankowski 집필부분)도 동지. 또한
서울고등법원 2016. 11. 28. 선고 2015나2004113 판결(확정)은, 캄보디아에 소재하는 부동
산에 관한 이전등기 또는 근저당권설정등기의 이행을 구하는 소는 부동산 등기제도 등 물
권의 공시제도와 불가분의 관계를 가지고 공익성이 강하며, 나라마다 그 성립이나 유효요
건, 절차 등이 달라 당해 국가의 법원이 가장 신속하고 적정한 재판을 할 수 있다는 이유
로 캄보디아 법원의 전속관할에 속한다고 판시하였다. 그러나 이전등기를 구하는 소는 물
권에 관한 소가 아니다.

214) 한애라(註 213), 100면 이하는 부동산 물권에 관한 소의 전속관할 인정 여부는 신중한 검
토가 필요하다면서도 찬성한다.

215) 토지관할의 맥락에서 민일영·김능환(편집대표), 주석민사소송법 제7판(Ⅰ)(2012), 178면
(김상준 집필부분) 201면.

라. 등록지식재산권의 성립, 유효성 및 소멸에 관한 소

특허권, 상표권 기타 등록 또는 기탁에 의하여 권리가 창설되는 지식재산권("등록지식재산권")의 성립, 유효성 및 범위에 관한 소에 대해서는 등록이 청구된 국가 또는 등록국이 전속적 국제재판관할을 가진다는 점이 국제적으로 널리 인정된다. 그 근거로는 등록지식재산권은 등록국법에 의하여 발생하는 권리로서 권리를 부여한 당해 국가에서만 효력을 가진다는 속지주의적 성격에 기인한다거나, 법원은 다른 국가의 특허권 부여라는 행위에 대해 간섭하거나 그 행위의 유효성에 대해 판단할 수 없다거나, 등록국 법원이 사안과의 근접성으로 인하여 등록지식재산권의 유효성을 가장 적절히 판단할 수 있다는 점을 든다.216) 위에서 본 것처럼 우리 민사소송법(제21조)은 "등기·등록에 관한 특별재판적"을 규정하면서도 이를 전속관할로 규정하지는 않으나, 브뤼셀협약과 루가노협약(각 제16조 제4호) 및 브뤼셀 I (제22조)(브뤼셀 I Recast 제24조)은 일정한 사건의 전속적 국제재판관할을 명시한다.217) 대법원 2011. 4. 28. 선고 2009다19093 판결(엘지디스플레이 사건)도, 특허권은 등록국법에 의하여 발생하는 권리로서 법원은 다른 국가의 특허권 부여행위와 그 행위의 유효성에 대하여 판단할 수 없으므로 등록을 요하는 특허권의 성립에 관한 것이거나 유·무효 또는 취소 등을 구하는 소는 일반적으로 등록국 또는 등록이 청구된 국가 법원의 전속관할에 속한다고 판시한 바 있다. 현저한 지리적 명칭인 'AMERICAN'과 대학교를 의미하는 단어인 'UNIVERSITY'가 결합된 표장(AMERICAN UNIVERSITY)에 대하여 한국에서 서비스표 등록을 할 수 있

---

216) 이필복(註 201), 310면. 이에 대한 비판은 Ubertazzi(註 198), S. 137ff.; S. 100ff. 참조.

217) 특허권의 등록 또는 유효성을 목적으로 하는 소에 대하여 등록이 행해진 체약국과 회원국의 법원에 각각 전속관할을 규정한 브뤼셀협약(제16조 제4호)과 브뤼셀 I (제22조 제4호)의 해석상 '양도계약에 기한 분쟁'은 등록국의 전속관할에 속하지 않는다. Reinhold Geimer/ Rolf A. Schütze, Europäisches Zivilverfahrensrecht, 3. Auflage (2009), A.1 Art. 22 Rn. 229; Magnus/Mankowski (eds.)(註 52), Art. 22 para. 64 (Luis de Lima Pinheiro 집필부분); Rauscher/Mankowski(註 213), Art 22 Rn. 41 (Mankowski 집필부분). 그러나 '양도계약에 기한 분쟁'이 계약에 따라 특허권의 이전등록을 구하는 소송을 포함하는지는 다소 불분명하다. 이필복(註 201), 321-322면은 유럽사법재판소의 1983. 11. 15. Duinnhstee v. Goderbauer 사건 판결(C-288/82)도 동지라고 소개한다. 일본 민사소송법의 기준에 따르면 위 사건에 대하여 일본이 전속관할을 가진다. 참고로 등록, 더 정확히는 의사표시를 명하는 판결의 경우 집행판결이 필요한지는 논란의 여지가 있다. 우리나라에서는 엄밀한 의미에서는 집행이 아니지만 실무상 그 등기, 등록 등을 하기 위하여는 집행판결이 필요하다고 한다. 민일영·김능환(편집대표), 주석민사집행법(II) 제3판(2012), 123면(이원 집필부분).

는지가 다투어진 사건에서 대법원 2018. 6. 21. 선고 2015후1454 전원합의체 판결도 이 점을 재확인하였다.

　이 점을 고려하여 개정법(제10조 제1항 제4호)은 총칙에서 등록 또는 기탁에 의하여 창설되는 지식재산권, 즉 등록지식재산권이 한국에 등록되어 있거나 등록이 신청된 경우 그 지식재산권의 성립, 유효성 또는 소멸에 관한 소에 대하여는 한국의 전속관할을 규정한다. 이는 위원회의 결정사항이다. 조문은 명시하지 않으나 특허권의 권리범위 확인의 소도 이에 포함될 것이다.218) 지식재산권의 등록에 관한 소는 제4호의 전속관할에는 속하지 않으나 제10조 제1항 제1호가 정한 한국의 공적 장부의 등기 또는 등록에 관한 소에 포함될 수 있다.219) 그렇더라도 위에서 본 것처럼 개정법은 대법원 2011. 4. 28. 선고 2009다19093 판결의 전향적 태도를 수용하여 등록지식재산권의 이전 또는 처분이 계약에 따른 것인 경우에는 예외를 인정한다. 하지만 일본 민사소송법(제3조의5 제2호)상으로는 이러한 예외가 인정되지 않으므로 위 대법원의 국제재판관할규칙에 근거한 한국법원의 판결은 일본에서 승인될 수 없다는 문제가 발생한다. 이는 바람직하지는 않지만 한일 간에 국제재판관할규칙이 통일되지 않는 한 부득이한 결과이다.

　민사소송법(제21조)에서 말하는 "등기·등록에 관한 소"에는 특허권 등 공업소유권의 이전, 변경, 소멸 등에 필요한 등록에 관한 소가 포함된다고 해석되는 데 반하여,220) 개정법(제10조 제1항 제4호)은 공적 장부의 등기 또는 등록에 관한 소와 별개로 등록지식재산권의 성립, 유효성 또는 소멸에 관한 소에 대한 전속관할을 규정하는 점에 차이가 있다. 예컨대 특허권의 설정등록을 구하는 소가 민사소송법(제21조)의 대상임은 명백한데, 개정법(제10조)의 대상인지는 다소 애매하나 등록을 구하는 것이라면 제1호를 적용해야 할 것으로 본다. 참고로 브뤼셀체제(예컨대 브뤼셀 I Recast 제24조 제4호)는 특허권 등의 등록 또는 유효성에 관한 소라고 규정하는데, 위에서 보았듯이 브뤼셀체제는 공적 장부의 경우 개정법처럼 등록을 규정하는 대신 그 기재의 유효성만을 규정하므로 양자 간에 미묘한 차이가 있음은 흥미롭다.

---

218) 이필복(註 201), 321면.

219) 지적재산권의 등록에 관한 소의 취급은 이처럼 공적장부에의 등기·등록에 관한 소와 연계하여 검토해야 하는데, 위에서 보았듯이 개정법은 브뤼셀 I Recast(제24조 제4호)와 차이가 있고 대법원 판결을 반영한 점을 제외하면 일본 민사소송법(제3조의5)에 접근한다.

220) 김상원 외(편집대표), 주석민사소송법(I)(1997), 149면(박우동 집필부분) 참조.

한편 개정법은 등록지식재산권의 침해소송에 대하여는 등록국의 전속관할을 규정하지 않고(제10조) 오히려 제39조에서 침해의 행동지, 결과발생지 또는 지향지(문언상)가 한국인 경우 한국의 특별관할을 인정한다. 그러나 특허권침해소송에 대하여 등록국의 전속관할을 인정하는 국가[221]도 있다. 또한 개정법(제38조)은 지식재산권 계약에 관한 소에 대하여는 등록국의 전속관할을 규정하는 대신 특별관할을 별도로 규정하고, 통상의 계약에 관한 소의 특별관할을 규정한 제41조의 적용을 배제한다.

마. 한국에서 집행을 하려는 경우 재판의 집행에 관한 소

개정법(제5호)은 한국에서 집행을 하려는 경우 그 집행에 관한 소에 대하여는 한국의 전속관할을 명시한다. 전속관할규칙을 각장에 개별적으로 둘 경우 이는 적절한 자리를 정하기가 어려웠기에 제외되었으나 법무부가 전속관할규칙을 제1장에 규정하기로 함에 따라 이에 포함되었다. 이는 브뤼셀체제를 참고한 것인데, 브뤼셀협약(제16조 제5호), 브뤼셀 I (제22조 제5호)과 브뤼셀 I Recast(제24조 제5호)는 이를 명시하나 예비초안을 이를 명시하지 않는다. 브뤼셀협약에 관한 Jenard 보고서에 따르면 여기의 절차는 "판결과 공정증서의 효과적인 이행을 보장하기 위하여 동산 또는 부동산에 대한 강제, 제약 또는 제한의 청구(또는 특히 동산 또는 부동산의 인도 또는 압류에서 강제수단의 청구)로부터 발생할 수 있는 절차"를 말한다.[222] 독일법상으로는 강제집행절차에 대한 구제와 소가 이에 해당한다.[223] 독일어본은 다른 호에서는 '소(Klagen)'라고 하면서도 제5호에서는 '절차(Verfahren)'라고 하여 구별하나 영어본은 모두 'proceedings'라고 하여 차이를 두지 않는다. 유럽사법재판소는 위 규정의 본질적인 목적은 재판의 집행 당국의 행위에 대하여 집행국의 법원만이 당해 국가의 법을 적용할 수 있도록 하기 위한 것이라고

---

221) 예컨대 영국에서는 지적재산권을 부동산처럼 취급하므로 —외국소재 부동산에 관하여 영국법원의 재판가능성을 부인한 이른바 *Moçambique rule*에 따라— 외국의 지적재산권침해에 대하여 영국법원의 국제재판관할을 부정하였다. James J. Fawcett/Paul Torremans, Intellectual Property and Private International Law (1998), p. 281 *et seq*. 참조. 1999년 예비초안(제12조 제4호)도 괄호 안에 이런 가능성을 인정하였다.

222) "proceedings which can arise from 'recourse to force, constraint or distraint on movable or immovable property in order to ensure the effective implementation of judgments and authentic instruments." Jenard 보고서, No C 59/36.

223) Nagel/Gottwald(註 194), Rn. 19.42.

판시한 바 있다.[224]

　재판의 집행에 관한 소에는 우리 민사집행법에 따른 집행문 부여에 관한 소(제33조), 청구이의의 소(제44조), 제3자이의의 소(제48조)와 집행처분의 취소 신청(제49조 참조) 등과 같이 강제집행과 직접 관련이 있는 절차가 포함되나, 통상의 소송절차를 따르고 판결절차에 속하는 집행판결 청구의 소는 포함되지 않는다.[225] 민사집행법(제26조 제2항, 제21조)은 집행판결 청구의 소가 채무자 보통재판적 소재지의 전속관할에 속하는 점을 명시하나 이는 전속적 토지관할을 말하는 것이지 전속적 국제재판관할을 말하는 것이 아니다.[226] 개정법(제2조 제2항)에 따라 토지관할규정을 참작하면 어느 국가에서 채무자를 상대로 승소판결을 받은 채권자는 채무자에 대하여 일반관할을 가지는 국가는 물론이고(그 국가에 재산이 있어야 하는 것도 아니며) 그에 더하여 채무자의 재산이 있는 곳이면 그곳이 어느 국가에 속하든 그 국가에서 집행판결을 청구할 수 있다고 보아야 하고 채무자에 대하여 일반관할을 가지는 국가에 전속관할을 인정할 이유가 없다.[227] 다만 제5호

---

224) 유럽사법재판소 1992. 3. 26. Reichert and Kockler v. Dresdner Bank 사건 판결(C-261/90), para. 26.

225) Hess(註 132), Rn. 6.149. 이런 설명에 대하여 오정후(註 17), 81면은 청구이의의 소와 제3자이의의 소도 모두 통상의 민사소송절차를 따르므로 위의 설명은 잘못이라고 지적하는데 이는 아마도 일관성이 없다는 취지로 보인다. 통상의 소송절차에 따르는 점은 청구이의의 소와 제3자이의의 소도 마찬가지이므로 저자의 설명이 미흡하였으나, 우리 법상 청구이의의 소와 제3자이의의 소는 민사집행절차에 속하거나 적어도 집행법적 색채가 있는 데 반하여 집행판결절차는 민사집행절차에 선행하는 판결절차에 속한다는 점에서 다르다. 한편 위의 비판과는 다른 이유에서 장준혁, "2019년 헤이그 외국판결 승인집행협약", 국제사법연구 제25권 제2호(2019. 12.), 481면은 집행판결 청구의 소도 재판의 집행에 관련된 소로서 전속관할에 속한다고 보면서 개정안은 브뤼셀규정을 오해한 것이라고 지적하나 동의하지 않는다. Jan Kropholler/von Hein, Europäisches Zivilprozeßrecht : Kommentar zu EuGVO, Lugano-Übereinkommen 2007, EuVTVO, EuMVVO und EuGFVO, 9. Auflage (2011), Art. 22 EuGVO, Rn. 63; Rauscher/Mankowski(註 213), Art. 22 Brüssel I-VO, Rn. 59 (Mankowski 집필부분); Magnus/Mankowski (eds.)(註 52), para. 79 (Luis de Lima Pinheiro 집필부분); Nagel/Gottwald(註 194), Rn. 3.339 등을 보면 이를 확인할 수 있다.

226) 제10조 제1항 제5호에 대하여 오정후(註 17), 80면은 민사집행법이 관련 소송에 대해 전속관할을 규정하고 있으므로 이는 불필요하다고 하나 민사집행법이 규정한 것은 전속적 토지관할이고 개정법이 규정한 것은 전속적 국제재판관할이므로 이런 지적은 근거가 없다.

227) 이필복(註 201), 329면도 동지. 독일법에 관하여 Dagmar Coester-Waltjen, Himmel und Hölle, Einige Überlegungen zur internationalen Zuständigkeit, Rabels Zeitschrift für ausländisches und internationales Privatrecht, Band 79 (2015), S. 513f.; Geimer(註

의 적용범위가 불분명한 점은 부정할 수 없으므로 앞으로 그 범위를 더 명확히 할 필요가 있다.[228]

제5호에 대하여는 위에서 언급한 것처럼 민사집행법이 관련 소송에 대해 전속관할을 규정하고 있으므로 이는 불필요하다는 지적이 있으나 민사집행법이 규정한 것은 전속적 토지관할이고 개정법이 규정한 것은 전속적 국제재판관할이라는 점을 인식해야 한다. 재판에 기한 실제 강제집행의 문제는 제5호의 대상이 아닌데 이는 쟁송의 존재를 전제로 하는 집행에 관한 소가 아니기 때문이다. 제5호가 다루는 것은 집행과 밀접하게 관련된 소 또는 절차에 따른 재판을 하는 국제재판관할권의 문제이다. 국가관할권 3분설을 따른다면 집행법적 색채가 있는 재판이 아닌 강제집행 자체는 재판관할권이 아니라 집행관할권의 문제이기 때문이라고 설명할 수 있을 것이다.[229]

바. 전속적 국제재판관할에서 재판관할과 준거법의 병행

위에서 본 것처럼 일정한 분쟁에 대하여 특정 국가의 법원에 전속관할을 인정하는 것은 법률관계를 획일적으로 처리하기 위함인데 이를 위하여는 전속관할을 가지는 국가의 법이 준거법이 됨으로써 재판관할과 준거법의 병행이 가능하도록 할 필요가 있다. 이런 관점에서 개정법의 전속관할규칙을 살펴본다.

---

129), Rz. 3127도 같다. 독일에서는 장래 재산의 취득 가능성만으로 족하다는 견해도 유력하다. 예컨대 일본이 일반관할을 가지는 채무자가 한국에 재산을 가지고 있다면 일본과 한국이 집행판결청구의 소에 대하여 국제재판관할을 가진다. 집행판결청구의 소도 채무자 보통재판적 소재지국의 전속적 국제재판관할에 속한다고 보는 오정후(註 17), 81면은 근거가 없다.

228) 참고로 몇 가지만 언급한다. 위의 대상을 집행과 밀접한 관련이 있는 대심적 절차에 한정하는 견해(Rauscher/Mankowski(註 213), Art. 22, Rn. 75; Hess(註 132), Rn. 6.148)가 유력하나 집행과 밀접한 또는 직접적인 관련이 있는 절차라면 대심적 절차가 아니더라도 무방하다는 견해도 있다. 채권자취소의 소와 부당한 강제집행으로 인한 손해배상청구의 소는 포함되지 않는다(Nagel/Gottwald(註 194), Rn. 3.339). 채권추심의 소는 민사소송법 규정에 따라 제기하는 민사소송의 일종이므로 이에 포함되지 않는다. 보전처분의 국제재판관할에 관하여는 개정법(제14조)이 별도의 관할규칙을 두고 있으므로 보전처분을 구성하는 재판절차(예컨대 가압류처분절차)도 여기에 포함되지 않는다고 본다. 여기의 전속관할은 집행법적 색채가 있는 판결절차에 대하여만 적용되고 채권압류 및 전부명령과 같은 집행행위의 발령(Erlass von Vollstreckungakten)에는 적용되지 않는다고 본다. Geimer(註 129), Rz. 435, Rz. 1222, Rz. 3231.

229) 집행의 요건과 집행방법은 집행법정지법(*lex fori executionis*)에 따른다. Geimer(註 129), Rz. 3237.

공적 장부의 등기 또는 등록에 관한 소(제1호). 위에서 보았듯이 여기의 공적 등기·등록부에는 부동산등기부, 법인등기부, 회사등기부, 가족관계등록부, 지식재산권에 관한 등록부와 선박등기부 등이 포함되는데 한국이 관리하는 공적 등기·등록부에 관한 분쟁의 준거법은 대체로 한국법일 것이나 항상 그런 것은 아니다. 예컨대 공적 등기·등록부의 기재가 실체관계와 부합하지 않게 되어 말소등기·등록을 요구하는 경우처럼 실체관계의 준거법이 한국법이 아닐 수도 있다. 더욱이 제1호 단서에 따라 당사자 간의 계약에 따른 이전이나 그 밖의 처분에 관한 소로서 등기 또는 등록의 이행을 청구하는 경우 대법원 판결에서 보듯이 등기·등록부를 관리하는 국가와 분쟁의 대상인 계약 등의 준거법이 달라질 수 있다.

법인 등의 설립 무효, 해산 또는 그 기관 결의의 유효성에 관한 소(제2호). 한국 법령에 따라 법인 등의 설립 등과 그 기관 결의의 유효성의 준거법은 그 설립 준거법인 한국법일 것이므로(개정법 제30조 본문) 관할과 준거법이 병행한다. 다만 개정법(제30조 단서)에 따라 외국법인 본거지법설이 준거법인 경우에는 양자는 병행하지 않는다. 제30조 단서를 양면적 저촉규정으로 보아 그 경우에도 적용할지는 논란이 있다.230)

한국 소재 부동산의 물권에 관한 소 또는 공적 장부에 등기·등록된, 부동산 사용을 목적으로 하는 권리에 관한 소(제3호). 이에 관하여는 부동산 소재지법인 한국법이 준거법이므로(개정법 제33조 제1항) 관할과 준거법이 병행한다.

등록 지식재산권의 성립, 유효성 또는 소멸에 관한 소(제4호). 개정법 제40조는 보호국법을 명시하면서 지재권의 침해만을 언급하고 있으나 지재권의 성립과 유효성 등에 대하여도 보호국법을 지정한 것으로 해석하므로231) 한국에 등록되어 있거나 등록이 신청된 경우 그 지식재산권의 성립, 유효성 또는 소멸에 관한 소에

---

230) 석광현(註 5), 204면 이하.

231) 석광현(註 5), 289면. 위에서 언급한 대법원 2018. 6. 21. 선고 2015후1454 전원합의체 판결은 상표권은 등록국법에 의하여 발생하는 권리로서 등록이 필요한 상표권의 성립이나 유·무효 또는 취소 등을 구하는 소는 일반적으로 등록국 또는 등록이 청구된 국가 법원의 전속관할에 속하고, 그에 관한 준거법 역시 등록국 또는 등록이 청구된 국가의 법으로 보아야 한다고 판시하였다. 이를 전제로 대법원은 원고가 미국 법인이라고 하더라도 우리나라에서 서비스표를 등록받아 사용하기 위하여 우리나라에 등록출원을 한 이상 그 등록출원의 적법 여부에 관한 준거법은 우리나라 상표법이라고 판시하였다. 대법원의 결론은 타당하나 그 근거로 국제사법 제24조를 밝히지 않은 점은 유감이다. 제24조의 적용범위에 관하여 논란이 있음을 의식한 탓인지 모르겠으나 만일 제24조가 근거가 아니라면 무슨 근거로 그렇게 판단한 것인지를 밝혔어야 마땅하다.

대하여는 한국법이 보호국법으로서 준거법이 될 것이다(개정법 제40조). 따라서 관할과 준거법이 병행한다.

한국에서 재판을 집행하려는 경우 그 집행에 관한 소(제5호). 이에 포섭되는 소의 범위는 다소 불분명하나 이는 국가 공권력의 발동인 재판의 집행과 밀접하게 관련된 소에 관한 재판의 경우 집행 대상을 둘러싼 분쟁에 대하여 사실상 및 법률상 근접성으로 인하여 실효적 권리구제를 할 수 있다는 이유로 한국의 전속관할을 인정하는 것이므로 비록 집행과 관련된 소의 청구원인의 준거법과 전속관할은 병행하지 않더라도 집행에 착안하면 절차의 준거법은 한국법이므로 병행을 인정할 수 있다.

따라서 개정법(제10조)이 열거하는 전속관할은 완벽한 것은 아니지만 대체로 관할과 준거법의 병행을 가능하게 한다. 개정법(제10조 제3항)은 전속관할에 속하는 사항이 선결문제로 제기되는 경우에는 전속관할을 인정하지 않는데 그 경우에는 본문제(예컨대 계약의 이행을 구하는 소의 경우 계약)의 준거법과 선결문제(예컨대 이사회 결의 또는 등록지재권의 유효성)의 준거법은 얼마든지 다를 수 있다. 이런 관점에서도 전속관할에 속하는 사항이 선결문제로 제기되는 경우에까지 전속관할을 인정할 이유가 없다고 할 수 있다.

재산관계 사건과 비교할 때 가사사건에서 관할과 준거법의 병행이 더 중요한데 공적 장부의 등록에 관한 소를 제외하면 개정법의 전속관할규칙이 가사사건을 충분히 고려한 것인가라는 의문이 없지 않다. 하지만 개정법은 가사사건에서 다양한 관할근거를 규정하고 특정한 분쟁에 관하여 특정한 국가의 법원에 전속관할을 인정하지는 않는다.

사. 관련 문제: 도산사건의 국제재판관할

위원회에서는 도산의 국제재판관할규칙을 두자는 제안이 개정작업의 초기에 제안된 바 있으나 이는 채무자회생 및 파산에 관한 법률(약칭: 채무자회생법)에 둘 사항이라는 이유에서 수용되지 않았다.[232] 흥미로운 것은 근자에 도산 관련 재판

---

[232] 채무자회생 및 파산에 관한 법률(제3조 제1항, 제2항)은 토지관할을 규정하는데 그에 의하면 외국법인의 회생사건 및 파산사건의 경우 채무자의 주된 사무소 또는 영업소(외국에 주된 사무소 또는 영업소가 있는 때에는 한국에 있는 주된 사무소 또는 영업소를 말한다)(이하 "영업소"만 언급한다)의 소재지를 관할하는 지방법원본부 합의부가 전속관할을 가지고(제3조 제1항) 그러한 관할법원이 없는 때에는 채무자 재산의 소재지를 관할하는 지방법

에 대한 국제재판관할규칙을 국제사법 또는 채무자회생법에 두자면서, EU도산규정 Recast(제6조 제1항과 제2항)에서 보는 바와 같은 관할집중력(*vis attractiva concursus*) 원칙을 명시하는 전속적 직접관할규칙을 담은 문언을 제안하는 견해[233]가 보이는 점이다. 저자로서는 만일 그런 조문을 도입한다면 채무자회생법에 두는 것이 적절하다고 보는데, 도산절차를 구성하는 집단적 절차재판, 즉 미국 파산법원의 회생계획인가결정에 대하여 채무자회생법이 아니라 민사소송법 제217조를 적용한 대법원 2010. 3. 25.자 2009마1600 결정을 고려할 때, 그에 앞서 도산 관련 재판의 범위에 대하여 더 고민할 필요가 있고, 주절차와 종절차라는 개념 자체를 도입하지 않은 현행 채무자회생법의 문제점을 우선 해소하고 주절차와 종절차를 개시할 직접관할을 먼저 명시할 필요가 있다. 또한 2018년 모델법(제14조 g호)은 간접관할의 맥락이기는 하나 도산 관련 재판에 대한 도산법원의 관할을 전속관할로 보지 않는다는 점도 고려하여 더 신중하게 검토할 필요가 있다.[234]

원본원이 전속관할을 가진다(제3조 제3항). 채권의 경우에는 재판상의 청구를 할 수 있는 곳을 그 소재지로 본다. 따라서 도산절차(더 정확히는 도산절차 개시재판)에 관한 한 저자는 과거에는 국제사법(제2조)을 고려하여 채무자회생법의 토지관할규정을 참작하여 국제도산관할의 원칙을 도출하여야 한다고 보았는데, 개정법 하에서는 도산사건의 국제재판관할에 관한 규정이 없음은 마찬가지이나 제15조가 비송사건의 관할규칙을 두고 있으므로 개정법의 해석론으로는 비송사건의 성질을 가지는 도산사건의 경우 개정법(제15조)에 따라 국제재판관할을 결정해야 할 것이다(다만 제15조 제1항과 제3항 중 어느 것을 적용할지 논란의 여지가 있으나 제3항이 적절할 것으로 본다). 종래의 논의는 석광현(註 70), 514면 이하 참조. 근자에는 한국선사의 BBCHP 선박에 대한 강제집행을 막기 위하여 우리 법원에 외국회사인 SPC의 회생절차 개시신청을 한 사례가 있었는데 동아탱커 사건이 그것이다. 서울회생법원은 해외 SPC 12곳에 대하여 포괄적 금지명령을 하였으나 결국 동아탱커가 한 SPC들의 회생신청을 모두 기각하였고 이는 확정되었다(2019회합100074 등). 다만 서울회생법원은 채무자 동아탱커의 회생신청에 대하여 개시결정을 하였다(2019회합100065). SPC에 대한 회생신청에서는 우선 한국의 국제관할, SPC에 대한 선박저당권자인 금융기관의 채권이 회생담보권인지와 도산법정지법과 속인법과의 충돌 등의 문제가 발생한다. 국제관할에 관하여는 정우영, "파나마 SPC에 대해 회생법원이 관할권이 있는지", 2019. 9. 27. 개최된 은행법학회 2019년 제2차 정책심포지엄 및 정기연구회(제35회) 발표자료 참조. 흥미롭게도 서울회생법원은 국제사법 제2조 제1항의 실질적 관련이 있다고 보아 한국의 국제재판관할을 긍정하였으나 동의하기 어렵다. 국제적으로는 이는 주된 이익의 중심(COMI) 소재지의 문제이다. 이는 우선 김영석, "국제도산에서 주된 이익의 중심지(COMI)를 둘러싼 제문제," 서울대학교 대학원 법학석사학위논문(2012. 2.) 참조.

233) 김용진, 한국과 아시아의 시각에서 본 유럽연합 민·상사 법제의 빅뱅과 도전(2019), 321면 이하 참조. Geimer(註 129), Rz. 1945d도 관할집중력에 근거한 도산법정지의 관할을 전속적 국제재판관할로 설명한다.

234) 2018년 모델법의 간접관할규칙은 2020년 말 법무부에 제출한 한민·석광현, "2018년 모델

4. 전속관할에 대한 예외

개정법은 두 가지 점에서 위에서 본 전속관할규칙에 대한 예외를 규정한다.

가. 전속관할에 속하는 사항이 계약상 의무인 경우

계약에 따라 특허권의 이전등록을 구하는 소송에서 등록국이 전속관할을 가지는지는 종래 논란이 있었다.[235] 그런데 당사자 간의 특허권양도계약이 정한 전속관할합의(한국법원에 관할을 부여하는)에 따라 한국 회사가 일본인과 일본 법인을 상대로 한국법원에 제기한 특허권이전등록청구의 소가 특허권의 등록국인 일본의 전속관할에 속하는가가 다투어진 사건에서 위 대법원 2011. 4. 28. 판결은 부정설을 취하였다. 만일 일본이 전속관할을 가진다면 그에 반하여 한국에 전속관할을 부여하는 합의는 허용되지 않는다. 즉 위 대법원 2011년 판결은 일본이 전속관할을 가지는지와 관련하여, 국제사법 하에서 등록을 요하는 특허권의 성립에 관한 것이거나 유·무효 또는 취소 등을 구하는 소는 등록국 또는 등록이 청구된 국가 법원의 전속관할에 속하나, 그 주된 분쟁 및 심리의 대상이 특허권의 성립, 유·무효 또는 취소와 관계없는 특허권 등을 양도하는 계약의 해석과 효력의 유무일 뿐인 그 양도계약의 이행을 구하는 소는 등록국이나 등록이 청구된 국가 법원의 전속관할에 속하지 않는다는 취지로 판시하였다. 위 사건에서 쟁점은 외국의 특허권 부여행위의 유효 여부가 아니라 특허권이전등록을 할 계약상 의무의 유무라는 점에서 대법원의 결론은 타당하다는 평가를 받았다.[236]

법과 2019년 모델법에 관한 연구보고서", 59면 이하; 석광현, "도산 관련 재판의 승인 및 집행에 관한 2018년 UNCITRAL 모델법의 소개와 우리의 입법방향", 동아대학교 국제거래와 법 제33호(2021. 4.), 28면 이하 참조.

235) 반면에 등록을 전제로 하지 않는 저작권의 성립과 유효성에 관한 분쟁에 대하여는 그러한 전속적인 국제재판관할을 인정할 필요는 없다.

236) 제1심인 서울중앙지방법원 2007. 8. 23. 선고 2006가합89560 판결은 일본의 전속관할을 인정하였으나 원심인 서울고등법원 2009. 1. 21. 선고 2007나96470 판결은 이를 부정하였다. 제1심판결의 취지는 아래와 같다. "속지주의의 원칙에 따라 각국은 그 산업정책에 기초해서 발명에 관해 어떤 절차로 어떤 효력을 부여할지를 규율하므로, 특허권의 부여, 등록이나 유효·무효에 관한 소송에 관해서는 해당 등록국이 전속관할을 가진다. 또한 동일한 발명에 관한 특허권이더라도 각국에서 행정처분에 따라 다른 권리가 각각 부여되고 당해 권리의 등록국이 그 권리의 성립과 효력 및 이전에 관하여 가장 밀접한 관련성을 가지며 그 등록국에서 판단하는 것이 재판진행의 편의성 측면이나 재판의 실효성 측면에서 가장 유

위 대법원판결의 전향적 태도를 수용하여 개정법(제10조 제1항 제1호 단서)은 제1호(공적 장부의 등기 또는 등록에 관한 소)에서 당사자 간의 계약에 따른 이전이나 그 밖의 처분에 관한 소로서 등기 또는 등록의 이행을 청구하는 경우를 명시적으로 제외한다.[237]

나. 전속관할에 속하는 사항이 선결문제로 제기되는 경우

예컨대 특허권에 관한 라이센스계약에 근거한 소송 또는 특허권의 침해를 이유로 손해배상을 구하는 소송에서, 유효한 특허권의 존재가 선결문제(또는 선결적 법률관계)로 다투어지는 경우 계약소송 또는 침해소송에 대해 재판관할을 가지는 법원이 선결문제를 판단할 수 있는가라는 의문이 제기된다.[238] 이에 대해 특허권에 관한 국제적인 계약소송 또는 특허침해소송을 담당하는 우리 법원은 ① 소송절차를 중지해야 한다는 견해, ② 특허권의 유효성에 대해 재판할 수 있다는 견해와 ③ 원칙적으로 판단할 수 없으나, 신규성 또는 진보성이 없는 경우에는 예외적으로 판단할 수 있다는 견해 등이 가능하다. 저자는 과거 ②를 지지하였다.[239]

이런 취지를 고려하여 개정법(제10조 제3항)은 전속관할에 속하는 사항(예컨대 등록지식재산권의 성립 등)이 소송에서 본문제가 아니라 선결문제인 경우에는 전속

리하고, 그 권리의 등록은 등록국의 전권적 행위이므로 그 권리의 성립과 효력 및 이전에 관한 최종적 확정 권한을 당해 등록국에 귀속시키는 것이 상당하다." 한국에서 승소한 한국 회사는 일본에서 판결의 집행을 구하였으나 일본에서는 이는 일본의 전속관할에 속한다는 이유로 거부되었다. 나고야 고등재판소 2013. 5. 17. 판결. 일본 법원은 위 사건은 일본의 개정 민사소송법이 적용되는 사건은 아니었지만 같은 취지의 조리가 존재하였다고 보았다. 평석은 申美穗, ジュリスト No. 1492 (2016), 304頁 이하; 橫溝 大, ジュリスト No. 1487 (2015. 12.), 106頁 이하 참조.

237) 개정안에서는 제10조 제1항 단서에서 "다만, 제1호와 제4호는 당사자 간의 계약에 따른 이전 그 밖의 처분에 관한 소의 경우에는 적용하지 아니한다."고 규정하였으나 제4호에는 등기·등록이 포함되지 않았기에 제4호가 삭제되고 제1항의 단서가 제1호의 단서로 수정되었다.

238) 반면에 저작권의 경우 저작권의 유효성에 관한 분쟁에 대해 특정 국가의 전속관할이 인정되지 않으므로 저작권 침해소송을 다루는 법원은 당연히 저작권의 유효성에 대해 판단할 수 있다.

239) 석광현(註 69), 564면. 가사 그에 반대하더라도 대법원 1983. 7. 26. 선고 81후56 전원합의체 판결과 대법원 2012. 1. 19. 선고 2010다95390 전원합의체 판결을 고려한다면 적어도 ③의 견해가 일관성이 있다는 견해를 피력하였다. 브뤼셀협약의 해석론으로도 같다. 다만 유럽연합재판소는 GAT/Luk 사건 판결(C-4/03)에서 달리 판단하였다. Kropholler/von Hein(註 225), Art. 22 EuGVO, Rn. 1, 50 참조.

관할을 인정하지 않음을 명시한다. 따라서 일본 특허권의 유무효가 주된 분쟁 및 심리의 대상인 경우에는 일본이 전속관할을 가지나, 그 특허권의 침해소송이 한국법원에 계속 중 피고가 일본 특허권이 무효라는 항변을 하는 경우 우리 법원은 일본 특허권의 유무효를 선결문제로서 판단할 수 있다. 다만 위 침해소송에서 피고가 일본 특허권이 무효라는 항변을 하는 데 그치지 않고 더 나아가 무효의 확인을 구하는 반소를 제기한다면 그 반소에 대하여는 우리 법원은 일본 특허권의 유무효를 판단할 수 없게 됨을 주의하여야 한다.

개정법은 이런 원칙을 전속관할에 속하는 다른 사항에 대하여도 적용한다. 예컨대 어떤 회사의 이사회 결의 자체를 본문제로 다루는 소송이라면 이는 당해 회사의 설립준거법 소속국의 전속관할에 속하는 데 반하여, 회사에 대해 계약에 따른 의무이행을 구하는 소에서 만일 필요한 이사회 결의의 유효성이 선결문제로서 다투어지는 경우 이는 당해 회사의 설립준거법 소속국의 전속관할에 속하지 않는다는 것이다. 예비초안(제12조 제6항)은 이런 취지를 명시한다.[240] 이는 위원회의 결정사항이기도 하다.[241] 강제집행과 밀접하게 관련된 소의 경우에도 그것이 선결문제로 제기되는 경우에는 전속관할의 대상이 아니다.

이에 대하여 일부 견해는, 관할은 당사자 또는 소송물과 법원의 관계로 판단되고 소송물이 아닌 선결문제는 관할 판단의 기준이 아니므로 제10조 제3항은 필요 없다고 지적한다.[242] 우리 법의 이론상 타당한 이야기나 그것이 국제적으로 통용되는 법리는 아니다. 예컨대 브뤼셀 I Recast(제24조 제4호)는 등록지식재산권의 등록 또는 유효성을 목적으로 하는 소에 대하여 전속관할을 규정하는데, 이는 유럽연합재판소의 2006. 7. 13 Gesellschaft für Antriebstechnik mbH & Co. KG v Lamellen und Kupplungsbau Beteiligungs KG 사건 판결(약칭 GAT/Luk 사건, C-4/03)을 수용하여 "당해 쟁점이 소로써 또는 항변으로써 제기되는지에 관계없이(irrespective of whether the issue is raised by way of an action or as a defence)"라고 명시함으로써 등록지식재산권의 등록 또는 유효성이 선결문제로 다투어지는

---

240) 다만 이는 특별위원회의 최종적인 문언은 아닌 탓에 괄호 안에 들어 있다. 조문의 취지는 Nygh/Pocar(註 52), p. 70 참조.
241) 이 논점은 외국재판의 승인과 연계하여 생각할 필요가 있다. 예컨대 만일 승인국이 효력확장설을 취한다면 외국이 선결문제에 대하여도 기판력을 인정하는 국가인 경우 전속관할이 없는 국가의 재판을 승인하는 결과가 되는 문제가 발생한다.
242) 오정후(註 17), 82면.

경우에도 등록국 법원의 전속관할에 속함을 명시한다. 이런 국제규범과 판례 및 그를 둘러싼 국제적 논쟁을 고려하면 이 점을 명시함으로써 의문을 제거할 필요가 있다. 전적으로 또는 주로 우리 법을 고려하는 민사소송법과 달리 국제사법 내지 국제민사소송법의 맥락에서는 국제적 상황과 논의를 고려하지 않으면 아니 된다.243)

5. 전속관할이 인정되는 경우 일부 관할규칙의 적용 제외

개정법(제10조 제2항)은, 한국의 법령 또는 조약에 따른 국제재판관할의 원칙상 외국법원의 국제재판관할에 전속하는 소에 대해서는 한국의 일반관할(제3조), 사무소·영업소 소재지 등의 특별관할(제4조), 재산소재지의 특별관할(제5조), 관련사건의 관할(제6조), 반소관할(제7조)과 변론관할(제9조)을 적용되지 않음을 명시한다. 따라서 예컨대 외국법원의 전속관할이 인정되는 경우에는 한국의 변론관할이 인정되지 않으나, 외국법원을 위한 전속적 관할합의를 한 경우에는 변론관할이 인정된다(후자는 제8조 제5항 제2호).

이는 민사소송법 제31조가 토지관할의 맥락에서, 전속관할이 정하여진 소에는 제2조(보통재판적), 다양한 특별재판적과 관련재판적을 명시한 제7조부터 제25조, 제29조(합의관할) 및 제30조(변론관할)의 규정을 적용하지 아니한다고 규정하는 것과 유사한 취지이다.244) 다만 민사소송법은 배제되는 조문 중에 제29조(합의

---

243) 소개는 이필복, "국제적인 민사 및 상사분쟁 해결절차의 경합에 관한 연구 ―소송과 중재를 중심으로―", 서울대학교 대학원 법학박사학위논문(2020), 326면 이하 참조. 참고로 대법원 2015. 1. 15. 선고 2012다4763 판결(ADM직무발명 사건)도, 갑 주식회사의 을에 대한 영업방해금지청구의 선결문제로서, 을이 갑 회사와 맺은 근로계약에 따라 완성되어 한국에서 등록한 특허권 및 실용신안권에 관한 직무발명에 기초하여 외국에서 등록되는 특허권 또는 실용신안권에 대하여 갑 회사가 통상실시권을 취득하는지가 문제된 사안에서, 을이 직무발명을 완성한 곳이 한국이고, 갑 회사가 직무발명에 기초하여 외국에 등록되는 특허권이나 실용신안권에 대하여 통상실시권을 가지는지는 특허권이나 실용신안권의 성립이나 유·무효 등에 관한 것이 아니어서 그 등록국이나 등록이 청구된 국가 법원의 전속관할에 속하지 않는다고 판시한 바 있다.

244) 다만 민사소송법과 달리 개정법은 배제되는 조문으로서 총칙에 있는 조문만을 언급하고, 각 장에 규정된 특별관할을 정한 조문은 언급하지 않으나, 다른 조문들도 언급하는 편이 좋았을 것이다. 이 점을 지적하는 오정후(註 17), 81면의 비판은 타당하다. 그러나 그런 조문이 없더라도 결론은 같을 것으로 본다. 즉 개정법은 제10조는 한국법원이 전속관할을 가지는 경우만을 규정하고, 그 밖의 대한민국의 법령 또는 조약이 외국법원의 전속관할을 규정하는 경우 그것이 특별법으로서 우선하여 국제사법의 특별관할규칙에 우선할 것이기 때

관할)를 열거하는 데 반하여 개정법은 제8조(합의관할)을 언급하지 않으므로 의문
이 있을 수 있다. 그러나 제8조 제1항 제3호가 "대한민국의 법령 또는 조약에 따
를 때 합의의 대상이 된 소가 합의로 정한 국가가 아닌 다른 국가의 국제재판관
할에 전속하는 경우"를 관할합의의 무효사유의 하나로 명시하므로 그 경우 합의
관할이 허용되지 않음이 명백하다. 저자는 위원회에서 제3호의 취지를 더 정치하
게 규정하기를 희망하였으나245) 굳이 그렇게 하지 않아도 족하다는 견해가 많아
개정법의 문언을 채택하였고 구체적인 해결은 해석론에 맡기기로 하였다.

또한 제8조가 명시하지는 않지만 한국이 전속관할을 가지는 소에 대하여는
예외적 사정에 의한 국제재판관할권의 불행사를 정한 제12조가 적용될 여지가 없
음은 명백하다. 대체법정지인 외국법원이 존재할 수 없기 때문이다.

6. 중간확인의 소에 관한 조문의 신설 여부

공청회에서는, 본래의 청구에 대하여 한국법원이 국제재판관할을 가지는 때
에는 그 전제로서의 법률관계의 확인을 구하는 중간확인의 소에 대해서도 국제재
판관할권이 인정되는 것이 원칙이지만, 한국법원이 전속적 국제재판관할 규정에
의하여 중간확인의 소에 관한 청구에 대하여 국제재판관할을 가지지 아니하는 경
우에는 당사자가 확인의 판결을 구할 수 없어야 하므로, 이런 취지를 개정안에 두
자는 제안이 있었다.246) 토지관할의 맥락에서는 민사소송법 제264조 단서에 규정
이 있다.247) 일본 민사소송법(제145조 제3항)은 국제재판관할에 관한 규정을 두고
있으나 굳이 그런 규정을 두지 않더라도 해석론으로서 동일한 결론을 도출할 수
있을 것으로 본다. 따라서 그런 규정은 두지 않아도 무방하다고 생각한다.

문이다. 따라서 특별관할을 정한 조문을 언급하지 않았다고 해서 심각한 문제가 있다는 오
정후(註 17), 81면의 지적에는 동의하지 않는다.

245) 예컨대 외국이 전속관할을 가지는 경우 외국의 전속관할을 부정하고 한국을 위한 설정적
합의를 하는 것은 허용되지 않으나, 반대로 전속관할을 가지는 외국을 위한 설정적 합의를
하는 것은 허용된다는 것이다. 저자는 이런 식으로 방향성을 명확히 하는 것이 바람직하다
고 보았다.

246) 이규호, 토론문, 공청회 자료집, 133면.

247) 중간확인의 소에 관한 민사소송법 제264조 제1항은 "재판이 소송의 진행중에 쟁점이 된
법률관계의 성립여부에 매인 때에 당사자는 따로 그 법률관계의 확인을 구하는 소를 제기
할 수 있다. 다만, 이는 그 확인청구가 다른 법원의 관할에 전속되지 아니하는 때에 한한
다."고 규정한다.

XII. 국제적 소송경합(제11조)

1. 종래의 논의

국내 민사소송에서 당사자는 어느 법원에 계속 중인 사건에 대하여 다시 소를 제기하지 못한다. 민사소송법(제259조)은 이러한 중복제소금지의 원칙을 명시한다. 이는 소송제도의 남용을 방지하고 소송경제를 도모하며 판결의 모순저촉을 방지하기 위한 것이라고 하거나, 만일 중복제소를 허용하면 법원과 당사자에게 시간, 노력과 비용을 낭비시킬 우려가 있기 때문이라고 설명한다.[248]

국제적 분쟁이 증가하는 결과 동일한 소송물(Streitgegenstand)에 대하여 동일 당사자 간에 복수의 국가에서 소송이 제기될 가능성이 커지고 있고, 더욱이 외국에서 이행의 소를 제기당할 가능성이 있는 당사자가 장래 국내에서의 집행을 저지하기 위한 소송전략으로 국내에서 먼저 채무부존재확인의 소를 제기하는 결과 국제적 소송경합이 발생할 가능성이 점증하고 있다. 이것이 '국제적 소송경합'(lis alibi pendens), '국제적 중복제소' 또는 '국제적 중복소송'의 문제이다. 이는 비용이 많이 드는 복수의 소송절차를 수행하여 판결을 받기 위한 것이라기보다는 협상과정에서 유리한 지위를 차지하고 상대방에게 부담을 주어 타협을 강요하는 수단으로 사용된다.[249] 민사소송법이 정한 중복제소금지의 취지는 국제적 소송경합의 경우에도 타당하다. 더욱이 국제적 소송경합은 외국재판의 승인·집행과 관련되고 국제재판관할과도 관련되는 점에서 한국 내에서의 중복제소보다 더 복잡한 문제를 제기하는데 여기에 국제적 소송경합의 특색이 있다. 더 나아가 영미에서는 적극적인 국제 소송전략의 일환으로 상대방이 외국에서 제소하거나 소송을 수행하는 것을 선제적으로 차단하기 위한 수단으로 소송유지(留止)명령(anti-suit injunction)(또는 소송금지명령. 이하 양자를 호환적으로 사용한다)을 활용한다.[250]

종래 우리나라에서는 국제적 소송경합에 관한 논의가 활발하지는 않지만 대체로 일본에서와 유사하게 ① 국제적 소송경합을 허용하는 견해(즉 규제소극설), ② 국제재판관할이론에 따라 어느 법원이 더 적절한 법정지인지를 비교형량하여

---

248) 전자는 김홍엽(註 122), 371면; 후자는 전원열(註 122), 2-5-3-1.

249) Fentiman(註 72), para. 1.75.

250) 석광현(註 70), 650면 이하 참조.

판단하는 견해(이를 '비교형량설'이라고도 부른다)와 ③ 승인예측설251)이 주장되었고 (전소를 존중하는 우선주의를 전제로 하면서), ④ 저자는 ②와 ③을 결합한 절충설을 주장하였다. 사견은 ③을 원칙으로 하되, 전소가 제기된 법원이 항상 우선하는 것이 아니라, 예컨대 한국에서 전소가 제기되고 외국에서 후소가 제기되었더라도 외국이 명백히 보다 더 적절한 법정지이고 우리 법원에서 재판하는 것이 국제재판관할 배분의 이념에 비추어 현저히 부당하다는 예외적 사정이 있는 때에는 우리 법원이 소송절차를 중지할 수 있다는 점에서 ②를 가미한 것이다.252) 정치한 토지관할규정을 두고 있는 민사소송법(제35조)과 가사소송법(제13조 제4항)상으로도 예외적인 경우 법원의 재량에 의한 이송이 허용되는데, 국제소송에서도 그에 상응하는 사유가 있다면 이송을 할 필요가 있으나 국제소송에서는 이송이 불가능하므로 대신에 부적절한 법정지의 법리를 고려하여 소송절차를 중지할 수 있도록 하자는 것이다. 위 ④는 대체로 예비초안(제21조)을 따른 것으로 제한적 범위 내에서 부적절한 법정지의 법리를 도입하는 것이다.

2. 개정법의 태도

가. 국제적 소송경합에 관한 규정의 도입

위원회는 국제적 소송경합에 관한 규정을 두기로 하였고 개정법 제11조를 신설하였다. 이는 일종의 절충설로 위 ④와 유사하나 동일하지는 않다. 이를 채택할 수 있었던 것은 개정법이 부적절한 법정지의 법리를 제한적으로 수용하기 때문이다. 만일 개정법이 위 법리를 수용하지 않았다면 승인예측설이 채택되었을 가능성이 큰데 그 경우 국제적 소송경합은 외국재판 승인의 전(前)단계(Vorstufe)로 파

---

251) 아직 대법원판결은 보이지 않고 하급심 판결은 나뉘고 있으나 승인예측설을 취한 판결들이 많은 것으로 보인다. 예컨대 서울지방법원 2002. 12. 13. 선고 2000가합90940 판결은 이른바 원고피고공통형(또는 병행형)의 국제적 소송경합을 정면으로 다루면서 '승인예측설'을 취하여 동일한 사건에 관한 한국의 후소를 부적법 각하한 판결이다. 평석은 석광현(註 4), 169면 이하 참조. 학설의 소개는 이필복(註 243), 113면 이하 참조.

252) 석광현(註 16), 202면 이하, 322면 이하. 저자가 이를 지지한 것은 국제적 소송경합에 관한 예비초안의 규정은 특별위원회에서 이룩한 상당한 타협의 산물이라고 생각하였기 때문이다. von Mehren(註 165), p. 361도 동지. 종래의 학설은 석광현(註 4), 176면 이하 참조. 비교법적 연구는 이헌묵, "국제적 소송경합의 처리에 관한 비교법적 연구", 국제사법연구 제26권 제1호(2019. 6.), 383면 이하 참조. 과거의 입법론은 석광현(註 16), 322면 이하; 이헌묵, "국제적 소송경합에 관한 입법적 제안", 민사소송 제23권 제3호(2019. 10.), 385면 이하 참조.

악될 뿐이고 국제재판관할규칙의 일환으로 다룰 이유가 없다. 아래에서 보듯이 개정법(제12조)은 부적절한 법정지의 법리를 수용하였기 때문에 국제재판관할의 맥락에서 또는 그와 관련성을 고려하면서 국제적 소송경합을 다루게 된 것이다.253) 즉 개정법(제11조)은 기본적으로 전소를 존중하는 우선주의와 승인예측설을 결합하고 나아가 부적절한 법정지의 법리를 가미한 것이다.

나. 국제적 소송경합의 요건
(1) 요건

제12조가 정한 국제적 소송경합이 되기 위하여는 ① 외국법원에 전소가 계속 중일 것, ② 우리 법원에 후소가 제기될 것, ③ 당사자의 동일성(같은 당사자일 것254)), ④ 청구의 동일성, ⑤ 적극적 승인예측(즉 장래 외국법원이 선고할 재판이 한국에서 승인될 것으로 예상될 것)이라는 요건이 구비되어야 한다(제1항).

당사자의 동일성과 소(청구 또는 소송물)의 동일성255)에 관하여는 민사소송법상 중복제소의 맥락에서 다양한 논의가 있다. 예컨대 당사자의 동일성에서는 당사자가 동일한 경우는 물론이고 당사자가 동일하지 않더라도 전소의 기판력이 후소의 당사자에게 미치는 경우에는 동일한 당사자라고 볼 수 있다. 또한 청구의 동일성에서는 선결적 법률관계나 상계항변과 같이 항변으로 주장된 권리의 경우 논란이 있는데, 이런 논의는 국제사법 제11조의 맥락에서도 의미가 있으나 적절히 변용할 필요가 있다.

---

253) 오정후(註 17), 84면은 국제적 소송경합에 관한 조문은 민사소송법에 도입하는 편이 훨씬 좋을 것이라는 견해를 피력한다. 민사소송법에 규정하는 것도 논리적으로는 가능하나 훨씬 좋을 것은 없다. 특히 국제재판관할규칙을 국제사법에 두는 이상 그와 함께 가는 것이 더 바람직하다. 위 견해는 아마도 영미식 접근방법은 물론 국제적 소송경합이 국제재판관할과 접점이 있다는 데 대한 인식이 부족하기 때문이 아닐까 생각된다. 반면에 이필복(註 243), 154면 이하는 개정법이 국제적 소송경합에 관한 명시적인 규정을 포함하고 있는 것 그 자체로서 커다란 진보를 이룬 것이라고 평가하고 구체적인 내용에 대해서도 긍정적으로 평가한다(엄밀하게는 위 글은 개정안에 대한 평가이나 개정법과 차이가 없다).

254) 당초 개정안은 "동일 당사자 사이에 … 사건과 동일한 소가 법원에 다시 제기된 경우"라고 규정하였으나 국회 제출 개정안에서는 "같은 당사자 간에 … 사건과 동일한 소가 법원에 다시 제기된 경우에"라고 수정되었다. 동일이라는 한자 표현을 피한 것으로 보이나 뒤의 동일한 소는 왜 두었는지 모를 일이다.

255) 우리 민사소송법학계에서는 양자를 묶어 흔히 '사건의 동일성'이라고 한다. 한편 국제사법 제2조는 당사자와 '분쟁이 된 사안'이라는 표현을 사용한다.

(2) 소송물의 동일성

외국 전소와 우리 후소의 소송물이 동일한지는 우선 전소의 소송물과 후소의 소송물을 각자의 법정지법에 따라 각각 결정한 뒤, 우리 법의 기준에 따라 동일성 여부를 결정해야 한다. 그 맥락에서 여러 가지 쟁점이 제기된다.

여기에서 '소송물의 동일성'을 논의하는 경우 외국법에 따른 소송물과 우리 법에 따른 소송물의 개념이 다를 수 있음은 당연한데, 제11조가 청구의 동일성을 요구한다고 하여 단지 소송물의 동일성만을 기계적으로 판단할 것이 아니라 외국 재판 승인의 결과 기판력이 미치는 객관적 범위를 고려하여야 한다. 이는 중복제소의 맥락에서 선결적 법률관계나 항변으로 주장된 권리의 논의[256)]에서 보는 바와 같다. 국제적 소송경합의 맥락에서는 우리 민사소송법상 외국판결의 승인의 본질에 관하여 다수설인 효력확장설[257)]에 따라 외국판결이 판결국에서 가지는 것과 동일한 효력을 한국에서도 가진다고 본다면 외국법상 소송물 개념을 기초로 기판력의 객관적 범위가 중요하다.[258)] 반면에 만일 누적설을 따른다면 외국재판의 효력은 외국재판에 상응하는 우리 민사소송법상의 효력보다 클 수 없으므로 동일성이 인정되는 범위가 상대적으로 축소될 것이다.

국제적 차원에서는 우리 민사소송법상의 소송물 개념을 고집할 것이 아니라 장래 통일적인 소송물 개념을 발전시켜 나갈 필요가 있으나[259)] 아직 그런 개념은 존재하지 않는다. 그런 개념을 구체화하는 것은 장래의 과제인데 그 과정에서 브뤼셀체제와 헤이그 국제사법회의의 2019년 재판협약상의 논의를 참고할 필요가

---

256) 예컨대 김홍엽(註 122), 377면 이하; 전원열(註 122), 2-5-3-4(92면) 참조.

257) 석광현(註 7), 409면 이하 참조.

258) 이를 전제로 저자는 서울지방법원 2002. 12. 13. 선고 2000가합90940 판결에 대한 평석에서 법원은 우리 법에 근거하여 계약위반에 기한 책임과 불법행위에 기한 책임을 별개의 소송물로 볼 것이 아니라, 첫째 캘리포니아주법상 소송물이 무엇인지(즉 캘리포니아주 법원의 판결의 기판력의 객관적 범위)를 조사하고, 둘째 우리 민사소송법(제217조)에 따른 외국판결 승인의 효과를 검토하였어야 한다고 지적하였다. 즉 미국의 판례와 통설에 따르면, 독일법에서와 마찬가지로, 동일한 사실관계에 기초한 것이라면 계약위반에 기한 청구와 불법행위에 기한 청구는 동일한 소송물이고 실체법상의 청구권의 규범의 상위는 소송물의 결정에 영향을 미치지 않으므로 위 사건에서 비록 원고가 캘리포니아주 법원에서 계약위반만을 주장하였더라도 캘리포니아주 법원 판결의 기판력은 계약위반에 기한 청구와 불법행위에 기한 청구에 미치고 그렇다면 대상판결이 불법행위에 기한 청구를 별개의 소송물로 본 것은 부적절하고, 법원으로서는 불법행위에 기한 청구에 대하여도 국제적 소송경합을 인정하여 소를 각하하였어야 한다는 것이다. 석광현(註 4), 200면.

259) 국제적 소송경합의 맥락에서 소송물의 동일성은 이필복(註 243), 132면 이하 참조.

있다. 현재 헤이그국제사법회의 차원에서 진행 중인 관할 프로젝트에서는 국제재판관할과 함께 국제적 소송경합도 다루고 있다.[260] 그런 개념이 형성되기까지는 승인예측의 단계에서 승인의 효과를 고려하지 않을 수 없다.

참고로 브뤼셀협약상 '동일한 청구(proceedings involving the same cause of action, *des demandes ayant le même objet*, Klagen wegen desselben Anspruchs)'인지를 판단함에 있어서 수소법원은 자국의 소송법에 따라 판단할 사항이 아니라 동 협약의 목적을 고려하여 유럽연합의 소송물을 독자적인 개념으로 파악하여야 하는바, 유럽사법재판소는 1987. 12. 8. Gubisch Maschinenfabrik v. Palumbo 사건(C-144/86) 판결에서 이를 명확히 함으로써 청구의 동일성을 넓게 보았다(매매계약의 무효 또는 해소를 주장하는 소와 동 계약에 기하여 이행을 구하는 소는 동일 청구이다). 그에 따라 과거 브뤼셀협약의 소송경합에 관한 조문(제21조)의 해석상 유럽사법재판소는 1994. 12. 6. Tatry v. Maciej Rataj 사건(C-406/92) 판결에서 급부의무의 부존재 확인을 구하는 소극적 확인의 소가 계속한 후에 이행의 소가 계속한 경우에도 동일한 청구에 해당하는 것으로 보았다. 독일에서는 이런 견해를 'Kernpunkttheorie'(핵심이론 또는 핵심쟁점이론)라고 부른다. 따라서 양 소송의 소송물이나 청구원인이 동일해야 하는 것은 아니다.[261]

나아가 재판협약은 국제적 소송경합을 규율하지는 않으나 재판이 동일한 당사자들 간에 동일한 대상(subject matter. 이는 소송물이라고 번역할 수도 있다)에 관하여 다른 국가(체약국인지 여부 불문)에서 선고된 선행재판(소의 제기 시기의 선후에 관계없이 먼저 선고된 재판을 의미하는 것으로 보인다)과 저촉되는(또는 상충하는) 경우 승인거부사유가 된다(제7조 제1항 f호). 재판협약은 소송 대상의 동일성의 판단기준을 명시하지 않으나, 재판협약의 보고서는 브뤼셀체제를 참조하여 소의 원인이 동일할 것을 요구하기보다는 완화된 기준이 타당하다면서 중요한 것은 양 판결의 '중심쟁점 또는 핵심쟁점(central or essential issue. Kernpunkt)'의 동일성이라고 한다.[262]

260) 위 프로젝트의 주요 논점은 직접관할과 국제적 소송경합인데 양자 모두에서 대륙법계와 영미법계의 대립이 드러나는 탓에 합의가 쉽지 않다. 이필복, "헤이그국제사법회의의 관할 프로젝트(Jurisdiction Project)의 주요 쟁점 및 교섭상의 고려 사항", 石光現교수정년기념 헌정논문집: 國際去來法과 國際私法의 現狀과 課題(2022), 417면 이하 참조.
261) 이를 "핵심점이론"이라고 번역하면서 '생활사실관계(Lebenssachverhalt)'에 의하여 소송물의 동일성을 파악하는 견해라고 소개하기도 한다. 이시윤, 민사소송법 제14판(2020), 244면.
262) Francisco Garcimartín & Geneviève Saumier, Judgments Convention: Explanatory Report (2020), para. 272. 승인거부사유의 하나로 판결의 저촉을 규정한 관할합의협약(제

요컨대 국제적 소송경합이 외국재판의 승인과 밀접하게 관련되므로 양자 간의 상호작용을 더 검토할 필요가 있다. 현재로서는 우리 법상 외국재판의 승인의 효력에 관한 법리가 정립되지 않았으므로 청구의 동일성 판단도 다소 유동적일 수밖에 없다. 다만 장차 국제적 소송경합에 적절한 소송물 개념을 발전시켜 나갈 필요가 있다.

(3) 이행의 소와 확인의 소

한편 제1항은 당사자와 소의 동일성만을 요구할 뿐이고 심판형식의 동일성을 요구하지 않으므로 이행의 소와 확인의 소가 동일한 소송물인지가 문제된다.[263] 주지하는 바와 같이 외국에서 소가 제기되었거나 제기가 임박한 경우 피고 또는 피고가 될 자가 자국법원에 채무부존재의 확인을 구하는 소극적 확인의 소를 제기함으로써 외국소송의 진행 내지는 장래 외국에서 선고될 판결의 승인 및 집행을 차단하기 위한 소송전략으로 악용된다. 이것이 크게 문제된 것은 유럽연합에서 이른바 '어뢰소송(torpedo litigation)'으로 알려진 소극적 확인의 소의 폐해 때문이다. 즉 선행하는 소극적 확인의 소와 후의 이행의 소를 동일한 청구라고 보면 외국에서 제소당할 가능성이 있는 채무자가 소송의 진행이 매우 느린 국가(예컨대 이탈리아)에서 채권자에 앞서 소극적 확인의 소를 제기하는 경우, 가사 몇 년 후에 국제재판관할의 결여로 인하여 소가 각하되더라도 그때까지 후소가 제기된 법원이 소송절차를 중지해야 한다면 자신의 권리를 실현하기 위해 몇 년을 기다려야 하는 채권자에게 자포자기 또는 화해를 강요할 수 있다는 것이다. 브뤼셀체제에서는 소송경합에서 우선주의에 따라 전소법원이 우선권을 가지므로 심지어 이탈리아의 전소가 전속적 관할합의에 반하더라도 전속관할이 부여된 법원은 자신의

9조 g호)은 '동일한 청구원인(same cause of action)'이라는 표현을 사용하나, 재판협약은 '동일한 소송물(same subject matter)'이라는 표현을 사용한다. 위 보고서에 따르면 이는 각 국가마다 청구원인이 다양한데 동일한 청구원인은 너무 제한적이라는 것이다. 즉 동일한 소송물은 동일한 청구원인보다 넓은 개념으로 두 판결의 중심적 또는 핵심적 쟁점이 동일하면 충족된다는 것이다.

263) 우리 문헌은 김동현, "청구권에 관한 이행의 소와 소극적 확인의 소 — 독일 및 EU법원에서의 논의를 참고하여", 민사소송 제19권 제2호(2015. 11.), 165면 이하(우리 법의 논의는 182면 이하); 김용진, "소극적 확인의 소와 이행의 소의 관계에 대한 국내법적 처리 방향과 국제적 차원에서의 대응 방안 —대법원 1999. 6. 8. 선고 99다17401, 17428 판결 및 2010. 7. 15. 선고 2010다2428, 2435 판결에 대한 평석을 겸하여—", 인권과정의 제459호(2016. 8.), 21면 이하 등 참조.

관할을 판단하지 못하고 소송절차를 중지해야 하였다.[264] 예비초안(제21조 제6항)은 이를 막기 위하여 이행의 소를 우선시켜 선행하는 채무부존재확인의 소와는 소송경합이 아니라고 보는데, 저자는 그 점에 관하여도 예비초안(제21조 제6항)을 따른 해결방안을 국제사법에 명시하자고 제안하였으나[265] 채택되지는 않았다. 따라서 이는 학설·판례에 맡겨진 사항인데 개정법의 해석상 위 제안과 동일한 결론을 도출하는 것이 타당하다.[266]

(4) 적극적 승인예측과 외국재판의 승인

물론 개정법상 국제적 소송경합이 되자면 적극적 승인예측이 요구되므로 브뤼셀협약·브뤼셀 I 에서처럼 우선주의의 폐해가 큰 것은 아니다. 참고로 우리 민사소송법상 선행하는 소극적 확인의 소와 후행하는 이행의 소가 중복제소에 해당하는지에 관하여는 견해가 나뉘나 다수설도 예비초안과 같은 견해로 보인다.[267]

장래 선고될 외국판결이 한국에서 승인될 것으로 예측될 것(즉 적극적 승인예

---

264) 즉 브뤼셀협약과 브뤼셀 I 은 당사자 간에 제25조에 의한 전속적 관할합의가 있는 경우에도 전소법원에 우선권을 인정하였다. 그러나 브뤼셀 I bis(제31조)는 이와 달리 다른 법원에 제26조에 따른 변론관할이 성립하지 않는 한 합의된 회원국 법원에 관할의 존부를 판단함에 있어서 우선권을 부여한다. 이는 제29조가 정한 우선주의에 대한 예외를 인정함으로써 전속적 관할합의의 효력을 강화하고 '남용적 소송전술(abusive litigation tactics)'을 피하기 위한 것이다(전문 제22항). Geimer(註 129), Rz. 6.213은 이를 전속관할이 부여된 법원의 'Kompetenz-Kompetenz'라고 부른다.

265) 소극적 확인의 소를 남용할 가능성에 대비하여 소극적 확인의 소와 이행의 소가 경합하는 경우 우선주의를 따를 것이 아니라 오히려 후소인 이행의 소를 우선시키고, 확인의 소가 전소라고 하여 소송절차를 진행할 것이 아니라 장래의 이행판결의 승인이 예측되면 오히려 전소를 중지해야 한다는 것이다. 석광현(註 4), 204면; 석광현(註 16), 322면; 이규호, "선제타격형 국제소송에 대한 연구", 민사소송 제14권 제2호(2010. 11.), 115면 이하 참조. 김용진(註 263), 32면 이하도 참조.

266) 이런 쟁점이 제기되었던 사건으로는 서울고등법원 2013. 1. 17. 선고 2012나27850 판결이 있다(대법원 2013다20090호로 상고되었으나 2013. 5. 2. 상고이유서 부제출로 상고기각되어 확정되었다). 그러나 제1심법원과 항소심 법원은 확인의 이익을 주로 논의하였고 국제적 소송경합의 쟁점이 정면으로 다루어지지는 않은 것으로 보인다. 이필복(註 243), 133면 이하는 우리 학설을 소개한 뒤 소극적 확인의 소와 이행의 소의 소송물 동일성을 인정한다. 그러면서도 일방 당사자가 오로지 절차를 지연시킬 목적으로 절차의 진행 속도가 느린 국가에 먼저 소극적 확인의 소를 제기하였음이 증명된 경우에는 그 소송절차에서 내려질 외국판결이 '소권을 남용한 절차에서 내려진 판결'로서 절차적 공서에 위반하여 승인요건을 갖추지 못한 것으로 평가할 수 있을 것이라고 한다. 이필복(註 243), 124면.

267) 전원열(註 122), 2-5-3-4; 김홍엽(註 122), 383면도 참조.

측)을 요구하는 점은 승인예측설을 따른 것이나, 우리 법원에 후소가 제기되었음에
도 불구하고 우리 법원에서 해당 사건을 재판하는 것이 외국법원에서 재판하는 것
보다 더 적절함이 명백한 경우에는 예외적으로 국제적 소송경합으로 취급하지 않
는 점에서(제11조 제1항 제2호) 승인예측설과 다르다. 이는 개정법(제12조)이 정하는
부적절한 법정지의 법리와 궤를 같이 하는 것으로 법원의 유연한 처리를 가능하게
한다. 주의할 것은 위 조문에서 '명백한 경우'임을 명시함으로써 법원이 과도한 재
량을 행사하는 것을 막고 있다는 점이다. 법원으로서는 이를 유념하여야 한다.[268]

　　개정법(제11조 제1항 제1호)은 전속적 국제재판관할합의에 따라 우리 법원에
국제재판관할이 있는 경우에는 국제적 소송경합의 법리의 적용을 배제하나, 우리
법원에 전속적 국제재판관할이 있다면 외국법원의 재판이 승인될 수 없으므로 제
1항 제1호의 요건은 별도로 명시할 필요는 없다.

　　개정법 제11조는 적극적 승인예측을 요구하는데 승인예측의 난점은 장래 외
국에서 선고될 판결이 과연 한국에서의 승인요건을 충족할 것인지를 미리 정확히
예측하는 것이 매우 어렵다는 점이다. 독일에서는 의문이 있는 때에는 적극적인
승인예측이 존재한다는 전제로부터 출발할 것이라는 견해가 유력하다. 우리나라
에도 구법 하에서 승인의 확실성이 아니라 "승인될 개연성이 상당히 높으며 승인
에 대해 중대한 의문을 제기할 만한 특별한 사유의 존재가 없는 정도의 예측가능
성이면 충분하다"는 견해[269]가 있다.

　　우리 민사소송법(제217조 제1항)은 외국재판의 승인요건으로서 ① 외국법원의
확정판결 또는 그와 동일한 효력이 인정될 것, ② 외국법원이 국제재판관할권을

---

268) 특히 제11조 제1항 제2호에 대하여는 그로 인하여 실무상 외국소송이 제기된 법정지의 적
　　절성이 빈번히 다투어지고, 우리 법원으로서는 법정지의 적절성을 판단하여야 하므로 결국
　　국제적 소송경합에 관한 심리의 중점이 우선주의의 적용이 아니라 부적절한 법정지의 법
　　리의 적용으로 옮겨질 가능성이 적지 않다면서 개정법이 국제적 소송경합에 관하여 어떠
　　한 정책을 취하고 있는지 정체성이 모호하다는 비판(이필복(註 243), 156면)이 있고, 또한
　　제2호는 제12조의 재량과 함께 법원에 과도한 재량을 부여함으로써 중복제소금지의 법리
　　를 형해화시킬 수 있다는 비판(이헌묵, "국제적 소송경합에 관한 입법적 제안", 민사소송
　　제23권 제3호(2019. 10.), 419면)이 있다. 그러나 만일 우리 법원의 재량권 행사에 대하여
　　강한 거부감이 있다면 제12조를 삭제하고 국제적 소송경합을 전적으로 우선주의를 전제로
　　하는 승인예측설에 따라 처리하여야 한다. 하지만 제12조를 통하여 부적절한 법정지의 법
　　리를 도입한다면 국제적 소송경합은 부적절한 법정지의 법리를 적용함에 있어서 고려할
　　요소의 하나임을 부정할 수 없다. 개정법 제11조는 이런 구상에 근거한 것이다.
269) 강희철, "국제적 중복소송", 국제사법연구 제9호(2003), 23면.

가질 것, ③ 패소한 피고가 적법한 방식에 의하여 적시에 공시송달에 의하지 아니
하고 소장의 송달을 받았거나 송달을 받지 않고 응소하였을 것, ④ 외국재판의 승
인이 우리의 공서에 반하지 아니할 것과 ⑤ 상호보증이 있을 것을 요구한다.270)
외국에서 전소가 제기되어 어느 정도 진행되었다면 확정판결일 것은 전제하여야
하고, 다른 요건의 구비 여부는 어느 정도 예측할 수 있으나, 공서위반, 특히 절차
적 공서위반의 가능성은 절차의 진행상황에 의하여 좌우되므로 사전에 예측하기
는 어렵다. 또한 상호보증에 관하여도 선례가 없는 상태에서는 외국법원이 우리
법원 판결의 승인을 거부함으로써 상호보증이 부정될 가능성도 있으므로 확실성
을 가지고 예측하기는 어렵다. 따라서 과거 상호보증의 존재를 부정한 외국판결
이 있는 경우와 같은 확실한 증거가 없는 한, 가능한 범위 내에서 승인요건의 구
비 여부를 판단하고 불확실한 경우 적극적인 승인예측이 존재한다는 전제로부터
출발해야 할 것이다.271)

(5) 권리보호이익에 근거한 예외의 인정 여부

국제적 소송경합의 요건이 구비되더라도 권리보호이익을 고려할 필요가 있
다면 예외적으로 우리 법원에서 병행절차의 진행을 허용할 필요성이 있다. 이를
이유로 '전소와의 권리보호이익의 동일성' 또는 '별도의 권리보호이익의 부존재'를
국제적 소송경합의 요건의 하나로 들기도 한다. 그에는 중복제소 일반에 대해 권
리보호이익의 부존재를 요구하면서 이를 소의 동일성을 판단하는 하나의 요소로
보는 견해도 있고, 소송물의 동일성과는 별개의 요건으로 보는 견해도 있다. 예컨
대 후소의 원고가 시효중단이나 제소기간 등의 준수라는 실체법상의 법률효과를
원용할 지위에 있는 경우 권리보호이익이 있다는 것이다. 저자는 과거부터 그러
한 경우 국제소송경합 법리의 경직성을 완화하는 수단으로 활용할 수 있음은 인
정하나, 이는 소송경합의 효과로 소송절차를 중지함으로써 상당 부분 해소할 수
있고 더욱이 제11조가 명시하지 않으므로 이를 하나의 요건으로 설명할 필요는
없다.272) 예컨대 명문의 규정이 없더라도 소 제기가 소권의 남용에 해당하는 경우
에는 민사소송상 신의칙에 반하는 것으로서 소의 이익(또는 권리보호의 이익)이 없어

---

270) 상세는 석광현(註 4), 263면 이하, 승인요건의 개관은 석광현(註 7), 346면 이하 참조.
271) 이 점은 석광현(註 4), 190면 이하에 쓴 구법 하의 논의나 개정법 하에서도 타당하다.
272) 석광현(註 4), 191면 이하 참조. 이필복(註 243), 136면은 이를 하나의 요건으로 설명한다.

부적법 각하의 대상이 된다.[273] 따라서 국제적 소송경합에서 이를 별도의 요건으로 설명할 것은 아니다.

오히려 국제사법(제11조)이 명시하는 바와 같이 당사자와 소송물이 동일하더라도 우리 법원에서 재판하는 것이 외국법원에서 재판하는 것보다 명백히 더 적절한 경우에는 국제적 소송경합의 예외가 인정됨을 유념해야 한다. 이 점에서 국제적 소송경합은 국제재판관할, 특히 부적절한 법정지의 법리와 접점이 있다.

다. 법원의 소송절차의 중지와 후속절차

위에서 본 국제적 소송경합의 요건이 구비되는 경우 제1항 각호의 예외사유가 없는 한 법원은 직권 또는 당사자의 신청에 의하여 결정으로 소송절차를 중지할 수 있다. 이 경우는 제12조(국제재판관할권의 불행사)가 적용되는 경우와 달리 소를 각하할 수는 없다. 소송절차의 중지를 규정하는 이유는 '장래에 선고될 외국판결의 적극적 승인예측'이라는 요건이 불확실하기 때문이다. 성급하게 소를 각하한다면 당사자의 시간, 비용과 노력의 낭비를 초래하고, 소멸시효의 완성과 같은 부담을 초래할 수 있다.[274]

개정법(제2항)은 우리 법원의 소송절차 중지 결정에 대하여 당사자의 즉시항고를 허용하는데 이는 우리 법원의 국제재판관할이 존재하는 점을 고려하고 원고의 이익을 보호하기 위한 것이다.

한편 법원은 우리 법령 또는 조약에 따른 승인요건을 구비한 외국의 재판이 있는 경우 제1항의 소를 각하하여야 한다(제3항). 이는 민사소송법(제217조)이 정한 외국재판 승인의 법리가 아니라 국제적 소송경합의 법리에 따라 처리하라는 취지이다. 즉 외국재판 승인의 법리에 따르면 원고와 피고 중 누가 승소를 했는가에 따라 소를 각하하거나 청구를 기각할 것이나[275] 여기에서는 소의 각하를 명시하기 때문이다. 바꾸어 말하면 이는 외국재판 승인의 법리가 아니라 국제적 소송경합의 법리가 규율하는 사항이라는 것이다.[276] 물론 그 경우 외국재판이 승인됨으로써 기판력을 가지는지와 그 효력의 내용과 범위는 여전히 외국재판 승인의 본

---

273) 김홍엽(註 122), 28면 이하 참조.

274) 이필복(註 243), 146면 참조.

275) 석광현(註 7), 412면 이하.

276) 그 경우에도 외국판결 승인의 법리에 따르면 족하고 별도의 규정을 둘 필요가 없다는 견해도 있다. 이필복(註 243), 157면 이하.

질을 어떻게 파악할지에 따를 사항이다. 개정법이 규정하는 것은 중지한 소송절차의 처리방법으로써 소를 각하하라는 취지, 즉 불필요한 소송절차를 진행할 필요 없이 그리고 승인의 본질이 모순금지인지 반복금지인지에 관계없이 경합된 사건을 간명하게 종결하라는 취지이다. 제11조 제3항은 국제적 소송경합을 소송경합의 문제로 처리함으로써 외국판결 승인의 법리와 구별한다. 현재로서는 국제적 소송경합의 법리가 외국판결 승인 법리의 영향을 받는 것은 불가피하나 점차 국제적 소송경합에 적절한 독자적인 소송물 개념을 발전시켜 나갈 필요가 있다는 것과도 맥을 같이 한다. 더욱이 조약을 성안한다면 그런 방향으로 가게 될 것이다.

종래 승인예측설을 따라 후소를 각하할 것이라는 견해가 유력하였으나 승인예측의 불확실성을 고려하여 소송절차를 중지하는 접근방법을 채택하였음을 상기하면 외국 판결이 제출되어 승인요건의 구비를 확정한 이상 후소를 각하함으로써 국제적 소송경합의 처리를 마무리하라는 것이다. 그렇게 함으로써 국제적 소송경합의 독자적인 규범체계를 구축할 수 있다. 물론 제11조 제3항에 따라 소를 각하하더라도 외국재판 승인의 효과가 달라지지는 않는다.

주의할 것은 이는 국제적 소송경합을 전제로 한다는 점이다. 아예 국제적 소송경합이 없이 외국 전소의 확정 재판이 있은 뒤에 우리나라에서 비로소 후소가 제기된 때에는 외국재판 승인의 법리에 따라 처리해야 하지 제11조 제3항을 적용할 것이 아니다.277) 다만 우리 법원이 국제적 소송경합을 이유로 소송절차 중지 결정을 한 경우에만 그렇게 해야 하는지, 아니면 소송경합이 있는 때에는 가사 중지 결정을 하기 전이더라도 그렇게 해야 하는지는 논란의 여지가 있으나 개정법은 중지 결정을 전제로 하지 않으므로 후자가 타당하다.

우리 법원이 국제적 소송경합을 이유로 국내소송절차를 중지하였음에도 불구하고 국제재판관할을 가지는 외국법원이 본안에 대한 재판을 하기 위하여 필요한 조치를 하지 아니하거나, 합리적인 기간 내에 본안에 관하여 재판을 선고하지

---

277) 개정안은 "법원은 대한민국 법령 또는 조약에 따른 승인 요건을 구비한 외국의 재판이 제출된 때에는 제1항의 소를 각하하여야 한다."고 규정함으로써 소송계속 중에 제출되는 것을 상정하였다. 그러나 개정법(제11조 제3항)의 문언은 "법원은 대한민국 법령 또는 조약에 따른 승인 요건을 갖춘 외국의 재판이 있는 경우 같은 당사자 간에 그 재판과 동일한 소가 법원에 제기된 때에는 그 소를 각하하여야 한다."라고 하여 마치 국제적 소송경합 없이 외국 전소의 확정 재판이 있은 뒤에 한국에서 후소가 제기된 때에도 적용되는 것처럼 오해를 초래하나 개정안처럼 해석해야 한다. 이는 법제처를 거치는 과정에서 잘못 수정된 것이라고 본다.

아니하거나 선고하지 아니할 것으로 예상되는 경우에 당사자의 신청이 있으면 법원은 (중지 결정을 취소하고 새로 변론기일을 지정하여) 중지된 사건의 심리를 계속할 수 있다(제4항).[278]

이처럼 개정법은 우선주의를 존중하므로 소송의 전후가 중요한 의미를 가지는데, 이를 판단함에 있어 개정법(제5항)은 소를 제기한 때를 표준으로 삼는다. 여기의 '소를 제기한 때'가 일반인들이 이해하듯이 '소 제기(또는 소장 제출) 당일'을 말하는지 아니면 일부 법률가들이 이해하듯이 '소송계속 시'를 말하는지는 반드시 분명하지는 않으나 전자를 말하는 것으로 보인다. 만일 소송계속 시를 말한다면 우리 민사소송법상으로는 소장 부본이 피고에게 송달된 때에 소송계속이 발생하는 것으로 이해되는데 국가에 따라서는 소장이 법원에 제출된 때 소송계속이 발생하기도 하므로 어느 것이 기준인지가 문제된다.[279] 만일 각 국가의 법에 따른다면 일방 당사자가 소송 계속을 위하여 소장의 송달을 요구하는 A국에서 먼저 소장을 제출하여 송달이 진행 중임에도 불구하고, 상대방 당사자가 소장의 제출만으로 소송이 계속되는 B국에서 소장을 제출함으로써 A국의 소송을 추

[278] 오정후(註 17), 83면은 민사소송법상 중지된 소송을 이어서 계속하는 경우 '사건의 심리를 계속한다'고 하지 않고 '수계'한다고 하므로 개정안(제11조)은 민사소송법 제도를 올바로 이해하지 못하고 만든 것이라고 신랄하게 비판하였다. 하지만 소송절차를 중단하였다면 수계하는 것은 옳지만 소송절차를 중지한 경우에 수계한다는 것이 무슨 말인지 모르겠다. 중지의 경우는 중단과 달리 수계를 필요로 하지 않는다. 민일영·김능환(편집대표), 주석 민사소송법(Ⅲ), 제7판(2012), 465면(유남석 집필부분) 참조.

[279] 오정후(註 17), 84면은 소송계속 발생 시를 기준으로 삼는 것이 타당하다고 한다. 만일 이를 소송계속 시로 본다면 그것은 국가에 따라 다르다. 독일 민사소송법(제261조 제1항, 제253조 제1항)은 소장부본이 피고에게 송달될 때 소송계속(Rechtshängigkeit)이 있는 것으로 명시하고, 우리 민사소송법에는 명문의 규정이 없지만 이와 동일하게 보는 것이 판례·통설이나, 국가에 따라서는 원고가 소장을 법원에 제출한 때에 소송계속이 있는 것으로 보기 때문이다. 석광현(註 65), 189면 참조. 그러나 이필복(註 243), 135면 註 486, 150면은 개정법의 문언을 문자 그대로 소 제기를 기준으로 해석하는 것으로 보인다. 나아가 이필복(註 243), 160면은 각 법정지법에 의하여 정하는 것이 바람직하다면서 제11조 제5항의 규정을 두지 않는 것이 타당하다는 견해를 피력한다. 전원열(註 122), 3-10-2는 민사소송법 제33조의 소를 제기한 때는 엄격히 말하면 소송계속 시라고 하나, 강현중, 민사소송법 제7판(2018), 140면은 법원에 소장을 제출한 때라고 한다. 후자가 다수설로 보인다. 특히 민일영/김능환/김상준(註 86), 251면은 소송계속 시기와 엄격히 구별됨을 강조한다. 관할(토지관할과 국제재판관할) 판단의 기준시점으로는 소를 제기한 때가 타당하다. 왜냐하면 원고로서는 그때 존재하는 사실관계에 관한 정보에 기하여 관할의 유무를 판단할 수 있기 때문이다. 그 후 장래 어느 시점에 소송계속의 효과가 발생함으로써 소송관계(즉 원고·피고와 법원 사이의 3면적 법률관계)가 형성될지는 원고로서는 정확히 알 수 없다.

월할 수 있다. 국제소송에서는 외국으로의 송달이 어려우므로 이런 현상이 발생
할 수 있고 이는 남용적인 '법정으로의 경주(race to the court house)'를 조장할 수
있다.[280] 브뤼셀 I bis 제32조 제1항(브뤼셀 I 제30조)과 예비초안(제21조 제5항)은
제소 시기를 정하는 기준을 둠으로써[281] 이런 폐단을 차단한다. 개정법의 입법과
정에서 이를 참고하였음에도 불구하고 더 명확히 규정하지 않는 점은 아쉽지만,
소가 제기된 때를 "소장이 법원에 제출되어 접수된 때"라고 해석함으로써 통일적
인 해석을 도모해야 할 것이다. 우선주의는 소의 제기를 통하여 공식적으로 권리
를 먼저 행사한 사람에게 우선권을 주는 것인데, 마침 법정지가 소장의 송달에
의하여 소송계속의 발생을 인정하는 법제를 가지고 있는 탓에(법정지가 한국처럼
간이한 송달을 불허하면 더욱 그러하다) 상대방 당사자가 소장의 제출만으로 소송계
속을 인정하는 외국에서 약삭빠르게 제소함으로써 일종의 새치기를 하도록 허용
할 이유는 없다.

---

280) Geimer(註 129), Rz. 6.216. 위에 언급한 서울고등법원 2013. 1. 17. 선고 2012나27850 판
결의 사안에서는 이런 문제가 발생한 것으로 보인다(원고가 한국에서 제소한 뒤 피고에게
소장부분이 송달되는데 이례적으로 오랜 기간이 소요되었는데 그 사이 피고가 캘리포니아
주에서 소를 제기한 탓에). 우리 법상은 소송계속이 발생하자면 피고에게 소장이 송달되어
야 하나 캘리포니아주법(민사소송법 제350조. Geimer(註 129), Rz. 6.263)에 따르면 소장
제출로 그런 효과가 발생하기 때문이다. 그러나 위 사건에서 그것이 쟁점이 되지는 않은
것으로 보인다.
281) 브뤼셀 I bis 제32조 제1항은 아래와 같다.
  "1. 이 절의 목적상 다음의 시기에 법원에 소가 제기된 것(seised, angerufen, saisie)으
로 본다.
  (a) 절차를 개시하는 서면 또는 그에 상당하는 서면이 법원에 제출된 때. 다만, 원고가
그 후 서류가 피고에게 송달되도록 하기 위하여 취해야 하는 조치를 불이행하지 않은 경우
에 한한다. 또는
  (b) 서류가 법원에 제출되기 전에 송달되어야 하는 경우에는 송달을 담당하는 기관이
서류를 수령한 때. 다만, 원고가 그 후 서류가 법원에 제출되도록 하기 위하여 취해야 하는
조치를 불이행하지 않은 경우에 한한다.
  (b)에 언급된 송달을 담당하는 기관은 송달될 서류를 수령하는 첫 번째 기관이다."
  비록 동일한 기준을 사용하더라도 그것이 각 현지시인지 동일 잣대(예컨대 표준시)인지
도 문제된다(예비초안 제21조 제5항 참조). 저자는 과거 위 제1항에서 "소송이 계속한 것"
이라고 번역하였으나 여기에서는 '소가 제기된 것'으로 번역하였다. 위 문언은 우리 민사소
송법의 '소송계속(독일의 Rechtshängigkeit)'이 아니라 독일의 'Rechtsanhängigkeit'를 가리
키므로 소송계속이라는 번역은 오해를 초래할 수 있기 때문이다. 다만 어느 것을 사용하든
간에 이는 브뤼셀 I bis의 독자적 개념이므로 표현에 얽매일 것은 아니고 브뤼셀 I bis(제32
조 제1항)에 따라야 한다. 예비초안(제21조 제5항)도 동일한 표현을 사용한다.

라. 한국에 전소가 계속한 경우 법원의 유연한 처리

개정법은 국제적 소송경합에서 외국법원에 전소가 계속한 경우만을 상정하고 한국에 전소가 계속한 경우를 상정하지 않는 점에서 저자의 견해(위에 언급한 ④)와 다르다.

저자는 우리 법원에 전소가 제기되고 외국에서 후소가 제기되었더라도 우리 법원에서 재판하는 것이 현저히 부당하고 외국법원이 명백히 더 적절한 법정지인 때에는 우리 법원이 소송절차를 중지할 가능성을 열어둘 필요가 있음을 지적하고 이에 관한 규정을 둘 것을 제안하였으나²⁸²⁾ 개정법에는 채택되지 않았다. 그러나 아래에서 보듯이 개정법(제12조)은 국제적 소송경합과 별개로 예외적 사정에 의한 재판관할권 불행사의 법리를 도입하였으므로,²⁸³⁾ 비록 그런 조문이 없어도 예외적 사정에 의한 재판관할권 불행사의 법리를 적용하는 과정에서 법원은 국제적 소송경합이 발생한 점과 내국소송과 외국소송의 진행 정도 등을 고려하여 한국에 전소가 계속한 경우에도 제12조에 따라 내국 소송절차를 중지할 가능성은 열려 있다.²⁸⁴⁾ 다만 그 경우는 개정법 제11조 제1항 제2호가 규정하는 경우와 비교하여 더욱 엄격한 요건 하에 예외적으로 적용하여야 한다.

소송절차의 중지라는 개념은 개정법이 새로 도입한 것은 아니다. 민사소송법은 일정한 경우 소송절차의 중지를 규정하고 있는데,²⁸⁵⁾ 다만 국제적 소송경합을 이유로 민사소송법상 법원이 소송절차를 중지할 수 있는지는 논란이 있었다.²⁸⁶⁾

---

282) 이 점은 저자가 1999년 예비초안(제21조 제7항)을 참조하여 석광현(註 16), 322면에서 제시한 것이다.

283) 이 점은 개정안도 동일하다. 따라서 "개정안이 부적절한 법정지 법리를 민사소송법 전반에 도입하지 않고 국제적 소송경합에 한정하여 도입한다면 민사소송제도 전체적 관점에서 일관성과 정합성에 벗어난 것"이라는 비판(이헌묵(註 268), 422-423면)은 근거가 없다.

284) 이 점은 석광현(註 16), 195면에서 지적한 바와 같다. 물론 한국에 전소가 계속 중이라면 외국에 전소가 계속한 경우와 비교할 때 부적절한 법정지의 법리를 적용하기 위한 요건의 충족이 더 어려울 것이다.

285) 즉 민사소송법은 법원의 직무집행불가능으로 말미암은 중지(제245조)와 당사자의 장애로 말미암은 중지(제246조)를 규정한다.

286) 저자는 가능하다고 보았다. 유력설은 선결관계에 있는 다른 민사사건이 법원에 계속 중인 경우 소송절차의 중지를 인정하므로 국제적 소송경합의 경우, 그것이 민사소송법이 명시적으로 정한 소송절차의 중지사유에 해당되지 않더라도 소송절차의 중지가 가능하다고 본다. 피정현, "國際的 重複提訴의 禁止與否—國內法院에서의 외국소송계속의 고려여부—", 均齊 梁承斗敎授 화갑기념논문집, 현대사회와 법의 발달(1994), 622면; 한충수, "국제적 소송경합(Lis Pendens) —서울중앙지방법원 2002. 12. 13. 선고 2000가합90940 판결을 중심으

부정설은 법원으로서는 소송기일을 추후지정(또는 추정)하는 방법으로 사실상 소송절차를 중지한 것과 동일한 결과를 달성할 수 있다고 보았다.[287] 개정법(제11조)이 시행되면 법원이 소송절차를 중지할 수 있음은 명백하다.[288] 개정안에 대한 공청회에서 소송절차 중지기간(예컨대 6개월로 제한), 이후 기일추정 방법, 중지기간의 연장 허용 여부, 관련소송 중지 결정 적용 여부 등 기술적인 부분에 대하여 보다 심도 있는 검토가 필요하다는 지적이 있었다.[289] 저자는 우선은 소송지휘를 하는 법원의 재량에 맡길 사항이라고 생각하고 실무의 축적 과정에서 필요하다면 장래 검토할 필요가 있는 과제라는 취지의 답변을 하였다. 이 점에 관하여 장래 법원의 실무가 중요하다.

더 나아가 만일 부적절한 법정지의 법리를 규정한다면 굳이 별도로 소송경합을 규정할 필요가 없는 것이 아닌가라는 의문이 제기된다. 논리적으로는 그렇게 볼 여지도 전혀 없지는 않으나 종래 견해가 나뉘고 있으므로 불확실성을 줄이고 법적 안정성을 제고하기 위하여 규정을 둔 것이라고 본다.

마. 관할합의가 있는 경우 국제적 소송경합과 부적절한 법정지의 법리

국제적 소송경합과 관할합의의 관계에서 한 가지 의문이 제기된다. 즉 개정법 제12조(국제재판관할권의 불행사)의 맥락에서는 한국법원을 관할법원으로 지정하는 관할합의가 있으면 우리 법원은 부적절한 법정지의 법리를 원용할 수 없다. 반면에 만일 외국에서 전소가 계속 중인데 관할합의에 근거하여 한국법원에 후소가 제기되어 국제적 소송경합이 발생한 경우 우리 법원이 소송경합의 법리에 따라 소송절차를 중지할 수 있는가라는 의문이 제기된다. 논란의 여지가 없지는 않

로—", 민사소송 제8권 제2호(2004), 70-71면도 동지. 민사소송법(제141조)에 따르면 법원은 소송지휘권의 일환으로서 변론의 제한, 분리, 병합 등과 같은 강력한 수단을 가지므로 소송절차를 중지하는 정도의 재량은 인정될 수 있다고 설명하기도 한다. 이필복(註 243), 129면은 부정설을 따른다.

287) 다만 그 경우 상대방이 기일의 추후지정을 다툴 수 있는 길이 제도적으로 보장되지 않는다는 문제가 있다. 물론 이는 법원이 운용의 묘를 살림으로써 어느 정도는 해결할 수 있다.

288) 가사소송의 경우 특히 파행적 법률관계의 방지와 가사판결의 효력 확장에 따른 제3자의 절차적 보호라는 점이 중요하며, 또한 제척기간이 정해져 있는 경우가 많으므로 내국의 후소를 각하하기보다는 소송절차를 중지하는 것이 적절하다는 의견이 있다. 김원태, "가사소송의 국제적 경합", 비교사법 제16권 제3호(통권 제46호)(2009. 9.), 624면.

289) 이규호(註 246), 149면. 개정법은 법원에 광범위한 재량을 부여하는 탓에 당사자의 예견가능성이 떨어뜨린다는 비판도 있다. 이헌묵(註 268), 420면.

지만 이는 긍정해야 할 것이다. 그 경우 소송절차의 중지는 제12조가 아니라 국제
적 소송경합을 규정한 제11조에 근거한 것이기 때문이다. 물론 한국법원에 전속
적 관할을 부여하는 관할합의가 있으면 그렇지 않다.

바. 복수국가에서 관련 소송의 계속

브뤼셀체제(브뤼셀 I 제28조, 브뤼셀 I Recast 제30조, 제34조)는 동 규정이 정의
하는 관련 소송(related actions)이 여러 국가의 법원에 계속하는 경우의 처리에 관
한 조문을 두고 있다. 브뤼셀 I Recast는 더 나아가 역내의 관련 소송(제30조)과
역내소송과 역외소송 사이의 관련 소송(제34조)을 구분하여 별도로 규율한다. 즉
전자의 경우 사건의 병합과 같은 강한 공조를 규정하나(제30조 제2항), 후자의 경
우에는 일정한 요건의 구비를 전제로 소송절차의 임의적 중지(제34조 제1항)와 같
은 약한 규칙을 둔다.

또한 지식재산의 국제사법에 관한 유럽 막스플랑크 그룹이 2011년 8월 공표
한 "지적재산의 국제사법원칙"(Principles for Conflict of Laws in Intellectual Pro-
perty) 원칙(CLIP 원칙)도 그런 경우 최초 소송이 계속된 법원 이외의 법원들이 재
량으로 소송절차를 중지할 수 있도록 규정하고(제2:702조), 미국법률협회(ALI)가
2007년 5월 공표한 "지적재산: 초국가적 분쟁에서의 관할권, 준거법 및 재판을 규
율하는 원칙(Intellectual Property: Principles Governing Jurisdiction, Choice of law
and Judgments in Transnational Disputes)"(ALI 원칙)도 동일한 거래나 사건, 일련의
거래들 또는 사건으로 발생한 소송이 여러 나라에 계속한 경우 최초 소송이 계속
된 법원은 당사자의 신청에 따라 공조, 병합 또는 양자의 결합을 통하여 절차를
조정하는 결정을 하여야 하고(제222조), 다른 법원들은 소송절차를 중지하는 등
그 결정을 따르기 위한 조치를 하도록 규정한다(제223조). 동일 소송과 관련 소
송을 구분하여 규정하는 CLIP 원칙과 달리 ALI 원칙은 양자를 묶어서 함께 규정
한다.

개정법은 이에 관하여 규정을 두지 않으므로 해석론으로는 견해가 나뉠 수
있으나 그 경우에도 저자는 일정한 요건 하에 우리 법원이 소송절차를 중지할 수
있다고 본다. 장래에는 우리도 입법론으로 이를 도입할 필요가 있는데 관련 소송
이 계속한 경우에 법원의 재량에 의해 소송절차를 중지할 수 있다는 방식의 규정
을 둠으로써 관련 소송에 관한 불필요한 절차의 중복을 피하고 사법시스템의 효

율성을 증진할 수 있을 것이라는 견해가 있다.[290]

XIII. 예외적 사정에 의한 국제재판관할권의 불행사(제12조)

1. 국제사법상 특별한 사정이론의 배척과 부적절한 법정지의 법리에 관한 해석론

위에서 언급한 바와 같이 재산법상의 사건에 관하여 과거 대법원 판결들은 일본 판례의 태도를 따라 국제재판관할의 결정에 관한 법리를 4단계 구조로 설시하였다. 이는 원칙적으로 「국제재판관할규칙 = 토지관할규칙」이라고 보되, 위 공식을 따를 경우 초래될 부당한 결론을 시정하는 이른바 '개별적 조정의 도구'로서 제4단계에서 특별한 사정을 원용하였다. 그러나 2001년 시행된 국제사법이 관할 규칙을 도입한 후 법원은 더 이상 특별한 사정이론을 사용하지 않는 것으로 보인다. 국제사법 하에서 법원은 '실질적 관련'이라는 탄력적 개념을 이용하여 토지관할규칙에 얽매이지 않고 국제재판관할의 유무를 판단할 수 있으므로 개별적 조정을 위한 도구로서 의미를 가졌던 특별한 사정이론은 더 이상은 불필요하게 되었기 때문일 것이다. 즉 특별한 사정이 있는 상황이라면 대부분 실질적 관련이 없는 셈이므로 법원은 국제재판관할이 없다고 판단할 수 있기 때문이다.[291][292]

---

290) 상세는 이필복(註 243), 161면 이하, 특히 163면 참조.

291) 예컨대 중국 승무원 유가족의 손해배상청구소송에서 제1심판결인 부산지방법원 2009. 6. 17. 선고 2006가합12698 판결은 이러한 태도를 보여주고 있다.

292) 반면에 일본의 개정 민사소송법(제3조의9)은 정치한 국제재판관할규칙을 도입하였으면서도 여전히 특별한 사정이론을 채택하였다. 즉 동조는 "법원은 소에 대하여 일본 법원이 관할권을 가지게 되는 경우(일본 법원에만 소를 제기할 수 있다는 취지의 합의에 기하여 소가 제기된 경우를 제외한다)에도, 사안의 성질, 응소에 따른 피고의 부담 정도, 증거의 소재지 그 밖의 사정을 고려하여 일본 법원이 심리 및 재판하는 것이 당사자 사이의 형평을 해하거나 적정하고 신속한 심리를 실현하는 데 방해될 특별한 사정이 있다고 인정될 경우에는 그 소의 전부 또는 일부를 각하할 수 있다."라고 규정한다. 문언상 일본 법원이 각하하는 경우 그것이 국제재판관할이 없기 때문인지 아니면 국제재판관할이 있음에도 불구하고 행사하지 않는 것인지는 불분명하고 일본 법원이 재량을 가지는지도 불분명하다. 이를 부적절한 법정지의 법리처럼 이해하는 소수설도 있으나, 일본의 다수설은 과거처럼 특별한 사정이 있으면 국제재판관할을 부정한다고 한다. 菱田雄郷, "2019 年ハーグ判決条約の日本法における意義 —間接管轄を中心に(헤이그 판결조약의 일본법에 있어서 의의 — 간접관할을 중심으로)", 2022. 1. 8. 개최된 한일민사소송법학회 세미나 발표자료, 9면; 장준혁 외(註 5), 101면 참조. 저자는 일본 구 민사소송법이 개정된 해인 2011. 12. 10. 佐藤やよひ 선생의 초청으로 오사카의 칸사이대학에서 개최된 심포지움에서 발표자의 일인인 靑山善

1999년 섭외사법의 개정작업 과정에서 부적절한 법정지의 법리를 규정할지를 검토하였고 연구반초안(제2조 제안 3항)은 이를 명시하였으나[293] 결국 삭제되었다. 따라서 국제사법 하에서 이 문제는 학설 · 판례에 맡겨졌는데 저자는 이것이 가능하다고 보았다. 저자는, 대법원이 국제사법에 따른 국제재판관할규칙에 관한 추상적 법률론을 정립한 계기가 된 도메인이름에 관한 대법원 2005. 1. 27. 선고 2002다59788 판결은 부적절한 법정지의 법리의 도입가능성을 열어두었다고 평가하고[294] 우리 법원의 태도는 더 두고 보아야 한다고 평가한 바 있다. 국제사법 하에서 토지관할규칙을 유형화하여 정치한 국제재판관할규칙을 정립해야 한다고 주장한 저자로서는 국제사법 하에서는 특별한 사정이론에 의하여 국제재판관할을 부정하는 것은 허용되지 않고 부적절한 법정지의 법리에 의하여 국제재판관할권의 행사 여부를 판단할 수 있다는 것이었다.

充 先生께 토론자로서 질문을 한 바 있다. 즉 일본민사소송법 제3조의9가 적용되는 경우 일본의 국제재판관할이 부정되는지 아니면 영미의 FNC (*forum non conveniens*) 법리에서처럼 일본의 국제재판관할은 인정되지만 일본 법원이 재판관할을 행사하지 않는지였다. 질문의 일본어 번역[칸사이대 권남희 교수의 통역]은 제46회 심포지움의 行事記錄인 佐藤 やよひ他「国際裁判管轄 ― 民事訴訟法改正をうけて」ノモス 30号 (2012. 6.), 125면 이하 참조. 동조의 가장 큰 문제는 동조가 매우 예외적인 사안에서 제한적으로 적용되어야 한다는 점이 조문상 명시되지 않았다는 점이다. 따라서 특별한 사정을 고려함으로써 일본의 국제재판관할을 부정하는 종래 일본 법원의 실무가 유지될 가능성도 배제할 수 없다는 의견을 피력하였다. 2018년 개정된 일본의 인사소송법(제3조의5)과 가사사건수속법(제3조의14)도 유사한 취지의 규정을 두고 있다. 장준혁 외(註 5), 137면 이하 참조. 공포된 법률에 관하여는 김문숙, "일본에서의 가사사건에 관한 국제재판관할 ─개정 가사사건절차법을 중심으로─, 국제사법연구 제26권 제2호(2020. 12.), 435면 이하 참조.

293) 당시 조문은 "③ 법원은 전2항의 각 규정에 따라 국제재판관할권을 가지더라도 대한민국이 국제재판관할권을 행사하기에 부적절하고 국제재판관할권을 가지는 다른 국가가 분쟁을 해결하는 데 보다 적절하다는 예외적인 사정이 명백히 존재한다고 판단하는 때에는 본안에 관한 최초 변론기일 이전의 피고의 신청에 의하여 소송절차를 중지할 수 있다"는 것이었다. 개정안은 4가지 점에서 그와 다르다. 첫째, 법원이 당사자의 합의에 의하여 관할을 가지는 경우에는 부적절한 법정지의 법리를 배제하고, 둘째, 법원은 소송절차의 중지 외에 소를 각하할 수 있음을 명시하며, 셋째, 법원은 소송절차를 중지하거나 각하하기 전에 원고에게 피고의 신청을 다툴 기회를 부여해야 함을 명시하고, 넷째, 법원의 결정에 대하여는 즉시항고할 수 있음을 명시한다.

294) 위 판결은 "… 재판관할이라는 것은 얼마든지 중첩적으로 인정될 수 있는 것이고, … 분쟁의 실질적인 내용 기타 … 제반 사정에 비추어 볼 때 대한민국이 이 사건 분쟁에 관하여 국제재판관할을 행사하기에 현저히 부적절한 법정지국이라고 인정되지도 아니한다"고 판시하였기 때문이다. 평석은 석광현(註 65), 115면 이하 참조.

2. 부적절한 법정지의 법리의 제한적 도입/특별한 사정이론의 명문화와 소송절차의 중지의 허용

가. 부적절한 법정지의 법리의 제한적 도입 배경

국제재판관할규칙을 국제사법에 명시하는 때에는 가급적 정치(精緻)한 국제재판관할규칙을 둠으로써 법적 안정성을 제고해야 하나 그것이 완벽한 것일 수는 없다. 따라서 구체적인 사건에서 국제재판관할배분의 정의를 실현하기 위한 수단으로서, 위원회는 국제사법이 정한 국제재판관할규칙에 따르면 우리 법원에 국제재판관할이 있음에도 불구하고 구체적인 사안에서 법원이 국제재판관할을 행사하는 것이 적절하지 않은 예외적인 사정(또는 특별한 사정)[295]이 있는 경우 법원이 재량으로 관할권의 행사를 거부할 수 있도록 하는 영미식의 부적절한 법정지(*forum non conveniens*)의 법리를 제한적으로 수용하였다.[296] "국제재판관할권의 불행사"[297]라는

---

[295] 이를 종래 사용하던 '특별한 사정'이라고 부를 수도 있으나 제12조 제1항은 '예외적인 사정'이라고 한다. 정치한 규칙을 도입하였으므로 후자가 더 적절하다고 본다.

[296] 저자도 이를 지지한 바 있다. 석광현(註 16), 188면 이하 참조. 그 이유의 하나는 부적절한 법정지에 관한 예비초안의 규정은 특별위원회에서 이룩한 상당한 타협의 산물이라고 생각하였기 때문이다. von Mehren(註 165), p. 361도 동지. 참고로 케벡 민법도 FNC(제3135조) 이를 허용한다. Fentiman(註 72), para. 1.42 이하는 영국 국제민사소송법의 세 가지 두드러진 특징의 하나로, 유연성과 사법적 통제를 보장하는 수단으로서 부적절한 법정지의 법리를 포함하는 절차적 사항에 관한 법원의 재량을 들고 이런 재량의 행사야말로 국제재판관할에 대한 영국식 접근방법의 핵심이라고 지적한다. 비교법적 논의는 Ronald A. Brand & Scott R. Jablonski, Forum Non Conveniens: History, Global Practice, and Future under the Hague Convention on Choice of Court Agreements (2007); James J. Fawcett (ed.), Declining Jurisdiction in Private International Law, Reports to the XIV the Congress of the International Academy of Comparative Law Athens, August 1994 (1995) 참조. 미국 판례를 소개한 우리 문헌은 홍석모, "부적절한 법정지의 법리(Forum Non Conveniens) 도입 효과에 관한 연구 —기업 보호 효과를 중심으로—", 강원법학 제38권(2013. 2.), 741면 이하(764면은 우리 국제사법상 위 법리의 도입을 지지한다); 김종호, "영미법상 불편관할 법리와 편의적 관할권 선택을 통한 실질적 정의의 확장", 법학연구 제16권 제3호(통권 제63호)(2016. 9.), 181면 이하 참조. 참고로 미국 연방법전(28 United States Code) 제1404조 (a)항은 '연방이송(federal transfer)'제도를 두어 연방법원 지방법원 간의 이송을 가능케 하고 이는 부적절한 법정지의 법리를 입법한 것으로 평가되지만 그렇더라도 국제적인 이송은 가능하지 않다. 따라서 미국 국내적으로는 이송을 하지만 국제적으로는 부적절한 법정지의 법리에 기하여 관할권의 행사를 거부한다(dismiss). Hay(註 119), p. 509.

[297] 이 경우 우리 법원이 재판관할권을 불행사하는 것인지 재판권을 불행사하는 것인지는 논란의 여지가 있는데 엄밀하게는 후자가 타당하나 편의상 전자를 사용할 수 있다는 것이다.

제목을 가진 개정법 제12조가 그것이다. 이는 민사소송법(제35조)상 토지관할의 맥락에서 현저한 손해 또는 지연을 피하기 위하여 필요한 경우 법원의 재량에 의한 이송을 할 수 있는 것과 같은 취지이고, 준거법의 맥락에서 일반 예외조항(국제사법 제8조 제1항)[298]처럼 개별사건에서 구체적 타당성을 보장하기 위한 장치이다.[299][300] 부적절한 법정지의 법리는 정치하지 않은 국제재판관할규칙을 가진 영

석광현(註 16), 24면, 註 13. 논란을 피하자면 '재판관할권의 불행사'라고 하는 대신 "예외적인 사정이 있는 경우의 소송절차의 중지 또는 소의 각하"라고 규정할 수도 있다. 개정법은 '재판관할권의 불행사'라는 개념을 도입한 것이다. 즉 당해 사건에서 우리 법원에 재판권이 있으니 이를 행사할 수 있는데, 재판관할도 우리 법원에 있으니 관할 심사를 통과한 재판권이라는 개념으로 '재판관할권을 행사한다'는 취지로 이해하는 것이다.

298) 국제사법 제8조 제1항은 "국제사법에 의하여 지정된 준거법이 해당 법률관계와 근소한 관련이 있을 뿐이고, 그 법률관계와 가장 밀접한 관련이 있는 다른 국가의 법이 명백히 존재하는 경우에는 그 다른 국가의 법에 의한다"라고 규정한다. 이는 규칙을 둠으로써 발생할지 모르는 경직성을 완화함으로써 개별사건에서 구체적 타당성을 확보하기 위한 것이다. 다만 제8조 제1항은 '밀접한 관련'이라는 연결체계를 유지하고자 개별사안에서 정당한 연결원칙을 관철하려는 것임에 반하여 부적절한 법정지의 법리에서는 아래에서 보듯이 '실질민사절차법의 정의(materielverfahrensrechtliche Gerechtigkeit)'를 포함한 모든 사정을 고려하는 점에 차이가 있다.

299) 근자에 사회적 논란을 야기하였던 이른바 "땅콩회항" 사건을 생각해 보라. 대한항공의 사무장은 미국 법원에서 징벌적 손해배상을 구하는 소를 제기하였으나 미국 법원은 부적절한 법정지의 법리를 근거로 소를 각하하였다고 한다. 조선일보 2016. 1.15. 기사 참조. 만일 유사사건이 한국에서 발생하였다면 부적절한 법정지의 법리가 없을 경우 우리 법원으로서는 재판을 해야 한다는 것이 된다.

300) 독일에서는 재판관할의 맥락에서는 준거법의 맥락에서보다 원고의 예견가능성의 보호가 더 중요하므로 국제재판관할규칙이 보다 엄격한 태도를 취하는 것을 정당화할 수 있다고 평가하는 견해도 있다. Michael Müller, Anknupfungsmomente für Schuldverhälnisse im europäischen IPR und IZVR, Jan von Hein/Gicsela Rühl (Hrsg.), Kohärenz im Internationalen Privat- und Verfahrensrecht der Europäischen Union (2016) S. 272 참조. 독일은 우리와 달리 토지관할의 맥락에서도 재량에 의한 이송을 규정하지 않는다. 즉 독일에서는 국제재판관할이 있으면 독일 법원은 재판을 해야 하지 이를 거부할 수 없다. 그러나 개정법에 따르면 우리 법원은 제12조의 요건이 구비되는 경우에는 비록 우리나라에 국제재판관할이 있더라도 재판을 거부할 수 있다. 사실 이는 새로운 것은 아니다. 과거에도 특별한 사정이 있으면 법원은 국제재판관할근거가 있음에도 불구하고 관할이 없다고 판단하였기 때문이다. 독일에서는 관할의 사취(또는 잠탈. Forumerschleichung)(이호정(註 15), 202면 참조)에 대하여도 이를 방지하기 위한 수단은 관할규정의 합목적적인 해석이라고 한다. Schack(註 102), Rn. 607. 이처럼 법률회피에 대한 올바른 대처수단이 '목적론적 법해석론'이라고 본다면 준거법의 맥락에서와 마찬가지로 국제재판관할의 맥락에서도 법률회피의 법리를 널리 적용할 것은 아니다. 준거법 맥락의 논의는 최흥섭(註 155), 124면 참조. 우리나라에서는 '판결의 편취'라는 개념은 사용하나 '관할의 편취'(또는 사취)라는 개념

미법계의 법원이 개별사건에서 구체적 타당성이 있는 정의로운 국제재판관할의 배분을 실현하기 위한 유연한 수단이다. 전통적으로 대륙법계의 법제와 브뤼셀 I 과 브뤼셀 I Recast는 이런 법리를 인정하지 않으나 개별사건에서 구체적 타당성을 확보할 필요성이 있고, 우리 민사소송법이 재량이송을 규정하고 있으며 예비초안(제22조)이 이를 명시하고 브뤼셀 II bis(제15조), 아동보호협약(제8조와 제9조)과 성년자보호협약(제8조) 등이 이런 취지의 조문을 두고 있음도 고려하였다.

이에 대해서는 2001년 섭외사법 개정 시 심사숙고하여 부적절한 법정지의 법리를 수용하지 않았는데 이를 도입하는 것은 입법의 연속성 내지 일관성을 해하는 것으로서 바람직하지 않다고 비판할 여지가 있다. 그러나 2001년에는 국제사법에서 추상적인 일반원칙만을 선언하였으므로 부적절한 법정지의 법리가 없어도 문제가 없었다고 볼 여지가 있으나 개정법 하에서는 정치한 국제재판관할규칙을 도입하면서 일반관할을 확대하였고, 피고의 활동에 근거한 특별관할을 새로 도입하며, 소비자계약에서의 특별관할을 전보다 확장하고, 가사사건(가사소송사건과 가사비송사건)에 관하여도 다양한 재판관할규칙을 도입하여 국제재판관할의 경합이 발생할 가능성이 커질 것으로 예상되므로, 개별사건에서 구체적 타당성을 달성하기 위해 법원이 재량권을 통하여 유연성을 발휘할 수 있도록 할 실제적 필요성이 커졌기 때문에 사정이 달라졌다고 할 수 있다.

한 가지 분명히 지적할 것은, 정치한 국제재판관할규칙을 도입하고 이를 보완하는 도구로서 국제재판관할권의 불행사(즉 부적절한 법정지의 법리)를 도입한 개정법 하에서는 과거 대법원 판례가 일본 판례를 따라 채택하였던 '특별한 사정이론'의 사용은 허용되지 않는다는 점이다. 이런 결론은 개정법이 도입한 국제재판관할규칙의 체계구조로부터 도출할 수도 있고 아니면 제12조의 반대해석으로부터 도출할 여지도 있다.[301] 이제는 특별한 사정이 있으면 법원은 제12조에 따라 관할권의 행사를 거부할 수 있을 뿐이지 과거처럼 국제재판관할의 존재를 부정하고 소를 각하할 수는 없다.

나. 특별한 사정이론과 부적절한 법정지의 법리

과거 대법원 판례가 일본 판례를 따라 채택하였던 '특별한 사정이론'은 국제

은 별로 사용되지 않는 것 같다.
301) 장준혁(註 6), 1025면은 후자의 견해를 피력한다.

재판관할규칙의 경직성을 완화하는 점에서는 부적절한 법정지의 법리와 일맥상통하는 데가 있음은 사실이다. 그러나 양자는 여러 가지 차이가 있다.302)

　　우선 특별한 사정이론은 국제재판관할의 유무만을 판단하는 데 반하여, 개정법의 부적절한 법정지의 법리는 국제재판관할의 유무 판단과 행사 여부 판단을 구별한다. 즉, 예외적인 사항이 있는 경우 한국의 국제재판관할의 존재가 부정되는 것이 아니라 한국에 국제재판관할이 있음에도 불구하고 법원이 관할권을 행사하지 않을 뿐이기 때문이다. 즉 제2조는 국제재판관할의 유무만을 규정하고, 그 행사 여부는 제12조에 의하여 별도로 규율된다.303) 제12조는 "국제재판관할권의 불행사"라고 하여 이 점을 명확히 규정한다.304) 이해하기 어려운 것은, 특별한 사정이론에 대하여 거부감을 표시하지 않던 논자들이 개정법 제12조에 대하여 법원에 과도한 재량을 부여한다면서 거부감을 보이는 모습이다. 양자는 국제재판관할규칙의 경직성을 완화하는 것이라는 점에서는 차이가 없는데, 다만 특별한 사정이론은 특별한 사정이 있으면 관할의 존재 자체를 부정하는 반면에 제12조는 관할의 존재는 긍정하되 관할권의 행사를 거부하도록 하면서 그것이 명백한 경우에 한정하고 소송절차의 중지를 허용하며 또한 관할합의가 있는 경우에는 예외를 인정함으로써 그 남용 가능성을 통제한다는 점에서 특별한 사정이론보다 법원의 재량을 제한하는 것이기 때문이다.

　　이상의 차이는 간접관할의 맥락에서도 차이를 가져온다. 즉 외국법원의 확정판결의 승인 및 집행이 문제되는 사안에서, 만일 우리 법원이 재판을 했었더라면 부적절한 법리에 따라 국제재판관할권을 행사하지 않았을 것으로 인정되는 경우이더라도 외국법원의 국제재판관할이 부정되는 것은 아니다. 특별한 사정이론에

---

302) 양자의 차이는 석광현(註 16), 175면 이하 참조.

303) 조문의 체계상 양자를 제2조와 제12조로 분리하여 규정하는 것이 바람직한지는 논란의 여지가 있다. 실제로 2001년 개정을 위한 연구반초안에서 부적절한 법정지의 법리는 국제재판관할에 관한 대원칙을 정한 제2조에 규정되어 있었다.

304) 일본에서는 민사소송법 개정 후 특별한 사정을 명문화한 제3조의9의 해석상 논란이 있으나 다수설이 이렇게 본다는 점은 위(註 292)에서 언급하였다. 그럼에도 불구하고 그것이 부적절한 법정지의 법리의 요소가 있음을 부정할 이유는 없다. 예컨대 James J. Fawcett (ed.), Declining Jurisdiction in Private International Law, Reports to the ⅩⅣth Congress of the International Academy of Comparative Law Athens, August 1994 (1995), p. 10 이하. 특히 pp. 17-18 (Fawcett 집필부분); Coester-Waltjen(註 225), S. 491. 그는 '부적절한 법정지의 법리의 대성과(직역하면 개가(凱歌). Siegeszug)'를 언급한다(S. 477). 한국은 일본보다 조금 더 선명한 모습으로 그 대열에 속하게 된 셈이다.

따르면 그 경우 우리 법원은 특별한 사정을 이유로 재판관할을 부정했었을 것인데 외국법원이 국제재판관할을 긍정하고 선고한 외국재판은 간접관할이 없는 탓에 승인될 수 없다. 이것은 간접관할[305]의 기준을 직접관할의 기준과 동일하게 규정하는 민사소송법 제217조 제1항 제1호와, 재판관할의 유무와 행사 여부를 구별하는 부적절한 법정지의 법리의 논리적 귀결이라고 생각한다.[306]

우리가 종래 민사소송법상 간접관할에 관하여 경상(鏡像)의 원칙(Spiegelbild-prinzip)을 채택하고 있는 상태에서 직접관할의 맥락에서 예외적 사정에 의한 재판관할권 불행사의 법리를 도입함으로써 직접관할규칙과 간접관할규칙이 달라지게 된다는 것이다.

부적절한 법정지의 법리를 적용할 수 있는 사안에서 외국법원의 국제재판관할이 부정되는 것은 아니지만 우리 법원이 이를 승인하지 말아야 한다는 견해도 주장될 여지가 있으나 이는 승인에 우호적인 태도는 아니고, 민사소송법 제217조 제1항 제1호를 개정하지 않는 한(예컨대 "대한민국의 법령 또는 조약에 따른 국제재판관할의 원칙상 그 외국법원의 국제재판관할권이 인정되고 그 외국법원이 이를 행사하였을 것"으로) 설득력이 약하다. 특히 재판협약(제5조와 제7조 제1항 d호)처럼 관할이 있을 것을 요구하는 대신 관할근거가 있을 것과 그것이 합의에 의하여 배제되지 않을 것을 별도로 규정하는 태도 하에서는 그것은 승인거부사유가 될 수는 없다. 즉 재판협약상으로는 부적절한 법정이라는 이유로 외국재판의 승인·집행을 거부할 수는 없다.

다. 예외적 사정에 의한 재판관할권 불행사 법리의 적용요건

개정법(제1항)에 따라 법원이 위 법리를 적용하기 위하여는 ① 국제사법에 따라 법원에 국제재판관할이 있을 것, ② 외국에 국제재판관할이 있는 대체법정지가 있을 것, ③ (국제재판관할과 관련된 사안의 모든 사정을 고려할 때) 우리 법원이 국제재판관할권을 행사하기에 부적절하고 당해 외국법원이 분쟁을 해결하기에 더 적절할 것, ④ 그런 예외적 사정이 명백히 존재할 것, ⑤ 본안에 관한 최초의 변

---

305) 근자에 헤이그국제사법회의는 간접관할의 근거를 'jurisdictional filter'라고 부르기도 한다.
306) 예비초안(제27조 제3항)은 "재판국이 부적절한 법정지임을 이유로 관할을 거부했어야 함에도 불구하고 재판을 했다는 이유로 재판의 승인 또는 집행을 거부할 수는 없다"고 규정함으로써 이런 취지를 명시한다. 즉 부적절한 법정지의 법리는 직접관할의 판단 시에는 적용될 수 있으나 간접관할의 판단 시에는 적용될 수 없다.

론기일 또는 변론준비기일 이전의 피고의 신청이 있을 것(법원의 결정 시기는 아래에서 언급한다)과 ⑥ 법원이 당사자의 합의에 의하여 관할을 가지는 경우가 아닐 것이라는 요건이 모두 구비되어야 한다.

③의 요건은 외국법원이 우리 법원과 비교하여 국제재판관할권을 행사하기에 조금이라도 비교 우위에 있다고 바로 인정되는 것이 아니라, 우리 법원이 부적절하고 당해 외국의 법원이 더욱 적절한 것이 명백한 경우에 비로소 충족된다.[307] 개정법은 위 ③을 판단할 때 법원이 고려할 요소를 명시하지 않는다. 결국 법원은 개별사안의 모든 사정을 고려해야 하는데, 그 과정에서 부적절한 법정지의 법리에 관한 미국 연방대법원의 선구적 판결인 1947년 Gulf Oil Corp., v. Gilbert 사건 판결 등에서 연방대법원이 판시한 공익적 요소와 사익적 요소를 고려해야 할 것이다.[308] 이 경우 당해 사건에 적용할 준거법이 한국법인지 아니면 외국법인지와 그에 따라 당사자들에게 어떤 영향을 미치는지도 고려할 필요가 있다.[309] 우리

---

307) 이런 요건을 고려하면 보전처분사건의 경우 부적절한 법정지의 법리를 적용할 여지는 사실상 별로 없을 것이다. 물론 논리적으로는 그 경우에도 가능하다.

308) 330 U.S. 491. 위 연방대법원 판결이 열거한 사익적 요소는 ① 증거원(證據源)에 대한 접근의 상대적 용이성, ② 원하지 않는 증인을 출석시키기 위한 강제절차의 이용가능성과 원하는 증인을 출석시키기 위한 비용, ③ 소송을 위하여 검증이 적절한 경우 현장검증의 가능성, ④ 사건의 심리를 용이하고 신속하고 저렴하게 하는 기타 모든 현실적 문제점들과 ⑤ 판결의 집행가능성 등이다. 한편 공익적 요소는 ① 소송이 발생지가 아니라 사건이 산적한 중심지에서 처리되는 경우의 행정적 어려움, ② 소송과 관계없는 공동체 사람들에게 배심의무를 부과하는 것의 당부, ③ 지역적 분쟁을 지역에서 해결할 당해 지역의 이익과 ④ 복잡한 저촉법적 문제나 낯선 법률의 적용문제로 인한 부담을 회피하고 익숙한 법을 적용하는 데 따른 이익 등이다. 상세는 석광현(註 16), 119면 이하 참조. 홍석모, "부적절한 법정지의 법리 상 "원고의 법정지 선택권 존중"에 대한 연구 —미국법을 중심으로—", 강원법학 제62권(2021), 565면 이하는 뉴욕주가 포함되어 있어서 외국인 원고에 의한 소송이 가장 많은 제2순회구 연방항소법원에서는 원고의 법정지 선택권을 어느 정도로 존중해야 할 것인지를 먼저 고려한다고 한다. 사적 이익에 한정하자는 견해도 가능하나, 대법원 2005. 1. 27. 선고 2002다59788 판결도 판시한 바와 같이 관할의 이익에는 개인적인 이익뿐만 아니라 재판의 적정, 신속, 효율 및 판결의 실효성 등과 같은 법원 내지 국가의 이익도 포함되므로 공적 이익도 포함한다고 본다. 개정법이 고려요소를 사적 이익에 한정하지 않은 이상 그런 견해가 더 설득력이 있다. 예비초안(제22조 제2항)은 법원이 고려할 요소로 당사자들의 일상거소를 고려한 당사자들의 불편, 서증과 증인을 포함한 증거의 성질과 위치와 그러한 증거를 수집하기 위한 절차, 적용되는 제소기간 또는 시효와 본안에 대한 재판의 승인 및 집행의 가능성을 열거한다.

309) 前註에서 본 것처럼 Gulf Oil Corp. v. Gilbert, 330 U.S. 501, 508 (1947) 사건 판결은 준거법에의 친숙성과 외국법의 적용에 따른 문제의 회피를 공익적 요소의 하나로 열거하였으나, Piper Aircraft Co. v. Reyno, 454 U.S. 235 (1981) 사건 판결에서 연방대법원은 법정지

국제사법상 준거법의 조사와 적용은 법원이 직권으로 판단할 사항이므로 더욱 그러하다. 다만 그 경우 준거법의 심사범위를 적절히 제한하여야 하지 이를 본안에 대한 결론을 내릴 정도까지 요구할 것은 아니다. 왜냐하면 그렇게 하는 것은 국제재판관할과 준거법의 상호관계에 비추어 자연스럽지 않고 법원에 너무 부담스럽기 때문이다. 일본 민사소송법(제3조의9)은, 일본 법원은 국제재판관할을 가지는 경우에도 사안의 성질, 응소에 의한 피고의 부담의 정도, 증거의 소재지 그 밖의 사정을 고려하여, 일본 법원이 심리 및 재판을 하는 것이 당사자 간의 형평을 해하거나 또는 적정 또한 신속한 심리의 실현을 방해하게 되는 특별한 사정이 있다고 인정하는 때는 소의 전부 또는 일부를 각하할 수 있다고 규정한다.310) 이처럼 법원이 고려할 사정을 예시할 수도 있으나 큰 의미는 없다. 다만 "… 국제재판관할이 있는 경우에도 법원이 국제재판관할과 관련된 사안의 모든 사정을 고려할 때 제2조 제1항의 취지에 비추어 …"라는 식으로 규정함으로써 고려할 사정과 기준을 제시하는 편이 더 좋았을 것으로 본다.311) 물론 그런 문언이 없더라도 결론은 동일하다.

국제사법이 정한 국제재판관할규칙에 따라 국제재판관할이 있음에도 불구하고, 국제재판관할의 행사 여부에 관하여 다시 궁극적인 기준에 비추어 점검한다면, 동일한 잣대를 두 번 적용하게 되어 불필요한 절차의 반복이 아닌가라는 의문이 있다. 그러나 국제재판관할의 유무를 판단하는 단계에서는 국제재판관할규칙에 따르는 데 반하여, 부적절한 법정지의 법리를 적용하는 단계에서는 당사자와 증거조사의 편의 등 개별사건의 구체적 사정을 고려하므로 양자가 반복은 아니다. 환언하면 전자에서는 국제재판관할규칙을 따르고 혹시 국제재판관할 배분의 이념을 고려하여 필요하다고 보는 경우에도 주로 '국제민사절차법의 정의(international-

---

의 변경에 따라 준거법이 원고에게 유리 또는 불리하게 변경될 가능성이 있는지의 여부는 부적절한 법정지의 법리의 적용 여부를 판단함에 있어, 대체법정지에서 가능한 구제가 전혀 구제가 될 수 없는 예외적인 경우가 아니라면, 결정적인 중요성을 가지지 않고 또한 실질적인 중요성조차도 가지지 않는다고 판시하였다. 석광현(註 16), 120면. 위 연방대법원 판결을 소개한 우리 문헌은 홍석모(註 296), 750면 이하 참조.

310) 다만 그것이 일본의 국제재판관할이 없기 때문인지 아니면 국제재판관할이 있음에도 불구하고 행사하지 않는 것인지는 불분명한데, 다수설은 과거처럼 특별한 사정이 있으면 국제재판관할을 부정한다고 한다. 국제재판관할권의 불행사에 관한 위 註 292 참조.

311) 당초 저자는 석광현(註 4), 321면에서는 "당사자와 증거수집의 편의 등 당해 사건의 모든 사정을 고려하여"라는 문언을 제안한 바 있으나 더 간결한 수정제안에서는 위 문언을 삭제하였다.

verfahrensrechtliche Gerechtigkeit)'를 고려하나, 후자에서는 구체적 사건의 '실질민사절차법의 정의(materielverfahrensrechtliche Gerechtigkeit)'를 포함한 모든 사정을 고려한다는 것이다.[312]

  제12조에 대하여는 결국 법원의 과도한 재량을 허용함으로써 법적 불확실성을 초래할 우려가 있다는 비판이 가능하다. 이는 부적절한 법정지의 법리에 대하여 대륙법계 국가에서 늘 제기하는 비판이다. 특히 법원이 ③의 요건, 즉 우리 법원이 국제재판관할권을 행사하기에 부적절하고 당해 외국법원이 분쟁을 해결하기에 더 적절하다는 판단을 할 때 과도한 재량을 행사할 우려가 있다는 것이다. ④의 요건은 바로 이러한 우려를 최소화하기 위하여 둔 것이다. 그럼에도 불구하고 법원이 과도한 재량을 행사할 가능성을 비판하는 것은 부적절하다. 특히 국제사법 하에서 사안별 분석을 하던 대법원의 태도와 비교하면 개정법은 정치한 관할규칙을 둠으로써 법원의 판단을 제어하고, 나아가 제12조를 두어 일정한 범위 내에서 재량을 인정하면서도 그 범위를 제한한다. 또한 과거 특별한 사정이론과 비교하더라도 그보다 법원의 재량의 범위를 확대하는 것은 결코 아니다. 그와 비교한다면 제12조는 법원의 권한과 재량을 더 제한한 것이다. 예외를 인정하기 위한 요건의 측면에서도 제한적이고, 권한과 재량을 행사한 결과의 측면에서도 국제재판관할을 부정하는 대신 완화된 형태로 소송절차의 중지를 허용하기 때문이다. 이처럼 과거 대법원이 취하였던 특단의 사정이론과 사안별 분석에 대한 고려 없이 제12조만을 놓고 법원에게 과도한 재량을 준다는 식의 비판은 한국 국제재판관할규칙의 발전과정을 알지 못하는 것으로서 근거가 부족하다. 이런 맥락에서 특별한 사정이론을 명문화한 일본 민사소송법의 제3조의9와 개정법 제12조를 비교하는 것은 의미가 있다.

  또한 논란이 있었던 것은 우리 법원이 합의관할을 가지는 경우, 즉 한국이 합의관할 부여국(*forum prorogatum*)인 경우에도 예외적 사정에 의한 재판관할권 불행사의 법리를 적용할 것인지이다. 대륙법계에서 부적절한 법정지의 법리에 대한 거부감은 그로 인하여 법적 불확실성이 도입될 가능성이 커지기 때문이다. 이를 고려하여 저자는 우리 법원이 당사자의 합의에 의하여 관할을 가지는 경우에는 당사자의 예측가능성과 법적 안정성을 제고하기 위하여 예외적 사정에 의한 재판관할권 불행사의 법리의 적용을 제한하자고 제안하였고 위원회는 이를 수용하여

---

312) Kropholler(註 156), Rz. 22-23; 석광현(註 16), 169면 참조.

위 ⑥의 요건을 규정하게 되었다.313) 이런 태도는 국제재판관할합의에 의하여 재판관할권이 창설되거나 배제된다고 보는 대신에 국제재판관할합의에 대하여 효력을 부여할지를 법원이 재량으로 결정하는 영미의 태도314)와는 다르다. 이 점에서 제12조는 '한국형 부적절한 법정지의 법리'를 명시하고 있다고 할 수 있다.

국제사법이 준거법의 맥락에서 예외조항(제8조)을 두어 문제된 법률관계와 가장 밀접한 관련이 있는 법을 준거법을 지정함으로써 최밀접관련 원칙을 관철하면서도 당사자가 준거법을 합의한 경우에는 당사자의 예측가능성을 보장하고자 예외조항의 적용을 배제하므로, 동일한 고려에서 당사자가 관할합의에 의하여 한국법원에 국제재판관할을 부여하는 경우 부적절한 법정지의 법리를 배제한다고 볼 여지도 있다. 영미에서와 달리 우리 법상으로는 당사자들의 관할합의에 의하여 국제재판관할권이 창설되므로 관할합의가 있는 경우 부적절한 법정지의 법리를 배제하는 것을 설명하기가 더 쉽다. 개정법 제12조에 따르면 예외적 사정이 있는 경우 국제재판관할권의 불행사는 피고의 신청이 있어야 하는데 관할합의가 있으면 그런 신청을 하지 않기로 미리 합의한 것으로 볼 여지도 있다. 실무상 국제계약에서는 국제재판관할합의를 하면서 당사자들은 부적절한 법정지라는 항변을 하지 않겠다는(즉 미리 포기한다는) 취지의 합의를 하는 경우가 많다.

---

313) 과거 저자는 영미에서는 관할합의가 있는 경우에도 법원이 부적절한 법정지의 법리를 적용하는 것을 지적하면서도 우리는 그런 경우에까지 법원의 재량을 인정하지는 말자는 제안을 하였다. 석광현(註 16), 194면, 註 126; 석광현(註 65), 150면 참조. 그러나 당시에는 이 논점이 당사자들이 재판관할권을 배제할 수 있는가의 논점과 관련됨을 언급하지는 않았다. 한국법원에 관할을 부여하는 합의만으로 족하고 한국법을 준거법으로 지정하여야 하는 것은 아니다. 원칙적으로 전속적 관할합의에 적용되는 관할합의협약(제5조 제2항)은 부적절한 법정지의 법리를 배제한다. 관할합의협약의 체약국은 상호선언에 의하여 비전속적 관할합의에도 협약을 적용할 수 있다(동 협약 제22조).

314) 예컨대 석광현(註 16), 194면, 註 126; Briggs(註 123), para. 6.01 참조. 그러나 부적절한 법정지의 법리의 광범위한 적용으로 인한 국제금융거래상의 법적 불안을 제거하기 위하여 국제금융의 중심지인 뉴욕주는 1984년 뉴욕주법을 준거법으로 하고 금액이 미화 100만불 이상인 계약에서 당사자들이 뉴욕주 법원을 관할법원으로 합의한 경우 법원이 관할을 거부할 수 없다고 명시한다. Civil Practice Law and Rules §327(b)와 General Obligations Law, Section 5-1402 Choice of forum 참조. 소개는 Sandrock(註 165), S. 226fff. 참조. 영미는 아니나 흥미로운 것은 중국의 2015년 사법해석이다. 부적절한 법정지의 법리를 정한 제532조는 섭외민사사건이 일정한 요건을 구비하는 경우 인민법원은 원고의 소를 각하하는 재정(裁定)을 하고, 적절한 외국법원에 제소할 것을 당해 원고에게 고지할 수 있다고 규정하는데, 그런 요건의 하나로 당사자 사이에 중국법원의 관할을 선택하는 합의가 존재하지 아니할 것을 명시한다.

이 경우 우리 법원이 당사자의 관할합의에 의하여 국제재판관할을 가지면 족하고 반드시 그것이 전속관할이어야 하는 것은 아니다. 당사자들이 한국법원에 전속관할을 부여하는 합의를 한 경우에는 그것이 유효하다면 우리 개념에 따르면 한국만이 국제재판관할을 가지고 외국은 국제재판관할이 박탈되므로 우리 법원은 국제재판관할권의 행사를 거부할 수 없다.315) 그 경우에는 대체법정지라는 것이 존재할 수 없어서 위 ②의 요건이 구비될 수 없다. 따라서 이런 예외를 두는 실익은 부가적 관할합의를 한 경우에 있다. 즉 당사자들이 한국법원에 부가적 관할을 부여한 뒤 실제로 한국법원에 소가 제기된다면 그 경우에는 국제재판관할이 있으면 재판을 해야 하고 제12조를 근거로 관할권의 행사를 거부할 수는 없다. 그 경우에도 논리적으로 법정관할 또는 관할합의에 의하여 부가적 관할이 부여된 복수의 국가들 간에도 부적절한 법정지의 법리를 존중할 여지가 없는 것이 아니지만 (사익적 요소는 당사자들이 포기하였더라도 공익적 요소를 고려할 여지가 있다) 정책적으로 법적 안정성을 보장한다는 취지에서 그리고 당사자들이 불편함을 감수하기로 결정한 점 등 당사자자치의 원칙을 존중하여 그 경우 제12조를 적용하지 않는다는 것이다. 반면에 당사자들이 외국법원에 부가적 관할을 부여한 뒤 개정법상 법정관할이 있는 한국법원에 소를 제기한다면 그 경우에는 제12조를 근거로 관할권의 행사를 거부할 수 있다.

위원회에서도 부적절한 법정지의 법리를 전면적으로 도입하자는 견해도 있었으나 그렇게 할 경우 법적 불안정성이 커지게 된다는 점과 조심스럽게 접근할 필요성이 크다는 점을 고려하여 일종의 타협안을 채택한 것이다.

개정법은 총칙에서 위와 같이 규정할 뿐 부적절한 법정지의 법리를 적용하는 맥락에서 재산법상의 사건과 가족법상의 사건에 따른 유형별 구분은 하지 않는다 (물론 관할합의의 가능 여부와 그 경우 부적절한 법정지의 법리의 적용 여부는 차이가 있다). 그러나 실제 운영과정에서는 차이가 발생할 여지가 있다. 특히 소비자계약과 근로계약의 경우처럼 개정법이 보호적 관할규칙을 두는 경우 예컨대 소비자가 자신의 상거소지국에 제소하였다면 피고인 사업자의 일상거소지법이 더 적절한 법정지라는 이유로 법원이 관할권의 행사를 거부하는 것은 바람직하지 않다.

예외적 사정에 의한 관할권의 불행사는 논리적으로 관련관할이나 반소관할

---

315) 일본 민사소송법(제3조의10)은 일본법원이 법령에 기하여 전속관할을 가지는 경우에는 특별한 사정에 의한 각하를 배제한다.

을 인정하는 경우에도 불가능한 것은 아니다. 만일 가능하다면 관련 사건 중 일부
나 반소에 대하여만 관할권을 행사하지 않는 상황도 있을 수도 있다. 그러나 관련
관할은 청구들 간에 상호 밀접한 관련이 있거나(객관적 병합) 공동피고들에 대한
청구들 간에 밀접한 관련이 있어서 모순된 재판의 위험을 피할 필요가 있는 경우
(주관적 병합)에 인정되고(제6조), 반소관할은 본소의 청구 또는 방어방법과 밀접한
관련이 있는 청구를 목적으로 하는 경우에 인정되므로(제7조), 그 경우 제12조 제
1항의 요건(우리 법원이 국제재판관할권을 행사하기에 부적절하고 국제재판관할이 있는
외국법원이 분쟁을 해결하기에 더 적절하다는 예외적인 사정이 명백히 존재할 것)이 구비
되기는 매우 어려울 것이다.

라. 예외적 사정에 의하여 재판관할권을 불행사하는 경우 법원의 소송절차 운영

위의 요건이 구비되면 법원은 결정에 의하여 소송절차를 중지하거나 소를 각
하할 수 있고, 원고는 법원의 결정에 대하여 즉시항고할 수 있다(제1항, 제3항). 법
원은 소송절차를 중지하거나 소를 각하하는 결정에 앞서 피고의 신청을 다툴 수
있도록 원고에게 진술할 기회를 주어야 한다(제2항).[316] 위의 요건이 구비되는 경
우 법원으로서는 일단 소송절차를 중지하고(특히 요건의 구비 여부가 불분명하여 재
량권 행사에 확신이 없거나 외국에 다시 제소할 경우 소멸시효가 완성된다는 등의 사정이
있는 경우), 외국법원에 소가 제기되고 외국법원이 실제로 관할권을 행사하는 단계
에 이르거나 기타 더 이상 소를 유지할 필요가 없는 경우에는 소를 각하할 수 있
다. 반면에 만일 외국법원이 법원의 예상과 달리 관할이 없다고 판단하거나 관할
이 있더라도 관할권을 행사하지 않기로 결정하는 때에는 법원은 심리를 계속하여
야 한다. 예비초안에 따르면, 소송절차를 중지하기로 결정하는 법원은 피고에게
다른 법원의 본안에 관한 재판을 충족하기에 충분한 담보의 제출을 명할 수 있고
(제22조 제4항), 소송절차를 중지한 경우, 만일 외국법원이 관할권을 행사하거나,
원고가 법원이 정한 기간 내에 그 외국에서 소를 제기하지 않는 때에는 관할권의
행사를 거부해야 하나, 만일 다른 국가의 법원이 관할권을 행사하지 않기로 결정
하는 때에는 심리를 계속하여야 한다(제22조 제5항).

---

316) 공청회에서 임치용 변호사는 법원이 소를 각하할 때에는 변론을 열어서 판결로써 각하하
    므로 즉시항고는 중지 결정에 대해서만 타당하다고 지적하였다. 임치용, 토론문, 공청회 자
    료집, 106면. 저자도 이런 지적은 타당하므로 제3항의 문언을 "제1항에 따른 중지 결정"이
    라고 수정하는 것이 적절하다는 견해를 피력하였으나 반영되지 않았다.

예외적 사정에 의한 재판관할권 불행사의 법리는 국제재판관할규칙의 경직성을 완화함으로써 구체적 사건에서 국제재판관할 배분의 정의를 보다 충실하게 구현하려는 것인데, 법원으로서는 재량을 행사함에 있어서 신중할 필요가 있다. 그렇지 않으면 유연성 내지 구체적 타당성의 도입이라는 미명 하에, 국제재판관할규칙을 둠으로써 입법자가 달성하고자 하는 법적 안정성이 훼손될 우려가 있기 때문이다. 장래 우리 법원이 실제로 위 법리를 어떻게 운영하는가에 따라 개정법의 취지가 충실하게 달성될 수도 있고 반대로 상당히 훼손될 가능성도 있다. 과거 섭외사법 하에서 국제재판관할을 둘러싼 분쟁이 특별한 사정의 유무를 둘러싸고 발생한 것처럼, 장래에는 개정법에 따라 우리 법원이 재판관할을 가지는 경우 제12조가 정한 예외적 사정에 의한 재판관할권 불행사 여부를 둘러싸고 분쟁이 발생할 가능성이 크다. 그 경우 법원이 제12조에 충실하게 맡은 임무를 충실히 수행해 줄 것을 기대한다.

부적절한 법정지의 법리를 도입하는 데 대한 또 다른 거부감의 이유는 원고의 국적 또는 상거소지에 따른 차별 가능성이다.317) 즉 법원은 내국 원고에 대해서는 위 법리를 적용하지 않으면서 외국 원고에 대해 쉽게 위 법리를 적용하여 재판을 거부할 가능성이 크다는 것이다. 실제로 미국 법원이 그런 경향을 보였기에 예비초안(제22조 제3항)은 원고의 국적에 따른 차별을 명시적으로 금지하였다.318) 개정법은 이를 명시하지 않으나 법원이 그렇게 운영해서는 아니 될 것이다.319)

---

317) Arthur T. von Mehren, Adjudicatory Authority in Private International Law: A Comparative Study (2007), p. 278. 외국인 원고의 미국 법정 선택은 내국인 원고에 비하여 덜 존중된다는 취지의 설시를 한 판결로 Piper Aircraft Co. 사건 판결을 든다. 그러나 편의성의 맥락에서 다루어진 것이고 원고의 국적이 정면으로 쟁점이 된 것은 Swift & Co. Packers v. Compania Colombiana del Caribe, 339 U.S. 684 (1950) 사건 판결이라고 한다. Brand/Jablonski(註 296), p. 58 참조.

318) 제3항은 "소송절차를 중지할 것인지의 여부를 결정함에 있어서 법원은 당사자들의 국적 또는 상거소에 기한 차별을 할 수 없다."고 규정한다.

319) 이와 관련하여 홍석모(註 308), 567면 이하는 미국 제2순회구 연방항소법원의 판례를 소개하는데, 위 법원에서는 원고의 법정지 선택권을 어느 정도로 존중해야 하는지를 고려함에 있어서 슬라이딩 스케일 기법을 적용한다고 한다. 즉 원고가 외국인인지 아닌지가 중요한 것이 아니고, 원고가 그 법정지를 선택한 동기가 법정지와의 관련성이나 편리성에 기반한 정도에 따라 법정지 선택에 대한 존중이 다르다고 한다. 만일 원고가 법적으로 유효한 근거인 편리성과 비용 때문에 그 법정지를 선택하였다면 이를 더 존중해야 하는 반면에, 원고가 유리한 준거법, 관대한 배심원, 더 많은 배상금, 피고에게 불편을 가하려는 시도 등의 동기로 법정지 쇼핑을 한 것이라면 덜 존중되고, 양자의 중간에서는 전자에서 후자 쪽으로

　　나아가 예외적 사정에 의한 재판관할권 불행사의 법리에 기하여 법원이 소를 각하하거나 중지하는 경우 조건을 붙일 필요가 있다. 미국 법원에서 전형적인 조건은 ① 피고가 대체법정지의 재판관할권에 동의할 것, ② 피고가 시효 또는 제소기간이 경과되었다는 항변을 포기할 것, ③ 대체법정지의 판결을 이행하는 데 동의할 것과 ④ 대체법정지의 규칙에 따르면 입수할 수 없을지도 모르는 증거를 제공하는 데 동의할 것 등이다.320) 종래 우리 민사소송법상 법원이 재판과 같은 소송행위에 조건을 붙일 수 있는지는 논란이 있으나,321) 개정법(제12조)의 취지를 충분히 살리고 법원의 탄력적인 처리를 위해서는 이를 전향적으로 고려함으로써 법원이 운영의 묘를 살려야 한다. 장래 이 부분에서 법원의 역할이 기대된다.

　　만일 우리 법원이 조건을 붙일 수 없다는 해석론을 따른다면 법원으로서는 결정에 앞서 피고로 하여금 위와 같은 내용의 동의(또는 확약)를 하도록 하여야 한다. 특히 소송절차를 중지하는 경우에 그러한데 소송절차 중지 결정에 대하여는 즉시항고를 할 수 있으므로 법원으로서는 결정이유에서 피고가 위와 같은 동의를 하였음과 소송절차의 중지 결정은 피고의 동의에 기초한 것임을 기재하고 만일 피고가 외국법원에서 위의 동의에 반하는 행위를 하는 경우 중지했던 소송절차를 진행할 것임을 명시할 필요가 있다. 추후 실제로 그런 상황이 발생하면 법원은 중지 결정을 취소하고 새로 변론기일을 지정하여 심리를 계속하면 될 것이다. 피고의 그러한 행위는 비록 상이한 국가의 법원에서의 것이지만 선행행위와 모순되는 거동으로서 민사소송상 신의칙322)에 반한다. 반면에 법원이 소를 각하하는 판결을 하는 경우에는 변론을 재개할 수 없으니 만일 조건을 붙일 수 없다면 법원으로서는 소송절차 중지 결정을 하는 편이 적절할 것이다.

　　위에서는 ⑤ 본안에 관한 최초의 변론기일 또는 변론준비기일 이전의 피고의

　　접근함에 따라 단계적으로 존중도가 점차 낮아지는 것으로 본다고 소개한다.

320) Russell J. Weintraub, "The United States as a Magnet Forum and What, If Anything, to Do About It", Jack L. Goldsmith (ed.), International Dispute Resolution: The Regulation of Forum Selection, Fourteenth Sokol Colloquium (1997), p. 232 참조. In re Union Carbide Corporation Gas Plant Disaster at Bhopal, India 사건 판결에서 보는 바와 같이 일정한 조건 하에 소를 각하할 수도 있다. 809 F.2d 195 (2d Cir. 1987). 사안은 석광현(註 16), 122면, 註 247; 홍석모(註 296), 757면 이하 참조.

321) 소송행위에는 원칙적으로 조건을 붙일 수 없고 다만 소송절차의 진행 중에 판명될 사실을 조건으로 하는 경우(즉 소송내적 조건)에는 허용된다는 견해가 유력하다. 김홍엽(註 122), 529면; 전원열(註 122), 8-1-1-3.

322) 이에 관하여는 김홍엽(註 122), 20면 이하 참조.

신청이 있을 것을 언급하였는데 이와 관련하여 두 가지 논점이 문제된다.

하나는 피고의 '신청'이라고 하고 있으나 이는 피고가 신청을 하고 그에 대하여 법원이 결정하는 별도의 절차를 상정하는 것은 아니고, 법원이 직권으로 판단할 사항이 아니라는 취지일 뿐이므로 피고의 항변이 있으면 족하다고 본다. 법원에 관할은 있으나 국제재판관할권의 행사가 부적절하므로 중지 또는 각하해야 한다는 피고의 항변이 이에 해당함은 명백하나 그뿐만이 아니라 관할이 없다는 항변으로도 족하다. 또한 항변이 서면일 것을 요구하지 않으므로 구술로도 가능할 것이나 변론기일이 열릴 수 없다면 구술로 항변할 기회는 없을 것이다.

다른 하나는 법원의 소송절차 운영이라는 관점에서 중요한 것은 법원이 "본안에 관한 최초의 변론기일 또는 변론준비기일까지" 결정을 해야 한다는 점인데 이는 절차의 안정성을 고려하여 기한을 한정하는 취지로 보이나 너무 엄격하다. 당초 저자의 의도는 예비초안(제12조 제1항)처럼 최초의 변론기일 또는 변론준비기일 이전에 신청(또는 항변)하여야 한다는 것이었으나[323] 개정안에서는 "본안에 관한 최초의 변론기일 또는 변론준비기일까지 피고의 신청에 따라 소송절차를 결정으로 중지하거나 소를 각하할 수 있다"라고 하여 "변론준비기일까지의"에서 '의'가 누락되는 바람에 그 취지가 모호하게 되었고, 급기야 개정법에서는 순서가 바뀌면서 "피고의 신청에 의하여 법원은 본안에 관한 최초의 변론기일 또는 변론준비기일까지 소송절차를 결정으로 중지하거나 소를 각하할 수 있다"가 됨으로써 그때까지 법원의 결정이 있어야 한다는 취지로 달라졌다. 그러나 법원의 실무상 '본안'을 위한 변론 또는 변론준비절차 기일과, '본안 전 소송요건(관할) 심리'를 위한 변론 또는 변론준비절차 기일이 형식적으로 명확하게 구분되지 않고 있고, 더욱이 부적절한 법정지인지 여부를 제대로 판단하자면 제한적으로나마 본안 심리가 필요할 수도 있으므로 법원의 결정 시점을 엄격하게 제한해야 하는지 의문이다. 요컨대 제12조 제1항의 문언은 너무 엄격한데, 문언에도 불구하고 그 기한 내에 신청이 있으면 족하다고 다소 유연하게 해석하거나, 만일 그것이 해석론을 넘는 것이 되어 허용되지 않는다면 법원으로서는 '본안 전 소송요건(관할) 심리'를 위한 변론 또는 변론준비절차를 별도로 열거나, 아니면 민사소송법 제134조 제2

---

323) 석광현(註 16), 321면. 그의 기초가 된 섭외사법개정연구반이 2000년 작성한 연구반초안
(제2조 제3항)도 그런 취지였고(석광현(註 53), 490면), 위원회의 논의를 정리한 잠정안도
같았다(국제사법 개정위원회 제10차 회의 자료집, 22면).

항에 따라 변론을 열지 아니할 경우에 해당하는 것으로 보아 심문기일을 열어 당사자·이해관계인 그 밖의 참고인을 심문할 수 있을 것이다. 다만 위의 설명은 법원이 변론기일이나 변론준비기일 또는 심문기일을 반드시 열어야 한다는 의미는 아니고 구체적인 사건에서 필요하다고 판단하면 그렇게 할 수 있다는 취지이다. 2022. 5. 28. 개최된 민사소송법학회의 발표에서 장준혁 교수는 위 결론과 유사한 취지의 설명을 하였다(발표문에서 인용하지 말 것을 요청하였기에 그 취지만을 소개한다).

XIV. 가사사건 등에서 합의관할과 변론관할의 적용 제외(개정법 제13조)

총칙의 규정을 가사사건에 전면 적용하는 것은 부적절하다. 특히 합의관할과 변론관할에 관한 규정은 가사사건에는 적절하지 않다는 견해가 지배적이었다. 이에 따라 개정법(제13조)은 "적용 제외"라는 제목 하에 "제24조, 제56조부터 제59조까지, 제61조, 제62조(제56조 이하 제62조까지는 친족에 관한 제7장 제1절의 조문이다), 제76조 제4항(유언에 관한 사건) 및 제89조에 따라 국제재판관할이 정하여지는 사건에는 제8조 및 제9조를 적용하지 아니한다."고 규정한다. 제24조는 실종선고 등 사건이고, 제89조는 선박소유자등의 책임제한사건인데 그 경우에는 합의관할과 변론관할이 부적절하다고 보기 때문이다.[324]

또한 청구의 객관적 병합의 경우 관련관할을 인정함에 있어서 개정법(제6조 제3항)은 가사사건에 관하여 특칙을 두고 있다. 이는 위에서 언급하였다.

XV. 보전처분의 재판관할(개정법 제14조)

종래 해석론으로는 민사집행법의 보전처분에 관한 토지관할 규정을 참조하

---

[324] 개정안과 개정법은 규정방식에 차이가 있다. 즉 개정안(제13조)은 제8조(합의관할)와 제9조(변론관할)는 친족 사건에는 적용되지 않는다는 원칙을 밝히고 국제사법에 다른 규정이 있는 경우에는 예외라는 식으로 규정하였다. 즉 제8조와 제9조는 친족과 상속에 관한 사건에는 원칙적으로 적용되지 않으나 당해 장에 별도의 명시적 조문이 있는 경우에는 적용된다는 것이었다. 그러나 개정법은 원칙과 예외로 규정하는 대신 개별 조문을 명시하여 제8조와 제9조가 적용되지 않는다고 규정하는 탓에 제13조에 언급되지 않은 조문(예컨대 후견사건에 관한 제60조)의 경우 제8조와 제9조가 적용된다. 따라서 제60조에서는 그에 대한 예외(즉 합의관할이 무효인 경우와 변론관할을 정한 제9조가 적용되지 않는 경우)를 규정하게 되었다.

여 보전처분의 국제재판관할을 도출하므로, 가압류와 가처분의 경우 모두 본안관할을 가지는 국가의 법원에 보전처분에 대한 재판관할을 긍정하고, 나아가 가압류의 경우 가압류 목적물 소재지에, 가처분의 경우 다툼의 대상이 있는 곳(계쟁물 소재지)의 국제재판관할을 긍정하는 견해가 유력하다.[325]

개정법(제14조 제1항)은 이런 취지를 반영하여 "보전처분에 대해서는 법원에 본안에 관한 국제재판관할이 있는 경우(제1호) 또는 보전처분의 대상이 되는 재산이 대한민국에 있는 경우(제2호) 법원에 국제재판관할이 있다."는 취지로 명시한다.

아직 본안소송이 외국법원에 계속 중이지 않다면 보전처분의 신청인은 개정법의 국제재판관할규칙에 따른 모든 본안관할에 기하여 관할을 가지는 국가의 법원에 보전처분을 신청할 수 있다. 재산소재지가 아니라면 실효성이 없다는 이유로 이를 부정하는 견해[326]도 있으나 긍정하는 견해가 타당하다고 본다.[327]

한편 본안소송이 이미 외국에 계속 중인 경우에도 보전처분에 대하여 본안관할을 인정할 수 있는지가 문제된다. 우리 민사집행법의 해석상 토지관할의 맥락에서 신청인이 이미 제소하여 본안소송이 계속 중인 경우 다른 법원은 본안관할에 근거한 관할을 가지지 않는다는 견해[328]가 있음에 비추어 외국법원에 본안소송이 실제로 계속한 경우라면 한국의 본안관할에 근거한 보전소송의 관할을 인정할 수 있는가라는 의문이 제기된다. 이 경우 장래 외국법원의 본안판결이 한국에

---

325) 민사집행법 제278조(가압류는 가압류할 물건이 있는 곳을 관할하는 지방법원이나 본안의 관할법원이 관할한다.) 및 제303조(구 민사소송법 제698조, 제717조 제1항, 제721조에 상응) 참조. 김용진, "국제보전처분의 현황과 과제 — 집행을 위한 한·일간 협력방안 제시를 겸하여", 저스티스 제34권 제1호(2001. 2.), 220면 이하; 한충수, "국제보전소송의 재판관할권 —직접관할을 중심으로—", 국제사법연구 제4호(1999), 74면 이하; 권창영, "국제민사보전법상 국제재판관할", 민사집행법연구회, 김능환 대법관 화갑기념 : 21세기 민사집행의 현황과 과제, 민사집행법실무연구 Ⅲ(통권 제5권)(2011), 280면 이하 참조. 새로운 해석론의 가능성은 1999년 예비초안과 2001년 초안(각 제13조)을 참조.

326) 예컨대 오정후(註 17), 87면은 본안관할을 가지는 국가의 법원에 보전처분에 대한 재판관할을 긍정하더라도 다른 국가에서 집행할 수 있다고 보기 어려우므로 관할을 인정할 것은 아니라고 한다. 하지만 재판의 집행가능성은 관할의 유무를 판단함에 있어서 고려요소이기는 하나 결정적인 요소는 아니다. 더욱이 본안관할을 가지는 법원에 보전처분에 대한 관할을 부여하는 것은 'bonne administration de justice'(사법의 적절한 운영)에 기여한다. Schack(註 102), Rn. 531 참조.

327) 한충수(註 325), 93면 이하도 동지. Geimer(註 129), Rz. 1203도 독일 민사소송법의 해석상 같다.

328) 김홍엽(註 122), 436면, 498면.

서 승인될 수 있는지에 따라 만일 승인될 수 있다면 외국법원을 우리 법원과 동일시할 수 있으므로 토지관할의 맥락에서와 마찬가지로 한국의 본안관할을 인정할 여지가 없으나, 승인될 수 없다면 본안관할과 보전소송관할의 견련을 고집할 이유가 없으므로 우리나라의 본안관할에 근거한 보전소송의 국제재판관할을 인정할 수 있다는 견해도 주장될 수 있다. 그러나 토지관할의 맥락에서도 그렇게 제한적으로 해석할 이유가 없고,329) 국제소송의 맥락에서는 더욱 그러하다. 외국법원에 본안소송이 계속 중이더라도, 가정적으로 만일 그렇지 않았더라면 우리 법원이 본안관할을 가졌을 경우라면 우리 법원에 보전처분을 신청할 필요가 있다.330)

민사집행법 제303조는 가처분의 재판은 본안의 관할법원 또는 <u>다툼의 대상</u>이 있는 곳을 관할하는 지방법원이 관할한다고 규정하는데, 개정법(제14조 제1항 제2호)에서는 다툼의 대상 대신 "<u>보전처분의 대상이 되는 재산</u>"이라고 수정되었다. 다만 이런 문언의 차이가 어떤 결과를 초래할지는 아직 불분명하다. 참고로 법무부에서의 논의과정에서 "접근금지가처분, 방해금지 가처분 같은 경우 그 대상인 사람이 한국에 있는 경우에도 법원의 관할을 인정한다면 '재산'에만 국한할 필요는 없다는 의문이 제기되었으나 조문에 반영되지는 않았다.

위원회는 이에 추가하여 긴급히 필요한 경우에는 한국에서만 효력을 가지는 보전처분을 할 수 있는 특별관할을 명시하기로 하였다(개정법 제14조 제2항). 이는 예비초안(제13조 제3항)을 참조한 것인데 그것이 어떤 경우를 상정한 것인지 분명하지 않았기에 과연 적절한지 의문이 제기되었다. 그러나 가사사건에서 예컨대 헤이그국제사법회의의 아동보호협약이 신속관할(제11조)과 당해 국가에서만 효력을 가지는 임시적 명령을 위한 관할(제12조 제1항)을 명시하고,331) 성년자보호협약

---

329) 한충수(註 325), 91면.

330) 한충수(註 325), 91면도 동지.

331) 즉 아동보호협약은 원칙적으로 아동의 상거소지국관할을 규정하면서도 긴급한 경우에는 아동 또는 그의 재산이 소재하는 체약국이 보호조치를 취할 수 있는 관할을 인정하고(제11조)(신속관할(Eilzuständigkeit)), 아동 또는 그 재산소재지 체약국은 아동 또는 그 재산의 보호를 위하여 당해 국가에서만 효력을 가지는 임시적 성격의 보호조치를 취할 수 있는 관할을 인정한다. 이것이 '임시적 명령을 위한 관할'이다. 상세는 석광현, "국제친권·후견법의 동향과 우리의 입법과제", 서울대학교 법학 제55권 제4호(2014. 12.), 495면 이하 참조. 성년자보호협약도 유사한 규정을 둔다. 위 '신속관할(Eilzuständigkeit)'을 긴급관할이라고 부르기도 한다(최흥섭, "미성년자의 보호를 위한 1996년의 헤이그협약", 국제사법의 현대적 흐름(2005), 347면). 그러나 국제재판관할의 맥락에서 '긴급관할(forum of necessity)'이라 함은 국제재판관할을 가지는 법원이 어떤 사정으로 재판할 수 없어 결과적으로 '재판

(제11조 제1항)도 성년자 또는 그 재산소재지 체약국에 당해 국가에서만 효력을 가지는 임시적 명령을 위한 관할을 인정하는 점을 고려하여[332] 규정을 두기로 하였다.

민사집행법 제21조는 동법에서 정한 모든 관할은 전속관할이라고 규정하므로 국제재판관할의 맥락에서도 위 관할이 전속관할이라는 견해도 가능하고 우리나라에도 그런 견해가 있으나 그렇게 볼 것은 아니다. 즉 민사집행법의 조문은 단지 전속적 토지관할을 규정한 것이다. 따라서 이례적이기는 하지만 당사자들은 보전처분을 위하여 관할합의를 할 수도 있다고 본다.[333] 실제로는 보전처분만을 위한 관할합의보다는 당사자의 국제재판관할합의에 본안만이 아니라 보전처분에 대한 재판관할도 포함되는 방식으로 이루어질 것이다.[334] 나아가 본안에 관하여 어느 국가의 법원을 위한 전속적 관할합의가 있더라도 다른 국가의 법원은 보전처분에 대해 재판관할을 가질 수 있다(물론 이 경우 다른 국가가 본안관할에 근거하여 보전처분에 관한 관할을 가질 수는 없다).[335] 이는 중재법(제10조)상 중재합의가 있어 법원의 재판관할권이 배제되더라도 법원이 보전처분을 할 수 있는 것과 같다.

개정법이 언급하는 보전처분의 개념과 범위에 관하여 공청회에서 보전처분으로 제한하지 않고 '임시적 처분' 또는 '잠정적 조치'로 확대하여 규정하는 방안을 검토할 필요가 있다는 지적이 있었다.[336] 입법론으로서 그런 고려를 할 필요가 있음은 수긍하나 개정법은 우리 법원이 취하는 조치를 상정하므로 일단 '보전처분'이라는 개념을 사용한다. 이론적으로는 국제재판관할의 맥락에서 국제사법에 등장하는 보전처분이라는 개념을 어떻게 해석할 것인가는 성질결정의 문제이고,

---

의 거부'가 발생하는 경우에 예외적으로 우리나라가 가지는 보충적 관할을 말하는 것인 데 반하여 여기의 관할은 신속한 조치가 필요한 경우 인정되는 관할이므로 그와는 다르다. 굳이 '긴급'이라는 용어를 사용하자면 '긴급한 경우의 관할'이라고 부르는 것이 적절하다.

332) 윤진수(편), 주해친족법 제2권(2015), 1782면(석광현 집필부분) 이하 참조. 예비초안은 당초 영미의 대물적 처분을 상정한 것이 아닌가라는 생각이 들고, 예컨대 특허권 침해로 인한 물건 등의 폐기를 명할 때에도 효력이 국내로 제한된 보전처분이 가능하지 않을까라는 생각도 드나 이는 더 검토할 사항이다.

333) 이는 저자의 해석론이고 개정법이 명시하는 것은 아니다. 독일 민사소송법 제802조는 민사집행법 제21조와 같은 규정을 두고 있으나 보전처분절차는 강제집행에 속하는 것이 아니므로 동조는 보전처분에는 적용할 것이 아니라고 한다. Schack(註 102), Rn. 524.

334) Geimer(註 129), Rn. 1755a. 다만 이의 실익이 의문이다. 가사 이를 부정하더라도 관할합의에 근거한 본안관할을 통하여 보전처분에 관한 관할을 도출할 수도 있기 때문이다.

335) Schack(註 102), Rn. 525.

336) 이규호(註 246), 157면.

그 구체적 기준에 관하여는 국제사법상 다른 체계개념의 해석에서 보듯이 다양한 견해가 주장될 수 있으나, 여기에서 문제는 준거법의 결정이 아니라 우리 법원이 취하는 보전처분이므로 이는 민사집행법에 규정된 보전처분에 한정될 가능성이 크다(가사 그렇지 않더라도 편차는 제한적일 것이다). 만일 이를 넓게 규정한다면 민사집행법을 개정하거나 2016년 개정 중재법[337])에서 보는 바와 같이 국제사법에 그에 상응하는 상세한 조문을 두어야 하는데 이는 개정법에서 해결하기는 어려운 사항이다.

XVI. 비송사건의 재판관할(개정법 제15조)

1. 비송사건의 재판관할에 관한 입법론

개정법이 비송사건[338])의 국제재판관할규칙도 담아야 한다는 데는 위원회에서 별 이견이 없었다. 국제재판관할규칙은 비송사건에서 우리 법원이 직접관할을 가지는지를 결정하고, 외국 비송재판의 승인의 맥락에서도 의미가 있다.[339]) 다만

---

337) 2016년 개정 중재법 제3장의2 임시적 처분(제18조부터 제18조의8)은 개정 모델법의 제17조부터 제17조J까지의 조문 중 사전명령제도에 대한 조문을 제외한 나머지 조문을 수용하였다. 석광현, "2016년 중재법에 따른 중재판정부의 임시적 처분: 민사집행법에 따른 보전처분과의 정합성에 대한 문제 제기를 포함하여", 국제거래법학회지 제26집 제1호(2017. 7.), 107면 이하; 석광현, 국제상사중재법연구 제2권(2019), 144면 이하 참조.

338) 우리 실질법상 비송사건이라 함은 실질적으로는 국가가 후견적 입장에서 정책적으로 간섭할 필요가 있는 경우, 법원이 사권의 발생·변경·소멸에 관하여 관여적 임무를 수행하는 사건을 말하고, 형식적으로는 비송사건절차법에서 정한 사건 및 동법의 총칙이 적용되거나 준용되는 사건을 말한다. 송상현·박익환, 민사소송법, 신정 7판(2014), 29면.

339) 그러나 비송사건에서는 외국국가가 인가 또는 등록을 하는 경우 승인에 의하여 해결할 사항과 전통적인 국제사법의 영역, 즉 준거법의 영역에 속하는 사항이 있는데, 전자(절차적 승인)와 후자(저촉법적 승인)에 속하는 영역의 구별이 쉽지 않다. 예컨대 혼인신고에 따른 등록이나 회사설립의 등록과 같은 비송사건의 국제재판관할을 논의하기는 하지만 그의 승인은 준거법의 영역에 속하고 그 경우 외국국가의 등록은 독립한 절차적 승인의 대상이 아니라고 본다. Reinhold Geimer, "Internationale Freiwillige Gerichtsbarkeit", in FS Jayme, Band Ⅰ(2004), S. 255f. 참조. 이처럼 준거법의 영역에 속하는 사항은 우리 국제사법에 따라 결정된 준거법의 통제 하에 놓인다. 그러나 근자에 유럽연합에서는 그에 대신하는 '법상태의 승인(Anerkennung von Rechtlagen)'이라는 접근방법이 주장되고 있다. 이것이 '지정규범에 갈음하는 승인' 또는 '저촉법적 승인'이다. 예컨대 어느 회원국에서 등록된 혼인관계와 성명 등은 준거법에 관계없이 다른 회원국에서 유효한 것으로 승인되어야 한다는

비송사건은 다양한 유형의 분쟁을 포괄하므로 정치한 국제재판관할규칙을 성안하기가 어렵다는 현실적 한계가 있었다. 특히 한국에서는 비송사건의 국제재판관할규칙에 관한 연구가 매우 부족한 터라[340] 위원회는 일본 甲南大의 김문숙 교수를 초빙하여 연구보고를 듣는 기회를 마련하였다.[341] 저자가 아래의 논의를 작성함에 있어서도 그 연구보고의 도움을 받았다.

가. 준거법과 재판관할의 병행주의의 부정

비송사건의 국제재판관할을 정함에 있어서 비송사건에서 실체법과 절차법의 밀접관련성을 고려하여 준거법과 국제재판관할의 병행주의(또는 병행원칙)를 채택할 것인가를 둘러싸고 논란이 있다. 그러나 병행주의를 부정하고 양자를 별개로 검토하는 것이 설득력이 있고, 특히 모든 비송사건에 대해 일률적으로 병행주의를 인정할 것은 아니다.[342] 이런 전제 하에서 개정법은 비송사건에서도 소송사건에서와 마찬가지로 원칙적으로 준거법규칙과는 별개로 국제재판관할규칙을 도입하였다.

것이다. 이는 저촉법적 승인의 법리가 전통 국제사법을 부분적으로 대체할지 또는 외국 재판의 승인과 같은 절차법적 승인 방법을 외국에서 성립한, 공적 기관이 관여하는 사적(私的)인 법률관계에까지 확장할 수 있는가라는 문제로 논란이 되고 있다. 상세는 석광현, "국제사법에서 준거법의 지정에 갈음하는 승인: 유럽연합에서의 논의와 우리 법에의 시사점", 동아대 국제거래와 법 제35호(2021. 10.), 1면 이하 참조. 장준혁, "외래적 재판외 이혼의 실행과 수용", 가족법연구 제36권 1호(통권 제73호)(2022. 3.), 75면 이하도 실질법상 이혼의 다양한 유형을 소재로 유사한 고민을 보여 준다.

340) 국제사법 하에서도 국제사법 제2조가 비송사건에서 가지는 의미를 검토해야 하고, 특히 실종선고 또는 후견처럼 국제사법이 비송사건의 관할을 규정하는 경우 그 맥락에서 면밀하게 검토할 필요가 있으나 종래 논의가 부족하다.

341) 법무부는 2015. 2. 24. "가사비송사건 국제재판관할 세미나"를 개최하였는데 당일 한숙희 부장판사(당시)가 "가사사건 국제재판관할의 특수성"이라는 제목으로 기조발제를 하였고, 장준혁 교수는 "혼인관계, 부양 및 상속 사건의 국제재판관할 —입법론을 중심으로—"라는 제목의 발표를, 김문숙 교수는 "민사비송사건 및 상사비송사건의 국제재판관할"이라는 제목의 발표를 하였다. 김문숙 교수는 일본 법무성의 위탁으로 일본에서 "非訟事件에 관한 国際裁判管轄등에 관한 外国法制等의 調査研究業務報告書"의 작성에 참여한 바 있다. 그후 위 발표문은 김문숙, "비송사건의 국제재판관할에 관한 입법론", 국제사법연구 제21권 제2호(2015. 12.), 81면 이하에 수록되었다.

342) 병행주의의 소개와 그에 대한 비판은 김문숙(註 341), 132면, 註 185 참조. 다만 전혀 의문이 없는 것은 아니고 더 정밀한 분석이 필요하다.

나. 소송사건과 비송사건의 구별 여부

김문숙 교수는 대체로 "비송사건에는 상대방이 없는 사건도 적지 않고, 그 경우에는 민사소송법의 규정을 그대로 적용할 수 없는 점, 또한 사건에 따라 정도의 차이가 있더라도 법원의 후견적 관여의 필요성 등 통상의 소송사건과는 다른 요소가 존재하는 점, 현행의 국내 토지관할규정도 이러한 사정도 고려하여 관할에 대하여 개별적으로 특칙을 두는 것이 일반적인 점 등을 참작하면 소송사건의 국제재판관할규정과는 별개의 기준을 검토할 필요가 있다"는 취지의 견해를 피력하였다.[343]

비송사건이 가지는 다양한 특징[344]을 고려하면 위의 지적은 설득력이 있으나 조심스럽게 접근할 필요가 있다. 특히 브뤼셀I과 브뤼셀I Recast도 특히 브뤼셀IIbis는 재판절차의 종류는 묻지 않으므로 소송사건과 비송사건에 모두 적용된다.[345] 또한 예컨대 헤이그국제사법회의의 1996년 아동보호협약도 소송사건과 비송사건을 도식적으로 구분하지 않는다. 이 점은 성년자보호협약(제II장(제5조부터 제12조))도 마찬가지이다. 이런 이유로 저자는 소송과 비송을 도식적으로 구분하기보다는 이혼, 친자, 부양과 성년자후견 등으로 사건을 유형화하여 각 분야별로 적절한 정치한 국제재판관할규칙을 도출하자는 견해를 피력하였다.[346]

독일법의 태도도 이와 같다. 독일은 과거 민사소송법에서 혼인사건과 친자사건에 관하여 국제재판관할규칙을 두었으나 2009. 9. 1.부터는 가사 및 비송사건의 국제재판관할은 "가사 및 비송사건절차법"(FamFG. 제98조-제106조. 이하 "FamFG"라 한다)에서 규율한다. 상세는 제4장에서 논의한다.

위원회는 결국 가사사건과 상속사건 이외의 사건(즉 재산법상의 사건)에 관하여는 각장에서 '소'를 중심으로 특별관할을 규정하고, 성질에 반하지 않는 범위 내

---

343) 소송사건과 비송사건의 규율방안은 김문숙(註 341), 134면 이하 참조. 비송사건의 구체적인 국제재판관할규칙의 제안은 김문숙(註 341), 137면 이하 참조.

344) 김홍엽(註 122), 12면.

345) 브뤼셀I Recast 제1조 제1항(This Regulation shall apply in civil and commercial matters <u>whatever the nature of the court or tribunal</u>)과 브뤼셀IIbis 제1조 제1항(This Regulation shall apply, <u>whatever the nature of the court or tribunal</u>, in civil matters relating to …)의 밑줄 부분은 이를 의미한다. 다만 적용범위에서 배제되는 사항을 정한 조문과 특별규범의 우위를 정한 조문(제1조 제2항, 제71조)에서 보듯이 브뤼셀I의 경우 비송사건은 그에 우선하는 규범에 의하여 규율되는 점을 유념해야 한다.

346) 석광현, "이혼 기타 혼인 관계 사건의 국제재판관할에 관한 입법론", 국제사법연구 제19권 제2호(2013. 12.), 138면 이하 참조. 손경한 외(註 3), 44면(한애라 집필부분)도 동지.

에서 그리고 별도의 규정이 있는 경우를 제외하고는 이를 비송사건에 준용한다는 취지를 총칙에서 명시하는 데 반하여, 가사사건의 경우에는 소송사건과 비송사건을 묶어 '사건'을 중심으로 규정함으로써 비송사건의 국제재판관할규칙도 직접 규정하기로 하였다. 개정법은 이 점을 분명히 하고자 전자의 경우 조문에서 "… 소는 법원에 제기할 수 있다"고 규정하는 데 반하여, 후자의 경우 조문에서 "… 사건에 관하여는 법원에 관할이 있다"는 식으로 규정방식을 구별한다.347) 위원회는 결국 소송사건과 비송사건의 도식적 구분은 하지 않으면서도 재산법상의 사건과 가사사건에 차이를 두는 절충적 접근방법을 채택한 것이라고 평가할 수 있다. 그 결과 비송사건에서 연결대상의 구성(또는 범주 설정)은 가사사건의 경우 소송사건의 그것을 따르고, 재산법상의 사건의 경우 비송사건절차법 기타 국내법의 그것을 참작하여 결정하게 된다.

2. 개정법의 내용

위원회에서는 소송을 중심으로 마련된 개정법의 국제관할규칙을 비송사건의 국제재판관할에 준용하되 성질상 준용할 수 없는 경우에는 그러하지 아니하다는 취지의 규정을 두자는 데는 별 이견이 없었다. 다만 이를 조금 더 명확히 규정하고자 개정법은 다음과 같이 경우를 나누어 규정한다.

가. 제1장(총칙)의 국제재판관할규칙의 준용

개정법은 제1장(총칙) 제2절의 규정은 성질에 반하지 않는 범위 내에서 비송사건에도 준용한다(제1항). 국제사법이 관할을 직접 규정하는 인사비송사건 및 가사비송사건 등(제15조 제2항)이든 국제사법 제2조가 적용되는 재산 관련 개별 비송사건의 경우(제15조 제3항)이든 이 점은 마찬가지다. 이를 더 구체화하기 위한 시도를 하였으나 쉽지 않았기에 이 정도의 추상적인 규정을 둘 수밖에 없었다.

예컨대 일반관할에 관한 제3조 제1항 1문("대한민국에 일상거소(habitual residence)가 있는 사람에 대한 소(訴)에 관하여는 법원에 국제재판관할이 있다.")을 보자. 가사소송법에 따르면 가사비송사건은 비송사건절차에 따라 심리하고 심판으로 재

---

347) 다만 재산법상의 사건에도 실종선고 등 사건(개정법 제24조), 선박소유자등의 책임제한사건(개정법 제89조)처럼 소송사건이 아닌 사건에 대하여는 '소에 대한 관할'이 아니라 '사건에 대한 관할'을 규정한다.

판하는 사건으로서 라류 및 마류 사건으로 구분된다. 라류 사건은 비대심적(非對審的)인(또는 상대방이 없는) 원칙적 비송사건으로, 주로 법원의 후견적 허가나 감독처분을 요구하는 사건들이다.[348] 마류 사건은 본래는 대심적(對審的) 심리가 필요한 분쟁의 성질을 가진 사건이지만 비송적인 처리가 필요하다고 인정되는 사건들로, 엄격한 법적용보다 법원의 후견적 재량의 필요가 더 요구되는 사건들이다.[349] 가사비송사건의 심리·재판에는 가사소송법이 달리 정하는 외에는 비송사건절차법 제1편 '총칙'의 규정이 준용된다(가사소송법 제34조 본문). 따라서 원칙적으로 제3조는 대심적 소송구조를 취하는 한, 즉 상대방이 있는 한 가사비송사건에도 적용될 것이나, 대심적 소송구조를 취하지 않는 가사비송사건에서는 적용하기 어렵다.

또한 상속사건에서 일반관할을 어느 범위 내에서 인정할 것인가도 검토할 필요가 있다. 상속에 대해서는 피상속인의 상거소지국이 원칙적으로 관할을 가진다. 토지관할에 관하여 가사소송법도 상속 관련 사건들을 대체로 라류 비송사건으로 분류하고 그에 대하여는 상속개시지 가정법원의 재판적을 인정할 뿐이고(제44조 제6호), 마류 가사비송사건에서와 달리 상대방의 보통재판적소재지의 가정법원의 관할을 규정하지는 않는다. 유언 관련 사건의 경우도 유사하다. 따라서 국제재판관할의 맥락에서도 상속사건과 유언사건의 경우 개정법 제3조에 따른 일반관할을 인정할 필요는 크지 않을 것이다. 다만 제3조는 일반관할이므로 동조가 정한 바와 같이 한국에 일상거소를 가지는 사람에 대한 소라면 그것이 상속사건이더라도 법원에 국제재판관할이 인정될 것이다.

나. 국제사법이 직접 규정하는 경우: 인사비송사건과 가사비송사건 등

인사비송사건과 가사비송사건의 경우 개정법은 소송사건과 비송사건을 묶어서 규정함으로써 원칙적으로 양자에 공통된 관할규칙을 둔다. 즉 그 경우 "…에 관한 소"가 아니라 "…에 관한 사건"이라는 식으로 규정하여 개정법의 국제재판관할규칙이 비송사건에 대하여도 직접 적용되므로 그에 따르면 되고(제2항) 비송사건에 관한 특칙은 불필요하다. 즉 개정법(제15조 제2항)은 인사비송사건과 가사비송사건, 즉 "실종선고 등에 관한 사건(제24조), 친족관계에 관한 사건(제56조부터

---

348) 김연, "한국 가사소송법의 법체계적 지위", 민사소송 제14권 제2호(2010. 11.), 282면.
349) 김연(註 348), 282면.

제61조까지), 상속 및 유언에 관한 사건(제76조)에 대하여 해당 조문에 따른다고 규정하고, 나아가 인사나 가사는 아니지만 성질상 비송으로 볼 수 있는 선박소유자 등의 책임제한에 관한 사건(제89조)에 대하여는 각각 해당 조문에 따른다고 규정한다.350)

다. 재산 관련 비송사건: 국제사법 제2조의 적용

재산 관련 비송사건(정확히는 인사비송사건과 가사비송사건을 제외한 사건을 말한다)에 관하여는 재산 관련 비송사건에 관하여 개정법에서는 원칙적으로 소에 대해 국제재판관할을 규정하므로 이를 비송사건에 준용하자는 견해도 있었으나(이에 따르면 제3항을 별도로 두지 않고 제1항과 묶게 된다) 개정법(제15조 제3항)은 국제사법 제2조에 따르자는 견해를 채택하였다.351)

재산 관련 비송사건의 유형은 매우 다양한데, 개정법에서는 재산 관련 소송에 관하여는 아무래도 국제재판관할규칙이 제한적이므로 이를 준용함으로써 다양한 비송사건에 적절한 관할규칙을 도출할 수 있는지는 의문이다. 반면에 비송사건절차법은 민사비송사건(제2편)과 상사비송사건(제3편)에 관하여 상세히 규정하면서 토지관할규칙도 규정한다. 따라서 국제사법 제2조 제2항에 따라 비송사건절차법의 토지관할규칙을 참작하여 국제재판관할규칙을 도출하는 것이 더 적절하다는 것이다.352) 더욱이 제2조 제2항을 적용하는 과정에서 국제사법에 규정된 국제재판관할규칙을 적용할 여지도 배제되는 것은 아니다. 예컨대 이는 어음 기타 유가증권 분실에 따른 제권판결사건의 국제재판관할에 관하여 국제사법에 신설하는 어음사건의 국제재판관할규칙을 적용할 것이 아니라 비송사건절차법을 참작하여야 하는지의 문제이다.353)

---

350) 따라서 혼인신고를 어느 국가에 해야 하는지와 같은 비송사건의 관할도 이에 따를 사항이다. 다만 '가족관계의 등록에 관한 법률'과 같이 다른 법률에 비송사건의 관할 규정이 있으면 그도 적용될 것으로 생각된다. 제7장에 규정한 관할규칙이 주로 소송을 염두에 둔 영역(이는 주로 혼인관계사건일 것으로 짐작된다)에서는 그것이 다양한 비송사건을 규율하기에 충분한지 의문이 전혀 없지는 않다.

351) 이는 김문숙(註 341), 138면의 제1안의 태도이다.

352) 예컨대 비송사건절차법이 규정하는 민사비송사건 중 신탁사건에 관하여는 동법 제39조가 토지관할규칙을 두고 있고, 제60조는 법인등기에 관한 관할등기소를 규정하며, 상사(商事) 비송사건에 관하여도 상세한 규정들 두고 있다.

353) 개정법(제79조)에 따르면, 어음·수표에 관한 소는 어음·수표의 지급지가 대한민국 내에 있는 경우 법원에 제기할 수 있다. 반면에 민사소송법 제492조와 제476조를 국제재판관할

저자는 이처럼 비송사건의 토지관할규정을 출발점으로 삼더라도 이를 모두 동등한 가치가 있는 것으로 볼 것이 아니라 개별조항을 검토하여 ① 국제재판관할규칙으로 삼을 수 있는 것, ② 국제재판관할규칙으로 삼을 수 없는 것과 ③ 수정해서 국제재판관할규칙으로 삼을 수 있는 것으로 유형화하고 ③ 유형의 경우 이를 어떻게 수정할지를 고민해야 한다고 보았다.354) 나아가 ④ 비송사건절차법상 해당 토지관할규정에는 없으나 기타 국제재판관할의 근거가 될 수 있는 관할근거가 무엇인지도 검토해야 함을 지적하였다. 특히 비송사건의 성질이 다양하고 이질적인 사건들을 포함하는 점을 고려하면 이런 분류의 필요성은 소송사건의 경우보다 더 클 것으로 생각한다. 요컨대 국제적인 재산 관련 비송사건의 경우 법원으로서는 우선 국내법의 관할규정을 참작하여 특별관할의 유무를 판단하고, 성질에 반하지 않는 범위 내에서 예외적 사정에 의한 재판관할권 불행사의 법리를 규정한 개정법(제12조)을 준용할 수 있다.

이처럼 재산 관련 비송사건에 대하여는 개정법(제15조 제3항)은 국제사법 제2조를 적용하고 있으나, 만일 참작할 토지관할규정은 없으나 개정법이 그 분야의 소에 대한 국제재판관할규칙을 두는 경우라면, 비록 제15조 제1항이 명시하지는 않지만 그 국제재판관할규칙을 준용할 여지가 있을 것이다.

3. 국제사법과 개정법의 비교 및 장래의 과제

국제사법은 명문의 규정을 두지는 않지만 비송사건을 모두 제2조에 따라 처리하도록 하는 것처럼 보이는 반면에, 개정법은 인사비송사건과 가사비송사건에 대하여는 각 관련 조문에 따르도록 하고, 재산 관련 비송사건의 특별관할에 관하여는 제2조에 따르도록 규정하면서 제1장 제2절의 총칙은 성질에 반하지 않는 범위 내에서 비송사건에 준용함으로써 조금은 구체화한다. 이를 표로 정리하면 아래와 같다.

의 결정에 참작하면 제권판결은 증권에 표시된 이행지, 그러한 이행지의 표시가 없는 때에는 발행인의 보통재판적 소재지 또는 (그 법원이 없는 때에는) 발행 당시 발행인의 보통재판적 소재지가 한국에 있으면 우리 법원이 국제재판관할을 가진다.

354) 예컨대 부부재산제의 등기에 관하여 독일의 가사 및 비송사건절차법(FamFG. 제377조 제3항)은 부부 일방의 상거소에 착안하나, 우리 비송사건절차법은 남편이 될 사람의 주소지에 착안한다(제68조). 우리의 원칙은 그대로 국제재판관할규칙으로 삼을 수는 없는 것이므로 수정해야 한다.

조문	비송사건의 유형과 관련 조문		
총칙	모든 비송사건(위 2. 가.)		제2조-제14조 준용
각칙	인사 및 가사 비송사건 등 (위 2. 나.)	실종선고 등에 관한 사건	제24조 적용
		친족관계에 관한 사건	제7장(제56조-제61조) 적용
		상속 및 유언에 관한 사건	제76조 적용
		선박소유자 등의 책임제한에 관한 사건	제89조 적용
	재산 관련 비송사건(위 2. 다.)	위(2. 나.)에 속하지 않는 비송사건	제2조 적용[비송사건절차법의 개별 관할규정 참작]

우리 비송사건절차법은 다양한 사건유형에 대하여 관할규칙을 두고 있다. 예 컨대 민사비송사건으로서는 법인에 관한 사건(제32조 이하), 신탁에 관한 사건(제 39조), 재판상의 대위(제45조), 법인의 등기(제60조), 부부재산 약정의 등기(제68조) 에 관하여 규정하고, 상사비송사건으로서는 회사와 경매에 관한 사건(제72조), 사 채에 관한 사건(제109조)과 회사의 청산에 관한 사건(제117조)에 관하여 규정한다. 그중 부부재산 약정의 등기에 관하여는 친족관계에 관한 제7장의 규정이 적용될 것이고, 기타 사건의 경우에는 국제사법 제2조에 따라 토지관할규정을 참작하여 국제재판관할규칙을 도출하라는 것이다.355)

그러나 개정법 제15조도 여전히 추상적이라는 점을 부정할 수 없다. 따라서 개정법을 기초로 운영하면서 장래 시기가 성숙하면 더 정치한 관할규칙을 도입할 필요가 있을 것이다. 그중에서도 우선 문제되는 중요한 비송사건을 찾아서 가능 한 범위 내에서 단계적으로 구체적인 관할규칙을 도입하는 방안이 현실적일 것이 다. 이는 장래의 과제인데 특히 비송사건의 경우 이 점을 강조하고 싶다.

XVII. 긴급관할

개정법에 따라 한국의 국제재판관할이 인정되지 않으면 우리나라는 국제재 판관할이 없다. 그러나 그 경우 구체적 사건에서 국제재판관할을 가지는 외국법

---

355) 다만 도산사건에 관한 논의에서 간단히 언급한 것처럼 도산사건을 성질상 비송사건이라고 본다면 그 경우 제15조 제1항과 제3항 중 어느 것을 적용할지 논란의 여지가 있으나 제3 항이 적절할 것으로 본다.

원이 아예 없거나(관할의 흠결), 있더라도 어떤 사정으로 당해 외국법원에서 제소할 수 없어 결과적으로 '재판의 거부(또는 '정의의 거부'. denial of justice)'가 된다면 예외적으로 한국의 국제재판관할을 인정할 필요가 있다. 이런 의미의 보충적 관할을 독일에서는 '긴급관할(Notzuständigkeit, forum of necessity)',[356] 미국에서는 'jurisdiction by necessity'라고 하는데 우리도 이를 인정할 여지가 있다. 다만 이는 매우 예외적인 경우로 한정해야 한다. 과거 대법원 1988. 4. 12. 선고 85므71 판결 등이 가사사건에서 그들에 대한 심판의 거부가 오히려 외국인에 대한 법의 보호를 거부하는 셈이 되어 정의에 반한다고 인정되는 경우 예외적으로 원고 주소지관할을 인정할 수 있다고 한 것은 긴급관할과 유사한 고려를 한 것으로 볼 수 있다.[357]

위원회는 국제사법에 긴급관할을 명시하는 조문을 둘지를 검토하였으나 결국 두지 않기로 하였다. 개별조문에서 이런 요소를 전혀 고려하지 않은 것은 아니나,[358] 일반조항으로서 긴급관할을 규정하지는 않는다는 것이다. 예외적인 사안에서 긴급관할의 필요성은 인정할 수 있고 특히 가사사건의 경우에 그러한 필요성이 상대적으로 클 수 있으나, 강력한 지지가 없었고 긴급관할의 요건을 명확히 하는 것이 쉽지 않았기 때문이기도 하다.[359] 하지만 비록 그런 규정이 없더라도 꼭 필요한 사안에서는 개정법 제2조 등을 근거로 긴급관할을 인정할 여지가 전혀 없

---

356) 석광현(註 16), 87면 註 85 참조. 긴급관할에 관하여는 Geimer(註 129), Rz. 1024ff. 참조.

357) 일본의 인사소송법 개정안(인사소송의 총칙을 정한 제3조의2 제7호)과 가사사건수속법 개정안(특별입양의 파양에 관한 제3조의7 제5호)은 이런 고려에 기초한 긴급관할을 두었고 2018년 개정된 일본의 인사소송법(인사소송의 총칙을 정한 제3조의2 제7호)은 "일본국 내에 주소가 있는 신분관계의 당사자 일방이 제기한 소송으로서 다른 당사자가 행방불명인 때, 다른 당사자의 주소가 있는 국가에서 제기된 소송과 관련된 신분관계와 동일한 신분관계에 대한 소송과 관련된 확정 판결이 일본국에서 효력이 없는 때, 그 밖에 일본 재판소가 심리 및 재판을 관할하는 것이 당사자 간의 균형을 도모하거나 적정하고 신속한 심리의 실현을 확보하게 되는 특별한 사정이 있다고 인정되는 때"에는 일본의 국제재판관할을 인정한다. 또한 2018년 개정된 일본의 가사사건수속법(특별입양의 파양에 관한 제3조의7 제5호)도 파양에 관하여 유사한 취지의 규정을 두고 있다. 소개는 장준혁 외(註 5), 131면 이하 참조.

358) 예컨대 피후견인의 재산이 한국에 있고 피후견인을 보호하여야 할 필요가 있는 경우(제62조 제1항), 이는 필요한 경우 우리 법원의 관할을 인정하는 것이지, 원래 우리 법원에는 관할이 없고 관할이 있는 외국법원이 관할권을 행사하지 못하는 것을 전제로 우리 법원에 관할을 인정하는 구조를 취하는 것은 아니므로 긴급관할과는 차이가 있다.

359) 일본의 개정 민사소송법은 긴급관할에 관한 규정을 두지 않는다. 만일 규정을 둔다면 스위스 국제사법 제3조가 참고가 될 것이다.

지는 않을 것이다. 실제로는 보전처분의 관할에 의하여 부분적으로 해결될 수 있을 것이다.

따라서 섭외이혼 사건에서 이혼청구의 상대방의 일상거소가 한국에 없는 경우에는, 그가 행방불명 기타 이에 준하는 사정이 있거나 그가 적극적으로 응소하여 그 이익이 부당하게 침해될 우려가 없다고 보이는 경우이더라도, 과거 대법원 1988. 4. 12. 선고 85므71 판결의 판시처럼 한국의 국제재판관할을 당연히 인정할 수는 없고 구체적 사정을 고려하여 긴급관할을 인정할 수 있는지를 판단하여야 한다. 개정법 하에서 위 판결의 취지를 따르자면 오히려 섭외이혼 사건에서 개정법 제56조에 의하여 한국의 관할이 없더라도, 상대방이 행방불명 기타 이에 준하는 사정이 있거나 그가 적극적으로 응소하여 그 이익이 부당하게 침해될 우려가 없다고 보이는 경우 한국의 국제재판관할을 인정할 수 있는지를 문제 삼아야 할 것이다. 그의 허용 여부는 개정법에 따른 국제재판관할법 전체의 취지에 비추어 검토할 사항이지만 그중 일부는 개정법 제56조에 의하여 해결할 수 있고, 또한 일부는 한국과 아무런 관련이 없는 사건이 아니라면 일반원칙을 정한 제2조에 의하여 해결할 수 있을 것이다.

제 4 장
개정법에 따른 국제재판관할법의 각칙

I. 머리말

국제재판관할의 기초이론과 개정법의 총칙에 관하여는 제2장과 제3장에서 각각 논의하였으므로, 여기 제4장에서는 개정법 중 각칙(즉 각장에 규정된 관할규칙)의 내용을 소개한다. 이는 총칙(제3조)에서 규정하는 일반관할과 대비되는 특별관할에 관한 규정이 대부분이다. 구체적으로 개정법의 편제에 따라 사람에 관한 사건의 특별관할(II.), 물권에 관한 소의 특별관할(III.)(개정법이 별도의 장을 두지는 않지만), 지식재산권(이하 "지식재산권" 또는 "지재권"이라 한다)에 관한 소의 특별관할(IV.), 채권에 관한 소의 특별관할(V.), 가사사건의 특별관할(VI.), 상속사건의 특별관할(VII.), 어음·수표에 관한 소의 특별관할(VIII.)과 해사사건의 특별관할(IX.)의 순으로 논의하고, 그 밖에 위원회에서 논의되었으나 개정법에는 채택되지 않은 기타 국제재판관할규칙(X.)과 국제재판관할의 조사와 판단의 표준시기(XI.)의 순서로 논의한다.

II. 사람에 관한 사건의 특별관할(제2장 제1절)

개정법은 자연인에 관하여는 비송사건인 실종선고와 부재자의 재산관리에 관한 사건의 특별관할을 명시하고, 법인과 단체에 관하여는 내부관계에 관한 소의 특별관할을 규정한다. 후자는 위원회에서는 논의되지 않았으나 법무부의 검토

---

* 제4장은 당초 석광현, "2018년 국제사법 전부개정법률안에 따른 국제재판관할규칙: 각칙을 중심으로", 동아대학교 국제거래와 법, 제23호(2018. 12.), 41-146면에 수록한 논문을 상당히 수정·보완한 것이다.

과정에서 두기로 결정한 것이다.

1. 실종선고와 부재자의 재산관리(제24조)

종래의 주소나 거소를 떠나 장기간 그 생사를 알 수 없는 사람(이를 우리 민법에서는 '부재자'라고 부른다. 민법 제22조)에 대한 실종선고는 권리능력의 소멸에 관한 문제이므로 원칙적으로 당사자의 본국법에 의하고, 당사자의 본국이 원칙적으로 국제재판관할을 가지는 것으로 이해되었다. 그러나 본국에서 실종선고를 하지 아니하거나 또는 본국에 실종선고제도가 없는 경우에 실종된 외국인의 신분상 및 재산상의 법률관계가 불확정한 상태로 방치되는 것은 곤란하므로 우리나라가 외국인에 대한 실종선고를 할 수 있도록 예외적 관할을 인정할 필요가 있다. 국제사법(제12조)은 명시하지는 않지만 외국인의 본국에 실종선고를 할 수 있는 원칙적 관할이 있음을 전제로 하면서 예외적으로 우리 법원이 관할을 가지는 경우만을 규정한다.[1] 이는 성질상 비송사건이므로 국제사법이 비송사건의 국제재판관할을 직접 규정하는 사례이다. 개정법은 실종선고의 국제재판관할규칙을 명확히 규정한다.

개정법(제24조 제1항)은 실종선고에 관한 사건에 대하여 ① 부재자가 한국인인 경우, ② 부재자의 마지막 상거소가 한국에 있는 경우, ③ 부재자의 재산이 한국에 있거나 한국법에 따라야 하는 법률관계가 있는 경우[2]와 ④ 그 밖에 정당한 사유가 있는 경우에는 한국이 국제재판관할을 가지는 것으로 규정한다. 다만 ③의 경우 한국의 관할은 그 재산 및 법률관계에 관한 부분으로 한정된다.

①은 국제사법의 전제인 본국관할(또는 국적관할. 이하 양자를 호환적으로 사용한다)[3]을 명시한 것으로 볼 수 있고, ②는 그 경우 한국이 당해 사건을 다룰 현실적 이익이 크다고 할 수 있으므로 정당화되며, ③과 ④는 국제사법에도 있는 것이다. 다만 ③과 ④는 국제사법에서는 예외적인 관할근거(또는 관할원인. 이하 호환

---

[1] 국제사법은 섭외사법과 동일하나 우리 법원이 관할을 가지는 범위를 다소 확대한 점에 차이가 있다. 학설로는 '본국'과 '주소지 및 거소지'가 대등하게 관할을 가진다는 견해도 있다.

[2] 이에 대하여는 법원은 한국법에 따라야 하는 법률관계가 있는지를 판단하기 위하여 신청인의 주장에 대해 국제재판관할과 준거법까지 판단해야 하므로 실무상 법원에게 지나치게 부담스럽다는 비판이 있다. 권재문, "친자관계의 성립과 효력, 성년후견, 부재와 실종에 관한 국제재판관할", 국제사법연구 제21권 제1호(2015. 6.), 50면.

[3] 이를 "home jurisdiction"이라고도 부른다. Heinz-Peter Mansel, Nationality, Encyclopedia of Private International Law, Volume 2 (2017), p. 1301.

적으로 사용한다)인 데 반하여 개정법에서는 원칙적 관할의 하나인 것처럼 규정되어 있다. 그러나 ③의 경우 한국의 관할은 당해 재산 및 법률관계에 한정되므로 다소 예외적인 성격을 가진다.[4] ③의 경우 관할의 양적 제한이 적용되는 점은 지재권 침해에 관한 소의 특별관할(제39조)과 같다. 기술적으로 제24조 제1항 제3호에서는 '한정한다'고 하면서 제39조 제1항 단서에서는 '한한다'고 하나 전자로 통일할 필요가 있다.

국제사법 하에서는 예컨대 외국인의 마지막 일상거소가 한국에 있더라도 한국에 그의 재산이 있거나 한국법에 의하여야 하는 법률관계가 있거나 그 밖에 정당한 사유가 있는 경우가 아닌 한 한국법원이 실종선고를 할 관할이 없었고 한국법을 적용할 수 없었으나, 개정법에 따르면 그 경우에도 한국법원이 관할을 가지므로 한국법을 적용하여 실종선고 등을 할 수 있다. 그 경우 본국관할의 원칙을 벗어나지만 외국인의 마지막 상거소가 한국에 있다면 대부분 한국에 그의 재산이 있거나 한국법에 의하여야 하는 법률관계가 있거나 그 밖에 정당한 사유가 있을 것이므로 차이는 크지 않다고 본다.

실종선고만을 언급하는 국제사법과 달리 개정법(제24조 제2항)은 실종선고와 별도로 부재자의 재산관리에 관한 규정을 두면서 그에 대하여는 부재자의 마지막 상거소 또는 재산이 한국에 있는 경우[5] 우리 법원의 국제재판관할을 인정한다. 그러한 경우에 우리 법원이 개입할 필요가 있기 때문이다.

과거 한정치산 및 금치산의 문제는 행위능력의 제한문제이므로 행위능력의 준거법에 관한 국제사법 제13조에 의하여 해결될 수 있었다. 따라서 국제사법은 한정치산과 금치산의 준거법에 관하여 규정하지 않고, 단지 제14조(한정치산 및 금치산선고)("법원은 대한민국에 상거소 또는 거소가 있는 외국인에 대하여 대한민국 법에 의하여 한정치산 또는 금치산선고를 할 수 있다")에서 우리 법원이 우리 법에 따라 선고할 수 있는 예외적 관할만 규정하였다. 그 후 성년후견 제도가 도입됨에 따라 위 문언은 "제14조(한정후견개시, 성년후견개시 심판 등) 법원은 대한민국에 상거소

---

4) ③과 ④를 묶어서 규정한 개정안에 대하여 저자는 양자를 구분하여 ④를 제4호로 독립시키는 것이 좋고, 한국의 관할이 당해 재산 및 법률관계에 한정되는 것은 ③의 경우이고 ④의 경우는 아니므로 괄호 안의 문언은 ③에 규정하는 것이 좋다는 점을 지적하였다. 이 점이 반영되어 문언이 정비되었다.

5) 그러나 재산소재지 관할에 대하여는 부재자의 재산관리인은 특정재산을 단위로 선임되는 것이 아니라 포괄적인 재산관리권한을 가지는 것으로 해석되므로 이는 과도한 관할이 될 우려가 있다는 비판이 있다. 권재문(註 2), 50면.

또는 거소가 있는 외국인에 대하여 대한민국 법에 의하여 한정후견개시, 성년후
견개시, 특정후견개시 및 임의후견감독인선임의 심판을 할 수 있다."로 개정되었
다. 그러나 개정법에서는 제14조는 삭제되고 성년자 후견사건의 특별관할에 관한
개정법 제7장 제1절 제61조 제1항에 통합되었다.

2. 사원 등에 대한 소의 특별관할(제25조)

민사소송법(제15조부터 제17조)은 ① 회사, 그 밖의 사단이 사원에 대하여 소
를 제기하거나 사원이 다른 사원에 대하여 소를 제기하는 경우, ② 사단 또는 재
단이 그 임원에 대하여 소를 제기하거나 회사가 그 발기인 또는 검사인에 대하여
소를 제기하는 경우, ③ 회사, 그 밖의 사단의 채권자가 그 사원에 대하여 소를
제기하는 경우, ④ 회사, 그 밖의 사단, 재단, 사원 또는 사단의 채권자가 그 사
원·임원·발기인 또는 검사인이었던 사람에 대하여 소를 제기하는 경우와 사원
이었던 사람이 그 사원에 대하여 소를 제기하는 경우 회사, 그 밖의 사단의 보통
재판적 소재지 법원에 특별재판적을 인정한다. 이는 "단체 내부관계의 특별재판
적"이라고 설명한다.[6]

일본 민사소송법은 우리 민사소송법에 상응하는 토지관할규칙을 두고 있고,
나아가 이에 상응하는 국제재판관할규칙을 두고 있다(제3조의3 제7호). 위원회에서
는 이에 상응하는 국제재판관할규칙을 둘지는 전혀 논의하지 않았다. 이 점은 의
외인데 이는 위원회에서 챙기지 않았기 때문이지 위원회가 이를 배제할 의사를
가지고 있었던 것은 아니라고 본다.

법무부는 위 특별재판적에 상응하는 국제재판관할규칙을 국제사법에 도입하
기로 하였으나, 그 범위를 일본처럼 토지관할규칙을 전면적으로 국제재판관할규
칙으로 도입할지 아니면 제한적으로 도입할지가 문제되었다. 우리 민사소송법(제
15조부터 제17조)에 상응하는 독일 민사소송법(제22조)이 우리 민사소송법보다 토
지관할규칙을 제한적으로 규정하는 점, 유럽연합의 브뤼셀체제와 헤이그국제사법
회의가 성안한 1999년 "민사 및 상사(사건)의 국제관할과 외국재판에 관한 협약의
예비초안"(이하 "예비초안"이라 한다)이 일본 민사소송법에 상응하는 국제재판관할
규칙을 두지 않는 점과 독일에서도 그에 상응하는 국제재판관할규칙에 대한 비판
이 있는 점 ─이는 결국 원고관할을 인정하게 되어 부당하고 특히 소수주주에게

---

6) 전원열, 민사소송법 강의 제2판(2021), 3-4-3-11.

불리한 관할규칙이라는 것이다―7) 등을 고려하여 개정법에서는 이를 법인 등의 내부적인 분쟁(즉 법인-사원과 사원-사원 간의 분쟁)에 한정하기로 하였다.8) 결국 민사소송법이 규정하는 특별재판적 중 위 ①과, ④의 일부(즉 ①에 상응하는 소)에 대하여만 국제재판관할을 인정한다. 사원이 법인에 대하여 제기하는 소의 경우 회사 등의 보통재판적 소재지에 일반관할이 인정되므로 별도의 특별관할규칙은 불필요하다.

개정법에서는 일반관할이 있는 국가가 확대된 점도 이처럼 제한적인 태도를 취하는 하나의 이유가 되었다. 개정법에 따르면, 법인 또는 단체에 관한 소의 특별관할은 주주가 회사를 대신하여 임원에게 책임을 묻는 주주대표소송에서는 별로 도움이 되지 않는다.9)

개정법에 반영되지 않은 민사소송법상의 사원과 관련된 토지관할규칙(예컨대 회사의 채권자가 회사의 사원(주주) 또는 사원(주주)이었던 자에 대하여 제기하는 소의 특별재판적을 정한 민사소송법 제16조와 제17조)을 참작하여 국제사법 제2조의 경로를 통하여 국제재판관할을 인정하는 것은 원칙적으로 허용되지 않는다. 가사 다른 사람들을 고려하여 인정하더라도 지극히 예외적인 경우로 한정해야 할 것이다.

Ⅲ. 물권에 관한 소의 관할

개정법에 따른 물권에 관한 소의 관할은 아래와 같다.

첫째, 동산 물권에 관한 소에 관하여는 제5조 제1호에 의하여 재산소재지의 특별관할이 인정된다.10) 즉 청구의 목적 또는 담보의 목적인 재산이 한국에 있는

7) Jan Kropholler, Handbuch des Internationalen Zivilverfahrensrechts, Band Ⅰ, Kapitel Ⅲ Internationale Zuständigkeit (1982), Rn. 411. 유럽연합은 이를 따르지 않았는데 Haimo Schack, Internationales Zivilverfahrensrecht, 8. Auflage (2021), Rn. 395는 그런 태도를 지지한다.

8) 일본 민사소송법은 제3조의3 제7호에 규정을 둔다. 저자는 당초 일본처럼 넣는 방안도 고려하였으나 너무 넓다는 반론이 있을 수 있어 범위를 내부관계[회사-사원, 사원-사원, 사원이었던 사람-사원]로 제한하였다.

9) 반면에 민사소송법의 토지관할규칙을 참작하면 민사소송법(제15조 이하)은 국제적인 주주대표소송의 국제재판관할의 결정에서 의미가 있다. 참고로 김효정, "주주대표소송에 관한 연구 ―국내 및 국제소송상의 쟁점을 중심으로―", 연세대학교 대학원 법학박사학위논문 (2017), 344면 이하는 국제적인 주주대표소송에 있어서의 국제재판관할의 결정을 논의하면서도 정작 민사소송법 제15조 이하를 언급하지 않는데 이 점은 아쉽다.

경우 그 재산에 관한 소는 한국에서 제기할 수 있다. 제5조 제2호와 달리 이 경우 당해 재산의 압류가능성 또는 가액과 사안의 한국 관련성은 요구되지 않는다. 둘째, 부동산 물권에 관한 소에 관하여 개정법(제10조 제1항 제3호)에 의하여 부동산 소재지의 전속관할이 인정된다.[11]

　　법무부의 개정안(제33조)은 독자적인 관할규칙을 창설하는 것은 아니지만, 물권에 관한 제4장에도 제1절을 신설하여 동산 물권에 관한 소의 특별관할(개정안 제5조 제1호)과, 부동산 물권에 관한 소의 전속관할(제10조 제1항 제3호)을 확인하는 취지의 조문을 두었다. 그런 규정방식은 이례적이나 수범자의 편의를 위한 조치라고 할 수 있다.[12] 저자는 당초 이런 규정을 두지 않는 방안을 선호하였으나,[13] 만일 제4장에 제1절을 두지 않는다면 마치 물권에 적용되는 국제재판관할규칙이 없는 것과 같은 인상을 줄 수 있고, 규정을 두는 편이 수범자에게 편리할 것이라는 점을 고려하여 규정을 두자는 제안을 수용하였다. 그러나 개정법에서는 이는 결국 삭제되었다.

---

10) 흥미롭게도 브뤼셀 I Recast(제7조 제4호)는 브뤼셀협약이나 브뤼셀 I 과 달리 소유권에 기한 문화재의 반환청구에 대하여 소송 계속 시 소재지의 국제재판관할을 명시한다. 석광현, "국제적 불법거래로부터 문화재를 보호하기 위한 우리 국제사법(國際私法)과 문화재보호법의 역할 및 개선방안", 서울대학교 법학 제56권 제3호(2015. 9.), 129면, 註 39 참조. 문언은 이행의 소를 상정하나 확인의 소에도 적용된다고 본다. Burkhard Hess, Europäisches Zivilprozessrecht, 2. Auflage (2021), Rn. 6.81. 스위스 국제사법 제98a조도 문화재반환에 관한 재판관할에 관하여 피고 주소지 또는 본거지 법원 외에 문화재 소재지 법원의 국제재판관할을 인정한다.

11) 한애라, "국제사법 전부개정안 검토 — 물권, 계약에 관한 소의 국제재판관할을 중심으로", 민사소송(제22권 제2호)(2018. 11.), 100면 이하는 부동산 물권에 관한 소의 전속관할 인정 여부는 신중한 검토가 필요하다면서도 일단 찬성한다. 흥미로운 것은 서울고등법원 2014. 1. 17. 선고 2013나17874 판결(확정)이다. 위에서 언급한 바와 같이 서울고등법원은 홍콩 소재 부동산에 관한 소유권이전등기를 구하는 소에 대하여 홍콩의 국제재판관할에 전속한다고 판단하고 소를 각하하였다. 그러나 위 사건은 부동산 물권에 관한 소가 아니다.

12) 노태악, "2018년 국제사법 전부개정법률안의 주요 내용", 민사소송 제22권 2호(2018. 11.), 33-34면은 개정안에 양자를 둔 것은 법령 전체의 규정방식의 통일성과 균형을 도모하기 위한 것이라고 한다. 규정방식은 다르나 스위스 국제사법(제98조)은 동산 물권에 관한 소의 관할규칙을 둔다.

13) 한애라(註 11), 130면은 제33조 제1항은 굳이 둘 필요가 없다고 한다.

Ⅳ. 지식재산권에 관한 소의 특별관할(제5장 제1절)[14]

지식재산권에 관하여 개정법은 첫째, 지식재산권의 성립 등에 관한 소의 전속관할, 둘째, 지식재산권 계약에 관한 소의 특별관할과 셋째, 지식재산권 침해에 관한 소의 특별관할을 구분하여 규정한다. 첫째는 제1장 제2절에서, 둘째와 셋째는 제5장 제1절에서 각각 규정한다. 이는 근자의 CLIP 원칙, ALI 원칙[15]과 한일공동제안[16] 등 지재권에 특유한 국제사법규칙을 정한 작업성과들을 고려한 것이다.

1. 지식재산권의 성립 등에 관한 소의 전속관할(제10조)

제3장에서 본 것처럼 개정법(제10조 제1항)은 총칙에서 한국에 등록된 지식재

---

14) 상세는 석광현, "한국에 있어서 지적재산권분쟁의 국제재판관할", 국제사법과 국제소송 제 4권(2007), 591면 이하 참조. 비교법적 고찰은 木棚照一(編), 國際知的財産侵害訴訟の基礎 理論(2003) 참조.

15) CLIP 원칙은 지식재산의 국제사법에 관한 유럽 막스플랑크 그룹이 2011년 8월 공표한 "지적재산의 국제사법원칙(Principles for Conflict of Laws in Intellectual Property)"을 말하고, ALI 원칙은 미국법률협회(ALI)가 2007년 5월 공표한 "지적재산: 초국가적 분쟁에서의 관할권, 준거법 및 재판을 규율하는 원칙(Intellectual Property: Principles Governing Jurisdiction, Choice of law and Judgments in Transnational Disputes)"을 말한다. 소개는 석광현, "국제지적재산권분쟁과 국제사법: ALI 원칙(2007)과 CLIP 원칙(2011)을 중심으로", 민사판례연구 제34집(2012), 1065면 이하 참조. CLIP 원칙의 조문은 국제사법연구 제 17호(2011), 675면 이하에도 수록되어 있다. 우리의 개정작업에서 참고한 것은 아니지만 국제법률협회(ILA)는 위 논점들과 지재권분쟁의 중재 관련 지침을 마련하는 작업을 한 결과 2021년 초 ILA Guidelines on Intellectual Property and Private International Law (Kyoto Guidelines)를 채택하였다. Journal of Intellectual Property, Information Technology and Electronic Commerce Law, Volume 12 (2021) 참조. 국문번역은 이규호·이종혁, "지식재산과 국제사법에 관한 ILA 가이드라인", 국제사법연구 제27권 제1호(2021. 6.), 679면 이하 참조. 근자의 문헌은 Julia Hörnle, Internet Jurisdiction Law and Practice (2021), p. 406 이하 참조.

16) 한일공동제안이라 함은 木棚照一 교수의 주도로 한일 전문가들이 2011년 3월 발표한 "知的財産權의 國際私法原則(韓日共同提案)"을 말한다(이하 "한일공동제안"이라 한다). 조문과 해설은 木棚照一 編著, 知的財産の国際私法原則研究―東アジアからの日韓共同提案(早稲田大学比較法研究所叢書 40)(2012), 74면 참조. 위 단행본에는 조문 및 해설의 일본어본, 한국어본, 영어본과 중국어본과 몇 편의 심포지엄 발표자료가 수록되어 있다. 우리 문헌으로는 국제사법연구 제17호(2011), 533면 이하에 수록되어 있다. 한일공동제안의 채택이 무산될 가능성이 컸던 상황에서 한국측 연구자들은 2010년 독자적으로 '국제지적재산소송원칙'을 발표한 바 있다. 소개는 손경한, "國際知的財産訴訟原則의 定立", 성균관법학 제20권 제3호(2008. 12.), 1075면 이하 참조. 그 후 한일공동제안이 채택되었다.

산권의 성립, 유효성과 소멸에 관한 소의 경우 한국의 전속관할을 인정한다. 이는 위에서 논의하였다.

2. 지식재산권 계약에 관한 소의 특별관할(제38조)

저자는 종래 지식재산권 계약에 관한 소의 경우에도 통상의 계약에 관한 소에 대한 재판관할규칙이 적용된다는 견해를 피력하였다.[17] 그러나 개정법(제38조 제1항)은 이와 달리 "지식재산권의 양도, 담보권 설정, 사용허락 등의 계약에 관한 소는 그 지식재산권이 대한민국에서 보호되거나 사용 또는 행사되는 경우 또는 지식재산권에 관한 권리가 대한민국에서 등록되는 경우 한국에서 제기할 수 있다"는 취지로 규정한다.

이는 지식재산권 계약에 특유한 관할규칙을 도입한 것으로, 지식재산권의 보호, 사용, 행사 또는 지식재산권에 관한 권리의 등록(여기에서 등록의 대상은 지식재산권 자체가 아니라 '지식재산권에 관한 권리'이므로 특허의 전용실시권과 통상실시권 그리고 상표의 전용사용권과 통상사용권 등을 포함한다)에 착안하면서, 청구의 근거가 무엇인지에 관계없이 통일적인 관할규칙을 정하는 점에 특색이 있다. 이는 한일 공동제안(제204조 제1항)과 유사한데, 동 제안 제2항은 더 나아가 복수 국가에서 실시 등이 행하여지는 경우 각각 자국 내에서 실시 등이 행하여진 지식재산권에 관한 계약상의 분쟁에 한하여 관할을 가지는 점(즉 관할의 양적 제한)을 명시한다.[18] 여기에서 '보호'는 단순히 보호가 주장되는 것이 아니라 실제로 보호가 부여되는 것을 의미하는 것으로 이해되고, 또한 제38조는 계약(즉 채권계약)의 특별관할을 다루므로 '담보권 설정'계약은 채권계약을 말하는 것으로 보인다.[19] 이는

---

17) 석광현, 국제사법과 국제소송 제2권(2001), 551면. 이는 CLIP 원칙(제2:201조)의 태도이기도 하다.

18) 그러나 한일공동제안의 실시 등은 지적재산을 이용하는 행위를 넓게 포함하는 개념이지만(제102조 제6항) 보호와 결부되지는 않는 점에서 개정법과는 다른 것으로 보인다. 개정법에 '보호'가 포함된 이유는 불분명하다. 한편 ALI 원칙(제205조)에 따르면 지적재산권의 양도 또는 라이선스계약의 위반을 주장하는 청구에 관하여는 그 지적재산권이 이용되는 국가에서 제소할 수 있는데 ALI 원칙은 의무이행지와 관계없이 이용지에 관할을 부여하는 점에 특색이 있다. 개정법은 ALI 원칙과 일맥상통하나, 미국에서는 계약사건의 경우 의무이행지 관할은 인정되지 아니한다. 개정법이 지식재산권의 보호 또는 지식재산권에 관한 권리의 등록을 포함시키는 점은 이해하기 어렵다.

19) 그러면 담보권설정에 관한 물권적 합의에 관한 소의 처리는 어떻게 되는지, 양자를 동일하게 다루어야 하는지는 의문이다.

특징적 이행에 착안하는 듯한 인상을 준다.[20] 이런 태도는 계약에 기한 소의 관할에서 개정법(제41조 제2항)이 특징적 이행에 착안한 관할을 전면적으로 받아들이지 않는 것과 다르다.

　이렇게 할 경우 제5장(지식재산권)과 제6장(계약에 관한 소의 특별관할)의 관계를 정리할 필요가 있다. 즉 아래에서 보는 바와 같이, 계약에 관한 소의 특별관할을 정한 개정법(제41조)은 물건공급계약의 경우에는 물건인도지에, 용역제공계약의 경우에는 용역제공지에 각각 특별관할을 인정하고, 다른 유형의 계약의 경우 청구의 근거인 의무이행지 관할을 제한적으로 허용하므로 그것이 지식재산권 계약에 관한 소에도 여전히 적용되는지가 문제되기 때문이다. 그러나 지식재산권 계약에 관하여는 제5장이 특칙을 두므로 그때에는 제6장의 적용을 배제하는 것이 간명하다. 따라서 개정법(제38조 제2항)은 지식재산권 계약에 관한 소에는 제41조의 적용을 배제한다.[21] 예컨대 지재권 라이선스계약에 관한 소의 특별관할은 전적으로 제5장 제1절에 따르고 제6장 제1절의 적용은 배제된다. 만일 지식재산권 계약에도 통상의 계약에 관한 소의 특별관할을 적용한다면 그것이 용역제공계

---

20) 즉 이는 지식재산권이 실제로 보호, 사용 또는 행사되거나, 지식재산권에 관한 권리가 등록된 곳이 아마도 특징적 의무이행지라고 보면서 그곳에 관할을 인정하려는 것처럼 보인다. 하지만 지식재산권 계약의 객관적 준거법 결정의 맥락에서 예컨대 라이센시의 의무가 특징적 이행이라고 보는 식의 획일적 접근을 지지하지 않는 저자로서는 위의 접근방법을 지지하지 않는다.

21) 오정후, "국제사법 개정안의 국제재판관할 —개정안의 편제와 총칙의 검토—", 민사소송 제22권 2호(2018. 11.), 62면은 제6장에 있는 제42조와 제45조는 제5장에 규정된 지재권 사건에는 적용되지 않으므로 제39조와 제40조에서 적용되지 않는다는 취지의 조문을 둘 필요가 없다고 지적하고, 더욱이 앞의 조문이 뒤의 조문의 적용을 배제하는 것은 체제상 문제가 있다고 비판한다. 하지만 지식재산권 계약이 채권계약으로 성질결정되고 지식재산권 침해가 불법행위로 성질결정될 수 있으므로 위와 같은 규정을 두지 않으면 양자의 관계가 문제될 수 있다. 더욱이 복수국가가 중첩적으로 국제재판관할을 가질 수 있으며 국제재판관할의 개별 연결점 간에는 우열관계가 있는 것은 아니므로 이런 필요성이 크다. 만일 지재권에 관한 특별관할규칙을 나누어 계약과 불법행위 등에 관한 장에서 특칙의 형태로 규정한다면 이런 문제를 피할 수 있을 것이나 지재권에 관하여 별도의 장을 두는 체제 하에서는 이는 부득이하다. 지재권에 관하여 별도의 장을 둘 것이라는 근본적인 의문에 비하면 위의 논의는 기술적 사항이다. 이는 해상법에 관한 제10장의 경우도 마찬가지이다. 나아가 선행 조문이 후행 조문의 적용을 배제하는 것은 바람직한 것은 아니나 필요하면 할 수 있다. 이는 기술적인 문제이지 원칙의 문제는 아니다. 준용에 관한 것이지만 집행력의 주관적 범위를 정한 민사집행법 제25조 제2항은 "제1항의 집행을 위한 집행문(執行文)을 내어 주는 데 대하여는 제31조 내지 제33조의 규정을 준용한다"고 하여 후행 조문을 준용한다.

약인지가 문제될 것이나 유럽연합에서는 이를 부정하는 견해가 유력하다.[22) 그렇다면 제38조 제1항이 말하는 지식재산권 계약은 제41조 제1항이 열거하는 유형의 계약(즉 물품공급계약, 용역제공계약 및 이의 결합)에 해당되지 않을 것이므로 제41조의 적용을 배제하는 제38조 제2항은 제41조 제2항을 배제하는 점에 실익이 있다. 결국 이는 청구의 근거가 되는 의무의 실제 또는 합의된 이행지가 아니라 누가 어느 의무에 근거하여 제소하는지에 관계없이 통일적으로 당해 지식재산권의 사용·행사 또는 당해 지식재산권에 관한 권리의 등록지의 관할을 인정하는 것이다.

3. 지식재산권 침해에 관한 소의 특별관할(제39조)

가. 종래의 논의

지식재산권의 침해에 기한 손해배상과 침해금지 등을 구하는 소의 국제재판관할에 대하여는 종래 원칙적으로 통상의 불법행위의 경우처럼 불법행위지의 관할을 인정하는 것이 타당하고 등록국의 전속관할을 인정할 것은 아니라는 견해가 유력하였다.[23) 저작권침해의 경우는 더욱 그러하다.

종래 지적재산권은 물리적인 실체가 존재하지 않는 권리이므로 지적재산권 침해의 경우 법익의 침해라는 결과발생지의 존재를 인정할 수 있는지 논란이 있었다. 그 경우 지적재산권은 어디에나 존재한다거나 또는 반대로 어디에도 존재하지 않으므로 '특정한' 결과발생지는 존재하지 않기에 행동지에만 연결하는 견해가 있고 저작권의 경우 특히 그러하지만 종래의 다수설은 결과발생지의 존재를

---

22) 유럽연합에서는 준거법결정의 맥락에서 라이선스계약이 용역제공계약인지를 둘러싸고 논란이 있는데, 유력설은 이를 부정하고, 라이선스계약의 준거법은 용역계약에 관한 로마 I 제4조 제1항 b호가 아니라 기타 계약에 관한 제2항에 따라 특징적 이행을 하여야 하는 당사자의 상거소지국법이라고 본다. 라이선스계약에 따라 지식재산권의 보유자가 그 권리를 보유하면서 당해 지적재산의 실시 및 사용권을 타인에게 이용·허락하고 그에 상응하는 대가인 로열티를 지급받는 것을 주된 내용으로 하므로 라이선스계약은 용역제공계약이라고 보기는 어렵다는 견해가 유력하다. 소개는 석광현, 국제사법 해설(2013), 316면. 상세는 Peter Mankowski, Contracts Relating to Intellectual or Industrial Property Rights under the Rome I Regulation, Stefan Leible/Ansgar Ohly(Eds.), Intellectual Property and Private International Law (2009), p. 39ff. 참조. 국제재판관할의 맥락에서 유럽사법재판소의 2009. 4. 23. Falco v. Weller-Lindhorst 사건 판결(C-533/07)은 라이선스계약은 용역제공계약이 아니라고 판시하였다.

23) 예컨대 석광현(註 14), 601면.

긍정한다.[24] 예컨대 특허권 또는 상표권의 경우는 등록국을, 저작권의 경우는 저작권에 대한 보호를 인정하는 국가를 들 수 있다. 이는 준거법의 결정에도 영향을 미치는 논점이다.[25] 결과발생지를 인정하는 개정법 제39조의 태도는 다수설을 따른 것이라고 볼 수 있다.

저자는 불법행위지는 지식재산권의 침해지인데, 지식재산권에 적용되는 속지주의 원칙상 행동지와 결과발생지는 원칙적으로 일치한다고 본다.[26] 다만 가상공간에서의 저작권, 기타 지식재산권 침해의 경우 전 세계 200개국이 잠재적 결과발생지(즉 인터넷 접속가능지를 말한다)로서 재판관할을 가지게 되어 극심한 forum shopping이 발생할 수 있으므로 그 경우 우리 법상으로도 아래(V. 4.)에서 소개하는 유럽연합사법재판소의 1995년 Shevill 사건 판결처럼 결과발생지의 재판관할에 대한 양적 제한을 도입할 여지가 있다.[27] 문제는 그렇게 하는 경우 피해자는 침해자의 상거소지에서 제소하지 않는 한 침해가 발생한 복수국에서의 소송을 강

---

24) 석광현(註 14), 612면 이하 참조. 인격권 침해의 경우에도 결과발생지가 존재하는지에 관하여 논란이 있으나 다수설은 이를 긍정한다. Shevill 사건 판결에서 유럽사법재판소도 결과발생지가 존재함을 긍정하고, 신문의 배포지가 명예훼손의 결과발생지라고 본 것이다. 또한 유럽사법재판소의 2017. 10. 17. Bolagsupplysningen OÜ and Ingrid Ilsjan v Svensk Handel AB 사건 판결(C-194/16)도 자연인 또는 법인의 이익중심지 법원에 양적 제한 없는 손해배상청구소송의 관할을 인정하는 근거로 이익중심지가 명예(평판 또는 명성)라는 법익의 소재지라고 판시하였다. Bolagsupplysningen 사건 판결, para. 33. 위 판결의 소개는 정찬모, "인터넷상 인격권침해 게시물 접근제한조치의 지역적 범위 — CJEU의 최근 판결을 중심으로", 사법 통권 56호(2021), 781면 이하; 이종혁, "명예훼손적 온라인 콘텐츠 정정·삭제청구소송의 국제재판관할 — 유럽사법재판소의 2017년 Bolagsupplysningen 판결과 2021년 GTFlix TV 판결의 분석", 2022. 2. 10. 국제사법판례연구회 발표자료, 4면 이하 참조. 국제재판관할의 맥락에서는 후자가 더 상세하다.

25) 우리나라에도 준거법의 맥락에서 순전한 재산적 손해를 발생시키는 자본시장 불법행위에서는 결과발생지가 없으므로 행동지만을 기준으로 불법행위지를 확정하여야 한다는 견해가 있다. 이종혁, "국제적 증권공모발행에서 투자설명서 부실표시책임의 연구 —준거법 결정원칙을 중심으로—", 서울대학교 대학원 법학박사학위논문(2019. 6.), 104면 참조. 이런 논리를 따르면 지재권 침해의 경우에도 동일한 논리를 전개할 여지가 있다.

26) 그에 대한 예외는 석광현(註 14), 609면 이하 참조. 행동지와 결과발생지의 개념과 결정은 장준혁, "브뤼셀 제1규정상 출판물에 의한 명예훼손의 불법행위지 관할", 성균관법학 제25권 제1호(2013. 3.), 472면 이하 참조.

27) 실제로 유럽사법재판소는 모자이크방식을 2012. 4. 19. Wintersteiger AG v Products 4U Sondermaschinenbau GmbH 사건 판결(C-523/10)에서 상표권침해에 적용하였고, 2013. 10. 3. Peter Pinckney v. KDG Mediatech AG 사건 판결(C-170/12)에서 저작권침해에도 적용한 바 있다. 소개는 이필복, "전속적 국제재판관할(국제적 전속관할) 개관", 국제사법연구 제24권 제1호(2018. 6.), 324면 이하 참조.

제당하는 결과 피해자에게 너무 부담스럽고, 그 경우 초래되는 '소송의 단편화(또
는 파편화. fragmentation of litigation)'는 당사자들에게 기대를 넘는 것이며, 법원에
게도 당해 국가에서 발생한 손해를 산정해야 하는 어려움을 부과하는 단점이 있
다. 따라서 유비쿼터스 침해의 경우 일정한 요건 하에 침해지 관할을 확대하여 재
판관할을 통합하거나 사건을 병합할 수 있도록 할 필요가 있다는 견해를 피력하
였다. 요컨대 지식재산권 침해에서 결과발생지의 특별관할에 대해 양적 제한을
도입한다면 그와의 균형상 유비쿼터스적인 침해에 한하여 예외를 인정할 필요가
있다는 것이었다.[28]

나. 개정법의 규정과 특색

이러한 논의를 고려하여 결국 개정법은 아래와 같이 규정한다.

제39조(지식재산권 침해에 관한 소의 특별관할) ① 지식재산권 침해에 관한 소는 다음
각 호의 어느 하나에 해당하는 경우 법원에 제기할 수 있다. 다만, 이 경우 대한민국
에서 발생한 결과에 한한다.
1. 침해행위를 대한민국에서 한 경우
2. 침해의 결과가 대한민국에서 발생한 경우
3. 침해행위를 대한민국을 향하여 한 경우
② 제1항에 따라 소를 제기하는 경우 제6조 제1항을 적용하지 아니한다.
③ 제1항 및 제2항에도 불구하고 지식재산권에 대한 주된 침해행위가 대한민국에서
일어난 경우에는 외국에서 발생하는 결과를 포함하여 침해행위로 인한 모든 결과에
관한 소를 법원에 제기할 수 있다.
④ 제1항 및 제3항에 따라 소를 제기하는 경우 제44조를 적용하지 아니한다.

개정법의 태도는 저자의 견해와 조금 다른데 그 특색은 아래와 같다.
첫째, 지재권 침해에 관한 소의 경우에도 원칙적으로 침해의 행동지와 결과

---

[28] 다만 그 경우 예외를 인정하기 위한 요건과 범위가 문제된다. CLIP 원칙과 ALI 원칙은 유
비쿼터스 침해에서 예외를 인정하나 다만 CLIP 원칙은 유비쿼터스 침해를 전제로 법정지
에서의 침해자의 행동 또는 결과발생이 실질적일 것을 요구하는 데 반하여, ALI 원칙은 유
비쿼터스 침해를 전제로 하지 않으며 침해자의 행동이 실질적인 경우에만 이를 허용하고,
CLIP 원칙은 유비쿼터스 침해 이외에는 양적 제한에 대한 예외를 인정하지 않으므로 인터
넷에 의한 경우가 아니면 일반관할을 가지는 피고의 상거소지국 외에서는 양적 제한이 불
가피하다.

발생지의 관할을 인정하고 나아가 침해행위가 한국을 향하여 행하여지는 경우에
도 같다(제39조 제1항). 위에서 언급한 것처럼 특허권과 같은 등록지재권의 침해소
송에 대하여 등록국의 전속관할을 인정하는 국가[29]도 있으나, 개정법은 그처럼
등록국의 전속관할을 규정하지 않고(제10조) 침해의 행동지, 결과발생지 또는 지
향지(문언상)가 한국인 경우 한국의 특별관할을 인정한다.

둘째, 결과발생지의 경우 그곳에서 발생하는 결과에 관하여만 관할을 양적
으로 제한한다. 따라서 당해 국가에서 발생한 결과(예컨대 손해)에 대하여만 관할
을 인정하는데 이를 '모자이크방식'이라고 부른다. 여기에서 두 가지 문제가 발생
한다.

하나는 객관적 병합의 경우에 인정되는 관련관할과의 관계이다. 개정법(제6조
제1항)은 청구의 객관적 병합의 경우 관련성에 근거한 재판관할을 인정하는데 이
는 재판관할의 양적 제한과는 논리적으로 모순된다. 왜냐하면 A국, B국과 C국에
서 지재권 침해의 결과가 발생한 경우, 한편으로는 A국의 관할을 A국에서 발생한
손해에 양적으로 제한하면서 다른 한편으로는 위 3국의 지재권 침해가 상호 밀접
한 관련이 있다는 이유로 A국에 A국만이 아니라 B국과 C국에서 발생한 침해에
대해서까지 개정법(제6조 제1항)이 정한 관련사건의 관할을 인정하는 것은 논리적
으로 모순되기 때문이다. 저자는 위원회에서 이 점을 누차 지적하였으나 충분히
논의되지 못하였고 반영되지 못하였으나 법무부의 검토과정에서 조문을 넣었다.
따라서 개정법(제39조 제2항)은 양적 제한을 하는 경우 제6조 제1항의 적용을 배제
한다.[30]

다른 하나는 양적 제한을 한다면 결과발생지국은 그 국가에서 발생한 손해배
상에 대하여만 관할을 가지는데 이는 침해금지에 대하여도 같다. 그러나 침해금

---

29) 예컨대 영국에서는 지적재산권을 부동산처럼 취급하므로, 외국 소재 부동산에 관하여 영국
법원의 재판가능성을 부인한 이른바 *Moçambique rule*에 따라 외국의 지적재산권침해에
대하여 영국 법원의 국제재판관할을 부정하였다. James J. Fawcett/Paul Torremans,
Intellectual Property and Private International Law, 2nd Edition (2011), para. 6.141 *et
seq.* 참조. 헤이그 예비초안(제12조 제4호)도 괄호 안에 이런 가능성을 인정하였다.

30) 이러한 태도는 한일공동제안(제207조 제1항)도 마찬가지다. 즉 동항은 객관적 병합에서 관
련관할을 인정하면서도 제203조 제2항에 따라 양적 제한을 하는 경우에는 그 적용을 배제
한다. 木棚照一 編著(註 16), 78면 이하 참조. 저자는 한일공동작업 과정에서도 위의 의견
을 제안하여 관철시켰다. 반면에 개정법(제44조)은 불법행위 일반에서는 양적 제한을 명시
하지 않으므로 논란의 여지가 있으나 양적 제한은 허용되지 않는다고 본다.

지의 내용에 따라서는 결과발생지국에 한정할 수 있는 것과 아닌 것이 있다. 후자에 관하여는 지재권 침해 전체에 대하여 관할을 가지는 국가만이 침해금지를 명할 수 있다는 주장이 가능하다. 인터넷에 의한 불법행위 사건에서 위에 언급한 2017. 10. 17. Bolagsupplysningen OÜ and Ingrid Ilsjan v Svensk Handel AB 사건 판결에서 유럽사법재판소가 인터넷 게시물의 정정과 삭제 청구에 대하여는 결과발생지의 법원이 아니라 손해 전체에 대하여 관할을 가지는 법원이 관할을 가진다는 취지로 판시하였음[31]은 주목할 만하다. 개정법은 지재권 침해의 경우 양적 제한을 하므로 위 판결과 동일한 법리가 타당하다고 볼 여지가 있다.

셋째, 인터넷에 의한 지재권 침해와 지향된 활동(targeted activity). 개정법 제39조 제1항 제3호에 따르면 "침해행위를 대한민국을 향하여 한 경우" 즉 지향지가 한국인 경우 한국은 지재권 침해의 소에 대하여 특별관할을 가진다.[32] 제39조 제1항 제2호는 침해의 결과가 한국에서 발생한 경우(즉 결과발생지가 한국인 경우) 그것만으로 관할을 인정하므로[33] 결과발생 시에는 그와 별개로 지향된 활동에 근거한 관할을 인정할 필요는 없지만 문언상 이를 규정하므로 지향된 활동기준의 의미가 문제되는데 여기에서 몇 가지 가능성이 있다.

하나는, 지향된 활동은 결과발생을 수반하므로,[34] 지향된 활동기준은 인터넷에 의한 지재권 침해에서 단순한 결과발생지(즉 인터넷 접속가능지)로 관할이 확대되는 것을 막기 위한 도구라고 이해하고 따라서 개정법은 잘못이라고 본다. 즉 행위자측의 의도적 지향이라는 개념을 통하여 결과발생지의 확산을 막는다는 것이

---

31) 위 사건 판결(C-194/16), paras. 48-49 참조. 위 판결의 소개는 정찬모(註 24), 781면 이하; 이종혁(註 24), 4면 이하 참조.

32) 당초 개정안(제40조 제1항)은 "(침해행위가 대한민국을 향하여 행하여지는 경우에도 같다)"고 규정하였기에 문제가 두드러지지는 않았으나 국회 제출 개정안은 이를 독립시켜서 독자적인 관할근거인 것처럼 규정하는 탓에 문제가 정면으로 불거지게 되었다.

33) 예컨대 유럽사법재판소도 사진작가의 저작권이 인터넷상 침해되었다고 주장된 2015. 1. 22. Pez Hejduk v. Energie Agentur. NRW GmbH 사건 판결(C-441/13)에서 저작권 침해가 웹사이트상 공표로 인하여 발생하고 있다면 보호되는 콘텐츠에 접속가능성만으로 족하고 그 웹사이트가 결과발생지를 지향할 필요는 없다고 판시하였다(paras. 31-34).

34) 예컨대 온라인에 의한 저작권 침해사례에서 침해하는 사이트는 해외 소재 서버를 통해서 운영되고 있는데 그런 서버에서 한국 내에 있는 저작권자의 저작권을 침해하는 행위를 하는 경우 한국을 향하여 행하여지는 저작권 침해라고 표현할 수 있다. 국회사무처 제391회 국회 정기회 법제사법위원회회의록 법안심사제1소위원회 제3호(2021. 12. 8.), 24면에 기재된 김형두 법원행정처차장의 답변. 하지만 그 경우는 결과발생지도 한국이라고 본다.

다.35) 이렇게 본다면 인터넷에 의한 지재권 침해의 경우 '결과발생지'만이 아니라 '결과발생지＋지향된 활동'에 근거하여 '지향된 결과발생지'에 관할을 인정하므로 (즉 지향된 활동은 별도의 관할근거가 아니라 결과발생지의 하나이므로) 양자를 병렬적으로 규정하는 제39조는 부당하다.

다른 하나는 한국을 향하여 지향된 활동을 하였다면 마치 한국에서 행동한 것처럼 평가하는 견해이다. 이는 아래 언급하는 미국 연방대법원의 Hanson v. Denckla 사건 판결(357 U.S. 235 (1958))에서 요구하는 의도적 이용이라는 개념에서 파생된 법정지 내에서의 효과를 발생할 것이 예상되는 법정지 외에서의 행위(out-of-state activity with foreseeable effects in the forum)처럼 해석하는 것이다. 이렇게 본다면 지향된 활동 자체가 별도의 관할근거가 될 수 있다. 하지만 그 경우에도 제1항 단서에 따라 관할을 양적으로 제한하므로 결과의 발생이 없다면 이를 별도의 관할근거로 규정하는 것은 의미가 없어 결국 이 견해는 설득력이 없다.36)

법원의 실무에서는 이런 취지를 고려하여 통상의 불법행위의 경우 결과발생지의 관할을 인정하고, 인터넷에 의한 지재권 침해의 경우 단순한 결과발생지[또는 접속가능지]라는 이유로 관할을 인정할 것이 아니라 지향된 활동이 있는 경우에

---

35) CLIP 원칙(제2:202조와 제2:203조)이 지재권 침해의 소에서 침해지 국가의 특별관할을 인정하면서도, 침해자가 그 국가에서 침해를 유발하거나 조장하기 위하여 행위하지 않았고, 또한 그의 활동이 그러한 국가를 지향한 것으로 합리적으로 간주될 수 없는 경우에는 예외를 인정하는 것은 이런 취지이다. ALI 원칙(제204조 제2항)은 실질적 행동지의 관할을 인정하고, 또한 결과발생지의 관할을 인정하면서 후자의 경우 그 국가로 지향된 활동을 한 것으로 볼 수 있어야 한다고 규정함으로써 같은 태도를 취한다. 한일공동제안(제203조 제2항)도 이런 취지를 밝히고 있다. 즉 동항은 "지적재산권에 대한 침해행위가 특정의 국가를 향하여 일어난 경우에는 당해국의 재판소는 자국에서 발생한 피해에 관한 청구에 대하여서만 국제재판관할을 가진다"고 규정한다,

36) 제3의 견해는, 인터넷에 의한 지재권 침해의 경우 지재권의 속지주의로 인하여 어떤 지재권(예컨대 한국에는 등록하지 않은 상표권)이 한국에서는 보호되지 않아 비록 한국이 결과발생지가 아니더라도 침해자가 인터넷상 한국으로도 지향된 활동을 하였다면 한국의 국제재판관할이 인정된다는 취지라고 보는 견해이다(속지주의가 적용되지 않는 불법행위에서는 미등록 상표권처럼 한국에서는 보호되지 않는 상황은 발생하지 않는다). 이런 사안에서는 지향된 활동을 별도의 관할근거로 보는 실익이 있다고 할 여지도 있다. 침해행위는 결과발생 가능성을 전제로 하므로 위 사안의 경우 침해행위라고 할 수도 없다고 주장할 수 있으나 다른 국가에서는 결과발생이 가능하므로 침해행위라고 인정할 여지도 있을 것이다. 행동지의 의미는 석광현(註 14), 609면 이하 참조. 하지만 그렇더라도 제1항 단서에 따라 관할을 양적으로 제한하므로 결과의 발생이 없는 이상 이를 별도의 관할근거로 규정하는 것은 결국 의미가 없다.

만 결과발생지의 관할을 인정하는 것이 합리적이라고 본다. 그러나 이런 풀이는 문언과는 잘 맞지 않는 탓에 해석론의 범위를 넘는 것이라고 본다면 부적절한 법정지의 법리를 활용함으로써 관할의 지나친 확대를 통제할 필요가 있다. 저자가 기억하는 한 이 점에 관하여 위원회에서 충분한 논의가 없었기에 솔직히 저자로서는 위 조항을 이해하기 어렵다. 비록 그렇게 규정이 되어 있더라도 한국에 대하여 지향된 활동을 하는 경우 한국이 결과발생지일 것이므로 실제로 문제가 발생하지는 않을 것이다.

넷째, 개정법(제39조 제3항)은 주된 침해행위지의 경우 (편재적(遍在的) 침해인가에 관계없이) 관할을 양적으로 제한하지 않고 다른 국가에서 발생하는 결과를 포함하여 침해행위로 인한 모든 결과에 관한 관할을 인정한다. 이는 행동지이더라도 단순 행동지라면 관할을 양적으로 제한한다는 것을 의미하는데, 주된 침해행위는 침해행위의 본질적이고 또한 중요한 부분을 말한다.[37] 양적 제한에 의하여 초래되는 문제점을 해결하기 위하여는 불법행위 일반에 관한 헤이그 예비초안(제10조 제4항)처럼 행동지라면 주된 행동지인지에 관계없이 양적 제한을 하지 않는 방안[38]과, 인터넷에 의한 침해와 같은 편재적 침해의 경우에 한하여 모든 손해에

---

[37] 한일공동제안, 국제사법연구 제17호(2011), 545면. 참고로 국회 제출 개정안의 제39조 제1항과 제2항은 아래와 같은데 이는 개정안과는 다소 차이가 있다.

"① 지식재산권 침해에 관한 소는 다음 각 호의 어느 하나에 해당하는 경우 법원에 제기할 수 있다. 다만, 제2호 및 제3호의 경우에는 대한민국에서 발생한 결과에 대해서만 법원에 소를 제기할 수 있다.

  1. 침해행위를 대한민국에서 한 경우

  2. 침해의 결과가 대한민국에서 발생한 경우

  3. 침해행위를 대한민국을 향하여 한 경우

② 제1항에도 불구하고 지식재산권에 대한 주된 침해행위가 대한민국에서 행하여지는 경우에는 외국에서 발생하는 결과를 포함하여 침해행위로 인한 모든 결과에 관한 소를 법원에 제기할 수 있다."

국회 제출 개정안의 문언이 위와 같이 된 것은 법제처가 개정안 제40조 제1항을 호로 구분하면서 제1항 단서에서 제2호와 제3호만을 언급한 탓이다. 그 결과 제1호의 경우(즉 대한민국이 행동지인 경우)에는 마치 양적 제한을 하지 않는 것처럼 되었고, 이는 대한민국이 주된 행동지인 경우에만 양적 제한을 하지 않는다는 취지를 정한 제2항과 충돌하게 되었다. 이러한 혼란은 국회를 통과하는 과정에서 바로잡혔다.

[38] 즉 예비초안(제10조 제1항과 제4항)은 불법행위의 관할에 관하여 결과발생지의 관할만 양적으로 제한하고 행동지의 관할은 양적으로 제한하지 않는다. 한편 공동소송의 경우 관련 관할에 관하여는 제5장 제1절이 특칙을 두지 않으므로 제6조가 전면적으로 적용된다. 공동소송에서 중심축인(또는 관할의 기초가 되는) 피고(Ankerbeklagter)가 주된 침해자이거

대해 행동지(또는 주된 행동지)의 관할을 인정하는 방안을 고려할 수 있다.[39] 저자는 CLIP 원칙처럼(ALI 원칙와 달리) 유비쿼터스 침해에 한정하는 것이 바람직하다고 보았으나(제2:203조 제2항 참조),[40] 개정법은 이와 달리 주된 행동지의 경우에만 양적 제한에 대한 예외를 인정한다. 이런 태도는 불법행위에 관한 소의 경우 양적 제한을 하지 않는 것과 다른 탓에 일관성이 부족하다는 비판이 가능한데 과연 그것이 정당한지는 논란의 여지가 있다. 이는 지재권의 속지주의를 고려하고,[41] 또한 속지주의의 결과 지재권 침해의 준거법이 상이하게 되는 점을 고려한 것일 수 있으나, 속지주의는 지재권의 실질적 효력을 정하는 것이지 사법적 보호를 특정한 국가에 한정하는 취지는 아니다. 즉 부여국이 아닌 피고의 주소지국에 지재권 침해 전체에 대하여 일반관할을 인정하거나, 부여국이 아닌 불법행위지국에 특별관할을 인정하는 것이 속지주의에 반하는 것은 아니다.[42] 어쨌든 지재권 침해의 경우 양적 제한을 하면서 주된 행동지의 경우 그에 대한 예외를 인정하는 것은 위원회에서 채택된 견해이고, 이는 한일공동제안(제203조 제1항)[43]에 기초한 것이

나 주된 침해행위를 한 자일 것을 요구하는 견해도 있으나 개정법은 이를 채택하지 않았다. 다만 제6조 제2항의 요건, 즉 피고들에 대한 청구 간에 밀접한 관련이 있어서 모순된 재판의 위험을 피할 필요가 있는지의 구비 여부를 검토함에 있어서 이를 고려할 수 있을 것이다. 위 견해가 네덜란드 법원들이 도입한 이른바 'spider in the web 이론'인데 이는 CLIP 원칙 제2:206조에 채택된 바 있다. 석광현(註 14), 621면, 641면; European Max Planck Group on Conflict of Laws in Intellectual Property, Conflict of Laws in Intellectual Property: The CLIP Principles and Commentary (2013), para. 2.206, C22; N07 참조. 위 이론이 적용되는 상황을 'hub and spoke' 또는 'spider and web' 상황이라고도 부른다.

39) 준거법 결정의 맥락에서도 편재적 침해의 경우 준거법을 단순화 또는 단일화할 필요가 있다. 손경한 외, 국제사법 개정 방안 연구(2014), 342면(석광현 집필부분) 참조.

40) 유럽사법재판소는 인터넷에 의한 저작권침해가 문제된 2015. 1. 22. Pez Hejduk v. Energie Agentur. NRW GmbH 사건 판결(C-441/13)에서 브뤼셀 I 제5조 제3항의 해석상 결과발생지의 법원은 당해 국가에서 발생한 손해에 대해서만 관할을 가진다고 판시함으로써 모자이크방식을 고수하였다. 유럽사법재판소는 유사한 저작권침해 사건에 관한 Peter Pinckney v. KDG Mediatech AG (C-170/12) 사건에서도 이미 그런 취지의 판시를 한 바 있다.

41) 참고로 지식재산권 및 산업재산권과 달리, 인격권 침해의 경우 인격권은 특정 국가의 영토 내에 한정하여 보호되는 것이 아니다.

42) 석광현(註 14), 607면. 다만 구제수단의 효력범위는 속지주의의 결과 당해 국가로 제한될 수 있다.

43) 한일공동제안은 '주된 침해행위'라는 용어를 사용한다. 즉 제203조 제1항은 "특정의 지적재산권에 대한 침해행위가 일어난 국가의 법원은, 당해 지적재산권의 침해소송에 관한 재판관할권을 가진다. 피해가 복수의 국가에서 발생한 경우에는, 그것이 어느 국가에서 발생하

다. 즉 개정법은 편재적 침해인지 여부에 따른 구별을 하지 않고 주된 행동지에 침해의 결과 전체에 대한 관할을 인정한다. 그러나 결과발생지가 아닌 행동지가 존재하는 경우 양적 제한이 가능한지 모르겠다. 아마도 행동지와 결과발생지가 일치하기 때문에 그런 문제는 발생하지 않는다고 보았기 때문일 것이다.[44]

다섯째, 지식재산권 침해의 경우 불법행위 일반의 경우(개정법 제44조 단서)와 달리 예견가능성을 요구하지 않는 것에 대하여는 일관성이 부족하다는 비판이 가능하다. 물론 침해자가 지향된 활동을 하는 경우에는 예견가능성 요건이 구비될 것이나 결과발생지의 관할을 인정하기 위한 전제로서 항상 지향된 활동을 하는 것은 아니므로 지향된 활동이 없이 단순한 결과발생지라는 이유로 관할을 인정하는 경우에는 위와 같은 비판을 면하기 어렵다. 다만 지재권 침해에서는 결과발생지 관할의 경우 양적 제한을 하므로 불법행위의 경우와 달리 예견가능성을 요구하지 않아도 문제가 없다는 것인지 모르겠다.

여섯째, 제5장 제1절의 특별관할규칙과 제6장 제1절이 정한 불법행위에 관한 소의 특별관할규칙과의 관계를 정리할 필요가 있음을 고려하여 개정법(제39조 제4항)은 제39조 제1항 및 제3항에 따라 제기되는 소에는 제44조의 적용을 배제한다. 즉 지식재산권 침해에 관한 소의 특별관할은 전적으로 제39조에 따르고 통상의 불법행위에 관한 소의 특별관할을 정한 제44조는 적용되지 않는다.[45]

였는지 관계없이, 주(主)된 침해행위가 일어난 국가의 법원이, 그 침해행위로부터 발생한 모든 피해에 관한 청구에 대하여 국제재판관할권을 가진다."고 규정한다. 木棚照一 編著 (註 16), 72면 이하 참조. 다만 제2항은 "지적재산권에 대한 침해행위가 특정의 국가를 향하여 일어난 경우에는, 당해국의 재판소는 자국에서 발생한 피해에 관한 청구에 대하여서만 국제재판관할권을 가진다"고 규정한다. 제2항만 보면 양적 제한의 범위가 지향된 활동을 한 경우에 한정되는 것처럼 보이나 제1항을 보면 침해행위를 한 경우에도 여전히 양적 제한이 적용되므로 제1항과 제2항이 정확히 일치하지는 않는다.

44) 저자는 지재권 침해의 경우 행동지와 결과발생지는 원칙적으로 일치한다고 보지만 예외적으로 첫째, 공동불법행위(교사·방조 포함)의 경우, 둘째, 침해행위가 일련의 행위로 구성되고 그중 일부가 예컨대 일본과 한국에서 각각 행해지는 경우와 셋째, 미국 특허법처럼 외국에서 행해진 일정한 행위에 대하여 미국 특허법을 적용할 것을 명시하는 경우, 넷째, 일반적으로 불법행위지를 결정함에 있어서 '단순한 준비행위(bloße Vorbereitungshand-lung)'는 행동지로서의 의미를 가지지 않지만 지적재산권 침해의 경우 준비행위도 포함시키는 견해에 따를 경우와 다섯째, 인터넷에 의한 지적재산권 침해의 경우를 들었다. 석광현(註 14), 601면 이하 참조.

45) 공청회에서 이규호 교수는, 영업비밀 침해를 지재권 침해로 보는 견해와 불법행위로 보는 견해가 있는데 어느 것으로 취급하는 데 따라 결론이 다르게 되는 것은 문제가 있다는 견해를 피력하였다. 이에 대해 저자는 비판의 취지가 지재권 침해와 불법행위의 경우 상이한

여기에서도 피고의 지향된 활동에 근거하여 개정법 제4조 제2항(활동에 근거한 관할)에 따라 한국의 특별관할이 인정될 수 있다. 그러나 제39조 제1항 제3호가 한국을 향하여 한 (단발성의) 침해행위에 근거하여 특별관할을 인정하므로(또한 저자의 견해에 따르면 지향된 활동인 경우에) 더 엄격한 요건("계속적이고 조직적"인 사업 또는 영업활동)을 요구하는 제4조 제2항이 별도로 문제될 가능성은 별로 없을 것이다.

4. 지식재산권 관련 사건의 준거법에 관한 보호국법주의의 수정에 관한 논의

국제사법 제24조는 지식재산권의 침해의 준거법에 관하여만 보호국법주의를 규정하는데, 개정법에서 지식재산권에 관한 국제재판관할규칙을 신설하고 별도의 장으로 독립시키는 것을 계기로 제24조도 개정하여 준거법결정원칙을 더욱 정치하게 규정하는 조문을 신설하는 것이 바람직하다.[46] 위원회에서는 임기만료가 임박한 시점에서 그런 취지의 제안이 있었으나 금번 개정작업의 과제는 관할규칙의 도입에 있고 위원회의 임무도 그에 한정된다는 이유로 이는 채택되지 않았고 그러한 제안의 당부에 대한 논의도 이루어지지 않았다.

V. 채권에 관한 소의 특별관할(제6장 제1절)

1. 통상의 계약에 관한 소의 특별관할(제41조)

가. 종래의 논의

민사소송법(제8조)은 '거소지 또는 의무이행지의 특별재판적'이라는 제목 하

취급을 하는 것이 정당한가라는 비판이라면 일리가 있다고 하고 다만 개정안에 따르면 이는 성질결정의 문제라고 답변하였다. 나아가 이규호 교수는 지재권 침해와 불법행위 침해가 경합할 수도 있는데 이 경우 개정안(제40조 제1항)(개정법 제39조 제1항에 상응)이 관련성에 근거한 관할을 규정한 제6조 제1항의 적용을 배제하는 것은 문제가 있다고 지적하였다. 그러나 저자는 제40조 제1항이 배제하는 것은 결과발생지임을 이유로 소를 제기하는 경우 양적 제한이 적용됨을 전제로 하는 것(즉 결과발생지인 한국에서 발생한 손해와 다른 결과발생지인 일본에서 발생한 손해 간에 관련관할을 인정하는 것)이고, 어느 결과발생지에서 지재권 침해에 관한 소와 불법행위에 관한 소 간에 관련관할은 여전히 허용된다고 답변하였다. 즉 한국에서 발생한 지재권 침해에 관한 소와 불법행위에 관한 소 간에는 관련관할을 인정할 수 있다는 것이다.

46) 구체적 제안은 손경한 외(註 39), 339면 이하(석광현 집필부분) 참조.

에 "재산권에 관한 소를 제기하는 경우에는 거소지 또는 의무이행지의 법원에 제기할 수 있다"고 규정한다. 이는 독일의 계약재판적을 확장하여 널리 재산권에 관한 소에 대하여 의무이행지의 특별재판적을 인정한 것이다. 민사소송법은 명시하지 않지만, 여기에서 의무라 함은 '문제가 된 의무', '다툼이 있는 의무' 또는 '청구의 근거[47]가 된 의무'를 의미한다.[48] 대법원 1972. 4. 20. 선고 72다248 판결은 섭외적 요소가 있는 사건에서도 구 민사소송법 제6조(민사소송법 제8조에 상응)를 적용하여, 중개보수를 지급할 채무가 지참채무이므로 그 이행지인 채권자 주소지가 한국이라는 이유로 한국법원의 국제재판관할을 인정하였다. 의무이행지 관할을 인정할 경우 실체법상의 의무이행지와 절차법상의 의무이행지를 일치시킬 수 있고, 통상의 경우 계약의 이행지는 계약분쟁과 근접성(proximity)이 있으므로 당사자가 그곳에서 소가 제기될 것을 예측할 수 있기 때문이기도 하다.[49]

그러나 종래 의무이행지에 근거한 국제재판관할은 아래와 같이 다양한 비판을 받았다.[50]

첫째, 이행지에 관한 당사자의 합의가 없는 경우 의무이행지의 결정이 문제된다. 위 1972년 대법원판결은 법정지법인 우리 섭외사법을 적용하여 문제된 계약의 준거법을 지정하고 그에 따라 채무의 이행지를 결정하였다. 실체법상 의무이행지에서 제소할 수 있도록 하는 접근방법이 자연스러운 면이 있으나 그에 대하여는 비판이 강하다. 이런 이유로 국제민사소송법상의 이념에 따라 합리적으로 의무이행지를 결정해야 한다는 견해가 유력하다.[51] 둘째, '문제가 된' 또는 '다툼이 있는'

---

47) 저자는 과거 '청구의 기초'라는 표현을 사용하였으나 이는 소의 변경에서 사용되는 용어(민사소송법 제262조 제1항)이고 그 개념은 다양한 해석의 여지가 있음을 고려하여 본문과 같이 수정하였다.

48) 석광현, 國際裁判管轄에 관한 研究 ― 민사 및 상사사건에서의 국제재판관할의 기초이론과 일반관할을 중심으로(서울대학교출판부, 2001), 278면. 독일 민사소송법 제29조와 브뤼셀 I 제5조 제1호는 이를 명시한다.

49) 유럽사법재판소의 2007. 5. 3. Color Drack GmbH v. Lexx International Vertriebs GmbH 사건 판결(C-386/05); 이헌묵, "민사소송법의 관할규정을 고려한 국제계약분쟁에서의 일반관할과 특별관할에 관한 연구", 저스티스 통권 제167호(2018. 8.), 65면 참조. 위 이헌묵, 66면은 계약에 관한 소의 경우 의무이행지의 특별관할을 지지한다.

50) 상세는 석광현, 국제사법과 국제소송 제5권(2012), 339면 이하; 장준혁, "계약사건에서의 의무이행지관할", 진산 김문환총장정년기념논문집 제1권: 국제관계법의 새로운 지평(2011), 456면 이하; 장준혁, "계약관할로서의 의무이행지관할의 개정방안", 국제거래법연구 제23집 제2호(2014. 12.), 353면 이하; 이헌묵(註 49), 53면 이하 참조.

51) 전자는 '저촉법을 통한 우회공식'을 따르는 견해이다. 이는 Tessili 공식으로 의무이행지를

의무의 이행지에 재판관할을 인정한다면, 누가 어느 채무를 근거로 제소하는가에
따라 의무이행지의 국제재판관할이 달라질 수 있다. 셋째, 채권자인 원고는 피고
의 보통재판적 소재지에 제소하는 대신 의무이행지의 법원에 제소할 수 있으므로
의무이행지 관할은 사실상 '*forum actoris*'(원고의 법정지)가 되어 부당하다.

흥미로운 것은 전형적 계약사건인 냉동청어사건의 대법원판결이다. 즉 대법
원 2008. 5. 29. 선고 2006다71908, 71915 판결[52]은 의무이행지 관할규칙을 따르
지 않고 가장 실질적 관련이 있는 법원은 청어의 인도지이자 최종 검품 예정지인
중국 법원이라고 보면서도 실질적 관련에 근거하여 한국의 국제재판관할을 긍정
하였다. 동 판결이 의무이행지 관할규칙과 결별하고 실질적 관련만에 기하여 국
제재판관할을 인정한 것인지는 불분명하다.

의무이행지 관할의 가장 큰 문제는 과연 그것이 통상적인 모든 계약에 타당
한가라는 점이다. 특히 예비초안(제6조)은 의무이행지 관할을 물품공급계약과 용
역제공계약에 따라 실제로 이행이 행해진 곳으로 제한하는 점에 주목할 필요가
있다.[53] 의무이행지 관할을 어떻게 정할지에 관하여 만족할 만한 대안이 없는 상
태라고 할 수 있었다.

이런 상황을 고려하여 과거 저자는 계약사건의 재판관할에 관한 입법론으로
서 다양한 선택지를 제시하였다. ① 의무이행지 관할규칙을 폐기하는 방안, ② 종
래와 같이 실체법상의 의무이행지에 착안하는 방안(일본 개정 민사소송법 제3조의3
제1호)[54]('실체법설' 또는 '실체준거법설'), ③ 물품매매계약과 용역제공계약과 같은

결정함에 있어서, 과거 1972년 우리 대법원 판결처럼 법정지의 국제사법에 의하여 준거법
을 정하고 그 준거법에 따르는 방법을 말한다. 이는 브뤼셀협약의 해석에 관하여 유럽사법
재판소가 1976. 10. 6. Tessili v. Dunlop 사건 판결(C-12/76)에서 취한 태도이다. 후자는
국제민사소송법 독자의 관점에서 이행지를 결정하는 견해이다.

52) 평석은 석광현, "계약사건의 국제재판관할에서 의무이행지와 실질적 관련", 법률신문 제
3792호(2009. 11. 12.), 14면; 장준혁(註 50), 462면 이하 참조. 윤성근, "2017년 국제거래
법 분야 중요판결 소개", 국제거래법연구 제26권 제2호(2017. 12.), 134면에 소개된 대법원
2016. 11. 24. 선고 2015다54439 판결도 간접관할의 맥락에서 여러 가지 요소를 고려하여
계약사건의 관할을 판단한 것으로 보인다.

53) 의무이행지 관할에 대한 비판은 석광현(註 48), 349면 이하 참조. 브뤼셀 I (제5조 제1호)
은 계약사건에서 여전히 '소의 기초가 된 채무'의 이행지의 법원의 관할을 인정한다. 다만
물품매매계약과 용역제공계약의 경우 이행지의 개념을 독자적으로 정의하고 통일적인 이
행지를 규정한다. 이 점은 브뤼셀 I Recast(제7조 제1호)도 같다. 이헌묵(註 49), 53면 이
하도 참조.

54) 일본 개정 민사소송법은 계약 사건의 범위를 명확히 하고, 의무이행지를 결정하는 과정에

일부 전형적 계약에 한정하여 실체법상의 의무이행지와 구별되는 별개의 국제민사소송법상의 의무이행지에 착안하는 방안('소송법설' 또는 '소송법독자설'),[55] ④ ②와 ③을 결합하는 방안(브뤼셀 I)('절충설')과 ⑤ ④의 변형으로서 물품매매계약과 용역제공계약의 경우 특징적 급부에 착안하여 통일적 재판관할을 규정하고, 기타 계약의 경우는 문제된 의무이행지에 착안하되 그것이 국제재판관할 결정의 대원칙에 부합하는 경우에만 관할을 인정하는 방안이다.[56] ⑥ 그 밖에 2009년 개정되어 2011년 1월 발효된 스위스 국제사법(제113조)[57]처럼 모든 계약에 대해 특징적 급부의 이행지에 착안하는 방안도 있다.

위 여러 방안이 장단점이 있어 결정이 쉽지 않았는데 위원회는 예비초안을 중시하여 ③을 선호하였으나 여기에서 몇 가지 문제가 발생한다.

첫째, 위 ③은 예비초안(제6조)의 태도로, 청구의 근거가 된 의무의 이행지를 준거법인 실체법에 의하여 결정하는 대신 대표적인 전형계약에 한하여 협약 자체에서 관할근거를 명시하는 접근방법을 취한 것이었는데 그 후 재개된 재판프로젝트(Judgment Project)는 종전의 태도에서 후퇴하였으므로[58] 종전의 태도를 따르는 것은 설득력이 약화되었다. 둘째, ③을 따를 경우, 그에 열거된 세 가지 유형 이외의 계약의 경우 제2조에 기초하여 의무이행지 관할을 인정할 여지가 있는가라는 의문이 있다. 이를 긍정하면서 적절히 제한하지 않을 경우 위 냉동청어사건에서

서 당사자의 예견가능성을 제고하고자 노력한 것이나 여전히 문제된 의무의 실체법상의 이행지에 착안하여 국제재판관할을 결정한다. 다만 준거법에 의한 의무이행지 관할은 당사자가 준거법을 합의한 경우(즉 주관적 준거법)에 한정되고 객관적 준거법에 의하여 의무이행지가 결정되는 경우는 포함하지 않는다.

55) 이는 '특징적 급부(이행)(characteristic performance)'에 착안하여 당해 계약의 준거법에 관계없이 독자적으로 사실상의 이행지를 정의한 것으로, 프랑스 신민사소송법(제46조)의 태도를 반영한 것이다. 즉 이는 Tessili 공식에 대한 비판을 고려하여, 저촉법에 의한 중개를 거치지 아니하고 또한 실질법이 취하는 접근방법에 의하여 영향을 받지 않으면서 물품매매계약 또는 용역제공계약의 관할을 집중하고자 한다. 상세는 석광현(註 48), 359면.

56) 이 경우 의무이행지를 결정함에 있어서 Tessili 공식을 이용할지도 법원의 판단에 맡길 수 있다.

57) 개정 전 스위스 국제사법(제113조)은 단순히 의무이행지 관할을 채택하였다.

58) 재판이 계약상 의무에 관한 것으로서 그 의무의 이행지 국가에서 선고된 경우에는 간접관할이 원칙적으로 인정되나, 다만 거래에 관한 피고의 활동이 명백하게 그 국가와 의도적이고 실질적 관련을 가지지 않는 경우에는 그러하지 아니하다(재판협약 제5조 제1항 g호). 여기에서 의무이행지는 (i) 이행지에 관한 당사자의 합의가 있는 경우는 그곳, (ii) 이행지의 합의가 없는 경우 계약의 준거법(당사자의 지정이 없으면 이는 승인국 국제사법에 따라 결정된다)에 따라 의무가 이행되었거나 이행되었어야 하는 곳이다.

처럼 제2조 제1항을 근거로 법원이 제반사정을 고려하여 한국의 국제재판관할을 인정할 가능성이 확대될 우려가 있다.

나. 개정법의 규정과 몇 가지 논점

법무부는 계약에 관한 소의 특별관할에 대한 논의가 불충분하다고 판단하고 위 ④를 채택하되 의무이행지 관할을 다소 제한하였다.[59] 그 결과 개정법(제41조)은 아래와 같이 규정한다(제1항은 ③을 채택한 것이고, 제2항은 ②를 채택하면서 다소 제한한 것이다).

제41조(계약에 관한 소의 특별관할) ① 계약에 관한 소는 다음 각 호의 어느 하나에 해당하는 곳이 대한민국에 있는 경우 법원에 제기할 수 있다.
1. 물품공급계약의 경우에는 물품인도지
2. 용역제공계약의 경우에는 용역제공지
3. 물품인도지와 용역제공지가 복수이거나 물품공급과 용역제공을 함께 목적으로 하는 계약의 경우에는 의무의 주된 부분의 이행지
② 제1항에서 정한 계약 외의 계약에 관한 소는 청구의 근거인 의무가 이행된 곳 또는 그 의무가 이행되어야 할 곳으로 계약당사자가 합의한 곳이 대한민국에 있는 경우 법원에 제기할 수 있다.

---

(1) 세 가지 유형의 전형계약에 관한 소의 특별관할

제1항에서 열거하는 세 가지 유형의 계약에 대하여는 특징적 이행에 착안하여 의무이행지관할을 통합한다. 즉 물품공급계약에 관한 소는 물품인도지가, 용역제공계약에 관한 소는 용역제공지가, 물품인도지와 용역제공지가 복수이거나 물품공급과 용역제공을 함께 목적으로 하는 계약에 관한 소는 의무의 주된 부분의 이행지가 각각 한국에 있는 경우 법원에 제기할 수 있다. 제1항은 브뤼셀 I 의 영향을 받은 것이다. 이런 태도는 청구의 근거가 된 의무에 관계없이 관할근거를 통일함으로써 관할을 집중하기 위한 것이나, 동시에 프랑스 신민사소송법(제46조)의 영향을 받아 저촉법에 의한 중개를 거치지 않고 소송법적 접근방법을 취함으로써 통일된 이행지를 결정하는 것이기도 하다.[60]

---

59) 한애라(註 11), 116면은 이는 절충설을 따른 것으로서 논리적 정합성은 다소 부족하나 현 상태에서는 차선책이라고 평가한다.
60) 석광현(註 48), 359면 참조.

물품공급계약에서 당사자가 합의한 인도지는 흔히 당사자가 적용하기로 합
의한 국제상업회의소의 인코텀즈(Incoterms)에 의하여 결정된다.[61] 문제는 여기의
인도지에 당사자들이 이행지를 합의하지 않고, 아직 실제로 이행하지도 않은 경
우 준거법에 의하여 결정되는 인도지도 포함되는가이다. 준거법에 의하지 않고
인도지를 객관적으로 결정하는 것은 쉽지 않으므로 긍정설이 유력할 수 있으나,
위 조문의 취지를 고려하면 긍정설은 그런 취지에 반한다는 문제가 있다. 어쨌든
이는 해석론의 문제이다.[62]

개정법(제41조 제1항)은 물품매매계약이라고 규정하는 브뤼셀Ⅰ(제5조 제1호)
과 달리 예비초안(제6조)과 유사하게 물품의 공급이라는 개념을 사용하므로 그 범
위가 물품매매계약보다 넓다.[63] 인도지의 결정이 어려운 사안이 있을 수 있는데
그 경우 브뤼셀체제 하의 논의가 참고가 된다.[64] 브뤼셀체제의 해석론을 참조하
면 도급계약, 사무처리계약, 운송계약, 물품·여신·자본투자를 위한 중개계약, 자
산관리를 위한 은행의 조언을 제공하는 계약 등 모든 종류의 서비스에 관한 계약
이 용역제공계약에 해당하나 단순히 물품, 기타 유체물 또는 부동산을 임대하는
계약은 용역계약이 아니라고 본다.[65]

---

61) 예컨대 FOB, Busan 조건으로 합의하였다면 인도장소는 선적항인 부산이다. CIF 조건에서
도 물품의 인도장소는 선적항이라고 보아야 하나(von Staudinger, Kommentar zum
Bürgerlichen Gesetzbuch mit Einführungsgesetz und Nebengesetzen Wiener UN-
Kaufrecht (CISG)(2018), Art. 31, Rn. 31) 물품이 아니라 서류의 교부장소에 착안하는 견
해도 있다. 석광현(註 50), 362면 註 110 참조.

62) Reinhold Geimer/Rolf A. Schütze, Europäisches Zivilverfahrensrecht: Kommentar, 3.
Auflage (2010), A. 1, Art. 5, Rn. 87을 보니 브뤼셀Ⅰ에서도 견해가 나뉜다. 준거법에 의
하여 결정하는 견해(아마도 다수설)가 있으나, 반대설은 준거법에 의지하지 않고 객관적으
로 결정하는데 그중에는 유럽계약법원칙에 따르는 견해가 있다. Paul Torremans (ed.),
Cheshire, North & Fawcett Private International Law, Fifteenth Edition (2017), p. 258은
전자에 반대한다.

63) 국제사법과 개정법은 계약의 객관적 준거법 지정의 맥락에서 계약을 ① 양도계약, ② 이용
계약과 ③ 위임·도급계약 및 이와 유사한 용역제공계약으로 구분하나, 개정법 제41조에서
는 그와 달리 ① 물품공급계약, ② 용역제공계약과 ③ 양자의 혼합계약으로 구분하는 점
에서 차이가 있다. 참고로 준거법의 맥락은 스위스 국제사법(제117조)을 다소 단순화한 모
습이나, 관할의 맥락은 특징적 급부의 이행지에 착안하는 스위스 국제사법(제113조) 중 일
부만을 열거하는 셈이다. 위(註 57)에서 언급하였듯이 구 스위스 국제사법은 의무이행지에
착안하였다.

64) 석광현(註 48), 360면.

65) 석광현(註 48), 355면.

(2) 기타 유형의 계약에 관한 소의 특별관할

개정법(제41조 제2항)은 제1항에 열거한 계약 이외의 계약에 관하여 의무이행지 관할을 인정하는 범위를 청구의 근거인 의무가 실제로 이행된 곳 또는 당사자가 합의한 이행지에 한정하고, 당사자가 이를 합의하지 않아 준거법(그것이 주관적 준거법이든 객관적 준거법이든 간에)에 따라 이행지가 결정되는 상황에서는 의무이행지 관할을 인정하지 않는다. 이 점에서 주관적 준거법에 의하여 의무이행지가 결정되는 경우에도 의무이행지 관할을 인정하는 일본 민사소송법과 다르다.66) 나아가 의무이행지를 정할 수 없는 부작위의무에 대하여는 의무이행지 관할은 적용될 수 없을 것이다.

의무이행지의 합의는 관할합의가 아니므로 관할합의에 요구되는 서면요건(개정법 제8조 제2항)은 불필요하다. 다만 유럽연합사법재판소가 1997. 2. 20. MSG Mainschiffahrts-Genossenschaft eG v. Les Gravières Rhénanes SARL 사건 판결67)에서 판시한 것처럼 계약의 실재와 아무런 관련이 없이(… having no real connection with the reality of the contract) 단순히 소송법적 효력을 가지는 이행지합의라면 관할합의의 방식요건을 구비하여야 한다고 볼 수 있다. 즉 이는 단지 관할근거를 확정하기 위하여 추상적인 이행지합의를 하는 경우이다. 이행지관할을 인정하는 것은 분쟁과 법원 간의 밀접한 관련이 있기 때문인데, 만일 그러한 제한을 두지 않으면 분쟁과 법원 간의 관련을 포기하는 대신 엄격한 방식요건의 준수 하에 관할합의를 허용하는 조문을 회피할 수 있게 되어 부당하다.68)

한편 개정법은 제2차적 급부의무에 관한 소의 국제재판관할에 관하여는 규정하지 않는다. 반면에 일본 민사소송법(제3조의3 제1호)은 계약상 채무의 이행청구를 목적으로 하는 소의 국제재판관할을 규정하면서 그와 함께 "계약상의 채무에 관하여 행하여진 사무관리 내지 생긴 부당이득에 관한 청구, 계약상의 채무의 불

---

66) 한애라(註 11), 119면은 당사자가 준거법을 합의한 경우에는 의무이행지 관할이 발생할 수 있음을 수용했다고 볼 수 있고 그렇지 않더라도 이를 예측할 수 있으므로 일본 민사소송법처럼 의무이행지 관할을 확대하는 것이 논리적 정합성의 문제가 있더라도 실무적으로 더 적절하다고 본다. 국제재판관할을 넓게 인정하더라도 부적절한 법정지의 법리로 제한할 수 있음을 전제로 한다. 개정안에 대한 비판은 이헌묵(註 49), 68면 이하 참조.

67) C-106/95.

68) 그러나 관련의 유무 판단이 항상 용이하지는 않으며, 특히 객관적 기준에 의할지 아니면 주관적 기준(순전히 관할을 부여할 의도로 합의한 것인지)에 의할지는 논란이 있다. 석광현(註 50), 363-364면 참조.

이행에 의한 손해배상의 청구"를 목적으로 하는 소와 같이 제2차적 급부의무에 관한 소의 국제재판관할도 명시한다. 그러나 이는 해석론으로 해결할 수 있으므로 굳이 규정하지 않아도 큰 어려움은 없다.[69] 위원회에서도 제2차적 급부의무에 관한 규정을 두자는 견해는 없었다.

개정법 제41조는 통상의 계약에 관한 소의 특별관할을 규정한 것이다. 따라서 개정법 제3조가 정한 일반관할은 그에 관계없이 적용된다.[70]

주의할 것은, 제2장에서 언급하였듯이 개정법이 민사소송법과 달리 규정한 것은 국제재판관할규칙을 토지관할규칙과 의도적으로 차별화한 것이므로 개정법에 충실하게 해석해야지 배제된 토지관할규칙을 직접 또는 간접적으로(개정법 제2조의 실질적 관련을 통하여) 국제재판관할규칙화하는 것은 허용되지 않는다는 점이다. 따라서 제41조가 열거한 유형의 계약 이외의 계약의 경우 청구의 근거가 된 의무의 이행지라는 이유로 한국에 국제재판관할을 인정하는 것은 허용되지 않는다. 다만 그 경우에도 의무이행지에 더하여 여러 사정을 고려하여 당사자 또는 사안이 한국과 실질적 관련이 있음을 근거로 개정법 제2조 제1항을 근거로 한국의 국제재판관할을 인정할 가능성까지 부정하는 것은 아니다. 하지만 그 경우에도 피고와 한국의 실질적 관련에 착안하여야지 원고에 착안할 것은 아니다.

소비자계약과 근로계약에 대하여는 개정법이 약자를 보호하기 위한 별도의 보호적 관할규칙(개정법 제42조)을 두므로 특칙인 그에 따라야 하고 그것이 물품공급계약 또는 용역제공계약에 해당하더라도 통상의 계약에 관한 조문을 적용할 것이 아니다.

2. 소비자계약에 관한 소의 특별관할과 합의관할(제42조)

국제사법과 개정법의 관련 조문은 아래와 같다.

---

[69] 한애라(註 11), 120면도 동지.

[70] 오정후(註 21), 63면은 총칙의 규정은 그 법률 전체에 적용되고 각칙의 규정은 그 영역에만 적용된다고 전제하고 "계약과 관련된 법률분쟁에는 피고의 상거소에 관한 개정안 제3조가 아니고 개정안 제6장 제1절의 규정이 적용되어야 한다. 과연 개정안이 이것을 의도하였을까?"라는 의문을 표시한다. 그러나 위에 적었듯이 제3조는 일반관할이고 제42조는 특별관할이므로 양자는 경합적으로 인정되며 원고로서는 어느 것이든 선택할 수 있다.

국제사법(제27조) ① (생략)

1. 소비자의 상대방이 계약체결에 앞서 그 국가에서 광고에 의한 거래의 권유 등 직업
   또는 영업활동을 행하거나 그 국가 외의 지역에서 그 국가로 광고에 의한 거래의
   권유 등 직업 또는 영업활동을 행하고, <u>소비자가 그 국가에서 계약체결에 필요한
   행위를 한 경우</u>

개정법 제42조(소비자계약의 관할) ① 소비자가 자신의 직업 또는 영업활동 외의 목적
으로 체결하는 계약으로서 다음 각 호의 어느 하나에 해당하는 경우 대한민국에 일상
거소가 있는 소비자는 계약의 상대방(직업 또는 영업활동으로 계약을 체결하는 자를
말한다. 이하 "사업자"라 한다)에 대하여 법원에 소를 제기할 수 있다.

1. 사업자가 계약체결에 앞서 소비자의 일상거소가 있는 국가(이하 "일상거소지국"이
   라 한다)에서 광고에 의한 거래 권유 등 직업 또는 영업활동을 하거나 소비자의 일
   상거소지국 외의 지역에서 소비자의 일상거소지국을 향하여 광고에 의한 거래의
   권유 등 직업 또는 영업활동을 하고, <u>그 계약이 사업자의 직업 또는 영업활동의 범
   위에 속하는 경우</u>

가. 소비자와 소비자계약의 범위

사회·경제적 약자인 소비자를 보호하기 위하여 국제사법(제27조)은 '수동적
소비자(passive consumer)'를 보호하기 위하여 준거법과 국제재판관할의 맥락에
서 특칙을 두는데(제4항-제6항), 여기의 관할이 '보호적 관할'이다. 개정법(제42조)
은 국제사법의 태도를 유지하나, 관할규칙과 준거법규칙을 분리하기 위하여 조문
을 나누면서 소비자의 범위를 다소 확대한 결과 일부 능동적 소비자도 포함될 수
있다.

국제사법상 제27조 제1항 제1호가 정한 보호 대상인 소비자가 되기 위하여는
①-1 소비자의 상대방이 계약체결에 앞서 소비자의 상거소지 국가에서 광고에 의
한 거래의 권유 등 직업 또는 영업활동을 행하거나, 또는 ①-2 그 국가 외의 지역
에서 그 국가로, 즉 그 국가를 향하여 광고에 의한 거래의 권유 등 직업 또는 영
업활동을 행하고, 또한 ② 소비자가 그 국가에서 계약체결에 필요한 행위를 해야
한다.

①-2는 인터넷에 의하여 체결되는(또는 전자거래에 의한) 소비자계약을 고려한
것으로 '지향된 활동기준(targeted activity criterion 또는 'directed to' criterion)'을 도
입한 것이다. 여기에서 지향된 활동기준은 보호대상을 지향지에 상거소를 가진
수동적(원칙적으로) 소비자로 한정함으로써 보호적 관할규칙의 범위를 제한한

다.[71] 단순히 광고만을 게재하고 소비자가 접속할 수 있는 수동적 웹사이트의 개설만으로는 영업활동의 '지향'에 해당하지 않지만, 소비자가 사이트에 접속하여 클릭함으로써 주문하고 대금을 결제할 수 있는 상호작용적 웹사이트의 개설과 운용은 일응 특정국가를 지향한 영업활동으로 볼 수 있다.[72] 그러나 만일 이를 전면적으로 긍정한다면 예컨대 영어로 작성된 웹사이트를 통하여 영업활동을 하는 사업자의 경우 전 세계를 향하여 지향된 영업활동을 하는 것으로 지나치게 확대될 가능성이 있다.[73]

이런 맥락에서 인터넷거래에서 "사업자의 지향된 활동의 존재" 여부의 판단기준을 제시한 유럽사법재판소의 판결이 참고가 된다. 즉 유럽사법재판소는 Pammer[74]

---

71) 인터넷에 의한 지재권 침해(개정법 제39조)와 불법행위(개정법 제44조)의 경우 지향된 활동기준이 결과발생지의 관할이 지나치게 확대되는 것을 통제하거나 결과발생지의 한 유형을 열거하는 것과 다르다.

72) 이병준, "전자상거래를 통한 해외구매 대행서비스와 관련된 소비자법 및 국제사법상의 쟁점", 성균관법학, 제26권 제4호(2014. 12.), 436면; 김현수, "국경 간 전자상거래에서의 소비자계약과 분쟁해결", 소비자문제연구 제46권 제2호(2015. 8.), 197면 이하; 이병화, "국제소비자계약에 관한 국제사법적 고찰", 국제사법연구 제21권 제1호(2015. 6.), 384면도 동지. 그러나 고형석, "해외구매계약에서의 소비자보호에 관한 연구", 민사법의 이론과 실무 제18권 제1호(2014. 12.), 119면은 반대한다. 광고 이메일 같은 것이 먼저 소비자에게 왔으면 몰라도 그렇지 않으면 능동적 소비자라고 한다. 이런 상황이 문제되는 해외직구에 관하여는 석광현, "해외직접구매에서 발생하는 분쟁과 소비자의 보호: 국제사법, 중재법과 약관규제법을 중심으로", 서울대학교 법학 제57권 제3호(2016. 9.), 73면 이하 참조. 근자의 문헌은 Hörnle(註 15), p. 331 이하 참조.

73) 이와 관련하여 이해하기 어려운 것은 일본 민사소송법(제3조의4 제1호)의 국제재판관할규칙이다. 문언상 일본은 능동적 소비자에 대하여도 전면적으로 보호적 관할을 관철한다. 물론 그렇더라도 실제로는 결론이 부당할 때에는 특별한 사정에 의한 소 각하를 규정한 제3조의9를 활용할 것이다.

74) Peter Pammer v Reederei Karl Schlüter GmbH & Co KG (C-585/08). 오스트리아에 거주하는 Pammer(원고)는 독일 중개회사의 웹사이트를 통하여 독일 회사인 Reederei Karl Schlüter GmbH & Co. KG(피고)와 여행계약(a voyage by freighter)을 체결하였으나 선박의 조건이 중개회사 홈페이지의 설명과 다르다는 이유로 승선을 거부하고 지급한 금원의 상환을 요구하였다. 피고가 일부만 상환하자 원고는 오스트리아 지방법원에 잔액의 지급을 구하는 소를 제기하였다. 피고는 오스트리아를 지향하여 영업 또는 직업적 활동을 하지 않았으므로 오스트리아는 국제재판관할이 없다고 다투었다. 1심법원은 중개회사가 피고를 대리하여 오스트리아에서 인터넷을 통한 광고행위를 하였다는 이유로 관할을 긍정하면서도 원고의 청구를 기각하였으나, 2심법원은 위 여행계약이 브뤼셀 I 의 소비자계약에 속하지 않는다는 이유로 국제재판관할을 부정하였다. 원고가 상고하자 오스트리아 최고법원은 유럽사법재판소에 대하여 첫째, 위 여행계약이 브뤼셀 I 의 패키지여행에 속하는지, 둘째, 만일 그렇다면 인터넷상 상담이 가능한 중개회사 웹사이트의 존재가 브뤼셀 I 제15

and Hotel Alpenhof[75) 사건을 병합한 판결(C-585/08 and C-144/09)에서 소비자의 주소지에서 사업자 또는 중개업자의 웹사이트에 접속가능한 것만으로는 사업자의 지향된 활동의 존재를 인정하기에 부족하고, 또한 사업자의 이메일 주소와 기타 세부 연락처를 언급하거나 영업소국에서 일반적으로 통용되는 언어 또는 통화를 사용한 것만으로는 부족하며, 사업자가 소비자 주소지국의 소비자들과 영업활동을 하는 것을 상정하였음(envisaging doing business with consumers)을 확인할 수 있어야 한다고 보았다.[76)

또한 유럽사법재판소는 사업자의 활동의 국제성을 인정하는 증거가 될 수 있는 요소로 "다른 회원국으로부터 사업자가 설립된(established) 국가로 가는 여행 일정의 언급, 사업자 설립지국에서 일반적으로 사용하지 않는 언어 또는 통화를 사용함으로써 그 다른 언어에 의한 예약 또는 예약 확인을 가능하게 하는 것, 국가코드를 포함한 사업자 전화번호의 언급, 사업자가 설립된 국가 외의 회원국에 소재하는 소비자로 하여금 자신의 웹사이트에의 접속을 촉진하기 위하여 인터넷 검색업체에 비용을 지출하는 것, 사업자가 설립된 회원국 이외 국가의 최상위 도메인을 사용하는 것과 사업자가 여러 회원국에 주소를 둔 고객들로 구성된 고객망을 언급하는 것" 등을 예시하였다.[77) 해당 웹사이트가 사업자의 것인지 아니면 사업자를 대리하는 중개회사의 것인지는 상관없다.[78) 그리고 브뤼셀 I (제15조 제1

조 제1항 c호의 지향된 활동에 해당하는지에 대한 의견을 구하였다. 상세는 이연, "국제사법상 소비자보호에 관한 연구 —국제계약의 준거법 결정에서 당사자자치 원칙의 제한을 중심으로—", 서울대학교 대학원 법학박사학위논문(2022. 2.), 164면, 註 680 참조.

75) Hotel Alpenhof GesmbH v Oliver Heller (C-144/09). 독일에 거주하는 Heller(피고)는 오스트리아 회사인 Hotel Alpenhof(원고)의 홈페이지에서 여러 개의 방을 예약하였는데 예약과 확인은 모두 홈페이지에 제시된 이메일을 통하여 이루어졌다. 피고가 호텔 서비스에 잘못이 있음을 이유로 금액을 미지급하자 원고는 오스트리아 법원에 그의 지급을 구하는 소를 제기하였다. 피고는 소비자인 자신에 대한 소는 오직 자신의 소재지, 즉 독일 법원에만 제기할 수 있다고 항변하였다. 1심 법원과 2심 법원은 모두 오스트리아에는 국제재판관할이 없다고 보아 소를 각하하였다. 상고심인 오스트리아 최고법원은 유럽사법재판소에 대하여 소비자가 계약 체결이 가능한 사업자의 웹사이트에서 상담할 수 있다는 사실이 브뤼셀 I(제15조 제1항 c호)의 지향된 활동인지에 대한 의견을 구하였다. 상세는 이연(註 74), 164면, 註 681 참조.

76) Pammer and Hotel Alpenhof 사건 판결, para. 76. 상세는 이연(註 74), 164면 이하 참조. 독일어본은 "... dass der Gewerbetreibende Geschäfte mit Verbrauchern tätigen wollte," 라고 하여 오히려 "거래를 하고자 의욕하였음"이라고 보인다.

77) Pammer and Hotel Alpenhof 사건 판결, para. 83.

78) Pammer and Hotel Alpenhof 사건 판결, para. 89.

항 c)의 해석상 계약이 반드시 격지에서 체결되어야 하는 것은 아니므로 사업자가 소비자의 일상거소지국을 향하여 영업활동 등을 하였다면 소비자가 사업자의 국가로 여행을 가서 그곳에서 계약을 체결하더라도 제42조가 적용된다.[79)

또한 제42조 제1항과 같이 사업자가 소비자의 상거소지 국가를 향하여 영업활동을 하는 경우 수동적 소비자를 보호한다면, 사업자는 소비자들이 컴퓨터를 통하여 웹사이트에 접속할 수 있는 모든 국가들에서 제소당할 위험에 노출된다. 이 경우 사업자가 그의 위험을 합리적으로 통제하는 방안으로서 생각할 수 있는 것이 '부인문구(disclaimer)'인데, 그의 효력을 어떤 요건 하에 인정할지가 문제이다. 사업자가 웹사이트에 부인문구를 표시한 것만으로는 부족하고, 그에 추가하여 적어도 특정한 국가로부터 웹사이트에 접속하는 것을 차단하기 위한 기술적인 조치를 취하거나, 계약의 체결 전에 소비자의 상거소를 확인할 수 있도록 거래구조를 짜기 위한 조치 등을 취한 경우에는 당해 국가의 관할을 부인할 수 있을 것이다.

한편 국제사법(제27조 제1항 제1호)은 ② 소비자가 상거소지 국가에서 계약체결에 필요한 행위를 할 것을 요구함으로써 능동적 소비자를 보호하기에는 부족하였다. 이 점을 고려하여 개정법(제42조 제1항 제1호)은 위 요건을 삭제하고 일정한 요건 하에 능동적 소비자를 포함하도록 규정함으로써 적용범위를 확대한다. 따라서 다른 요건이 구비된다면 소비자가 한국에서 계약체결에 필요한 행위를 한국에서 하지 않고 외국에서 인터넷을 통하여 한 경우에도 제42조가 적용된다. 그러나 모든 능동적 소비자를 포함시킨 것은 아니므로 일본 개정 민사소송법(제3조의4)과는 다르다. 브뤼셀 I (제15조)은 소비자의 상대방이 소비자의 주소지 국가에서 상업적 또는 직업적 활동을 추구하거나, 어떠한 수단에 의하여든 그 국가 또는 그 국가를 포함한 수 개의 국가를 지향하여 그러한 활동을 행하고, <u>그러한 활동의 범위 내에 속하는 계약이 체결된 경우</u> 그를 근거로 소비자를 위한 국제재판관할을 규정하는데 개정법은 그런 태도를 받아들인 것이다.[80) 여기에서 밑줄 친 요건은

---

79) 유럽사법재판소 2012. 9. 6. Daniela Mühlleitner v Ahmad Yusufi and Wadat Yusufi 사건 (C-190/11), para. 45.

80) 브뤼셀 I (제15조)과 브뤼셀 I Recast(제17조)의 해석상 사업자의 지향된 활동과 소비자계약 간에 내적 관련 또는 인과관계가 필요한지는 논란이 있는데 개정법의 해석상으로도 유사한 논란이 있을 수 있다. 저자는 국제사법상 이것이 필요하다고 보았다. 서울고등법원 2014. 10. 1. 선고 2013나2020326 판결과 상고심인 대법원 2015. 7. 23. 선고 2014다

사업자가 소비자의 일상거소지국에서 직업 또는 영업활동을 하는 경우든 소비자의 일상거소지국 외의 지역에서 소비자의 일상거소지국을 향하여 직업 또는 영업활동을 하는 경우든 충족되어야 한다.

개정법(제42조 제1항 제1호)은 그 밖에는 국제사법의 태도를 유지하나 국제재판관할규칙과 준거법규칙을 분리하기 위하여 조문을 나누었다. 또한 소비자의 상대방이 "그 국가 외의 지역에서 그 국가로 … 직업 또는 영업활동을 행하고"라는 표현에서 밑줄 친 부분이 "일상거소지국 외의 지역에서 소비자의 일상거소지국을 향하여"라고 수정되었다.[81]

다만 개정법에서는 관할합의의 방식요건을 완화하였으나 소비자계약과 관련된 관할합의에 대하여 별도의 방식요건을 도입하지는 않았으므로 통상의 방식요건이 적용되는데 이것이 적절한지는 논란의 여지가 있다. 소비자계약의 방식은 법률행위의 방식(제31조 제1항부터 제3항까지)에도 불구하고 소비자의 일상거소지

230580 판결은 국제사법의 해석상 인과관계를 요구한 것으로 보인다. 유럽연합사법재판소는 2013. 10. 17. Lokman Emrek v Vlado Sabranovic 사건 판결(C-218/12)에서 브뤼셀 I (제15조 제1항 c호)이 지향된 행위와 소비자계약의 체결만 요구하고 양자 간의 인과관계를 요구하지 않는데도 추가적 요건을 요구하는 것은 규정의 목적에 반하고, 특히 사업자의 웹사이트를 통하여 계약을 체결하지 아니한 소비자의 경우에는 인과관계에 대한 증명책임을 부담하게 되어 소송을 포기하게 되는 탓에 소비자보호를 약화시킨다는 이유로 인과관계를 요구하지 않았다. 한애라(註 11), 120면은 후자를 지지한다. 상세한 논의는 이연(註 74), 250면 이하 참조. 소개는 이헌묵, "국제사법 제27조에 의해 보호되는 소비자계약의 범위와 수동적 소비자가 되기 위한 요건의 분석", 소비자문제연구 제49권 제2호(2018. 8.), 207면 이하도 참조. 개정법은 일정한 범위 내에서 능동적 소비자도 포함하도록 범위를 확대하였으나 그 범위가 지나치게 확대되는 것을 막으려면 사업자의 지향된 활동이 있고 소비자계약이 사업자의 직업 또는 영업활동의 범위에 속하더라도 예컨대 소비자가 계약 체결 전에 웹사이트의 존재를 알지 못하였고 인터넷 접근성도 없었다면 인과관계가 전혀 없으므로 이를 적용할 것은 아니라고 볼 여지도 있다. Franco Ferrari *et al*. Internationales Vertragsrecht, 3. Auflage, VO (EG) 593/2008, Art. 6 (2018), Rn. 61f. 참조(준거법에 대한 주석의 맥락에 이어 관할규칙을 논의한다). 반면에 인터넷 접근성이 있었다면 가사 소비자가 계약 체결 전에 웹사이트의 존재를 알지 못하였더라도 객관적으로 인터넷을 통하여 소비자의 일상거소지국을 향한 영업활동이 있었고 소비자가 사업자의 영업활동의 범위에 속하는 계약을 체결하였다면 인과관계는 없더라도 이를 보호의 대상에서 제외하는 것이 타당한지는 의문이다. 사업자로서는 한국을 향하여 영업활동을 하였다면 한국의 소비자가 제42조를 원용할 가능성을 염두에 두어야 한다는 것이다.

81) 2000년 섭외사법 개정연구반이 작성한 초안은 "그 국가를 향하여"라고 규정하였다. 석광현, 2001년 개정 국제사법 해설(2001), 414면 참조. 개정법은 그 밖에 "…를 향하여"라는 문구를 제4조 제2항(활동에 근거한 관할), 제39조 제1항(지식재산권 침해)과 제44조(불법행위)에서도 사용한다.

법에 따르는데(개정법 제47조 제3항), 소비자계약과 관련된 관할합의의 방식에서 소비자를 배려하지 않는 것은 문제라는 지적도 가능하다. 즉 소비자계약에서는 엄격한 관할합의의 방식이 필요한 것이 아닌가라는 문제의식이다. 어쨌든 개정법이 특칙을 두지 않으므로 준거법인 실질법에 맡기는 것이나 일단 서면요건은 구비되어야 할 것이다.

위에서 본 것처럼 국제사법(제27조 제1항 제1호)은 소비자계약의 경우 지향된 활동기준을 사용하는데, 국제사법과 달리 개정법(제4조 제2항)은 B2B에 관하여도 피고의 영업활동에 근거한 특별관할을 도입하므로 양자의 관계가 문제된다. 즉 자칫 잘못하면 소비자계약에 관한 특칙은 무의미하게 될 우려가 있었다. 결국 소비자계약에 의하여 보호되는 범위가 피고의 영업활동에 근거한 특별관할보다 범위가 넓어야 한다는 것이다. 개정법에서 제27조 제1항 제1호의 범위를 다소 확대한 데는 이런 이유도 있다.

국제사법과 개정법은 국제재판관할과 준거법의 맥락에서 동일한 소비자계약 개념을 사용한다. 그러나 규칙이 점차 정치하게 됨에 따라 장래 이를 유지할 수 있을지는 의문이다. 유럽연합의 브뤼셀체제와 로마체제에서는 이런 차이가 이미 드러나는데, 그것이 단순히 시차(時差)의 문제인지 아니면 관할규칙과 준거법규칙이 추구하는 가치가 다른 때문인지를 더 검토해야 한다. 우선 관할규칙과 준거법규칙의 병행이 바람직한 부분과 그렇지 않은 부분을 구분할 필요가 있다.[82]

종래 보호적 관할의 대상인 소비자와 소비자계약의 범위에 관하여는 논란이 있다. 특히 자연인이 아닌 소비자, 무상계약인 소비자계약, 운송계약, 상거소지 외 용역제공계약과 금융 관련 소비자계약 등을 들 수 있다. 우리나라의 근자의 판결들은 제27조의 문언에는 충실하나, 이와 달리 목적론적 축소를 통하여 그 범위를 제한하는 견해도 있다. 이런 논점은 개정법 하에서도 동일하게 제기되므로 이에

---

82) 이런 관점에서의 검토는 이연(註 74), 185면 이하 참조. 예컨대 소비자계약에서 준거법의 맥락에서보다 국제재판관할의 맥락에서 소비자의 개념이 더 확대되었다. 유럽사법재판소의 2019. 10. 3. Jana Petruchová v FIBO Group Holdings Limited 사건 판결(C-208/18)에서 유럽사법재판소는 소비자인지를 판단함에 있어서 금융계약에 따라 수행된 거래의 가액, 그런 계약의 체결과 관련된 재정적 손실위험의 정도, 금융상품 분야에서 그가 가지고 있는 지식 또는 전문지식 또는 그 거래에서 그의 적극적인 행위는 원칙적으로 관련이 없고, 다른 한편으로는 금융상품이 로마 I (제6조)의 범위에 속하지 않는다는 사실도 원칙적으로 관련이 없다고 판시하였다. 위 범위 내에서는 관할규칙과 준거법규칙이 병행하지 않는다. Hess(註 10), Rn. 6.121 참조.

관한 논의는 생략한다.[83]

나. 소비자가 사업자를 상대로 제기하는 소

제42조 제1항의 규정에 의한 소비자계약의 경우 한국에 일상거소가 있는 소비자는 우리 법원에서 사업자에 대하여 소를 제기할 수 있다. 국제사법은 "상거소지에서도"라고 규정함으로써 이는 국제사법의 다른 관할근거에 추가적인 것임이 명백하였다. 국제사법 제42조 제1항은 이런 취지를 명시하지 않으나 여기에서도 같다고 본다. 소비자는 제1항에서 정한 일상거소지 외에 상대방에 대해 다른 특별관할 근거에 기하여도 소를 제기할 수 있다.

이는 소비자를 위한 보호적 관할이므로 (유효한 관할합의가 있는 경우가 아니라면) 소비자로부터 채권을 양수한 제3자에게는 적용되지 않는다.

다. 사업자가 소비자를 상대로 제기하는 소

소비자의 상거소가 한국에 있는 경우에는 사업자가 소비자에 대하여 제기하는 소는 우리 법원에만 제기할 수 있다(제2항). 일상거소는 일반관할의 근거이므로 이는 'actor sequitur forum rei (원고는 피고의 법정지를 따른다)'라는 원칙을 적용한 것과 같으나 그것이 전속적이라는 점에 의의가 있다. 이는 준거법의 결정에 관하여 연결점을 상거소지로 하였기 때문에 법정지와 준거법의 병행을 가능하게 한다.

라. 합의관할과 변론관할

제42조는 부당한 재판관할합의를 막기 위해 원칙적으로 당사자 간의 사후적

---

83) 이에 관한 논의는 우선 석광현, 국제사법과 국제소송 제6권(2019), 124면 이하 참조; 이연 (註 74), 252면 이하 참조. 운송계약의 경우 저자는 준거법의 맥락에서 문제점을 논의한 바 있으나(위 석광현, 135면 이하) 국제재판관할의 맥락에서도 조약과의 관계가 문제된다. 특히 1999년 항공운송계약에 관한 몬트리올협약 제33조에 따르면 여객이 손해배상청구의 소를 제기하는 경우 원고의 선택에 따라 당사국 중 하나의 영역 내에서 운송인의 주소지, 운송인의 주된 영업소 소재지, 운송인이 계약을 체결한 영업소 소재지의 법원 또는 도착지의 법원 중 어느 한 법원과 승객의 주된 거소(principal and permanent residence. 공식번역은 주소지와 주된 거주지(또는 영구거주지))에 제소할 수 있음을 명시한다. 그 경우 국제재판관할을 가지는 법원이 부적절한 법정지의 법리를 적용할 수 있는지와, 협약이 열거하는 지역 이외의 법원이 자국법에 기하여 국제재판관할을 주장할 수 있는지가 논란이 있는데, 이 경우 국제사법의 적용을 긍정한다면 위 협약과 국제사법(제42조 등)의 충돌을 정리할 필요가 있다.

합의만을 허용하고, 예외적으로 사전 합의일 경우 소비자에게 유리한 추가적 합의만을 인정한다(제3항). 이는 근로계약의 경우도 같다. 민사소송법(제29조)은 합의관할의 유효성을 명시하고 서면요건을 규정하는바 국제재판관할합의도 허용됨은 의문이 없는데 국제사법(제8조)은 이를 명시한다.

변론관할은 분쟁 발생 후의 합의관할에 준하므로 허용되나 소비자가 알지 못한 채 변론관할이 발생하지 않도록 할 필요가 있다. 개정법은 이를 특별히 고려하지 않으나, 브뤼셀 I Recast(제26조 제2항)는 소비자가 피고인 경우 법원으로 하여금 피고가 관할을 다툴 수 있는 그의 권리와 출석 또는 불출석의 결과에 관하여 알려 줄 것을 요구한다. 이 점은 근로계약의 경우도 같다. 우리도 이런 논점에 관심을 가질 필요가 있다.

소비자계약에서 관할합의가 허용되는 범위 내에서는 관할합의의 유효성은 명문의 규정이 없지만 개정법 제8조가 정한 바에 따라 합의관할 부여국법이 총괄지정에 의한 준거법이라고 보아야 할 것이다.

또한 장래 소비자대표소송과 소비자집단소송이 더 활성화되는 경우 과연 소비자를 위한 보호적 관할이 관철될 수 있는가라는 의문이 제기된다. 그 경우 국제재판관할규칙도 검토할 필요가 있다.[84]

3. 개별근로계약에 관한 소의 특별관할과 합의관할

가. 근로계약 일반

(1) 근로계약에 관한 소의 특별관할과 합의관할(제43조)

소비자계약에 관한 제27조와 마찬가지로 사회·경제적 약자인 근로자를 보호하기 위하여 국제사법(제28조)은 근로계약에 관하여 특칙을 둔다(제3항-제5항). 제28조의 관할규정은 예비초안(제8조), 브뤼셀협약(제5조), 보다 정확히는 브뤼셀 I 제5장(제18조-제21조)과 병행협약인 루가노협약(제8조)을 고려한 것이다.

개정법은 국제사법의 태도를 유지하나, 관할규칙과 준거법규칙을 분리하기

---

84) 논의는 이연(註 75), 213면 이하, 277면 이하 참조. 참고로 소비자계약과 근로계약에서 관할과 준거법의 병행은 소비자 국가의 법원이 법정지법을 적용할 수 있도록 함으로써 인터넷 시대에 저렴한 비용으로 분쟁을 효율적으로 해결할 수 있게 하는 장점이 있음을 이유로 소비자계약과 근로계약의 경우 양자의 병행이 중요하다는 지적도 있다. Jürgen Basedow, Eine Einleitende Orientierung, Jan von Hein & Giesela Rühl (eds.), Kohärenz im Internationalen Privat- und Verfahrensrecht der Europäischen Union (2016), S. 16.

위하여 조문을 나누었다. 근로자가 사용자를 상대로 제기하는 소와 사용자가 근로자를 상대로 제기하는 소를 구분하여 규정하는 방식도 유지하되 조문을 나누었을 뿐이고 그 밖의 내용적인 변경은 의도하지 않는다.[85] 근로계약에서 관할합의가 허용되는 범위 내에서는 관할합의의 유효성은 명문의 규정이 없지만 개정법 제8조가 정한 바에 따라 합의관할 부여국법이 총괄지정에 의한 준거법이라고 보아야 할 것이다.

(2) 근무지의 특별재판적을 규정한 민사소송법(제7조)의 의미

민사소송법(제7조)에 따르면 사무소 또는 영업소에 계속하여 근무하는 사람에 대한 소는 그 사무소 또는 영업소가 있는 곳을 관할하는 법원에 제기할 수 있다. 이는 업무에 관계없이 제3자가 제기하는 소에도 적용되는데, 동조는 그 경우 주소지 대신에 근무지에서 제소하는 것이 당사자 쌍방에게 편의하다는 고려에 근거한 것이다.[86] 그러나 개정법은 제7조를 국제재판관할규칙으로 규정하지 않으므로 국제재판관할에 관한 한 제7조는 독자적 의미는 없다.[87] 따라서 제7조를 참조하여 근무지가 한국이라는 이유로 근로자를 상대로 근로계약과 관계없는 소를 한국에서 제기할 수는 없다고 본다.

한편 개정법(제43조 제2항)에 따르면 사용자가 근로자에 대하여 제기하는 근로계약에 관한 소는 근로자의 일상거소가 한국에 있거나 근로자가 한국에서 일상적으로 노무를 제공하는 경우에는 법원에만 제기할 수 있다. 다만 물리적으로 쉽지는 않겠지만 문언상으로는 근로자의 일상거소와 일상적인 노무 제공지 중 어느 하나만이 한국에 있고 다른 하나는 외국에 있는 경우, 국제사법에 따르면 한국이

---

85) 개정안(제44조 제2항)은 기술적으로 외국이 국제재판관할을 가지는 경우를 규정함으로써 일면적 규정방식을 채택한 원칙에는 어긋나 있었다. 공청회에서 이 점에 대한 지적이 있었기에 문언을 수정하였다. 김인호, "소비자계약 및 근로계약 사건의 국제재판관할의 규정방식에 대한 비판적 검토", 국제사법연구 제24권 제1호(2018. 6.), 286면 이하 참조.
86) 민일영·김능환(편집대표), 주석민사소송법 제7판(Ⅰ)(2012), 171면(김상준 집필부분).
87) 선원에 대한 특별재판적을 규정한 민사소송법(제10조 제1항)은 선원에 대하여 재산권에 관한 소를 제기하는 경우에는 선적(船籍)이 있는 곳의 법원에 제기할 수 있다고 규정한다. 이는 선원은 상당 기간 동안 항해하는 선박에 머물러 있으므로 주소지를 기준으로 하는 것은 무의미하고 거소지와 가장 비슷한 선적이 있는 곳에 특별재판적을 인정한 것이라고 한다. 호문혁, 민사소송법 제13판(2016), 175면. 그러나 개정법은 이를 국제재판관할규칙으로 채택하지는 않았다. 특히 편의치적을 고려하면 이를 인정하는 것은 합리적 근거가 없다.

나 외국에서 제기할 수 있었음에 반하여 개정법에 따르면 한국에서만 제기할 수 있게 된다. 이는 의도한 것은 아니지만 그렇게 읽히는 점에서 문언이 정확하지 않은 것으로 보인다.

나. 근로계약에 관한 소의 특별관할과 다른 조문의 관계
(1) 근로계약에 관한 소의 특별관할과 계약에 관한 소의 특별관할

근로계약에 관한 개정법 제43조는 선원근로계약에도 적용된다. 근로계약도 성질상 용역제공계약에 포함되나 개정법은 근로자를 위하여 별도의 보호적 관할을 명시하므로 계약에 관한 특별관할(제41조)과 근로계약에 관한 특별관할(제43조)의 관계가 문제된다. 선원근로계약 기타 근로계약에는 제43조만이 적용되고 제41조는 적용되지 않는다고 본다. 즉 제43조는 사용자가 근로자를 상대로 제기하는 소와 근로자가 사용자를 상대로 제기하는 소를 구분하여 관할규칙을 두는 데 반하여 제41조는 용역제공계약의 관할을 통일적으로 규정한다. 더욱이 제43조는 근로자를 보호하기 위한 보호적 관할을 규정한 것이므로 이를 계약 일반에 적용되는 제41조에 의하여 배제한다면 제43조를 둔 취지가 몰각될 것이기 때문이다.

(2) 선원의 경우 근로계약에 관한 소의 특별관할과 선박 가압류관할(제90조)

선원 근로에 관하여 선원이 선박소유자등에 대하여 제기하는 소에는 선박 가압류관할을 정한 개정법 제90조가 적용될 수 있으나, 그것이 근로계약상의 소인 때에는 개정법(제43조 제1항)에 따라 선원은 그에 추가하여 일상적인 노무제공지에서 또는 그를 고용한 영업소 소재지에서도 사용자에 대하여 소를 제기할 수 있다.

근로자가 국제운송 또는 원양어업에 사용되는 선박에서 노무를 제공하는 경우 일상적 노무제공지의 결정이 문제된다. 이는 개정법에 의하여 새롭게 제기되는 문제는 아니고 국제사법에서 이미 제기되는 문제이다.

우선 편의치적이 아닌 경우를 보면, 선적국이 근로자가 일상적으로 노무를 제공하는 국가라는 견해와, 근로자가 일상적으로 노무를 제공하는 국가는 존재하지 않는다는 견해가 있을 수 있다. 국제사법 제28조가 정한 근로계약의 준거법의 맥락에서 대법원 2007. 7. 12. 선고 2005다39617 판결은 전자를 취하였다.[88] 이렇

---

88) 위 판결은 선원근로계약에 의하여 발생되는 임금채권에 관한 사항은 선원근로계약의 준거

게 본다면 아래에서 보듯이 국제재판관할의 맥락에서 선적국은 별 의미가 없으나, 일상적인 노무제공지를 결정하는 간접적 경로를 통하여 의미가 있다.

반면에 편의치적의 경우, 즉 선적이 당해 국가와 유일한 관련인 경우에는 선적국이 근로자가 일상적으로 노무를 제공하는 국가라고 보기는 어렵다. 따라서 그곳에 관할을 인정하기는 어렵고 가사 인정하더라도 부적절한 법정지의 법리가 적용될 가능성이 크다.

4. 불법행위에 관한 소의 특별관할(제44조)

가. 종래의 논의[89]

민사소송법(제18조)은 '불법행위지의 특별재판적'이라는 제목 하에 "불법행위에 관한 소를 제기하는 경우에는 행위지의 법원에 제기할 수 있다"고 규정하는데, 이러한 불법행위지의 재판관할은 국제소송에도 타당한 것으로 이해되고 있다. 그 근거로는, 법적 평화의 유지에 대하여 국가가 이해관계를 가지고, 불법행위지는 가해자와 피해자의 쌍방이 예견가능하고 불법행위에 관한 증거를 수집하기에 편리하며, 나아가 당사자가 사후적으로 조작할 수 없어 법적 안정성에 유리하다는 점을 든다. '불법행위지'라 함은 행동지와 결과발생지의 양자 모두를 의미하고, 원고는 그의 선택에 따라 어느 곳에서나 제소할 수 있다고 본다. 준거법의 결정에서도 선택을 허용하므로 이를 통하여 국제재판관할과 준거법의 병행을 용이하게 한다. 다만 불법행위지의 개념은 민사소송법의 그것과 달리 국제사법 내지 국제민사소송법의 독자적인 입장에서 국제소송의 적정, 공평, 신속이라는 관점에서 합리적으로 결정할 것이라는 견해가 유력하다. 한편 격지불법행위의 경우 '불법행위지'라 함은 행동지와 결과발생지의 양자 모두를 의미하고 원고는 어느 곳에서나 제소할 수 있다는 것이 종래 우리의 통설이다.

특히 문제되는 것은 제조물책임의 국제재판관할인데, 그 경우 결과발생지의

법에 의하여야 하고, 선원근로계약에 관하여는 선적국을 선원이 일상적으로 노무를 제공하는 국가로 볼 수 있어 선원근로계약에 의하여 발생하는 임금채권에 관한 사항에 대하여는 특별한 사정이 없는 한 국제사법 제28조 제2항에 의하여 선적국법이 준거법이 된다고 판시하였다. 한편 항공기 조종사의 근로계약에 관한 대법원 2004. 6. 25. 선고 2002다56130, 56147 판결은 불가리아 국적의 항공기 조종사들과 그들을 파견받은 아시아나 항공 간의 근로계약의 존부에 관하여 "명시적인 근로계약이 체결되지 않은 이 사건에 있어서, 항공기 조종사들의 일상적인 노무급부지가 우리나라라고는 볼 수 없"다고 판시하였다.

89) 이는 석광현, 국제민사소송법(2012), 105면 참조.

국제재판관할 인정 시 가해자가 예측할 수 있는 지역인가 등을 합리적으로 고려
해야 한다는 견해가 유력하다. 실제로 간접관할에 관한 대법원 1995. 11. 21. 선
고 93다39607 판결은, 제조물책임소송에 있어서 손해발생지(엄밀하게는 결과발생
지)의 외국법원에 국제재판관할이 있는지 여부는, 제조자가 당해 손해발생지에서
사고가 발생하여 그 지역의 외국법원에 제소될 것임을 합리적으로 예견할 수 있
을 정도로 제조자와 손해발생지와의 사이에 실질적 관련이 있는지 여부에 따라
결정함이 조리상 상당하다고 전제하고, 당해 사건에서는 피고에게 그러한 합리적
예견가능성이 없다는 이유로 플로리다주의 국제재판관할을 부정하였다.[90] 개정법
하에서라면 피고의 지향된 활동에 근거하여 개정법 제4조 제2항(활동에 근거한 관

---

90) 위 대법원판결은 추상적 법률론으로 미국 판결에서 보이는 '의도적 이용'이라는 개념을 빌
   려 왔다. 위 판결은, 한국회사가 수출한 무선전화기의 결함으로 인해 손해를 입은 미국 피
   해자들이 미국 수입자를 상대로 제소하고, 수입자가 한국회사를 제3자소송인수참가에 의
   해 피고로 참가시킨 뒤, 수입자와 제조물책임보험을 체결한 미국 보험회사가 피해자들에게
   손해를 일단 배상하고 한국회사를 상대로 승소판결을 받아 한국법원에서 집행판결을 구한
   사안에 관한 것인데, 대법원은 플로리다주의 간접관할을 부정하였다. 위 판결은 "제조물책
   임 소송에서 손해 발생지인 외국법원에 국제재판관할권이 있는지는 제조자가 손해 발생지
   에서 사고가 발생하여 그 지역의 외국법원에 제소될 것을 합리적으로 예견할 수 있을 정도
   로 제조자와 손해 발생지와의 사이에 실질적 관련이 있는지 여부에 따라 결정함이 조리상
   상당하고, 실질적 관련을 판단함에 있어서는 예컨대 당해 손해 발생지의 시장을 위한 제품
   의 디자인, 그 지역에서의 상품광고, 그 지역 고객들을 위한 정기적인 구매상담, 그 지역
   내에서의 판매대리점 개설 등과 같이 <u>당해 손해 발생지 내에서의 거래에 따른 이익을 향유
   하려는 제조자의 의도적인 행위가 있었는지 여부가 고려될 수 있다</u>"고 판시하였다. 저자는
   위 판결은 결론도 부당하고, 논리 전개도 부적절하다고 비판하였다. 그런데 뜻밖에도 이를
   따른 판결이 선고된 바 있다. 즉 서울고등법원 2012. 1. 19. 선고 2011나6962 판결은 압력
   밥솥의 제조회사인 피고에 대해 미국의 홈쇼핑 사업 등을 하는 회사인 원고가 소비자들에
   게 손해배상금을 지급하고 피고를 상대로 제기한 소송에서 위 1995년 판결과 유사한 취지
   로 설시하고 뉴욕주의 국제재판관할을 부정하였다. 상고심인 대법원 2015. 2. 12. 선고
   2012다21737 판결은 그런 결론을 수긍하였다. 플로리다주 또는 뉴욕주에 물품을 판매한
   제조사로서는 물품에 결함이 있을 경우 플로리다주 또는 뉴욕주에서 제소될 것은 당연히
   예견할 수 있다. 특히 이러한 설시를 고엽제소송의 대법원판결의 설시와 비교해보면 위 대
   법원판결의 결론이 부적절함을 쉽게 알 수 있다. 즉 고엽제로 인하여 상해를 입은 베트남
   참전 군인들이 미국 제조사들을 상대로 손해배상을 청구한 사건에서 대법원 2013. 7. 12.
   선고 2006다17539 판결은, 피고들은 한국 군인들이 베트남전에 참전하는 사실을 알고 있
   었으므로 베트남에서 살포된 고엽제에 노출되었던 한국 군인들이 귀국 후 질병 발생 시 한
   국에서 제조물책임을 묻는 소를 제기할 수 있음을 충분히 예견할 수 있었다고 판단한 원심
   의 판단을 정당하다고 보았다. 이는 위 무선전화기 또는 압력밥솥 사건 판결과 전혀 균형
   이 맞지 않으며 일관성이 없다. 이러한 판례는 법관들이 자국기업을 보호해야 한다는 잘못
   된 신념으로 인하여 국제재판관할 배분의 이념에 반하는 결론을 내린 사례이다.

할)에 따라 플로리다주의 특별관할을 인정할 수 있는지를 검토해야 하는데 사업자가 현지 소비자에게 직접 판매활동을 한 경우와 도매상에게만 공급한 경우를 구별할 필요가 있을 것이다.

근자의 불법행위사건으로서 주목할 만한 것은 항공사고로 인한 손해배상사건에 관한 대법원 2010. 7. 15. 선고 2010다18355 판결이다.[91] 이는 한국에서 발생한 항공사고를 이유로 한국에 영업소를 두고 있는 중국 항공사의 승무원의 유족(부모)이 중국 항공사를 상대로 우리나라에서 계약위반 및 불법행위에 기한 손해배상청구의 소를 제기한 사건이다.

제1심판결[92]은 한국의 토지관할을 긍정하면서도 다양한 요소를 고려하여 한국의 국제재판관할을 부정하였다. 즉 제1심판결은 법인의 보통재판적에 관한 구 민사소송법 제5조와 제18조를 근거로 불법행위지이자 피고 회사의 영업소 소재지인 한국법원의 토지관할을 긍정하면서도 ① 당사자의 기대, ② 사고조사가 이미 이루어져 사건의 실질적 쟁점은 피고 회사의 손해배상책임의 범위인 점, ③ 준거법인 중국법의 적용에 있어 중국 법원이 더 충분히 고려할 수 있는 점, ④ 한국법원의 재판권 행사가 다른 피해승무원들 및 그 상속인 등과 사이의 실질적 공평을 해할 우려가 있는 점, ⑤ 한국법원이 판결을 선고해도 중국에서 승인 및 집행 문제가 있는 점과 ⑥ 중국 법원의 재판권 행사가 자국민인 원고들의 피해구제를 외면하는 결과로 된다거나 또는 원고들의 피해구제에 있어 현저히 부당한 결과를 초래하게 된다고 볼 만한 사정도 없는 점 등을 들어 이 사건과 한국 사이의 실질적 관련을 부정하였다.[93]

그러나 상고심인 대법원 2010. 7. 15. 선고 2010다18355 판결은 ① 실질적 관련의 유무를 판단함에 있어서 토지관할권 유무가 여전히 중요하고, ② 개인적인 이익 측면에서도 한국법원의 재판관할권이 배제된다고 볼 수 없으며,[94] ③ 법원의

91) 상세는 석광현(註 50), 459면 이하 참조.

92) 부산지방법원 2009. 6. 17. 선고 2006가합12698 판결.

93) 원심판결인 부산고등법원 2010. 1. 28. 선고 2009나10959 판결은 별다른 설시 없이 제1심판결을 지지하였다.

94) 그 이유는, 국제재판관할권은 병존할 수 있으므로 중국 법원이 피고에 더 편리하다는 것만으로 한국법원의 재판관할권을 쉽게 부정해서는 곤란하고, 원고가 한국에서 재판받을 의사를 명백히 표명하여 재판을 청구하는 점, 피고가 한국에 영업소를 두고 항공기를 한국에 취항시켜 영리를 취득하는 이상, 영업 활동을 전개하는 과정에서 한국에서 항공기가 추락한 경우 한국법원의 재판관할권에 복속함이 상당하고, 한국법원에 손해배상소송 제기 가능

이익 측면에서도 한국법원에 재판관할권을 인정할 여지가 충분하고,[95] ④ 국제재
판관할권은 주권의 범위에 관련되므로, 자국 재판관할권을 부당하게 넓히는 것은
부당하나 부차적 사정을 들어 이를 스스로 포기하는 것도 신중해야 하며, ⑤ 탑승
객의 국적과 탑승 근거가 다르다는 이유만으로 국제재판관할권을 달리하는 것은
형평성에 어긋난다는 점 등을 들어 반대로 한국의 국제재판관할을 인정하였다.

　　이 판결은 2008년 사건과 달리, 단순히 법원이 고려한 다양한 사정을 열거하
고 결론을 내리는 대신 2005년 도메인이름에 관한 대법원판결이 도입한 개인적
이익과 법원의 이익을 구체적으로 검토하고 다양한 이익을 형량하여 결론을 내린
점에서 더 진전된 것이다.[96]

나. 입법론적 논점과 개정법의 태도

(1) 입법론적 논점

　　첫째, 행동지의 관할을 인정하는 데는 별 거부감이 없으나, 결과발생지의 국
제재판관할을 인정함에 있어서는 피고가 그곳에서 제소될 것에 대한 합리적 예견
가능성을 요구하고 예견불가능성에 대한 입증책임을 피고에게 부과하는 것이 타
당하다.[97] 일본 개정 민사소송법(제3조의3 제8호)도 결과발생지의 관할을 인정함에
있어서 예견가능성을 명시한다.[98] 이를 고려하여 개정법은 행동지와 결과발생지

　　성을 충분히 예측할 수 있으므로 개인적인 이익 측면에서도 한국법원의 재판관할권이 배
　　제된다고 볼 수 없다는 것이다.

95) 그 이유는, 일반적으로 항공기 사고 발생국의 법원에 사안과 증거조사가 편리하다는 재판
　　관할의 이익이 인정되고, 준거법과 국제재판관할권은 서로 다른 이념에 의하여 지배되는
　　것이기 때문에 국제재판관할권이 준거법에 따라서만 결정될 수는 없으므로 준거법이 중국
　　법이라는 사정만으로 한국법원과의 실질적 관련성을 부정하는 근거로 삼기에 부족하다는
　　것이다. 또한, 피고의 영업소가 한국에 있으므로 한국에 피고의 재산이 있거나 장차 형성
　　될 가능성이 있고, 따라서 원고들은 한국에서 판결을 받아 이를 집행할 수도 있을 것이고,
　　원고들도 이러한 점을 고려하여 한국법원에 제기한 것으로 볼 수 있다. 따라서 법원의 이
　　익 측면에서도 한국법원에 재판관할권을 인정할 여지가 충분하다는 것이다.
96) 특히 저자는 위 청어대금사건의 2008년 대법원판결에 대한 평석에서, 섭외사법 하에서 토
　　지관할규칙에 지나치게 구속되었던 대법원이 이제는 거꾸로 토지관할규칙을 과도하게 무
　　시한다는 취지의 비판을 하였는데, 위 2010년 대법원판결이 "당사자 또는 분쟁이 된 사안
　　이 한국과 실질적 관련이 있는지를 판단하는 데 있어서 민사소송법상 토지관할권 유무가
　　여전히 중요한 요소가 됨을 부인할 수 없다"고 선언한 데 대해 환영의 뜻을 표시한 바 있다.
97) 헤이그 예비초안(제10조 제1항)도 동지다.
98) 불법행위가 있은 장소가 일본국 내에 있는 경우(외국에서 행해진 가해행위의 결과가 일본
　　국 내에서 발생한 경우에, 일본국 내에서 그 결과의 발생이 통상 예견할 수 없었던 경우를

의 관할을 모두 인정하되, 결과발생지의 경우 그곳에서 결과가 발생할 것에 대한 예견가능성을 요구한다.

둘째, 결과발생지가 복수인 경우 결과발생지의 재판관할을 양적으로 제한할 지와 만일 제한한다면 그에 대한 예외를 어느 범위 내에서 규정할지이다. 브뤼셀 협약의 해석상 유럽연합사법재판소는 신문에 의한 명예훼손 사건인 1995. 3. 7. Fiona Shevill and a.c. v. Presse Alliance S.A. 사건 판결에서 결과발생지의 국제 재판관할을 양적으로 제한하였는데[99] 이런 태도를 수용할지의 문제이다.[100]

만일 양적 제한을 한다면 그 부당성을 시정하고자 피해자의 상거소지(또는 주 소지)에서는 손해 전체에 대하여 국제재판관할을 인정하는 견해가 설득력이 있다. 예비초안(제10조 제4항)은 실제로 그 점을 명시하였다.[101] 유럽연합사법재판소도 2011. 10. 25. eDate Advertising 사건과 Martinez 사건에 대한 판결[102]에서, 인터 넷에 의하여 명예가 훼손된 당사자가 책임을 묻는 소송을 제기할 경우 Shevill 사 건 판결의 결론을 적용하였으나 '피해자의 이익 중심지가 있는 회원국(the Member State in which the centre of his interests is based)'에 모든 손해에 대한 관할을 인정 함으로써 Shevill 사건 판결의 부당성을 시정하였다.[103] 손해의 양적 분할은 쉽지

제외한다).

 99) C-68/93. 그에 따르면 피고의 소재지와 결과발생지의 재판관할이 모두 인정되나, 전자에서 는 모든 손해에 대해 재판관할이 있지만 후자에서는 당해 국가에서 발생한 손해에 대하여 만 재판관할이 있게 된다. 이 판결의 소개는 장준혁(註 26), 76면 이하 참조.

100) 만일 양적 제한을 한다면 객관적 병합을 기계적으로 허용해서는 아니 된다. 위에서 본 것 처럼 지식재산권 침해에 관한 소의 특별관할을 지정한 개정법 제39조 제2항은 이를 명시 한다. 일본 改正 민사소송법은 이런 제한을 하지 않는다.

101) 이는 결과발생지의 관할만 양적으로 제한하였고 행동지의 관할은 제한하지 않았다(제10조 제1항과 제4항).

102) eDate Advertising GmbH v. X (C-509/09) and Olivier Martinez and Robert Martinez v. MGN Limited (C-161/10). 석광현(註 89), 139면 참조. 우리 문헌은 김명수, "인터넷에 의한 인격권 침해 발생 시 국제재판관할권에 관한 소고", 국제소송법무 통권 8호(2014. 5.), 21면 이하 참조.

103) 위(註 40)에서 언급하였듯이 유럽사법재판소는 인터넷에 의한 저작권침해가 문제된 2015. 1. 22. Pez Hejduk v. Energie Agentur. NRW GmbH 사건 판결(C-441/13)에서 결과발생 지의 관할을 인정하면서 모자이크방식을 고수하였다. 또한 인터넷에 의한 인격권 (personality rights) 침해가 문제된 유럽사법재판소의 Bolagsupplysningen 사건 판결도 위 결론을 따랐다. 후자는(para. 33) 명예를 훼손하는 온라인 콘텐츠에 의한 인격권 침해는 명예의 주체인 당해 자연인이 그 장소에서 명예를 향유하기 때문에 그의 이익중심지에서 가장 예민하게 감각될 수 있다고 판시하였다.

않고, 특히 손해배상청구와 달리 금지청구(또는 정정 및 삭제. rectification and removal)의 경우 그것이 어려울 수 있다.

이상의 논의를 고려하여 개정법(제44조)은 아래와 같이 규정한다.

> **제44조(불법행위에 관한 소의 특별관할)** 불법행위에 관한 소는 그 행위가 대한민국에서 행하여지거나 <u>대한민국을 향하여 행하여지는 경우</u> 또는 대한민국에서 그 결과가 발생하는 경우 법원에 제기할 수 있다. 다만, 불법행위의 결과가 대한민국에서 발생할 것을 예견할 수 없었던 경우에는 그러하지 아니하다.

개정법 제44조 본문은 행동지와 결과발생지가 모두 관할근거가 됨을 명시한다. 나아가 밑줄 친 부분을 보면 행위가 한국을 향하여 행하여지는 경우에도 한국의 관할을 인정하는데 이는 인터넷상의 불법행위를 염두에 둔 것이다. 그 취지는 다소 애매하나, 문언상으로는 한국이 행동지와 결과발생지가 아니더라도 한국을 지향한 활동이 있었다면 관할을 인정할 수 있다는 것처럼 읽힌다.[104] 즉 만일 A국에서 한 행동이 한국(K)을 향하여 행하여지고(예컨대 불법행위자가 한국어로 온라인상에서 불법행위를 하고 한국에서 접속할 수 있게 하는 경우) 그 결과가 B국에서(또는 B국과 한국에서) 발생하는 경우에도 한국의 관할을 인정할 수 있다는 것이다.[105] 그러나 저자는 아래 (3)에서 보듯이 위 사안에서 한국을 지향한 활동만으로는 부족하고 결과발생지가 한국임을 전제로 하는 것으로 이해한다. 어쨌든 제44조 단서는 한국이 결과발생지인 경우 행위자가 그 결과가 한국에서 발생할 것

[104] 당초 개정안은 "(행위가 대한민국을 향하여 행하여지는 경우에도 같다)"고 규정하였기에 문제가 두드러지지 않았다(참고로 그런 문언은 개정안 제45조의 문언을 지재권 침해에 관한 개정안 제40조에 동조시킨 결과로 보이나 속지주의가 적용되는 결과 지재권 침해의 경우 행동지와 결과발생지가 원칙적으로 동일한 데 반하여 불법행위에서는 양자가 다를 수 있으므로 동조는 적절한 조치는 아니다). 그런데 국회 제출 개정안이 이를 독립시켜서 별도의 관할근거인 것처럼 명시한 탓에 문제가 정면으로 불거지게 되었다.
[105] 실제로 이종혁(註 24), 4면이 소개하는 국회사무처 제391회 국회 정기회 법제사법위원회회의록 법안심사제1소위원회 제3호(2021. 12. 8.), 24면에 기재된 이상갑 법무실장의 답변에 따르면 예컨대 한국 법인의 미국 소재 서버가 미국에서 해킹 공격을 받은 경우 행동지와 결과발생지가 모두 한국이 아니지만 한국을 향한 행위이므로 한국법원의 관할을 인정한다는 취지라고 하나 그것이 왜 한국을 향한 행위인지 이해하기 어렵고 본문의 설명이 더 적절하다. 이와 달리 지재권 침해에서 언급한 것처럼 한국을 향하여 지향된 활동을 하였다면 한국에서 행동을 한 것과 같이 평가하는 견해도 주장될 수 있는데 그에 따르면 지향된 활동 자체가 별도의 관할근거가 될 수 있을 것이다. 속지주의를 따르는 지재권의 침해와 달리 실제로 불법행위가 성립할 가능성이 없어도 무방하다.

을 예견할 수 없었던 때에는 결과발생지의 관할을 인정하지 않음을 명시한다.

(2) 지재권 침해의 소에 대한 특별관할과의 異同

개정법(제44조)은 불법행위의 결과발생지의 경우에도 관할을 양적으로 제한하지는 않는데, 이 점에서 지식재산권 침해의 소(제39조 제1항)와 다르다. 구체적으로 첫째, 불법행위의 경우 결과발생지의 관할을 양적으로 제한하지 않는 데 반하여 지재권 침해의 경우 제한한다. 둘째, 불법행위의 경우 행동지의 관할을 양적으로 제한하지 않는 데 반하여 지재권 침해의 경우 제한하되 주된 행동지의 관할은 양적으로 제한하지 않는다. 개정법이 지재권 침해의 소에서 양적 제한을 하는 모자이크 방식을 취하는 것은 지재권의 속지주의를 고려한 것이라고 보이나 Shevill 사건 등 유럽연합의 법을 고려하면 위에서 언급한 것처럼 그 타당성은 논란의 여지가 있다. 어쨌든 불법행위의 경우 개정법(제44조)이 양적 제한을 하지 않으므로 포럼쇼핑의 폐해를 피할 수 없는데 결국 법원으로서는 예견가능성에 의하여 제한하거나, 예외적인 사정에 의한 국제재판관할권 불행사(제12조)의 법리를 활용하여 그 폐해를 최소화해야 할 것이다.

(3) 인터넷에 의한 불법행위와 지향된 활동

위에서 언급한 것처럼 지향된 활동은 인터넷상의 불법행위를 염두에 둔 것이다. 그런데 지재권 침해에 관한 위 제39조에서 언급한 바와 같이 제44조가 지향된 활동을 별도의 관할근거인 것처럼 규정하므로 여기에서 지향된 활동기준의 의미가 문제되는데 여기에서 몇 가지 가능성이 있다.

첫째는, 지재권 침해에 관한 위 제39조의 설명에서 언급한 것처럼, 결과발생지의 관할을 인정하는 법제에서는 굳이 지향된 활동에 근거한 관할[106]을 별도로

---

106) 이는 잡지에 의한 현실공간의 명예훼손에 관한 미국 연방대법원의 1984년 Calder v. Jones 사건 판결(465 U.S. 783 (1984))에 의하여 제시된 것이다. 사안은 대체로 아래와 같다. "National Enquirer 지는 플로리다주에서 발행되는 잡지인데, 캘리포니아주에서는 약 60만 부가 배포된다. 위 잡지는 캘리포니아주에 거주하는 원고가 술에 심하게 빠져 직업적 의무를 다하지 못하고 있다는 내용의 기사를 게재하였다. 캘리포니아주 법원은 캘리포니아 소식통(source)의 관심을 끌고 상대방에 대한 심리적 고통과 직업적 명성에 대한 훼손 등 손해의 예봉(the brunt of the harm)이 캘리포니아 주에서 발생하였다고 한 다음, 플로리다주에서의 행동 효과가 캘리포니아주에서 발생하였다는 이유로 위 잡지사, 편집인과 기사 작성자에 대한 캘리포니아주 법원의 재판관할권을 긍정하였다." 노태악, "인터넷 명예훼손

인정할 필요는 없고, 이는 결과발생지의 관할을 인정하지 않는 법제에서 필요하
다고 본다.[107] 결과발생지의 관할을 인정하는 법제에서는 지향된 활동기준은 오
히려 인터넷에 의한 불법행위의 경우 결과발생지(즉 인터넷 접속가능지)로 관할이
지나치게 확대되는 것을 막기 위한 도구이다. 통상의 불법행위라면 예견가능성으
로 결과발생지의 대폭적인 확대를 통제할 수 있으나 인터넷에 의한 불법행위의
경우 예견가능성의 역할은 제한적일 수밖에 없다. 여기에 행위자측의 의도적 지
향이라는 개념을 통하여 결과발생지의 확산을 막을 필요가 있다.[108] 이렇게 본다

행위와 국제재판관할", 민사재판의 제문제 13권(2004. 12.), 180면 註 27. 그러나 이에 대
하여는 적어도 명예훼손의 내용이 담긴 출판물이 어느 정도 배포가 된 곳이라면 어디서나
재판관할권이 인정되는 결과가 된다는 비판이 있다고 한다.

107) 결과발생지라는 이유만으로 관할을 인정하지 않고 대인관할권의 근거로 최소한의 접촉
(minimum contact)을 요구한 미국 연방대법원은 Hanson v. Denckla 사건 판결(357 U.S.
235 (1958))에서 최소한의 접촉이 있기 위한 요건으로서 ① 법정지 내에서 피고의 행위가
있을 것, ② 그 행위가 의도적일 것과 ③ 법정지주법의 이익 및 보호를 향유할 것이라는
세 가지를 제시하였고 그 결과 'purposeful availment(의도적 이용)'는 적법절차분석의 또
하나의 시금석이 되었다. 그러나 ①의 요건에 관하여 그 후의 판결들은 '법정지 내에서의
행위'가 아니라 '법정지와 관련된 의도적 행위(purposeful activity related to the forum)'
라고 함으로써 법정지 외에서의 행위도 포함시켰고, 결국에는 피고의 법정지 내에서의 물
리적 행위가 필요한 것은 아니고, 법정지 내에서의 효과를 발생할 것이 예상되는 법정지
외에서의 행위(out-of-state activity with foreseeable effects in the forum)도 포함되는 것
으로 확립되었다. 석광현(註 48), 104면 이하 참조. 이러한 바탕 위에서 지향된 활동 접근
방법은 어떤 특정한 법정지를 지향한(또는 표적으로 삼은 또는 겨냥한) 행위자(통상 피고)
의 의도와 활동 및 그 법정지에서의 활동을 피하기 위해 취한 조치를 평가하여 국제재판관
할의 유무를 판단한다. 이는 법정지주를 향한 명시적 지향(express aiming)에 착안한 것인
데, 특정한 법정지를 지향하였는지를 판단함에 있어서 법원은 전체적인 사안을 고려하고,
예시적인 요소들의 목록(non-exhaustive lists of factors)을 개발해야 한다면서, 사용된 언
어, 지급통화, 부인문구, 위치탐색 기술의 사용과 사용된 최상위도메인, 그림에 의한 제안,
광고와 시장 참여 등을 그러한 요소로 파악한다. 상세는 석광현, 국제사법과 국제소송 제5
권(2012), 421면 이하; 김성진, "국제전자상거래상 소비자계약분쟁의 국제재판관할권에 관
한 연구 —미국의 타깃팅 재판관할권이론을 중심으로—," 국제거래법연구 제18집 제1호
(2009), 107면 이하 참조. 이처럼 최소한의 접촉의 존재를 인정하기 위한 요건으로서 미국
에서 논의되는 법정지 내에서의 효과를 발생할 것이 예상되는 법정지 외에서의 행위라는
개념의 연장선상에 있다고 본다.

108) 이런 설명은 전에도 언급하였다. 예컨대 인터넷에 의한 명예훼손의 국제재판관할(간접관
할)을 다룬 사건인 대법원 2003. 9. 26. 선고 2003다29555 판결에 대한 판례해설은 아래와
같이 설명하였다. 김용석, "국제재판관할에서의 관련 재판적의 인정과 인터넷을 통한 불법
행위의 결과발생지의 재판관할", 대법원판례해설 47호(2003 하반기)(2003. 7.), 113면 이하.
"인터넷상의 불법행위는 대개 명예훼손이고, 사이트 개설자 또는 인터넷상의 행위를 한 자
는 자신이 올린 정보가 전 세계로 퍼져나가는 것을 통제할 수 없기 때문에 관할을 넓게 인

면 제44조의 문언은 잘못된 것이다.

둘째는, 문언에 가깝게 해석하자면 지향된 활동에 따른 결과발생지를 결과발생지의 한 유형으로 취급하면서 그 경우 예견가능성이 불필요하다는 점에서 통상의 결과발생지와 다르다고 설명하는 것이다. 다만 이렇게 보더라도 인터넷에 의한 불법행위의 경우에는 '결과발생지'만이 아니라 '결과발생지＋지향된 활동'에 근거하여 '지향된 결과발생지'에 관할을 인정하므로 양자를 병렬적으로 규정하는 개정법의 태도는 적절하지 않다.[109) 행동지와 결과발생지 외에 지향된 활동을 별도의 불법행위의 관할근거인 것처럼 규정하는 점은 이해하기 어렵다.

셋째는, 한국을 향하여 지향된 활동을 하였다면 마치 한국에서 행동을 한 것처럼 평가하는 것이다. 이도 제39조에서 설명한 것인데, 그 경우는 양적 제한을 하는 데 반하여 제44조의 경우는 양적 제한을 하지 않으므로 제44조에서는 그런 설명의 가능성이 조금은 더 크다고 할 여지도 있다.

저자로서는 첫째 견해가 설득력이 있다고 보므로 비록 문언과 맞지 않는 면이 있기는 하지만 법원으로서는 인터넷에 의한 불법행위의 경우 단순한 결과발생지(또는 접속가능지)의 관할을 인정할 것이 아니라 지향된 활동을 요구하는 것이 바람직하다. 만일 그것이 해석론의 범위를 넘는 것이라면 예견가능성으로 제한하거나 그렇지 않으면 부적절한 법정지의 법리를 활용함으로써 관할의 지나친 확대를 통제할 필요가 있다.

(4) 인터넷에 의한 불법행위의 특별관할과 활동에 근거한 특별관할

불법행위의 사안에서도 피고의 지향된 활동에 근거하여 개정법 제4조 제2항

정한다면 세계 어느 국가 어느 법원에서 제소당할지 모르게 되어 대단히 불안한 지위에 처하게 된다. 또한 이용자로서는 자국의 언어만을 사용한다고 하여 이러한 위험을 피할 수 있는 것도 아니다. 따라서 이러한 관할의 인정은 제한적이 될 수밖에 없고, 다만 정보제공자가 당초부터 특정국가 내에서의 효과를 목표로 삼고 있었다면 달리 판단할 여지도 있을 것이다." 이에 대하여 저자는 "이런 설명은 … 명시적이지는 않지만 "행위자의 의도적 지향"이라는 개념을 받아들이는 것으로 보인다."고 평가한 바 있다. 석광현, 국제사법과 국제소송 제5권, 409면 註 41.

109) 개정법을 선해하자면 위와 달리 지향된 활동기준을 결과발생지 중 하나의 특수한 유형으로 보아 예견가능성을 문제 삼지 않고 관할을 인정할 수 있을지 모르겠다. 아니면 통상의 불법행위의 경우 결과발생지의 관할을 인정하면서도 인터넷 불법행위의 경우 단순한 결과발생지가 아니라 지향된 활동이 있는 경우에만 결과발생지의 관할을 인정하는 것이 합리적이라고 본다.

(활동에 근거한 관할)에 따라 한국의 특별관할이 인정될 수 있다. 그러나 제44조가 한국을 향하여 한 (단발성의) 불법행위에 근거하여 특별관할을 인정하므로 더 엄격한 요건("계속적이고 조직적"인 사업 또는 영업활동)을 요구하는 제4조 제2항이 별도로 문제될 가능성은 별로 없을 것이다.

다. 불법행위의 준거법을 정한 조문의 수정

개정법(제44조)이 불법행위에 관한 소의 특별관할을 정하면서 격지불법행위를 염두에 두고 행동지와 결과발생지를 명시하므로, 단순히 불법행위지법을 준거법으로 정한 국제사법(제32조 제1항)의 처리가 문제되었다. 판례는 종래 준거법의 맥락에서 불법행위지가 행동지와 결과발생지를 포함하는 것으로 보면서 피해자에게 선택권을 인정하는 것으로 이해되는데,110) 개정법에서 불법행위의 국제재판관할규칙을 명시하는 조문(제44조)을 신설하면서 그와 상이한 준거법 조문의 문언을 그대로 둔다면 그것이 격지불법행위의 처리 시 다른 결론을 지시하거나 시사하는 것으로 오해될 여지가 있기 때문이었다.

이런 오해를 피하고자 개정법(제52조 제1항)은 불법행위의 준거법을 정한 조문을 수정하여 "불법행위는 그 행위를 하거나 그 결과가 발생하는 곳의 법에 따른다."고 명시한다. 개정법이 국제재판관할을 정한 제44조와 달리 여기에서는 지향된 활동을 언급하지 않는데 이는 준거법 조문에 최소한의 수정을 하려는 취지로 이해되나 일관성이 부족하다고 비판할 여지가 있다. 개정법은 피해자가 선택권을 가지는지 아니면 법원이 선택해야 하는지는 명시하지 않으므로 종래 판례의 태도가 유지될 수 있다. 또한 결과발생지가 복수 존재하는 경우 준거법이 지나치게 확산되어 바람직하지 않은 결과가 발생할 수 있는데 그로 인한 문제는 해석론을 통하여 해결해야 할 것이다.

VI. 가사사건의 특별관할(제7장 제1절)

여기에서는 개정법 제7장 제1절이 정한 가사사건, 즉 가사소송사건과 가사비

---

110) 서울고등법원 2006. 1. 26. 선고 2002나32662 판결. 상고심인 대법원 2013. 7. 12. 선고 2006다17539 판결은 원심의 판단은 정당하다고 판시하였으나 명시적으로 피해자가 준거법을 선택할 수 있다고 설시하지는 않았다.

송사건의 특별관할을 검토한다. 여기에서 '가사사건'은 개정법 제7장과 제8장이 정한 친족사건과 상속사건을 포괄하는 개념으로 사용하고, 제7장의 친족사건만을 가리킬 때는 '협의의 가사사건'이라고 한다.

1. 섭외사법 하의 대법원판례의 태도: 혼인관계사건을 중심으로

위(제1편 제2장)에서 언급한 바와 같이 대법원판결은 재산법상의 사건에 관하여는 4단계 접근을 하였으나, 가사사건에서는(주로 이혼관련사건) 다른 접근방법을 취하였다. 예컨대 피고주소지주의를 확립한 대법원 1975. 7. 22. 선고 74므22 판결[111]과 대법원 1988. 4. 12. 선고 85므71 판결 등을 보면, 대법원은 가사사건(특히 이혼관련사건)에서 피고 주소지관할을 원칙으로 하면서도 예외적인 경우[112] 원고 주소지관할을 인정할 수 있다고 판시하였다. 즉 법원이 가사소송법(제22조)의 관할규정을 기초로 하면서 특별한 사정에 의하여 이를 수정하는 방식이 아니라, 예외적인 사정이 있는 경우 곧바로 원고의 주소지관할을 인정할 수 있다고 판시하였다.

2. 국제사법 제2조의 시행과 그에 따른 판례의 태도

국제사법 하에서 가사사건의 국제재판관할에 관한 가장 큰 논점은 재산법상

---

111) 과거 1950년대와 1960년대 우리 하급심판결은 부(夫)의 보통재판적을 가진 지(地)의 전속 관할을 정한 당시 인사소송수속법(제1조)을 기초로 부의 본국에 원칙적인 관할을 긍정하고 예외적으로 주소지관할을 인정하였으나 위 1975년 대법원판결이 외국인 간의 이혼심판 청구사건에서 피고주소지주의라는 새로운 기준을 확립하였다. 최공웅, 국제소송 개정판 (1994), 674면 이하. 위 대법원 판결은 일본 최고재판소 1964. 3. 25. 판결을 따른 것이었다. 일본의 인사소송법은 위 최고재판소 판례의 태도를 입법화하였다. 김문숙, "일본에서의 인사소송사건에 관한 국제재판관할 ―개정 인사소송법을 중심으로―", 국제사법연구 제25권 제2호(2019. 12.), 411면 이하 참조. 일본 절차법상 가사사건은 내용에 따라 인사소송사건, 가사심판사건 및 가사조정사건으로 분류되는데, 인사소송사건의 국제재판관할은 2018년 개정된 인사소송법이, 가사심판사건 및 가사조정사건의 국제재판관할은 2018년 개정된 가사사건절차법이 각각 규율한다. 김문숙, "일본에서의 가사사건에 관한 국제재판관할 ―개정 가사사건수속법을 중심으로―", 국제사법연구 제26권 제2호(2020. 12.), 438면. 우리나라에서도 과거에는 일본처럼 인사소송사건은 1961년 제정되고 1962년 시행된 인사소송법이, 가사심판사건 및 가사조정사건은 1963년 제정·시행된 가사심판법이 각각 규율하였다. 그러나 양자를 통합한 가사소송법이 1990년 제정되고 1991년 시행됨에 따라 양 법률은 폐지되었다.

112) 위에서 소개한 대법원 1988. 4. 12. 선고 85므71 판결 참조.

의 사건과 통일적인 법리를 적용할 것인가이다. 왜냐하면 재산법상의 사건을 주로 염두에 둔 국제사법 제2조가 과연 가사사건에도 타당한지는 불분명하였기 때문이다. 더욱이 과거 우리 판례는 재산법상의 사건과 가사사건(특히 혼인관계사건)에서 상이한 국제재판관할규칙을 정립하였기 때문이다. 저자는 가사사건의 국제재판관할규칙도 국제사법 제2조의 대원칙으로부터 도출해야 하지만 그 구체적인 내용에는 차이가 있을 수 있음을 긍정하면서, 해석론과 입법론으로 이를 구체화해야 한다고 지적하였다. 그러나 대법원은 (아래 소개하는 대법원 2021. 2. 4. 선고 2017므12552 판결이 선고되기 전까지) 가사사건의 국제재판관할에 관하여 지침을 제시하지 못한 결과 하급심의 혼란을 초래하였다.

우선 주목할 것은 대법원 2006. 5. 26. 선고 2005므884 판결이다. 이는 미국인인 원고(남편)와 한국인인 피고(부인) 사이의 이혼사건인데, 대법원판결은 "원·피고는 한국에 상거소를 가지고 있고, 혼인이 한국에서 성립되었고 혼인생활의 대부분이 한국에서 형성되었다는 점까지 고려한다면, 이 사건 이혼청구 등은 한국과 실질적 관련이 있으므로 한국법원은 재판관할권을 가진다"고 판시하였다. 이는 과거의 대법원판결과는 논리전개가 다르고, 도메인이름에 관한 2005년 대법원판결의 설시와도 상이하다. 이런 결론은 타당하나, 위 대법원판결은 1975년 대법원판결이 정립한 추상적 법률론이 국제사법 하에서도 유지되는지, 도메인이름에 관한 2005년 대법원판결이 정립한 추상적 법률론이 가사사건에도 타당한지에 관하여 지침을 제공하지 못한 점에서 아쉬움을 남겼다.[113]

한편 하급심의 실무(특히 혼인관계사건)를 보면 2006년 대법원판결 후에도 여전히 ① 과거 대법원판결의 설시를 따른 판결도 있으나,[114] ② 이와 달리 국제사

---

113) 2006년 판결에 의미를 부여한다면, 피고의 상거소가 한국에 있어 한국의 일반관할이 인정되는 사건에서도 국제사법 제2조를 이유로 실질적 관련의 유무를 검토했다는 점이다. 이 자체는 나무랄 것이 없지만 당해 사건에서 원고와 피고의 상거소가 모두 한국에 있었으므로 한국과의 실질적 관련, 따라서 한국의 국제재판관할은 당연히 인정되는 사안이었으므로 그런 검토는 거의 불필요하였다고 본다.

114) 예컨대 서울가정법원 2006. 8. 4. 선고 2006드단6945 판결 참조. 원고는 필리핀인으로 한국에 주소를 두고 있고 피고는 미국인이며 미국 내에 거주하고 있다. 원·피고는 한국에서 결혼식을 하고 혼인생활을 하던 중 피고가 원고를 유기하고 미국으로 떠났다. 서울가정법원은 원·피고가 "한국에서 결혼식을 하고 혼인생활을 하다가 피고가 미국으로 떠나 원고를 유기하였기 때문에 한국의 재판관할권을 인정"한다는 취지로 판시하였다. 한숙희, "국제가사사건의 국제재판관할과 외국판결의 승인 및 집행 ―이혼을 중심으로―", 국제사법연구 제12호(2006), 24-25면, 註 27 참조. 장준혁, "한국 국제이혼관할법 판례의 현황: 국제

법 제2조 그리고 이를 구체화한 대법원의 추상적 법률론에 기초하여 개별적 사안 분석을 하는 판결도 있다. 예컨대 한국 국적과 스페인 영주권을 가진 원고가 스페인 국적을 가진 피고를 상대로 우리나라에서 이혼 및 위자료, 재산분할 등을 구한 사건에서, 서울고등법원 2013. 2. 8. 선고 2012르3746 판결은 국제사법 제2조 제1 항과 도메인이름에 관한 2005년 대법원판결의 추상적 법률론을 설시한 뒤 그를 바탕으로 다양한 논거를 들어 한국의 국제재판관할을 긍정하였다.[115][116] 위 서울 고등법원 판결은 도메인이름에 관한 2005년 대법원판결의 추상적 법률론을 충실히 따른 점에서 과거 대법원판결의 태도와 결별한 것으로 보인다. 나아가 당해 사건의 모든 사정을 분석하여 결론을 도출하는 노력을 보여주고 있는데 이는 높이 평가할 만하다. 이처럼 우리 법원은 가사사건에서도 정치한 국제재판관할규칙을 정립해 갈 것으로 예상되었다.

위 스페인 사건의 상고심에서 대법원 2014. 5. 16. 선고 2013므1196 판결은 위 2005년 대법원판결의 추상적 법률론을 설시한 뒤 원심의 판단이 정당하다고 결론을 내렸을 뿐이고 이혼사건의 국제재판관할규칙에 관하여 구체적 지침을 제

사법 제2조 신설 후의 판례를 중심으로", 민사소송 제13권 1호(2009. 5.), 73면, 註 73도 참조.

115) 위 서울고등법원 판결에서 법원은 관할의 유무를 판단하기 위하여 의미가 있는 당해 사건의 구체적 사정을 충분히 검토하였으나, 더 나아가 구 국제사법 제2조(개정법 제2조)가 재산권상의 사건과 가사사건에 동일하게 적용될 수 있는지, 따라서 재산권상의 사건인 도메인이름에 관한 대법원 판결의 추상적 법률론을 이혼 등의 가사사건에 그대로 적용하는 것이 국제재판관할의 법리에 비추어 적절한지를 검토하고 그 결과를 충실하게 설시하였더라면 하는 아쉬움이 있다. 과거 하급심판결의 소개는 장준혁, "국제이혼관할에 관한 전통적 판례와 하급심에서의 수정시도 —대법원 1975년 판례의 등장과 국제사법 제2조 신설 전까지의 판례와 전개—", 국제사법연구 제19권 제2호(2013. 12.), 31면 이하 참조.

116) 친자관계에 관한 사건으로는 친생자관계존부확인에서 국제사법(제2조)이 정한 실질적 관련에 착안하여 한국의 국제재판관할을 인정한 서울가정법원 2016. 7. 15. 선고 2015드단50524 판결과 인지청구에서 한국의 국제재판관할을 인정한 서울가정법원 2016. 9. 7. 선고 2016드단317453 판결 등이 있다. 한편 후견사건에서 하급심판결들은 국제사법 제48조가 국제재판관할규칙을 포함한 것으로 보고 그에 따라 처리하는 경향을 보이고 있다. 서울고등법원 2012. 11. 16. 선고 2010나21209(본소), 2010나51224(반소) 판결은 제2항 제2호를 근거로 피후견인의 거소지의 국제재판관할을 긍정하였고, 서울가정법원 2018. 1. 17.자 2017브30016 결정은 제2항 제3호를 근거로 외국인이더라도 한국에 거소를 두고 있고 한국 내에서 재산을 소유하는 등 피후견인을 보호하여야 할 긴급한 필요가 있을 때에는 한국법원이 한정후견 개시 및 한정후견인 선임에 관한 국제재판관할을 가진다고 판시하였다. 소개는 김원태, "가사사건의 국제재판관할", 가족법연구 제32권 제1호(2018. 3.), 273면 이하 참조.

시하지 않았다. 따라서 대법원이 위에 언급한 하급심의 실무 중 ②를 택한 것처럼 보이기는 하나 단정하기는 어렵다. 대법원은 2006년 판결에 이어 다시 한번 자신의 임무를 해태하였다.[117] 법원이 이처럼 개별사건에서 사안별 분석을 기초로 실질적 관련의 유무를 판단하여 개별 사건별로 국제재판관할 유무를 판단하는 것은 법적 안정성과 당사자의 예측가능성을 해할 우려가 있다. 특히 재산법상의 사건에서는 민사소송법의 토지관할규칙이 유력한 참조근거가 되나, 가사사건의 경우 상응하는 참조근거가 없거나 약하고 국제재판관할규칙에 관한 논의가 부족한 탓에 법원의 판단에 자의(恣意)가 개입할 여지가 더 크다.[118]

이런 이유로 저자는 해석론으로 국제사법 제2조를 기초로, 관할을 정한 가사소송법 제13조(통칙), 제22조(혼인관계소송), 제26조(친생자관계)와 제30조(입양·친양자 입양관계)를 참작하되 국제재판관할의 특수성을 충분히 고려하여 국제재판관할규칙을 도출해야 한다는 견해를 피력하였다. 결국은 국제사법에 정치한 국제재판관할규칙을 도입함으로써 입법적으로 해결하는 것이 바람직한데 개정법은 바로 이를 실현한 것이다.

* 여기에서 주목할 것은 개정안이 2018년과 2020년 국회에 제출된 후에 선고된 대법원 2021. 2. 4. 선고 2017므12552 판결이다. 이는 캐나다인 부부 간의 이혼과 재산분할이 문제된 사건을 다룬 판결인데, 이 사건에서 대법원은 처음으로 국제사법 제2조가 가사사건에도 적용됨을 분명히 밝히고, 대법원 2019. 6. 13. 선고 2016다33752 판결을 따라 국제사법 제2조 제2항의 취지를 제대로 파악하였으며 이혼사건에서 실질적 관련의 판단기준을 제시하였다. 이는 2022. 7. 5. 시행되는 개정법이 적용되기 전까지 적용되는 한시적인 의미를 가질 뿐이다. 위 판결에 대한 평석은 석광현, "외국인 부부의 이혼사건에서 이혼·재산분할의 국제재판관할과 준거법", 안암법학 제62호(2021. 5.), 643면 이하 참조.

---

117) 대법원은 아래에서 소개하는 대법원 2021. 2. 4. 선고 2017므12552 판결에서 비로소 자신의 임무를 수행하였다.
118) 위(註 111)에 언급한 바와 같이 과거에 특히 그러하였다. 근자에는 과거와 달리 혼인관계사건에 관하여 가사소송법(제22조)의 관할규칙도 참조가 되고 개정안 성안 당시에 성안되었던 가사소송법 개정안(2017. 3. 22. 입법예고(법무부공고 제2017-73호)되었던 '가사소송법 전부개정법률안')도 고려의 대상이 되었다. 개정안의 소개는 김원태, "가사소송법 전부개정법률안의 특징과 주요 내용", 법조 통권 제723호(2017. 6.), 286면 이하 참조. 그러나 가사소송법에 따르면 국적관할은 인정할 여지가 없을 것이다.

3. 가사사건의 국제재판관할의 특색과 국제재판관할규칙의 정립방향

저자는 가사사건에서 국제재판관할의 특색을 다음과 같이 언급하였다.[119]

첫째, 가사사건은 사람의 신분과 생활 전반에 중대한 영향을 미치므로 재산관계사건에서보다는 원고의 구제에도 더 유념해야 하고, 둘째, 대등하지 않은 당사자 간의 다툼에서는 예컨대 아동 또는 부양권리자와 같은 약자를 보호해야 하며,[120] 셋째, 가사사건은 재산관계사건보다 공익성이 강하기 때문에 당사자의 임의처분이 제한되는 경향이 있고(관할합의 제한 등), 넷째, 국가는 자국민의 신분관계 및 신분등록에 관하여 당연히 이해관계를 가지므로 당사자의 국적관할을 인정할 필요성이 있다는 점 등이 그것이다. 문제는 각 사건의 유형별로 국적관할을 어느 정도 인정할지와 그들 간에 일관성을 어떻게 유지할지이다. 원칙적으로 가사소송과 가사비송을 통합하여 규정하는 방식이 바람직하다.

나아가 가사사건에 관한 국제재판관할규칙의 입법론으로는 혼인,[121] 친자,[122] 부양, 후견[123] 등 가사사건의 유형별로 적절한 관할규칙을 국제사법에 두는 것이 바람직하다. 유형별로 이익상황이 다르기 때문이다. 즉 소송과 비송을 기계적으로 구분하기보다 혼인, 친자, 부양과 성년자 후견 등을 유형화하고 비송사건절차법과 가사소송법(가사비송사건의 경우)의 관할규정을 참조하여 각 분야별로 적절한 정치한 관할규칙을 정립하고 가급적 그 규칙을 소송사건과 비송사건에 공히 적용하는 것이 바람직하다.[124] 예컨대 친권에 관한 소 기타 보호조치에 대해 아동보호협약

---

119) 석광현, "이혼 기타 혼인관계사건의 국제재판관할에 관한 입법론", 국제사법연구 제19권 제2호(2013. 12.), 130면. 이는 松岡 博(編), 國際關係私法入門, 제3판(2012), 317-318면 이하를 참조한 것이다. 다만 마지막에 열거한 가사소송과 가사비송의 통합규정방식은 저자가 추가한 것이다.

120) 여기에서 '약자'는 단지 사회적 경제적 약자를 말하는 것은 아니며, 절차적 열위에 있는 사람을 말하는 것이라는 견해도 있다. 김원태(註 116), 302면.

121) 혼인관계 사건에 대한 국제재판관할규칙의 입법론은 석광현(註 119), 138면 이하 참조. 상세는 이승미, "혼인관계사건의 국제재판관할에 관한 연구", 아주대학교 대학원 법학박사학위논문(2014. 7.), 153면 이하 참조.

122) 친자관계 사건에 대한 국제재판관할규칙의 입법론은 권재문, "가사사건에 관한 국제재판관할규칙", 국제사법연구 제19권 제2호(2013. 12.), 3면 이하 참조.

123) 후견관계 사건에 대한 권재문(註 2), 34면 이하 참조.

124) 일부 견해는 ① 소송과 비송을 도식적으로 구별하고, 나아가 ② 비송을 대심구조인지와 쟁송성의 유무에 따라 구분하는 경향이 있다. 예컨대 소송과 달리 법원의 후견적 역할과 합목적적 · 재량적 권한행사가 기대되는 비송사건에서는 신분관계 소송사건에서 형성된 국제

과 브뤼셀Ⅱbis(또는 브뤼셀Ⅱa) 및 브뤼셀Ⅱter(브뤼셀Ⅱb 또는 브뤼셀Ⅱa Recast)(제
9조)[125]는 아동의 상거소지국의 관할을 인정하고, 아동탈취협약은 아동의 양육권
본안에 관한 소에 대해 탈취 직전 아동의 상거소지국의 관할을 전제로 하면서 소
송과 보호조치, 즉 비송사건을 도식적으로 구별하지 않는다.

　　독일법의 태도도 이와 같은 것으로 알고 있다. 독일은 과거 민사소송법에서
혼인사건과 친자사건에 관하여 국제재판관할규칙을 두었으나 2009. 9. 1.부터는
가사 및 비송사건의 국제재판관할은 "가사 및 비송사건절차법"(FamFG. 제98조-제
106조. 이하 "FamFG"라 한다)에서 규율한다. FamFG(제98조-제104조)는 가사소송만
이 아니라 가사비송에도 적용되는 것으로 보이고, 기타 절차에 관한 제105조도
비송사건만이 아니라 예컨대 소송사건인 부양사건에도 적용되는 것으로 보인다.
그렇다면 FamFG는 소송과 비송을 도식적으로 구분하여 상이한 국제재판관할규
칙을 규정하는 것은 아니다. 우리도 FamFG와 기타 헤이그협약들도 참고할 필요
가 있다. 또한 제2장에서 이미 지적한 바와 같이 종래 추진 중이던 일본의 인사소
송법과 가사사건수속법에 대한 개정작업[126]도 고려할 필요가 있음을 지적하였다
(일본의 위 법률들은 2018. 4. 18. 공표되어 2019. 5. 1. 발효되었다).

　　재판관할규칙이 직접 타당할 수는 없고, 비송사건에 관한 국제재판관할규칙의 일반론으로
서는 국제비송법의 이념에 비추어 "보호되어야 할 이익"의 소재지에 관할을 인정하는 견
해가 유력하나, 대심구조를 취하는가, 즉 쟁송성의 유무에 따라 구분하기도 한다. 김원태,
"섭외가사소송에서의 국제재판관할에 관한 연구", 경성법학 제5호(1996. 9.), 231면과 그에
인용된 일본 문헌 참조.

125) 브뤼셀Ⅱter를 보면 혼인 사건 관련 규정들은 브뤼셀Ⅱbis의 내용을 대체로 유지한 것이
나, 부모책임 사건에서는 상당한 수정이 있었다. 아동의 최선의 이익을 보호하고자 국제재
판관할규칙을 정비하고, 집행가능선언(*exequatur*)의 폐지 등 부모책임 사건 재판이 다른
회원국에서도 효율적으로 승인·집행될 수 있도록 개선하였으며, 아동의 의견청취권을 강
화하였고 아동탈취사건의 신속한 처리를 위한 조치들을 취하였다. 나아가 법적 별거와 이
혼에 관한 법정외 합의의 승인에 관한 규정이 추가되었다. 브뤼셀Ⅱter는 2022. 8. 1. 시행
된다. 소개는 현소혜, "친권 관계 사건의 국제재판관할 —2019년 브뤼셀Ⅱter 규칙에 대한
소개를 중심으로—", 가족법연구 제35권 2호(통권 제71호)(2021. 7.), 246면 이하; Urs
Peter Gruber/Laura Möller, Die Neufassung der EuEheVO, IPRax (2020), S. 393ff. 참조.

126) 일본은 가사소송절차는 인사소송법에서, 가사비송절차와 가사조정절차는 가사사건수속법
에서 각각 규율하므로 일본의 국제재판관할입법은 인사소송법과 가사사건수속법에 각각
국제재판관할규칙을 신설하는 방식을 취한다. 人事訴訟法等の一部を改正する法律案 참조.
상세는 장준혁 외, 일본과 중국의 국제재판관할 규정에 관한 연구(2017), 117면 이하; 권재
문(註 2), 9면 이하 참조.

4. 개정법에 따른 가사사건(가사소송 및 가사비송사건)의 국제재판관할규칙

이미 익숙한 체제를 가지고 있는 재산법과 달리 개정법에서 가사사건의 연결대상의 구성은 중요한 논점이었다. 위(3.)에서 언급한 바와 같이 이에는 두 가지 논점이 있는데, 첫째는 연결대상의 범주를 어떻게 설정할지(즉 범주화)이고 둘째는 비송사건을 어떻게 처리할지이다.

첫째에 관하여는 국제사법의 준거법규칙의 연결대상, 가사소송법과 헤이그협약 및 유럽연합의 다양한 규정들을 고려하여 개정법은 가사사건의 연결대상을 ① 혼인관계에 관한 사건(제56조), ② 부모자녀관계사건 ─이는 다시 친생자관계에 관한 사건(제57조), 입양관계에 관한 사건(제58조), 부모·자녀(과거에는 친자라고 하였으나 용어가 수정되었다) 간의 법률관계 등에 관한 사건(제59조)으로 구분된다─, ③ 부양에 관한 사건(제60조)과 ④ 후견에 관한 사건(제61조)으로 구분하고 ⑤ 가사조정사건(제62조)을 추가로 규정한다. 혼인, 친자, 부양과 후견의 구분은 준거법 맥락과 동일하나 혼인과 친자 영역의 세부적 범주는 준거법 맥락과 다르다. 또한 준거법 맥락에서 종래 우리는 아동보호를 독립적 연결대상으로 규정하지 않고 친권과 아동후견으로 구분하면서 아동후견을 성년자 후견과 묶어서 취급하나, 헤이그국제사법회의는 '아동보호'라는 독립적 범주를 설정하여 친권과 아동후견을 묶어서 규정하고 성년자 후견을 성년자보호의 문제로 별도로 다룬다.

둘째에 관하여는 개정법은 소송사건과 비송사건을 묶어서 공통된 관할규칙을 두므로 연결대상은 소송사건과 비송사건에서 공통되고 개정법의 국제재판관할규칙이 비송사건에도 바로 적용된다(제15조 제2항). 다만 개정법 제1장 제2절의 총칙은 비송사건에 준용된다(제15조 제1항).

여기에서는 개정법에 따른 가사사건(가사소송 및 가사비송사건)의 국제재판관할규칙을 논의한다.[127]

주의할 것은, 제7장은 특별관할(경우에 따라 합의관할과 변론관할도)을 규정하는

---

[127] 개정안에 대한 것이나 저자는 가사사건의 국제재판관할규칙을 다룬 별도의 글을 발표하였다. 석광현, "2018년 국제사법 전부개정법률안[공청회안]에 따른 가사사건의 국제재판관할규칙", 국제사법연구 제24권 제2호(2018. 12.), 485면 이하 참조. 개정법을 반영하여 위 논문을 다소 수정·보완한 것이 이 책의 제2편이다. 개정법상 혼인관계사건에 관하여는 강영주, "개정 국제사법에 관한 비교법적 고찰 ─혼인관계사건의 국제재판관할을 중심으로─", 고려법학 제104호(2022. 3.), 578면 이하 참조.

것이고, 그에 추가하여 개정법(제3조)이 정한 바에 따라 한국에 일상거소를 가지
는 사람에 대한 소에 관하여는 우리 법원에 일반관할이 인정된다는 점이다.

가. 혼인관계사건의 특별관할(제56조)

혼인관계사건의 국제재판관할규칙은 현대사회에서 자연인의 이동성 증가를
고려함과 동시에 충분한 법적 안정성, 특히 피고를 위한 법적 안정성을 확보할 수
있어야 한다.[128] 이를 고려하여 개정법은 다양한 관할근거를 명시한다. 개정법(제
56조)은 혼인관계에 관한 사건에 대하여는 다음 각 호의 어느 하나에 해당하는 경
우 법원의 특별관할을 인정한다.

> 1. 부부 중 한쪽의 일상거소가 대한민국에 있고 부부의 마지막 공동 일상거소가 대한
>   민국에 있었던 경우
> 2. 원고와 미성년 자녀 전부 또는 일부의 일상거소가 대한민국에 있는 경우
> 3. 부부 모두가 대한민국 국민인 경우
> 4. 대한민국 국민으로서 대한민국에 일상거소를 둔 원고가 혼인관계 해소만을 목적으
>   로 제기하는 사건의 경우[129]

(1) 원고관할(*forum actoris*)의 허용

위에서 언급한 바와 같이 가사사건은 사람의 신분과 생활 전반에 중대한 영
향을 미치므로 재산사건과 비교하여 원고의 구제에도 더 유념해야 한다. 따라서
이혼처럼 쟁송성이 강한 소송에서도 국제재판관할의 결정에서는 피고주소지원칙
만이 아니라 원고 측의 사정을 고려해야 한다.

---

128) Thomas Rauscher (Hrsg.), Europäisches Zivilprozess- und Kollisionsrecht: EuZPR/
EuIPR Kommentar (2010), Art. 3, Brüssel IIa-VO, Rn. 1 (Rauscher 집필부분). 혼인관계
사건의 국제재판관할에 관한 근자의 논의는 현소혜, "혼인 관계 사건에서의 국제재판관
할", 남효순 교수 정년기념논문집 간행위원회, 한국민법과 프랑스민법 연구, 남효순 교수
정년기념논문집(2021), 484면 이하 참조.

129) 개정법(제56조 제2항)은 부부 모두를 상대로 하는 혼인관계에 관한 사건에 대하여는 다음
각 호의 어느 하나에 해당하는 경우 법원의 국제재판관할을 인정한다. 이런 구분은 가사소
송법의 규정방식을 반영한 것이다.
  "1. 부부 중 한쪽의 일상거소가 대한민국에 있는 경우, 2. 부부 중 한쪽이 사망한 때에는
생존한 다른 한쪽의 일상거소가 대한민국에 있는 경우, 3. 부부 모두가 사망한 때에는 부
부 중 한쪽의 마지막 일상거소가 대한민국에 있었던 경우, 4. 부부 모두가 대한민국 국민
인 경우".

토지관할의 맥락에서 가사소송법은 원고관할(즉 제소 직전 1년 이상 유지된 원고 상거소지 또는 제소 직전 6월 이상 유지된 원고 상거소지(원고가 그 국가 국민인 경우)의 관할)은 인정하지 않으나 브뤼셀 II bis(제3조 제1항 a호)와 브뤼셀 II ter(제3조 (a)(v)와 (vi))는 일정한 요건 하에 원고관할을 인정하며, 독일 FamFG(제98조 제1항 제4호)는 국적 또는 일상거소에 근거한 원고관할을 인정한다.130) 저자는 과거 원고의 일상거소가 한국 내에 있다는 것만으로는 부족하지만, 예컨대 브뤼셀 II bis처럼 일정한 기간 동안의 일상거소의 유지 또는 국적과 결합한 원고관할을 인정할 여지가 있다는 견해를 피력하였다.

개정법(제56조 제1항 제1호, 제2호와 제4호)은 일정한 요건 하에 원고관할을 채택한 것이다. 즉 개정법(제1호)은 부부의 마지막 공동 일상거소가 한국에 있었고 원고가 일상거소를 한국에 유지하고 있는 경우에는 한국의 국제재판관할을 인정한다. 그러한 요건이 구비되면 한국은 당사자와 실질적 관련이 있다고 할 수 있기 때문이다. 피고의 일상거소가 한국에 있는 경우에는 일반관할이 인정되므로 그 경우에는 제1호는 별 의미가 없다.

개정법(제2호)은 개정안 성안 당시 가사소송법 개정안(입법이 되지는 않았으나 2018년 1월 당시 법제처에서 심사 중이던 개정안 제37조에 상응)을 고려하여 원고131)와 미성년 자녀 전부 또는 일부의 일상거소가 한국에 있는 경우를 관할근거로 규정한다. 그에 대하여는 일단 혼인관계사건의 관할을 판단하고 친자관계에 관하여는 부대(附帶)사건(또는 부속사건)으로서 관할을 인정하면 족하지, 자녀의 일상거소를 혼인관계사건의 관할근거로 삼을 이유는 없다는 비판도 있었다.132)

나아가 개정법(제4호)은 한국 국민으로서 한국에 일상거소를 둔 원고가 혼인관계 해소만을 목적으로 제기하는 사건의 경우에도 한국의 특별관할을 인정한다. 이는 한국인이 외국인과 혼인한 뒤 배우자인 외국인의 소재불명 등으로 재판할 수 없게 되는 사안을 고려하여 혼인관계 해소만을 위한 것이라면 그 경우에도 한국의 관할을 인정함으로써 가족관계등록부를 정리할 수 있게 하려는 것이다.133)

---

130) 다만 후자의 경우 예외가 있다.

131) 피고의 일상거소가 한국에 있는 경우에는 일반관할이 인정되므로 제2호는 별 실익이 없고 따라서 의미가 있는 것은 원고의 일상거소이다.

132) 반면에 김원태, "국제사법 전부개정법률안의 검토 —가사사건의 국제재판관할을 중심으로—", 민사소송 제22권 제2호(2018. 11.), 154면은 이는 미성년자녀의 양육을 보호하기 위한 것이라고 하며 개정안의 태도를 지지한다.

133) 김원태(註 132), 183면은 개정안이 혼인관계사건에 대하여 다양한 관할원인을 규정하였으

따라서 이 경우에는 개정법(제6조 제3항)이 정한 관련성에 근거한 관할(관련사건의 관할)은 허용되지 않는다. 저자는 이 점을 제6조 제3항에 명시하기를 희망하였으나 두지 않더라도 결론은 동일할 것이라는 이유로 반영되지 않았다.

제7장 제1절만 보면 마치 피고주소지관할은 인정되지 않는 것처럼 보이나 위에 언급하였듯이 총칙에 규정된 일반관할(개정법 제3조)은 혼인관계사건에서도 인정된다.

(2) 국적관할의 허용

종래 우리 판례는 가사사건에서 국적관할을 인정하는 데 인색하다. 그러나 속인주의에 터잡은 국가의 국민에 대한 관할권을 고려하고, 당사자가 가까운 법원에서 소송을 하는 데 대하여 가지는 당사자이익을 고려한다면 이를 인정할 수 있고, 또한 국가도 가족관계등록부를 정리함으로써 신분관계를 정확히 공시할 필요가 있으므로 이는 국가이익에도 부합한다.134) 나아가 국제사법이 혼인의 일반적 효력 (제37조, 개정법 제64조), 부부재산제(제38조, 개정법 제65조)와 이혼(제39조, 개정법 제66조)에 대해 부부의 동일한 본국법을 제1차적 준거법으로 지정하므로 준거법과 국제재판관할이 병행할 가능성이 커진다. 개정법(제56조 제3호)은 보수적으로 부부 모두가 한국인인 경우에만 국적관할을 인정한다.135) 국적관할은 일부 논자가 비판하는 바와 같이136) 구체적 사건에서 사안 내지 증거와의 근접성이라는 관점에서 취약할 수 있으나 그 경우에는 개정법(제12조)의 부적절한 법정지의 법리를 활용할 수 있을 것이므로 이를 인정하더라도 큰 문제가 있다고 보지는 않는다.

준거법의 맥락에서 본국법의 결정에 관하여는 국제사법 제3조 제1항이 명시한다. 그런데 국적관할을 인정할 경우 국제재판관할의 맥락에서 제3조(개정법 제

므로 이는 불필요하다고 한다.

134) 독일에는 국적관할은 국민의 재판청구권(Justizgewährungsanspruch)에 근거한 것으로 보는 견해가 유력하다. Reinhold Geimer, Internationale Freiwillige Gerichtsbarkeit, Heinz-Peter Mansel *et al.* (Hrsgs.), Festschrift für Erik Jayme, Band Ⅰ (2004), S. 259.

135) 김원태(註 132), 154면은 국적관할에 대해 비판적인 태도를 취하면서도 가족관계등록부의 정정 필요성을 감안하여 이를 지지한다. 그 밖에도 개정법 제3조 제2항은 "제1항에도 불구하고 대사(大使)·공사(公使), 그 밖에 외국의 재판권 행사대상에서 제외되는 대한민국 국민에 대한 소에 관하여는 법원에 국제재판관할이 있다."고 규정하므로 그 경우 일정한 요건 하에 국적관할을 인정하는 것이 된다.

136) 김원태(註 132), 174면 이하 참조.

16조)가 적용 내지 유추적용되는지는 논란의 여지가 있다. 만일 이를 부정한다면 복수국적의 경우 어느 국적이나 국적관할의 근거가 될 수 있다. 독일의 유력설은 복수국적자의 경우 그가 그 국가의 국적을 가지고 있으면 족하고, 그 국적이 반드시 '실효적 국적'이어야 하는 것은 아니라고 본다.[137]

(3) 합의관할과 변론관할의 불허(제13조)

국제사법상 가사사건에서 합의관할과 변론관할이 허용되는가는 논란이 있으나,[138] 입법론으로는 아래 이유로 부정하는 것이 타당하다. 첫째, 가사사건은 재산사건과 비교하여 공익성이 강하므로 당사자의 임의처분이 제한되어야 한다. 둘째, 혼인관계사건에 대하여 다양한 관할근거를 인정한다면, 다른 국가에 국제재판관할을 부여하는 합의관할과 변론관할을 인정할 실제적 필요성도 크지 않다. 셋째, 브뤼셀 II bis와 브뤼셀 II ter도 합의관할과 변론관할을 인정하지 않는 점도 참고가 되고 국제적 정합성을 확보하는 데 도움이 된다.[139]

이러한 논의를 고려하여 개정법(제13조)은 가사사건에서는 원칙적으로 합의관할과 변론관할을 인정하지 않는다. 그러나 예외적으로 부양사건(제60조)과 상속사건(제76조)에 관하여는 합의관할과 변론관할을 인정한다. 이에 대하여 한숙희 대전가정법원장은 공청회의 토론과정에서 친족·상속사건에서 변론관할은 인정되지 않으며, 친족·상속사건의 특성상 당사자 사이의 실질적인 능력에 큰 차이가 있어 관할편취의 우려가 있으므로 합의관할을 인정하는 경우에도 변론관할은 인

---

137) Reinhold Geimer, Internationales Zivilprozessrecht, 8. Auflage (2020), Rz. 1327 참조. 나아가 위 Geimer, Rz. 1086은 독일 민법시행법(제5조 제1항 제2문)이 정한 실효적 국적은 준거법규칙의 맥락에서는 의미가 있으나 국제재판관할의 맥락에서는 의미가 없다고 한다. Heinrich Nagel/Peter Gottwald, Internationales Zivilprozeßrecht, 8. Auflage (2020), Rn. 4.28도 동지. 위에서 언급한 것처럼 장래에는 제2절에도 제16조와 제17조에 상응하는 조문을 둘 수도 있으나, 제4절을 신설하여 국제재판관할과 준거법에 공통적으로 적용되는 연결점으로 규정할 수도 있다. 후자의 경우 제17조처럼 '일상거소지법'을 규정하는 대신 '일상거소'를 규정하면 된다.

138) 가사소송법(제22조)은 토지관할의 맥락에서 혼인관계소송의 관할을 전속관할로 규정한다.

139) 흥미로운 것은 대법원 2021. 2. 4. 선고 2017므12552 판결이다. 이는 캐나다인 부부 간의 이혼과 재산분할이 문제된 사건에서 피고가 소장 부본을 적법하게 송달받고 실제 적극적으로 응소하였다면 이러한 사정은 대한민국 법원에 관할권을 인정하는 데 긍정적으로 고려할 수 있다(대법원 2006. 5. 26. 선고 2005므884 판결 참조)고 판시하였는데 이는 변론관할을 인정하는 것은 아니지만 그러면서도 그 사정을 고려할 수 있다고 판시한 취지로 이해된다.

정하지 말아야 한다고 지적하고, 특히 실제 재판과정에서 당사자는 관할에 대한
정확한 이해가 부족하므로 법원에서 정한 일자에 출석하여 억울함을 호소하는 것
자체로 변론관할이 형성된다면 이는 정의관념에 반한다고 비판하였다.

이에 대하여 저자는 다음의 취지로 답변하였다. 친족·상속사건에서 변론관
할을 인정하지 않는 것은 토지관할의 맥락에서는 타당하나, 국제재판관할의 맥락
에서 합의관할과 변론관할이 인정되는지는 견해가 나뉘고 있다. 나아가 국제규범
에서는 합의관할이 인정되는 경우 변론관할도 인정하므로,[140] 친족·상속 사건에
서 제한적으로 합의관할을 인정한다면 그 범위 안에서는 변론관할도 함께 인정하
는 것이 논리적이다. 변론관할을 인정하는 경우에 당사자들이 관할에 대하여 잘
알지 못하여 정의관념에 반하는 결과가 나올 가능성이 있음은 부정할 수 없으나
이는 법원의 석명권 행사 및 실무의 변경 등을 통하여 해결할 수 있는 부분이라
는 것이다.[141][142]

---

140) 예컨대 EU부양규정(제4조와 제5조)과 EU상속규정(제5조와 제9조)은 합의관할과 변론관할
을 함께 규정한다.

141) 한편 김원태(註 132), 166면 이하는 한숙희 원장의 지적과는 다른 논거로 변론관할을 허용
하지 말자고 주장한다. 즉 가사비송사건에서 법원은 특별한 사정이 없으면 변론 대신 당사
자와 관계인을 심문하므로 우리 법원에 국제재판관할이 없음에도 불구하고 상대방이 관할
없음을 주장하지 아니하고 본안에 대하여 변론하거나 변론기일에 진술하는 경우를 상정할
수 없다면서 부양사건에서 변론관할을 허용하는 조문은 삭제하자고 제안하였다. 그러나 본
문에서 설명한 이유도 있고, 나아가 만일 변론관할을 정한 제9조의 요건이 구비되지 않는
다면 그 자체로써 변론관할이 발생할 수 없을 것이므로 왜 그런 제안을 하는지 잘 이해되
지 않는다. 다만 부양사건(제60조)과 상속사건(제76조)이 아니라고 해서 합의관할을 일률
적으로 불허하는 것이 타당한지는 논란의 여지가 있으므로 장래 관할합의의 허용범위를
검토하여 더 정교하게 조정할 필요가 있다. 2022. 5. 28. 개최된 민사소송법학회의 학술대
회에서 강은현 교수의 "국제재판관할에 관한 국제사법 개정 법률의 개관 —친족상속관계
에 관한 국제재판관할을 중심으로—"라는 제목의 발표에 대한 지정토론자인 현소혜 교수
의 토론문, 4면도 "가사사건에 대해 우리 통설과 판례가 당사자의 임의처분을 일부 제한하
는 것은 사실이나, 이는 친자관계 존부 확인과 같이 현행 가사소송법상 가류 가사소송사건
에 해당하는 청구에 한정된 것으로서(대법원 2007. 7. 26. 선고 2006므2757 등 판결) 이혼
이나 재산분할·양육 등에 대해서까지 일괄적으로 임의처분이 전면 불허되는 것은 아님을
지적하면서 부양과 상속을 제외한 모든 가사사건에 대해 일률적으로 합의관할 내지 변론관
할을 부정하기보다는 사건의 유형별로 보다 세심한 접근이 필요하다"는 취지로 지적한다.

142) 다만 위와 같이 규정함에 있어서 개정안(제13조)은 제8조(합의관할)와 제9조(변론관할)는
친족 사건에는 적용되지 않는다는 원칙을 밝히고 단서에서 국제사법에 다른 규정이 있는
경우에는 허용된다는 식으로 규정하였다. 즉 제8조와 제9조는 친족, 상속에 관한 사건에는
원칙적으로 적용되지 않으나 당해 장에 별도의 명시적 조문이 있는 경우에는 적용된다는
것이었다. 그러나 개정법은 그처럼 원칙과 예외로 규정하는 대신 개별 조문을 명시하여 제

위에서 본 가사소송과 가사비송의 통합규정방식에 따라 개정법은 혼인관계 사건에서도 소송사건과 비송사건에 모두 적용되는 관할규칙을 둔다.

(4) 부부재산제에 관한 별도의 특별관할규칙의 미도입

부부재산제에 관하여 별도의 특별관할규칙을 둘지는 논란이 있었으나 위원회는 이를 두지 않았다. 별도의 관할규칙은 결국 관할합의를 허용하기 위한 것이었다. 개정안 성안 당시 유럽연합에서는 "부부재산제의 국제재판관할, 준거법과 판결의 승인 및 집행에 관한 규정"을 성안하는 작업이 진행 중이라는 점도 고려하였다. 그 후 2016. 6. 24. 채택된 EU부부재산제규정(제7조 제1항)은 준거법과의 병행을 가능하게 하는 관할합의를 허용한다. 그러나 개정법은 별도 관할규칙을 두지 않으므로 결국 혼인관계에 관한 사건의 관할규칙이 부부재산제에 관한 사건에도 적용되고 따라서 합의관할과 변론관할은 허용되지 않는다(제56조, 제13조, 제8조와 제9조).

나. 친생자관계에 관한 사건의 특별관할(제57조)

아래(4.라.)에서 소개하는 아동보호협약은 국제친권사건, 즉 친권자(또는 양육자)의 결정, 아동의 신상감호, 아동의 재산관리, 기타 친권의 효력 및 소멸 등의 국제재판관할을 규정하면서 원칙적으로 아동의 상거소지국에 관할을 인정한다. 그 이유는 당국의 신속한 개입을 가능하게 하고, 절차로 인한 아동의 부담을 줄이며, 증거 근접성과 아동 및 청년원조제도와의 근접성을 확보할 수 있기 때문이다. 이는 국제적으로 널리 인정되는 관할원칙이다. 그러나 동 협약은 친자관계의 성립 또는 다툼(contesting)에는 적용되지 않는다(제4조 a호). 이는 아동보호의 문제라기보다는 아동의 신분 내지 지위에 관한 문제이기 때문이다. 따라서 친생자관계에 관한 한 아동보호협약은 참고가 되지 않고 달리 참고할 만한 국제규범은 잘 보이지 않는다.

개정법(제57조)은 친생자관계사건, 즉 친생자관계의 성립 및 해소에 관한 사건에 대하여 ① 자녀의 일상거소가 한국에 있는 경우[143]와 ② 국적관할로서 자녀

8조와 제9조가 적용되지 않는다고 규정한다. 따라서 예컨대 제60조(후견사건)의 경우 총칙에 규정된 제8조와 제9조가 적용되는 결과가 되고 제60조에서는 그에 대한 예외를 규정하게 되었다.

143) 스위스 국제사법(제66조)은 그에 추가하여 모 또는 부의 주소지의 재판관할을 인정하나 개

와 피고가 되는 부모 중 한쪽이 한국인인 경우 한국의 국제재판관할을 인정한다. 여기에서 국적관할을 당사자 역할(즉 피고일 것)과 결합한 것은 다소 이례적이다. 다만 위의 논의를 함에 있어서 근자에 문제되고 있는 대리모는 특별히 고려되지 않았다.[144] 대리모사건의 경우 피고가 누구인지는 쉽게 알 수 있으나 의뢰인 부부와 대리모 중 누가 '피고가 되는 부모'인지는 불분명하다. 이 점은 앞으로 우선 해석론으로 해결하고, 필요하다면 장래 입법을 할 수도 있을 것이다.

다. 양친자관계에 관한 사건의 특별관할(제58조)

입양재판의 경우 아동의 주소지국(또는 일상거소지국)과 양친될 자의 주소지국(또는 상거소지국)의 국제재판관할이 큰 어려움 없이 인정될 수 있으나, 다른 유형의 입양 관련 소송사건이나 비송사건의 국제재판관할규칙은 분명하지 않다. 일방의 국적관할을 인정할 수 있는지는 논란의 여지가 있다.[145] 우리 법상 입양재판은 비송사건인데,[146] 국제사법과 기타 법률에서 비송사건의 국제재판관할에 관하여는 명확한 규정을 두지 않기 때문이다. 따라서 이를 입법적으로 정비할 필요가 있는데[147] 개정법은 이를 해결하기 위한 것이다.

정법은 이를 받아들이지 않았다. 다만 모 또는 부가 피고가 된다면 일반관할을 인정할 수 있으므로 차이는 완화된다.

144) 캘리포니아주 가족법은 대리모가 출산한 아이의 친자관계를 확정하는 소에 관하여 정치한 국제재판관할을 규정한다. 즉 Family Code §7962 (e)는, 아동의 예상출생국, 의뢰인 부모 거주지국, 대리모 거주지국, 대리모계약 체결지국과 대리모계약에 따른 의료절차 이행국의 국제재판관할을 인정한다.

145) 위에 언급한 독일 FamFG(제101조)는 양친의 1인 또는 양자인 아동이 독일인인 경우 독일 법원의 국제재판관할을 인정하나, 국제입양재판에서 일방의 국적관할이 널리 인정되는 것은 아니다. 나아가 입양과 관련된 모든 사건에 대해 동일한 국제재판관할규칙을 적용하는 대신 비송사건과 소송사건을 구별하려는 견해도 주장될 수 있다. 그러나 독일 가사·비송 사건절차법은 이런 구별을 하지 않는 것으로 보인다. 제101조 참조.

146) 입양의 무효는 가류 가사소송사건이고(제2조 제1항 가호 1목 5), 입양과 파양의 취소, 재판상파양, 친양자 입양의 취소와 친양자의 파양은 나류 가사소송사건이다(제2조 제1항 가호 2목 10-14). 가사소송법 제30조는 입양의 무효, 입양 또는 친양자 입양의 취소, 파양, 친양자의 파양과 파양의 무효나 취소의 소에 대하여 양부모 중 1명의 보통재판적이 있는 곳의 가정법원의 전속관할을 인정한다. 한편 라류 가사비송사건의 토지관할을 정한 가사소송법 제44조 제1항 제4호는 입양, 친양자 입양 또는 파양에 관한 사건은 양자·친양자의 주소지 또는 양자·친양자가 될 사람의 주소지의 가정법원에 토지관할을 인정한다.

147) 입법론으로 입양재판의 경우 성년자 입양과 미성년자 입양을 구분하여 전자에 대하여는 당사자 평등과 피고의 절차보장을 중심으로 하는 혼인과 이혼에 관한 국제재판관할규칙을,

(1) 입양의 성립

개정법(제58조 제1항)은 이런 전제 하에 입양의 성립에 관한 사건은 양자 또는 양친이 되려는 사람의 일상거소가 한국에 있는 경우 한국법원이 특별관할을 가지는 것으로 규정한다. 입양의 성립에 관하여 양자 또는 양친의 일상거소지국이 모두 입양과 실질적 관련이 있고 동등한 이해관계를 가지고 있기 때문이다. 미국의 국제사법 Restatement Second §78에 따르면, 미국에서는 어느 주에 양자 또는 양친의 주소지가 있고, 또한 양친 및 양자 또는 양자에 대하여 법적 양육권을 가지는 자가 그 주의 대인관할권(personal jurisdiction)에 복종하는 때에 그 주가 선고형 입양의 재판관할을 가진다. 독일 FamFG(제101조)도 양친의 1인 또는 양자인 아동이 독일에 일상거소를 가지고 있는 경우 독일 법원의 국제재판관할을 인정한다.[148][149]

헤이그아동입양협약(이하 "입양협약"이라 한다)은 국제재판관할의 문제를 직접 다루지 않으므로 한국이 입양협약을 비준하더라도 이런 특별관할규칙은 여전히 적용된다. 그러나 입양협약도 입양의 성립에 관하여 아동의 상거소지국과 양친될 자의 상거소지국의 국제재판관할을 가지는 것을 전제로 한다고 이해한다. 왜냐하면 입양협약은 입양이 동 협약에 따라 행해졌다는 입양국(state of adoption)의 권한당국의 입양증명서에 의하여 증명되는 경우 입양이 모든 당사국에서 효력을 가지도록 보장하는데 여기에서 입양국이라 함은 출신국일 수도 있고 수령국일 수도 있기 때문이다.[150] 즉 재판형입양을 생각하면 이는 출신국 또는 수령국의 입양재

후자에 대해서는 미성년자 보호사건에 관한 국제재판관할규칙을 적용할 것이라는 견해(권재문(註 2), 21면)도 있다.

148) 스위스 국제사법(제75조 제1항)은 양친의 주소지국의 관할을 인정한다.

149) 반면에 라류 가사비송사건의 관할을 정한 가사소송법(제44조 제4호)은 입양·친양자 입양 또는 파양에 관한 사건은 양자·친양자의 주소지 또는 양자·친양자 될 사람의 주소지의 가정법원의 관할을 인정하므로 국제재판관할의 배분에 있어 이를 고려하면 양자(또는 양자가 될 사람)의 주소지가 관할을 가지게 될 것이다. 미성년자 입양의 경우에는 미성년자 보호의 측면을 고려하여 원칙적으로 양자의 주소지에만 국제재판관할권을 인정해야 한다는 견해도 있다. 권재문(註 2), 21-22면. 그러나 양친의 주소지는 국제입양의 성립에 관하여 양자의 주소지와 동등한 이해관계를 가지므로 이런 견해는 설득력이 없고, 더욱이 이런 태도를 취한다면 입양특례법 개정 전 과거 한국에서 입양재판 없이 외국으로 가서 외국에서 입양재판을 받은 수많은 사건에서 한국 아동의 해외입양은 한국에서 승인되지 않았다는 부당한 결과가 된다. 이러한 이유로 저자는 위 견해는 과거에도 타당하지 않았고 우리의 실무에 반하며 장래를 향하여도 지지하지 않는다.

150) G. Parra-Aranguren, Explanatory Report on the Convention on Protection of Children and Co-operation in Respect of Intercountry Adoption, para. 403. https://assets.

판이 다른 당사국에서 승인된다는 것을 의미하므로 결국 양자에 모두 국제재판관
할이 인정됨을 전제로 한다는 것이다.

개정법은 규정하지 않지만, 독일처럼 어느 일방의 국적관할을 인정하지는 않
더라도 양친이 될 자와 양자가 될 자의 국적이 모두 한국인인 때에는 국적관할을
인정하는 것이 타당할 것이다. 주목할 것은 국제입양법안의 과도한 국적관할이다.
김성주 의원이 2021년 대표발의한 국제입양법안(의안번호 2112826) 제6조는 아래
와 같이 규정한다.

제6조(국제재판관할) 법원은 다음 각 호의 어느 하나에 해당하는 경우 이 법에 따른
입양, 입양의 취소 및 파양에 관한 국제재판관할권을 가진다.
1. 입양의 당사자 중 일방의 일상거소가 대한민국에 있거나 있었던 경우
2. 입양의 당사자 중 일방이 대한민국 국적을 보유하고 있거나 보유하고 있었던 경우

과거 저자는 양친자관계에 관한 사건의 관할에 관하여 위와 유사하게 일방의
상거소 또는 국적에 근거한 관할규칙을 제안한 적이 있다.[151] 그것은 국적관할을
인정하지 않는 개정법 제58조 제1항과는 다른데, 더욱이 그 제안의 국적관할은
제소 시를 기준으로 입양의 당사자 중 일방이 국적을 보유하는 경우에 인정하는
것이지 과거의 국적에 근거한 것은 아니었다. 예컨대 한국 아동이 외국으로 입양
되어 30년이 지난 뒤에 그 양자의 파양이 문제되는 경우 한국과 아무런 관련이
없게 된 상황에서도 양자가 과거 한국 국적을 가졌었다는 이유로 파양 사건에 대
하여 한국의 관할을 인정하는 것은 합리적 근거가 없다.[152] 이제 개정법 제58조
가 채택된 이상 국제입양법안 제6조를 개정법 제58조와 일치시키는 것이 순리이다.

---

hcch.net/upload/expl33e.pdf 참조. 다만 이 보고서가 관할을 직접 언급하지는 않는다.
151) 석광현 외, "헤이그국제아동입양협약 가입 추진방안 연구", 2012년 보건복지부 연구용역보
고서, 219면, 237면 참조.
152) 예컨대 2016년과 2018년에 발의되었던 국제입양에 관한 법률도 국제재판관할규칙을 두었
으나 이는 제소 시의 국적에 근거한 것이었다. 전자에 관하여는 석광현, "헤이그입양협약
비준을 위한 2016년 "국제입양에 관한 법률안"에 대한 검토", 가족법 연구 제31권 제1호
(2017. 3.), 105면 이하, 후자에 관하여는 석광현, "헤이그입양협약 비준을 위한 2018년
"국제입양에 관한 법률안"에 대한 검토", 가족법연구 제33권 제1호(2019. 3.), 233면 이하
참조. 저자가 법률안의 문제점을 지적해도 그 후 별로 개선되지 않는 점은 유감이다. 아마
도 입양협약과 국제사법에 대한 기초자들의 이해가 부족한 탓이 아닐까 생각한다.

(2) 양친자관계의 존부확인, 입양의 취소 또는 파양

양친자관계의 존부확인, 입양의 취소[153] 또는 파양에 관한 사건은 친생자관계의 성립 및 해소에 관한 사건에 준하는 것으로 볼 수 있으므로 개정법(제58조 제2항)은 위에서 본 친생자관계에 관한 사건의 관할규칙(제57조)을 준용한다. 스위스 국제사법[154]도 이런 태도를 취한다. 그 결과 ① 자녀의 일상거소가 한국에 있는 경우와 ② 자녀와 피고가 되는 부모 중 한쪽이 한국인인 경우 한국의 국제재판관할이 인정된다.[155] 후자는 국적관할인데 이에 대하여는 비판이 있다.[156]

라. 부모·자녀 간의 법률관계 등에 관한 사건의 특별관할(제59조)

개정법(제59조)의 제목은 '부모·자녀 간의 법률관계 등에 관한 사건'이므로 이는 친권과 부양의무가 규율대상이 될 것이나, 개정법은 미성년 자녀에 대한 부양의무(양육비 포함)에도 별도의 조문을 두므로 결국 제59조는 조문이 명시하는 바와 같이, 미성년인 자녀 등에 대한 친권, 양육권 및 면접교섭권 등에 관한 사건들에 적용된다. 국제친권사건, 즉 친권자(또는 양육자)의 결정, 아동의 신상감호와 재산관리, 기타 친권의 효력 및 소멸 등의 국제재판관할을 논의하는 이유는 예컨대 부모의 양육권 박탈 기타 아동의 최대복리(the best interests. 또는 최선의 이익)를 보호하기 위한 조치를 취할 법원 기타 당국의 소속국을 결정하는 데 있다.

(1) 국제사법의 해석론

국제사법은 국제친권사건의 국제재판관할에 관하여는 규정을 두지 않는다. 해석론으로는 크게 2가지 견해를 생각할 수 있다.[157]

제1설. 이는 국제사법 제2조에 따라 가사소송법의 관할규정을 참조하여 분쟁의 유형별로 아동의 주소지국 또는 상대방의 보통재판적 소재지국에 관할을 인정

---

153) 김원태(註 132), 183면은 개정안은 입양의 무효에 관하여 규정을 두지 않는 점을 비판하나 이는 입양의 취소에 준하여 취급할 수 있을 것이다.
154) 제75조 제2항은 "입양의 취소에 대하여는 친자관계의 확인 또는 부인에 대하여 관할을 가지는 것과 동일한 법원(제66조, 제67조)이 관할을 가진다"고 규정한다.
155) 권재문(註 2), 15면은 자녀의 주소지를 원칙적인 관할근거로 하고, 이를 보충하기 위한 긴급관할로서 일정한 제한 요건 하에 부 또는 모의 본국관할을 인정하자는 견해를 취한다.
156) 김원태(註 132), 183면(상거소지가 적절하다고 주장하면서).
157) 저자는 친권에 기한 아동의 보호조치와 아동후견의 유사성에 비추어 후견에 관한 국제사법(제48조 제2항)의 관할규칙을 친권사건에도 유추적용하는 견해를 제3설로 소개하였다.

하는 견해이다. 가사소송법의 관련 조문(제44조 제5호, 제46조)을 참조하면, 친권에
관한 사건은 유형별로 아동의 주소지국(라류 가사비송사건) 또는 상대방의 보통재
판적 소재지국(마류 가사비송사건)이 국제재판관할을 가진다.[158] 이에 따르면 국제
친권사건은 분쟁의 유형이 라류와 마류 중 어디에 속하는지에 의하여 국제재판관
할이 다르게 된다.

제2설. 이는 국제사법 제2조의 실질적 관련에 착안하고 아동보호협약의 취지
를 참고하여 아동의 상거소지국에 국제재판관할을 인정하는 견해이다. 저자는 국
제사법의 해석론으로 이를 지지하였다. 그것이 한국이 가입한 아동탈취협약은 물
론이고, 아동보호협약의 태도와도 일관되므로 국제적 정합성을 확보할 수 있다.

(2) 아동보호협약의 태도

국제친권·후견법에 관한 일반조약인 1996년 "부모책임과 아동(또는 子)의 보
호조치와 관련한 관할권, 준거법, 승인, 집행 및 협력에 관한 협약"(이하 "아동보호
협약"이라 한다)은 보호조치에 적용되는데, 이는 부모책임의 귀속, 행사, 종료, 제
한과 그의 위임에 관한 것(제3조 a호), 아동의 후견, 보호 및 이와 유사한 제도(제3
조 c호), 아동의 신상 또는 재산을 관리하거나 그를 대리 또는 보좌할 개인 또는
단체의 지정과 직무(제3조 d호)와 아동의 재산에 대한 관리, 보존 또는 처분(제3조
g호)을 포함한다. 그러나 아동보호협약은 친자관계의 성립 또는 다툼(contesting)에
는 적용되지 않는다(제4조 a호).

아동호보협약 제Ⅱ장은 당국이 아동의 신상 또는 재산에 대하여 보호조치를
취할 국제재판관할규칙을 두는데, 아동의 상거소지국의 관할을 원칙으로 규정하
면서(제5조), 관할의 이전(제8조), 관할의 인수(제9조),[159] 부대(附帶)관할(제10조),
신속관할(제11조)과 임시적 명령을 위한 관할(제12조)이라는 예외적 관할을 규정한
다.[160] 그러나 과거 미성년자보호협약(제4조)과 달리 아동보호협약은 본국관할은
인정하지 않는다. 아동의 상거소지국에 원칙적 관할을 인정하는 이유는 당국의

---

158) 김원태(註 116), 231면은 마류 가사비송사건의 경우는 소송사건에 준하여 관할의 존부를
   판단해도 좋지만, 공익성이 강한 라류 가사비송사건에서는 심판의 대상인 사건 유형마다
   그 문제를 심리함에 가장 적절한 법원이 어디인가라는 관점에서 결정한다.
159) 관할의 이전과 인수는 법원이 다양한 요소(특히 아동의 복리)를 고려하여 재량권 행사를
   할 수 있도록 허용하는 점에서 부적절한 법정지의 법리를 연상시킨다.
160) 상세는 윤진수(편), 주해친족법 제2권(2015), 1732면 이하 참조(석광현 집필부분).

신속한 개입이 가능하고, 절차로 인한 아동의 부담을 줄이며, 증거 근접성과 아동 및 청소년원조와의 근접성을 확보할 수 있기 때문이다.[161] 요컨대 아동의 상거소 지국이 아동의 복리에 적합한 조치를 취하는 데 가장 적절한 지위에 있기 때문인데 이런 원칙은 국제적으로 널리 인정되고 있다.[162]

(3) 개정법의 내용

이러한 점을 고려하여 개정법(제59조)은 미성년 자녀에 대한 친권, 양육권 및 면접교섭권의 행사에 관한 사건에 대하여는 자녀의 상거소가 한국에 있는 경우 법원에 국제재판관할을 인정한다. 한국이 가입한 아동탈취협약도 ① 아동의 즉각적인 반환에 관하여는 아동 소재지국의 반환의무를 부과함으로써 간접적으로 국제재판관할을 규율하나(제12조), ② 본안인 양육권에 관하여는 관할규칙을 명시하지 않지만 탈취 직전 상거소지국이 관할을 가진다는 견해가 받아들여지고 있다.[163]

이와 관련하여 개정안(제60조 단서)은 "다만 대한민국에 상거소가 있던 자녀가 불법적으로 외국으로 이동하거나 탈취를 당한 날부터 1년이 경과하여 새로운 환경에 적응한 경우에는 그러하지 아니하다"고 규정하였다. 취지가 다소 애매하나 아마도 그 경우 외국에 일상거소가 형성되었더라도 위법한 행위로 인하여 작출된 것이라면 외국법원의 관할을 인정하지 않는다는 취지로 보인다. 이런 문언은 아동보호협약(제7조), 아동탈취협약(제12조) 및 후자의 이행법률(제12조 제4항 제1호)을 참작한 것이다.[164] 만일 탈취해 간 국가에서 아동이 새로운 일상거소를 가지게 되었다는 이유로 탈취자가 그 국가에서 본안재판을 받을 수 있다면 친권양육권 분쟁 중인 부모는 자신에게 편리하거나 유리한 재판을 받을 수 있는 국가로 아동을 탈취해갈 위험성이 커지기 때문에, 국제적 아동탈취를 예방하고자 그 경

---

161) 브뤼셀Ⅱbis에 관한 Rauscher/Rauscher(註 128), Art. 8 Rn. 6 참조.

162) Jan Kropholler, Internationales Privatrecht, 6. Auflage (2006), S. 391.

163) 석광현, "국제아동탈취의 민사적 측면에 관한 헤이그협약과 한국의 가입", 서울대학교 법학 제54권 제2호(통권 제167호)(2013. 6.), 93-94면 참조. 그러나 최흥섭, 한국 국제사법Ⅰ―법적용법을 중심으로―(2019), 392면, 註 182는 이에 대해 의문을 표시하면서 각국법에 맡긴 것이라고 한다.

164) 권재문(註 2), 31면 참조. 권재문 교수는 공청회에 참석하여 그의 삭제를 지지하였다. 그러나 위 문언을 본문과 같이 외국에 일상거소가 형성된 경우를 전제로 한다면 개정법은 한국의 국제재판관할만을 규정한다는 원칙에 반하는 문제가 있다. 그런 취지라면 오히려 "외국에 상거소가 있던 자녀가 불법적으로 한국으로 이동하거나 탈취를 당한 날부터 1년이 경과하여 한국의 새로운 환경에 적응한 경우에는 그러하지 아니하다"고 적어야 하는 것으로 생각된다.

우 원칙적으로 종전 일상거소지국에 관할을 고정시킬 필요가 있다는 것이다.[165] 그러나 이런 사유는 탈취협약상 반환거부사유로서 의미가 있으나 반환거부사유와 동일한 사유를 직전 일상거소지국의 국제재판관할 상실사유로 삼는 것은 의문이다. 결국 위 단서는 공청회 후 삭제되었다.[166]

아래(4.바.(2))에서 보는 바와 같이, 개정법(제61조 제2항)은 미성년자 후견의 경우 친권에서와 같이 한국이 그의 일상거소지인 경우 법원의 국제재판관할을 인정하고, 나아가 그 미성년자의 재산이 한국에 있고 미성년자를 보호하여야 할 필요가 있는 경우에 법원의 국제재판관할을 인정한다. 따라서 미성년자 친권사건과 미성년자 후견사건은 재산소재지 관할의 인정 여부에서 차이가 있다(즉 전자에서는 인정되지 않지만 후자에서는 인정되는 점). 이는 미성년자 친권사건과 미성년자 후견사건을 동일하게 취급하는 아동보호협약과는 다르다. 미성년자의 경우 재산을 외국에 가지는 것은 이례적이므로 추가적 관할요건을 삭제하고 친권사건과 후견사건의 관할을 일치시키는 것이 바람직하다고 본다.

과거 개정안에 대한 의견조회 과정에서 법원행정처는 아래와 같은 의견을 개진하였다.

> "다문화가정의 혼인이주여성(특히 베트남, 필리핀 등 동남아 출신)이 배우자의 동의 없이 아이들을 데리고 본국으로 출국하여 아이들은 베트남 등 친정에 맡겨두고 본인이 다시 입국하여 취업을 한 사례가 종종 있는데, 이 경우 한국인 남편이 아이들을 다

---

165) 현소혜, "헤이그아동탈취법상 아동반환재판과 본안재판의 관계", 비교사법 제28호 제3호 (2021. 8.), 216면 참조.

166) 노태악(註 12), 36면 참조. 김원태(註 132), 183면도 삭제를 주장하였다. 다만 위에 언급한 브뤼셀 IIter의 예외를 검토할 필요가 있다. 즉 브뤼셀 IIter(제9조)에 따르면 탈취사건의 경우 탈취 직전 일상거소지국의 관할을 가지지만, 아동이 탈취 후 다른 회원국에 일상거소를 취득하고, 또한 ① 양육권을 가지는 개인, 시설 또는 그 밖의 기관이 아동의 이동 또는 유치에 동의하거나 또는 ② 양육권자가 아동의 소재지를 알았거나 알았어야 하는 때로부터 아동이 그 국가에서 최소 1년 거주하였고, 아동이 새로운 환경에 정착하였으며, 또한 제9조 b호에 열거한 5개 조건(예컨대 위 1년 동안 양육권자가 아동 소재지 회원국에 반환신청을 하지 않은 사실 또는 양육권자의 아동 반환신청이 탈취협약 제13조 제1항 b호 또는 제2항 이외의 사유로 기각되고 더 이상 통상의 불복을 할 수 없는 사실 등) 중 어느 하나가 충족되는 경우에는 직전 일상거소지국은 관할을 상실한다. 즉 브뤼셀 IIter는 삭제된 개정안(제60조 단서)보다 직전 일상거소지국의 관할상실 요건을 더 엄격하게 규정한다. 나아가 브뤼셀 IIter(제10조)는 친자관계 사건에서 일정한 요건 하에(관할권 행사가 아동의 최선의 이익이 될 것이라는 요건 포함) 관할합의도 허용한다.

> 시 데리고 오고 싶을 경우, 혼인관계가 유지될 경우에는 이혼 소송을 제기하면서 친권, 양육권 소송이 국내에서 가능하나, 혼인관계가 이미 해소된 경우에는 친권자 및 양육자 변경을 하고 싶어도 자녀의 상거소가 해외임이 밝혀진다면 국내에서는 소송이 어려울 수 있다는 것이다."

이런 지적을 고려하여 법무부는 공청회 후 개정안 제60조(개정법 제59조에 상응)를 수정하여 자녀의 일상거소 외에 "부모 중 한쪽과 자녀가 대한민국 국적을 가지는 경우"에도 법원이 국제재판관할을 가질 수 있도록 함으로써 국적관할을 도입하였다. 다만 실무적으로 예컨대 한국법원이 양육자 변경을 하더라도 그것이 베트남 등지에서 승인·집행될 수 있을지는 의문이다.

개정법에 대하여는 친권 관계 사건에 관하여 순위 규정을 두고, 아동의 일상거소지국이 일차적으로 국제재판관할권을 행사하도록 하되, 아동의 본국·부모의 일상거소지국 등 아동과 실질적 관련이 있는 국가는 해당 국가에서 친권 관계 재판을 진행하는 것이 아동의 최선의 이익에 부합하는 것으로 판단되는 경우에 한하여 예외적으로 국제재판관할권을 행사할 수 있도록 해야 한다는 비판이 있다.[167]

마. 부양에 관한 사건의 관할(개정법 제60조)

가사소송법(제2조 제1항 제2호 나목, 제46조)에 따르면 양육비 기타 부양료 청구등 부양에 관한 사건은 가사비송사건(마류사건)이고, 이는 상대방의 보통재판적이 있는 곳의 가정법원의 관할에 속한다. 이를 참작하여 국제재판관할규칙을 도출한다면 상대방 일상거소지의 특별관할을 인정할 수 있을 것이다.[168] 그러나 그런 조문이 없어도 개정법 제3조와 제15조 제1항에 의하여 일반관할을 인정할 수 있다.

문제는 국제사법의 해석상 부양권리자를 보호하기 위하여 부양권리자의 일상거소지에 국제재판관할을 인정할 수 있는가이다.[169] 주지하듯이 브뤼셀 I (제5조

---

167) 현소혜(註 125), 247면.

168) 김문숙, "부양사건과 성년후견사건의 국제재판관할에 관한 입법론", 국제사법연구 제19권 제2호(2013. 12.), 180면은 부양사건의 국제재판관할에 관한 개정안을 제1안과 제2안으로 구분하여 제시한다. 장준혁, "부양사건의 국제재판관할", 가족법연구 제31권 제1호(2017. 3.), 218면 이하에도 입법제안이 있다. 손경한 외(註 39), 255면 이하(장준혁 집필부분)에는 가사사건의 개정방향이 제시되어 있다.

169) 부양사건의 국제재판관할을 정함에 있어 제기되는 논점들은 장준혁(註 168), 177면 이하 참조. 위 장준혁(註 168), 222면은 '재산관계사건의 의무이행지관할'의 일종으로서 해석상

제2호)에 따르면 부양권리자는 자신의 주소지나 일상거소 소재지 법원에 소를 제기할 수 있고, 이를 대체한 EU부양규정(제3조)에서도 마찬가지인데, 이는 부양권리자를 두텁게 보호하기 위한 것이다. 우리 국제사법의 해석상 이런 결론을 도출할 수 있는지는 불분명하나 쉽지 않다.

개정법(제60조 제1항)은 부양권리자를 두텁게 보호하기 위하여 부양권리자의 일상거소지국의 특별관할을 명시한다.170) 이는 일차적으로 부양권리자에게 익숙하고 편리한 곳의 관할을 인정하기 위한 것이고, 나아가 부양권리자의 일상거소지국은 권리자의 생활상태의 조사와 부양료액의 산정 등에 필요한 자료수집에도 적합하기 때문이다.171) 한편 부양의무자인 피고 일상거소지국은 일반관할을 가진다고 보는데, 이를 부양사건에 전면적으로 인정하지는 않더라도 적어도 부양료청구에 관하여는 그렇게 보아야 할 것이다.172)

나아가 개정법(제60조 제2항)은 부양사건이 재산적 성질을 가지는 점을 고려하여 관할합의를 허용하지만, 부양권리자가 미성년자이거나 피후견인인 경우와 (다만 해당 합의에서 미성년자이거나 피후견인인 부양권리자에게 한국법원 외에 외국법원에도 소를 제기할 수 있도록 한 경우는 제외), 분쟁이 된 사안이 지정된 법원과 아무런 관련이 없거나 근소한 관련만 있는 경우는 그에 대한 예외로서 그런 법원을 관할법원으로 합의할 수 없다. 관할합의를 허용하는 것은 당사자의 관할합의와 변론관할을 허용하는 EU부양규정(제4조, 제5조)을 참조하면서 다소 추상적으로 규정한 것이다.173)

개정법(제60조 제3항)은 부양에 관한 사건의 경우 합의관할과 마찬가지로 변론관할도 원칙적으로 허용된다는 취지를 명시한다(다만 부양권리자가 미성년자이거나 피후견인인 경우와 한국이 사안과 아무런 관련이 없거나 근소한 관련만 있는 경우는 제외).174)

위 결론은 인정할 수 있다고 한다.

170) 장준혁(註 168), 204면은 그에 추가하여 부양채권자의 주소지국에도 관할을 인정할 실익이 크지는 않지만 없지는 않다고 한다.

171) 후단은 김원태(註 132), 164면.

172) 김원태(註 132), 166면은 부양에 관한 사건은 소송사건이 아니라 상대방이 있는 가사 비송사건이라는 점을 지적하므로 아마도 피고주소지의 일반관할을 부정하지 않을까 짐작된다.

173) EU부양규정은 당사자가 선택할 수 있는 법원을 ① 일방 당사자의 일상거소지, ② 일방 당사자의 본국, ③ 부부 간(또는 부부였던 자 간)의 부양의무에 관하여는, 혼인사건에 대해 관할을 가지는 법원 또는 적어도 1년간 최후의 공통 일상거소지국가에 한정한다.

174) 개정안(제61조 제3항)은 "제2항에 따라 국제재판관할합의가 허용되는 경우에는 제9조(변론관할)의 적용이 배제되지 아니한다."라고 규정함으로써 그런 취지를 명시하였다. 그런데

이처럼 부양권리자의 관할이 인정된다면, 장래에는 필리핀에 일상거소를 가진 코피노와 그의 모는 한국의 부를 상대로 필리핀에서 제소할 수 있고(물론 이는 필리핀의 직접관할의 문제이다), 그 경우 필리핀에서 선고된 양육비지급 판결을 한국에서 승인 및 집행하는 데 필요한 간접관할(또는 승인관할) 요건이 구비될 것이라는 점에서 이런 개정은 실제로 중요한 의미를 가진다.[175] 2007년 아동부양협약(제20조 제1항)은 간접관할의 맥락이지만 양육비 기타 부양료청구사건에서 부양권리자의 일상거소지에 국제재판관할을 인정한다.[176] 물론 간접관할이 인정되더라도 필리핀 법원의 양육비 재판을 한국에서 집행하자면 상호보증이 존재해야 한다.

이와 관련하여 부양료변경 재판의 예를 들면서 우리 법원이 부양사건에 관하여 선행재판을 한 경우 그 변경재판에 대하여 관할을 인정할 필요성을 검토해야 한다는 견해[177]가 있다.

나아가 개정법이 채택하지는 않았지만 부양사건의 경우에도 부양권리자와 부양의무자가 모두 한국인일 때에는 국적관할을 인정하자는 견해도 있다.[178] EU 부양규정(제6조)은 회원국이 다른 조문에 따라 국제재판관할을 가지지 않는 경우 보충적 관할로서 공통의 국적에 근거한 관할을 인정한다. 개정법은 부양사건의 경우 독일 FamFG와 마찬가지로 국적관할을 명시하지 않으므로 한국의 국적관할이 인정되는 것은 아니지만 매우 예외적인 경우 사안에 따라서는 제2조의 일반원칙을 통하여 양 당사자의 국적에 근거하여 한국의 국제재판관할을 인정할 여지가 전혀 없지는 않을 것이다. 다만 이를 인정하더라도 이는 준거법관할을 인정하는 것은 아니다. 그 경우 준거법은 원칙적으로 부양권리자의 일상거소지법이기 때문이다(개정법 제74조 제1항). 물론 개정법 제21조(예외조항) 또는 제73조 제4항에 따라 한국법이 준거법이 될 가능성은 있다.

개정법(제60조 제3항)은 부양에 관한 사건에서 부양권리자가 미성년자이거나 피후견인인 경우와 한국이 사안과 아무런 관련이 없거나 근소한 관련만 있는 경우에는 제9조(변론관할)를 적용하지 아니한다고 규정하는 것으로 달라지게 되었다. 그렇더라도 결론이 달라지는 것은 아니겠지만 취지가 다소 애매하게 되었다.

175) 노태악(註 12), 37면도 동지. 본문에서 저자의 주안점은 간접관할의 맥락에 있다. 만일 현재 필리핀법상 직접관할이 허용되지 않더라도 우리가 간접관할을 인정한다는 점이 알려지면 필리핀도 입법 내지 판례를 통하여 태도를 변경하지 않을까 짐작된다.
176) 다만 일부 국가(특히 미국)가 국내법상 부양권리자의 일상거소지만으로는 '적법절차'의 요건을 충족할 수 없다는 태도를 보임에 따라 협약은 그에 대한 유보를 허용한다(제20조 제2항).
177) 김원태(註 132), 184면.
178) 김문숙(註 168), 180면.

바. 후견에 관한 사건의 특별관할

후견에 관한 사건에 대하여 개정법은 성년자 후견과 미성년자 후견을 구분한다. 주목할 것은 미성년자의 경우 친권의 소멸은 후견개시의 선결문제라는 점에서 미성년자 후견은 친권과 밀접하게 관련된다는 점인데 이 점을 중시하면 미성년자 후견을 친권과 함께 묶어서 규정할 수도 있으나 개정법은 이를 별도로 규정한다. 다만 큰 차이가 있는 것은 아니고 본국관할의 인정 여부에 차이가 있다. 토지관할의 맥락에서 가사소송법은 양자를 구별하지 않는다.

(1) 성년자 후견[179])에 관한 사건의 특별관할

(가) 국제사법의 해석론

인구의 고령화가 빠르게 진행됨에 따라 노인을 보호할 필요성이 커지고 장애인 복지의 중요성에 대한 인식 제고에 따라 의사결정이 어려운 성년자와 장애인의 보호가 중요한 사회문제가 되었다. 이에 대처하고자 각국은 성년자보호법제를 도입하였는데, 성년자의 국제적 이동이 빈번하고 성년자가 여러 국가에 재산을 보유하는 현상이 늘어남에 따라 이 분야에서도 국제사법이 중요한 의미를 가진다.[180]) 한국도 2013년 7월 시행된 개정 민법을 통하여 성년후견제를 도입하였다. 과거 민법은 금치산·한정치산제도를 두었으나 이는 개인의 행위능력을 일률적으로 박탈하거나 제한하는 점에서 문제가 있었기에 금치산과 한정치산을 협의의 성년후견과 한정후견제도로 대체하였고 그 밖에도 특정후견과 임의후견을 새로 도입하였다. 그리고 성년자 후견제도에 대한 공시절차로서 2013년 4월 '후견등기에 관한 법률'을 제정하였다.

다수설에 따르면 국제사법(제48조 제2항)은 국제후견사건에 관하여 국제재판관할규칙을 두고 있다. 제2항과 제1항을 묶어 보면 원칙적으로 피후견인의 본국이 국제재판관할을 가지는 것을 전제로, 제2항이 정한 예외사유가 있는 경우에 한

---

179) 당초 개정안은 '성년 후견'이라는 용어를 사용하였으나 민법상 넓은 의미의 성년후견과 법정후견의 한 유형인 협의의 성년후견이 사용되므로 혼란을 피하고자 개정법에서는 '성년인 사람의 후견'으로 표현을 수정하였다. 여기에서는 '성년자 후견'이라고 쓴다.

180) 성년후견에 관한 국제적 배경은 김문숙(註 168), 181면 이하 참조. 근자에 우리나라에서도 신격호 롯데그룹 회장의 성년후견과 배우 윤정희 씨의 성년후견이 사회적 관심사가 된 바 있다. 전자는 일본에서도 활동하였고 재산을 가지고 있으며, 후자는 오랜 기간 프랑스에 거주하고 있고 프랑스 법원의 후견개시 재판이 있었다고 하므로 국제적 성년후견의 문제를 제기한다.

하여 한국이 예외적으로 국제재판관할을 가지고 그 경우 한국법을 적용한다는 것
이다.181) 다수설은 후견에 관한 재판관할과 준거법의 병행을 가능케 하는 장점이
있다. 반면에 소수설은 국제사법(제48조 제2항)은 준거법을 정할 뿐이고 국제재판
관할을 정한 것은 아니라고 보면서 피후견인의 주소지관할(또는 일상거소지관할)이
원칙이라고 한다.182) 저자는 해석론으로는 다수설에 따라 국제사법 제48조를 고
려하여 본국관할을 인정하지만 그 타당성은 의문이므로 이를 가급적 제한하고 일
상거소지의 예외적 관할을 넓게 인정하자는 견해를 피력하였다.183)

우리나라도 성년후견제를 도입하였으므로 후견개시의 심판에 대한 관할을
규정할 필요가 있는데, 그 경우 원칙적 관할을 피성년후견인의 본국에 부여할지
아니면 일상거소지에 부여할지가 문제된다.

(나) 성년자보호협약의 태도

우리나라는 아직 가입하지 않았으나, 성년자보호에 관하여는 헤이그국제사법
회의의 2000년 "성년자의 국제적 보호에 관한 협약"(이하 "성년자보호협약"이라 한
다)184)이 있다. 성년자보호협약이 규율하는 사항은 아동보호협약과 마찬가지로 보
호조치에 관한 관할권, 준거법, 외국보호조치의 승인 및 집행과 국가 간 협력이
다. 여기에서는 동 협약의 관할규칙을 간단히 살펴본다.

---

181) 다수설은 윤종진, 개정 현대 국제사법(2003), 483면; 김용한·조명래, 국제사법(1998), 357
면; 이호정, 국제사법(1983), 417면.
182) 이는 섭외사법(국제사법)의 해석론으로 피후견인의 상거소지국 관할을 인정하는데, 그 근
거는 후견제도가 본래 피후견인의 보호뿐만 아니라 그와 교섭하는 일반사회의 공익과도
관계되므로 이 점을 가장 적정하게 판단할 수 있는 것은 피후견인의 상거소지국의 법원 기
타 국가기관이고 그런 기관이 취하는 조치가 가장 실효성이 있기 때문이라고 한다. 서희
원, 국제사법강의(1998), 322-323면. 학설은 이병화, "성년후견제도의 도입에 따른 국제후
견법의 재고찰", 비교사법 제13권 제3호(통권 제34호)(2006. 9.), 119면 이하 참조.
183) 이병화(註 182), 130면은 후견사건에 대한 국제재판관할권은 원칙적으로 피후견인의 상거
소지국에 있고 예외적으로 본국의 관할권을 인정할 필요가 있다고 한다. 참고로 가사소송
법 제44조 제1항 제1의2호는 "미성년후견·성년후견·한정후견·특정후견 및 임의후견에
관한 사건에 대하여 각 피후견인(피후견인이 될 사람을 포함한다)의 주소지의 가정법원이
토지관할을 가진다"고 규정한다.
184) 여기에서 성년자는 18세에 달한 자를 말한다. 성년자보호협약에 관하여는 최흥섭, "성년자
의 국제적 보호를 위한 2000년의 헤이그협약", 인하대학교 법학연구 제4집(2001), 69면 이
하; 김문숙(註 168), 183면 이하; 석광현, "국제친권·후견법의 동향과 우리의 입법과제",
서울대학교 법학 제55권 제4호(2014. 12.), 473면 이하 참조.

성년자보호협약 제Ⅱ장(제5조-제12조)은 당국이 성년자의 신상 또는 재산에 대하여 보호조치를 취할 국제재판관할을 위한 규칙을 둔다. 원칙적으로 성년자의 일상거소지국이 관할을 가지나(제5조)[185] 예외가 인정된다. 첫째, 예외적으로 성년자의 본국이 관할권을 가진다(제7조). 둘째, 일상거소지국의 관청이 특정한 사항에 대해 다른 체약국이 성년자의 이익을 위하여 조치를 취하기에 더 적절하다고 판단하는 경우 관할의 인수요청과 관할이전을 허용한다(제8조). 셋째, 예외적으로 재산소재지 관할을 인정한다(제9조). 넷째, 긴급한 경우에는 성년자 또는 그 재산 소재지 체약국이 관할을 가진다(제10조). 다섯째, 성년자 또는 그 재산 소재지 체약국은 임시적 성격의 보호조치를 취할 수 있다(제11조).

주의할 것은, 헤이그협약은 후견사건의 국제재판관할규칙을 정함에 있어서 성년자와 아동을 구별하는 점인데, 성년자보호와 아동보호는 상황이 다르기 때문이다. 즉 성년자보호협약은 일상거소지관할(제5조), 본국관할(제7조)과 재산소재지관할(제9조)을 인정하는데 본국관할을 인정하는 점은 아동보호협약과 다르다.

(다) 개정법의 내용

개정법(제61조 제1항)은 ① 피후견인의 일상거소가 한국에 있는 경우, ② 피후견인이 한국인인 경우와 ③ 피후견인의 재산이 한국에 있고 피후견인을 보호하여야 할 필요가 있는 경우에는 한국의 국제재판관할을 인정한다.[186] 후견사건은 상대방 없는 가사비송사건으로 형식적 당사자는 존재하지 않고 실질적 당사자에 준하는 사건본인인 피후견인이 중심에 있음을 고려하여 피후견인의 권리를 보장한다.[187] 따라서 여기에서는 일반관할이 인정되기는 어려울 것이다. 이를 부연하면 아래와 같다.

① 피후견인의 일상거소지국 관할. 위에서 본 것처럼 이를 인정하는 이유는

---

185) 그 이유는 당국의 신속한 개입을 가능하게 하고, 절차로 인한 성년자의 부담을 줄이며, 증거 근접성을 확보할 수 있기 때문이다.

186) 피임의후견인의 상거소가 한국에 없으나 임의후견인의 상거소가 한국에 있음을 근거로 한국법원의 관할을 인정할지는 논란이 있으나 이는 불필요하다. 권재문(註 2), 42면; 김원태(註 116), 289면도 동지. 그러나 김문숙, "성년후견제도에 관한 국제사법상 쟁점에 관하여 —한국민법개정후의 대응—", 국제사법연구 제15권(2009), 404면은 필요하다고 본다.

187) 김원태(註 132), 173면은 이런 입법태도는 매우 타당하다고 평가한다. 위에서 언급하였듯이 김문숙(註 168), 209면은 후견사건의 국제재판관할에 관한 개정안을 제1안과 제2안으로 구분하여 제시하였다.

당국의 신속한 개입을 가능하게 하고, 절차로 인한 성년자의 부담을 줄이며, 증거 근접성을 확보할 수 있기 때문이다.

② 피후견인의 국적관할. 보호를 필요로 하는 성년자와 미성년자의 상황은 차이가 있는데 성년자는 오래 전부터 생활을 영위하고 있으므로 외국에 일상거소가 있더라도 가족적 유대관계에서는 본국과의 밀접한 관련을 가진다. 이를 반영하여 성년자의 경우 국적관할을 인정한다.[188] 그러나 임의후견은 피임의후견인에 의한 대리권 수여를 기초로 하므로 법정후견과 성질이 다르고, 임의후견감독인이 선임되어 후견계약의 효력이 발생하더라도 피임의후견인의 행위능력이 제한되는 것도 아니므로 피임의후견인의 국적에 기한 관할을 인정할 관련성이 있다고 보기 어렵다는 비판이 있다.[189] 나아가 본국관할을 인정하는 데 대하여는 외국에 거주하고 있는 한국인 성년자의 후견인선임이나 보호조치에 관하여 한국법원이 조치를 취하더라도 한국법원의 재판이 외국에서 승인되지 않으면 실익이 없다고 비판하면서 삭제하자는 견해가 있다.[190]

③ 피후견인의 재산 소재와 보호할 필요가 있는 경우. 즉 ③의 경우 재산소재만으로는 부족하고 피후견인을 보호할 필요가 있어야 한다.

국제사법은 후견개시심판의 국제재판관할은 제14조에서 규율하고, 보호조치 등 그렇게 개시된 후견감독사건의 국제재판관할은 제48조에서 규율하는 방식을 취한다(다수설에 따를 경우). 그러나 개정법(제61조)은 굳이 양자를 구별할 필요가 없다고 보아[191] 양자를 묶어서 규정하는데 그 과정에서 국제사법 제48조 제2호 ("대한민국에서 한정후견개시, 성년후견개시, 특정후견개시 및 임의후견감독인선임의 심판

---

188) Kurt Siehr, Das Haager Übereinkommen über den internationalen Schutz von Erwachse-ner, Rabels Zeitschrift, Band 64 (2000), S. 728-729; 櫻田嘉章, "2000年ハーグ「成年者の國際的保護に關する條約」について", ケース研究 第264巻, 7면(최홍섭, "성년자의 국제적 보호를 위한 2000년의 헤이그협약", 국제사법의 현대적 흐름(2005), 397면에서 재인용). 김문숙(註 168), 206-207면(보호임무를 맡으려 하는 근친자 등이 통상 한국에 상거소를 가질 수 있음을 근거로)과 이병화, "민법상 성년후견제도 도입에 따른 국제사법상 한정치산·금치산선고 및 후견제도에 관한 개정방향", 국제사법연구, 제19권 제1호(2013. 6.), 623-624면(결론만 제시하면서 성년과 미성년의 구별 불요라고 한다); 권재문(註 2), 52면도 이를 지지한다.

189) 권재문(註 2), 43면; 김원태(註 116), 290면. 이 점에서 개정안은 임의후견의 특수성을 충분히 고려하지 못하였다고 비판할 수 있다.

190) 김원태(註 116), 291면; 김원태(註 132), 176면.

191) 일본에서 그렇게 규정하는 이유는 권재문(註 2), 39면 참조.

을 한 경우")가 예외적 관할사유에서 삭제되었다. 이에 대하여는 우리 법원이 후견개시재판을 한 경우 보호조치와 후견종료재판 등과 같은 그 후속재판(이 경우의 관할을 '원재판국의 계속관할'이라고 부르기도 한다[192])을 인정할 필요가 있으므로 조문을 두자는 견해[193][194]가 있다. 위에서 본 것처럼 가사소송법 제44조 제1항 제1의2호는 미성년후견·성년후견·한정후견·특정후견 및 임의후견에 관한 사건에 대하여 각 피후견인의 주소지의 가정법원에 토지관할을 인정하면서도 성년후견·한정후견 개시의 심판, 특정후견의 심판, 미성년후견인·임의후견감독인 선임 심판이 각각 확정된 이후의 후견에 관한 사건에 대하여는 후견개시 등의 심판을 한 가정법원의 관할을 여전히 인정한다.

그러나 개정법은 원재판국의 계속관할을 규정하지 않으므로 변경재판을 하자면 그때를 기준으로 개정법(제61조)에 따라 후견사건의 국제재판관할이 있는지를 판단해야 한다. 따라서 제61조의 요건이 구비되지 않는 한 우리 법원이 한정후견개시, 성년후견개시, 특정후견개시 및 임의후견감독인선임의 심판을 하였다는 이유만으로 계속관할을 행사할 근거는 없다. 나아가 '외국재판의 변경'은 비단 후견사건에서만 문제되는 것은 아니고 다양한 사건에서 문제되는데(예컨대 피해자가 사고로 인하여 사망 시까지 매년 일정액의 치료비가 소요될 것으로 예상하여 그 지급을 명하는 판결을 선고하였는데, 예상과 달리 조기에 건강상태가 호전된 경우 정기금판결 액수의 감액을 청구하는 경우) 저자는 외국법원이 한 재판을 우리 법원이 변경하자면 변경재판을 기준으로 원칙적으로 우리 법에 따른 국제재판관할이 있어야 한다고 본다.[195]

(2) 미성년자 후견에 관한 사건의 특별관할

국제사법 제48조는 성년자와 미성년자를 구별하지 않는데 다수설에 따르면 국제사법 제48조 제2항의 해석상 아동후견(이는 미성년자 후견[196]과 다르나 편의상

---

192) 장준혁(註 168), 178면.
193) 김원태(註 132), 184면.
194) 김문숙(註 168), 179면은 선행 부양결정을 한 국가에 부양권리자가 여전히 상거소를 두고 있는 경우 관할합의를 하지 않는 한 다른 국가에서는 재판을 할 수 없도록 하자고 한다. 2007년 아동부양협약(제18조)과 2008년 EU부양규정(제8조 제1항)은 이런 태도를 취한다. 그러나 장준혁(註 168), 208면은 별로 실익이 없다면서 그에 반대한다.
195) 석광현(註 89), 433면 참조.
196) 헤이그협약과 달리 개정법은 성년자와 미성년자의 개념을 사용한다. 미성년자인지는 우리 법이 아니라 개정법 제28조에 의하여 결정되는 본국법에 따라야 할 것이나 통일적 기준을

양자를 호환적으로 사용한다)에 관하여도 한국에 일상거소 또는 거소가 있는 외국인
인 미성년자에 대하여는 ① 아동의 본국법에 의하면 후견개시의 원인이 있더라도
그 후견사무를 행할 자가 없거나 후견사무를 행할 자가 있더라도 후견사무를 행
할 수 없는 경우 또는 ② 그 밖에 피후견인을 보호하여야 할 긴급한 필요가 있는
경우 한국법에 의하는데, 그 경우 준거법과 국제재판관할의 병행을 인정하여 한
국법원이 국제재판관할을 가진다.

아동보호협약은 위에서 본 바와 같이 미성년 친권사건과 후견사건에 대해 동
일한 국제재판관할규칙을 둔다.

개정법(제61조 제2항)은 ① 미성년자의 일상거소가 한국에 있는 경우와 ② 미
성년자의 재산이 한국에 있고 그를 보호하여야 할 필요가 있는 경우(이는 제62조
제1항 제3호의 사유와 같다) 한국의 국제재판관할을 인정한다. 이를 부연하면 아래
와 같다.

① 미성년자의 일상거소가 한국에 있는 경우.[197] 즉 부모·자녀 간의 법률관
계 등에 관한 사건의 특별관할을 가지는 법원이 미성년자 후견사건의 국제재판관
할을 가진다. 이는 미성년자의 친권과 후견을 통일적으로 규율하는 것이다. 개정
법은 제61조 제1항 제3호의 사유가 있는 경우를 추가함으로써 그 범위 내에서 양
자 간에 차이가 발생한다. 미성년자의 경우 성년자 후견사건의 경우와 달리 국적
관할을 인정하지 않는다.

② 피후견인인 미성년자의 재산 소재와 보호할 필요가 있는 경우. 즉 이 경
우 재산소재만으로는 부족하고 피후견인을 보호할 필요가 있어야 한다. 성년자는
통상 재산을 소유하므로 재산법적 측면도 중요한 의미를 가지는 데 반하여, 미성
년자의 경우 통상 재산을 가지지 않으므로[198] 아동보호협약(제11조)은 긴급한 경
우에만 재산소재지 관할을 인정한다. 성년자보호협약도 마찬가지로 긴급한 경우
재산소재지 관할을 인정하면서(제10조), 더 나아가 재산에 대한 보호조치에 관하
여 원칙적으로 재산소재지의 관할을 인정하는 조문(제9조)을 두고 있다. 개정법(제
61조)은 아동의 경우에도 보호할 필요가 있는 경우에는 재산소재지의 특별관할을

적용할 수 없다는 문제가 있다. 개정안에서는 '미성년 자녀의 후견'이라는 용어를 사용하였
는데 이는 개정법에서는 '미성년자의 후견'으로 수정되었으나 부모·자녀관계 조문은 그대
로 두었다.
197) 개정안은 제60조가 규정하는 경우라고 규정하였으나 개정법은 이를 풀어서 규정한다.
198) Siehr(註 188), S. 728-729; 櫻田嘉章(註 188), 7면(최흥섭(註 188), 397면에서 재인용).

인정하는 점에서 아동보호협약과는 차이가 있다.

③ 국적관할의 불인정. 개정법은 성년자 후견의 경우 본국관할을 인정하나 미성년자 후견의 경우 본국관할을 인정하지 않는다. 위에서 보았듯이 성년자는 오래 전부터 생활을 영위하고 있으므로 외국에 상거소가 있더라도 통상 가족적 유대관계에서는 본국과 밀접한 관련을 가지는 데 반하여 미성년자의 경우는 통상 그렇지 않기 때문에 국적관할을 제외하였다.199)

④ 친권과 미성년자 후견의 체제. 국제사법은 준거법의 맥락에서 "[친권] v. [후견(성년자 후견＋미성년자 후견)]"[1]의 체제를 취한다. 그러나 그에 대하여는 친권과 미성년자 후견의 밀접성을 고려하여 "[친권＋미성년자 후견] v. [성년자 후견]"[2]의 체제가 바람직하다는 비판이 있다. 개정법은 이 점을 고려하여, 기술적으로 성년자 후견과 미성년자 후견을 묶어 제62조에서 함께 규정하는데, 이는 준거법의 체제를 유지하면서도 제61조 제2항에서 미성년자의 일상거소가 한국에 있는 경우 —이는 제59조에 따라 부모·자녀 간의 관계 등에 관한 사건에서 한국이 관할을 가지는 경우이다— 한국의 관할을 인정함으로써 그런 체제를 다소 완화한다. 그 결과 개정법은 국제재판관할의 맥락에서는 "[친권] v. [미성년자 후견(양자의 중간)] v. [성년자 후견]"[3]이라는 체제를 따른다. 그러나 헤이그국제사법회의는 준거법과 국제재판관할의 맥락에서 아동후견과 성년자 후견의 차이를 고려하여 친권과 아동후견을 아동보호협약에서 통일적으로 연결하고, 성년자 후견은 성년자보호협약에 의하여 별도로 규율하는 점을 고려한다면 개정법은 미성년자 후견을 취급함에 있어서 국제재판관할과 준거법의 맥락에서 일관성이 부족하다는 비판을 면하기 어렵다.200) 이런 문제는 준거법에 관한 조문을 개정할 때 시정할

---

199) 당초 개정안에서는 국적관할을 제외하였는데 법원행정처의 의견을 수용하여 공청회 후 부모·자녀 간의 법률관계 등에 대한 사건의 특별관할을 정한 제60조에 "부모 중 한쪽과 자녀가 대한민국 국적을 가지는 경우"가 추가됨으로써 제한적으로 국적관할이 도입되었고, 개정안 제62조 제2항(미성년자 후견사건)이 제60조를 인용하므로 이런 수정은 미성년자 후견사건의 관할에서도 국적관할을 도입하는 결과가 되었다. 그러나 그에 상응하는 개정법 제61조는 제59조를 인용하는 대신 내용을 풀어서 쓴 탓에 개정법 하에서는 결국 미성년자 후견의 경우 부모·자녀 간의 법률관계 등에 대한 사건에서와 달리 국적관할은 도입되지 않았다.

200) 이를 해결하는 한 가지 방법은 성년후견의 준거법도 본국법이 아니라 상거소지법으로 변경하는 것이다. 위원회에서 이런 제안이 있었고 지지하는 견해가 있었으나, 준거법에 관한 연결원칙을 개정하는 것은 위원회의 임무범위를 넘는 것이고 또한 그러한 개정에 대해 충분한 논의가 없었던 것으로 보아 법무부는 이를 반영하지 않았다. 친권에 관해서는 아동의

수 있을 것이다.

위의 논의를 정리하면 아래와 같다.

규 범	체 제
국제사법과 개정법의 준거법규칙	[1] 친권 v. 후견[성년자 후견 + 미성년자 후견]
아동보호협약과 성년자보호협약의 관할규칙과 준거법규칙	[2] 친권 + 미성년자 후견 v. 성년자 후견
개정법의 관할규칙	[3] 친권 v. 미성년자 후견 v. 성년자 후견

(3) 성년자 후견의 준거법규칙의 수정

위원회가 후견의 관할규칙을 신설하여 피후견인 상거소지의 관할을 인정함에 따라, 종래 국제재판관할을 함께 규정하는 것으로 이해되었던(다수설에 따를 경우) 후견의 준거법에 관한 국제사법 조문(제48조)을 개정할 필요성이 제기되었다.

연결점을 국적 대신 일상거소지로 대체하는 방안을 고려하였고 위원회에서 그를 지지하는 견해도 있었다. 그러나 법무부는 금번에는 준거법규칙은 개정하지 않는다는 원칙과, 후견의 준거법으로서 아직은 본국법주의를 지지하는 견해가 유력한 점[201]을 고려하여 원칙적으로 피후견인의 본국법주의를 유지하면서 예외적인 경우 외국인에 대하여 한국법을 적용하는 국제사법의 태도를 가급적 유지하기로 하였다. 다만 재판관할에 관한 조문(제62조)이 신설됨으로써 재판관할규칙을 포함한 제48조의 수정이 불가피하였다.

결국 개정법(제75조)은 후견의 준거법에 관하여 피후견인의 본국법주의를 원칙으로 하면서, 제61조에 따라 한국법원이 후견에 관한 사건의 특별관할을 가지고 재판을 하는 때에는 ① 그의 본국법에 따른 후견개시의 원인이 있더라도 그 후견사무를 수행할 사람이 없거나 후견사무를 수행할 사람이 있더라도 후견사무

상거소 또는 국적을 연결점으로 삼아 국제재판관할을 인정하고(제59조), 미성년자 후견에 관해서는 아동의 상거소 또는 재산을 연결점으로 삼아 국제재판관할을 인정하는 것(제61조 제2항)은 개정법의 '가족법적 사고의 빈곤'을 상징적으로 보여주는 장면이라는 비판도 있다. 위(註 141) 현소혜 교수의 토론문, 4면. 그런 지적이 근거가 없는 것은 아니지만, 개정작업 과정에서 문제점을 몰랐던 것은 아니고 준거법의 상태와 비교하여 보면 그나마 개선된 것이라는 점을 지적해 둔다.

201) 예컨대 최흥섭, "새로운 성년후견제의 도입에 따른 국제사법 규정의 개정 문제와 적용 문제", 인하대학교 법학연구 제16집 제3호(2013. 11.), 1면 이하 참조.

를 수행할 수 없는 경우, ② 한국에서 후견개시의 심판(임의후견감독인선임 심판을 포함)을 하였거나 하는 경우 또는 ③ 피후견인의 재산이 한국에 있고 피후견인을 보호하여야 할 필요가 있는 경우에는 예외적으로 법정지법인 한국법을 준거법으로 삼는다.

개정법 제75조의 특색은 아래와 같다.[202]

첫째, 제2항에서는 예외적 관할근거를 명시하는 대신 개정법(제61조)에 따라 한국이 국제재판관할을 가지는 것을 전제로 한다. 둘째, 성년자 후견과 미성년자 후견을 묶어서 규율하는 체제를 유지한다. 셋째, 제1호와 제3호는 국제사법 제48조 제1호와 제3호[203]를 가급적 유지하면서 조금 수정한다. 넷째, 국제사법 제48조 제2호는 "대한민국에서 한정후견개시, 성년후견개시, 특정후견개시 및 임의후견감독인선임의 <u>심판을 한 경우</u>"라고 규정하나, 개정법 제75조 제2항 제2호는 이를 "대한민국에서 후견개시의 심판(임의후견감독인선임 심판을 포함한다)을 하였거나 하는 경우"라고 규정한다. 물론 우리 법원의 관여 없이 준거법만이 문제되는 상황에서는 제1항이 여전히 의미가 있으나 제2호가 "대한민국에서 후견개시의 <u>심판을 하는 경우</u>"도 포함하므로 외국인에 대해 후견개시의 원인이 있는지, 또한 그 경우 우리 법원이 후견개시의 재판을 해야 하는지의 준거법도 한국법이 된다. 결국 한국법원이 개입하는 경우에는 사실상 법정지법원칙이 적용되는 결과가 되어 제1항이 상당부분 무의미하게 된다.

사. 가사조정사건

가사조정사건의 국제재판관할을 규정할지에 관하여는 위원회에서 논의가 있었는데 적극설이 유력하여 규정하기로 결정하였다. 가사소송법에 따르면 가사조정은 나류 및 다류 가사소송사건과 마류 가사비송사건의 제소 또는 심판청구에 앞서 거쳐야 하는 사전절차이다(제50조 제1항). 조정의 대상이 되는 사건에 대하여 우리 법원이 국제재판관할을 가진다면 당해 조정사건에 대해서도 법원이 관할을

---

202) 제76조는 결국 일본 법적용통칙법 제35조와 유사하나 개정법에는 일본 법적용통칙법 제5조와 같은 조문이 없다.
203) 국제사법 제48조 제1호와 제3호는 아래와 같다.
"1. 그의 본국법에 의하면 후견개시의 원인이 있더라도 그 후견사무를 행할 자가 없거나 후견사무를 행할 자가 있더라도 후견사무를 행할 수 없는 경우 3. 그 밖에 피후견인을 보호하여야 할 긴급한 필요가 있는 경우"

가진다는 점은 이견이 없었다. 이에 따라 개정법(제62조)은 "제56조부터 제61조까지의 규정에 따라 법원에 국제재판관할이 있는 사건의 경우에는 그 조정사건에 대해서도 법원에 국제재판관할이 있다."고 규정한다.

다만 일부 위원은 당사자가 법원에 가사조정을 신청할 수 있다는 서면합의를 한 경우 법원에 국제재판관할이 있다는 취지를 명시하자고 제안하였으나 그에 대하여는 논란이 있었다.[204] 이는 한국에 거주하는 미군 또는 미국 군무원 부부가 원하는 경우 종래 실무상 한국에서 조정에 의한 이혼을 허용해 왔는데 개정법에 그 근거를 명시하려는 취지라고 한다. 만일 그런 이유로 규정하자면 차라리 당사자가 서면에 의하여 공동으로 가사조정을 신청한 경우 법원에 조정에 대한 관할이 있다는 취지로 규정하는 편이 적절하지 않을까 생각된다.[205] 결국 법무부는 그 범위가 너무 확대될 우려가 있어 이를 제외하기로 하였다.

개정안이 상속사건에 관하여 가사조정사건에 관한 개정안 제63조(개정법 제62조에 상응)와 유사한 조문을 두지 않은 것을 비판하는 견해가 있었다.[206] 저자는 조문을 두는 것이 바람직할 것으로 생각하나 규정이 없더라도 동일한 결론을 도출할 수 있을 것으로 생각하였다. 그러나 이를 명확히 하기 위하여 개정법(제76조 제5항)에 명시적인 규정을 도입하였다.

아. 가사사건에서 국적관할의 인정범위

위에서 본 것처럼 종래 우리 법원은 가사사건에서 국적관할을 인정하는 데 인색하였다. 위원회는 가사사건에서 국적관할을 도입할 필요성을 대체로 인정하였고, 그 경우 다양한 가사사건의 유형에서 일관성이 있어야 한다는 점에 공감하였으나 구체적인 요건에 관하여는 충분한 논의가 이루어지지 않았다. 결국 위원회는 혼인관계사건에서는 양당사자가 한국인인 경우 그리고 친생자관계사건(제57조)과 양친자관계의 존부확인과 파양에 관한 사건(제58조 제2항)에서도 자녀 및 피

---

204) 일본의 '인사소송법등의 일부를 개정하는 법률안' 초안도 참고가 되었다. 동 초안(제3조의 13)에 따르면 일본법원은 … 당사자가 일본 법원에 가사조정의 신청을 할 수 있다는 취지의 합의를 한 때 원칙적으로 관할권을 갖는다. 일본법의 소개는 김문숙, "일본에서의 가사사건에 관한 국제재판관할 —개정 가사사건절차법을 중심으로—", 국제사법연구 제26권 제2호(2020. 12.), 435면 이하 참조.
205) 그 경우 준거법도 의문이다.
206) 김원태(註 132), 183면.

고인 부모 중 한쪽의 국적이 동일한 경우 국적관할을 인정한다.207) 반면에 개정법
은 부모·자녀 간의 법률관계 등에 관한 사건에서는 아동의 국적관할을 인정하지
않았으면서(제60조)208) 성년자 후견사건에서는 피후견인의 국적관할을 인정한다
(제61조 제1항 제2호). 미성년자 후견사건의 경우 당초 국적관할을 인정하지 않았
으나 공청회 후 제60조를 수정하기로 함에 따라 "부모 중 한쪽과 자녀가 대한민
국 국적을 가지는 경우"에도 국적관할을 도입하였음은 위에서 언급하였다.

참고로 아동보호협약은 국적관할을 인정하지 않으나 성년자보호협약은 예
외적으로 국적관할을 인정한다. 개정법은 입양의 성립과 부양사건에 대하여는
국적관할을 인정하지 않는다.209) 재산적 성격이 강한 부양사건에서는 이는 타당
하다고 볼 여지가 있으나 입양의 성립에 관하여는 다소 의문이다. FamFG(제101
조)는 양친 또는 양자의 일방이 독일인인 경우 재판관할을 긍정한다. 그러나
2021년 국회에 발의된 국제입양법안은 과거의 국적에 근거한 국적관할까지 인정
함으로써 과도한 국적관할을 도입하고자 한다는 점과 그에 대한 비판은 위에서
언급하였다.

저자는 위원회에서 적절한 범위 내에서 국적관할을 도입하는 것이 바람직한
데 그 경우 다양한 가사사건의 유형에서 일관성이 있어야 한다는 점을 강조하였
고 실제로 위원회는 이 점에 주목하였으나 충분히 논의하지 못한 점은 무척 아쉽
다. 독일은 우리와 비교할 때 국적관할을 더 널리 인정하는 점에 특색이 있다. 국
적관할은 가족관계등록부에의 등록과 관련하여 의미가 있다. 비교를 위하여 가사
사건에서 국적관할의 인정 여부를 정리하면 아래와 같다.

---

207) FamFG는 혼인관계사건(제98조 제1항 제1호)에서 일방 당사자의 국적관할을 인정한다. 참
　　고로 일본의 인사소송법(제3조의3)은 혼인관계 소송사건에서 당사자 쌍방이 일본의 국적
　　을 가지는 경우 일본의 국제재판관할을 인정한다.
208) FamFG는 친자사건(제99조 제1항 제1호)에서 아동의 국적관할을 인정한다.
209) FamFG는 입양사건(제101조)에서 양친이 되려는 자의 일방 또는 양자의 국적관할을 인정
　　하나, 부양사건에서는 국적관할을 인정하지 않는다. 우리가 이처럼 넓은 국적관할을 수용
　　하지 않더라도 양자와, 양친될 사람의 일방이 한국인일 때에는 가사 상거소가 모두 외국에
　　있더라도(이례적이기는 하나) 국적관할을 인정해야 한다는 주장도 가능할 것이다.

《국적관할의 인정 여부》

		개정법	독일	헤이그 협약	EU규정
혼인		양당사자 국적 관할 ○	일방당사자 국적관할 ○	–	브뤼셀 II bis/ II ter 양당사자 국적 관할 ○
친자	친생자	양당사자(자녀와 피고인 부(모)) 국적관할 ○	일방당사자 국적관할 ○	–	–
	양친자관계 존부/파양	上同	아마도 上同	–	–
	입양성립	×	일방당사자 국적관할 ○	–	–
	친권/아동 후견210)	양당사자(자녀와 부모 일방) 국적 관할 ○/×211)	○	×	–
부양		×	×	×	○ [보충적으로 양당사자 공통 국적 관할 ○. 부양규정 §6]
성년자 후견		○	○	○ (§7)	
상속		×	×	–	상속규정(§10). 유산소재와 묶어 보충적으로 ○

자. 가사사건에 대한 총칙 적용상의 유의점

개정법 제1장의 총칙이 가사사건에도 적용됨은 당연하다. 다만 가사사건에서 재산법상의 사건과 달리 규정하는 총칙의 조문들이 있으므로 이를 언급한다.

(1) 피고관할(일반관할)

개정법(제3조)은 총칙에서 일반관할로서 '원고는 피고의 법정지를 따른다'는 원칙을 명시하므로 이는 가사사건에도 적용된다. 따라서 가사사건이 한국에 일상 거소를 가지는 사람에 대한 소의 구조를 취하는 경우에는 법원에 국제재판관할이

---

210) 편의상 여기에 적었으나 아동후견은 아래 성년자 후견과 함께 검토할 필요가 있다.
211) 이는 법원행정처의 의견을 반영하여 공청회 후 수정한 결과이다. 그러나 개정안에서는 그랬지만 개정법에서는 친권의 경우만 그렇고 아동후견의 경우는 아니게 되었다.

있다. 다만 피고관할원칙이 혼인사건에서도 타당한지에 관하여는 논란이 있으나[212] 아래 이유로 타당하다고 본다. 첫째, 피고관할원칙이 인정되는 근거는 대체로 국제혼인사건에서도 타당하다. 둘째, 섭외사법 하에서 1975년 대법원판결도 국제가사사건에서 피고주소지주의를 채택한 바 있다. 셋째, 브뤼셀Ⅱbis(제3조 제1항 a호)와 브뤼셀Ⅱter(제3조(a)(ⅲ))도 이를 채택하고 있음도 참고가 된다.

다만 제3조는 "대한민국에 일상거소(habitual residence)가 있는 사람에 대한 소(訴)"일 것을 요구하므로 상대방이 없는 가사비송사건의 경우는 그러한 요건이 구비되지 않을 수 있다. 예컨대 입양허가는 가사비송사건으로서 한국에 일상거소를 가지는 사람에 대한 소라는 구조를 취하지 않으므로 일반관할을 정한 제3조가 준용되기 어려우나, 파양은 당사자가 대립하는 가사소송사건으로서 그런 구조를 취하므로 제3조가 적용될 수 있다.[213]

(2) 재산소재지의 특별관할

가사사건 중에서도 이혼한 부부 간의 재산분할이나 부양료 청구와 같은 재산권에 관한 소에 대하여는 제5조의 요건이 구비된다면 재산소재지의 특별관할도 인정할 수 있다.

(3) 관련관할의 특별취급

위에서 본 것처럼 개정법에 따르면 하나의 소로 밀접한 관련이 있는 여러 개의 청구를 하는 경우 우리 법원에 그 여러 개 가운데 하나의 청구에 대한 국제재판관할이 있는 때에는 다른 청구에 대하여도 그 청구가 계속된 법원에 소를 제기할 수 있다(제6조 제1항).

이는 제7장(친족) 제1절이 적용되는 사건의 경우에도 같다. 그러나 이는 혼인관계 사건, 친생자관계 사건, 입양관계 사건, 부모·자녀 간 관계 사건, 부양관계 사건과 후견관계 사건의 주된 청구에 대한 관할에 근거하여 친권자·양육자 지정, 부양료 지급 등의 부수적 청구에 대하여도 관할을 인정하는 근거가 될 수는 있으나 반대의 경우에는 허용되지 않는다. 즉 위에 언급한 사건의 주된 청구에 부수되는 부수적 청구에 대해서만 법원에 국제재판관할이 있는 경우에는 그 주된 청구

---

212) Rauscher/Rauscher(註 128), Art. 3, Rn. 32 참조.

213) 서울가정법원 1992. 4. 23. 선고 91드63419 판결(확정)도 이런 취지로 판시한 바 있다.

에 대한 소를 법원에 제기할 수 없다(제6조 제4항). 다만 양자의 경계와 범위가 항상 분명한 것은 아니다.[214] 제6조에서도 언급한 바와 같이 이혼에 부수하는 부양료 지급이라면 문제가 없으나 '부양관계 사건'과 '부양료 지급'이 만나는 것은 어색하다. 부양관계 사건 또는 후견에 관한 사건이 주된 청구인 경우가 어떤 경우인지 궁금하다.

(4) 합의관할과 변론관할의 배제

합의관할과 변론관할에 관한 규정은 가사사건(또는 친족사건)에는 적절하지 않다는 이유로 개정안(제13조)은 제7장(친족) 제1절, 제8장(상속) 제1절 및 제90조가 적용되는 사건에는 제8조(합의관할)와 제9조(변론관할)를 배제하였다. 다만 해당되는 장에 별도의 조문(예컨대 부양사건에 관한 제61조 제2항)이 있는 경우에는 제8조와 제9조가 적용됨을 명시하였다.

그러나 개정법(제13조)은 위와 같이 원칙과 예외로 규정하는 대신 가사사건에

---

214) 이와 관련하여 국제사법 하에서 인지청구사건에 수반하여 친권자 지정이 문제되는 경우에도 관련관할이 인정될 수 있는지에 관하여 관련관할을 부정하는 견해가 있다. 즉 인지청구사건에서는 대체로 미성년 자녀는 모의 단독친권 하에 있어 인지에 대한 재판만 진행하여도 자녀에 대한 보호의 공백이 발생할 우려가 없고, 둘째, 인지청구사건에서는 부의 주소지(또는 본국)에 관할이 인정될 수 있는데 자녀는 모와 함께 살고 있으며 부는 다른 나라에 살고 있는 것이 일반적이고, 혼인 외 출생자인 자녀가 부의 주소지(또는 본국)와 관련성을 가지는 경우는 거의 없으므로 부의 주소지(또는 본국)가 친권 등에 관한 사건에 대해서는 실질적 관련성이 인정되기 어렵다는 것이다. 권재문(註 2), 33면. 그러나 개정법의 해석론으로서는 제57조에 따라 한국이 친생자관계에 관한 사건에 대하여 특별관할을 가지는 경우 관련관할을 인정해야 할 것이다. 더 근본적으로 혼인관계 사건의 국제재판관할에 친권관계 사건의 국제재판관할을 종속시키는 개정법의 태도에 대하여는 비판이 있음을 주목할 필요가 있다. 즉 ① 아동보호협약은 아동의 상거소국에 친권관계 사건의 국제재판관할을 우선적으로 인정하였고, ② 2004년 발효된 브뤼셀 IIbis도 그런 태도를 수용하여 혼인관계 사건과 친권관계 사건의 연결성을 약화시키고, 혼인관계 사건을 관할하는 법원은 일정 요건 하에서 합의관할과 변론관할을 전제로만 친권관계 사건을 관할할 수 있도록 하였으며 ③ 2022년 8월 발효되는 브뤼셀 IIter는 더 나아가 혼인관계 사건과 친권관계 사건의 국제재판관할 결정기준을 완전히 독립시켜 혼인관계 사건에 대하여 국제재판관할을 가지는 국가이더라도, 그 국가와 실질적 관련성이 인정되는 경우에 한하여(예컨대 그 국가가 친권자 중 적어도 한 명 이상의 상거소지국이거나, 아동의 종전 상거소국이거나 아동의 본국민인 경우일 것) 해당 국가에 친권관계 사건에 대한 국제재판관할을 인정한다는 것이다. 이 견해는 부부 사이에 미성년 자녀가 있는 경우에는 국제재판관할의 일차적 판단기준이 '혼인'이 아니라 '미성년 자녀'가 될 수 있도록 관련 사건 관할의 연결점을 역전시킬 필요가 있지 않은가 싶다는 의견을 피력한다. 위(註 141)에 언급한 현소혜 교수의 토론문, 2면.

관한 개별 조문(제56조부터 제59조까지, 제61조, 제62조)을 명시하면서 그에 따라 국제재판관할이 정하여지는 사건에는 제8조와 제9조를 적용하지 아니한다고 규정한다. 제56조 이하 제62조까지는 친족에 관한 관할규칙을 정한 제7장 제1절의 조문이다. 따라서 예컨대 제60조(후견사건)의 경우 총칙에 규정된 제8조와 제9조가 적용되는 결과가 되고 제60조에서는 그에 대한 예외를 규정하게 되었다.

(5) 친족에 관한 비송사건의 취급

가사사건의 경우에는 개정법 제7장이 소송사건과 비송사건을 통합규정하는 방식을 취함으로써 원칙적으로 양자에 공통된 관할규칙을 둔다. 즉 개정법은 그 경우 "…에 관한 소"가 아니라 "…에 관한 사건"이라는 식으로 규정함으로써 국제사법의 국제재판관할규칙이 비송사건에 대하여도 직접 적용되도록 한다. 따라서 친족에 관한 비송사건의 경우에는 관련된 조문에 따르면 된다. 개정법(제15조 제2항)은 이런 취지를 명시한다.[215] 그러나 가사사건이더라도 개정법 제1장(총칙) 제2절은 성질에 반하지 않는 범위 내에서 비송사건에 준용된다.

다만 제7장에 규정한 관할규칙이 주로 소송을 염두에 둔 영역(예컨대 혼인관계사건의 경우)에서는 그것이 다양한 비송사건을 규율하기에 충분한지 의문이 전혀 없는 것은 아니다. 그 경우에는 비송사건절차법에 규정된 토지관할규칙을 참작하여 국제재판관할을 결정할(제15조 제3항의 접근방법) 현실적 필요가 있지 않을까 모르겠다. 문제는 그런 해석이 제12조 하에서 허용되는가, 만일 아니라면 그런 접근방법을 포기해야 하는가라는 점이다. 이에 대하여는 앞으로 더 검토할 필요가 있다.

Ⅶ. 상속 또는 유언사건의 특별관할(개정법 제8장 제1절)

1. 상속사건의 특별관할

민사소송법은 제22조와 제23조에서 상속·유증 등의 특별재판적을 규정한다.

---

215) 위에서 언급한 바와 같이 혼인신고를 어느 국가에 해야 하는지는 비송사건의 재판은 아니지만 이와 같은 비송사건의 국제관할도 이에 따른다. 그 경우 직접관할에 상응하는 문제는 있지만 간접관할에 상응하는 문제는 제기되지 않는다. 다만 다른 법률에 비송사건의 관할 규정이 있으면 그도 적용될 것이다.

즉 제22조는 상속, 유증, 그 밖에 사망으로 효력이 생기는 행위에 관한 소에 대하여는 사망 당시 피상속인의 보통재판적 소재지의 토지관할을 인정한다. 이는 상속재산이 여러 지역에 분포되어 있고 다수의 상속인, 수증자 등이 있을 수 있으므로 이들에 대하여 각각 다른 법원에 제소해야 하는 불편을 덜어주기 위한 것이다.216) 또한 제23조는 상속채권, 그 밖의 상속재산에 대한 부담에 관한 것으로 제22조의 규정에 해당되지 아니하는 소에 대하여 상속재산의 전부 또는 일부 소재지의 특별관할을 인정한다. '상속채권'이란 상속에 의하여 상속인이 승계할 피상속인의 채무를 그 채권자의 관점에서 표현한 것이고, '상속재산에 대한 부담'이란 유산관리나 유언집행, 장례비용 등을 말하는 것으로 해석되고 있다.217)

개정법(제76조 제1항)은 이런 토지관할규칙을 국제재판관할규칙으로 받아들이되 '주소'를 '일상거소'로 대체하여 피상속인의 사망 당시 일상거소가 한국에 있는 경우(피상속인의 일상거소가 어느 국가에도 없거나 이를 알 수 없고 그의 마지막 일상거소가 한국에 있었던 경우에도 같다) 또는 한국에 상속재산이 있는 경우에는(다만 그 상속재산의 가액이 현저히 낮은 경우에는 제외) 한국의 국제재판관할을 인정한다.

여기의 상속에 관한 사건에는 상속소송사건과 상속비송사건이 포함된다. 또한 우리 민사소송법과 가사소송법상으로는 상속에 관한 사건에는 가정법원이 관장하는 가사사건과 민사지방법원의 관할에 속하는 상속사건이 있다.218)

2. 유언사건의 특별관할

유언에 관한 사건에 대하여도 마찬가지로 개정법(제76조 제4항)은 유언자의 유언 당시 상거소가 한국에 있거나 유언의 대상이 되는 재산이 한국에 있는 경우 한국의 국제재판관할을 인정한다. 민사소송법은 유증을 규정하는 데 반하여 개정법에서는 '유언에 관한 사건'으로 넓게 규정하는 데 특색이 있다. 다만 재산소재지 관할의 경우 유언 대상인 재산일 것이 요구되므로 차이는 축소된다.

3. 상속 또는 유언사건에서 합의관할과 변론관할

개정법(제76조 제2항)은 상속 또는 유언에 관한 사건에 관하여 당사자의 관할

---

216) 호문혁, 민사소송법 제14판(2020), 182면.
217) 민일영/김능환/김상준(註 86), 206면.
218) 김원태(註 132), 178면은 위와 같이 분류한 뒤 구체적 사례를 열거한다.

합의를 허용한다. 관할합의를 허용하는 것은 상속 또는 유언에 관한 분쟁이 재산법적 성격이 강하다는 점과 개정법(제77조 제2항)이 상속의 준거법에 관하여 당사자자치를 제한적으로 허용하는 점을 고려한 것이다. 다만 피부양자가 미성년자이거나 피성년후견인인 경우와 국제재판관할이 부여된 국가가 사안과 아무런 관련이 없거나 근소한 관련만 있는 경우에는 그러하지 아니하다.[219) 여기에서 합의를 하는 당사자의 범위의 획정이 문제되는데 특히 비송사건의 경우 그 범위에 관하여 논란이 있을 수 있다.[220)

참고로 EU상속규정(제5조)도 관할합의를 허용하나 이는 준거법과의 병행을 확보하고자 준거법 소속국 법원에 전속관할을 부여하는 합의를 허용하는 것이고 나아가 날짜를 기재하고 서명한 서면에 의할 것을 요구한다(전자적 수단의 서면성도 인정한다). 개정법(제76조 제3항)은 합의관할이 허용되는 범위 내에서는 변론관할도 허용됨을 명시한다.[221) 독일에서 상속사건에 관한 국제재판관할은 토지관할규칙에 따라 결정된다(FamFG §343, §105). 즉 토지관할규정은 이중기능을 가진다.

4. 상속비송사건

개정법은 재판관할과 준거법의 병행을 따르지 않고 상속사건에 관하여는 그것이 소송인지 비송인지를 구별하지 않고 제8장에 따르도록 한다.[222) 이를 분명

---

219) 당초 저자는 관할합의를 인정하더라도 아무런 관련이 없는 법원을 지정하는 것은 곤란하고 유럽연합에서 보는 바와 같이 후보가 될 수 있는 국가를 명시하는 것이 바람직하다는 의견을 개진하였다. 해서 일종의 타협안으로 과거 초안에서는 실질적 관련이 없으면 아니된다고 규정하였다. 그러나 실질적 관련이 있으면 그 자체로 관할이 인정되므로 이는 부당하다. 따라서 저자는 2017년 작업과정에서 실질적 관련을 더 낮은 단계의 관련으로 대체하자고 제안하였고 그 결과 현재 초안의 문언이 채택되었다. 즉 다른 요소가 없으면 실질적 관련으로 충분하나, 관할합의가 있는 경우에는 어느 정도의 관련(실질적 관련에는 미치지 못하지만 근소한 관련을 넘는 정도의 관련)이 있으면 족하다는 것이다. 결국 국제사법상 관할근거가 되는 것은 ① 사안 또는 당사자의 실질적 관련 또는 ② "관할합의 + 사안의 어느 정도의 관련"이라는 취지이다. ②에서 당사자는 언급하지 않고 사안만 언급하는 이유는 충분히 설명되지 않지만 아마도 일방 당사자는 한국인일 것이기에 사안의 관련성을 요구하는 것으로 생각된다.
220) EU상속규정 전문 제28항은 경우에 따라 범위가 달라질 수 있다고 한다.
221) 김원태(註 132), 181면은 합의관할은 지지하면서도 변론관할에 대하여는 부정적이다.
222) 독일에서는 과거 상속비송사건의 경우 준거법의 병행을 인정하였으나 FamFG 제343조와 제105조는 그와 결별하였다. MünchKommFamFG, 2. Auflage (2013), §343, Rn. 28 (J. Mayer 집필부분).

히 하기 위하여 제76조는 "상속 및 유언에 관한 <u>소의</u> 관할"이라고 하지 않고 "상
속 및 유언에 관한 <u>사건의</u> 관할"이라고 규정하고, 나아가 비송사건의 관할을 정한
제15조 제2항 제3호는 "상속 및 유언에 관한 사건: 제76조의 관할은 해당 규정에
서 정한 바에 따른다."는 취지를 명시한다. 우리 가사소송법상 상속비송사건은 상
대방이 있는 가사비송사건(마류 가사비송사건)과 상대방이 없는 가사비송사건(라류
가사비송사건)으로 구분할 수 있다.

Ⅷ. 어음·수표에 관한 소의 특별관할(개정법 제9장 제1절)

민사소송법 제9조는 어음·수표에 관한 소는 지급지의 법원에 제기할 수 있
다고 규정한다. 개정법(제79조)은 이러한 토지관할규칙을 특별관할규칙으로 수용
하여 조문을 신설하였다. 일본 민사소송법(제3조의3 제2호)처럼 금전지급을 구하는
소에 한정하지 않고 민사소송법처럼 넓게 규정한다. 이는 어음·수표금의 지급청
구와 상환청구에는 적용되나, 이득상환청구권은 어음·수표상의 권리가 아니라
이른바 '어음·수표법상의 권리'로서 법률의 직접 규정에 의하여 어음·수표의 소
지인에게 부여된 지명채권이라고 하므로 논란의 여지가 있지만 아마도 그에는 적
용되지 않을 가능성이 크다.[223]

여기에서 개정법 제79조가 어음·수표의 제권판결에 대하여 가지는 의미를
검토할 필요가 있다. 이는 비송사건의 국제재판관할의 문제인데, 민사소송법을 참
조하면 증권의 무효선언을 위한 공시최고(민사소송법 제492조)의 경우에는 증권 또
는 증서에 표시된 이행지의 지방법원이 관할하나, 증권 또는 증서에 이행지의 표
시가 없는 때에는 발행인의 보통재판적이 있는 곳의 지방법원이, 그 법원이 없는
때에는 발행 당시 발행인의 보통재판적이 있었던 곳의 지방법원이 각각 관할한다
(민사소송법 제476조 제2항). 여기에서 개정법 제79조를 성질에 반하지 않는 범위
내에서 제권판결에 준용할지(제15조 제1항), 아니면 제2조에 따라 법원은 위 민사
소송법의 관할 규정을 참작하여 국제재판관할권의 유무를 판단하되 국제재판관할
의 특수성을 충분히 고려하여야 할지(제15조 제3항)가 문제된다. 개정법의 조문에
충실한 해석은 후자이다.[224]

---

223) 민일영/김능환/김상준(註 86), 178면 참조.
224) 실제로 법원이 제권판결을 하자면 그의 가부를 규율하는 준거법을 결정해야 한다.

Ⅸ. 해사사건의 특별관할(제10장 제1절)

머리말에서 밝힌 바와 같이 해사사건의 국제재판관할에 관하여는 별도의 글이 있으므로[225] 여기에서는 비교적 간단히 논의한다.[226]

민사소송법은 해상 또는 해사에 관한 사건("해사사건")에 관하여 선적이 있는 곳의 특별재판적(제13조), 선박이 있는 곳의 특별재판적(제14조), 선박사고로 인한 불법행위의 특별재판적(제18조 제2항)과 해난구조의 특별재판적(제19조)을 규정한다. 이는 토지관할규칙이므로 국제재판관할규칙을 정립함에 있어서 참작할 필요가 있다.

해사사건의 관할규칙을 정립함에 있어서는 한국은 가입하지 않았으나 2011년 9월 발효되고 광범위한 해사채권(maritime claim)에 적용되는 1999년 "선박의 가압류·압류에 관한 국제협약"(International Convention on Arrest of Ships)("Arrest Convention")(제7조 제1항과 제2항)은 운임과 손해배상에도 적용되므로 결국 유럽연합의 브뤼셀 Ⅰ Recast와 Arrest Convention이 참고가 되었다.[227]

위원회는 논의 결과 ① 선박소유자·용선자·선박관리인·선박운항자 그 밖의 선박사용인("선박소유자등")[228]의 책임제한사건, ② (선박소유자등에 대한) 선박 또는 항해에 관한 소, ③ 공동해손에 관한 소, ④ 선박충돌에 관한 소와 ⑤ 해난구조에 관한 소에 대하여 국제재판관할규칙을 두기로 하였다.[229] 주의할 것은, 개정법 제10장이 해사사건의 국제재판관할규칙을 두나 국제해사사건의 국제재판관할은 다른 장에 규정된 국제재판관할규칙에 의하여도 규율된다는 점이다. 예컨대

---

225) 석광현, "2018년 국제사법 전부개정법률안에 따른 해사사건의 국제재판관할규칙", 한국해법학회지 제40권 제2호(2018. 11.), 7면 이하 참조. 개정법을 반영하여 위 논문을 다소 수정·보완한 것이 이 책의 제3편이다.

226) 과거 입법론은 정병석, "해사관련 국제재판관할 입법", 한국해법학회지 제37권 제1호(2015. 4.), 17면 이하; 정완용, "선박가압류조약(Arrest Convention)상 해사채권의 국제재판관할 입법방안에 관한 고찰", 국제사법연구 제19권 제1호(2013. 6.), 232면 이하; 손경한 외(註 39), 149면 이하(이규호 집필부분) 참조.

227) 헤이그 예비초안은 해사사건에는 적용되지 않고(제1조 제2항 h호), 관할합의협약도 여객 또는 물품의 운송과 해상오염, 해사청구권에 대한 책임제한, 공동해손, 긴급예인과 구조에는 적용되지 않는다(제2조 제2항 f호, h호).

228) 이는 국제사법 제60조 제4호가 사용하는 용어이다.

229) 일본 민사소송법(제3조의3)은 3개의 국제재판관할규칙을 두고 있다. 제6호(위 제14조에 상응), 제9호(위 제18조 제2항에 상응)와 제10호(위 제19조에 상응)가 그것이다.

제1장(총칙)에 있는 일반관할, 재산소재지 관할, 관련관할, 국제적 소송경합과 예
외적 사정에 의한 관할권의 불행사에 관한 조문은 물론이고, 운송계약 또는 선하
증권에 따른 계약상의 분쟁 기타 불법행위 분쟁에 대하여는 제5장(채권)이 각각
적용된다는 점을 유념하여야 한다.

　　개정법의 조문 순서는 대체로 국제사법상 준거법 조문의 순서를 따른 것이
다.[230) 여기에서는 개정법의 조문 순서에 따라 논의한다.

1. 선박소유자등의 책임제한사건에 대한 관할(제89조)

　　선박소유자등의 책임제한사건에 대하여 민사소송법에는 특별재판적이 없으
나 "선박소유자 등의 책임제한절차에 관한 법률"("선박소유자책임법")은 토지관할
규칙을 두고 있다.[231)

　　이를 고려하여 개정법은 선박소유자등의 책임제한사건에 관하여 아래 연결
점 중 어느 하나가 한국에 있는 경우 우리 법원의 관할을 규정한다. ① 선박소유
자등의 책임제한을 할 수 있는 채권(즉 제한채권)이 발생한 선박의 선적지, ② 신
청인인 선박소유자등에 대하여 제3조에 따른 일반관할이 인정되는 곳, ③ 사고발
생지(사고로 인한 결과 발생지를 포함), ④ 사고 후 사고선박의 최초 도착지, ⑤ 제
한채권에 의하여 선박소유자등의 재산이 압류 또는 가압류된 곳(압류에 갈음하여
담보가 제공된 곳 포함. 이하 "압류등이 된 곳")과 ⑥ 선박소유자등에 대하여 제한채
권에 근거한 소 제기지가 그것이다. 이런 국제재판관할규칙을 토지관할규칙과 비
교하면 양자는 대체로 유사하지만 ⑥은 토지관할규칙에는 없는 것이다. 제한채권
에 근거한 소가 제기되었다면 그곳에서 어차피 재판을 하므로 책임제한사건에 대
한 관할을 긍정한 것이다. 책임제한사건은 일종의 비송사건으로 집단적 절차이므
로 그에는 "대한민국에 일상거소가 있는 사람에 대한 소"일 것을 전제로 하는 개
정법 제3조(일반관할)는 적용되지 않을 것이다.

---

230) 공청회에서 김인유 교수는 원칙적 규정인 개정안 제91조를 맨 앞에 두는 것이 타당할 것이
　　라는 견해를 피력하였다. 그런 방안도 고려할 수 있다고 본다. 만일 그렇게 한다면 우선 소
　　송사건에 관한 규정을 두고 이어서 책임제한에 관한 개정안 제90조를 맨 뒤에 둘 수도 있
　　을 것이다. 그러나 이는 채택되지 않았다.
231) "책임제한사건의 관할"을 정한 동법 제2조 참조. 조문은 아래(≪민사소송법 등의 토지관할
　　과 국제사법의 국제재판관할의 비교≫)에 있다.

2. 선박소유자등에 대한 소의 특별관할(제90조)

민사소송법(제13조)은 선박 또는 항해에 관한 일로 선박소유자, 그 밖의 선박이용자에 대한 소에 관하여는 선적지의 특별재판적을 인정한다. 이는 선박을 하나의 업무의 중심으로 보아 선적이 있는 곳을 선박을 이용하는 업무의 사무소나 영업소와 같이 취급하는 취지라고 한다.[232] 그러나 개정법에서는 위 제13조는 배제되었다. "선박 또는 항해에 관한 일로 선박소유자등에 대하여 제기하는 소"에 대한 관할은 성질상 특별관할의 문제이다. 그렇다면 문제된 선박 또는 항해에 착안하여 관할을 정하는 것이 합리적이지 그와 무관하게 선적에 착안할 근거는 별로 없어 보인다. 그런 취지라면 오히려 선적을 일반관할의 근거로 삼아야 할 것이나, 편의치적이 널리 이용되는 현실에서 그에 대해서는 비판의 여지가 있다.[233]

다만 개정법(제3조)에 의하여 일반관할의 근거가 확대되었으므로 선적 소재지가 주된 사무소(영업소) 소재지, 경영 중심지 또는 법인이나 단체의 설립준거법 소속국이라면 그곳에 일반관할이 인정된다. 따라서 실제 결과는 크게 다르지 않을 것이다. 편의치적의 일부 사안에서는 선적 소재지가 정관상의 본거지 또는 법인 또는 단체의 설립준거법 소속국일 수도 있다.

가사 그렇지 않더라도 개정법(제90조)은 "선박소유자등에 대한 선박 또는 항해에 관한 소는 선박이 압류등이 된 곳이 대한민국에 있는 경우 법원에 제기할 수 있다."고 규정함으로써 아래(7.)에서 보듯이 가압류관할(*foum arresti*)을 인정하므로 별 문제는 없을 것이다.

개정법(제90조)은 선박 또는 항해에 관한 소를 정의하지 않으나 민사소송법 제13조가 '선박 또는 항해에 관한 소'라는 개념을 사용하므로 참고가 된다. '선박에 관한 소'는, 제20조의 부동산에 관한 소와 유사하게 선박 자체를 목적으로 하거나 선박에 기인하는 권리관계의 소를 말한다.[234] 선박 자체에 관한 소이므로 선박의 매매대금, 임대료 등의 지급을 구하는 소는 여기에 포함되지 않는다. 한편 민사소송법 제13조의 해석상 '항해에 관한 소'는 선박을 항해에 제공하는 것에 의하여 생기는 일체의 권리의무관계에 관한 소로서, 운임청구의 소, 운임반환청구의

---

232) 호문혁(註 216), 181-182면.
233) 하지만 제90조(책임제한사건)와 제93조(선박충돌에 관한 소)에서는 선적을 관할근거로 삼는다.
234) 민일영/김능환/김상준(註 86), 188면.

소, 항해 준비를 위한 항해용 물자의 구입, 선박 수선, 선원 고용, 승객·화물의 운송 기타 항해에 관하여 생기는 채무불이행 또는 불법행위(따라서 선박충돌도) 기타 청구에 관한 일체의 소를 포함한다고 한다.[235] 따라서 제90조가 정한 특별관할은 그 범위가 매우 넓다는 것을 알 수 있다.

위 특별관할에 추가하여 제1장에 규정된 일반관할(개정법 제3조)도 인정된다.

위원회는 국제연합이 2008년 12월 채택한 "전부 또는 일부가 해상운송인 국제물품운송계약에 관한 국제연합협약"("로테르담규칙")을 참조하여 해상에 관한 장에서 개품운송계약에 관하여 규정을 두는 방안을 논의하였으나[236] 결국은 두지 않고 계약에 관한 소의 관할규칙으로 해결하기로 결정하였다. 동 규칙이 아직 발효되지 않은 점도 고려되었다.

이와 관련하여 한 가지 언급할 것은 외국법원을 위한 전속적 관할합의가 있는 경우에도 피고 소유의 선박이 한국에 있음을 근거로 한국에서 가압류를 한 뒤 제90조에 따라 본안에 대하여 선박 가압류관할을 인정할 수 있는가라는 문제이다. 이는 전속관할이 아니라 전속적 관할합의의 문제이므로 개정법 제10조 제2항과는 직접 관련이 없다. 개정법에는 조문이 없으나 이를 허용하는 것은 전속적 관할합의에 반하므로 허용하지 말아야 한다.

3. 민사소송법 제14조에 상응하는 규정의 미채택과 재산소재지 관할(제5조)의 적용

민사소송법(제14조)은 선박채권, 그 밖에 선박을 담보로 한 채권에 관한 소에 대해 선박 소재지의 토지관할을 인정한다. 여기에서 '선박채권'은 해상법상 발생한 채권 중에서 선박우선특권이 부여된 채권을 말한다. 그 근거는 선박을 책임재산으로 하는 채권에 기인한 소에 관하여 선박소재지의 특별재판적을 인정한다거나, 또는 선박에 관한 강제집행이 압류 당시 정박항을 관할하는 지방법원이 집행법원이 되는 것과 균형상 인정한다거나,[237] 선박은 일정한 곳에 머물러 있지 않으므로 선박이 있는 곳에서 이를 압류하고 소송도 할 수 있도록 함으로써 권리실현을 쉽게 하기 위하여 인정된 것이라고 한다.[238] 그러나 이런 취지에 충실하자면

---

235) 민일영/김능환/김상준(註 86), 188면 참조.
236) 로테르담규칙은 운송계약 약관에 의한 전속적 관할합의의 효력을 제한한다.
237) 민일영/김능환/김상준(註 86), 189면.
238) 호문혁(註 216), 182면.

선박 소재가 아니라 선박에 대한 압류를 근거로 국제재판관할을 인정하는 것이 타당하다고 볼 수 있다.[239] 개정법은 선박 소재지에 관할을 인정하는 민사소송법 제14조를 국제재판관할규칙으로 삼지 않는다. 하지만 그로 인하여 발생할 수 있는 문제 중 일부는 채권의 발생원인에 따라 제90조 기타 조문으로 해결할 수 있고, 그렇지 않더라도 문제된 선박이 한국에 있다면 담보의 목적인 재산이 한국에 있는 경우에 해당되어 개정법(제5조)(재산소재지의 특별관할)에 따라 우리 법원의 국제재판관할이 인정된다.[240]

4. 공동해손에 관한 소의 특별관할(제91조)

상법상 공동해손이란 선장이 선박 또는 적하의 공동위험을 면하기 위해서 선박 또는 적하에 관하여 한 처분에 의하여 생긴 손해와 비용을 의미한다(제832조). 민사소송법은 공동해손에 관한 소의 특별재판적을 규정하지 않는다.

개정법(제91조)은 공동해손에 관한 소에 대하여는 선박 소재지, 사고 후 선박의 최초 도착지와 선박[241] 압류등이 된 곳이 한국인 경우 한국의 국제재판관할을 인정한다. 사고 후 선박의 최초 도착지의 관할을 인정하는 것은 그곳을 관할하는 법원이 심리하는 것이 증거조사에 편리하기 때문이다. 그러나 선박 소재지 관할을 인정하는 것은 다소 의문이고, 또한 가압류관할과 선박 소재지를 동시에 인정하는 것도 다소 의문이다.

위 특별관할에 추가하여 제1장에 규정된 일반관할(개정법 제3조)도 인정된다.

5. 선박충돌에 관한 소의 특별관할(제92조)

민사소송법(제18조 제2항)은 선박의 충돌이나 그 밖의 사고로 말미암은 손해배상에 관한 소를 제기하는 경우에는 사고선박이 맨 처음 도착한 곳의 법원에 제기할 수 있다고 규정한다. 여기에서 '사고 선박'은 피해 선박을 말하는데, 그 이유는 피해 선박이 처음으로 도착한 곳은 결과발생지의 연장이라고 볼 수 있으므로

---

239) 일본 민사소송법(제3조의3 제6호)은 민사소송법(제14조)에 상응하는 국제재판관할규칙을 둔다.
240) 일본은 재산소재지 관할에서 담보의 목적 소재지의 관할을 인정하지는 않는다. 이런 이유로 민사소송법 제14조에 상응하는 국제재판관할을 두는지도 모르겠다.
241) 이는 공동해손에 관계된 선박으로 보인다.

그곳을 관할하는 법원이 심리하는 것이 증거조사에도 편리하기 때문이다.242)243)

개정법(제92조)은 선박충돌이나 그 밖의 사고에 관한 소에 대하여, 가해 선박의 선적지 또는 소재지, 사고 발생지, 피해 선박의 사고 후 최초 도착지 또는 가해 선박의 압류등이 된 곳이 한국인 경우에 한국법원의 재판관할을 인정한다.244) 가해 선박의 선적지는 피고의 주된 사무소 소재지와 일치할 수도 있고 아닐 수도 있으나, 피해 선박의 최초 도착지는 사고 발생지의 연장선상에 있다. 다만 가압류관할과 가해 선박 소재지의 관할을 함께 인정하는 것은 다소 의문이다. 개정법을 토지관할규칙과 비교해보면 개정법이 사고 발생지의 관할을 명시하는 점이 다르나 이는 민사소송법(제18조 제1항)이 정한 불법행위지에 해당하므로 차이가 없다. 제10장이 불법행위에 관한 소의 특별관할을 배제하지 않으므로 선박충돌의 경우에도 개정법(제44조)이 적용되고 따라서 행동지와 결과발생지의 관할이 인정되나 이는 사고 발생지와 동일할 것이므로 실익은 없다.

위 특별관할에 추가하여 제1장에 규정된 일반관할(개정법 제3조)도 인정된다.

6. 해난구조에 관한 소의 특별관할(제93조)

해난구조(salvage)란 해상기업에 수반되는 해상위험인 해양사고에 조우한 선박 또는 적하를 구조하는 것을 말한다.245) 민사소송법(제19조)은 "해난구조(海難救助)에 관한 소를 제기하는 경우에는 구제된 곳 또는 구제된 선박이 맨 처음 도착한 곳의 법원에 제기할 수 있다"고 규정한다. 이는 증거조사의 편의를 위한 것이다.246) 본문의 문언은 '구제'이나 해난구조의 개념에 비추어 이는 '구조'로 해석된다.247)

개정법(제93조)은 토지관할규칙을 국제재판관할규칙으로 수용하여, 해난구조가 있었던 곳 또는 구조된 선박의 최초 도착지가 한국에 있는 경우 한국법원의

---

242) 민일영/김능환/김상준(註 86), 197면.

243) 만일 충돌선박이 각각 상이한 지점에 처음으로 도착했다면 두 곳의 법원에 제2항의 재판적이 경합하므로 원고는 재판적을 선택할 수 있다. 민일영/김능환/김상준(註 86), 197면.

244) 일본 민사소송법(제3조의3 제9호)도 국제재판관할의 맥락에서 동일한 취지를 규정한다. 토지관할에 관한 일본 민사소송법 제5조 제10호도 같다.

245) 준거법의 맥락에서 국제사법(제62조)은 사법상(私法上)의 의무 없이 구조하는 협의의 해양사고구조에 관한 조항으로서 사무관리(제30조)의 특칙이다. 개정법에는 사무관리에 관한 특별관할규칙은 없다.

246) 민일영/김능환/김상준(註 86), 198면.

247) 민일영/김능환/김상준(註 86), 199면도 동지.

국제재판관할을 인정하고 가압류관할도 명시한다.[248)]

위 특별관할에 추가하여 제1장에 규정된 일반관할(개정법 제3조)도 인정된다.

7. 해사사건 국제재판관할규칙의 특색

가. 해사소송사건에 공통되는 특별관할근거로서 선박 가압류관할의 도입

개정법(제90조부터 제93조)은 선박의 가압류 또는 압류에 근거한 본안에 대한 관할, 즉 일종의 가압류관할을 규정한다.[249)] 이는 Arrest Convention(제7조 제1항·제2항)이 원칙적으로 선박을 가압류한 국가 법원에 본안에 대한 국제재판관할을 긍정하는 태도를 수용한 것이다.[250)] 종래 우리나라에서 해사사건의 실무상 선박의 가압류에 근거하여 본안에 대한 관할을 인정하는 경향이 있는데, 개정법은 이러한 실무를 명문화하는 것이라고 볼 수 있다. 이는 개정법 제5조(재산소재지 특별관할) 제2호 단서의 제한 없이 선박이 가압류된 곳에 본안에 대한 관할을 인정함으로써 분쟁해결의 실효성을 확보하기 위한 것이다.[251)] 따라서 해사소송사건에 관하여 소를 제기하려는 자는(제89조는 제외) 개정법(제14조)에 따라 선박의 한국 내 소재를 근거로 이를 일단 가압류하고 가압류를 근거로 본안에 관한 소를 제기할 수 있다.[252)253)]

---

248) 종래 '해난구조'와 '해양사고구조'(국제사법 제62조)라는 용어가 사용되었으나, 개정법은 상법(예컨대 제750조)을 따라 '해난구조'라고 한다. "해양사고의 조사 및 심판에 관한 법률"(해양사고심판법) 제2조 제1호는 '해양사고'라는 용어를 사용한다.

249) 개정법 제10장의 가압류관할은 재산의 가액에 한정되지 않으므로 통상의 가압류관할과는 다르다.

250) 위 협약을 따라 가압류에 기한 국제재판관할을 인정하자는 입법론도 있었다. 정완용(註226), 233면 참조.

251) 저자는 재산소재에 근거하여 넓은 특별관할을 인정하는 데 대해 비판적이나 해사사건의 특수성을 인정하여 위 실무를 수용하였다. 반면에 최종현, 해상법상론 제2판(2014), 645면은 단순한 재산 소재에 근거한 국제재판관할은 국제사법 하에서는 허용되지 않으므로 선박 가압류를 근거로 외국 법인을 상대로 본안에 대한 관할을 소를 제기하는 해운 실무의 관행은 변경되어야 한다고 주장한다.

252) 하지만 위원회의 작업 초기에는 선박 가압류(또는 담보권 실행을 위한 압류)를 근거로 본안에 대한 관할을 인정하는 데는 다소 소극적이었다. 이 문제는 관할만의 문제가 아니라 선박 압류·가압류제도 전반에 대한 문제로서, 한국이 Arrest Convention에 가입할지와 이를 감안한 한국의 선박 압류가압류제도 전반에 관한 문제로서 접근할 필요가 있기 때문이었다. 정병석(註 226), 45면, 註 44.

253) 공청회에서 가압류관할에 대하여 김인유 교수는 외국 선박의 경우 등기부상 가압류가 되지 않으므로 문제가 있음을 지적하였다. 이에 대하여 공청회의 좌장을 맡았던 정병석 당시

나. 해사사건에서 민사소송법 등의 토지관할규칙과 개정법(제10장)의 국제재판관할 규칙

해사사건에 관한 개정법의 국제재판관할규칙은 민사소송법 등의 토지관할규칙과 다소 차이가 있다. 이를 표로 정리하면 아래와 같다.

민사소송법 등	개정법
선박소유자의 책임제한 등에 관한 법률 제2조(책임제한사건의 관할) 책임제한사건은 책임을 제한할 수 있는 채권(이하 "제한채권"이라 한다)이 발생한 선박의 선적(船籍) 소재지, 신청인의 보통재판적(普通裁判籍) 소재지, 사고발생지, 사고 후에 사고선박이 최초로 도달한 곳 또는 제한채권에 의하여 신청인의 재산에 대한 압류 또는 가압류가 집행된 곳을 관할하는 지방법원의 관할에 전속(專屬)한다.	**제89조(선박소유자등의 책임제한사건의 관할)** 선박소유자·용선자(傭船者)·선박관리인·선박운항자, 그 밖의 선박사용인(이하 "선박소유자등"이라 한다)의 책임제한사건에 대해서는 다음 각 호의 어느 하나에 해당하는 곳이 대한민국에 있는 경우에만 법원에 국제재판관할이 있다. 1. 선박소유자등의 책임제한을 할 수 있는 채권(이하 "제한채권"이라 한다)이 발생한 선박의 선적(船籍)이 있는 곳 2. 신청인인 선박소유자등에 대하여 제3조에 따른 일반관할이 인정되는 곳 3. 사고발생지(사고로 인한 결과 발생지를 포함한다) 4. 사고 후 사고선박이 최초로 도착한 곳 5. 제한채권에 의하여 선박소유자등의 재산이 압류 또는 가압류된 곳(압류에 갈음하여 담보가 제공된 곳을 포함한다. 이하 "압류등이 된 곳"이라 한다) 6. 선박소유자등에 대하여 제한채권에 근거한 소가 제기된 곳
제13조(선적이 있는 곳의 특별재판적) 선박 또는 항해에 관한 일로 선박소유자, 그 밖의 선박이용자에 대하여 소를 제기하는 경우에는 선적이 있는 곳의 법원에 제기할 수 있다.	**제90조(선박 또는 항해에 관한 소의 특별관할)** 선박소유자등에 대한 선박 또는 항해에 관한 소는 선박이 압류등이 된 곳이 대한민국에 있는 경우 법원에 제기할 수 있다. *제90조는 제13조와 달리 선적 소재지 관할 불인정하는 대신 가압류관할 인정

국제사법학회 회장은, 민사집행법(제295조)상 선박의 가압류는 등기부에 가압류등기를 하거나 선박국적증서를 수취하는 방식으로 하는데, 대부분의 선장은 선박국적증서를 자발적으로 주지 않고 외국 선박에 대한 가압류 등기는 선박등록부가 국내에 없어 불가능하므로 종래 실무상 감수·보존을 통해서 가압류를 집행하고 있으므로 그러한 처리가 가능하다는 취지로 답변하였다.

	제91조(공동해손에 관한 소의 특별관할) 공동해손(共同海損)에 관한 소는 다음 각 호의 어느 하나에 해당하는 곳이 대한민국에 있는 경우 법원에 제기할 수 있다. 1. 선박의 소재지 2. 사고 후 선박이 최초로 도착한 곳 3. 선박이 압류등이 된 곳
제14조(선박이 있는 곳의 특별재판적) 선박채권(船舶債權), 그 밖에 선박을 담보로 한 채권에 관한 소를 제기하는 경우에는 선박이 있는 곳의 법원에 제기할 수 있다.	*미채택 *개정법(제5조 제1호)에 기하여 담보 목적인 선박의 한국 내 소재를 근거로 관할이 인정된다. 그 밖에 피담보채권의 발생원인에 따라 제10장의 다른 조문이 정한 가압류관할이 인정될 수 있다.
제18조(불법행위지의 특별재판적) ① (생략) ② 선박 또는 항공기의 충돌이나 그 밖의 사고로 말미암은 손해배상에 관한 소를 제기하는 경우에는 사고선박 또는 항공기가 맨 처음 도착한 곳의 법원에 제기할 수 있다.	제92조(선박충돌에 관한 소의 특별관할) 선박의 충돌이나 그 밖의 사고에 관한 소는 다음 각 호의 어느 하나에 해당하는 곳이 대한민국에 있는 경우 법원에 제기할 수 있다. 1. 가해 선박의 선적지 또는 소재지 2. 사고 발생지 3. 피해 선박이 사고 후 최초로 도착한 곳 4. 가해 선박이 압류등이 된 곳
제19조(해난구조에 관한 특별재판적) 해난구조(海難救助)에 관한 소를 제기하는 경우에는 구제된 곳 또는 구제된 선박이 맨 처음 도착한 곳의 법원에 제기할 수 있다.	제93조(해난구조에 관한 소의 특별관할) 해난구조에 관한 소는 다음 각 호의 어느 하나에 해당하는 곳이 대한민국에 있는 경우 법원에 제기할 수 있다 1. 해난구조가 있었던 곳 2. 구조된 선박이 최초로 도착한 곳 3. 구조된 선박이 압류등이 된 곳

8. 해사사건의 특별관할과 다른 장에 규정된 특별관할과의 관계

해사사건의 국제재판관할규칙을 이해함에 있어서는 특히 다음 사항을 유념하여야 한다.

가. 제10장의 해사사건의 특별관할과 제1장 총칙의 적용

해사사건에도 총칙이 적용됨은 물론이다. 대표적인 것은 일반관할, 재산소재지의 특별관할(이는 아래(나.)에서 논의한다)과 합의관할 또는 변론관할 등이다. 특히 주목할 것은 관할합의 요건의 변화이다. 대법원 1997. 9. 9. 선고 96다20093

판결과 대법원 2004. 3. 25. 선고 2001다53349 판결 등에 따르면, 사고 발생지에 따라 예컨대 우리 선사가 국제운송을 위하여 체결된 운송계약 또는 선하증권과 관련하여 발생하는 분쟁을 자신의 주된 사무소가 있는 서울중앙지방법원의 전속 관할에 복종하게 하는 전속적 국제재판관할합의의 효력이 부정되었으나 개정법에 서는 이런 합의가 가능하다. 더욱이 관할합의의 결과 우리 법원에 관할이 있으면 법원은 부적절한 법정지(또는 국제재판관할권 불행사)의 법리를 원용하여 재판관할 권의 행사를 거부할 수도 없다(제12조).

나. 제10장의 가압류관할과 제1장 제5조(재산소재지의 특별관할)의 관계

첫째, 제5조에 따르면 청구 또는 담보의 목적인 재산이 한국에 있으면 한국의 관할이 인정되고, 둘째, 압류할 수 있는 피고의 재산이 한국에 있는 경우에는 원칙적으로 한국의 국제재판관할이 인정되나, 분쟁이 된 사안이 한국과 아무런 관련이 없거나 근소한 관련만 있는 경우 또는 그 재산의 가액이 현저하게 적은 경우에는 국제재판관할이 부정된다. 따라서 해사사건에서 제소하려는 자는 가압 류 없이도 제5조를 근거로 제소할 수 있으므로 제10장의 가압류관할의 필요성에 관하여 의문이 있을 수 있다. 하지만 과거 우리 법원에서 문제된 사안, 즉 독일 기업이 러시아 선박을 한국에서 가압류하고 이를 근거로 러시아 기업을 상대로 우리 법원에 소를 제기한 사안과 같은 경우[254] 만일 당해 사안이 한국과 아무 관 련이 없다면 이제는 제5조를 근거로 관할을 인정할 수 없으나, 제10장의 가압류 관할을 주장할 수 있으므로 양자는 차이가 있다.[255]

다. 제10장의 해사사건의 특별관할과 다른 장(각칙)의 경합

개정법(제90조)의 '선박에 관한 소' 중 ① 운임반환청구, 운임 또는 선원의 급 료청구, 감항능력위반에 따른 손해배상청구 또는 불법행위로 인한 손해배상청구 와, 개정법 제5장의 계약 및 불법행위에 관한 소의 특별관할규칙이 중첩적으로 적 용될 수 있다. 또한 개정법(제90조)의 '항해에 관한 소' 중 ② 항해의 준비행위인 물자 구입, 선박 수선, 선원 고용, 그리고 항해에 관하여 생긴 채무불이행 또는 불

---

254) 부산고등법원 2001. 2. 2. 선고 99나5033 판결의 사안.

255) 다만 양자를 병렬적으로 인정하는 점과 제10장에서 선박에 한하여 가압류관할을 인정하는 것이 정당한지에 관한 의문은 더 검토할 필요가 있다.

법행위의 소와, 개정법 제5장의 계약 및 불법행위에 관한 소의 관할규칙이 중첩적
으로 적용될 수 있다.256) 이는 개정법(제38조 제2항과 제39조 제4항)과 같은 다른
장의 관할근거를 배제하는 조문이 없기 때문이다. 따라서 어느 하나에 따라 우리
법원의 관할이 있으면 한국법원의 국제재판관할이 인정된다.

9. 항공사건의 국제재판관할

위원회에서는 항공사건의 국제재판관할에 관한 규정을 신설하자는 견해도
있었으나 조약(예컨대 우리나라도 가입한 1955년 헤이그의정서257) 또는 1999년 몬트리
올협약258))에 의하여 해결되는 사건은 그에 따르고 그렇지 않은 사건에 대해서는
제2조가 정한 일반원칙을 따르면 되므로 굳이 항공사건에 특유한 별도의 규정을
둘 필요가 있는지에 대해 의문이 있어 채택되지 않았다.

10. 해사사건의 준거법에 관한 선적국법원칙의 일부 수정 여부

종래 국제사법(제60조)이 합리적 근거 없이 많은 쟁점(특히 선박우선특권)을 선
적국법에 의하도록 규정하는 것은 문제이므로 이를 개정하자는 의견이 있었는데
위원회에서도 그런 제안이 있었다. 그러나 금번 개정작업의 과제는 국제재판관할
규칙의 도입에 있고 위원회의 임무도 그에 한정된다는 이유로 이는 채택되지 않
았다.259)

---

256) 예컨대 화주가 운송 중 화물이 손상되었음을 이유로 선박소유자 또는 운송인을 상대로 선
  하증권에 따른 계약책임과 불법행위책임을 묻는 소를 제기하는 경우처럼 제10장의 대상인
  동시에, 다른 장에 규정된 국제재판관할규칙이 적용되는 사건이 많이 있다. 운송계약은 용
  역제공계약이므로 그에 대하여는 계약사건의 국제재판관할규칙이 적용될 수 있다.

257) 이는 "1929. 10. 12. 국제항공운송에 있어서의 일부 규칙의 통일에 관한 협약", 즉 바르샤
  바협약을 개정하기 위한 의정서를 말한다.

258) 우리나라는 2007. 9. 20. "국제항공운송에 관한 일부 규칙의 통일에 관한 협약"(1999년 몬
  트리올 협약)에 가입하였고 이는 2007. 12. 29. 한국에서 발효되었다.

259) 정병석 변호사가 바로 그런 제안을 하였고 위원장은 다른 위원들의 의견을 들어 위와 같은
  이유로 준거법규칙의 개정은 논의하지 않았다. 그럼에도 불구하고 위원장은 위원들의 임기
  만료 직전인 2015년 말에 지재권 사건의 준거법규칙을 정한 제24조를 개정하고 조문을 늘
  리자는 제안을 하였다. 그러나 바로 위의 이유로 다른 위원들은 그에 반대하였고 그 제안
  의 내용을 전혀 검토하지 않았다.

X. 위원회에서 논의된 기타 국제재판관할규칙

개정법에 명시된 국제재판관할규칙 외에도 위원회에서 논의는 되었으나 입법에 반영되지 않은 국제재판관할규칙도 있다. 여기에서는 이를 간단히 언급한다.

1. 신탁에 관한 소의 특별관할

민사소송법과 신탁법에 토지관할(또는 재판적)에 관한 아무런 규정이 없으므로[260] 결국 신탁에 관한 소송에 대하여는 실질적 관련을 기초로 국제재판관할의 유무를 판단해야 하는데 그 과정에서 신탁의 성질결정이 중요하다. 종래 우리 법상 신탁의 국제재판관할에 관한 논의가 별로 없으나[261] 해석론상의 논점은 아래와 같다.

첫째, 실질적 관련을 기초로 브뤼셀 I Recast나 헤이그 예비초안과 유사한 국제재판관할규칙을 도출할 수 있는지, 둘째, 신탁의 내부관계를 채권적인 계약관계로 성질결정하고 민사소송법(제8조)을 참작하여 의무이행지의 국제재판관할을 인정할 수 있는지가 그것이다. 신탁의 내부관계를 채권법적으로 성질결정한다면 신탁계약의 경우 의무이행지의 국제재판관할을 긍정할 수 있었다. 다만 개정법(제41조)은 의무이행지의 국제재판관할을 제한하므로 제41조 제2항의 요건을 충족하는 경우에만 가능할 것이다.

국제사법은 신탁의 준거법 결정을 위한 연결원칙을 명시하지 않으므로 특별관할규칙도 두지 않는 것이 좋다고 할 수도 있으나 브뤼셀체제를 보면 반드시 그런 것은 아니다. 신탁의 외부관계에서는 일반원칙을 따르면 되므로 신탁사건에 관한 특별관할규칙은 불필요한 반면에 내부관계에서는 신탁계약이 체결되는 경우 계약사건의 관할규칙으로 해결할 수 있으나, 설정자의 신탁선언에 의한 신탁을 고려하면 관할규칙을 둘 필요가 있다고 볼 수도 있다. 위원회는 특별관할규칙을 두지 않는 방안 —이 경우 청구원인에 따라 성질결정을 하고 물권적 측면과 채권적 측면을 구분하여 관할근거를 찾아야 한다— 과, 신탁의 내부관계에 관한 당사

---

260) 그러나 예컨대 수탁자의 사임허가, 해임, 신탁재산관리인선임 등 신탁과 관련한 비송사건의 관할법원에 관하여는 비송사건절차법(제39조 이하)이 규정하고 있다.

261) 석광현, "신탁과 국제사법(國際私法)", 정순섭·노혁준 편저, BFL 총서(10) 신탁법의 쟁점 제2권(2015), 381면 이하; 손경한 외(註 39), 108면 이하(장준혁 집필부분)에 조금 논의가 있다.

자의 합의 내지 지정에 효력을 부여하고, 신탁의 내부관계에 관한 특별관할로 신탁의 관리가 주로 행해지는 국가 또는 신탁이 소송의 목적상 가장 밀접한 관련을 가지는 국가가 한국인 때에 우리 법원에 특별관할을 인정하는 방안[262] 등을 고려하였으나 종래 국내 논의와 연구가 부족하므로 규정을 두지 않기로 하였다. 특히 신탁에 관한 특별관할을 둘 경우 그 규칙을 적용할 신탁의 범위를 결정하는 것도 쉽지 않다는 점도 고려되었다.

2. 보험에 관한 소의 특별관할

보험계약자 등을 보호하는 국제재판관할규칙을 두는 것은 보편적인 것은 아니고 브뤼셀체제에서 볼 수 있다(브뤼셀 I Recast 제 II 장 제3절). 반면에 예비초안, 스위스 국제사법과 일본의 민사소송법은 보험에 관하여는 특칙을 두지 않는다. 위원회는 소비자계약의 특별관할과 연계하여 특히 브뤼셀체제에서처럼 보험사건의 특별관할규칙을 둘지를 검토하였으나 결국 규정을 두지 않기로 결정하였다.[263] 그 이유는 지금으로서는 보험사건분쟁의 실태와 특별관할규칙의 필요성에 대한 문제의식과 연구가 부족하므로 특칙을 도입하는 것은 조심스럽고, 당분간은 통상의 계약 내지 소비자계약에 관한 보호적 관할규칙으로 해결하자는 것이었다.

참고로 브뤼셀 I Recast(제11조 제1항 (b))은 보험계약자(policyholder), 피보험자 또는 수익자(보험계약자 등) 등에게 원고 주소지(*forum actoris*) 관할을 인정하는 등 보호적 관할을 규정한다. 즉 보험계약자 등이 회원국에 주소를 둔 보험자를 상대로 제기하는 소는 ① 보험자의 주소지국, ② 보험계약자 등의 주소지국 또는 ③ 공동보험자를 상대로 하는 경우에는 주된 보험자에 대한 소가 제기된 법원에 제기할 수 있다(제11조 제1항).[264] 반면에 보험자가 보험계약자 등을 상대로 제기하는 소는 피고 주소지국에서만 제기할 수 있다(제14조 제1항). 이런 규정을 두는 이유는, 유럽연합의 입법자가 보험회사와 비교할 때 보험계약자 등은 경제적 약자이고 법적으로 경험이 적은 자로서 특별한 보호를 필요로 하는 자라고 보기 때

---

262) 헤이그 예비초안(제11조 제2항)은 신탁의 준거법이 속하는 국가에도 특별관할을 인정하나, 우리 국제사법에는 신탁의 준거법에 관하여 별도의 조항이 없고, 신탁이 하나의 연결대상인지도 논란이 있을 수 있다.

263) 손경한 외(註 39), 140면(장준혁 집필부분)은 단정적인 견해를 피력하지는 않고 신중하게 접근할 것이라고 하나 다소 부정적인 태도인 것으로 짐작된다.

264) 영업소 소재지 관할은 이 경우에도 인정된다.

문이다.265)

나아가 위의 관할규칙을 배제하는 관할합의는 ① 분쟁 발생 후 합의, ② 보험계약자 등에게 다른 법원에 제소하는 것을 허용하는 합의와, ③ 계약 체결 시 동일 회원국에 주소 또는 상거소를 가지는 보험계약자와 보험자 간에 체결되고 가해적 사건이 외국에서 발생한 경우에도 그 회원국 법원에 관할을 부여하기로 하는 내용의 합의 기타 제15조에 열거한 경우에만 허용한다(제15조).266) 이런 보호적 관할규칙은 보험계약자 등이 자연인인 경우만이 아니라 회사인 경우에도 적용되나267) 원보험계약에만 적용되고 재보험계약에는 적용되지 않는다. 따라서 만일 우리가 이와 유사한 특별관할을 도입한다면 원보험계약에 관한 한, 소비자계약의 범위를 넘어 회사인 보험계약자 등도 보호할 수 있게 된다.

3. 간접보유증권에 관한 소의 특별관할

위원회에서는 간접보유증권에 관한 소의 특별관할규칙을 둘지도 논의하였으나 장래 도입할 필요가 있는 준거법규칙(이는 헤이그증권협약이 규정하는 바이다)과 달리 특별관할규칙을 별도로 둘 필요는 없다고 보아 규정하지 않기로 결정하였다.

XI. 국제재판관할의 조사와 판단의 표준시기

1. 국제재판관할의 조사

국제재판관할의 존재는 소송요건의 하나이므로 수소법원은 국제재판관할의 유무를 직권으로 조사하여야 한다.268) 문제는 법원이 무엇을 기초로 판단하는가

---

265) Rauscher/Staudinger(註 213), Art 8 Brüssel I-VO, Rn. 6(Staudinger 집필부분).

266) 다만 대규모위험(large risks) 기타 일정한 보험의 경우 그러한 제한을 적용하지 않으므로 (제15조 제5항, 제16조) 당사자들은 자유롭게 관할합의를 할 수 있다. 브뤼셀 I Recast(제16조 제5항)는 브뤼셀협약(제12a조)과 달리 관련 EU지침상 정의된 모든 대규모위험을 포함함으로써 제한이 적용되지 않는 범위를 확장한다. 위 지침은 "Directive 2009/138/EC of the European Parliament and of the Council of 25 November 2009 on the taking-up and pursuit of the business of Insurance and Reinsurance (Solvency II)"을 말한다.

267) 보험계약자는 소비자에 한정되지 않고 대규모위험을 부보하는 법인도 포함한다. Rauscher/Staudinger(註 265), Art 8 Brüssel I-VO, Rn. 6.

268) 민사소송법 제32조는 "법원은 관할에 관한 사항을 직권으로 조사할 수 있다"고 규정한다. 이는 토지관할에 관한 조문이다.

이다.

독일의 다수설은 ① 국적, 주소, 본거, 일상거소와 관할합의 등과 같이 관할에만 관련된 사실은 입증을 요하지만, ② 불법행위처럼 관할의 근거가 되면서 동시에 청구의 근거가 되는 사실, 이른바 '이중(적)으로 의미 있는 사실(dopplerele-vanten Tatsachen)'[269]에 대하여는 원고의 주장을 기초로 판단할 것이라고 보는데 다만 그 주장은 '논리적으로 일관성이 있어야(schlüssig)' 하고 그 증명은 본안의 문제라고 본다.[270] 이는 법원이 관할의 조사단계에서 본안을 심사해야 하는 부담을 피하고 실무적으로 절차를 진행할 수 있도록 한다. 그러나 그에 의하면 원고가 관할근거를 조작할 여지가 있어 피고의 관할이익을 해하게 된다는 문제가 있다. 따라서 소수설은 원고의 주장만을 기초로 판단할 것이 아니라, 법원은 원고가 주장하는 '사실경과'의 발생 여부 내지는 '외부적 구성요건'의 존재를 직권으로 조사하여야 하지만, 그러한 사실관계가 청구를 근거지울 수 있는지는 본안의 문제라는 식으로 구별함으로써 관할 단계에서도 어느 정도 법원의 조사를 요구한다.

우리나라에서는 만일 원고의 일방적인 주장만을 기초로 국제재판관할을 인정하면 피고에게 실질적 관련이 없는 곳에 응소를 강요할 위험이 있으므로, 불법행위의 발생 등 관할원인 사실에 대하여 피고를 본안심리에 복종시켜도 좋다고 합리적으로 판단할 수 있을 정도로 원고가 일응의 증명을 하여야 한다는 견해가 유력한데, 이는 독일의 다수설과 달리 국제재판관할에만 관련된 사실과 이중적으로 의미 있는 사실을 구별하지 않는다.[271] 위 유력설은 일본의 종전의 통설·판례를 따른 것이나, 최근에는 일본에서도 다른 견해를 취한 최고재판소 2001. 6. 8.

---

269) 이는 소가 적법하고 또한 청구가 인용되기 위하여 존재하여야 하는 사실을 말한다. 독일 민사소송법에서 관용적으로 사용되는 개념인데 Edmund Mezger가 1908년 그의 박사학위논문에서 처음 사용한 것이라고 한다. Konrad Ost, Doppelrelevante Tatsachen im internationalen Zivilverfahrensrecht: Zur Prüfung der internationalen Zuständigkeit bei den Gerichtsständen des Erfüllungsortes und der unerlaubten Handlung (2002), S. 2, F. 5. 스위스에서도 *"faits de double pertinence"*, 영국에서도 "doubly relevant facts"라는 표현이 사용되고 있다고 한다. 상세는 우선 Ost의 위 박사학위 논문 참조.

270) Jan Kropholler, Handbuch des Internationalen Zivilverfahrensrechts Band Ⅰ, Kapitel Ⅲ, Internationale Zuständigkeit (1982), Kap. Ⅲ. Rz. 219; Schack(註 7), Rn. 489. 이런 견해를 "Schlüssigkeitstheorie"(일관성이론)라고 부르기도 한다. Ost(註 269), S. 21ff. 참조.

271) 이성호, "사이버 지적재산권 분쟁의 국제재판관할과 준거법", 국제사법연구 제8호(2003), 257면.

제2소법정판결도 있고 학설도 나뉘고 있다.272)

　　위원회에서는 국제재판관할의 조사에 관한 조문을 둘지를 논의하였으나 어느 견해를 따라 규정하기보다는 종래처럼 판례에 맡기는 것이 바람직하다는 견해가 채택되었다.

　　위의 기준은 일응 설득력이 있으나 개정법(제12조)은 예외적 사정에 의한 재판관할권의 불행사를 도입하였으므로 법원으로서는 피고를 본안심리에 복종시켜도 좋다고 합리적으로 판단할 때 우리 법원에 관할이 있을 뿐만 아니라 나아가 예외적 사정의 유무도 고려하여야 한다. 다만 위 기준에 따르면 관할원인 사실의 존재에 대하여 원고가 일응의 증명을 하여야 하는데, 원고가 예외적 사정의 부존재에 대하여도 일응의 증명을 해야 하는지 아니면 피고가 예외적 사정의 존재에 대하여 일응의 증명을 해야 하는지는(후자는 관할권의 불행사가 피고의 신청에 의함을 논거로 삼을 수 있다) 논란의 여지가 있다.

2. 국제재판관할 판단의 표준시기

　　민사소송법 제33조는 법원의 관할은 소를 제기한 때를 표준으로 정한다. 즉 제소 시에 관할이 인정되면 그 후 사정변경이 있어도 관할에 영향이 없다. 이것이 '관할항정(perpetuatio fori)의 원칙'이다. 이는 국제재판관할에도 적용되어야 할 것이나 개정법에 명문의 규정을 두지는 않았다. 다만 개정법은 경과규정(제2조)에서 "이 법 시행 당시 법원에 계속 중인 사건의 관할에 대해서는 종전의 규정에 따른다."273)고 규정하는데 이는 관할항정의 원칙을 제한된 범위 내에서 명시한 것이다. 이는 재판청구권이 존속하는 데 대한 원고의 신뢰를 보호하기 위한 것이다.274)

　　한편 제소 시에는 국제재판관할이 없었으나 소송계속 중에 관할원인이 발생한 경우에도 한국법원의 국제재판관할을 인정할 수 있다고 보는데 그 근거는 관할이 없다고 각하하고 바로 다시 소를 제기하도록 하는 것은 불합리하기 때문이다.275)

272) 일본 학설과 판례의 소개는 노태악(註 106), 192면 이하 참조.
273) 2001년 발효된 국제사법의 부칙(제3항)에서는 "이 법 시행 당시 법원에 계속(係屬) 중인 사건에 관하여는 이 법의 국제재판관할에 관한 규정을 적용하지 아니한다."고 규정하였다. 이는 구 섭외사법에는 국제재판관할에 관한 규정이 거의 없었기 때문이었다. 공청회 안에서는 이를 따랐으나 개정안과 개정법에서는 본문과 같이 수정되었다(표현은 다소 다르다).
274) Geimer(註 137), Rz. 1835.
275) 독일법상 Geimer(註 137), Rz. 1835; Schack(註 7), Rn. 490도 동지.

우리나라에서는 토지관할의 맥락에서 이 경우 관할위반의 흠이 치유된다고 설명한다.

다만 위에서 언급한 바와 같이 민사소송법 제33조의 소를 제기한 때의 의미에 관하여 소송계속 시라는 견해와 법원에 소장을 제출한 때라는 견해(다수설로 보임)가 있으므로 어느 것을 취하는가에 따라 민사소송법의 해석과 개정법의 경과조치를 정한 부칙 간에 차이가 있을 수 있다.

3. 시제사법의 쟁점들

개정법에 의하여 우리 법원이 적용하는 국제재판관할규칙이 대폭 변경되었고 준거법규칙도 소폭 변경되었으므로 어느 시기의 법을 적용할 것인가라는 시제법의 문제가 제기된다. 시제법(時際法. intertemporales Recht)이라 함은 하나의 법률관계에 신법과 구법이 모두 관련되는 경우에 어느 법을 어느 범위에서 적용할 것인가라는, 법률의 시간적 충돌을 해결하는 법률을 말한다.[276] 사법(私法)이 바뀐 경우에는 '시제사법(私法)'이라고 한다. Savigny가 지적한 바와 같이, '법률관계에 대한 법규의 지배의 장소적 한계'를 정한 협의의 국제사법과 '법률관계에 대한 법규의 지배의 시간적 한계'를 정한 시제사법에 적용되는 원칙들 간에는 서로 내적 관련이 있다.[277]

시제법의 문제는 법률의 시행일과 경과조치를 정한 부칙에 의하여 일차적으로 규율된다.[278] 개정법도 부칙 제2조와 제3조에서 시제법의 문제를 해결하고자 아래와 같은 두 개의 조문을 두고 있다.

> **제2조(계속 중인 사건의 관할에 관한 경과조치)** 이 법 시행 당시 법원에 계속 중인 사건의 관할에 대해서는 종전의 규정에 따른다.
>
> **제3조(준거법 적용에 관한 경과조치)** 이 법 시행 전에 생긴 사항에 적용되는 준거법에 대해서는 종전의 규정에 따른다. 다만, 이 법 시행 전후에 계속(繼續)되는 법률관계에 대해서는 이 법 시행 이후의 법률관계에 대해서만 이 법의 규정을 적용한다.

---

276) 이호정(註 181), 9면.

277) Friedrich Carl von Savigny (translated by William Guthrie), A Treatise on the Conflict of Laws (1880), p. 45; 이호정(註 181), 10면.

278) 부칙에 관하여는 최봉경, "부칙(附則) 연구 ―그 체계적 시론―", 서울대학교 법학 제53권 제2호(2012. 6.), 243면 이하 참조.

위 부칙의 해석과 관련하여 다양한 의문이 제기되는데 여기에서는 몇 가지만 언급한다.

가. 국제재판관할합의와 관련된 시제사법의 쟁점

(1) 국제재판관할합의 시 전속성 추정의 기준시기

위에서 본 것처럼 개정법(제8조 제3항)은 "합의로 정해진 관할은 전속적인 것으로 추정한다."고 규정한다. 문제는 국제재판관할합의는 과거에 체결되었으나 그에 따라 개정법 시행 후에 소가 제기된 경우 개정법이 적용되는지이다. 문언상으로는 개정법 시행 후에 소가 제기된 이상 신법인 개정법이 적용되어야 할 것처럼 보이지만 그렇게 해석할 것은 아니다. 즉 관할합의가 전속적인지 아니면 부가적인지는 기본적으로 당사자의 의사에 따를 사항이므로 이는 기본적으로 관할합의의 해석의 문제이다. 개정법(제8조 제3항)의 추정은 이른바 '의사추정'이다. 의사추정은 구체적 사실로부터 사람의 내심적 의사를 추정하는 것이 아니라 법규가 의사표시의 내용을 추정하는 것으로 법률행위의 해석규정이다.[279] 그렇다면 법률행위를 한 때, 즉 관할합의가 체결된 때를 기준으로 판단하여야 한다고 보나 해석의 기준이 달라졌음을 이유로 개정법이 적용된다고 볼 여지도 있다.

(2) 국제사법(구법) 하에서 체결된 국제재판관할합의의 성립과 유효성의 준거법

위에서 보았듯이 개정법(제8조 제1항)은 국제재판관할합의의 성립과 유효성의 준거법규칙을 도입하여 합의관할 부여국법에 따르도록 한다. 문제는 개정법의 규칙이 국제사법(구법) 하에서 체결된 국제재판관할합의에도 적용되는가이다.

우선 부칙의 문언을 보면 위 논점에 대하여 부칙 제2조를 적용할지 아니면 제3조를 적용할지가 문제되고, 만일 제3조를 적용한다면 본문의 대상인가 단서의 대상인가도 문제된다.

직접적으로는 관할합의의 준거법의 문제이나 이는 결국 국제재판관할의 유무에 영향을 미치는 쟁점이므로 제2조를 적용하여야 한다고 본다. 그러나 제2조는 구체적인 지침을 주지 않으므로 아래와 같이 해결해야 할 것이다.

위에서 논의한 것처럼 주된 계약의 주관적 준거법을 지정함으로써 그것이 관

---

279) 김홍엽, 민사소송법 제10판(2021), 762면. 이를 '법정 의사해석'이라고도 한다. 전원열(註 6), 9-5-4-5.

할합의의 준거법이 되었다면 개정법 하에서도 합의관할 부여국법에 따를 사항인데 대체로 당사자자치의 원칙이 인정되므로 문제될 것이 없으나 총괄지정에 따른 문제가 전혀 없지는 않다. 반면에 객관적 준거법에 따르는 경우에는 기존의 국제재판관할합의의 성립과 유효성의 준거법을 존중하는 견해도 가능하나, 계약의 준거법 변경을 규정한 국제사법 제25조(개정법 제45조) 제3항을 참조하여 구법상의 해석론에 의하여 지정된 관할합의의 준거법이 개정법이 도입한 준거법규칙에 의하여 변경되는 것으로 보는 견해도 가능하다.[280]

나. 국제적 소송경합과 관련된 시제사법의 쟁점

(1) 국제적 소송경합에서 선후를 결정하는 기준시기와 개정법의 적용 여부

이와 관련하여 부칙 제2조에 따라 내국소송의 소송계속 시점이 개정법의 시행 전이면 종전의 규정에 따르고 내국소송의 소송계속 시점이 개정법 시행 이후이면 개정법(제11조 제5항)에 따라 '각국 법원에 우리 민사소송법의 소제기에 상응하는 행위가 이루어진 때'를 기준으로 소의 선후를 정해야 한다는 견해[281]가 있다. 제11조의 국제적 소송경합은 외국 전소를 전제로 하므로 이는 내국소송의 계속시점, 즉 국제적 소송경합의 발생시점을 기준으로 국제사법과 개정법의 적용 여부를 결정하는 것으로 보인다.[282] 즉 부칙 제2조는 계속 중인 사건의 관할만을 언급하나 국제적 소송경합도 그에 포함되는 것으로 이해하는 것이다. 이는 외국 전소를 전제로 하는 경우에는 설득력이 있다. 문제는 내국 전소의 경우인데 이는 항을 바꾸어 아래에서 논의한다.

---

280) 참고로 우리 민사소송법학에서는 실체법과 절차법 구별의 실익을 논의하면서 실체법은 법률불소급의 원칙에 의하여 재판 당시의 개정법을 소급적용하는 것을 금하는 것이 원칙이나, 절차법은 소급하는 것이 원칙이라는 견해가 인정되는 것으로 보인다. 이시윤, 민사소송법, 제14판(2020), 42면; 강현중, 민사소송법 제7판(2018), 44-45면. 예컨대 광주고등법원 2015. 2. 4. 선고 (제주)2013나1152 판결도 그런 견해를 따랐다. 그러나 위 원칙이 설득력이 있기는 하나 여기에서 논의하는 바와 같이 더 미세하게 들여다 볼 필요가 있다. 민사소송법 교과서들 중에서도 일부는 위 원칙을 전혀 언급하지 않는다.

281) 이필복, "국제적인 민사 및 상사분쟁 해결절차의 경합에 관한 연구 —소송과 중재를 중심으로—", 서울대학교 대학원 법학박사학위논문(2020), 150면.

282) 다만 문제는 종전에는 규정이 없었으므로 이미 계속한 소에 대하여는 종전의 해석론에 따라야 하는데 그것이 분명하지 않다는 문제가 있다. 이필복(註 281), 150면은 '소가 계속된 각국의 국내법이 정한 소송계속 시점'을 기준으로 소의 선후를 판단할 것이라고 본다.

(2) 개정법이 도입한 국제적 소송경합규칙 적용의 기준시기

위에서 언급한 '경합하는 소의 선후의 결정'만이 아니라 더 근본적으로 국제적 소송경합의 문제를 해결함에 있어서 어느 시점을 기준으로 개정법(제11조와 제12조)을 적용할지가 문제된다. 그 경우 내국소송의 계속시점을 기준으로 삼기보다는 전소와 후소가 계속함으로써 소송경합이 발생한 시점을 기준으로 삼아야 한다고 본다. 국제적 소송경합이 국제재판관할규칙과 밀접하게 관련되는 쟁점이고 개정법은 이 점을 충분히 반영하고 있지만 부칙 제2조는 계속 중인 사건의 관할에 관한 경과조치를 규정함으로써 관할항정의 원칙의 일단을 명시한 것일 뿐이고 국제적 소송경합에 관한 경과조치는 아니라고 본다. 그렇다면 예컨대 개정법의 시행 전에 내국소송이 계속하였더라도 외국 후소가 시행 후에 계속하여 소송경합이 시행 후에 비로소 발생하였다면 개정법을 적용하여야 한다고 보나 이는 제11조가 상정하는 사안은 아니므로 제12조에 따라 처리해야 할 것으로 본다.

제5장
개정법에 따른 국제재판관할규칙 도입의 실천적 의미

개정법을 통하여 국제재판관할규칙을 정립하는 실천적 의미는 다음과 같다.

1. 2001년 시행된 국제사법 개정작업의 완성

우선 개정법은 2001년 시행된 국제사법 개정작업에서 당시 진행 중이던 헤이그국제사법회의의 재판 프로젝트의 추이를 지켜보고자 과도기적 입법에 그치고 장래의 과제로 미루었던 작업을 마무리하는 의미가 있다. 즉 '입법의 연속성'과 그에 따른 마무리라는 측면에서 커다란 의의가 있다.

2. 국제재판관할을 둘러싼 법적 안정성의 확보

국제사법에 정치한 국제재판관할규칙을 도입함으로써 국제민사 및 상사분쟁의 해결에 있어 가장 중요한 쟁점의 하나인 국제재판관할을 둘러싼 법적 불확실성을 상당 부분 제거하여 법적 안정성을 확보하고 당사자의 예측가능성을 제고할 수 있다. 국제사법 제2조의 취지와 달리 대법원이 사안별 분석을 중시한 탓에 많은 사건에서 국제재판관할의 유무는 대법원의 판단을 받기 전에는 누구도 확실하게 알 수 없는 쟁점이 되었는데, 개정법은 이런 불확실성을 제거한다. 그 결과 국제거래의 당사자들, 특히 한국 기업들에게 국제재판관할에 관한 예측가능성을 제고할 수 있도록 함으로써 소송전략의 수립과 분쟁예방에 기여할 수 있을 것이다.

또한 근자의 국제결혼에 따른 다문화가정의 증가와 아동탈취사건의 증가에서 보듯이 가족법의 문제도 더 이상 국내문제로 그치는 것이 아니라 국제적 요소를 가지는 사안이 증가하고 있다. 정부가 비준한다면 입양협약도 한국에서 발효될 것이다. 종래 대법원 판례가 국제가사사건에서 국제재판관할규칙에 관한 지침을 제시하지 못하고 있었는데(대법원 2021. 2. 4. 선고 2017므12552 판결이 선고되기 전까지) 다양한 국제가사사건을 처리하는 과정에서 개정법을 통하여 국제재판관할 을 둘러싼 법적 불안을 상당 부분 제거할 수 있을 것이다.

3. 관할합의협약의 일부 반영과 국제적 분쟁해결의 허브의 지향

관할합의협약이 이미 발효되었고 점차 당사국이 확대될 것으로 예상되는 상 황에서 개정법(제8조)이 동 협약의 주요내용을 반영한 점도 의미가 있다. 이는 그 자체로써 국제거래의 활성화에 기여하고, 한국을 분쟁해결의 허브가 되도록 만드 는 데 일조할 것이다.[1) 현재는 예컨대 중국 기업과 일본 기업이 한국과 무관한 사건을 한국법원에서만 재판받겠다고 합의하여도 이는 무효이다. 이는 대법원 판 결이 지정된 법원과 사건 간의 합리적인 관련성을 요구하기 때문이었다. 따라서 싱가포르처럼 국제분쟁 해결의 허브로 만드는 것은 고사하고, 적정범위 내에서 외국인 간의 분쟁 해결에 기여하자는 소박한 희망도 가질 수 없는 실정이나, 개정 법은 이를 가능하게 하는 최소한의 조치로서(물론 필요충분조건은 아니지만) 국제적 분쟁해결의 허브를 지향하는 데 대한 걸림돌을 제거한 점에서도 의미가 있다. 나 아가 이는 장래 한국의 관할합의협약 가입을 위한 선제적 조치로서도 의미가 있 다. 또한 국제거래의 당사자가 되는 한국 기업들이 우리 법원에 비전속적 또는 전 속적 관할권을 부여하는 관할합의를 적절히 활용함으로써 거래비용을 낮추고 장 래의 소송전략을 수립하는 데 기여할 수 있다. 다만 이는 우리 기업들이 이런 변 화를 이해하고 수용하여 계약조항과 실무를 변경해야 가능하므로 그렇게 되기까 지는 시간이 걸릴 것이다. 이런 변화가 적절하게 홍보되고 실무의 변화를 초래할 지는 두고 보아야 할 것이다.

4. 대법원의 IP 허브 코트 추진 방안의 지원

대법원은 2015. 6. 4. 우리 특허법원의 위상을 강화하여 국제적 지식재산권 (또는 지재권) 관련 분쟁 발생 시 법정지가 되겠다는 취지를 담아 'IP 허브 코트 추 진위원회'를 발족하고 특허법원 국제재판부 설치 등을 골자로 하는 방안을 논의하 였다. 즉 최근 급증하는 국제 지식재산권 분쟁에서 당사자들이 한국 특허법원을

---

1) 우리나라에서도 국제상사법원의 설치에 관한 논의가 있다. 예컨대 사법정책연구원, 국제상 사법원에 관한 연구(2020)(김정환 외 집필) 참조.

법정지로 많이 선택한다면 한국 특허법원의 판결이 국제적 기준이 될 수 있으므로 한국 특허법원을 'IP 허브 코트'로 만들어 그 국제적 위상을 강화한다는 것이다. 이를 위하여 근자에는 영어 등 외국어 변론이 가능하도록 법원조직법 제62조의2(외국어 변론 및 전담재판부의 설치)를 신설하였다. 이러한 노력은 소송의 국제화(이를 "소송의 글로벌화"라고도 한다)에 수반하여 국제소송을 유치하고자 국제상사법원을 설립하는 일부 국가들의 경쟁을 연상시키나, IP 허브 프로젝트는 별도 법원의 설립 없이 지재권에 한정하며 외국어 사용은 변론에 한정되고 소송지휘나 재판에는 미치지 않는 점 등에서 훨씬 온건한 것이다.

현재의 논의는 그것이 '국제사법' 또는 '국제민사소송'의 문제라는 점, 따라서 국제사법과 국제민사소송법적 고려가 필수적이라는 점에 대한 인식이 부족하다. 왜냐하면 한국법원이 외국기업 간 IP 분쟁 해결을 위한 허브 코트가 되자면 우선 당사자의 합의를 통하여 우리 법원의 국제재판관할을 확보하고 나아가 우리 재판의 외국에서의 승인 및 집행을 보장해야 하는데 이에 대한 고민이 보이지 않기 때문이다. 우리 법원의 국제재판관할을 확보하자면 우리 국제사법이 우리 법원에 국제재판관할을 부여하는 관할합의의 효력을 가급적 널리 인정하고 그에 따른 우리 재판의 국제적 효력을 확보해야 한다. 이를 시정하기 위한 초보적 조치는 관할합의협약 가입이다.[2] 즉 종래 우리 대법원 판례는 이런 태도와는 거리가 있으므로[3] 관할합의에 관한 개정법(제8조)은 바로 이를 위한 첫걸음이고, 그 다음은 관할합의협약에의 가입이다.[4] 이런 국제사법적 고려 없는 IP 허브 코트의 추진은 공허하다. 우리 법원의 국제재판관할이 확보되지 않는다면 그 이후의 논의는 무의미하기 때문이다.

5. 국제해사분쟁의 한국 유치를 위한 법적 기초의 구축

근자에 해상법 전문가들은 국제운송, 국제선박건조 및 국제선박금융 등과 관

---

2) 단기간 내에 국제상사중재에서 중심지의 하나로 부상한 싱가포르가 국제소송을 유치하고자 2015년 1월 대법원 산하에 싱가포르 국제상사법원(SICC)을 설립하고, 관할합의협약에 가입한 뒤 후속 작업을 추진 중임을 주목해야 한다. 다만 관할합의협약에 가입하더라도 승인 및 집행이 제한될 수 있음(협약 제10조 제3항 참조)을 유념해야 한다.

3) 그 차이점은 석광현, "우리 대법원 판결에 비추어 본 헤이그 관할합의협약의 몇 가지 논점", 국제사법연구 제25권 제1호(2019. 6.), 481면 이하 참조.

4) 이런 문제의식을 조금 더 구체적으로 다룬 것은 석광현, "우리 법원의 IP 허브 추진과 헤이그 관할합의협약 가입의 쟁점", 국제사법연구 제25권 제1호(2019. 6.), 223면 이하 참조.

련하여 발생하는 국제해상분쟁을 가급적 한국에서 소송이나 중재를 통하여 해결하고자 노력하고 있고, 이를 위해 해사사건 전담 법원의 설립을 추진하고 있다.5) 그러나 정립된 국제재판관할규칙이 없다면 그런 주장은 공허하다. 개정법은 이런 맥락에서 커다란 의미가 있다. 종래 해상법 전문가들은 국제해사사건에서는 국제사법상의 국제재판관할의 법리와의 정합성에 크게 주목하지 않은 채 민사소송법의 토지관할규칙을 중심으로 논의하는 경향이 있는데 개정법은 해사사건의 국제재판관할규칙을 국제사법의 체제 하에 공식적으로 편입하는 의미가 있다. 또한 종래 대법원 판례6) 하에서는 허용되지 않았지만 개정법이 전속적 관할합의의 요건을 완화한 결과 한국 선사들로서는 장래 한국법원에 전속적 국제재판관할을 부여하는 합의를 할 수 있고, 그 경우 법원은 부적절한 법정지의 법리를 근거로 관할권의 행사를 거부할 수 없어 법적 확실성을 확보할 수 있게 되므로 큰 변화를 초래하게 된다.

6. 국제중재산업 진흥을 가능하게 하는 국제민사소송법적 지원

근자에 정부는 중재산업 진흥에 많은 관심을 보이고 이를 실현하기 위해 다양한 노력을 경주하였다. 예컨대 대한상사중재원의 주무관청이 법무부로 이관되고 '중재산업 진흥에 관한 법률'이 제정되었으며 후속조치들이 추진되고 있다. 위 작업이 염두에 두는 것은 국제상사중재이고 국내외의 기업들이 한국을 중재지로 선호하기를 기대하는 것이다. 하지만 국제민사소송과 무연하게 국제상사중재만을 활성화시키는 것은 불가능하거나 그렇지 않더라도 매우 어렵다. 국제상사중재사건은 중재판정부에 의하여 다루어진다고 하더라도 이를 둘러싸고 중재판정취소의 소, 중재합의를 위반해서 소를 제기하는 경우 사전적으로 소송유지명령의 청구, 사후적으로 중재합의 위반에 따른 손해배상 청구, 피신청인이 우리 기업이라면 (국내)중재판정의 승인 및 집행결정 청구 등 중재를 둘러싼 일련의 소송이 우리 법원에 제기될 수 있으므로 법원으로서는 국제중재와 관련된 국제민사소송에 관

---

5) 이에 관하여는 사법정책연구원, 해사법원 설치에 관한 연구(2021)(이재찬 집필) 참조. 이와 같은 맥락에서 2018년 2월에는 임의중재를 위하여 서울해사중재협회가 설립되었고, 2018년 3월에는 대한상사중재원의 해사중재 전담기구인 아태해사중재센터가 설립되었다.
6) 특히 대법원 2004. 3. 25. 선고 2001다53349 판결. 비판은 석광현, "국제재판관할합의의 유효요건으로서의 합리적인 관련성", 법률신문 제3129호(2002. 12. 9.) 참조. 이는 석광현, 국제사법과 국제소송 제3권(2004), 244면 이하에도 수록되었다.

한 전문성을 구비하여야 한다. 중재를 원활하게 진행하고 중재판정의 실효성을 보장하며, 나아가 중재절차의 공정성과 적법성을 보장하자면 법원의 지원은 물론이고 감독과 통제가 필요하기 때문이다. 이러한 제논점은 일차적으로는 중재법의 논점이지만 그와 관련하여 국제재판관할의 쟁점이 제기될 수밖에 없다. 예컨대 중재판정 취소의 소는 중재지 또는 중재절차의 준거법 소속국의 전속적 국제재판관할에 속한다.[7] 따라서 한국을 중재허브로 육성하자면 국제소송을 위한 한국의 법적 인프라를 구축해야 하는데 그 출발점이 바로 국제재판관할규칙의 정립이라는 것이다. 나아가 국제민사 및 상사분쟁을 다루는 우리 변호사들을 양성해야 하는데 그들이 중재와 소송을 함께 다룸으로써 시너지 효과를 발휘하도록 해야 한다.

요컨대 근자에 다양한 법률분야, 즉 지식재산권법, 해상법과 중재법 분야에서 국제적 분쟁해결을 한국에 유치하려는 노력이 보이는데 이 점은 환영할 만한 일이다. 이를 가능하게 하기 위해서는 한국의 국제재판관할규칙을 정립하고 그 틀 안에서 한국법원의 국제재판관할을 가급적 그러나 합리적인 범위 내에서 확대하기 위하여 노력해야 한다. 국제사법에서 정치한 국제재판관할규칙을 도입하는 것은 바로 이러한 작업으로서 의미를 가진다. 이러한 맥락에서 종래 국제적 법률관계와 국제사법 및 국제민사소송법에 무관심한 우리 법률가들과 법학자들이 앞으로는 큰 관심을 보여줄 것을 촉구한다.

---

7) 석광현, 국제상사중재법연구 제1권(2007), 235면 참조. 개정법은 전속관할에 관한 조문(제10조)을 두나 이 점을 명시하지는 않는다.

제 6 장

국제사법의 개정과 관련된 장래의 과제

2022년 개정법에 정치한 국제재판관할규칙을 추가함으로써 2001년 시행된 국제사법이 미루었던 과제를 달성하게 되었다. 특히 개정법이 재산법상의 사건만이 아니라 가사사건 및 비송사건에 관하여도 국제재판관할규칙을 두는 것은 매우 바람직한 일이다. 이로써 한국 국제사법은 국제재판관할규칙과 준거법규칙이라는 양 날개를 구비하게 되었다. 장래의 과제는 아래와 같다.

1. 개정법의 올바른 해석과 적용

개정법이 공포됨으로써 국제재판관할규칙을 도입하기 위한 입법작업은 일단락되었으니, 앞으로 중요한 것은 법원이 개정법의 취지를 정확히 해석하고 올바르게 적용하는 것이다. 개정법에 따르면 법원은 국제사법 하에서 그랬듯이 사안별 분석을 거쳐 원하는 결론을 내릴 수는 없고, 우선 개정법이 정한 국제재판관할규칙을 적용하여 한국의 국제재판관할의 유무를 판단하고, 나아가 관할이 있는 때에도 당해 사건의 모든 사정을 고려하여 우리 법원이 국제재판관할권을 행사하기에 부적절하고 국제재판관할이 있는 외국법원이 분쟁을 해결하기에 더 적절하다는 예외적인 사정이 명백히 존재할 때에는 재판관할권을 행사하지 않음으로써 국제재판관할 배분의 이념을 충실하게 구현해야 한다.

개정법이 정한 국제재판관할규칙에 따라 한국의 국제재판관할이 없는 사건에서도 법원이 개정법 제2조가 정한 일반원칙에 따라 실질적 관련을 근거로 국제재판관할을 인정할 여지가 전혀 없는 것은 아니지만 종래와 달리 이는 매우 예외적인 것이므로 법원으로서는 대단히 신중하게 인정하여야 한다. 특히 법원이 개정법이 폐기하거나 채택하지 않은 관할규칙을 우회하는 수단으로 제2조를 남용해서는 아니 된다는 점을 분명히 지적해 둔다. 가사 개정법의 국제재판관할규칙에 다소 미흡한 점이 있더라도 그로 인한 폐해는 법원의 실제 운용과정에서 부분적으로 완화될 수 있을 것이다. 2001년 도입된 국제사법 제2조를 제대로 적용하지 않은 채 사안별 분석으로 나간 우리 법원의 모습에 크게 실망했던 저자로서는 장차 개정법에 따른 한국적 국제재판관할법제의 정착과 성장을 위하여 법원이 최선의 노력을 기울여 줄 것을 부탁하고 기대한다.

2. 가사사건과 비송사건에 대한 정치한 국제재판관할규칙의 보완

재산법상의 사건과 비교하면 가사사건과 비송사건의 경우 개정법의 국제재판관할규칙은 아직도 상대적으로 미흡하다. 이는 종래 국내외에서 상대적으로 논의가 부족한 점, 특히 판례가 지침을 제공하지 못하는 점에 기인하는 것이기도 하나,[1] 유럽연합을 보더라도 재산법상의 사건과 비교할 때 가사사건에서 국제재판관할규칙의 정립이 상대적으로 늦은 것이 사실이다. 그럼에도 불구하고 개정법에서 이런 조문을 둔 것은 앞으로의 발전을 선도하는 의미도 있기 때문이다. 위에서 본 것처럼 특히 비송사건에 관한 개정법의 관할규칙은 추상적이므로 위 조문을 적용해서 문제를 해결하면서 장래 더욱 구체화된 정치한 규칙의 도입을 검토해야 한다.[2]

3. 장래의 변화와 그에 다른 개정 필요성에 대한 검토

개정법에 정치한 국제재판관할규칙을 추가하였으나 국제재판관할규칙은 고정된 것이 아니고 시대의 변화와 함께 변화하므로 장래 적절한 시점에 재점검할 필요성이 있고 그런 작업을 위해서는 판례의 집적에 따라 제기되는 문제점을 검토하는 동시에, 국제재판관할에 관한 국제규범의 추이를 예의주시함으로써 국제적 정합성을 확보하기 위해 꾸준히 노력해야 한다. 이런 맥락에서 현재 헤이그국제사법회의에서 진행 중인 관할프로젝트에도 관심을 가지고 예의주시하여야 한다. 특히 국제재판관할규칙의 제정을 주도하고 있는 유럽연합과 헤이그국제사법회의

---

1) 다만 위에 언급한 것처럼 대법원 2021. 2. 4. 선고 2017므12552 판결에서 대법원은 처음으로 국제사법 제2조가 가사사건에도 적용됨을 분명히 하고, 대법원 2019. 6. 13. 선고 2016다33752 판결을 따라 국제사법 제2조 제2항의 취지를 제대로 파악하였으며 이혼사건에서 실질적 관련의 판단기준을 제시하였다.
2) 그 과정에서 일본의 개정된 인사소송법과 가사사건수속법의 정치한 국제재판관할규칙이 참고가 될 것이다. 물론 독일 FamFG도 참조해야 한다.

작업을 보면 국제재판관할규칙이 점차 세분화되고 있음을 주목할 필요가 있다. 물론 우리가 그것을 무조건 따를 이유는 없지만 적절히 취사선택하기 위하여는 변화의 양상과 그 배경을 이해하지 않으면 아니 된다.

4. 외국재판의 승인과 집행규칙의 국제사법에의 통합

현재 외국재판의 승인 및 집행에 관한 규정은 민사소송법과 민사집행법에 나뉘어 있으나 장래에는 양자를 묶어서 국제사법에 규정하는 것이 바람직하다. 서로 밀접하게 관련된 주제를 하나의 법률에서 규율하는 것이 자연스럽고, 직접관할과 간접관할이 기본적으로 동일한 원칙에 따른다는 점 기타 양자의 유기적 관련을 명확히 할 수 있기 때문이다. 그렇다고 해서 스위스 국제사법처럼 각 장마다 외국재판의 승인 및 집행에 관한 조문을 두자는 것은 아니다. 제1장 제4절을 신설하여 외국재판의 승인 및 집행에 관한 간결한 조문을 두되 재산법상의 사건과 가사사건으로 구분하고, 비송사건에 대하여는 별도 조문을 두거나 그것이 어렵다면 개정법 제15조(비송사건의 관할)와 유사한 다소 일반적인 조문을 둘 필요가 있다. 즉 가사사건과 비송사건에 속한 외국재판의 승인과 집행에 대해서도 가사소송법과 비송사건절차법에 조문을 두기보다는 이를 묶어서 국제사법에 규정하는 것이 바람직하다.3)

이런 논의과정에서 외국재판 승인의 효과를 명시하는 것이 바람직하다. 외국재판의 기판력 등 효력이 한국에서 어느 범위 내에서 미치는지의 문제로서 의미가 있을 뿐만 아니라 앞에서 논의한 바와 같이 국제적 소송경합의 존재와 그의 처리와 관련해서도 의미가 있는 논점이라는 점을 명심해야 한다.

저자는 현재로서는 외국법원의 비송재판의 승인에 관하여는 민사소송법 제217조를 유추적용해야 한다고 보나, 종래 학설상 신분관계 비송사건에서 송달요건과 상호보증요건이 필요한지는 논란이 있다.4) 특히 2014년 민사소송법 제217조 제1항을 개정하여 승인대상을 "외국법원의 확정판결 또는 이와 동일한 효력이 인정되는 재판(이하 "확정재판등"이라 한다)"으로 수정함에 따라 과연 기판력이 없는 외국 비송재판이 승인될 수 있는지에 대해 의문이 제기될 수 있다. 종래 우리 대법원이 가사소송사건과 가사비송사건에서도 상호보증이 필요한 것을 당연한 것

---

3) 가사소송법에 두자는 견해도 있다. 권재문, "외국 가사재판의 승인·집행에 관한 입법론적 검토", 국제사법연구 제23권 제2호(2017. 12.), 323면 이하 참조.

4) 석광현, 국제민사소송법(2012), 425면 이하 참조.

으로 전제하면서5) 이런 쟁점에 대해 무관심한 것은 무척 아쉬운 일이다. 특히 과거 우리나라는 2012년 8월 입양특례법을 개정하여 우리 법원이 재판하기 전에는 아동을 미국 등지로 보내어 외국에서 입양재판을 받도록 하던 체제를 오랫동안 유지하였는데 그 경우 친생부모와 친자관계의 단절은 비송재판인 외국입양재판의 승인의 문제였으므로 그에 관한 법리가 진작에 정립되었어야 한다. 이렇듯 무수히 많은 사례가 있었음에도 불구하고 우리 법률가들이 이에 대해 별로 관심을 가지지 않았다는 점은 국제사법에 대한 무지와 무관심 외에는 설명할 길이 없다. 물론 저자도 일부 책임이 있음을 부정할 생각은 없다.

참고로 독일은 FamFG에서 외국 혼인관계 재판의 승인에 관하여(제107조), 나아가 그 밖의 외국재판의 승인에 관하여(제108조) 각각 조문을 두고 있다. 전자의 경우 당사자의 신청에 따라 독일의 당국이 승인요건의 구비를 확정할 것을 요구하나, 후자의 경우에는 승인장애사유(제109조)가 없으면 자동적으로 승인되는 차이가 있다.

외국재판의 승인과 집행이라는 논점은 나아가 외국도산절차의 승인과 도산관련재판의 승인 및 집행과도 밀접하게 관련되는 쟁점이므로 양자의 관계와 경계획정의 문제가 있음을 잊지 말아야 한다.6)

5. 국제사법 중 준거법규칙의 개정

개정법의 시행과 더불어 국제사법에 정치한 국제재판관할규칙을 도입하기 위한 국제사법의 개정작업은 우선 일단락된다고 할 수 있다. 다음의 과제로서 적절한 시기에 준거법규칙을 보완하는 개정작업을 추진할 필요가 있다.7)

---

5) 이혼과 가사비송사건인 양육자 지정, 면접교섭권, 재산분할 및 부양료·양육비지급을 명한 캐나다 온타리오주 법원판결에 기하여 한국에서 집행판결을 구한 사건에서 대법원 2009. 6. 25. 선고 2009다22952 판결은 상호보증이 필요함을 전제로 판시하였다. 또한 이혼, 위자료 및 양육비지급 등을 명한 뉴욕주 법원 판결의 승인과 관련하여 대법원 1989. 3. 14. 선고 88므184, 191 판결도 동일한 태도이다.

6) 대법원이 잘못된 길로 들어선 탓에 하급심 판결들이 잘못을 확대재생산하고 있다. 상세는 석광현, "미국 연방파산법에 따른 회생계획인가결정의 한국에서의 승인", 자율과 정의의 민법학: 양창수 교수 고희기념논문집(2021), 555면 이하; 김영석, "국제도산에서 도산절차와 도산관련재판의 승인 및 집행에 관한 연구", 서울대학교 대학원 법학박사학위논문(2022. 2.), 276면 이하 참조.

7) 이에 관하여는 우선 손경한 외, 국제사법 개정 방안 연구(2014), 331면 이하 참조(석광현 집필부분). 2021년 국제사법학회는 정기연구회를 통하여 준거법규칙의 개정 착안점을 검토하였다.

제 7 장

개정법의 성안과정에서 국제사법개정위원회의
작업과 운영

1. 위원회의 작업 경과

위에서 언급한 바와 같이 위원회의 운영과정에서는 위원장의 제안에 따라 일부 위원들이 주제별로 분담하여 문제점을 검토한 뒤 초안을 작성하고 그 취지를 설명하는 작업을 담당하였다. 이런 작업방법은 대체로 무난한 것이었다. 다만 논의 결과에 따라 초안을 수정할 때에는 사실 법무부의 전문위원이나 위원 중의 적임자를 선정하여 맡기는 것이 좋았을 것이나 위원장이 이 임무를 담당하였다. 문제는 위원장이 위원회의 협의 결과를 충실하게 반영하는 것이 아니라 가끔 임의로 초안을 수정하는 데서 발생하였다. 결과적으로 한일 세미나가 끝난 뒤에도 위원회의 합의를 반영한 초안을 확정할 수 없었다. 해서 위원회의 다른 구성원들은 이른바 '진정초안'을 복원하기 위하여 노력하였으나 이 작업을 완성하지 못하였다. 그와 같은 상태에서 2015. 12. 22.과 29. 위원회가 진행되었고 공식적인 개정안 초안을 성안하지 못한 채 위원회의 임기가 만료되었다.[1]

2. 위원회의 활동을 위한 지원 세미나

2015. 9. 22.에는 일본 학자들을 초청하여 중앙대에서 세미나를 개최하였고 같은 해 10. 31.에는 중국 학자들을 초청하여 인하대에서 세미나를 개최하였다.

---

[1] 개정경과는 김상현, "국제사법 개정 경과", 법무부, 국제사법 전부개정법률안 공청회 자료집, 3면 이하 참조. 위원장은 임기 종료 후인 2016. 1. 31. 자신이 정리한 초안을 위원회에 제출하였으나 이는 위원회의 승인을 받은 것이 아니었다.

당초 일정에 따라 위원회가 2015년 6월말까지 개정안 초안을 성안하는 것을 전제로 일본 학자들과의 세미나를 개최하고 이어서 중국 학자들과의 세미나를 개최할 예정이었다. 우리 개정안을 성안하기 위하여 굳이 일본과 중국 학자들의 의견을 미리 들어야 하는 것은 아니지만 국제사법 개정 후에라도 우리 국제재판관할규칙을 이웃나라에 전파할 필요가 있으므로 그 작업을 앞당겨 하는 것으로 이해하고 그 점에서 의의를 인정할 수 있다고 생각하였다. 다만 위원회의 작업이 지체됨에 따라 한일 세미나와 한중 세미나의 일정을 순연할 필요가 있었으나 그렇게 하지 못하였음은 아쉬운 점이다. 개정안의 초안을 가지고 개최하지 못한 탓에 한계가 있었지만 그렇더라도 양 세미나는 나름 의미가 있었던 것으로 평가한다.[2]

3. 위원회의 개정안 성안의 실패와 법무부의 개정안 성안

2014년 6월 구성된 위원회는 1년 반의 작업에도 불구하고 결국 개정안을 성안하지 못한 채 임기가 만료되었다. 원인이 무엇이든 간에 이런 결과는 대단히 유감스러운 일이며 위원의 1인인 저자도 책임의 일단을 면할 수 없다. 여기에서는 장래 교훈으로 삼고자 실패 원인을 간단히 언급한다.

위원회가 개정안의 성안에 실패한 데는 다양한 이유가 있으나 단적으로 말하면 위원장이 자신의 역할을 오해한 탓이 컸다고 생각한다.[3] 즉 위원장의 소임은 위원회를 원활하게 운영함으로써 다수 위원의 의견이 집약된 개정 국제사법의 '위원회 초안'을 성안하는 것이나, 위원장은 자신의 소임이 마치 '위원장 초안'을 성안하는 것이라고 이해한 것 같았다. 저자는, 위원장이 1년 6개월의 기간 동안 위원회를 이끌어가기 위해 상당한 노력을 기울였고 커다란 공헌을 했음은 높이 평가하지만, 개정안의 초안을 채택하지 못한 데 대한 가장 큰 원인은 위원장의 의욕 과잉에 기인하는 독선이라고 생각한다. 특히 위원회의 마지막 단계에서 지재권의

---

2) 저자는 2016. 6. 5. 나고야에서 개최된 일본 국제사법학회와, 2017. 7. 4. 우리나라의 헤이그국제사법회의 가입 20주년을 기념하여 서울에서 개최된 2017 HCCH Asia Pacific Week에서 개정위원회의 작업을 소개할 기회를 가졌다. 이는 세월이 흐른 뒤 "Introduction of Detailed Rules of International Adjudicatory Jurisdiction in Korea: Proposed Amendments of the Private International Law Act"라는 제목으로 일본 國際私法年報 第19号 (2017), 2면 이하에 수록되었다.

3) 저자는 금번 위원회를 포함하여 법무부의 법률 개정 또는 제정작업을 위한 위원회에 5차례 참여하였다. 입법작업에의 참여는 보람 있는 일이고 그런 기회를 가지게 된 데 대해 감사한다. 그러나 위원회가 법률안을 성안하지 못한 것은 저자로서는 처음 경험한 일이었다.

준거법을 정한 제24조의 개정에 시간을 투입하는 대신 마무리작업을 하였더라면 아마도 2016년 초에는 비록 미흡한 점이 있더라도 개정안의 초안을 성안할 수 있었을 것이다. 위원장이 마지막까지 다른 위원들 대부분의 반대에도 불구하고 자기 의견을 관철하기 위해 위원회 초안의 채택을 좌절시킨 것은 결코 정당화될 수 없다.4) 그로 인하여 결과적으로 개정안 초안의 채택이 2년 가까이 지체되었다.

그 후 2016년 1년 동안은 개정안을 마련하기 위한 아무런 공식적인 노력이 없었다. 당시 정병석 변호사가 회장직을 맡고 있던 국제사법학회는 여러 차례 법무부에 후속작업을 조속히 추진해줄 것을 요청하였다. 법무부는 일부 위원들을 선정하여 '전문가 회의'를 구성하고 2017년 1년 동안의 작업을 거쳐 위원회의 논의 결과를 기초로 조문화작업을 마무리함으로써 개정안 초안을 작성하였다. 전문가 회의의 가장 중요한 지침은 '위원회의 명확한 결정사항은 수정하지 않는다'는 것이었다. 법무부는 2017년 11월 위원회 구성원들을 상대로 개정안 초안에 관한 보고회를 개최하였고 그 결과를 검토하여 개정안을 작성하였다.

---

4) 개정안이 국회를 통과한 뒤 전 위원장은 위원회가 최종 개정안을 채택하지 못한 데 대하여 "당시 최소한의 시대적 요구를 담은 진취적 개정안을 마련하고자 했던 필자[전 위원장]의 반대로 최종 개정안이 채택되지 못한 채 개정위원회는 종료되었[다]"는 취지를 밝혔다. 손경한, "2021년 국제사법 전면 개정을 환영하며", 법률신문 제4950호(2021. 12. 27.), 12면. 이를 보면 마치 다른 위원들이 최소한의 시대적 요구도 담지 못한 퇴영적(또는 후진적) 개정안을 고집하였다는 것처럼 보이나 그것은 사실이 아니다. '진취적 개정안'의 실체가 무엇인지 잘 모르겠지만, 전 위원장은 임기만료 직전에 지재권의 준거법규칙인 제24조의 개정 문언을 제안하여 통과시키려고 하였으나 다른 위원들이 제24조는 위원회의 검토대상이 아니라는 이유로 반대하고(그 내용의 당부는 논의조차 하지 않았다) 개정안의 채택에 집중할 것을 요구하자 최종 개정안의 채택을 무산시켰기 때문이다. 더욱이 최소한의 시대적 요구도 담지 못한 퇴영적(또는 후진적) 개정안이 국회를 통과하였다면 채택을 반대한 전 위원장으로서는 이를 비판하면서 이른바 '진취적 개정안'을 공개했어야 마땅함에도 불구하고 반대로 개정법을 환영하는 이유는 무엇인지 모르겠다. 저자로서는 솔직히 최종 개정안의 도출에 실패함으로써 위원장의 임무를 성공적으로 마무리하지 못한 데 대하여 전 위원장이 사과하거나 적어도 유감 표명 정도는 할 것으로 기대하였다. 그런데 임기만료 후 거의 6년이 지난 시점에 이르기까지 사과나 유감 표명은 고사하고 사실을 호도하는 모습을 보니 실망을 금할 수 없다. 하지만 전 위원장이 당시 국제사법학회 회장으로서 구 국제사법의 개정을 촉구하는 결의문을 법무부에 보내고 후속조치를 취함으로써 법무부로 하여금 위원회를 구성하도록 하고 그 후 개정작업을 주도한 공은 높이 평가한다. 공은 공대로, 과는 과대로 평가한다는 상식을 따른 것이다.

4. 위원회 구성의 문제점과 법무부의 역할

위원회의 인선이 적절했는지는 의문이 있지만 그 점은 더 언급하지 않는다. 다만 위원회의 구성원이었던 당시 법무과장의 불성실과 무성의는 비난받아 마땅하다. 당시 급격히 확대된 국제법무과의 업무를 고려할 때 국제법무과장이 매우 바쁜 자리임은 충분히 양해하지만 그렇더라도 국제법무과장이 위원회 회의에 단 한번(제1차 회의) 출석한 사실은 결코 정당화될 수는 없다. 그런 탓에 국제법무과장이 위원이었다고 하는 것조차 부적절하다고 생각한다.[5]

보다 근본적으로는 주로 범죄 수사와 공소유지를 담당하는 검사들이 법무부에 잠시 순환근무하면서 법률의 제·개정 등 검찰 본연의 직무 이외의 직무를 담당하는 것은 바람직하지 않다. 다만 그런 가운데 담당검사들(최태은 검사와 소정수 검사)과 업무를 도운 법무관들(정우용 법무관과 변민기 법무관)이 헌신적으로 노력한 데 대해 위원의 한 사람으로서 감사의 뜻을 표시한다. 장기적으로는 우리나라도 법무부를 문민화하여 법령 제개정과 관련된 직무를 담당할 인력을 양성하고 충원함으로써 전문성을 심화해야 한다. 근자에 검사가 아닌 인사가 법무실장과 국제법무과장직을 맡게 된 것은 이런 관점에서는 환영할 만한 일이다. 그렇지만 문민화만으로 충분한 것이 아니다. 중요한 것은 그들이 전문성을 계속 심화할 수 있는 여건을 조성해 주고 그 전문성을 활용할 수 있어야 한다는 점이다.

5. 2014년 위원회와 2000년 국제사법개정위원회

2014년 위원회의 작업방식에 관하여 한 가지 숙고할 점을 기록해 두고자 한다.

2000년 개정작업과정에서는 위원회 설치에 앞서 개정연구반을 운영하고 초안을 작성하여 위원회에 제출하는 방식을 취하였다. 반면에 2014년 개정작업과정에서는 연구반을 구성하지 아니하고 국제사법학회에 연구용역을 맡겨서 용역보고서를 제출받은 뒤 위원회가 이를 기초로 개정안의 성안작업을 진행하였다. 2000년에는 위원회가 6개월 정도 작업을 하여 개정안을 성안한 반면에, 2014년에는 위원회가 1년 반 동안 작업을 하였음에도 불구하고 개정초안을 성안하지 못하였다. 2000년에 그것이 가능했던 것은 1년 정도 작업을 했던 개정연구반에서 개정

---

5) 법무부 공청회 자료집에 수록된 김상현 검사의 발표문, 6면은 법무과장을 위원으로 적고 있다.

안의 초안을 성안하였기 때문이다.[6] 근자에는 입법작업 과정에서 법무부가 연구
반을 구성하지 않는 것이 일반적인 것처럼 보인다. 저자가 참여하였던 중재법 개
정작업의 경우 TF를 만들어 비교적 단기간 운영하여 개정의 착안점을 추출하고
논의의 방향만 제시한 뒤 위원회를 구성하는 방식을 취하였다. 국제사법학회의
용역보고서에서 국제사법 개정안의 초안까지 제시할 수 있었더라면 이상적이었을
것이나 그런 단계에는 이르지 못하였다. 법무부의 작업방식이 반드시 통일적일
필요는 없으나 어떤 접근방법이 좋은지 개별 작업별로 고민하고 더 나은 방안을
선택할 필요가 있다.

　한 가지 첨언할 것은 개정안에 관한 해설서의 문제이다. 2001년 개정의 경우
법무부는 2001년 2월 '各國의 國際私法'이라는 책자를 법무자료 제240집으로 간
행하였고, 개정 국제사법의 시행 직전인 2001년 5월 실무가와 학자들의 이해를
돕기 위하여 '국제사법 해설'이라는 해설서를 간행하였다. 사실 이는 그에 앞서 개
정작업에 관여하였던 위원들로 하여금 정기간행물인 '법조'에 논문들[7]을 발표하
게 한 뒤 법무부 담당검사가 논문들을 정리하여 작성한 것이었다.[8] 그러나 금번
개정작업에서는 법무부는 유사한 해설서를 간행하지 않았다. 새로운 입법작업을
할 때 관찬의 입법이유서를 간행하는 국가들의 사례를 좋게 평가하는 저자에게는
이는 아쉬운 일이다.

---

6) 2000년 개정의 경과는 법무부, 국제사법 해설(2001), 4면 이하; 석광현, 2001년 개정 국제
　사법 해설(2001), 5면 이하 참조.
7) 이는 법조 통권 제536호(2001. 5.), 5면 이하에 "섭외사법개정의 입법론적 연구"라는 특집
　제목 하에 수록된 논문들이다.
8) 저자도 그 정리작업에 관여하였다. 법무부 국제사법 해설은 개정위원회 의견은 아니므로
　관찬의 입법이유서는 아니고 참고자료일 뿐이다. 다만 법무부가 해설을 간행하고 인터넷에
　올린 결과 그 후 교과서 등을 집필하는 사람들 중 일부가 이를 뭉텅이로 전재하면서 원저
　자들의 글은 참고함이 없이 '법무부, 국제사법 해설'이라고 인용한 탓에 원저자들이 묻히게
　되었음은 아쉬운 일이다.

제 8 장
맺 음 말

　위에서는 개정법에 포함된 정치한 국제재판관할규칙을 총칙과 각칙으로 구분하여 소개하였다. 금번 국제사법 개정작업은 1999년 섭외사법 개정작업 추진 시 장래 과제로 이루었던 정치한 국제재판관할규칙의 도입을 마무리하는 것으로서 의미가 있다. 즉 우리는 2001년 1단계 조치로서, 현대적인 준거법규칙을 도입함과 동시에 국제재판관할에 관한 과도기적 입법을 하였고, 그의 연장선상에서 2단계 조치로서 금번에 정치한 국제재판관할규칙을 도입함으로써 한국 국제사법의 현대화작업이 일단락되었다.

　특히 개정법의 편제는 일본 및 중국과 구별되는 한국 국제사법의 특색으로 그 자체로서 의의가 있다. 특히 재산법상의 사건과 가사사건의 국제재판관할에서 각각 일본 최고재판소의 판례를 추종했던 대법원의 태도와 결별한 점[1]에서도 개정법은 커다란 의미가 있다.

　금번 개정법의 가장 큰 의의는 국제사법의 세 가지 주제 중 하나이고 국제소송에서 가장 기본적인 쟁점인 국제재판관할규칙을 국제사법에 규정함으로써 법원과 당사자의 예측가능성을 제고하였다는 점이다. 다만 개별사건에서 구체적 타당성을 기하기 위한 방편으로 국제사법에 따라 우리 법원에 국제재판관할이 있더라도 법원이 국제재판관할권을 행사하기에 부적절하고 국제재판관할이 있는 외국의 법원이 분쟁을 해결하는 데 더 적절하다는 예외적인 사정이 명백히 존재하는 때에

---

1) 과거 우리 대법원은 재산법상의 사건과 가사사건에서 모두 일본 최고재판소의 판례를 무비판적으로 따랐으나 2001년 시행된 국제사법에 의하여 재산법상의 사건에 관한 한 일본 판례에의 종속으로부터 벗어났다. 가사사건에 관하여는 위에 언급한 대법원 2021. 2. 4. 선고 2017므12552 판결에 의하여 비로소 벗어날 여지가 있게 되었다. 그러나 개정법이 시행됨으로써 완벽하게 그런 종속으로부터 벗어났다고 평가할 수 있다.

는 피고의 신청에 따라 법원이 재량으로 관할권의 행사를 거부할 수 있도록 하였
는데, 이는 개별사건에서 조정의 도구로서 영미에서 통용되는 부적절한 법정지의
법리를 엄격한 요건 하에 도입한 것이다. 요컨대 개정법은 한편으로는 정치한 국제
재판관할규칙을 도입함으로써 법적 안정성을 제고하면서, 다른 한편으로는 법원의
재량을 인정함으로써 개별사건에서 구체적 타당성을 보장하고자 한다. 앞으로 그런
기대가 실현될지는 법원의 국제사법 해석과 실제 적용에 달려 있다.

개정 작업과정에서 중요한 역할을 담당한 한국국제사법학회와 이를 지원한
법무부의 노고를 치하한다. 다만 소송사건과 비송사건을 망라하는 정치한 국제재
판관할규칙을 도입하는 작업을 감당하기에는 한국국제사법학계의 총체적 역량이
미흡하였다는 점을 부인하기 어려웠다. 그럼에도 불구하고 개정안을 성안하고 마
침내 입법화를 이룩한 것은 커다란 결실이다. 개인적으로는 2000년 국제사법의
초안을 성안하는 위원회에 이어 금번 위원회의 일원으로 참여할 수 있었던 것을
커다란 보람으로 생각하는데, 저자로서는 2000년 2월 "국제재판관할에 관한 연
구"라는 주제로 박사학위를 받은 뒤 2001년 이를 보완하여 단행본을 간행하면서
과도기적 입법을 제안하였고, 1999년과 2000년에 걸쳐 섭외사법의 개정작업과정
에서 개정연구반과 개정위원회에도 참여하였기에 감회가 남다를 수밖에 없다. 앞
으로 법원이 개정법을 정확히 해석·적용하고 미흡한 점이 있으면 판례를 통하여
훌륭하게 발전시켜 나가 줄 것을 기대하고 간곡하게 부탁드린다.

개정안을 성안하는 과정에서 가장 큰 어려움은 가사사건과 비송사건에 관하
여 우리나라의 연구가 매우 부족한 점이었다. 따라서 국제사법에 가사사건에 적
절한 정치한 국제재판관할규칙을 신설하기는 어려웠기에 개인적으로는 그 부분의
작업은 연기하는 것이 적절하지 않은가라는 회의가 들 때도 많았다. 하지만 위원
회는 미흡하더라도 개정안을 마련하는 것이 중요하다고 판단하였다. 가사사건의
국제재판관할에 관한 과거 대법원의 무관심[2]을 고려할 때 비록 완벽하지 않더라
도 명확한 규칙을 도입하는 것이 나을 것이기 때문이다. 개정법의 시행은 한국에
서 종래 주목을 받지 못한 가사소송과 가사비송사건에서의 국제재판관할규칙에
관한 논의를 촉발하는 계기가 될 것이다.[3]

---

2) 다만 위에서 언급한 대법원 2021. 2. 4. 선고 2017므12552 판결에서 대법원은 의미 있는
   지침을 제시하였으나 너무 늦은 것으로 한시적 의미를 가질 뿐이다.

3) 위원회가 초안을 성안하지 못한 것은 유감스러우나 그렇다고 해서 위원회의 공로를 지나
   치게 평가절하하는 것은 옳지 않다. 저자는 개정안의 성안을 위한 위원회의 노고와 성취를

유념할 것은 개정법에 따른 개정의 핵심은 국제재판관할규칙에 있지만 국제적 소송경합의 문제도 중요한 개정의 착안점이라는 점이다. 그리고 이는 외국재판의 승인·집행과도 밀접하게 관련된다. 또한 당연한 것이지만 국제재판관할, 국제적 소송경합과 외국재판의 승인·집행의 맥락에서 소송물의 개념도 중요한 의미를 가지므로 그에 대한 깊이 있는 연구도 하여야 한다. 이 점은 민사소송법의 맥락에서와 같지만 여기에서는 국제사법 내지 국제민사소송법의 맥락을 중시해야 한다는 점에 차이가 있다.

우리나라에서는 종래 '절차는 법정지법에 따른다'는 법정지법원칙(lex fori principle)에 기대어 우리 민사소송법에만 관심을 가지거나(더욱이 민사절차 또는 민사소송의 개념도 광의의 것이 아니라 도산법, 중재법과 집행법을 제외하는 방향으로 점차 축소되고 비송에 대하여는 관심도 별로 없는 상황이 전개되고 있다), 우리 민사소송법이 일본을 통하여 독일 민사소송법을 계수한 것이라는 이유로 외국 민사소송법 중에서도 주로 독일법과 일본법에 대하여만 관심을 가지는 경향이 있다(근자에 미국과 영국 민사소송법에 대한 관심이 점차 커지고 있음은 그나마 다행스러운 일이다). 그러나 국제적 관심사인 국제재판관할은 법정지법원칙을 핑계로 한국법의 규칙만 고집할 수는 없고, 단적으로 헤이그국제사법회의의 관할합의협약과 재판협약의 예에서 보듯이 국제적 논의와 흐름에 관심을 가져야 하고, 국제규범의 형성 과정에서 실제로 유럽연합이 집단적으로 강력한 영향력을 발휘하고 있으므로 브뤼셀 체제로 대표되는 유럽연합의 규범과 그의 진화에도 더 관심을 가져야 한다. 국제재판관할법은 조약이 아니더라도 국제적 정합성을 고려해야 하는 영역에 속한다. 이런 맥락에서 주요 외국의 민사소송법에 대한 관심을 더 가져야 하고 비교민사소송법의 중요성도 인식하여야 한다. 국제재판관할이라는 매우 중요한 국제적 관심사를 한국법에 매몰되어 편협한 사고에 젖어 있는 일부 우리 법률가들에게 맡겨둘 수는 없다. 개정법에 도입된 국제재판관할규칙은 한국국제사법학회를 중심으로 풍부한 국제적 논의를 수용한 결과물로서 커다란 의미가 있다. 우리 민사소송법학자들은 훌륭한 예외가 없지는 않으나 아직은 대체로 국제재판관할에 대하여는 무관심한 경향이 있는데 개정법의 시행을 계기로 크게 달라질 것으로 기대

높이 평가한다. 또한 부족하기는 하나 국제사법의 개정과정에서 다양한 자료가 생산되었는데 이는 신설된 재판관할규칙의 해석론과 장래의 입법론에 귀중한 자료로 활용될 수 있을 것이다.

한다.[4][5] 마지막으로 우리 법원이 개정법을 정확하게 해석·적용하고 적정한 범위 내에서 재량을 행사함으로써 개정법에 따른 한국적 국제재판관할법제의 정착과 성장을 이끌어 가야 한다는 점을 다시 한번 강조하면서 글을 마무리한다.

---

4) 민사소송법학회는 2018년 6월 개정안에 관한 학술대회를 개최하여 주제발표문과 토론문을 간행하였는데 저자는 이런 노력을 높이 평가한다. 민사소송법학회의 자료는 학회지에 간행되었고 여기에서도 인용하였다. 반면에 과거 국제재판관할규칙을 언급한 일부 민사소송법학자들의 주장은 개정작업에 별로 도움이 되지 않았다. 예컨대 정선주, "한국의 가사비송절차 —2015년도 법원행정처 가사소송법 전부 개정법률안을 중심으로—", 민사소송 제19권 제2호(2015. 11.), 342면은 가사사건의 국제재판관할에 관한 규정을 가사소송법 개정안에 반드시 넣어야 한다고 하나 그 논거, 문언이나 방향을 제시하지 않는 탓에 공허하다. 또한 함영주, "유럽연합 민사소송절차의 운용원리와 발전방향", 민사소송 제19권 제2호(2015. 11.), 374면은 "현재 국제사법에 규정된 국제재판관할에 관한 원론적인 기준은 민사소송법으로 옮겨 규정하고 국제사법은 섭외적 사건에 한하는 최소한의 절차를 규정하는 것으로 개정하는 것이 바람직하다"고 하나 그 취지를 이해할 수 없다. 국제재판관할규칙을 제외하면 국제사법에는 준거법규칙만 남는데 이는 섭외적 사건에 관한 절차를 정한 것이 아니기 때문이다. 이헌묵, "민사소송법의 관할규정을 고려한 국제계약분쟁에서의 일반관할과 특별관할에 관한 연구", 저스티스 통권 제167호(2018. 8.), 54면 註 2도 국제재판관할규칙을 민사소송법에 두고자 하나 당시 이미 실기한 주장이었다. 정영환, "국제재판관할권의 행사기준과 그 범위", 안암법학 제28권(2009), 454면도 같다. 국제재판관할규칙의 위치에 관하여는 석광현, 國際裁判管轄에 관한 硏究 —민사 및 상사사건에 있어서의 국제재판관할의 기초이론과 일반관할을 중심으로—, 서울대학교 대학원 법학박사학위논문(2000. 2.), 249면 이하에서 이미 논의하였고 그런 견해가 2001년 국제사법에 채택된 것이다.

5) 2022. 5. 28. 온라인으로 개최된 민사소송법학회의 2022년 제2회 정기학술대회에서는 개정 국제사법상 국제재판관할규칙을 다루었다. 저자가 "국제재판관할에 관한 국제사법 개정 — 전체 개관"이라는 제목으로 기조발제를 하였고, 장준혁 교수가 "재산관계에 관한 국제재판관할법의 2022년 개정", 강은현 교수가 "국제재판관할에 관한 국제사법 개정 법률의 개관 —친족상속관계에 관한 국제재판관할을 중심으로—"라는 주제로 각각 발표를 하였다. 저자는 민사소송법학회의 이런 관심과 노력을 높이 평가한다. 다만 토론과정에서 개정법이 너무 앞서서 국제재판관할규칙을 입법한 것이라거나 이런 입법은 국제사법학회가 감당하기에는 너무 방대한 작업이므로 다양한 의견을 들어 신중하게 접근할 필요가 있다는 날 선 비판도 있었다. 저자가 답변하였듯이 이런 류의 입법작업에 매우 신중한 일본이 2011년 민사소송법을 개정하여 국제재판관할규칙을 도입하고 2018년 인사소송법과 가사사건수속법을 개정하여 국제재판관할규칙을 도입한 데서 보듯이 우리가 앞선 것은 결코 아니다. 우리의 입법은 유럽연합의 다양한 규정과 헤이그국제사법회의의 다양한 협약 등을 참조하여 어느 정도 검증된 관할규칙을 도입한 것이지 우리가 첨단적인 관할규칙을 만든 것은 아니다. 신중하게 접근해야 한다는 지적은 타당하지만, 개정안의 성안과정에서 법무부는 2017년경 각계에 의견조회를 하였고 2018. 2. 27. 공청회를 개최하였으니 그로부터도 벌써 4년여가 흘렀다. 민사소송법학회의 학술대회 시에는 차마 말하지 못하였지만 솔직히 말하자면 민사소송법학회가 개정안에 대하여 학회 차원의 의견서를 제출한 적이 있는지 또한 그런 날 선 비판을 한 교수가 개정안에 대하여 의미 있는 의견을 개진한 적이 있는지 궁금하다. 아무런 반응이 없는데 얼마나 더 기다려야 신중한 입법을 하였다는 평가를 받을 수 있는지 반문하고 싶다.

제 2 편

개정 국제사법에 따른 가사사건의
국제재판관할규칙

제2편 개정 국제사법에 따른 가사사건의 국제재판관할규칙

Ⅰ. 머리말

국제재판관할(권)이라 함은 국제민사사건에서 제기되는 법적 쟁송에 대하여 어느 국가의 법원이 재판할 권한을 가지는가, 또는 재판임무를 어느 국가(또는 주)에 배당할 것인가의 문제이다. 국제사법 제2조가 규율하는 국제재판관할(권)은 국제법에서 말하는 국가관할권 중 재판관할권의 문제이므로 '국제재판관할' 또는 '재판관할'이라 한다.

국제사법을 개정하여 정치한 국제재판관할규칙을 두고자 법무부는 2014년 6월 1년 예정으로 국제사법개정위원회("위원회")를 구성하였고, 위원회는 임기 연장 후 2015. 12. 31.까지 국제사법의 개정초안을 성안하기 위한 작업을 진행하였다. 그러나 유감스럽게도 위원회는 개정안을 채택하지 못하였다. 2017년에 이르러 법무부는 일부 위원들의 도움으로 정치한 국제재판관할규칙을 담은 '국제사법 전부개정법률안'을 성안하여 2018. 1. 19. 입법예고를 하였고 2018. 2. 27. 공청회를 개최하였다(공청회에 제출된 초안을 "개정안"). 개정안은 법제처의 심사를 거치는 과정에서 일부 수정되어[1] 2018. 11. 23. 의안 제16788호로 국회에 제출되었다("국회

---

* 이 글은 당초 석광현, "2018년 국제사법 전부개정법률안[공청회안]에 따른 가사사건의 국제재판관할규칙", 국제사법연구 제24권 제2호(2018. 12.), 485-552면에 수록한 논문을 수정·보완한 것이다. 개정법상 혼인관계사건에 관한 근자의 논문으로는 강영주, "개정 국제사법에 관한 비교법적 고찰 ―혼인관계사건의 국제재판관할을 중심으로―", 고려법학 제104호(2022. 3.), 578면 이하 참조.

** 개정 국제사법에 따른 국제재판관할규칙 전반은 제1편, 해사사건은 제3편 참조.

*** 각주 번호는 편별로 그리고 동일한 편에서는 장별로 붙인 것이다.

1) 여기에서 상세히 논의할 것은 아니나 우선 눈에 띄는 것은 수범자의 편의를 위하여 두었던 물권에 관한 제4장 제1절(개정안 제33조)이 삭제된 점과, 개정안의 '상거소(常居所)'가 '일상거소(habitual residence)'로 대체된 점이다. 그러나 지난 20년간 정착된 상거소라는 용어를 굳이 수정할 이유가 없고, 더욱이 국제사법과 같은 기본적인 법률에서 영어병기를 시

제출 개정안"). 그러나 20대 국회의 임기종료와 함께 개정안은 폐기되었다. 동일한 내용의 개정법률안은 2020. 8. 7. 21대 국회에 다시 제출되었다(의안번호 2102818). 국제사법 전부개정법률안은 2021. 12. 9. 국회 본회의를 통과하여 2022. 1. 4. 법률 제18670호로 관보(제20161호)에 공포되었고 2022. 7. 5. 발효된다. 이로써 한국 국제사법은 국제재판관할규칙과 준거법규칙이라는 양 날개를 구비하게 되었고 이는 한국 국제사법의 역사에서 중차대한 발전의 계기가 될 것이다.

여기에서는 개정 국제사법("개정법" 또는 "개정 국제사법")에 포함된 국제재판관할규칙을 개괄적으로 소개하고 가사사건을 중심으로 설명한다.[2] 여기에서 '가사사건'은 개정법 제7장과 제8장이 정한 친족사건과 상속사건을 포괄하는 개념으로 사용하고, 전자만을 가리킬 때에는 '협의의 가사사건' 또는 '친족사건'이라고 한다. 구체적인 논의 순서는 국제재판관할규칙의 입법적 해결의 필요성, 정립의 지침과 편제(Ⅱ.), 국제재판관할에 관한 일반원칙(Ⅲ.), 가사사건의 국제재판관할에 관한 일반적 논의(Ⅳ.), 일반관할(Ⅴ.), 혼인관계에 관한 사건의 특별관할(Ⅵ.), 친자관계에 관한 사건의 특별관할(Ⅶ.), 부양에 관한 사건의 관할(Ⅷ.), 후견에 관한 사건의 특별관할(Ⅸ.), 가사조정사건의 관할(Ⅹ.), 상속 및 유언에 관한 사건의 관할(Ⅺ.), 가사사건에서 국적관할의 인정범위(Ⅻ.), 제1장(총칙)에 근거한 가사사건의 국제재판관할과 기타 관련 논점(ⅩⅢ.), 국제재판관할의 조사와 판단의 표준시기(ⅩⅣ.), 국제사법의 새로운 체제(관할규칙과 준거법규칙이라는 '양 날개' 또는 '양익(兩翼)' 체제) 도입의 의미(ⅩⅤ.)와 맺음말(ⅩⅥ.)이다. 필자는 2018. 2. 27. 법무부가 개최한 국제사법 전부개정법률안 공청회에서 조문 순서에 따라 개정안의 국제재판관할규칙을 개관하는 기회를 가졌는데,[3] 여기에서는 개정법에 따른 가사사건의 국제재

도하는 것은 도저히 수용할 수 없다. 상거소를 그대로 두어야 마땅하다. 이 글에서는 양자를 호환적으로 사용한다.

2) 국제사법에 정치한 국제재판관할규칙을 둘 필요성과 개정방향은 석광현, "중간시안을 중심으로 본 국제재판관할에 관한 일본의 입법 현황과 한국의 입법 방향", 한양대학교 국제소송법무 제1호(2010. 9.), 32면 이하; 석광현, "한국의 國際裁判管轄規則의 입법에 관하여", 국제거래법연구 제21집 제2호(2012. 12.), 146면 이하 참조. 국제재판관할에 관한 한국의 입법과 판례의 변천은 석광현, "국제재판관할과 외국판결의 승인 및 집행 — 입법과 판례", 국제사법 제20권 제1호(2014. 6.), 6면 이하 참조. 국제사법의 해석론은 석광현, 국제사법해설(2013), 57면 이하; 석광현, 국제민사소송법(2012), 67면 이하.

3) 발표문은 석광현, "국제사법 개정안 소개: 2018년 국제사법 개정안에 따른 국제재판관할규칙", 국제사법 전부개정법률안 공청회 자료집, 15면 이하; 석광현, 국제사법과 국제소송 제6권(2019), 439면 이하 참조.

판관할규칙을 소개하면서 부분적으로 개정법의 해석론상의 문제를 언급한다.

Ⅱ. 국제재판관할규칙의 입법적 해결의 필요성, 정립의 지침과 편제

1. 구 국제사법의 체제: 과도기적 입법

섭외사법과 2002년 7월 분리되기 전의 구 민사소송법은 국제재판관할규칙을 두지 않았기에 한국에서 국제재판관할의 법리는 주로 판례에 의해 발전되었으나,[4] 2001년 7월 발효된 국제사법("국제사법" 또는 "구 국제사법")이 조문을 신설함으로써 우리는 국제재판관할에 관한 입법을 가지게 되었다. 국제사법은 제1장(총칙)에서 과거 대법원판례가 취해 온 입장[5]을 개선하여 국제재판관할에 관한 일반원칙을 규정하고(제2조), 각칙인 제5장(채권)에서 사회·경제적 약자인 소비자와 근로자를 보호하기 위한 특칙을 둔다(제27조와 제28조).[6] 국제사법이 규율하는 모든 법률분야에 관하여 정치한 국제재판관할규칙을 두는 것이 바람직하나, 이는 매우 어렵고 1999년과 2000년 섭외사법 개정 작업 당시 진행 중이던 헤이그국제사법회의의 작업을 더 지켜볼 필요가 있었기에 입법자들은 과도기적 조치로서 단편적인 규정만을 두었다. 그러나 헤이그국제사법회의는 당초 목표했던 포괄적 이중협약(double convention) 내지는 혼합협약(mixed convention)을 성안하지 못하고 2005년 "관할합의에 관한 협약(Convention on Choice of Court Agreements)"("관할합의협약")을 성안하는 데 그쳤으므로[7] 우리도 미뤘던 작업을 재개할 필요가 있게

---

4) 2001년 섭외사법 개정 후의 판례는 한애라, "국제재판관할과 관련된 판결의 추이 및 국제사법의 개정방향 —국제재판관할의 판단구조 및 법인에 대한 일부 과잉관할의 쟁점과 관련하여—", 민사판례연구 제35집(2013), 1090면 이하와 1167면 이하 표 참조.

5) 이른바 '4단계 구조'를 말한다. 석광현, 國際裁判管轄에 관한 硏究 — 민사 및 상사사건에서의 국제재판관할의 기초이론과 일반관할을 중심으로(서울대학교출판부, 2001), 159면 이하 참조.

6) 그 밖에도 국제사법은 실종선고(제12조), 한정후견개시·성년후견개시 심판 등(제14조)(과거에는 "한정치산·금치산"이었다) 등 비송사건에 관하여 국제재판관할규칙을 두고 있다.

7) 관할합의협약은 2015. 10. 발효하였다. 위 프로젝트는 재개되어 'Judgment Project'라는 이름으로 진행되어 2019년 "민사 또는 상사(사건)에서 외국재판의 승인 및 집행에 관한 협약", 즉 재판협약이 채택되었다. 재판협약의 상세는 장준혁, "2019년 헤이그 외국판결 승인집행협약", 국제사법연구 제25권 제2호(2019. 12.), 437면 이하; 석광현, "2019년 헤이그 재판협약의 주요 내용과 간접관할규정", 국제사법연구 제26권 제2호(2020. 12.), 3면 이하; 한충수, "헤이그 재판협약과 민사소송법 개정 논의의 필요성 —관할규정의 현대화 및 국제

되었다. 그 사이에 일본은 민사소송법과 민사보전법에 정치한 국제재판관할규칙을 도입하였고 이는 2012년 발효되었다.[8)]

2. 섭외사법 및 국제사법 하에서 판례의 태도와 입법적 해결의 필요성[9)]

가. 재산법상의 사건[10)]

재산법상의 사건에 관하여 과거 우리 법원은 일본 판례를 따라 '4단계 접근방법'을 취하였으나, 국제사법 제2조의 신설을 계기로 독자노선을 걷기 시작하였다. 그런 태도를 정립한 것은 도메인이름에 관한 2005. 1. 17. 대법원판결이다. 동 판결은 새로운 추상적 법률론을 정립하였고 이후 법원은 이를 따랐다. 그러나 전형적 계약사건인 청어대금사건에서 대법원 2008년 판결이 거의 전적으로 실질적 관련에 근거하여 한국의 국제재판관할을 긍정한 반면에, 중국항공사 사건에서 2010년 대법원판결은 "실질적 관련의 유무를 판단함에 있어서 민사소송법상 토지관할권 유무가 여전히 중요한 요소가 됨을 부인할 수 없다"고 판시하였으나, 전형적 계약사건인 재일교포 대여금사건에서 2014년 대법원판결은 다시 청어대금사건에 가까운 접근을 하였다. 결국 국제재판관할의 유무는 누구도 예측하기 어려운 쟁점이 되었다. 국제사법 제2조를 신설하면서 우리는 대법원이 정치한 국제재판관할규칙을 정립하기를 기대하였으나 대법원은 제2조 제1항을 기초로 사안의 모든 사정을 고려하는 '사안별 분석'을 거쳐 원하는 결론을 내리고 있으며, 그 과정에서 토지관할규정은 아예 배제되거나 법원이 고려할 요소 중 하나로 전락하였다. 그러나 그런 태도는 국제사법 제2조 제1항과 실질적 관련을 법원의 자의적(恣意的) 결론을 정당화하는 도구로 사용하는 것이므로 정당화될 수 없다. 이런 우려

화를 지향하며", 인권과정의 제493호(2020. 11.), 73면 이하; 김효정·장지용, 외국재판의 승인과 집행에 관한 연구(사법정책연구원. 2020); 한국국제사법학회, "민사 또는 상사에 관한 외국재판의 승인과 집행에 관한 협약(헤이그재판협약) 연구", 2021년 법무부 정책연구 보고(장준혁 외 집필) 참조.

8) 일본 개정 민사소송법 중 국제재판관할규칙의 국문번역은 국제사법연구 제18호(2012. 12.), 541면 이하; 석광현, 국제사법 해설(2013), 717면 이하 참조. 상세는 장준혁 외, 일본과 중국의 국제재판관할 규정에 관한 연구(2017), 9면 이하 참조. 일본법의 소개는 김문숙, "일본에서의 가사사건에 관한 국제재판관할 —개정 가사사건절차법을 중심으로—", 국제사법연구 제26권 제2호(2020. 12.), 403면 이하 참조.

9) 상세는 석광현, "국제재판관할과 외국판결의 승인 및 집행 — 입법과 판례", 국제사법 제20권 제1호(2014. 6.), 31면 이하 참조.

10) 이를 '재산권상의 사건', '재산상의 사건' 또는 '재산사건'이라고 한다.

를 불식하는 방법은 정치한 국제재판관할규칙을 국제사법에 도입하는 것이다. 이런 배경 하에서 한국국제사법학회는 정치한 국제재판관할규칙을 국제사법에 도입할 것을 촉구하였고,[11) 법무부는 이를 받아들여 2014년 6월 위원회를 구성함으로써 국제사법 개정작업에 착수하였으며[12) 저자도 이를 환영하였다.

여기에서 주목할 것은 개정안이 당초 2018년 국회에 제출된 후에 나온 대법원 2019. 6. 13. 선고 2016다33752 판결이다. 즉 동 판결에서 대법원은 처음으로 아래 취지로 판시함으로써 국제사법 제2조 제2항의 취지를 제대로 설시하고 구체적 지침을 제시하였다.

"국제사법 제2조 제2항은 제1항에서 정한 실질적 관련성을 판단하는 구체적 기준 또는 방법으로 국내법의 관할 규정을 제시한다. 따라서 <u>민사소송법 관할 규정은 국제재판관할권을 판단하는 데 가장 중요한 판단 기준으로 작용한다.</u> 다만 이러한 관할 규정은 국내적 관점에서 마련된 재판적에 관한 규정이므로 국제재판관할권을 판단할 때에는 국제재판관할의 특수성을 고려하여 국제재판관할 배분의 이념에 부합하도록 수정하여 적용해야 하는 경우도 있다."

그 후 대법원은 위 판결의 설시를 따르므로 대법원의 태도로 자리 잡고 있다고 본다.[13) 이러한 태도는 타당하다. 대법원이 제2조 제2항에 의미를 부여한 점에서 저자는 대법원이 늦게나마 올바른 방향을 잡은 것으로 평가하였다.[14) 다만 2022년 7월 초 국제사법 개정법률이 발효되므로 위 대법원 판결은 한시적인 의미만 가질 뿐이다.

---

11) 한국국제사법학회, "국제사법개정촉구결의문", 국제사법연구 제18호(2012), 551면 이하.

12) 이런 과정에서 한국국제사법학회는 법무부의 요청에 따라 용역보고서를 제출하였고 이는 법무부에서 단행본으로 간행되었다. 이것이 손경한 외, 국제사법 개정 방안 연구(2014)이다.

13) 재산법상의 사건인 대법원 2021. 3. 25. 선고 2018다230588 판결과 이혼과 재산분할 사건인 대법원 2021. 2. 4. 선고 2017므12552 판결 참조.

14) 위 판결에 대한 평석은 석광현, "국제사법 제2조 제2항을 올바로 적용한 2019년 대법원 판결의 평석: 일반관할과 재산소재지의 특별관할을 중심으로", 동아대학교, 국제거래와 법 제29호(2020. 4.), 131면 이하 참조. 그러나 민사소송법 관할 규정이 국제재판관할권을 판단하는 데 가장 중요한 판단기준으로라는 설시는 너무 강하다는 비판도 있다. 김홍엽, "2019년 분야별 중요판례분석 ⑤ 민사소송법", 법률신문 제4773호(2020. 2. 20.), 12면. 장준혁, "국제재판관할법상 실질적 관련성 기준에 관한 판례의 표류 —지도원리의 독립적 관할기초화와 예견가능성론에 의한 무력화—", 양창수 교수 고희기념논문집(2021), 1031면은 이 사건은 피고 상거소지관할을 인정하면 충분한 경우였다고 평가하나, 한애라, "재산소재지 특별관할에 관한 법리와 판례의 검토 및 입법론", 민사판례연구 XLIII(2021), 899면은 "대상판결의 사실관계가 민사소송법 제3조를 문언 그대로 충족하는지 다소 불분명하자, 대상판결의 원심은 민사소송법 제11조도 고려하였고(오히려 재산소재지 특별관할의 판단에 더 중점을 두었다), 대상판결도 이를 수긍하였다"고 평가한다.

나. 가사사건

대법원은 재산법상의 사건에서는 4단계 접근을 하였으나 가사사건에서는(주로 혼인관계사건이다) 그와 다른 접근방법을 취하였다. 예컨대 피고주소지주의를 확립한 과거 대법원 1975. 7. 22. 선고 74므22 판결[15]과 대법원 1988. 4. 12. 선고 85므71 판결[16] 등을 보면, 대법원은 가사사건(특히 혼인관계사건)에서 피고 주소지관할을 원칙으로 하면서도 예외적인 경우에는 원고의 주소지관할을 인정할 수 있다는 취지로 판시하였다. 과거 우리 판례가 재산법상의 사건과 가사사건을 구분한 것은 일본 최고재판소의 판례를 따랐기 때문이다. 그러나 2001년 국제사법(제2조)이 발효된 후 대법원 판례의 태도는 분명하지 않다. 대법원은 가사사건의 국제재판관할에 관하여 지침을 제시하지 못한 결과 하급심 판결의 혼란을 야기하였고 상당한 법적 불안정성을 초래하였다.[17] 결과적으로 이는 금번 국제사법의 개정이

---

15) 과거 1950년대와 1960년대 우리 하급심판결은 부의 보통재판적을 가진 지(地)의 전속관할을 정한 당시 인사소송수속법(제1조)을 기초로 부의 본국에 원칙적인 관할을 긍정하고 예외적으로 주소지관할을 인정하였으나 위 1975년 대법원판결이 외국인 간의 이혼심판청구 사건에서 피고주소지주의라는 새로운 기준을 확립하였다. 최공웅, 國際訴訟, 개정판(1994), 676면. 위 대법원 판결은 일본 최고재판소 1964. 3. 25. 판결을 따른 것이었다. 일본의 인사소송법은 위 최고재판소 판례의 태도를 입법화하였다. 김문숙, "일본에서의 인사소송사건에 관한 국제재판관할 —개정 인사소송법을 중심으로—", 국제사법연구 제25권 제2호(2019. 12.), 411면 이하 참조. 일본 절차법상 가사사건은 내용에 따라 인사소송사건, 가사심판사건 및 가사조정사건으로 분류되는데, 인사소송사건의 국제재판관할은 2018년 개정된 인사소송법이, 가사심판사건 및 가사조정사건의 국제재판관할은 2018년 개정된 가사사건수속법이 각각 규율한다. 김문숙, "일본에서의 가사사건에 관한 국제재판관할 —개정 가사사건절차법을 중심으로—, 국제사법연구 제26권 제2호(2020. 12.), 438면. 우리나라에서도 과거에는 일본처럼 인사소송사건은 1961년 제정되고 1962년 시행된 인사소송법이, 가사심판사건 및 가사조정사건은 1963년 제정·시행된 가사심판법이 각각 규율하였다. 그러나 양자를 통합한 가사소송법이 1990년 제정되고 1991년 시행됨에 따라 양 법률은 폐지되었다.

16) 후자의 판결은 "우리나라의 법률이나 조약 등에는 섭외 이혼사건의 국제재판관할에 관한 규정을 찾아 볼 수 없으므로 섭외이혼사건에 있어서 위 규정에 의한 외국법원의 재판관할권의 유무는 섭외이혼사건의 적정, 공평과 능률적인 해결을 위한 관점과 외국판결 승인제도의 취지등에 의하여 합리적으로 결정되어야 할 것이므로 섭외이혼사건에 있어서 이혼판결을 한 외국법원에 재판관할권이 있다고 하기 위하여는 그 이혼청구의 상대방이 행방불명 기타 이에 준하는 사정이 있거나 상대방이 적극적으로 응소하여 그 이익이 부당하게 침해될 우려가 없다고 보이는 예외적인 경우를 제외하고는 상대방의 주소가 그 나라에 있을 것을 요건으로 한다고 하는 이른바 피고주소지주의에 따름이 상당하다"고 판시하였다. 이러한 설시는 위에서 본 일본 최고재판소 1964. 3. 25. 판결을 따른 것이다. 그러나 친권자 및 양육자지정에 관한 대법원 1994. 2. 21.자 92스26 결정처럼 ③단계를 따른 판결도 있다.

17) 상세는 석광현(註 8), 96면 이하 참조.

라는 입법적 해결을 도모하는 계기가 되었다. 개정법은 가사사건의 연결대상[18]을 혼인관계에 관한 사건(제56조), 친생자관계에 관한 사건(제57조), 입양관계에 관한 사건(제58조), 부모·자녀 간의 법률관계 등에 관한 사건(제59조), 부양에 관한 사건(제60조), 후견에 관한 사건(제61조)과 가사조정사건(제62조)으로 구분하여 각각 관할근거[19]를 규정한다. 상세는 아래(Ⅳ. 이하)에서 논의한다.

여기에서 주목할 것은 개정안이 당초 2018년과 2020년 국회에 제출된 후에 나온 판결이다. 이는 캐나다인 부부 간의 이혼과 재산분할이 문제된 사건을 다룬 대법원 2021. 2. 4. 선고 2017므12552 판결인데, 이 사건에서 대법원은 처음으로 국제사법 제2조가 가사사건에도 적용됨을 분명히 하고, 대법원 2019. 6. 13. 선고 2016다33752 판결을 따라 국제사법 제2조 제2항의 취지를 제대로 파악하였으며 이혼사건에서 실질적 관련의 판단기준을 제시하였다. 이로써 우리는 1975년 대법원 판결과 결별하였다. 국제사법 하에서 재산법상의 국제재판관할규칙을 정립한 2005년 대법원 판결(도메인이름 사건)에 이어, 2021년 판결이 선고됨으로써 가사사건에서도 실질적 관련의 판단기준이 제시되었다. 개정법이 시행되기 전까지라는 점에서 한시적이지만 가사사건에 관하여는 위 2021년 판결이 선도적 판례가 될 것으로 기대되었다.[20] 실제로 그 후 이혼 및 양육자 지정 사건에 관한 대법원 2021. 10. 28. 선고 2019므15425 판결도 위 판결의 취지를 따랐다.

---

18) 어느 사건이 어떤 연결대상에 포섭되는지는 '성질결정(characterization)'의 문제이다.

19) 이를 국제재판관할의 맥락에서 '연결점'이라고 부르기도 한다.

20) 위 대법원 판결에 대한 평석은 석광현, "외국인 부부의 이혼사건에서 이혼·재산분할의 국제재판관할과 준거법", 안암법학 제62호(2021. 5.), 643면 이하 참조. 그러나 위 판결은 "가사사건에서 실질적 관련성을 판단함에 있어 ① '혼인의 취소나 이혼 사유가 발생한 장소' 등과 같이 실체 심리 후에야 비로소 판단할 수 있는 사유, ② 해당 사건에 적용되는 준거법, 심지어 ③ 판결의 실효성(가령 재판 확정 후의 집행 가능성)과 같이 국제재판관할과는 직접적인 관련이 없는 요소까지 종합적으로 고려할 것을 요구하였을 뿐만 아니라, 국내법상의 관할 규정·당사자의 국적과 주소 또는 상거소·자녀가 생활하는 곳·재산의 소재지·사건 관련 자료 수집의 용이성·당사자 권익 보호의 필요성 등과 같은 다양한 요소들을 단순 나열하면서 각 요소 간의 관계와 우열에 대해 전혀 언급하지 않고, 법관의 판단재량을 극대화하는 판시 방법을 택한 결과 당사자들로서는 가사사건에서 국제재판관할 유무를 예측하는 것이 더욱 곤란한 상황이 되어 버렸다"는 비판도 있다. 2022. 5. 28. 개최된 민사소송법학회의 학술대회에서 강은현 교수의 "국제재판관할에 관한 국제사법 개정 법률의 개관 —친족상속관계에 관한 국제재판관할을 중심으로—"라는 제목의 발표에 대한 지정토론자인 현소혜 교수의 토론문, 1면 참조.

3. 정치한 국제재판관할규칙 정립의 지침과 규정방식

가. 정립의 지침

(1) 국제사법 제2조와 대법원 판례의 구체화

국제사법 제2조는 국제재판관할 결정의 대원칙을 선언하고 있다. 대법원 2005. 1. 27. 선고 2002다59788 판결은 이를 더 구체적으로 다음과 같이 판시하였다.

> "국제재판관할을 결정함에 있어서는 당사자 간의 공평, 재판의 적정, 신속 및 경제를 기한다는 기본이념에 따라야 할 것이고, 구체적으로는 소송당사자들의 공평, 편의 그리고 예측가능성과 같은 개인적인 이익뿐만 아니라 재판의 적정, 신속, 효율 및 판결의 실효성 등과 같은 법원 내지 국가의 이익도 함께 고려하여야 할 것이며, 이러한 다양한 이익 중 어떠한 이익을 보호할 필요가 있을지 여부는 개별 사건에서 법정지와 당사자와의 실질적 관련성 및 법정지와 분쟁이 된 사안과의 실질적 관련성을 객관적인 기준으로 삼아 합리적으로 판단하여야 할 것이다."

개정법에 둘 국제재판관할규칙은 국제사법 제2조를 구체화한 細則이어야 하는데, 민사소송법은 제2조부터 제25조에서 토지관할규칙을 두므로 정치한 국제재판관할규칙을 신설함에 있어서도 이를 참작할 필요가 있다. 다만 모든 토지관할규칙에 동등한 가치를 부여할 것이 아니라 이를 ① 곧바로 국제재판관할규칙으로 삼을 수 있는 것, ② 적절히 수정함으로써 국제재판관할규칙으로 삼을 수 있는 것과 ③ 국제재판관할규칙으로 삼을 수 없는 것으로 분류해야 한다. 나아가 ④ 토지관할규칙은 망라적이지 않으므로 토지관할규칙에는 없는 기타 국제재판관할의 근거를 검토할 필요가 있다. 이런 접근방법은 국제사법의 해석론 및 입법론으로도 타당하다. 그 과정에서 인터넷 사용이 보편화된 현실도 고려해야 한다.[21]

(2) 국제재판관할 판단에서 법적 안정성과 유연성의 조화

국제재판관할 결정의 대원칙을 선언한 국제사법 제2조 제1항은 개방적인 규정으로 유연성을 확보하고, 국내법의 관할규정을 참작하되 국제재판관할의 특수성을 충분히 고려하라고 하는 제2조 제2항은 법적 안정성을 보장함으로써 결국

---

21) 개정법은 '지향된 활동(targeted activity)'을 염두에 두고 "…를 향하여"라는 문구를 제4조 제2항(활동에 근거한 관할), 제39조 제1항(지식재산권 침해), 제42조 제1항(소비자계약)과 제44조(불법행위)에서 사용한다.

유연성과 법적 안정성의 균형을 도모한다. 그러나 위에 언급한 것처럼 대법원은 (위에 언급한 대법원 2019. 6. 13. 선고 2016다33752 판결이 선고되기 전까지는) 제2조 제2항을 무시한 채 제2조 제1항을 기초로 사안의 모든 사정을 고려하는 '사안별 분석'을 거쳐 원하는 결론을 내렸으며, 그 과정에서 토지관할규정은 배제되거나 고려할 요소 중 하나로 전락하였다. 개정법은 한편으로는 정치한 국제재판관할규칙을 도입함으로써 법적 안정성을 제고하고, 다른 한편으로는 제2조의 일반원칙을 존치함과 동시에 나아가 예외적 사정에 의한 재판관할권 불행사의 법리를 도입함으로써 구체적 사건에서 유연성을 확보하고자 한다.

(3) 국제적 정합성의 고려

우리가 도입하는 정치한 국제재판관할규칙은 국제적 정합성이 있어야 한다. 가사사건에서는 유럽연합의 브뤼셀Ⅱbis와 브뤼셀Ⅱter, 2008년 "부양사건의 재판관할, 준거법과 재판의 승인 및 집행과, 공조에 관한 이사회규정"(EU부양규정), 2012년 "상속사건에 관한 재판관할, 준거법, 재판의 승인 및 집행과, 공정증서의 인정과 집행 그리고 유럽상속증명서의 창설에 관한 규정"(EU상속규정)과 2016년 부부재산제규정과, 헤이그국제사법회의의 아동 보호를 위한 협약들(1980년 "국제적 아동탈취의 민사적 측면에 관한 협약", 1993년 "국제입양에서 아동보호 및 협력에 관한 협약"과 1996년 "부모책임 및 아동의 보호조치와 관련한 관할, 준거법, 승인, 집행 및 협력에 관한 협약")과 2000년 "성년자의 국제적 보호에 관한 협약" 등의 국제재판관할규칙을 고려할 필요가 있다.[22]

---

22) 한편 재산법사건에서는 1968년 "민사 및 상사사건의 재판관할과 재판의 집행에 관한 유럽공동체협약"("브뤼셀협약"), 이를 개정한 "민사 및 상사사건의 재판관할과 재판의 집행에 관한 유럽연합의 이사회규정"("브뤼셀Ⅰ"과 "브뤼셀Ⅰ Recast"(또는 브뤼셀Ⅰbis)) 등 브뤼셀체제와 헤이그국제사법회의의 1999년 "민사 및 상사사건의 국제관할과 외국재판에 관한 협약의 예비초안"("예비초안")과 그에 대한 2001년 수정안 등을 고려해야 한다. 또한 일본이 민사소송법과 민사보전법에 도입한 국제재판관할규칙과 중국의 국제재판관할규칙을 참조할 필요가 있다. 브뤼셀협약에 관하여는 석광현, 국제사법과 국제소송 제2권(2001), 321면 이하; 브뤼셀Ⅰ에 관하여는 석광현, 국제사법과 국제소송 제3권(2004), 368면 이하, 개정 루가노협약상의 계약관할에 관하여는 석광현, 국제사법과 국제소송 제5권(2012), 339면 이하 참조. 예비초안에 관하여는 석광현, 국제사법과 국제소송 제2권(2001), 396면 이하; 2001년 초안에 관하여는 석광현, 국제사법과 국제소송 제3권(2004), 429면 이하. 나아가 재판협약도 참고해야 하나 그곳에서는 간접관할만을 다룬다.

나. 국제재판관할규칙의 규정방식: 일면적 규정 v. 양면적 규정

국제사법에 정치한 국제재판관할규칙을 두는 경우 우리 법원이 국제재판관할을 가지는 경우만을 규정할지, 아니면 조약에서처럼 중립적 규정을 둘지가 문제된다. 국제사법 제2조는 우리 법원이 국제재판관할을 가지는 경우만을 규정하나 제27조와 제28조는 중립적 규정을 둔다. 저촉규범에 관한 용어를 빌리면, 제2조는 일면적 규정이고 제27조와 제28조는 양면적 규정이다. 위원회는 원칙적으로 우리 법원이 국제재판관할을 가지는 경우만을 규정하고, 예외적인 경우(예컨대 관할합의의 경우) 양면적 관할규칙을 두기로 하였다.

이처럼 우리가 일면적 규정방식을 채택하여 우리 법원이 국제재판관할을 가지는 경우만을 규정하지만 우리는 외국법원에 대하여도 동일한 관할규칙을 적용한다. 이것이 특히 의미가 있는 것은 전속관할규칙이다. 예컨대 일본에 등록된 특허권의 유효성에 관한 소의 경우 개정법(제10조 제1항 제4호)이 이를 직접 명시하지는 않지만 우리는 그 관할규칙에 따라 일본 법원이 전속관할을 가지는 것으로 보고 우리 법원의 관할을 부정한다. 즉 개정법은 일면적 규정방식을 채택하고 있지만 동일한 관할규칙을 외국법원에 대하여도 적용하므로 실질은 양면적 규정방식이다(이런 의미에서 예컨대 개정법(제30조 단서)에서 보듯이 일면적 저촉규범을 양면적 저촉규범으로 볼 수 있는지를 개별적으로 검토해야 하는 것과는 다르다). 물론 그것은 우리 법원의 관점에서 볼 때 그렇다는 것이고, 실제로 외국법원이 국제재판관할을 인정하고 관할권을 행사할지는 자국의 국제재판관할규칙에 따라 결정할 사항이라는 점에서 양면성이 제한된다.

4. 국제재판관할규칙의 편제

가. 국제사법에 통합규정하는 방식

2001년 섭외사법 개정에 의하여 국제재판관할규칙은 국제사법에 편입되었다. 이제 정치한 국제재판관할규칙을 국제사법에 두는 것은 그의 당연한 논리적 귀결이다. 이는 재산법상의 사건만이 아니라 가사소송사건과 가사비송사건에 관한 국제재판관할규칙을 통합하여 규정하는 장점이 있다. 특히 국제사법은 소송만이 아니라 비송사건에도 공히 적용되는 준거법 결정원칙을 두므로 이렇게 함으로써 재판관할과 준거법의 병행을 확보하기에 유리하다. 즉 국제재판관할과 준거법이 정확히 일대일 대응은 되지 않더라도 유기적 관련성을 확보할 수 있다는 것이다.

나. 국제사법 내의 체제

국제사법 내의 편제에 관하여 위원회에서는 두 개의 견해가 제시되었다. 1안은 제2조에 이어 제2조의2 ··· 라는 식으로 가지번호를 부여하는 방안이고, 2안은 국제관할규칙 중 총칙은 제1장에 두고 특별관할규칙은 각 장에 배치하는 방안인데 위원회는 2안을 채택하였다. 즉 국제사법 제1장(총칙)을 3개 절로 구분하여 제1절을 목적으로 하고, 제2절에 국제재판관할규칙을 두며, 현재의 총칙 조문들은 제3절에 준거법으로 묶는다. 제2절에는 총칙의 성질을 가지는 관할규칙과 다양한 법률관계에 공통되는 관할규칙을 둔다. 2안에 따른 제1장의 편제는 아래와 같다.

국제사법 조문				개정법의 편제
제1장	총칙 (§§1-10)	제1장	제1절	목적
				제1조 기존조문(§1) 다소 수정
			제2절	국제재판관할(§§2-15)
				일반원칙, 일반관할, 사무소(영업소) 소재지 및 영업활동 관할, 재산소재지 관할, 관련사건 관할(객관적 병합/공동소송), 반소관할, 합의관할, 변론관할, 전속관할, 국제적 소송경합, 국제재판관할권의 불행사, 적용 제외, 보전처분, 비송사건에 관한 조문 신설
			제3절	준거법
				준거법에 관한 기존조문(§§3-10) 移記(§§16-23)

2안은 각 법률관계별로 적용되는 특별관할규칙을 관련되는 각장에 둔다. 즉 제2장 내지 제9장에는 제1절을 신설하여 특별관할규칙을 두고 준거법 관련 기존 조문은 각장 제2절로 옮긴다. 다만 제3장에는 특별관할규칙이 없으므로 그대로 두고, 물권의 장에 편입된 제24조는 독립시켜 제1절과 제2절로 구분한다. 2안에 따른 제2장 이하의 편제는 아래와 같다.

국제사법 조문				개정법의 편제
제2장	사람(§§11-16)	제2장	제1절	관할에 관한 신설조문(§§24-25)
			제2절	준거법에 관한 기존조문 移記(§§26-30)
제3장	법률행위(§§17-18)	제3장		수정 없음(§§31-32)

제4장	물권(§§19-23)	제4장	수정 없음(개정안에서는 여기에도 관할규칙을 신설하였으나 국회 제출 단계에서는 삭제되었다)(§§33-37)	
제4장	지식재산권의 보호 (§24)	제5장 (독립)	제1절	관할에 관한 신설조문(§§38-39)
			제2절	준거법에 관한 기존조문 移記(§40)
제5장	채권(§§25-35)	제6장	제1절	관할에 관한 신설조문(§§41-44)
			제2절	준거법에 관한 기존조문 移記: 다만 관할과 준거법이 결합된 일부 조문 분리(§§45-55)
제6장	친족(§§36-48)	제7장	제1절	관할에 관한 신설조문(§§56-62)
			제2절	준거법에 관한 기존조문 移記(§§63-75)
제7장	상속(§§49-50)	제8장	제1절	上同(§§76-78)
			제2절	
제8장	어음·수표(§§51-59)	제9장	제1절	上同(§§79-88)
			제2절	
제9장	해상(§§60-62)	제10장	제1절	上同(§§89-96)
			제2절	

2안에 따르면 제27조와 제28조에 포함된 소비자계약과 근로계약의 관할규칙은 준거법규칙과 분리할 필요가 있다. 2안은 첫째, 준거법규칙과 관할규칙을 체계적으로 파악할 수 있게 하고 준거법 결정과정에서 정립된 성질결정(characterization)과 연결점에 관한 이론을 원용할 수 있으며(물론 양자의 이론이 전적으로 동일하지는 않다), 둘째, 관할규칙 상호 간의 관계를 체계적으로 파악할 수 있게 하는 장점이 있다. 다만 2안에 따르면 조문번호를 새로 부여해야 하는 단점이 있으나, 개정법은 34개 조문을 신설하므로 새 번호를 부여할 충분한 이유가 있고, 2001년 국제사법 개정과정에서 그것이 과도기적 조치였음을 밝혔으므로 이제 새 번호를 부여하는 것을 정당화할 수 있다.

Ⅲ. 국제재판관할에 관한 일반원칙: 제2조의 존치와 수정

위원회에서는 개정법에 일반원칙을 정한 제2조를 존치할지 아니면 삭제할지에 관하여 논란이 있었다. 개정법은 제2조를 존치하면서 아래 밑줄 친 부분처럼 문언을 수정하였다. 이는 개정법도 국제재판관할규칙을 망라적으로 도입하는 것은 아니기에(예컨대 신탁의 내부관계 등) 그 범위 내에서 여전히 일정한 기능을 할 수 있고 또한 해야 한다고 판단했기 때문이다.

제2조(일반원칙)
① 대한민국 법원(이하 "법원"이라 한다)은 당사자 또는 분쟁이 된 사안이 대한민국과 실질적 관련이 있는 경우에 국제재판관할권을 가진다. 이 경우 법원은 실질적 관련의 유무를 판단할 때에 당사자 간의 공평, 재판의 적정, 신속 및 경제를 꾀한다는 국제재판관할 배분의 이념에 부합하는 합리적인 원칙에 따라야 한다.
② 이 법이나 그 밖의 대한민국 법령 또는 조약에 국제재판관할에 관한 규정이 없는 경우 법원은 국내법의 관할 규정을 참작하여 국제재판관할권의 유무를 판단하되, 제1항의 취지에 비추어 국제재판관할의 특수성을 충분히 고려하여야 한다.

국제사법(제2조 제1항 2문)은 국제재판관할 배분의 이념을 명시하지 않는 반면에 개정법(제2조 제1항 2문)은 국제재판관할 배분의 이념을 구체적으로 열거하는데 이는 도메인이름에 관한 2005년 대법원판결 이래 판례의 추상적 법률론을 따른 것이다. 저자는 개정법이 대법원판례를 따른 점에서 반대하지는 않으나 이를 굳이 명시할 필요는 없다고 본다.

Ⅳ. 가사사건의 국제재판관할에 관한 일반적 논의

여기에서는 개정법 제7장 제1절과 제8장 제1절이 정한 가사사건, 즉 가사소송사건과 가사비송사건의 관할에 관한 일반적인 논의를 한다.

1. 섭외사법 하의 대법원판례의 태도: 혼인관계사건을 중심으로

대법원판결은 재산법상의 사건에 관하여는 4단계 접근을 하였으나, 가사사건에서는(주로 이혼관련사건) 다른 접근방법을 취하였다. 예컨대 피고주소지주의를 확립한 대법원 1975. 7. 22. 선고 74므22 판결과 대법원 1988. 4. 12. 선고 85므71 판결 등을 보면, 대법원은 가사사건(특히 이혼관련사건)에서 피고 주소지관할을 원칙으로 하면서도 예외적인 경우[23] 원고 주소지관할을 인정할 수 있다고 판시하였

---

23) 위에서 소개한 대법원 1988. 4. 12. 선고 85므71 판결 참조.

다. 즉 법원이 가사소송법(제22조)의 관할규정을 기초로 하면서 특별한 사정에 의하여 이를 수정하는 방식이 아니라, 예외적인 사정이 있는 경우 곧바로 원고의 주소지관할을 인정할 수 있다고 판시하였다.

2. 국제사법 제2조의 시행과 그에 따른 판례의 태도

국제사법 하에서 가사사건의 국제재판관할에 관한 가장 큰 논점은 재산법상의 사건과 통일적인 법리를 적용할 것인가이다. 왜냐하면 재산법상의 사건을 주로 염두에 둔 국제사법 제2조가 과연 가사사건에도 타당한지는 불분명하였기 때문이다. 더욱이 과거 우리 판례는 재산법상의 사건과 가사사건(특히 혼인관계사건)에서 상이한 국제재판관할규칙을 정립하였기 때문이다. 저자는 가사사건의 국제재판관할규칙도 국제사법 제2조의 대원칙으로부터 도출해야 하지만 그 구체적인 내용에는 차이가 있을 수 있음을 긍정하면서, 해석론과 입법론으로 이를 구체화해야 한다고 지적하였다. 그러나 대법원은 (위에 언급한 대법원 2021. 2. 4. 선고 2017므12552 판결이 선고되기 전까지는) 가사사건의 국제재판관할에 관하여 지침을 제시하지 못한 결과 하급심의 혼란을 초래하였다.

과거 우선 주목할 것은 대법원 2006. 5. 26. 선고 2005므884 판결이다. 이는 미국인인 원고(남편)와 한국인인 피고(부인) 사이의 이혼사건인데, 대법원판결은 "원·피고는 한국에 상거소를 가지고 있고, 혼인이 한국에서 성립되었고 혼인생활의 대부분이 한국에서 형성되었다는 점까지 고려한다면, 이 사건 이혼청구 등은 한국과 실질적 관련이 있으므로 한국 법원은 재판관할권을 가진다"고 판시하였다. 위 대법원판결은 ①, ②단계에 대한 설시 없이 국제사법 제2조에 따라 실질적 관련의 존재를 긍정한 뒤, 원·피고의 본국법인 동시에 종전 주소지인 미주리주의 법에 비추어도 이혼청구와 친권자 및 양육자지정 청구 등 모두 한국에 재판관할권이 인정되므로 '국제재판관할의 특수성'을 고려하더라도 한국에 재판관할권이 있다고 판단하였다. 이런 결론은 타당하나, 위 대법원판결은 1975년 대법원판결이 정립한 추상적 법률론이 국제사법 하에서도 유지되는지, 도메인이름에 관한 2005년 대법원판결이 정립한 추상적 법률론이 가사사건에도 타당한지에 관하여 지침을 제공하지 못한 점에서 아쉬움을 남겼다.[24]

---

24) 2006년 판결에 의미를 부여한다면, 피고의 상거소가 한국에 있어 한국의 일반관할이 인정되는 사건에서도 국제사법 제2조를 이유로 실질적 관련의 유무를 검토했다는 점이다. 이

한편 하급심의 실무(특히 혼인관계사건)를 보면 2006년 대법원판결 후에도 여전히 ① 과거 대법원판결의 설시를 따른 판결도 있으나,[25] ② 이와 달리 국제사법 제2조 그리고 이를 구체화한 대법원의 추상적 법률론에 기초하여 개별적 사안분석을 하는 판결도 있다. 예컨대 한국 국적과 스페인 영주권을 가진 원고가 스페인 국적을 가진 피고를 상대로 우리나라에서 이혼 및 위자료, 재산분할 등을 구한 사건에서, 서울고등법원 2013. 2. 8. 선고 2012르3746 판결은 국제사법 제2조 제1항과 도메인이름에 관한 2005년 대법원판결의 추상적 법률론을 설시한 뒤 그를 바탕으로 다양한 논거를 들어 한국의 국제재판관할을 긍정하였다. 위 서울고등법원 판결은 도메인이름에 관한 2005년 대법원판결의 추상적 법률론을 충실히 따른 점에서 과거 대법원판결의 태도와 결별한 것으로 보인다. 나아가 당해 사건의 모든 사정을 분석하여 결론을 도출하는 노력을 보여주고 있는데 이는 높이 평가할 만하다. 이처럼 우리 법원은 가사사건에서도 정치한 국제재판관할규칙을 정립해 갈 것으로 예상되었다.[26][27] 위 스페인 사건의 상고심에서 대법원 2014. 5. 16. 선

자체는 나무랄 것이 없지만 당해 사건에서 원고와 피고의 상거소가 모두 한국에 있었으므로 한국과의 실질적 관련, 따라서 한국의 국제재판관할은 당연히 인정되는 사안이었으므로 그런 검토는 거의 불필요하였다고 본다.

25) 예컨대 서울가정법원 2006. 8. 4. 선고 2006드단6945 판결 참조. 원고는 필리핀인으로 한국에 주소를 두고 있고 피고는 미국인이며 미국 내에 거주하고 있다. 원·피고는 한국에서 결혼식을 하고 혼인생활을 하던 중 피고가 원고를 유기하고 미국으로 떠났다. 서울가정법원은 원·피고가 "한국에서 결혼식을 하고 혼인생활을 하다가 피고가 미국으로 떠나 원고를 유기하였기 때문에 한국의 재판관할권을 인정"한다는 취지로 판시하였다. 한숙희, "국제가사사건의 국제재판관할과 외국판결의 승인 및 집행 —이혼을 중심으로—", 국제사법연구 제12호(2006), 24-25면 註 27 참조. 이는 장준혁, "한국 국제이혼관할법 판례의 현황: 국제사법 제2조 신설 후의 판례를 중심으로", 민사소송 제13권 1호(2009. 5.), 73면 註 73에도 인용되어 있다.

26) 과거 하급심판결의 소개는 장준혁, "국제이혼관할에 관한 전통적 판례와 하급심에서의 수정시도 —대법원 1975년 판례의 등장과 국제사법 제2조 신설 전까지의 판례와 전개—", 국제사법연구 제19권 제2호(2013. 12.), 31면 이하 참조.

27) 친자관계에 관한 사건으로는 친생자관계존부확인에서 국제사법(제2조)이 정한 실질적 관련에 착안하여 한국의 국제재판관할을 인정한 서울가정법원 2016. 7. 15. 선고 2015드단50524 판결과 인지청구에서 한국의 국제재판관할을 인정한 서울가정법원 2016. 9. 7. 선고 2016드단317453 판결 등이 있다. 한편 후견사건에서 하급심판결들은 국제사법 제48조가 국제재판관할규칙을 포함한 것으로 보고 그에 따라 처리하는 경향을 보이고 있다. 서울고등법원 2012. 11. 16. 선고 2010나21209(본소), 2010나51224(반소) 판결은 제2항 제2호를 근거로 피후견인의 거소지의 국제재판관할을 긍정하였고, 서울가정법원 2018. 1. 17.자 2017브30016 결정은 제2항 제3호를 근거로 외국인이더라도 한국에 거소를 두고 있고 한국

고 2013므1196 판결은 위 2005년 대법원판결의 추상적 법률론을 설시한 뒤 원심의 판단이 정당하다고 결론을 내렸을 뿐이고 이혼사건의 국제재판관할규칙에 관하여 구체적 지침을 제시하지 않았다. 따라서 대법원이 위에 언급한 하급심의 실무 중 ②를 택한 것처럼 보이기는 하나 단정하기는 어렵다.

법원이 이처럼 개별사건에서 사안별 분석을 기초로 국제재판관할 유무를 판단하는 것은 법적 안정성과 당사자의 예측가능성을 해할 우려가 있다. 특히 재산법상의 사건에서는 민사소송법의 토지관할규칙이 유력한 참조근거가 되나, 가사사건의 경우 상응하는 참조근거가 없거나 약하고 국제재판관할규칙에 관한 논의가 부족한 탓에 법원의 판단에 자의(恣意)가 개입할 여지가 더 크다.[28]

이런 이유로 필자는 해석론으로 국제사법 제2조를 기초로, 관할을 정한 가사소송법 제13조(통칙), 제22조(혼인관계소송), 제26조(친생자관계)와 제30조(입양·친양자 입양관계)를 참작하되 국제재판관할의 특수성을 충분히 고려하여 국제재판관할규칙을 도출해야 한다는 견해를 피력하였다. 결국은 국제사법에 정치한 국제재판관할규칙을 도입함으로써 입법적으로 해결하는 것이 바람직한데 개정법은 바로 이를 실현한 것이다.

흥미로운 것은 대법원 2021. 2. 4. 선고 2017므12552 판결이다. 이는 캐나다인 부부 간의 이혼과 재산분할이 문제된 사건에서 국제사법 제2조가 가사사건에도 적용됨을 분명히 하고, 대법원 2019. 6. 13. 선고 2016다33752 판결을 따라 국제사법 제2조 제2항의 취지를 제대로 파악하였으며 이혼사건에서 실질적 관련의 판단기준을 제시하였다. 개정법이 시행되기 전까지라는 점에서 한시적이지만 가사사건에 관하여는 위 2021년 판결이 선도적 판례가 될 것으로 기대되었다. 실제로 그 후 이혼 및 양육자 지정 사건에 관한 대법원 2021. 10. 28. 선고 2019므15425 판결도 대상판결의 취지를 따랐다.

내에서 재산을 소유하는 등 피후견인을 보호하여야 할 긴급한 필요가 있을 때에는 한국 법원이 한정후견 개시 및 한정후견인 선임에 관한 국제재판관할을 가진다고 판시하였다. 소개는 김원태, "가사사건의 국제재판관할", 가족법연구 제32권 제1호(2018. 3.), 273면 이하 참조.

28) 혼인관계사건에 관하여는 가사소송법(제22조)의 관할규칙이 참조가 되기는 한다. 가사소송법 개정안도 고려할 필요가 있다. 김원태, "가사소송법 전부개정법률안의 특징과 주요 내용", 법조 통권 제723호(2017. 6.), 286면 이하 참조. 그러나 가사소송법에 따르면 국적관할은 인정할 여지가 없을 것이다.

3. 가사사건의 국제재판관할의 특색과 국제재판관할규칙의 정립방향

저자는 과거 가사사건의 국제재판관할과 관련한 특색을 다음과 같이 언급하였다.[29]

첫째, 가사사건은 사람의 신분과 생활 전반에 중대한 영향을 미치므로 재산관계사건에서보다는 원고의 구제에도 더 유념해야 하고, 둘째, 대등하지 않은 당사자 간의 다툼에서는 예컨대 아동 또는 부양권리자와 같은 약자를 보호해야 하며,[30] 셋째, 가사사건은 재산관계사건보다 공익성이 강하기 때문에 당사자의 임의처분이 제한되는 경향이 있고(관할합의의 제한 등), 넷째, 국가는 자국민의 신분관계 및 신분등록에 관하여 당연히 이해관계를 가지므로 당사자의 국적관할을 인정할 필요성이 있다는 점 등이 그것이다. 문제는 각 사건의 유형별로 국적관할을 어느 정도 인정할지와 그들 간에 일관성을 어떻게 유지할지이다. 나아가 원칙적으로 가사소송과 가사비송을 통합하여 규정하는 방식이 바람직하다.

나아가 가사사건에 관한 국제재판관할규칙의 입법론으로는 혼인,[31] 친자,[32] 부양, 후견,[33] 상속 등 가사사건의 유형별로 적절한 관할규칙을 국제사법에 두는 것이 바람직하다는 견해를 피력하였다. 유형별로 이익상황이 다르기 때문이다. 즉 소송과 비송을 기계적으로 구분하기보다 혼인, 친자, 부양과 성년자 후견 등을 유형화하고 비송사건절차법과 가사소송법(가사비송사건의 경우)의 관할규정을 참조하여 각 분야별로 적절한 정치한 관할규칙을 정립하고 가급적 그 규칙을 소송사건과 비송사건에 공히 적용하는 것이 바람직하다.[34] 예컨대 친권에 관한 소 기타 보

---

29) 석광현, "이혼 기타 혼인관계사건의 국제재판관할에 관한 입법론", 국제사법연구 제19권 제2호(2013. 12.), 130면; 이는 松岡 博(編), 國際關係私法入門, 제3판(2012), 317-318면 이하를 참조한 것이다. 다만 마지막에 열거한 가사소송과 가사비송의 통합규정방식은 필자가 추가한 것이다.

30) 여기에서 '약자'는 단지 사회적 경제적 약자를 말하는 것은 아니며, 절차적 열위에 있는 사람을 말하는 것이라는 견해도 있다. 김원태(註 27), 302면.

31) 혼인관계 사건에 대한 국제재판관할규칙의 입법론은 석광현(註 29), 138면 이하 참조. 상세는 이승미, "혼인관계사건의 국제재판관할에 관한 연구", 아주대학교 대학원 법학박사학위논문(2014. 7.), 153면 이하 참조.

32) 친자관계 사건에 대한 국제재판관할규칙의 입법론은 권재문, "가사사건에 관한 국제재판관할규칙", 국제사법연구 제19권 제2호(2013. 12.), 3면 이하 참조.

33) 후견관계 사건에 대한 권재문, "친자관계의 성립과 효력, 성년후견, 부재와 실종에 관한 국제재판관할", 국제사법연구 제21권 제1호(2015. 6.), 34면 이하 참조.

34) 일부 견해는 ① 소송과 비송을 도식적으로 구별하고, 나아가 ② 비송을 대심구조인지와 쟁

호조치에 대해 아래(Ⅶ. 3. 나.)에서 소개하는 아동보호협약과 브뤼셀 Ⅱbis[35]는 아동의 상거소지국의 관할을 인정하고, 아동탈취협약은 아동의 양육권 본안에 관한 소에 대해 아동의 상거소지국의 관할을 전제로 하면서 소송과 보호조치, 즉 비송사건을 도식적으로 구별하지 않는다.

　　독일법의 태도도 이와 같은 것으로 알고 있다. 독일은 과거 민사소송법에서 혼인사건과 친자사건에 관하여 국제재판관할규칙을 두었으나 2009. 9. 1.부터는 가사 및 비송사건의 국제재판관할은 "가사 및 비송사건절차법"(FamFG. 제98조-제106조. 이하 "FamFG"라 한다)에서 규율한다. FamFG(제98조-제104조)은 가사소송만이 아니라 가사비송에도 적용되고, 기타 절차에 관한 제105조도 비송사건만이 아니라 예컨대 소송사건인 부양사건에도 적용되는 것으로 보인다. 그렇다면 FamFG는 소송과 비송을 도식적으로 구분하여 상이한 국제재판관할규칙을 규정하는 것은 아니다. 우리도 FamFG와 기타 헤이그협약들도 참고할 필요가 있다. 또한 개정법의 총칙에 관한 글에서 이미 지적한 바와 같이 개정된 일본의 인사소송법과 가사사건수속법[36]도 고려할 필요가 있다.

　　송성의 유무에 따라 구분하는 경향이 있다. 예컨대 소송과 달리 법원의 후견적 역할과 합목적적·재량적 권한행사가 기대되는 비송사건에서는 신분관계 소송사건에서 형성된 국제재판관할규칙이 직접 타당할 수는 없고, 비송사건에 관한 국제재판관할규칙의 일반론으로서는 국제비송법의 이념에 비추어 "보호되어야 할 이익"의 소재지에 관할을 인정하는 견해가 유력하나, 대심구조를 취하는가, 즉 쟁송성의 유무에 따라 구분하기도 한다. 김원태, "섭외가사소송에서의 국제재판관할에 관한 연구", 경성법학 제5호(1996. 9.), 231면과 그에 인용된 일본 문헌 참조.

35) 브뤼셀 Ⅱter를 보면 혼인 사건 관련 규정들은 브뤼셀 Ⅱbis의 내용을 대체로 유지한 것이나, 부모책임 사건에서는 상당한 수정이 있었다. 아동의 최선의 이익을 보호하고자 국제재판관할규칙을 정비하고, 집행가능선언(exequatur)의 폐지 등 부모책임 사건 재판이 다른 회원국에서도 효율적으로 승인·집행될 수 있도록 개선하였으며, 아동의 의견청취권을 강화하였고, 아동탈취사건의 신속한 처리를 위한 조치들을 취하였다. 이는 2022. 8. 1. 시행된다. 소개는 현소혜, "친권 관계 사건의 국제재판관할 —2019년 브뤼셀 Ⅱter 규칙에 대한 소개를 중심으로—", 가족법연구 제35권 2호(통권 제71호)(2021. 7.), 246면 이하 참조.

36) 일본은 가사소송절차는 인사소송법에서, 가사비송절차와 가사조정절차는 가사사건수속법에서 각각 규율하므로 일본의 국제재판관할입법은 인사소송법과 가사사건수속법에 각각 국제재판관할규칙을 신설하는 방식을 취한다. 人事訴訟法等の一部を改正する法律案 참조. 상세는 장준혁 외(註 8), 117면 이하; 권재문(註 33), 9면 이하 참조. 일본의 위 법률들은 2018. 4. 18. 공표되었고 2019. 4. 1. 시행되었다.

4. 개정법에 따른 가사사건의 국제재판관할규칙의 개관

이미 연결대상이 상당히 정리된 재산법과 달리 개정법상 가사사건에서 연결대상을 어떻게 구성할지는 중요한 논점이었다. 위(3.)에서 언급한 바와 같이 여기에는 두 가지 논점이 있는데, 첫째는 연결대상의 범주 설정(또는 범주화)이고 둘째는 비송사건의 처리이다.

첫째에 관하여는 국제사법(준거법 맥락), 가사소송법과 다양한 헤이그협약 및 유럽연합의 규정들을 고려하여 개정법은 연결대상을 ① 혼인관계, ② 부모자녀관계, ③ 부양, ④ 후견에 관한 사건으로 구분하고 ⑤ 가사조정사건을 추가로 규정한다. ①부터 ④의 구분은 준거법 맥락과 동일하나 ①과 ②의 세부적 범주는 준거법의 맥락과 다르다. 또한 준거법의 맥락에서 종래 우리는 아동보호를 독립적인 범주로 설정하지 않고 친권과 아동후견으로 구분하여 후자를 성년자 후견과 묶어서 취급하나 헤이그국제사법회의는 '아동보호'라는 독립적 범주를 설정하여 친권과 아동후견을 함께 규정하고 성년자 후견을 성년자 보호의 문제로 별도로 다룬다.

둘째에 관하여는 개정법은 소송사건과 비송사건을 묶어서 공통된 관할규칙을 두므로 연결대상은 소송사건과 비송사건에서 공통되고 개정법의 국제재판관할규칙이 비송사건에도 바로 적용된다(제15조 제2항). 다만 개정법 제1장 제2절의 총칙은 비송사건에 준용된다(제15조 제1항).

이하에서는 개정법의 조문 체계에 따라 우선 일반관할을 논의하고 특별관할을 혼인관계사건, 친자관계사건(이는 다시 친생자관계, 양친자관계와 친자간의 법률관계에 관한 사건으로 구분된다), 부양사건과 후견사건, 가사조정사건과 상속사건으로 구분하여 개정법을 소개한다. 즉 제7장은 협의의 가사사건의 특별관할(경우에 따라 합의관할과 변론관할도)을, 제8장은 상속사건의 특별관할을(경우에 따라 합의관할과 변론관할도) 규정한 것이고, 그에 추가하여 개정법(제3조)이 정한 바에 따라 한국에 상거소를 가지는 사람에 대한 소에 관하여는 우리 법원에 일반관할이 인정된다.

한 가지 주의할 것은, 제2조 제1항이 국제사법에 특별관할규칙은 물론이고 국내법에 토지관할규칙도 없는 사안(예컨대 신탁의 내부관계)에서 법원이 실질적 관련에 근거하여 재판관할을 인정하는 근거가 될 수 있다는 점이다.[37] 다만 개정법

---

37) 그러한 사례로 과거 저자는 가사사건에서의 국적관할(또는 본국관할)과 활동에 근거한 관

이 정치한 국제재판관할규칙을 도입하였으므로 이는 원칙적으로 허용하지 말아야 하고 가사 인정하더라도 매우 예외적인 경우로 한정해야 한다.[38] 특히 법원이 제2조 제1항을 과도하게 활용하는 것은 경계하여야 한다.[39] 저자로서는 국제사법하에서는 정치한 국제재판관할규칙이 있으므로 대법원이 그렇게 운영할 여지가 있으나, 개정법 하에서는 사정이 다르다는 점을 분명히 밝혀둔다.[40]

V. 일반관할(개정법 제3조)

1. 일반관할과 특별관할의 구분

국제재판관할은 그 범위에 따라 구분하여, 법원이 사건의 종류나 내용에 관계없이 피고에 대한 모든 소송에 관해 재판관할을 가지는 경우 '일반관할(general jurisdiction)'을 가지고, 법원이 예컨대 계약 또는 불법행위 등과 같이 일정한 종류나 내용에 기한 소송에 관하여만 재판관할을 가지는 경우 '특별관할(special juris-diction)' 또는 '특정관할(specific jurisdiction)'을 가진다고 한다. 일반관할의 경우 피고와 법정지 간의 결합이 매우 강력해서 피고에 대한 모든 종류의 소송에 관해 재판관할을 인정하고, 특별관할의 경우 어떤 종류의 사안과 법정지 간에 관할의

할을 들었다. 석광현, 국제사법과 국제소송, 제4권(2007), 94면 註 14.

38) 상세는 석광현, "2018년 국제사법 전부개정법률안에 따른 국제재판관할규칙: 총칙을 중심으로", 동아대학교 국제거래와 법 제21호(2018. 4.), 58면 이하 참조. 저자도 이 점에 대하여 과거보다는 더 엄격한 태도를 취하고자 한다.

39) 장준혁 교수는 이 점에 대하여 심각한 우려를 표시한다. 장준혁, "국제재판관할법상 실질적 관련성 기준에 관한 판례의 표류 —지도원리의 독립적 관할기초화와 예견가능성론에 의한 무력화—", 양창수 교수 고희기념논문집(2021), 1002면 이하는 대법원 2019. 6. 13. 선고 2016다33752 판결에서 대법원이 실질적 관련을 기초로 국제재판관할을 인정하는 데 대하여 신랄하게 비판한다. 저자는 위 판결을 높이 평가하였는데, 이는 대법원이 전과 달리 국제사법 제2조 제2항의 의미를 제대로 파악한 점에서 그런 것이지 그 사건에서의 결론에 대한 것은 아니다.

40) 이런 맥락에서 "대한민국에 당사자들의 국적이나 주소가 없어 대한민국 법원에 국내법의 관할 규정에 따른 관할이 인정되기 어려운 경우라도 이혼청구의 주요 원인이 된 사실관계가 대한민국에서 형성되었고 이혼과 함께 청구된 재산분할사건에서 대한민국에 있는 재산이 재산분할대상인지 여부가 첨예하게 다투어지고 있는 사정 등이 있다면, 대한민국과 실질적 관련성을 인정할 수 있다"고 판시한 대법원 2021. 2. 4. 선고 2017므12552 판결의 취지를 개정법 하에서는 새롭게 음미할 필요가 있다.

존재를 정당화할 정도의 관련이 있어 당해 종류의 소송에 한하여 재판관할을 인
정하는 것이다.

개정법에서 '보통재판적'이라는 용어 대신 '일반관할'이라는 용어를 사용하는
이유는, 2001년 7월 시행된 국제사법에 국제재판관할에 관한 개념을 처음 도입하
면서 국제적으로 널리 사용되는 용어를 채택하였기 때문이다. 독일법의 용어인
'재판적(Gerichtsstand)', 즉 토지관할의 발생원인이 되는 관련지점을 고려할 여지도
전혀 없는 것은 아니지만 재판적에 이중기능(Doppelfunktion)을 인정하는 독일과
달리(따라서 독일에서는 국제재판관할의 맥락에서도 재판적을 사용한다) 우리 민사소송
법은 국제재판관할을 규율하지 않는다는 것이 과거 확립된 판례와 학설이므로 재
판적은 국제재판관할의 맥락에서는 적절하지 않다.[41] 개정법에서 국제재판관할이
라 함은 당연히 우리 법상의 개념이고, 영미식의 jurisdiction(관할권)처럼 재판권
('Gerichtsbarkeit' 또는 *facultas iurisdictionis*)을 포함하는 개념이 아니다.

2. 일반관할규칙

민사소송법 제2조는 '보통재판적'이라는 제목 하에 "소는 피고의 보통재판적
이 있는 곳의 법원이 관할한다"고 규정한다. 이는 '원고는 피고의 법정지를 따른
다(*actor sequitur forum rei*)'는 로마법 이래 대륙법의 원칙을 수용한 것이다. 대륙
법계 국가에서는 국제재판관할, 특히 일반관할의 배분에 있어 위 원칙을 당사자
의 공평 내지는 이익형량의 출발점으로 삼는다. 보통재판적을 정한 민사소송법(제
3조와 제5조 제1항)의 토지관할규칙은 그대로 국제재판관할규칙으로 사용할 수 있
다. 따라서 개정법도 이를 국제재판관할규칙으로 명시하되, 준거법결정원칙으로
서 상거소를 사용하는 점과, 국제재판관할규칙에서의 국제적 정합성을 고려하여

---

41) 더욱이 영미법계는 물론이고 전 세계적으로 '일반관할(general jurisdiction)'과 '특별관할
(special jurisdiction)'이라는 용어와 개념이 널리 사용되고 있다. 필자가 일반관할과 특별
관할이라는 개념을 사용하게 된 배경은 석광현(註 5), 25면 이하에서 밝힌 바 있다. 일반관
할에 관한 제논점은 석광현(註 5), 209면 이하 참조. 그러나 오정후, "국제사법 개정안의
국제재판관할 —개정안의 편제와 총칙의 검토—", 민사소송 제22권 2호(2018. 11.), 71면은
우리도 재판적이라는 용어가 바람직하다고 하나, 한충수, "헤이그 재판협약과 민사소송법
개정 논의의 필요성 — 관할규정의 현대화 및 국제화를 지향하며", 인권과정의 제493호
(2020. 11.), 81면, 註 26은 재판적이라는 용어의 사용에 반대하고 관할이라는 용어의 사용
을 지지한다. 참고로 대법원 2019. 6. 13. 선고 2016다33752 판결은 국제재판관할의 맥락
에서 '특별관할'이라는 용어를 (아마도) 처음으로 사용하였다.

'주소' 대신 '상거소'를 연결점(또는 관할근거)(양자를 호환적으로 사용한다)으로 선택하였다. 우리 민사소송법과 가사소송법은 '주소'를 연결점으로 사용하나 이는 정주의사(*animus manendei*)를 요구하지 않는 객관주의에 따른 주소개념이므로 이를 상거소로 대체할 수 있고, 특히 국제적 정합성을 고려하면 상거소가 연결점으로서는 더 설득력이 있다. 그러나 민법의 주소는 법률개념으로서 국내법상 일원적이고 고정적인 데 반하여, 상거소는 사실개념으로서 다원적이고 고정적일 수 없다는 점에서 차이를 지적하는 견해도 있다.

개정법(제3조)은 법인 또는 단체의 경우 민사소송법 제5조 제1항이 정한 주된 사무소(또는 영업소)만이 아니라 정관상의 본거지, 경영의 중심지와 법인 또는 단체의 설립준거법 소속국을 연결점으로 우리 법원의 일반관할을 규정한다. 범위가 확대되는 데 대한 우려가 없지 않았으나 예비초안(제3조 제2항) 등을 참조하여 그렇게 하였다. 이와 같이 일반관할이 확대됨에 따라 관할이 경합할 가능성이 커지게 되므로, 법원으로서는 재판관할권의 불행사에 관한 개정법 제12조를 적절히 활용할 필요가 있을 것이다.

3. 일반관할규칙의 적용범위

개정법(제3조)은 총칙에서 일반관할로서 피고관할원칙을 명시하므로 이는 가사사건에도 적용된다. 따라서 가사사건이 한국에 상거소(常居所)를 가지는 사람에 대한 소의 구조를 취하는 경우에는 법원에 국제재판관할이 있다.

피고관할원칙이 혼인사건에서도 타당한지에 관하여는 논란이 있으나[42] 아래 이유로 타당하다고 본다. 첫째, 피고관할원칙이 인정되는 근거는 대체로 국제혼인사건에서도 타당하다. 둘째, 섭외사법 하에서 1975년 대법원판결도 국제가사사건에서 피고주소지주의를 채택하였다. 셋째, 브뤼셀 II bis(제3조 제1항 a호)와 브뤼셀 II ter(제3조(a)(iii))는 이를 채택하고 있음도 참고가 된다.

다만 제3조는 "대한민국에 일상거소(habitural residence)가 있는 사람에 대한 소(訴)"에 관하여 우리 법원의 일반관할을 명시하므로 이는 그런 요건이 구비되는 한 국제사법이 적용되는 모든 법률관계에 대해 그것이 소송인지 비송인지에 관계없이 적용되는 것으로 보인다. 그러나 상대방이 없는 가사비송사건의 경우는 그

---

42) Thomas Rauscher (Hrsg.), Europäisches Zivilprozess- und Kollisionsrecht: EuZPR/EuIPR Kommentar (2010), Art. 3 Brüssel IIa-VO, Rn. 32 (Rauscher 집필부분) 참조.

러한 요건이 구비되지 않을 수 있다. 예컨대 입양허가는 가사비송사건으로서 '한국에 상거소를 가지는 사람에 대한 소'라는 구조를 취하지 않으므로 제3조가 준용되기 어려우나, 파양은 당사자가 대립하는 가사소송사건으로서 그런 구조를 취하므로 제3조가 준용될 수 있다.[43)

VI. 혼인관계에 관한 사건의 특별관할(개정법 제56조)

혼인관계사건의 국제재판관할규칙은 현대사회에서 자연인의 이동성 증가를 고려함과 동시에 충분한 법적 안정성, 특히 피고를 위한 법적 안정성을 확보할 수 있어야 한다.[44) 이를 고려하여 개정법(제56조)은 혼인관계에 관한 사건에 대하여는 다음 각 호의 어느 하나에 해당하는 경우 법원의 특별관할을 인정한다.

1. 부부 중 한쪽의 일상거소가 대한민국에 있고 부부의 마지막 공동 일상거소가 대한민국에 있었던 경우
2. 원고와 미성년 자녀 전부 또는 일부의 일상거소가 대한민국에 있는 경우
3. 부부 모두가 대한민국 국민인 경우
4. 대한민국 국민으로서 대한민국에 일상거소를 둔 원고가 혼인관계 해소만을 목적으로 제기하는 사건의 경우[45)

1. 원고관할(*forum actoris*)의 허용(제1호, 제2호 및 제4호)

가사사건은 사람의 신분과 생활 전반에 중대한 영향을 미치므로 재산사건과 비교하여 원고의 구제에도 더 유념해야 한다. 따라서 이혼처럼 쟁송성이 강한 소

---

43) 서울가정법원 1992. 4. 23. 선고 91드63419 판결(확정)도 이런 취지로 판시한 바 있다.

44) Rauscher/Rauscher(註 34), Art. 3, Rn. 1. 혼인관계사건의 국제재판관할에 관한 근자의 논의는 현소혜, "혼인 관계 사건에서의 국제재판관할", 남효순 교수 정년기념논문집 간행위원회, 한국민법과 프랑스민법 연구 남효순 교수 정년기념논문집(2021), 484면 이하 참조.

45) 개정법(제56조 제2항)은 부부 모두를 상대로 하는 혼인관계에 관한 사건에 대하여는 다음 각 호의 어느 하나에 해당하는 경우 법원의 국제재판관할을 인정한다. 이런 구분은 가사소송법의 태도를 반영한 것이다.
"1. 부부 중 한쪽의 일상거소가 대한민국에 있는 경우, 2. 부부 중 한쪽이 사망한 때에는 생존한 다른 한쪽의 일상거소가 대한민국에 있는 경우, 3. 부부 모두가 사망한 때에는 부부 중 한쪽의 마지막 일상거소가 대한민국에 있었던 경우, 4. 부부 모두가 대한민국 국민인 경우."

송에서도 국제재판관할의 결정에서는 피고주소지원칙만이 아니라 원고 측의 사정을 고려해야 한다.

토지관할의 맥락에서 가사소송법은 원고관할(즉, 제소 직전 1년 이상 유지된 원고 상거소지 또는 제소 직전 6월 이상 유지된 원고 상거소지(원고가 그 국가 국민인 경우)의 관할)은 인정하지 않으나 브뤼셀 II bis(제3조 제1항 a호)와 브뤼셀 II ter(제3조 (a)(v)와 (vi))는 일정한 요건 하에 원고관할을 인정하며, 독일 FamFG(제98조 제1항 제4호)는 국적 또는 상거소에 근거한 원고관할을 인정한다.[46] 저자는 원고의 상거소가 한국 내에 있다는 것만으로는 부족하지만, 예컨대 브뤼셀 II bis처럼 일정한 기간 동안의 상거소의 유지 또는 국적과 결합한 원고관할을 인정할 여지가 있다는 견해를 피력하였다.

개정법(제56조 제1항 제1호, 제2호와 제4호)은 일정한 요건 하에 원고관할을 채택한 것이다. 개정법(제1호)은 부부의 마지막 공동 일상거소가 한국에 있었고 원고가 일상거소를 한국에 유지하고 있는 경우에는 한국의 국제재판관할을 인정한다. 그러한 요건이 구비되면 한국은 당사자와 실질적 관련이 있다고 할 수 있기 때문이다. 피고의 일상거소가 한국에 있는 경우에는 일반관할이 인정되므로 그 경우에는 제1호는 별 의미가 없다.

개정법(제2호)은 당시 가사소송법 개정안(2018년 1월 당시 법제처에서 심사 중이던 개정안 제37조에 상응)을 고려하여 원고[47]와 미성년 자녀 전부 또는 일부의 일상거소가 한국에 있는 경우를 관할근거로 규정한다. 그에 대하여는 일단 혼인관계사건의 관할을 판단하고 친자관계에 관하여는 부대(附帶)사건(또는 부속사건)으로서 관할을 인정하면 족하지, 자녀의 일상거소를 혼인관계사건의 관할근거로 삼을 이유는 없다는 비판도 있었다.[48]

나아가 개정법(제4호)은 한국 국민으로서 한국에 일상거소를 둔 원고가 혼인관계 해소만을 목적으로 제기하는 사건의 경우에도 한국의 특별관할을 인정한다. 이는 한국인이 외국인과 혼인한 뒤 배우자인 외국인의 소재불명 등으로 재판할

---

46) 다만 후자의 경우 예외가 있다.

47) 피고의 일상거소가 한국에 있는 경우에는 일반관할이 인정되므로 제2호는 별 실익이 없고 따라서 의미가 있는 것은 원고의 일상거소이다.

48) 반면에 김원태, "국제사법 전부개정법률안의 검토 ―가사사건의 국제재판관할을 중심으로―", 민사소송 제22권 제2호(2018. 11.), 154면은 이는 미성년자녀의 양육을 보호하기 위한 것이라고 하며 개정안의 태도를 지지한다.

수 없게 되는 사안을 고려하여 혼인관계 해소만을 위한 것이라면 한국의 관할을 인정함으로써 가족관계등록부를 정리할 수 있게 하려는 것이다.[49] 따라서 이 경우에는 개정법(제6조 제3항)이 정한 관련성에 근거한 관할(이를 '관련관할'이라고 부를 수 있다)은 허용되지 않는다. 저자는 이 점을 제6조 제3항에 명시하기를 희망하였으나 두지 않더라도 결론은 동일할 것이라는 이유로 반영되지 않았다.

제7장 제1절만 보면 마치 피고주소지관할은 인정되지 않는 것처럼 보이나 위에 언급하였듯이 총칙에 규정된 일반관할은 혼인관계사건에서도 인정된다.

2. 국적관할의 허용(제3호)

종래 우리 판례는 가사사건에서 국적관할(또는 본국관할. 이하 양자를 호환적으로 사용한다. 이를 "home jurisdiction"이라고 부르기도 한다)[50]을 인정하는 데 인색하다. 그러나 속인주의에 근거한 국가의 국민에 대한 관할권을 고려하고, 당사자가 가까운 법원에서 소송을 하는 데 대하여 가지는 당사자이익을 고려한다면 이를 인정할 수 있고, 또한 국가도 가족관계등록부를 정리함으로써 신분관계를 정확히 공시할 필요가 있으므로 이는 국가이익에도 부합한다.[51] 나아가 국제사법이 혼인의 일반적 효력(제37조, 개정법 제64조), 부부재산제(제38조, 개정법 제65조)와 이혼(제39조, 개정법 제66조)에 대해 부부의 동일한 본국법을 제1차적 준거법으로 지정하므로 준거법과 국제재판관할이 병행할 가능성이 커진다. 개정법(제3호)은 보수적으로 부부 모두가 한국인인 경우에만 국적관할을 인정한다.[52] 국적관할은 일부 논자가 비판하는 바와 같이[53] 구체적 사건에서 사안 내지 증거와의 근접성이라는 관점에서 취약할 수 있으나 그 경우에는 개정법(제12조)의 국제재판관할권 불행사의 법리를 활용할 수 있을 것이므로 개정법에 문제가 있는 것은 아니다.

준거법의 맥락에서 본국법의 결정에 관하여는 국제사법 제3조 제1항이 명시

49) 김원태(註 48), 183면은 개정안이 혼인관계사건에 대하여 다양한 관할원인을 규정하였으므로 이는 불필요하다고 한다.
50) Heinz-Peter Mansel, Nationality, Encyclopedia of PIL, Volume 2 (2017), p. 1301.
51) 독일에는 국적관할은 국민의 재판청구권(Justizgewährungsanspruch)에 근거한 것으로 보는 견해가 유력하다. Reinhold Geimer, Internationale Freiwillige Gerichtsbarkeit, Heinz-Peter Mansel et al. (Hrsgs.), Festschrift für Erik Jayme, Band Ⅰ (2004), S. 259.
52) 김원태(註 48), 154은 국적관할에 대해 비판적인 태도를 취하면서도 가족관계등록부의 정정 필요성을 감안하여 이를 지지한다.
53) 김원태(註 48), 174면.

한다. 그런데 국적관할을 인정할 경우 국제재판관할의 맥락에서 국제사법 제3조 (개정법 제16조)가 적용 내지 유추적용되는지는 논란의 여지가 있다. 더 검토할 필요가 있으나, 위 조문을 그대로 적용할 수는 없고 오히려 이중국적의 경우 어느 국적이나 국적관할의 근거가 될 수 있다고 볼 수 있을 것이다.

3. 합의관할과 변론관할의 불허(개정법 제13조)

국제사법상 가사사건에서 합의관할과 변론관할이 허용되는가는 논란이 있으나,[54] 입법론으로는 아래 이유로 부정하는 것이 타당하다. 첫째, 가사사건은 재산사건과 비교하여 공익성이 강하므로 당사자의 임의처분이 제한되어야 한다. 둘째, 혼인관계사건에 대하여 다양한 관할근거를 인정한다면, 다른 국가에 국제재판관할을 부여하는 합의관할과 변론관할을 인정할 실제적 필요성도 별로 없다. 셋째, 브뤼셀 II bis와 브뤼셀 II ter도 합의관할과 변론관할을 인정하지 않는다. 흥미로운 것은 대법원 2021. 2. 4. 선고 2017므12552 판결이다. 이는 캐나다인 부부 간의 이혼과 재산분할이 문제된 사건에서 피고가 소장 부본을 적법하게 송달받고 실제 적극적으로 응소하였다면 이러한 사정은 대한민국 법원에 관할권을 인정하는 데 긍정적으로 고려할 수 있다(대법원 2006. 5. 26. 선고 2005므884 판결 참조)고 판시하였는데 이는 변론관할을 인정하지는 않으면서 그 사정을 고려할 수 있다는 취지로 이해된다.

이러한 논의를 고려하여(물론 뒤에 나온 위 대법원 판결은 고려의 대상이 아니었다) 개정법(제13조)은 가사사건에서는 원칙적으로 합의관할과 변론관할은 인정하지 않는다. 그러나 예외적으로 부양사건(제60조)과 상속사건(제76조)에 관하여는 합의관할과 변론관할을 인정한다. 이에 대하여 한숙희 대전가정법원장은 공청회의 토론과정에서 친족·상속사건에서 변론관할은 인정되지 않으며, 친족·상속사건의 특성상 당사자 사이의 실질적인 능력에 큰 차이가 있어 관할편취의 우려가 있으므로 합의관할을 인정하는 경우에도 변론관할은 인정하지 말아야 한다고 지적하고, 특히 실제 재판과정에서 당사자는 관할에 대한 정확한 이해가 부족하므로 법원에서 정한 일자에 출석하여 억울함을 호소하는 것 자체로 변론관할이 형성된다면 이는 정의관념에 반한다고 비판하였다. 이에 대하여 필자는 다음의 취지로 답변하였다. 친족·상속사건에서 변론관할을 인정하지 않는 것은 토지관할

---

54) 가사소송법(제22조)은 토지관할의 맥락에서 혼인관계소송의 관할을 전속관할로 규정한다.

의 맥락에서는 타당하나, 국제재판관할의 맥락에서 합의관할과 변론관할이 인정
되는지는 견해가 나뉘고 있다. 나아가 국제규범에서는 합의관할이 인정되는 경우
변론관할도 인정하므로,[55] 친족·상속 사건에서 제한적으로 합의관할을 인정한다
면 그 범위 안에서는 변론관할도 함께 인정하는 것이 논리적이다. 변론관할을 인
정하는 경우에 당사자들이 관할에 대하여 잘 알지 못하여 정의관념에 반하는 결
과가 나올 가능성이 있음은 수긍하나 이는 법원의 석명권 행사 및 실무의 변경
등을 통하여 해결할 수 있는 부분이라는 것이다.[56]

다만 위와 같이 규정함에 있어서 개정안(제13조)은 제8조(합의관할)와 제9조
(변론관할)는 친족 사건에는 적용되지 않는다는 원칙을 밝히고 국제사법에 다른
규정이 있는 경우에는 허용된다는 식으로 규정하였다. 즉 제8조와 제9조는 친족,
상속에 관한 사건에는 원칙적으로 적용되지 않으나 당해 장에 별도의 명시적 조
문이 있는 경우에는 적용된다는 것이었다.[57] 그러나 개정법(제13조)은 이처럼 원
칙과 예외로 규정하는 대신 개별 조문을 명시하여 제8조와 제9조가 적용되지 않
는다고 규정한다. 따라서 예컨대 제60조(후견사건)의 경우 총칙에 규정된 제8조와

---

55) 예컨대 EU부양규정(제4조와 제5조)과 EU상속규정(제5조와 제9조)은 합의관할과 변론관할
을 함께 규정한다.

56) 한편 김원태(註 48), 166면 이하는 한숙희 원장의 지적과는 다른 논거로 변론관할을 허용
하지 말자고 주장한다. 즉 가사비송사건에서 법원은 특별한 사정이 없으면 변론 대신 당사
자와 관계인을 심문하므로 우리 법원에 국제재판관할이 없음에도 불구하고 상대방이 관할
없음을 주장하지 아니하고 본안에 대하여 변론하거나 변론기일에 진술하는 경우를 상정할
수 없다면서 부양사건에서 변론관할을 허용하는 조문은 삭제하자고 제안한다. 그러나 본문
에서 설명한 이유도 있고, 나아가 만일 변론관할을 정한 제9조의 요건이 구비되지 않는다
면 그 자체로서 변론관할이 발생할 수 없을 것이므로 왜 그런 제안을 하는지 잘 이해되지
않는다. 다만 부양사건(제60조)과 상속사건(제76조)이 아니라고 해서 합의관할을 일률적으
로 불허하는 것이 타당한지는 논란의 여지가 있으므로 장래 관할합의의 허용범위를 검토
하여 더 정교하게 조정할 필요가 있다. 2022. 5. 28. 개최된 민사소송법학회의 학술대회에
서 강은현 교수의 "국제재판관할에 관한 국제사법 개정 법률의 개관 —친족상속관계에 관
한 국제재판관할을 중심으로—"라는 제목의 발표에 대한 지정토론자인 현소혜 교수의 토
론문, 4면도 "가사사건에 대해 우리 통설과 판례가 당사자의 임의처분을 일부 제한하는 것
은 사실이나, 이는 친자관계 존부 확인과 같이 현행 가사소송법상 가류 가사소송사건에 해
당하는 청구에 한정된 것으로서(대법원 2007. 7. 26. 선고 2006므2757 등 판결) 이혼이나
재산분할·양육 등에 대해서까지 일괄적으로 임의처분이 전면 불허되는 것은 아님을 지적
하면서 부양과 상속을 제외한 모든 가사사건에 대해 일률적으로 합의관할 내지 변론관할
을 부정하기보다는 사건의 유형별로 보다 세심한 접근이 필요하다"는 취지로 지적한다.

57) 개정안에서는 "다만, 이 법에 다른 규정이 있는 경우에는 그러하지 아니하다."라는 단서가
있었으나 개정법에서는 삭제되었다.

제9조가 적용되는 결과가 되고 제60조에서는 그에 대한 예외를 규정하게 되었다. 다만 부양사건(제60조)과 상속사건(제76조)이 아니라고 해서 합의관할을 일률적으로 불허하는 것이 타당한지는 논란의 여지가 있으므로 장래 관할합의의 허용범위를 검토하여 더 정교하게 조정할 필요가 있다.

위에서 본 가사소송과 가사비송의 통합규정방식에 따라 개정법은 혼인관계사건에서도 소송사건과 비송사건에 모두 적용되는 관할규칙을 둔다.

4. 부부재산제에 관한 특별관할규칙의 미도입

위원회에서 부부재산제에 관하여 별도의 특별관할규칙을 둘지는 논란이 있었으나 두지 않았다. 별도의 관할규칙은 결국 관할합의를 허용하기 위한 것이었다. 개정안 성안 당시 유럽연합에서는 "부부재산제의 국제재판관할, 준거법과 판결의 승인 및 집행에 관한 규정"을 성안하는 작업이 진행 중이라는 점도 고려하였다.[58] 별도 관할규칙을 두지 않는다면 혼인관계사건에 관한 관할규칙이 부부재산제와 관련된 사건에도 적용되고 따라서 합의관할과 변론관할은 허용되지 않는다(개정법 제56조, 제13조와 제8조).

Ⅶ. 친자관계에 관한 사건의 특별관할

국제사법은 친자관계(또는 부모와 자녀의 관계)의 준거법을 정함에 있어서 친자 간의 법률관계의 성립과, 그에 따른 권리·의무관계를 구분하는 체제를 취하고 있다.[59] 개정법은 친자관계에 관한 사건의 특별관할을 정함에 있어서도 이런 체제를 취하여 첫째, 친생자관계의 성립과 해소에 관한 사건의 특별관할(제57조)[60]과 양친자관계의 성립과, 존부확인, 입양의 취소 및 파양에 관한 사건의 특별관할

---

58) 이는 그 후 2016. 6. 24. 채택되었는데 준거법과 병행하는 당사자자치를 허용하면서 방식 요건을 규정한다(EU부부재산제규정, 제7조). 영문명칭은 "Council Regulation (EU) 2016/ 1103 of 24 June 2016 implementing enhanced cooperation in the area of jurisdiction, applicable law and the recognition and enforcement of decisions in matters of matrimonial property regimes"이다.

59) 석광현(註 8), 510면.

60) 국제사법은 준거법의 맥락에서는 연결대상을 혼인 중의 친자관계의 성립(제40조), 혼인 외의 친자관계의 성립(제41조)과 혼인 외 출생자에 대한 준정(제42조)으로 구분하나 개정법은 특별관할의 맥락에서는 이런 구분을 하지 아니한다.

(제58조)을 규정하고, 둘째, 그렇게 성립한 친자 간의 법률관계에 관한 사건의 특별관할을 규정한다.

1. 친생자관계의 성립과 해소에 관한 사건의 특별관할(개정법 제57조)

아래(Ⅶ. 3. 나.)에서 소개하는 아동보호협약은 국제친권사건, 즉 친권자(또는 양육자)의 결정, 아동의 신상감호, 아동의 재산관리, 기타 친권의 효력 및 소멸 등의 국제재판관할을 규정하면서 원칙적으로 아동의 상거소지국에 관할을 인정한다. 그 이유는 당국의 신속한 개입을 가능하게 하고, 절차로 인한 아동의 부담을 줄이며, 증거 근접성과 아동 및 청년원조제도와의 근접성을 확보할 수 있기 때문이다. 이는 국제적으로 널리 인정된다. 그러나 동 협약은 친자관계의 성립 또는 다툼(contesting)에는 적용되지 않는다(제4조 a호). 이는 아동보호의 문제라기보다는 아동의 신분 내지 지위에 관한 문제이기 때문이다. 따라서 친생자관계에 관한 한 아동보호협약은 참고가 되지 않고 달리 참고할 만한 국제규범은 잘 보이지 않는다.

개정법(제57조)은 친생자관계사건, 즉 친생자관계의 성립 및 해소에 관한 사건에 대하여 ① 자녀의 일상거소가 한국에 있는 경우 한국의 국제재판관할을 인정하고,[61] ② 국적관할로서 자녀와 피고가 되는 부모 중 한쪽이 한국인인 경우 한국의 국제재판관할을 인정한다. 여기에서 국적관할을 당사자 역할(즉 피고일 것)과 결합한 것은 다소 이례적이다. 다만 위의 논의를 함에 있어서 근자에 문제되고 있는 대리모는 특별히 고려되지 않았다.[62] 대리모사건의 경우 피고가 누구인지는 쉽게 알 수 있으나 의뢰인 부부와 대리모 중 누가 '피고가 되는 부모'인지는 불분명하다. 이 점은 앞으로 우선 해석론으로 해결하고, 필요하다면 입법을 할 수도 있을 것이다.

---

61) 스위스 국제사법(제66조)은 그에 추가하여 모 또는 부의 주소지의 재판관할을 인정하나 개정법은 이를 받아들이지 않았다. 다만 모 또는 부가 피고가 된다면 일반관할을 인정할 수 있으므로 차이는 완화된다.

62) 캘리포니아주 가족법은 대리모가 출산한 아이의 친자관계를 확정하는 소에 관하여 정치한 국제재판관할을 규정한다. 즉 Family Code §7962 (e)는, 아동의 예상출생국, 의뢰인 부모 거주지국, 대리모 거주지국, 대리모계약 체결지국과 대리모계약에 따른 의료절차 이행국의 국제재판관할을 인정한다.

2. 입양관계[63]에 관한 사건의 특별관할(개정법 제58조)

입양재판의 경우 아동의 주소지국(또는 상거소지국)과 양친될 자의 주소지국 (또는 상거소지국)의 국제재판관할이 큰 어려움 없이 인정될 수 있으나, 다른 유형의 입양 관련 소송사건이나 비송사건의 국제재판관할규칙은 분명하지 않다. 일방의 국적관할을 인정할 수 있는지는 논란의 여지가 있다.[64] 우리 법상 입양재판은 비송사건인데[65] 국제사법과 기타 법률에서 비송사건의 국제재판관할에 관하여는 명확한 규정을 두지 않기 때문이다. 따라서 이를 입법적으로 정비할 필요가 있다.[66]

종래 우리 아동, 그중에서도 요보호아동의 해외입양은 입양특례법에 따라 이루어지는데 입양특례법은 국외입양에 관하여 규정을 두면서도 국제재판관할에 관하여는 직접적인 규정을 두고 있지 않다. 따라 입양특례법이 적용되는 사건에서도 국제재판관할은 국제사법에 의하여 규율된다.

개정법은 규정하지 않지만, 독일처럼 어느 일방의 국적관할을 인정하지는 않더라도 양친이 될 자와 양자가 될 자의 국적이 모두 한국인인 때에는 국적관할을 인정하는 것이 타당할 것이다. 주목할 것은 국제입양법안의 과도한 국적관할이다. 김성주 의원이 2021년 대표발의한 국제입양법안(의안번호 2112826) 제6조는 아래와 같이 규정한다.

---

63) 개정안은 '양친자관계'라는 용어를 사용하였으나 개정법은 '입양관계'라고 한다. 그러나 양친자관계의 일부인 입양관계에 파양관계도 포함된다고 할 수 있는지 모르겠다. 개정법에서는 친자를 부모·자녀라고 하니 양친자관계는 '양부모·자녀간의 관계'라고 부를 수 있을 것이다.

64) 위에 언급한 독일 FamFG(제101조)는 양친의 1인 또는 양자인 아동이 독일인인 경우 독일 법원의 국제재판관할을 인정하나, 국제입양재판에서 일방의 국적관할이 널리 인정되는 것은 아니다. 나아가 입양과 관련된 모든 사건에 대해 동일한 국제재판관할규칙을 적용하는 대신 비송사건과 소송사건을 구별하려는 견해도 주장될 수 있다. 그러나 독일 가사·비송사건절차법은 이런 구별을 하지 않는 것으로 보인다. 제101조 참조.

65) 입양의 무효는 가류 가사소송사건이고(제2조 제1항 가호 1목 5), 입양과 파양의 취소, 재판상파양, 친양자 입양의 취소와 친양자의 파양은 나류 가사소송사건이다(제2조 제1항 가호 2목 10-14).

66) 입법론으로 입양재판의 경우 성년자입양과 미성년자 입양을 구분하여 전자에 대하여는 당사자 평등과 피고의 절차보장을 중심으로 하는 혼인과 이혼에 관한 국제재판관할규칙을, 후자에 대해서는 미성년자 보호사건에 관한 국제재판관할규칙을 적용할 것이라는 견해(권재문(註 33), 21면)도 있다.

> **제6조(국제재판관할)** 법원은 다음 각 호의 어느 하나에 해당하는 경우 이 법에 따른 입양, 입양의 취소 및 파양에 관한 국제재판관할권을 가진다.
> 1. 입양의 당사자 중 일방의 일상거소가 대한민국에 있거나 있었던 경우
> 2. 입양의 당사자 중 일방이 대한민국 국적을 보유하고 있거나 보유하고 있었던 경우

　과거 저자는 양친자관계에 관한 사건의 관할에 관하여 위와 유사하게 일방의 상거소 또는 국적에 근거한 관할규칙을 제안한 적이 있다.[67] 다만 그것은 국적관할을 인정하지 않는 개정법 제58조 제1항과는 다른데, 더욱이 그 경우 국적관할은 입양의 당사자 중 일방이 국적을 보유하는 경우에(제소시를 기준으로) 인정하는 것이지 과거의 국적에 근거한 것은 아니었다. 예컨대 외국으로 입양된 아동이 과거 한국 국적을 가졌다는 이유로 예컨대 30년이 지난 뒤에 파양이 문제되는 경우 한국과 아무런 관련이 없게 된 상황에서도 과거의 국적에 근거하여 한국의 관할을 인정하자는 것은 합리적 근거가 없다.[68] 이제 개정법 제58조가 채택된 이상 국제입양법 제6조를 개정법 제58조와 일치시키는 것이 순리이다.[69]

가. 입양의 성립

　개정법(제58조 제1항)은 이런 전제 하에 입양의 성립에 관한 사건은 양자 또는 양친이 되려는 사람의 상거소가 한국에 있는 경우 한국 법원이 특별관할을 가지는 것으로 규정한다. 입양의 성립에 관하여 양자 또는 양친의 상거소지국이 모

---

67) 석광현 외, "헤이그국제아동입양협약 가입 추진방안 연구", 2012년 보건복지부 연구용역보고서, 219면, 237면 참조.

68) 예컨대 2016년과 2018년에 발의되었던 국제입양에 관한 법률도 국제재판관할규칙을 두었으나 이는 제소 시의 국적에 근거한 것이었다. 전자에 관하여는 석광현, "헤이그입양협약 비준을 위한 2016년 "국제입양에 관한 법률안"에 대한 검토", 가족법 연구 제31권 제1호 (2017. 3.), 105면 이하, 후자에 관하여는 석광현, "헤이그입양협약 비준을 위한 2018년 "국제입양에 관한 법률안"에 대한 검토", 가족법연구 제33권 제1호(2019. 3.), 233면 이하 참조. 저자가 법률안의 문제점을 지적해도 그 후 별로 개선되지 않는 점은 유감이다. 아마도 입양협약과 국제사법에 대한 기초자들의 이해가 부족한 탓이라고 생각한다.

69) 참고로 과거 헤이그입양협약 비준을 위한 2016년 "국제입양에 관한 법률안"이 있었고 그에는 국제재판관할에 관한 조문이 있었다. 소개는 석광현, "헤이그입양협약 비준을 위한 2016년 "국제입양에 관한 법률안"에 대한 검토", 가족법 연구 제31권 제1호(2017. 3.), 105면 이하 참조. 위 법률안 제6조는 개정안의 관할근거에 추가하여 양부모가 될 사람의 한쪽 또는 양쪽이나 양자가 될 아동이 한국 국적을 보유하고 있는 경우 우리 법원의 관할을 인정한다. 위 석광현, 125면 이하 참조. 이러한 태도는 석광현 외, "헤이그국제아동입양협약 가입 추진방안에 관한 연구", 2012년 보건복지부 연구용역 보고서, 219면에서 제안한 바와 같다.

두 입양과 실질적 관련이 있고 동등한 이해관계를 가지고 있기 때문이다. 미국의 국제사법 Restatement Second §78에 따르면, 미국에서는 어느 주에 양자 또는 양친의 주소지가 있고, 또한 양친 및 양자 또는 양자에 대하여 법적 양육권을 가지는 자가 그 주의 인적 관할권에 복종하는 때에 그 주가 선고형 입양의 재판관할을 가진다. 독일 FamFG(제101조)도 양친의 1인 또는 양자인 아동이 독일에 상거소를 가지고 있는 경우 독일 법원의 국제재판관할을 인정한다.[70][71]

  헤이그아동입양협약("입양협약")은 국제재판관할의 문제를 직접 다루지 않으므로 한국이 입양협약을 비준하더라도 이런 특별관할규칙은 여전히 적용된다. 입양협약도 입양의 성립에 관하여 아동의 상거소지국과 양친될 자의 상거소지국의 국제재판관할을 가지는 것을 전제로 한다. 왜냐하면 입양협약은 입양이 동 협약에 따라 행해졌다는 입양국(state of adoption)의 권한당국의 입양증명서에 의하여 증명되는 경우 입양이 모든 당사국에서 효력을 가지도록 보장하는데 여기에서 입양국이라 함은 출신국일 수도 있고 수령국일 수도 있기 때문이다.[72] 재판형입양을 생각하면 이는 출신국 또는 수령국의 입양재판이 다른 당사국에서 승인된다는 것을 의미하므로 결국 양자에 모두 국제재판관할이 인정됨을 전제로 한다는 것이다.

나. 양친자관계의 존부확인, 입양의 취소 또는 파양

  개정법(제58조 제2항)은 양친자관계의 존부확인, 입양의 취소[73] 또는 파양에

---

70) 스위스 국제사법(제75조 제1항)은 양친의 주소지국의 관할을 인정한다.

71) 반면에 라류 가사비송사건의 관할을 정한 가사소송법(제44조 제4호)은 입양·친양자 입양 또는 파양에 관한 사건은 양자·친양자의 주소지 또는 양자·친양자 될 사람의 주소지의 가정법원의 관할을 인정하므로 국제재판관할의 배분에 있어 이를 고려하면 양자(또는 양자가 될 사람)의 주소지가 관할을 가지게 될 것이다. 미성년입양의 경우에는 미성년자 보호의 측면을 고려하여 원칙적으로 양자의 주소지에만 국제재판관할권을 인정해야 한다는 견해도 있다. 권재문(註 33), 21-22면. 그러나 양친의 주소지는 국제입양의 성립에 관하여 양자의 주소지와 동등한 이해관계를 가지므로 이런 견해는 설득력이 없고, 더욱이 이런 태도를 취한다면 입양특례법 개정 전 과거 한국에서 입양재판 없이 외국으로 가서 외국에서 입양재판을 받은 수많은 사건에서 한국 아동의 해외입양은 한국에서 승인되지 않았다는 부당한 결과가 된다. 이러한 이유로 필자는 위 견해는 과거에도 타당하지 않았고 우리의 실무에 반하며 장래를 향하여도 지지하지 않는다.

72) G. Parra-Aranguren, Explanatory Report on the Convention on Protection of Children and Co-operation in Respect of Intercountry Adoption, para. 403. https://assets.hcch.net/upload/expl33e.pdf 참조. 다만 이 보고서가 관할을 직접 언급하지는 않는다.

73) 김원태(註 48), 183면은 개정안은 입양의 무효에 관하여 규정을 두지 않는 점을 비판하나

관한 사건은 친생자관계의 성립 및 해소에 관한 사건에 준하는 것으로 볼 수 있으므로 위에서 본 그에 대한 관할규칙을 준용한다. 스위스 국제사법[74]도 이런 태도를 취한다. 그 결과 ① 자녀의 상거소가 한국에 있는 경우와 ② 자녀 및 피고가 되는 부모 중 한쪽이 한국인인 경우 한국의 국제재판관할이 인정된다.[75] 후자는 국적관할인데 이에 대하여는 비판이 있다.[76]

3. 부모·자녀 간의 법률관계 등에 관한 사건의 특별관할(개정법 제60조)

개정법(제59조)의 제목은 부모·자녀 간의 법률관계에 관한 사건이라고 하므로 이는 친권과 부양의무가 규율대상이 될 것이나, 개정법은 미성년인 자녀에 대한 부양의무(양육비 포함)에도 별도의 조문을 두므로 결국 제59조는 조문이 명시하는 바와 같이, 미성년인 자녀 등에 대한 친권, 양육권 및 면접교섭권 등에 관한 사항들을 규율한다. 국제친권사건, 즉 친권자(또는 양육자)의 결정, 아동의 신상감호와 재산관리, 기타 친권의 효력 및 소멸 등의 국제재판관할을 논의하는 이유는 예컨대 부모의 양육권 박탈 기타 아동의 최대복리(the best interests. 또는 최선의 이익)를 보호하기 위한 조치를 취할 법원 기타 당국의 소속국을 결정하는 데 있다.

가. 국제사법의 해석론

국제사법은 국제친권사건의 국제재판관할에 관하여는 규정을 두지 않는다. 해석론으로는 크게 2가지 견해를 생각할 수 있다.[77]

제1설. 이는 국제사법 제2조에 따라 가사소송법의 관할규정을 참조하여 분쟁의 유형별로 아동의 주소지국 또는 상대방의 보통재판적 소재지국에 관할을 인정하는 견해이다. 가사소송법의 관련 조문(제44조 제5호, 제46조)을 참조하면, 친권에 관한 사건은 유형별로 아동의 주소지국(라류 가사비송사건) 또는 상대방의 보통재

이는 입양의 취소에 준하여 취급할 수 있을 것이다.

74) 제75조 제2항은 "입양의 취소에 대하여는 친자관계의 확인 또는 부인에 대하여 관할을 가지는 것과 동일한 법원(제66조, 제67조)이 관할을 가진다"고 규정한다.

75) 권재문(註 33), 15면은 자녀의 주소지를 원칙적인 관할근거로 하고, 이를 보충하기 위한 긴급관할로서 일정한 제한 요건 하에 부 또는 모의 본국관할을 인정하자는 견해를 취한다.

76) 김원태(註 48), 183면(상거소지가 적절하다고 주장하면서).

77) 필자는 친권에 기한 아동의 보호조치와 아동후견의 유사성에 비추어 후견에 관한 국제사법(제48조 제2항)의 관할규칙을 친권사건에도 유추적용하는 견해를 제3설로 소개하였다.

판적 소재지국(마류 가사비송사건)이 국제재판관할을 가진다.[78] 이에 따르면 국제친권사건은 분쟁의 유형이 라류와 마류 중 어디에 속하는지에 의하여 국제재판관할이 다르게 된다.

제2설. 이는 국제사법 제2조의 실질적 관련에 착안하고 아동보호협약의 취지를 참고하여 아동의 일상거소지국에 국제재판관할을 인정하는 견해이다. 저자는 국제사법의 해석론으로 이를 지지하였다. 그것이 한국이 가입한 아동탈취협약은 물론이고, 아동보호협약의 태도와도 일관되므로 국제적 정합성을 확보할 수 있다.

나. 아동보호협약의 태도(제Ⅱ장)

국제친권·후견법에 관한 일반조약인 1996년 "부모책임과 아동(또는 子)의 보호조치와 관련한 관할권, 준거법, 승인, 집행 및 협력에 관한 협약"("아동보호협약")은 보호조치에 적용되는데, 이는 부모책임의 귀속, 행사, 종료, 제한과 그의 위임에 관한 것(제3조 a호), 아동의 후견, 보호 및 이와 유사한 제도(제3조 c호), 아동의 신상 또는 재산을 관리하거나 그를 대리 또는 보좌할 개인 또는 단체의 지정과 직무(제3조 d호)와 아동의 재산에 대한 관리, 보존 또는 처분(제3조 g호)을 포함한다. 그러나 아동보호협약은 친자관계의 성립 또는 다툼(contesting)에는 적용되지 않는다(제4조 a호).

아동보호협약 제Ⅱ장은 당국이 아동의 신상 또는 재산에 대하여 보호조치를 취할 국제재판관할규칙을 두는데, 아동의 일상거소지국의 관할을 원칙으로 규정하면서(제5조), 관할의 이전(제8조), 관할의 인수(제9조),[79] 부대(附帶)관할(제10조), 신속관할(제11조)과 임시적 명령을 위한 관할(제12조)이라는 예외적 관할을 규정한다.[80] 그러나 과거 미성년자보호협약(제4조)과 달리 아동보호협약은 본국관할은 인정하지 않는다. 아동의 일상거소지국에 원칙적 관할을 인정하는 이유는 당국의 신속한 개입이 가능하고, 절차로 인한 아동의 부담을 줄이며, 증거 근접성과 아동 및 청소년 원조와의 근접성을 확보할 수 있기 때문이다.[81] 요컨대 아동의 일상거

---

78) 김원태(註 27), 231면은 마류 가사비송사건의 경우는 소송사건에 준하여 관할의 존부를 판단해도 좋지만, 공익성이 강한 라류 가사비송사건에서는 심판의 대상인 사건 유형마다 그 문제를 심리함에 가장 적절한 법원이 어디인가라는 관점에서 결정한다.

79) 관할의 이전과 인수는 법원이 다양한 요소(특히 아동의 복리)를 고려하여 재량권 행사를 할 수 있도록 허용하는 점에서 부적절한 법정지의 법리를 연상시킨다.

80) 상세는 윤진수(편), 주해친족법 제2권(2015), 1732면 이하 참조(석광현 집필부분).

81) 브뤼셀Ⅱbis에 관한 Rauscher/Rauscher(註 42), Art. 8 Rn. 6 참조.

소지국이 아동의 복리에 적합한 조치를 취하는 데 가장 적절한 지위에 있기 때문인데 이런 원칙은 국제적으로 널리 인정되고 있다.[82]

다. 개정법의 내용

이러한 점을 고려하여 개정법(제59조)은 미성년 자녀에 대한 친권, 양육권 및 면접교섭권의 행사 또는 후견에 관한 사건에 대하여는 자녀의 일상거소가 한국에 있는 경우 법원에 국제재판관할을 인정한다. 한국이 가입한 아동탈취협약도 ① 아동의 즉각적인 반환에 관하여는 아동 소재지국의 반환의무를 부과함으로써 간접적으로 국제재판관할을 규율하나(제12조), ② 본안인 양육권에 관하여는 관할규칙을 명시하지 않지만 탈취 직전 상거소지국이 관할을 가진다는 견해가 받아들여지고 있다.

이와 관련하여 개정안(제60조 단서)은 "다만 대한민국에 상거소가 있던 자녀가 불법적으로 외국으로 이동하거나 탈취를 당한 날부터 1년이 경과하여 새로운 환경에 적응한 경우에는 그러하지 아니하다"고 규정하였다. 그 경우 한국에 일상거소가 있더라도 위법한 행위로 인하여 작출된 것이라면 한국 법원의 관할을 인정하지 않는다는 취지이다. 이런 문언은 아동보호협약(제7조), 아동탈취협약(제12조) 및 후자의 이행법률(제12조 제4항 제1호)을 참작한 것이다.[83] 만일 아동이 탈취된 국가에서 아동이 새로운 일상거소를 가지게 되었다는 이유로 탈취자가 그 국가에서 본안재판을 받을 수 있도록 한다면 친권양육권 분쟁 중인 부모는 자신에게 편리하거나 유리한 재판을 받을 수 있는 국가로 아동을 탈취해갈 위험성이 커지기 때문에, 국제적 아동탈취의 예방이라는 관점을 함께 반영하여 그러한 경우 원칙적으로 종전 일상거소지국에 관할을 고정시킬 필요가 있다는 것이다.[84] 이런 사유는 탈취협약상 반환거부사유로서 의미가 있으나 반환거부사유와 동일한 사유를 직전 일상거소지국의 국제재판관할 상실사유로 삼는 것은 의문이다. 결국 위 단서는 공청회 후 삭제되었다.[85]

---

82) Jan Kropholler, Internationales Privatrecht, 6. Auflage (2006), S. 391.

83) 권재문(註 33), 31면에는 위 단서의 근거를 짐작하게 하는 설명이 있다. 그러나 권재문 교수는 공청회에 참석하여 그의 삭제를 지지하였다.

84) 현소혜, "헤이그아동탈취법상 아동반환재판과 본안재판의 관계", 비교사법 제28호 제3호 (2021), 216면.

85) 노태악, "2018년 국제사법 전부개정법률안의 주요 내용 소개", 2018. 6. 2. 개최된 2018년 제2회 한국민사소송법학회 학술대회: 국제사법 전부개정법률안에 대한 소송법적 검토, 36

아래(IX.)에서 보는 바와 같이, 개정법(제61조 제2항)은 미성년자 후견의 경우 친권에서와 같이 한국이 그의 일상거소지인 경우 법원의 국제재판관할을 인정하고, 나아가 그 자녀의 재산이 한국에 있고 그 자녀를 보호하여야 할 필요가 있는 경우에 법원에 국제재판관할을 인정한다. 따라서 미성년자 친권사건과 후견사건의 관할은 재산소재지 관할의 인정 여부에서 차이가 있다. 이는 미성년자 친권사건과 미성년자 후견사건을 동일하게 취급하는 아동보호협약과는 다르다. 저자로서는 미성년자의 경우 재산을 외국에 가지는 것은 이례적이므로 추가적 관할요건을 삭제하고 친권사건의 관할과 미성년자 후견사건의 관할을 일치시키는 방안이 바람직할 것으로 생각한다.

과거 개정안에 대한 의견조회 과정에서 법원행정처는 아래와 같은 의견을 개진하였다.

"다문화가정의 혼인이주여성(특히 베트남, 필리핀 등 동남아 출신)이 배우자의 동의 없이 아이들을 데리고 본국으로 출국하여 아이들은 베트남 등 친정에 맡겨두고 본인이 다시 입국하여 취업을 한 사례가 종종 있는데, 이 경우 한국인 남편이 아이들을 다시 데리고 오고 싶을 경우, 혼인관계가 유지될 경우에는 이혼 소송을 제기하면서 친권, 양육권 소송이 국내에서 가능하나, 혼인관계가 이미 해소된 경우에는 친권자 및 양육자 변경을 하고 싶어도 자녀의 상거소가 해외임이 밝혀진다면 국내에서는 소송이 어려울 수 있다는 것이다."

이런 지적을 고려하여 법무부는 공청회 후 개정안 제60조(개정법 제59조에 상응)를 수정하여 자녀의 일상거소 외에 "부모 중 한쪽과 자녀가 대한민국 국적을

면 참조. 김원태(註 48), 183면도 삭제를 주장하였다. 다만 위에 언급한 브뤼셀 II ter의 예외를 검토할 필요가 있다. 즉 브뤼셀 II ter(제9조)에 따르면 탈취사건의 경우 탈취 직전 일상거소지국의 관할을 가지지만, 아동이 탈취 후 다른 회원국에 일상거소를 취득하고, 또한 ① 양육권을 가지는 개인, 시설 또는 그 밖의 기관이 아동의 이동 또는 유치에 동의하거나 또는 ② 양육권자가 아동의 소재지를 알았거나 알았어야 하는 때로부터 아동이 그 국가에서 최소 1년 거주하였고, 아동이 새로운 환경에 정착하였으며 또한 제9조 b호에 열거한 5개 조건(예컨대 위 1년 동안 양육권자가 아동 소재지 회원국에 반환신청을 하지 않은 사실 또는 양육권자의 아동 반환신청이 탈취협약 제13조 제1항 b호 또는 제2항 이외의 사유로 기각되고 더 이상 통상의 불복을 할 수 없는 사실 등) 중 어느 하나가 충족되는 경우에는 직전 일상거소지국은 관할을 상실한다. 즉 브뤼셀 II ter는 삭제된 개정안(제60조 단서)보다 직전 일상거소지국의 관할상실 요건을 더 엄격하게 규정한다. 나아가 브뤼셀 II ter(제10조)는 친자관계 사건에서 일정한 요건 하에(관할권 행사가 아동의 최선의 이익이 될 것이라는 요건 포함) 관할합의도 허용한다.

가지는 경우"에도 법원이 국제재판관할을 가질 수 있도록 하였다. 다만 실무적으로 예컨대 한국 법원이 양육자 변경을 하더라도 그것이 베트남 등지에서 승인·집행될 수 있을지는 의문이다.

개정법의 태도에 대하여는 친권 관계 사건에 관하여 아동의 일상거소지국이 일차적으로 국제재판관할을 행사하도록 하되, 아동의 본국·부모의 일상거소지국 등 아동과 실질적 관련이 있는 국가는 해당 국가에서 친권 관계 재판을 진행하는 것이 아동의 최선의 이익에 부합하는 것으로 판단되는 경우에 한하여 예외적으로 국제재판관할을 행사할 수 있도록 하여야 한다는 비판이 있다.[86]

VIII. 부양에 관한 사건의 관할(개정법 제60조)

가사소송법(제2조 제1항 제2호 나목, 제46조)에 따르면 양육비 기타 부양료 청구등 부양에 관한 사건은 가사비송사건(마류사건)이고, 이는 상대방의 보통재판적이 있는 곳의 가정법원의 관할에 속한다. 이를 참작하여 국제재판관할규칙을 도출한다면 상대방 상거소지의 특별관할을 인정할 수 있을 것이다.[87] 그러나 그런 조문이 없어도 개정법 제3조와 제15조 제1항에 의하여 일반관할을 인정할 수 있다.

문제는 국제사법의 해석상 부양권리자를 보호하기 위하여 부양권리자의 일상거소지에 국제재판관할을 인정할 수 있는가이다.[88] 주지하듯이 브뤼셀 I (제5조 제2호)에 따르면 부양권리자는 자신의 주소지나 일상거소 소재지 법원에 소를 제기할 수 있고 EU부양규정(제3조)에서도 마찬가지인데, 이는 부양권리자를 두텁게 보호하기 위한 것이다. 우리 국제사법의 해석상 이런 결론을 도출할 수 있는지는 불분명하나 쉽지 않다.

개정법(제60조 제1항)은 부양권리자를 두텁게 보호하기 위하여 부양권리자의

---

86) 현소혜(註 35), 247면.

87) 김문숙, "부양사건과 성년후견사건의 국제재판관할에 관한 입법론", 국제사법연구 제19권 제2호(2013. 12.), 180면은 부양사건의 국제재판관할에 관한 개정안을 제1안과 제2안으로 구분하여 제시한다. 장준혁, "부양사건의 국제재판관할", 가족법연구 제31권 제1호(2017. 3.), 218면 이하에도 입법제안이 있다. 손경한 외(註 12), 255면 이하(장준혁 집필부분)에는 가사사건의 개정방향이 제시되어 있다.

88) 부양사건의 국제재판관할을 정함에 있어 제기되는 논점들은 장준혁(註 87), 177면 이하 참조. 위 장준혁(註 87), 222면은 '재산관계사건의 의무이행지관할'의 일종으로서 해석상 위 결론은 인정할 수 있다고 한다.

상거소지국의 특별관할을 명시한다.89) 이는 일차적으로 부양권리자에게 익숙하고
편리한 곳의 관할을 인정하기 위한 것이고, 나아가 부양권리자의 상거소지국은
권리자의 생활상태의 조사와 부양료액의 산정 등에 필요한 자료수집에도 적합하
다.90) 한편 부양의무자인 피고 상거소지국은 일반관할을 가진다고 보는데, 이를
부양사건에 전면적으로 인정하지는 않더라도 적어도 부양료청구에 관하여는 그렇
게 보아야 할 것이다.91)

나아가 개정법(제61조 제2항)은 부양사건이 재산적 성질을 가지는 점을 고려
하여 관할합의를 허용하지만, 부양권리자가 미성년자이거나 피후견인인 경우(다
만, 해당 합의에서 미성년자이거나 피후견인인 부양권리자에게 법원 외에 외국법원에도 소
를 제기할 수 있도록 한 경우는 제외)와 분쟁이 된 사안이 한국과 아무런 관련이 없
거나 근소한 관련만 있는 경우는 그에 대한 예외로써 한국 법원을 관할법원으로
합의할 수 없다. 관할합의를 허용하는 것은 당사자의 관할합의와 변론관할을 허
용하는 EU부양규정(제4조, 제5조)을 참조하면서 추상적으로 규정한 것이다.92)

개정법(제60조 제3항)은 부양에 관한 사건의 경우에도 국제재판관할합의가 허
용되고 나아가 그 경우 변론관할도 허용된다는 취지를 명시한다(다만 부양권리자가
미성년자이거나 피후견인인 경우와 한국이 사안과 아무런 관련이 없거나 근소한 관련만
있는 경우는 제외).93)

---

89) 장준혁(註 87), 204면은 그에 추가하여 부양채권자의 주소지국에도 관할을 인정할 실익이
   크지는 않지만 없지는 않다고 한다.
90) 후단은 김원태(註 48), 164면.
91) 김원태(註 48), 166면은 부양에 관한 사건은 소송사건이 아니라 상대방이 있는 가사 비송
   사건이라는 점을 지적하므로, 아마도 피고주소지의 일반관할을 부정하지 않을까 짐작된다.
92) EU부양규정은 당사자가 선택할 수 있는 법원을 ① 일방 당사자의 상거소지, ② 일방 당사
   자의 본국, ③ 부부 간(또는 부부였던 자 간)의 부양의무에 관하여는, 혼인사건에 대해 관
   할을 가지는 법원 또는 적어도 1년간 최후의 공통 상거소지국가에 한정한다.
93) 개정안은 "제2항에 따라 국제재판관할합의가 허용되는 경우에는 제9조(변론관할)의 적용
   이 배제되지 아니한다."라고 규정함으로써 그런 취지를 명시하였다. 그런데 개정법(제60조
   제3항)은 위와 같이 규정함으로써 규정방식이 달라지게 되었다. 그렇더라도 결론이 달라지
   는 것은 아니겠지만 취지가 다소 애매한 점이 있다. 당초 개정안(제13조)은 제8조(합의관
   할)와 제9조(변론관할)는 친족 사건에는 적용되지 않는다는 원칙을 밝히고 국제사법에 다
   른 규정이 있는 경우에는 허용된다는 식으로 규정하였다. 즉 제8조와 제9조는 친족과 상속
   에 관한 사건에는 원칙적으로 적용되지 않으나 당해 장에 별도의 명시적 조문이 있는 경우
   에는 적용된다는 것이었다. 그러나 개정법은 이처럼 원칙과 예외로 규정하는 대신 개별 조
   문을 명시하여 제8조와 제9조가 적용되지 않는다고 규정하는 탓에 제13조에 언급되지 않
   은 제60조(후견사건)의 경우 제8조와 제9조가 적용되므로 제60조에서 그에 대한 예외를

이처럼 부양권리자의 관할이 인정된다면, 장래에는 필리핀에 상거소를 가진 코피노와 그의 모는 한국의 부를 상대로 필리핀에서 제소할 수 있고(물론 이는 필리핀의 직접관할의 문제이다), 그 경우 필리핀에서 선고된 양육비지급 판결을 한국에서 승인 및 집행하는 데 필요한 간접관할(또는 승인관할) 요건이 구비될 것이라는 점에서 이는 실제로 중요한 의미를 가진다.[94] 2007년 아동부양협약(제20조 제1항)은 간접관할의 맥락에서 양육비 기타 부양료청구사건에서 부양권리자의 일상거소지에 국제재판관할을 인정한다.[95] 물론 간접관할이 인정되더라도 필리핀의 양육비 재판을 한국에서 집행하자면 상호보증이 존재해야 한다.

부양료변경 재판의 예를 들면서 우리 법원이 부양사건에 관하여 선행재판을 한 경우 그 변경재판에 대하여 관할을 인정할 필요성을 검토해야 한다는 견해[96]가 있다.

부양사건의 경우에도 부양권리자와 부양의무자가 모두 한국인일 때에는 국적관할을 인정하자는 견해도 있다.[97] EU부양규정(제6조)은 회원국이 다른 조문에 따라 국제재판관할을 가지지 않는 경우 보충적 관할로서 공통의 국적에 근거한 관할을 인정한다. 개정법은 부양사건의 경우 독일 FamFG와 마찬가지로 국적관할을 명시하지 않으므로 한국의 국적관할이 인정되는 것은 아니지만 매우 예외적인 경우 사안에 따라서는 제2조의 일반원칙을 통하여 양 당사자의 국적에 근거하여 한국의 국제재판관할을 인정할 여지가 전혀 없지는 않을 것이다. 다만 이를 인정하더라도 이는 준거법관할을 인정하는 것은 아니다. 그 경우 준거법은 원칙적으로 부양권리자의 일상거소지법이기 때문이다(개정법 제74조 제1항). 물론 개정법 제21조(예외조항) 또는 제73조 제4항에 따라 한국법이 준거법이 될 가능성은 있다.

규정하게 되었다.

94) 노태악(註 85), 37면도 동지. 본문에서 필자의 주안점은 간접관할의 맥락에 있다. 만일 현재 필리핀법상 직접관할이 허용되지 않더라도 우리가 간접관할을 인정한다는 점이 알려지면 필리핀도 입법 내지 판례를 통하여 태도를 변경하지 않을까 짐작된다.

95) 다만 일부 국가(특히 미국)가 국내법상 부양권리자의 상거소지만으로는 '적법절차'의 요건을 충족할 수 없다는 태도를 보임에 따라 그에 대한 유보를 허용한다(제20조 제2항).

96) 김원태(註 48), 184면.

97) 김문숙(註 87), 180면.

Ⅸ. 후견에 관한 사건의 특별관할

후견사건에 관하여 개정법은 성년자 후견과 미성년자 후견을 구분하여 규정한다. 주목할 것은 미성년자의 경우 친권의 소멸은 후견개시의 선결문제라는 점에서 미성년자 후견은 친권과 밀접하게 관련된다는 점인데 이 점을 중시하면 미성년자 후견을 친권과 함께 묶어서 규정할 수도 있으나 개정법은 별도로 규정한다.

1. 성년자 후견98)사건의 특별관할(개정법 제61조 제1항)

가. 국제사법의 해석론

인구의 고령화가 빠르게 진행됨에 따라 노인을 보호할 필요성이 커지고 장애인복지의 중요성에 대한 인식이 커짐에 따라 의사결정이 어려운 성년자 또는 장애인의 보호가 중요한 사회문제가 되었다. 이에 대처하고자 각국은 성년자보호법제를 도입하였는데 성년자의 국제적 이동이 빈번하고 성년자가 여러 국가에 재산을 보유하는 현상이 늘어남에 따라 국제사법이 중요한 의미를 가진다.99) 한국도 2013년 7월 시행된 개정 민법을 통하여 성년후견제를 도입하였다. 과거 민법은 금치산·한정치산제도를 두었으나 이는 개인의 행위능력을 일률적으로 박탈하거나 제한하는 점에서 문제가 있었기에 금치산과 한정치산을 협의의 성년후견과 한정후견제도로 대체하였고 그 밖에도 특정후견과 임의후견을 새로 도입하였다. 그리고 성년자 후견제도에 대한 공시절차로서 2013년 4월 '후견등기에 관한 법률'을 제정하였다.

국제사법상 다수설에 따르면 구 국제사법(제48조 제2항)은 국제후견사건에 관하여 국제재판관할규칙을 두고 있다. 제2항과 제1항을 묶어 보면 원칙적으로 피후견인의 본국이 국제재판관할을 가지고, 제2항이 정한 예외사유가 있는 경우에 한하여 한국이 예외적으로 국제재판관할을 가지고 한국법을 적용한다는 것이

---

98) 당초 개정안은 '성년 후견'이라는 용어를 사용하였으나 민법상 넓은 의미의 성년후견과 법정후견의 한 유형인 협의의 성년후견이 사용되므로 혼란을 피하고자 개정법에서는 '성년인 사람의 후견'으로 수정하였다. 여기에서는 '성년자 후견'이라고 쓴다.

99) 성년후견에 관한 국제적 배경은 김문숙(註 87), 181면 이하 참조. 근자에 우리나라에서도 신격호 롯데그룹 회장의 성년후견과 배우 윤정희씨의 성년후견이 사회적 관심사가 된 바 있다. 전자는 일본에서도 활동하였고 재산을 가지고 있으며, 후자는 오랜 기간 프랑스에 거주하고 있고 프랑스 법원의 후견개시 재판이 있었다고 하므로 국제적 성년후견의 문제를 제기한다.

다.[100] 다수설은 후견에 관한 재판관할과 준거법의 동조 내지 병행을 가능케 하는 장점이 있다. 그러나 소수설은 국제사법(제48조 제2항)은 국제재판관할을 정한 것은 아니라고 보면서 피후견인의 주소지관할(또는 일상거소지관할)이 원칙이라고 한다.[101] 저자는 해석론으로는 국제사법 제48조를 고려하여 본국관할을 인정하지만 그 타당성은 의문이므로 이를 가급적 제한하고 상거소지의 예외적 관할을 넓게 인정하자는 견해를 피력하였다.[102]

우리나라도 성년후견제를 도입하였으므로 후견개시의 심판에 대한 관할을 규정할 필요가 있는데, 그 경우 원칙적 관할을 피성년후견인의 본국에 부여할지 아니면 상거소지에 부여할지가 문제된다. 참고로 우리는 아직 미가입이나, 성년자 보호에 관하여는 아래(나.)에서 소개하는 성년자보호협약[103]이 있다. 성년자보호 협약이 규율하는 사항은, 아동보호협약처럼 보호조치에 관한 관할권, 준거법, 외국보호조치의 승인 및 집행과 국가 간 협력이다.

나. 성년자보호협약의 태도(제Ⅱ장)

헤이그국제사법회의의 2000년 "성년자의 국제적 보호에 관한 협약"("성년자보호협약") 제Ⅱ장(제5조-제12조)은 당국이 성년자의 신상 또는 재산에 대하여 보호 조치를 취할 국제재판관할을 위한 규칙을 둔다. 원칙적으로 성년자의 일상거소지 국이 관할을 가지나(제5조)[104] 예외가 인정된다. 첫째, 예외적으로 성년자의 본국이 관할권을 가진다(제7조). 둘째, 일상거소지국의 관청이 특정한 사항에 대해 다

---

100) 다수설은 윤종진, 개정 현대 국제사법(2003), 483면; 김용한·조명래, 국제사법(1998), 357면; 이호정, 국제사법(1983), 417면.

101) 이는 섭외사법(국제사법)의 해석론으로 피후견인의 상거소지국 관할을 인정하는데, 그 근거는 후견제도가 본래 피후견인의 보호뿐만 아니라 그와 교섭하는 일반사회의 공익과도 관계되므로 이 점을 가장 적절하게 판단할 수 있는 것은 피후견인의 상거소지국의 법원 기타 국가기관이고 그런 기관이 취하는 조치가 가장 실효성이 있기 때문이라고 한다. 서희원, 국제사법강의(1998), 322-323면. 학설은 이병화, "성년후견제도의 도입에 따른 국제후견법의 재고찰", 비교사법, 제13권 3호(통권 제34호)(2006. 9.), 119면 이하 참조.

102) 이병화(註 101), 130면은 후견사건에 대한 국제재판관할권은 원칙적으로 피후견인의 상거소지국에 있고 예외적으로 본국의 관할권을 인정할 필요가 있다고 한다.

103) 여기에서 성년자는 18세에 달한 자를 말한다. 성년자보호협약에 관하여는 최흥섭, "성년자의 국제적 보호를 위한 2000년의 헤이그협약", 인하대학교 법학연구 제4집(2001), 69면 이하; 김문숙(註 87), 183면 이하 참조.

104) 그 이유는 당국의 신속한 개입을 가능하게 하고, 절차로 인한 성년자의 부담을 줄이며, 증거 근접성을 확보할 수 있기 때문이다.

른 체약국이 성년자의 이익을 위하여 조치를 취하기에 더 적절하다고 판단하는 경우 관할의 인수요청과 관할이전을 허용한다(제8조). 셋째, 예외적으로 재산소재지 관할을 인정한다(제9조). 넷째, 긴급한 경우에는 성년자 또는 그 재산소재지 체약국이 관할을 가진다(제10조). 다섯째, 성년자 또는 그 재산 소재지 체약국은 임시적 성격의 보호조치를 취할 수 있다(제11조). 주의할 것은, 후견사건의 국제재판관할규칙을 정함에 있어서 성년자와 아동을 구별하는 점이다. 즉 성년자보호협약은 아동보호협약과 달리 일상거소지관할(제5조), 본국관할(제7조)과 재산소재지 관할(제9조)을 인정한다.105)

다. 개정법의 내용

개정법(제61조 제1항)은 ① 피후견인의 일상거소가 한국에 있는 경우, ② 피후견인이 한국인인 경우와 ③ 피후견인의 재산이 한국에 있고 피후견인을 보호하여야 할 필요가 있는 경우에는 한국의 국제재판관할을 인정한다.106) 후견사건은 상대방 없는 가사비송사건으로 형식적 당사자는 존재하지 않고 실질적 당사자에 준하는 사건본인인 피후견인이 중심에 있음을 고려하여 피후견인의 권리를 보장한다.107) 따라서 여기에서는 일반관할이 인정되기는 어려울 것이다. 이를 부연하면 아래와 같다.

① 피후견인의 일상거소지국 관할. 위에서 본 것처럼 이를 인정하는 이유는 당국의 신속한 개입을 가능하게 하고, 절차로 인한 성년자의 부담을 줄이며, 증거 근접성을 확보할 수 있기 때문이다.

② 피후견인의 국적관할. 보호를 필요로 하는 성년자와 미성년자의 상황은 차이가 있는데 성년자는 오래 전부터 생활을 영위하고 있으므로 외국에 일상거소가 있더라도 가족적 유대관계에서는 본국과의 밀접한 관련을 가진다. 이를 반영하여 국적관할을 인정한다.108) 그러나 임의후견은 피임의후견인에 의한 대리권

---

105) 성년자보호와 아동보호는 상황이 다르다.
106) 피임의후견인의 상거소가 한국에 없으나 임의후견인의 상거소가 한국에 있음을 근거로 한국 법원의 관할을 인정할지는 논란이 있으나 이는 불필요하다. 권재문(註 33), 42면; 김원태(註 27), 289면도 동지. 그러나 김문숙, "성년후견제도에 관한 국제사법상 쟁점에 관하여 —한국민법개정후의 대응—", 국제사법연구 제15권(2009), 404면은 필요하다고 본다.
107) 김원태(註 48), 173면은 이런 입법태도는 매우 타당하다고 평가한다. 김문숙(註 87), 209면은 후견사건의 국제재판관할에 관한 개정안을 제1안과 제2안으로 구분하여 제시한 바 있다.
108) Kurt Siehr, Das Haager Übereinkommen über den internationalen Schutz von

수여를 기초로 하므로 법정후견과 성질이 다르고, 임의후견감독인이 선임되어 후견계약의 효력이 발생하더라도 피임의후견인의 행위능력이 제한되는 것도 아니므로 피임의후견인의 국적에 기한 관할을 인정할 관련성이 있다고 보기 어렵다는 비판이 있다.109) 나아가 본국관할을 인정하는 데 대하여는 외국에 거주하고 있는 한국인 성년자의 후견인선임이나 보호조치에 관하여 한국법원이 조치를 취하더라도 한국 법원의 재판이 외국에서 승인되지 않으면 실익이 없다고 비판하면서 삭제하자는 견해가 있다.110)

　　③ 피후견인의 재산 소재와 보호할 필요가 있는 경우. 즉 ③의 경우 재산소재만으로는 부족하고 피후견인을 보호할 필요가 있어야 한다.

　　국제사법은 후견개시심판의 국제재판관할은 제14조에서 규율하고, 보호조치 등 그렇게 개시된 후견감독사건의 국제재판관할은 제48조에서 규율하는 방식을 취한다(다수설에 따를 경우). 그러나 개정법(제61조)은 굳이 양자를 구별할 필요가 없다고 보아111) 양자를 묶어서 규정하는데 그 과정에서 국제사법 제48조 제2호("대한민국에서 한정후견개시, 성년후견개시, 특정후견개시 및 임의후견감독인선임의 심판을 한 경우")가 예외적 관할사유에서 삭제되었다. 이에 대하여는 우리 법원이 후견개시재판을 한 경우 보호조치와 후견종료재판 등과 같은 그 후속재판(이 경우의 관할을 '원재판국의 계속관할'이라고 부르기도 한다112))을 인정할 필요가 있으므로 조문을 두자는 견해113)114)가 있다. 개정법은 원재판국의 계속관할을 규정하지 않으므

　　　Erwachsener, Rabels Zeitschrift, Band 64 (2000), S. 728-729; 櫻田嘉章, "2000年ハーグ「成年者の國際的保護に關する條約」について", ケース硏究 第264卷, 7면(최흥섭, "성년자의 국제적 보호를 위한 2000년의 헤이그협약", 국제사법의 현대적 흐름(2005), 397면에서 재인용). 김문숙(註 87), 206-207면(보호임무를 맡으려 하는 근친자 등이 통상 한국에 상거소를 가질 수 있음을 근거로)과 이병화, "민법상 성년후견제도 도입에 따른 국제사법상 한정치산·금치산선고 및 후견제도에 관한 개정방향", 제19권 제1호(2013. 6.), 623-624면(결론만 제시하면서 성년과 미성년의 구별 불요라고 한다); 권재문(註 33), 52면도 이를 지지한다.

109) 권재문(註 33), 43면; 김원태(註 27), 290면. 이 점에서 개정안은 임의후견의 특수성을 충분히 고려하지 못하였다고 비판할 수 있다.
110) 김원태(註 27), 291면; 김원태(註 48), 176면도 같다.
111) 일본에서 그렇게 규정하는 이유는 권재문(註 33), 39면 참조.
112) 장준혁(註 87), 178면.
113) 김원태(註 48), 184면.
114) 김문숙(註 87), 179면은 선행 부양결정을 한 국가에 부양권리자가 여전히 상거소를 두고 있는 경우 관할합의를 하지 않는 한 다른 국가에서는 재판을 할 수 없도록 하자고 한다.

로 변경재판을 하자면 그때를 기준으로 개정법(제61조)에 따라 후견사건의 국제재판관할이 있는지를 판단해야 한다. 따라서 제61조의 요건이 구비되지 않는 한 우리 법원이 한정후견개시, 성년후견개시, 특정후견개시 및 임의후견감독인선임의 심판을 하였다는 이유만으로 계속관할을 행사할 근거는 없다. 저자는 우리 법원이 변경재판을 하자면 후견사건만이 아니라 '외국재판의 변경' 일반에 관하여 우리나라에 국제사법 제2조에 따른 국제재판관할이 있어야 한다고 본다.115)

2. 미성년자 후견사건의 특별관할(개정법 제61조 제2항)

국제사법상 다수설에 따르면, 아동후견(이는 미성년자116)의 후견과 다르나 편의상 양자를 호환적으로 사용한다)에 관하여도 한국에 일상거소 또는 거소가 있는 외국인인 아동에 대하여는 ① 아동의 본국법에 의하면 후견개시의 원인이 있더라도 그 후견사무를 행할 자가 없거나 후견사무를 행할 자가 있더라도 후견사무를 행할 수 없는 경우 또는 ② 그 밖에 피후견인을 보호하여야 할 긴급한 필요가 있는 경우 한국법에 의하는데, 그 경우 준거법과 국제재판관할의 병행을 인정하여 한국 법원이 국제재판관할을 가진다.

아동보호협약은 위에서 본 바와 같이 미성년 친권사건과 후견사건에 대해 동일한 국제재판관할규칙을 둔다.

개정법(제61조 제2항)은 미성년인 자녀의 후견사건의 특별관할에 관하여는 ① 미성년자의 일상거소가 한국에 있는 경우와, ② 그 자녀의 재산이 대한민국에 있고 그 자녀를 보호하여야 할 필요가 있는 경우(이는 제61조 제1항 제3호의 사유와 같다) 한국의 국제재판관할을 인정한다. 이를 부연하면 아래와 같다.

① 미성년자의 일상거소가 한국에 있는 경우. 즉 부모 · 자녀 간의 법률관계 등에 관한 사건의 특별관할을 가지는 법원이 미성년자 후견사건의 국제재판관할을 가진다. 이는 미성년자의 친권과 후견을 통일적으로 규율하는 것이다. 개정법

2007년 아동부양협약(제18조)과 2008년 EU부양규정(제8조 제1항)은 이런 태도를 취한다. 그러나 장준혁(註 87), 208면은 별로 실익이 없다면서 그에 반대한다.

115) 석광현, 국제민사소송법(2012), 433면 참조.

116) 헤이그협약과 달리 개정법은 성년자와 미성년자의 개념을 사용한다. 미성년자인지는 우리 법이 아니라 개정법 제28조에 의하여 결정되는 본국법에 따라야 할 것이나 통일적 기준을 적용할 수 없다는 문제가 있다. 당초 개정안에서는 '미성년 자녀의 후견'이라는 용어를 사용하였는데 이는 개정법에서는 '미성년자의 후견'으로 수정되었으나 친자관계 조문은 그대로 두었다.

은 제61조 제1항 제3호의 사유가 있는 경우를 추가함으로써 그 범위 내에서 양자 간에 차이가 발생한다. 미성년자의 경우 성년자 후견사건의 경우와 달리 국적관할을 인정하지 않는다.

② 피후견인인 미성년자의 재산 소재와 보호할 필요가 있는 경우. 즉 이 경우 재산소재만으로는 부족하고 피후견인을 보호할 필요가 있어야 한다. 성년자는 통상 재산을 소유하므로 재산법적 측면도 중요한 의미를 가지는 데 반하여, 미성년자의 경우 통상 재산을 가지지 않으므로[117] 아동보호협약(제11조)은 긴급한 경우에만 재산소재지 관할을 인정하는데, 이는 성년자보호협약(제10조)에 상응한다. 반면에 성년자보호협약에는 나아가 재산에 대한 보호조치에 관하여 원칙적으로 재산소재지의 관할을 인정하는 조문(제9조)이 추가되어 있다. 개정법(제61조)은 아동의 경우에도 보호할 필요가 있는 경우에는 재산소재지의 특별관할을 인정하는 점에서 아동보호협약과는 차이가 있다.

③ 국적관할의 불인정. 개정법은 성년자 후견의 경우 본국관할을 인정하나 미성년자 후견의 경우 본국관할을 인정하지 않는다. 위에서 본 것처럼 성년자는 오래 전부터 생활을 영위하고 있으므로 외국에 상거소가 있더라도 통상 가족적 유대관계에서는 본국과의 밀접한 관련을 가지는 데 반하여 미성년자의 경우는 통상 그렇지 않으므로 국적관할을 제외한 것이다.[118]

④ 친권과 미성년자 후견의 체제. 국제사법은 준거법의 맥락에서 "[친권] v. [후견(성년자 후견 + 미성년자 후견)]"[1]의 체제를 취한다. 그러나 그에 대하여는 친권과 미성년자 후견의 밀접성을 고려하여 "[친권 + 미성년자 후견] v. [성년자 후견]"[2]의 체제가 바람직하다는 비판이 있다. 개정법은 이 점을 고려하여, 기술적으로 성년자 후견과 미성년자 후견을 묶어 제62조에서 함께 규정하는데, 이는 준거법의 체제를 유지하면서도 제61조 제2항에서 미성년자의 일상거소가 한국에 있

---

117) Siehr(註 108), S. 728-729; 櫻田嘉章(註 108), 7면(최흥섭(註 108), 397면에서 재인용).

118) 당초 공청회 개정안에서는 국적관할을 제외하였는데 법원행정처의 의견을 수용하여 공청회 후 부모·자녀 간의 법률관계 등에 대한 사건의 특별관할을 정한 제60조에 "부모 중 한쪽과 자녀가 대한민국 국적을 가지는 경우"가 추가됨으로써 제한적으로 국적관할이 도입되었고, 개정안 제62조 제2항(미성년자 후견사건)이 제60조를 인용하므로 이런 수정은 미성년자 후견사건의 관할에서도 국적관할을 도입하는 결과가 되었다. 그러나 그에 상응하는 개정법 제61조는 제59조를 인용하는 대신 내용을 풀어서 쓴 탓에 개정법 하에서는 결국 미성년자 후견의 경우 부모·자녀 간의 법률관계 등에 대한 사건에서와 달리 국적관할은 도입되지 않았다.

는 경우 ─이는 제59조에 따라 부모·자녀 간의 관계 등에 관한 사건에서 한국이 관할을 가지는 경우이다─ 한국의 관할을 인정함으로써 그런 체제를 다소 완화한다. 그 결과 개정법은 국제재판관할의 맥락에서는 "[친권] v. [미성년자 후견(양자의 중간)] v. [성년자 후견]"[3]이라는 체제를 따른다. 그러나 헤이그국제사법회의는 준거법과 국제재판관할의 맥락에서 아동후견과 성년자 후견의 차이를 고려하여 친권과 아동후견을 아동보호협약에서 통일적으로 연결하고, 성년자 후견은 성년자보호협약에 의하여 별도로 규율하는 점을 고려한다면 개정법은 미성년자 후견을 취급함에 있어서 일관성이 부족하다는 비판을 면하기 어렵다.[119] 이런 문제는 준거법에 관한 조문을 개정할 때 시정할 수 있을 것이다.

위의 논의를 정리하면 아래와 같다.

규 범	체 제
국제사법과 개정법의 준거법규칙	[1] 친권 v. 후견[성년자 후견＋미성년자 후견]
아동보호협약과 성년자보호협약의 관할규칙과 준거법규칙	[2] 친권＋미성년자 후견 v. 성년자 후견
개정법의 관할규칙	[3] 친권 v. 미성년자 후견 v. 성년자 후견

3. 성년자 후견사건의 준거법에 관한 조문의 수정(개정법 제76조)

위원회가 후견의 관할규칙을 신설하여 피후견인 상거소지의 관할을 인정함에 따라 국제재판관할을 함께 규정하는 것으로 이해되었던(다수설에 따를 경우) 후견의 준거법에 관한 조문(제76조)의 개정 필요성이 제기되었다. 연결점을 국적 대신 일상거소지로 대체하는 방안을 고려하였고 위원회에서 그를 지지하는 견해도

---

119) 이를 해결하는 한 가지 방법은 성년후견의 준거법도 본국법이 아니라 일상거소지법으로 변경하는 것이다. 위원회에서 이런 제안이 있었고 지지하는 견해가 있었으나, 준거법에 관한 연결원칙을 개정하는 것은 위원회의 업무범위를 넘는 것이고 또한 그러한 개정에 대해 충분한 논의가 없었던 것으로 보아 법무부는 이를 반영하지 않았다. 친권에 관해서는 아동의 상거소 또는 국적을 연결점으로 삼아 국제재판관할을 인정하고(제59조), 미성년후견에 관해서는 아동의 상거소 또는 재산을 연결점으로 삼아 국제재판관할을 인정하는 것(제61조 제2항)은 개정법의 '가족법적 사고의 빈곤'을 상징적으로 보여주는 장면이라는 비판도 있다. 위(註 20)에 언급한 현소혜 토론문, 4면. 그런 지적이 근거가 없는 것은 아니지만, 개정작업 과정에서 문제점을 몰랐던 것은 아니고 준거법의 상태와 비교하여 보면 그나마 개선된 것이라는 점을 지적해 둔다.

있었다. 그러나 법무부는 금번에는 준거법규칙은 개정하지 않는다는 원칙과, 후견의 준거법으로서 아직은 본국법주의를 지지하는 견해가 유력한 점[120]을 고려하여 원칙적으로 피후견인의 본국법주의를 유지하면서 예외적인 경우 외국인에 대하여 한국법을 적용하는 국제사법의 태도를 가급적 유지하기로 하였다. 다만 재판관할에 관한 조문(제61조)이 신설됨으로써 재판관할규칙을 포함한 제48조의 일부 수정이 불가피하였다.

결국 개정법(제75조)은 후견의 준거법에 관하여 피후견인의 본국법주의를 원칙으로 하면서, 제62조에 따라 법원이 특별관할을 가지는 경우 ① 그의 본국법에 의하면 후견개시의 원인이 있더라도 그 후견사무를 행할 사람이 없거나 후견사무를 행할 사람이 있더라도 후견사무를 행할 수 없는 때, ② 한국에서 후견개시의 심판(임의후견감독인선임 심판을 포함)을 하였거나 하는 때와 ③ 피후견인의 재산이 대한민국에 있고 피후견인을 보호하여야 할 필요가 있는 때에는 예외적으로 법정지법을 준거법으로 삼는다.

개정법 제76조의 특색은 아래와 같다.[121]

첫째, 제2항에서는 예외적 관할근거를 명시하는 대신 개정법(제61조)에 따라 한국이 국제재판관할을 가지는 것을 전제로 한다. 둘째, 성년자 후견과 미성년자 후견을 묶어서 규율하는 체제를 유지한다. 셋째, 제1호와 제3호는 국제사법 제48조 제1호와 제3호[122]를 가급적 유지하면서 조금 수정한다. 넷째, 국제사법 제48조 제2호는 "대한민국에서 한정후견개시, 성년후견개시, 특정후견개시 및 임의후견감독인선임의 <u>심판을 한 경우</u>"라고 규정하나, 개정법은 이를 "대한민국에서 후견개시의 심판(임의후견감독인선임 심판을 포함한다)을 <u>하였거나 하는 경우</u>"라고 규정한다. 물론 우리 법원의 관여 없이 준거법만이 문제되는 상황에서는 제1항이 여전히 의미가 있으나 제2호가 "대한민국에서 후견개시의 <u>심판을 하는 경우</u>"도 포함하므로 외국인에 대해 후견개시의 원인이 있는지, 또한 그 경우 우리 법원이 후견

120) 예컨대 최흥섭, "새로운 성년후견제의 도입에 따른 국제사법 규정의 개정 문제와 적용 문제", 인하대학교 법학연구 제16집 제3호(2013. 11.), 1면 이하 참조.
121) 제76조는 결국 일본 법적용통칙법 제35조와 유사하나 개정법에는 일본 법적용통칙법 제5조와 같은 조문이 없다.
122) 국제사법 제48조 제1호와 제3호는 아래와 같다.
"1. 그의 본국법에 의하면 후견개시의 원인이 있더라도 그 후견사무를 행할 자가 없거나 후견사무를 행할 자가 있더라도 후견사무를 행할 수 없는 경우 3. 그 밖에 피후견인을 보호하여야 할 긴급한 필요가 있는 경우"

개시의 재판을 해야 하는지의 준거법도 한국법이 된다. 결국 한국 법원이 개입하는 경우에는 사실상 법정지법원칙이 적용되는 결과가 되어 제1항이 상당부분 무의미하게 된다.

X. 가사조정사건의 관할(개정법 제62조)

가사조정사건의 국제재판관할을 규정할지에 관하여는 위원회에서 논의가 있었는데 적극설이 유력하여 규정하기로 결정하였다. 가사조정은 나류 및 다류 가사소송사건과 마류 가사비송사건의 제소 또는 심판청구에 앞서 거쳐야 하는 사전절차이다(가사소송법 제50조 제1항). 조정의 대상이 되는 사건에 대하여 우리 법원이 국제재판관할을 가진다면 당해 조정사건에 대해서도 법원이 관할을 가진다는 점은 이견이 없었다. 이에 따라 개정법(제62조)은 "제56조부터 제61조까지의 규정에 따라 법원에 국제재판관할이 있는 사건의 경우에는 그 조정사건에 대해서도 법원에 국제재판관할이 있다."고 규정한다.

다만 일부 위원은 당사자가 법원에 가사조정을 신청할 수 있다는 서면합의를 한 경우 법원에 국제재판관할이 있다는 취지를 명시하자고 제안하였으나 그에 대하여는 논란이 있었다.[123] 이는 한국에 거주하는 미군 또는 미국 군무원 부부가 원하는 경우 종래 실무상 한국에서 조정에 의한 이혼을 허용해 왔는데 그 근거를 명시하려는 취지라고 한다. 만일 그런 이유로 규정하자면 차라리 당사자가 서면에 의하여 공동으로 가사조정을 신청한 경우 법원에 조정에 대한 관할이 있다는 취지로 규정하는 편이 적절하지 않을까 생각된다.[124] 결국 법무부는 그 범위가 너무 확대될 우려가 있어 이를 제외하기로 하였다.

개정법이 상속사건에 관하여 가사조정사건에 관한 제63조와 유사한 조문을 두지 않은 것을 비판하는 견해가 있다.[125] 저자는 조문을 두는 것이 바람직할 것으로 생각하나 규정이 없더라도 동일한 결론을 도출할 수 있을 것으로 생각하였다. 그러나 이를 명확히 하기 위하여 개정법(제76조 제5항)에 명시적인 규정을 도

---

123) 일본의 '인사소송법등의 일부를 개정하는 법률안' 초안도 참고가 되었다. 동 초안(제3조의 13)에 따르면 일본법원은 … 당사자가 일본 법원에 가사조정의 신청을 할 수 있다는 취지의 합의를 한 때 원칙적으로 관할권을 갖는다.

124) 그 경우 준거법도 의문이다.

125) 김원태(註 48), 183면.

입하였다.

XI. 상속 및 유언에 관한 사건의 관할(개정법 제8장 제1절)

1. 상속에 관한 사건의 특별관할

민사소송법은 제22조와 제23조에서 상속·유증 등의 특별재판적을 규정한다. 즉 제22조는 상속, 유증, 그 밖에 사망으로 효력이 생기는 행위에 관한 소에 대하여는 사망 당시 피상속인의 보통재판적 소재지의 토지관할을 인정한다. 이는 상속재산이 여러 지역에 분포되어 있고 다수의 상속인, 수증자 등이 있을 수 있으므로 이들에 대하여 각각 다른 법원에 제소해야 하는 불편을 덜어주기 위한 것이다.[126] 또한 제23조는 상속채권, 그 밖의 상속재산에 대한 부담에 관한 것으로 제22조의 규정에 해당되지 아니하는 소에 대하여 상속재산의 전부 또는 일부 소재지의 특별관할을 인정한다. '상속채권'이란 상속에 의하여 상속인이 승계할 피상속인의 채무를 그 채권자의 관점에서 표현한 것이고, '상속재산에 대한 부담'이란 유산관리나 유언집행, 장례비용 등을 말한다고 한다.[127]

개정법(제76조 제1항)은 이런 토지관할규칙을 국제재판관할규칙으로 받아들이되 '주소'를 '상거소'로 대체하여 피상속인의 사망 당시 상거소가 한국에 있는 경우(피상속인의 일상거소가 어느 국가에도 없거나 이를 알 수 없고 그의 마지막 일상거소가 한국에 있었던 경우에도 같다) 또는 한국에 상속재산이 있는 경우에는(다만 그 상속재산의 가액이 현저히 낮은 경우에는 제외) 한국의 국제재판관할을 인정한다.

여기의 상속에 관한 사건에는 상속소송사건과 상속비송사건이 포함된다. 또한 우리 민사소송법과 가사소송법상으로는 상속에 관한 사건에는 가정법원이 관장하는 가사사건과 민사지방법원의 관할에 속하는 상속사건이 있다.[128]

2. 유언에 관한 사건의 특별관할

유언에 관한 사건에 대하여도 마찬가지로 개정법(제76조 제4항)은 유언자의

---

126) 호문혁, 민사소송법 제13판(2016), 172면.
127) 민일영·김능환(편집대표), 주석민사소송법 제7판(Ⅰ)(2012), 206면(김상준 집필부분).
128) 김원태(註 48), 178면은 위와 같이 분류한 뒤 구체적 사례를 열거한다.

유언 당시 상거소가 한국에 있거나 유언의 대상이 되는 재산이 한국에 있는 경우 한국의 국제재판관할을 인정한다. 민사소송법은 유증을 규정하는 데 반하여 개정법에서는 '유언에 관한 사건'으로 넓게 규정하는 데 특색이 있다. 다만 재산소재지 관할의 경우 유언 대상인 재산일 것이 요구되므로 차이는 축소된다.

3. 상속 또는 유언에 관한 사건에서 합의관할

개정법(제76조 제2항)은 상속 또는 유언에 관한 사건에 관하여 당사자의 관할합의를 허용한다. 관할합의를 허용하는 것은 상속 또는 유언에 관한 분쟁이 재산법적 성격이 강하다는 점과 국제사법(제49조 제2항)이 상속의 준거법에 관하여 당사자자치를 제한적으로 허용하는 점을 고려한 것이다. 다만 피부양자가 미성년자이거나 피성년후견인인 경우와 국제재판관할이 부여된 국가가 사안과 아무런 관련이 없거나 근소한 관련만 있는 경우에는 그러하지 아니하다.[129] 여기에서 합의를 하는 당사자의 범위의 획정이 문제되는데 특히 비송사건의 경우 그 범위에 관하여 논란이 있을 수 있다.[130] 관할합의가 허용되는 범위 내에서는 변론관할도 허용된다(제76조 제3항).[131]

참고로 EU상속규정(제5조)도 관할합의를 허용하나 이는 준거법과의 병행을 확보하고자 준거법 소속국 법원에 전속관할을 부여하는 합의를 허용하는 것이고 나아가 날짜를 기재하고 서명한 서면에 의할 것을 요구한다(전자적 수단의 서면성도 인정한다). 우리는 그런 제한 없이 관할합의를 허용하는데 그렇게 넓게 인정하

---

129) 당초 저자는 관할합의를 인정하더라도 아무런 관련이 없는 법원을 지정하는 것은 곤란하고 유럽연합에서 보는 바와 같이 후보가 될 수 있는 국가를 명시하는 것이 바람직하다는 의견을 개진하였다. 해서 일종의 타협안으로 과거 초안에서는 실질적 관련이 없으면 아니된다고 규정하였다. 그러나 실질적 관련이 있으면 그 자체로 관할이 인정되므로 이는 부당하다. 따라서 저자는 2017년 작업과정에서 실질적 관련을 더 낮은 단계의 관련으로 대체하자고 제안하였고 그 결과 현재 초안의 문언이 채택되었다. 즉 다른 요소가 없으면 실질적 관련으로 충분하나, 관할합의가 있는 경우에는 어느 정도의 관련(실질적 관련에는 미치지 못하지만 근소한 관련을 넘는 정도의 관련)이 있으면 족하다는 것이다. 결국 국제사법상 관할근거가 되는 것은 ① 사안 또는 당사자의 실질적 관련 또는 ② "관할합의 + 사안의 어느 정도의 관련"이라는 취지이다. ②에서 당사자는 언급하지 않고 사안만 언급하는지는 충분히 설명되지 않지만 아마도 일방 당사자는 한국인일 것이기에 사안의 관련성을 요구하는 것으로 생각된다.

130) EU상속규정 전문 제28항은 경우에 따라 범위가 달라질 수 있다고 한다.

131) 김원태(註 48), 181면은 합의관할은 지지하면서도 변론관할에 대하여는 부정적이다.

는 것이 타당한지는 다소 의문이다. 개정법(제76조 제3항)은 합의관할이 허용되는 범위 내에서는 변론관할도 허용됨을 명시한다. 독일에서 상속사건에 관한 국제재판관할은 토지관할규칙에 따라 결정된다(FamFG §343, §105). 즉 토지관할규정은 이중기능을 가진다.

4. 상속비송사건

개정법은 재판관할과 준거법의 병행을 따르지 않고 상속사건에 관하여는 그것이 소송인지 비송인지를 구별하지 않고 제8장에 따르도록 한다.[132] 개정법 제8장은 소송사건과 비송사건을 통합규정하는 방식을 취함으로써 원칙적으로 양자에 공통된 관할규칙을 둔다. 이를 분명히 하기 위하여 제76조는 "상속 및 유언에 관한 사건의 관할"이라고 규정하고, 비송사건의 관할을 정한 제15조 제2항 제3호는 "상속 및 유언에 관한 사건: 제76조의 관할은 해당 규정에서 정한 바에 따른다."는 취지를 명시한다. 우리 가사소송법상 상속비송사건은 상대방이 있는 가사비송사건(마류 가사비송사건)과 상대방이 없는 가사비송사건(라류 가사비송사건)으로 구분할 수 있는데 수 있는데 후자의 유형에 대하여는 제3조(일반관할)를 준용하기는 어려울 것이다.

XII. 가사사건에서 국적관할의 인정범위

위에서 본 것처럼 종래 우리 법원은 가사사건에서 국적관할을 인정하는 데 인색하였다. 위원회는 가사사건에서 국적관할을 도입할 필요성을 대체로 인정하였고, 그 경우 다양한 가사사건의 유형에서 일관성이 있어야 한다는 점에 공감하였으나 구체적인 요건에 관하여는 충분한 논의가 이루어지지 않았다. 그 결과 개정법은 혼인관계사건에서는 양당사자가 한국인인 경우 그리고 친생자관계사건(제57조)과 양친자관계의 존부확인과 파양에 관한 사건(제58조 제2항)에서도 자녀 및 피고인 부모 중 한쪽의 국적이 동일한 경우 국적관할을 인정한다.[133] 반면에 개정법은 부모·자녀 간의 법률관계 등에 관한 사건에서는 아동의 국적관할을 인정하지 않

---

132) 독일에서는 과거 상속비송사건의 경우 준거법의 병행을 인정하였으나 FamFG 제343조와 제105조는 그와 결별하였다. J. Mayer, MünchKommFamFG, 2. Auflage (2013), § 343, Rn. 28.

133) FamFG는 혼인관계사건(제98조 제1항 제1호)에서 일방 당사자의 국적관할을 인정한다.

앉으면서(제60조)[134] 성년자 후견사건에서는 피후견인의 국적관할을 인정한다(제
61조 제1항 제2호). 당초 미성년자 후견사건의 경우 당초 국적관할을 인정하지 않
았으나 공청회 후 제60조를 수정하기로 함에 따라 "부모 중 한쪽과 자녀가 대한민
국 국적을 가지는 경우"에도 국적관할을 인정하기로 하였음은 위에서 언급하였다.

　　참고로 아동보호협약은 국적관할을 인정하지 않으나 성년자보호협약은 예외
적으로 국적관할을 인정한다. 개정법은 입양의 성립과 부양사건에 대하여는 국적
관할을 인정하지 않는다.[135] 재산적 성격이 강한 부양사건에서는 이는 타당하다
고 볼 여지가 있으나 입양의 성립에 관하여는 다소 의문이다. FamFG(제101조)는
양친 또는 양자의 일방이 독일인인 경우 재판관할을 긍정한다.

　　저자는 위원회에서 적절한 범위 내에서 국적관할을 도입하는 것이 바람직한
데 그 경우 다양한 가사사건의 유형에서 일관성이 있어야 한다는 점을 강조하였
고 실제로 위원회는 이 점에 주목하였으나 충분히 논의하지는 못하였다. 독일은
우리와 비교할 때 국적관할을 널리 인정하는 점에 특색이 있다. 국적관할은 가족
관계등록부에의 등록과 관련하여 의미가 있다. 비교를 위하여 가사사건에서 국적
관할의 인정 여부를 정리하면 아래와 같다.

《가사사건에서 개정법에 따른 국적관할의 인정 여부》

		개정법	독일	헤이그 협약	EU규정
혼인		양당사자 국적 관할 인정	일방당사자 국적관할 인정	－	브뤼셀 II bis/ II ter 양당 사자 국적 관할 인정
친자	친생자	양당사자(자녀와 피고인 부(모)) 국 적관할 인정	일방당사자 국적관할 인정	－	－
	양친자관계 존부/파양	上同	아마도 上同	－	－
	입양성립	×	일방당사자	－	－

---

134) FamFG는 친자사건(제99조 제1항 제1호)에서 아동의 국적관할을 인정한다.
135) FamFG는 입양사건(제101조)에서 양친이 되려는 자의 일방 또는 양자의 국적관할을 인정
　　하나, 부양사건에서는 국적관할을 인정하지 않는다. 우리가 이처럼 넓은 국적관할을 수용
　　하지 않더라도 양자와, 양친될 사람의 일방이 한국인인 때에는 가사 상거소가 모두 외국에
　　있더라도(이례적이기는 하나) 국적관할을 인정해야 한다는 주장도 가능할 것이다.

		국적관할 인정		
친권/아동 후견136)	양당사자(자녀와 부모 일방) 국적관할 인정137)	○	×	–
부양	×	×	×	○ [보충적으로 양당사자 공통국적 관할 인정. 부양규정 제6조]
성년자 후견	○	○	○ (제7조)	
상속	×	×	–	상속규정(제10조). 유산 소재와 묶어 보충적으로 인정

XIII. 제1장(총칙)에 근거한 가사사건의 국제재판관할과 기타 관련 논점

가사사건에도 개정법 제1장 총칙에 규정된 관할규칙이 적용됨은 물론이다. 여기에서는 제1장(총칙)에 근거한 가사사건의 국제재판관할과 관련된 논점을 살펴본다. 대체로 조문 순서에 따라 우선 소송사건을 중심으로 논의하고 이어서 비송사건을 논의한다.

1. 일반관할(개정법 제3조)과 재산소재지의 특별관할(개정법 제5조)

개정법(제3조)은 총칙에서 일반관할로서 피고관할원칙을 명시하므로 이는 가사사건에도 적용된다. 이에 관하여는 위(Ⅴ.)에서 논의하였다.

가사사건 중에서도 이혼한 부부 간의 재산분할이나 부양료 청구와 같은 재산권에 관한 소에 대하여는 제5조의 요건이 구비된다면 재산소재지의 특별관할도 인정할 수 있다.

2. 관련사건의 국제재판관할(개정법 제6조)

특정한 청구 또는 피고에 대해 국제재판관할이 없더라도 다른 청구 또는 공

---

136) 편의상 여기에 적었으나 아동후견은 아래 성년자 후견과 함께 검토할 필요가 있다.

137) 이는 법원행정처의 의견을 반영하여 공청회 후 수정한 결과이다. 그러나 개정안에서는 그랬지만 개정법에서는 친권의 경우에만 그렇고 아동후견의 경우는 아니다.

동피고와의 관련성에 근거해서 관련관할이 인정되는 경우도 있다. 관련관할이 인정될 여지가 있는 경우에도 관련사건인 다른 청구 또는 다른 공동 피고에 대한 청구가 외국의 전속관할에 속하는 경우에는 그에 대한 관련관할을 허용되지 않는다(제10조 제2항).

가. 청구의 객관적 병합과 관련관할

민사소송법(제25조 제1항)은 "하나의 소로 여러 개의 청구를 하는 경우에는 제2조 내지 제24조의 규정에 따라 그 여러 개 가운데 하나의 청구에 대한 관할권이 있는 법원에 소를 제기할 수 있다"고 규정하여 청구의 객관적 병합의 경우 관련재판적을 규정한다. 이를 '객관적 병합에 따른 관련관할' 또는 '병합청구의 재판관할'이라고 부를 수 있다.

가사소송법도 토지관할의 맥락에서 이 점을 명시한다. 가사소송법 제14조는 "관련사건의 병합"이라는 제목 하에, 청구원인이 동일한 사실관계에 기초하거나 1개의 청구의 당부가 다른 청구의 당부의 전제가 되는 때에는 수개의 가사소송사건 또는 가사소송사건과 가사비송사건[138]을 1개의 소로 제기할 수 있고, 그 사건의 관할법원이 다를 때에는 가사소송사건 중 1개의 청구에 대한 관할권이 있는 가정법원에 제소할 수 있음을 명시한다.

문제는 위와 같은 원칙을 국제재판관할에도 적용 내지 유추적용할 수 있는가이다.

청구의 객관적 병합의 경우 관련재판적을 근거로 국제재판관할을 인정하는 것이 전혀 근거가 없지는 않지만, 브뤼셀 I (브뤼셀협약), 그와 유사한 예비초안 및 2001년 초안의 태도를 고려할 때, 민사소송법(제25조 제1항)을 국제재판관할에도 곧바로 적용하여 병합된 청구에 대해 국제재판관할을 인정하는 것은 주저된다. 병합되는 청구에 관한 피고의 관할이익을 부당하게 침해할 우려가 있기 때문이다. 그러나 청구의 객관적 병합 일반에 대하여가 아니라, 동일한 사실관계로부터 발생하는 불법행위와 채무불이행의 청구권경합의 경우에는 객관적 병합을 근거로 국제재판관할을 허용할 여지가 있다. 문제는 어떤 요건 하에서 이를 인정할 것인가인데 ① 청구 간에 매우 밀접한 관련이 있어서 저촉되는 판결이 선고될 중대한

---

138) 혼인관계와 관련된 마류사건, 즉 가사비송사건에는 부부의 동거·부양·협조 또는 생활비용의 부담에 관한 처분, 재산분할에 관한 처분 등이 있다(가사소송법 제2조 제1항 나호 (2)목).

위험을 피하기 위하여 함께 재판해야 할 것을 요구하는 방안도 고려할 수 있으나 이는 너무 엄격하다. 따라서 저자는 ② 소송의 목적인 권리 또는 의무가 동일한 사실상 및 법률상 원인에 기초한 때로 규정하거나, ③ (일본 개정 민사소송법(제3조의6)처럼) 단순히 청구 상호 간에 밀접한 관련이 있을 것을 요구하거나, ④ 청구 간의 밀접한 관련이 있어서 법원의 국제재판관할을 인정하는 것이 제2조 제1항이 정한 국제재판관할 결정의 대원칙에 부합할 것을 요건으로 고려할 수 있다는 견해를 피력한 바 있다.139) 우리 판례의 태도는 분명하지 않다.

개정법(제6조 제1항)은 재산법상의 사건에 관하여 위 ③을 채택하였다.140) 즉 개정법에 따르면 하나의 소로 상호 밀접한 관련이 있는 여러 개의 청구를 하는 경우 우리 법원에 그 여러 개의 청구 가운데 하나에 대하여 국제재판관할이 있는 때에는 다른 청구에 대하여도 그 청구가 계속된 법원에 소를 제기할 수 있다(제6조 제1항).

이는 제7장(친족) 제1절이 적용되는 사건의 경우에도 같다. 즉 개정법(제6조 제3항과 제4항)은 가사사건에서 예컨대 혼인관계사건, 입양관계 사건 등141) 주된

---

139) 석광현, "한국의 國際裁判管轄規則의 입법에 관하여", 국제거래법연구 제21집 제2호(2012. 12.), 172면.

140) 반면에 가사사건의 경우 특수성이 있다. 예컨대 가사소송인 이혼소송에는 가사비송인 재산분할, 친권자 및 양육자 지정, 양육비, 면접교섭권청구 등과 같은 부수적 효과에 관한 청구를 병합하여 청구하는 경우가 많고 위자료 청구가 병합되기도 한다. 따라서 이혼사건에 대하여 국제재판관할을 가지는 법원에 이러한 부수적 효과에 관한 소송에 대하여도 관할을 인정할 필요가 있다. 그러나 혼인관계 사건의 국제재판관할에 친권관계 사건의 국제재판관할을 종속시키는 개정법의 태도에 대하여는 비판이 있다. 즉 ① 아동보호협약은 아동의 상거소국에 친권관계 사건의 국제재판관할을 우선적으로 인정하였고, ② 2004년 발효된 브뤼셀 IIbis도 그런 태도를 수용하여 혼인관계 사건과 친권관계 사건의 연결성을 약화시키고, 혼인관계 사건을 관할하는 법원은 일정 요건 하에서 합의관할과 변론관할을 전제로만 친권관계 사건을 관할할 수 있도록 하였으며 ③ 2022년 8월 발효되는 브뤼셀 IIter는 더 나아가 혼인관계 사건과 친권관계 사건의 국제재판관할 결정기준을 완전히 독립시켜 혼인관계 사건에 대하여 국제재판관할을 가지는 국가이더라도, 그 국가와 실질적 관련성이 인정되는 경우에 한하여(예컨대 그 국가가 친권자 중 적어도 한 명 이상의 상거소지국이거나, 아동의 종전 상거소국이거나 아동의 본국법인 경우일 것) 해당 국가에 친권관계 사건에 대한 국제재판관할을 인정한다는 것이다. 이 견해는 부부 사이에 미성년 자녀가 있는 경우에는 국제재판관할의 일차적 판단기준이 '혼인'이 아니라 '미성년 자녀'가 될 수 있도록 관련 사건 관할의 연결점을 역전시킬 필요가 있지 않은가 싶다는 의견을 피력한다. 위 (註 20)에 언급한 현소혜 토론문, 2면.

141) 공청회 당시는 주로 문제가 되는 "이혼, 파양 등"을 명시하였으나 그 후 범위가 본문처럼 확대되었다.

청구에 대해 재판관할을 가지는 법원에 이혼효과에 관한 부수적 청구(친권자·양육
자 지정, 부양료 지급 등)에 대한 관련관할을 인정하지만, 반대의 경우 관련관할을
인정하는 것은 아니라는 취지를 명시한다.[142)143)] 위와 같은 예시는 이해할 수 있
지만 주된 청구와 부수적 청구의 경계와 범위가 항상 분명한 것은 아니다. 예컨대
이혼에 부수하는 부양료 지급이라면 문제가 없으나 '부양관계 사건'과 '부양료 지
급'이 만나는 것은 어색하다. 부양관계 사건 또는 후견에 관한 사건이 주된 청구
인 경우가 어떤 경우인지 궁금하다.

　　주의할 것은, 문언에서 보듯이 제6조 제3항은 주된 청구에 대하여 법원에 국
제재판관할이 있는 경우 부수적 청구에 대하여도 법원의 국제재판관할을 인정하
는 것이지 부수적 청구가 주된 청구와 병합될 것을 전제로 하는 것은 아니라는
점이다. 따라서 관련관할은 부수적 청구가 독립한 소로써 제기되는 경우에도 적
용된다.[144)]

　　나아가 인지청구사건에 수반하여 친권자 지정이 문제되는 경우에도 관련관
할이 인정될 수 있는지 문제된다. 개정안 또는 개정법에 관한 것은 아니지만 과거
에 아래 이유로 관련관할을 부정하는 견해가 있었음은 주목할 만하다.[145)] 인지청
구사건에서는 대체로 미성년 자녀는 모의 단독친권 하에 있어 인지에 대한 재판
만 진행하여도 자녀에 대한 보호의 공백이 발생할 우려가 없고, 둘째, 인지청구사
건에서는 부의 주소지(또는 본국)에 관할이 인정될 수 있는데 자녀는 모와 함께 살
고 있으며 부는 다른 나라에 살고 있는 것이 일반적이고, 혼인 외 출생자인 자녀
가 부의 주소지(또는 본국)과 관련성을 가지는 경우는 거의 없으므로 부의 주소지
(또는 본국)가 친권 등에 관한 사건에 대해서는 실질적 관련성이 인정되기 어렵다

---

142) 이러한 편제에 대하여는 가사사건의 경우 예컨대 이혼에서 이혼효과사건과 같은 부수사건
　　관할을 관련관할과 별도로 가사사건편에 규정하는 방법이 더 바람직하다는 견해도 있다.
　　장준혁(註 87), 206면.
143) 위와 같이 병합한다고 해서 모든 청구에 대하여 이혼의 준거법이 적용되는 것은 아니고 국
　　제사법에 따라 각각의 준거법을 판단하여야 한다. 실무상 흔히 함께 진행되는 이혼, 위자
　　료와 재산분할청구는 동일한 준거법에 의하여 규율된다고 보는 것이 판례이나(재산분할에
　　관하여는 판례가 나뉜다). 친권자·양육자지정과 면접교섭권은 원칙적으로 부모·자녀간의
　　법률관계의 준거법인 자녀의 일상거소지법에 따르고(예외적으로 부모와 자녀의 동일한 본
　　국법)(국제사법 제72조), 양육비는 부양의 준거법인 부양권리자의 일상거소지법에 따른다
　　(국제사법 제73조).
144) 장준혁 외(註 8), 130면 참조.
145) 권재문(註 33), 33면.

는 것이다. 그러나 개정법의 해석론으로서는 제57조에 따라 한국이 친생자관계에 관한 사건에 대하여 특별관할을 가지는 경우 관련관할을 인정해야 할 것이다.

나. 공동소송과 관련관할

민사소송법(제25조 제2항)은 "소송목적이 되는 권리나 의무가 여러 사람에게 공통되거나 사실상 또는 법률상 같은 원인으로 말미암아 그 여러 사람이 공동소송인으로서 당사자가 되는 경우에는 제1항의 규정을 준용한다"고 하여 공동소송의 경우 관련재판적을 인정한다. 이는 1990. 1. 13. 구 민사소송법 개정 시 통상의 공동소송의 경우 중 공동소송인 사이의 관련이 상대적으로 밀접한 구 민사소송법 제61조[146] 전문의 경우에만 관련재판적을 인정하고, 제61조 후문의 경우에는 이를 제외하여 구 민사소송법상 다수설이던 절충설을 입법화한 것이다. 따라서 예컨대 공동소송인 상호 간에 소송연대성이 강력한 필수적 공동소송의 경우 관련재판적이 인정된다. 이를 '주관적 병합에 따른 관련관할'이라고 부를 수 있다. 문제는 동 항의 원칙을 국제재판관할에도 적용 내지 유추적용하여 공동소송인 간의 '관련관할' 또는 '관련성에 근거한 관할'을 인정할 수 있는지이다.

독일에서는 원칙적으로 각 공동소송인에 대해 독립적으로 독일 민사소송법(제12조 이하)의 규정에 따라 국제재판관할이 존재해야 한다고 함으로써 공동피고인의 이익을 보호한다. 브뤼셀Ⅰ(제6조 제1호)은 "청구들이 매우 밀접하게 관련되어 있어서 별개의 소송절차로부터 저촉되는 판결이 생길 위험을 피하기 위하여 그들을 함께 심리, 재판할 필요가 있는 경우여야 "공동피고에 대한 소는 공동피고들 중 1인이 주소를 가지는 법원에 제기할 수 있다"고 규정하며, 예비초안(제14조)은 더욱 구체적 요건 하에 공동소송을 인정한다. 무엇보다도 민사소송법의 규정을 그대로 국제재판관할규칙화할 경우 끌려 들어가는 공동피고에게 매우 불리하게 되므로 이를 전혀 인정하지 말거나, 만일 인정한다면 상당히 제한적 요건 하에 인정하는 것이 타당하다. 보다 구체적으로 필자는 ① 법정지가 어느 피고의 상거소 소재지 국가의 법원일 것, ② 그 피고와 다른 피고들에 대한 청구가 매우 밀접하게 관련되어 있어서 모순된 재판이 선고될 [중대한] 위험을 피하기 위하여 함께 재판해야 할 것과 ③ 당해 국가에 상거소를 가지지 않는 각 피고에 관하여 그 국가와 그 피고에 관한 분쟁 간에 어떤 관련이 있을 것이라는 요건을 요구하거나,

---

146) 이는 민사소송법 제65조에 상응한다.

위 ②와 ③의 요건을 묶어 ④ 그 피고와 다른 피고들에 대한 청구가 매우 밀접하게 관련되어 있어서 다른 피고들에 대하여 법원의 국제재판관할을 인정하는 것이 제2조 제1항이 정한 국제재판관할 결정의 대원칙에 부합할 것을 요구할 수도 있다는 견해를 피력하였다.[147]

개정법(제6조 제2항)은 위 ①과 ②의 요건을 요구하나 '중대한'이라는 요건은 규정하지 않는다. 즉 공동피고 가운데 1인의 피고에 대하여 법원이 일반관할을 가지는 때에는 그 피고에 대한 청구와 다른 공동피고에 대한 청구 사이에 밀접한 관련이 있어서 모순된 재판의 위험을 피할 필요가 있는 경우에만 다른 공동피고에 대하여도 그 청구가 계속된 법원에 소를 제기할 수 있다. 이는 제7장(친족) 제1절이 적용되는 사건의 경우에도 마찬가지이다. 다만 관할을 발생시킬 목적으로 본래 피고로 제소할 의사가 없는 당사자를 공동피고로 하여 함께 제소하는 경우에는 관련재판적에 기한 국제재판관할을 인정할 수는 없다.[148]

3. 반소의 국제재판관할(개정법 제7조)

민사소송법(제269조 제1항)에 따르면, 피고는 소송절차를 현저히 지연시키지 아니하는 경우에 한하여 변론종결 시까지 본소가 계속된 법원에 반소를 제기할 수 있으나, 다만 소송의 목적이 된 청구가 다른 법원의 관할에 전속되지 아니하고, 본소의 청구 또는 방어의 방법과 서로 <u>관련</u>이 있어야 한다. 방어방법과 관련이 있기만 하면 되고 반소가 본소의 기초가 된 거래 또는 사건으로부터 발생한 것일 필요는 없다.

하지만 예비초안(제15조)은 "협약의 조항에 따라 어느 소에 대하여 관할을 가지는 법원은 본소의 기초가 된 거래 또는 사건으로부터 발생하는 반소에 대하여도 재판할 관할을 가진다"고 규정하고(밑줄은 저자가 추가), 브뤼셀 I (제6조 제3호)도 "본소와 동일한 계약 또는 사안에 기한 반소의 경우에 한하여 관할을 긍정한다(밑줄은 저자가 추가). 일본 개정 민사소송법(제146조 제3항)은 "일본 법원이 반소의 목적인 청구에 관하여 관할권을 가지지 않는 경우에는, 피고는 본소의 목적인

---

147) 석광현(註 139), 170면 이하 참조. 일본의 개정 민사소송법(제3조의6) 참조.
148) 토지관할의 맥락에서 대법원 2011. 9. 29.자 2011마62 결정은 관할만을 발생시킬 목적으로 본래 제소할 의사가 없는 청구를 병합한 것이 명백한 경우 이는 관할선택권의 남용으로서 신의칙에 위반하여 허용될 수 없고 이 경우 민사소송법 제25조는 적용이 배제된다고 판시하였다. 이런 법리는 국제재판관할에서도 타당하나 이는 굳이 규정하지 않아도 될 것이다.

청구 또는 방어방법과 <u>밀접한 관련이</u> 있는 청구를 목적으로 하는 경우에 한하여
제1항의 규정에 의한 반소를 제기할 수 있다. 다만 일본의 법원이 관할권 전속에
관한 규정에 의하여 반소의 목적인 청구에 관하여 관할권을 가지지 않는 때에는
그러하지 아니하다"는 취지로 규정한다(밑줄은 저자가 추가). 이는 반소의 토지관할
에 관한 조항을 기초로 하되 더 엄격하게 '밀접한' 관련이 있을 것을 요구한다.

　개정법은 민사소송법(제269조 제1항)의 토지관할규칙을 국제재판관할규칙으로
수용하면서 단순한 관련이 아니라 '밀접한' 관련의 존재를 요구함으로써 반소관할
의 요건을 다소 강화하는데 이런 태도는 결국 일본법과 유사하다. 다만 반소의 목
적인 청구가 외국법원의 전속관할에 속하는 경우에는 반소에 대한 재판관할이 인
정되지 아니한다(개정법 제10조 제2항).

4. 전속적 국제재판관할(개정법 제10조)

가. 전속관할에 관한 논의의 배경

　소송의 대상인 분쟁의 성질상 특정국가에 전속적 국제재판관할(또는 전속관
할)을 인정하는 것이 적절한 경우가 있다. 당해 분쟁과 밀접한 관련이 있는 특정
국가의 법원에 전속관할을 인정함으로써 법률관계를 획일적으로 처리할 필요가
있기 때문이다.[149) 우리 국제사법과 민사소송법은 전속적 국제재판관할을 규정하
지 않으나 브뤼셀협약(제16조), 브뤼셀 I (제22조), 예비초안(제12조)과 2001년 초안
(제12조)은 대체로 다음의 경우 전속적 국제재판관할을 인정한다.[150)

---

① 부동산에 대한 물권 또는 임대차를 목적으로 하는 소에 대해서는 부동산 소재지
② 법인의 존부, 그 기관의 결정의 유·무효 등에 관한 소에 대해서는 법인의 설립준
　거법 소속국
③ 공적 장부상의 기재의 유·무효를 목적으로 하는 소에 대해서는 공부를 관리하는
　국가
④ 지적재산권의 등록, 유효성에 관한 소에 대해서는 등록지
⑤ 재판의 집행에 관한 소에 대해서는 그 재판의 집행이 행해지거나 행해질 국가

---

149) Jürgen Basedow, "Das Prinzip der gegenseitigen Anerkennung im internationalen Wirt-
　　schaftsverkehr", in Festschrift für Dieter Martiny zum 70. Geburtstag (2014), S. 246.
150) 일본 개정 민사소송법 제3조의5 참조. 부동산 물권에 관한 소이더라도 부동산 소재지의 전
　　속관할을 인정하지 않는다(제3조의3 제11호 참조).

우리나라에도 대체로 유사한 견해가 있으나[151] 그 정확한 범위는 논자에 따라 차이가 있다. 주의할 것은 우리 민사소송법 등이 전속적 토지관할을 규정하더라도 그로부터 당연히 전속적 국제재판관할이 도출되지는 않는다는 점이다. 민사소송법 등 국내법의 재판적에 이중기능을 인정하지 않는 우리로서 이는 당연한데, 재판적에 이중기능을 인정하는 독일에서도 그렇게 해석한다. 즉 만일 독일에 국제재판관할이 있다면 그 경우 민사소송법 등 국내법에 정한 법원이 전속적 토지관할을 가진다는 것이다.[152] 한국의 전속적 국제재판관할에 속하는 사건에 대해서는 당사자들이 합의에 의하여 이를 배제할 수 없다.

나. 전속관할규칙의 위치

위원회에서는 전속관할에 관한 규정을 묶어서 총칙에 둘지 아니면 각 관련되는 장에 둘지에 관하여 논란이 있었다. 위원회에서는 이를 각 장에서 개별적으로 규정하는 방안이 유력하였으나 법무부는 후속작업 과정에서 이를 총칙(제10조)에 묶어서 규정하기로 하였다. 예컨대 개정법(제10조 제1항 제1호)이 정한 "한국의 공적 장부의 등기 또는 등록에 관한 소"는 물권만이 아니라 친족과 법인에도 관련되는 탓에 어느 장에 귀속시키는 것이 부적절하기 때문이다. 이처럼 총칙에 규정하는 김에 어느 장에 귀속시키기가 어려웠던 집행에 관한 조문도 두기로 하였다(제10조 제1항 제5호).

다. 개정법(제10조)에 포함된 가사사건의 전속관할규칙

가사사건과 관련하여 의미가 있는 개정법(제10조)의 전속관할규칙은 한국의 공적 장부의 등기 또는 등록에 관한 소에 대하여는 한국의 전속관할을 규정하는 제1호이다. 이는 위 ③을 반영한 것이나 그보다는 범위가 조금 넓다. 이는 공익성이 큰 공시제도와 밀접한 관련을 가지기 때문이다. 여기의 공적 장부는 부동산등

---

151) 이인재, "국제적 관할합의", 사법논집 제20집(1989), 641면; 한충수, "국제재판관할합의에 관한 연구", 연세대학교 대학원 박사학위논문(1997), 118-121면.

152) Reinhold Geimer, Internationales Zivilprozessrecht, 8. Auflage (2020), Rn. 873, Rn. 866; Haimo Schack, Internationales Zivilverfahrensrecht, 8. Auflage (2021), Rn. 248. 그러나 한국에서 집행을 하고자 하는 경우 재판의 집행에 관련된 소에 대하여는 한국의 전속관할을 명시하는 제5호에 대하여 오정후(註 41), 80면은 민사집행법이 관련 소송에 대해 전속관할을 규정하고 있으므로 이는 불필요하다고 지적하나 민사집행법이 규정한 것은 전속적 토지관할이고 개정법이 규정한 것은 전속적 국제재판관할이므로 이런 지적은 근거가 없다.

기부, 법인등기부와 선박등기부를 포함하고 가사사건에서 의미가 있는 가족관계
등록부도 포함한다. 따라서 가족관계등록부의 정정(성별 정정이나 생년월일 정정)을
구하는 소도 전속관할의 대상이다. 반면에 외국의 이혼판결에 대한 집행판결청구
의 소는 비록 집행판결에 기하여 등록이 이루어지더라도 등기 또는 등록에 관한
소라고 보기는 어려울 것이다.

라. 전속관할규칙의 경우 일부 조문의 적용 제외

개정법(제10조 제2항)은, 한국의 법령 또는 조약에 따른 국제재판관할의 원칙
상 외국법원의 국제재판관할에 전속하는 소에 대해서는 한국의 일반관할(제3조),
사무소ㆍ영업소 소재지 등의 특별관할(제4조), 재산소재지의 특별관할(제5조), 관련
사건의 관할(제6조), 반소관할(제7조)과 변론관할(제9조)을 적용하지 않음을 명시한
다. 이는 민사소송법 제31조가 토지관할의 맥락에서, 전속관할이 정하여진 소에는
제2조, 제7조 내지 제25조, 제29조 및 제30조의 규정을 적용하지 아니한다는 것
과 같은 취지이다.[153]

5. 합의관할과 변론관할의 배제(개정법 제13조)

가사사건에서의 합의관할과 변론관할의 특수성은 위(Ⅵ. 3.)에서 언급하였다.
여기에서는 재산적 색채가 강한 가사사건에서 합의관할과 변론관할이 가지는 의
미를 파악하기 위하여 합의관할과 변론관할의 일반적 논점을 간단히 언급한다.

민사소송법(제29조)은 당사자들이 일정한 법률관계로 말미암은 소에 관하여
관할합의를 할 수 있음을 명시하고 서면에 의할 것을 요구하는데, 국제재판관할
에 관한 합의도 허용됨은 의문이 없다.[154] 국제재판관할의 합의는 주된 계약에 포
함되거나 별도로 이루어질 수 있고, 일정한 법률관계로 말미암은 소이면 족하고

---

153) 민사소송법과 달리 개정법은 배제되는 조문을 열거하면서 총칙에 있는 조문만을 언급하고,
각 장에 규정된 특별관할을 정한 조문은 언급하지 않는데 다른 조문들도 언급하는 편이 좋
았을 것이다. 그러나 그런 조문이 없더라도 결론은 같다. 즉 국제사법의 취지에 따라 외국
법원이 전속관할을 가지는 경우 그에 반하여 한국법원이 특별관할을 가질 수는 없고, 그
밖의 대한민국의 법령 또는 조약이 전속관할을 규정하는 경우에도 그것이 특별법으로서
우선하여 국제사법의 특별관할규칙에 우선할 것이기 때문이다. 따라서 필자는 특별관할을
정한 조문을 언급하지 않았다고 해서 심각한 문제가 있다는 오정후(註 41), 81면의 지적에
는 동의하지 않는다.
154) 대법원 1992. 1. 21. 선고 91다14994 판결; 대법원 1997. 9. 9. 선고 96다20093 판결 참조.

계약에 관한 사건에 한정되는 것은 아니나 가장 전형적인 것은 국제계약의 일부로 이루어지는 경우이다.

개정법은 관할합의협약의 내용을 가급적 반영한 조문을 도입하였다. 다른 조문과 달리 이는 관할합의의 결과 한국이 국제재판관할을 가지는 경우만이 아니라 외국법원이 관할을 가지는 경우도 함께 규율하는 양면적 규정이나, 제5항은 외국 법원을 위한 전속적 관할합의만을 규율한다. 당사자는 일정한 법률관계로 말미암은 소에 관하여 국제재판관할합의를 할 수 있으나, 일정한 경우에는 그 합의는 효력이 없는데 이런 무효사유는 관할합의협약(제6조)을 도입한 것이다.[155]

한편 민사소송법 제30조는 '변론관할'이라는 제목 하에 "피고가 제1심 법원에서 관할위반이라고 항변하지 아니하고 본안에 대하여 변론하거나 변론준비기일에서 진술하면 그 법원은 관할권을 가진다"고 규정한다. 이는 피고의 복종(submission)에 기초한 관할이므로 국제재판관할에서도 변론관할을 인정할 수 있다. 그러나 전속관할에 반하는 경우에는 그러하지 아니하다. 개정법(제9조)은 변론관할을 명시한다. 즉 국제사법에 따라 법원에 국제재판관할이 없는 경우에도 피고가 국제재판관할이 없음을 주장하지 아니하고 본안에 대하여 변론하거나 변론준비기일에서 진술하면 법원에 그 사건에 대한 변론관할이 인정된다.

총칙의 규정을 가사사건에 전면 적용하는 것은 부적절하다. 특히 합의관할과 변론관할에 관한 규정은 가사사건에는 적절하지 않다는 견해가 지배적이었다. 이에 따라 개정법(제13조)은 가사사건에 관하여 "적용 제외"라는 제목 하에 "제24조, 제56조부터 제59조까지(이는 친족에 관한 제7장을 말한다), 제61조, 제62조, 제76조 제4항 및 제89조에 따라 국제재판관할이 정하여지는 사건에는 제8조 및 제9조를 적용하지 아니한다."고 규정한다. 그 밖에 관할합의가 부적절한 사건, 예컨대 실종선고 등 사건(제24조)과 선박소유자등의 책임제한사건(제90조)의 경우에도 제8조와 제9조는 배제된다.

또한 청구의 객관적 병합의 경우 관련관할을 인정함에 있어서 개정법(제6조 제3항)은 가사사건에 관하여 특칙을 두고 있다. 이는 위에서 언급하였다.

---

155) 상세는 석광현, "2018년 국제사법 전부개정법률안에 따른 국제재판관할규칙: 총칙을 중심으로", 동아대학교 국제거래와 법 제21호(2018. 4.), 80면 이하 참조.

6. 국제적 소송경합(개정법 제11조)

가. 종래의 논의

국내민사소송에서 당사자는 어느 법원에 계속 중인 사건에 대하여 다시 소를 제기하지 못한다. 민사소송법(제259조)은 중복제소금지의 원칙을 명시하여 이 문제를 해결한다. 그런데 국제적 분쟁이 증가하는 결과 동일한 소송물에 대하여 동일 당사자 간에 복수의 국가에서 소송이 제기될 가능성이 커지고 있고, 나아가 외국에서 이행소송을 제기당할 가능성이 있는 당사자가 장래 국내에서의 집행을 저지하기 위한 소송전략으로 국내에서 먼저 채무부존재확인소송을 제기함으로써 국제적 소송경합이 발생할 가능성이 점증하고 있다. 이것이 '국제적 소송경합'(*lis alibi pendens*), '국제적 중복제소' 또는 '국제적 중복소송'의 문제이다.[156] 이는 실제로 중복소송을 수행함으로써 복수의 판결을 받겠다는 것이라기보다는 상대방에게 부담을 주어 압력을 행사함으로써 타협을 강요하는 수단으로 활용되고 있다.

종래 우리나라에서는 국제적 소송경합에 관한 논의가 활발하지는 않지만 ① 국제적 소송경합을 허용하는 견해(규제소극설), ② 국제재판관할이론에 의하여 해결하는 견해, ③ 승인예측설[157]이 있고, ④ 필자는 ②와 ③을 결합한 절충설을 주장하였다.[158] 정치한 토지관할규정을 두고 있는 민사소송법(제35조)도 예외적인 경우 법원의 재량에 의한 이송을 허용하는데, 국제소송에서도 그에 상응하는 사유가 있다면 이송을 할 필요가 있으나 국제소송에서는 이송이 불가능하므로 대신

---

156) 영미에서는 더 나아가 적극적인 국제소송전략으로 상대방이 외국에서 제소하거나 소송을 수행하는 것을 선제적으로 차단하기 위한 수단으로 소송유지(留止)명령(anti-suit injunction)을 활용한다. 석광현, 국제사법과 국제소송 제5권(2012), 650면 이하 참조.

157) 대법원판결은 보이지 않고 하급심 판결은 나뉘나 승인예측설을 취한 판결들이 많은 것으로 보인다. 서울지방법원 2002. 12. 13. 선고 2000가합90940 판결은 원고피고공통형(또는 병행형)의 국제적 소송경합을 정면으로 다루면서 승인예측설을 취하여 동일한 사건에 관한 한국의 후소를 부적법 각하하였다. 평석은 석광현, 국제사법과 국제소송 제4권(2007), 169면 이하 참조.

158) ④는 대체로 예비초안(제21조)을 따른 것으로 제한적 범위 내에서 부적절한 법정지의 법리를 도입한다. 즉 ③을 원칙으로 하되, 전소가 제기된 법원이 항상 우선하는 것이 아니라, 예컨대 한국에서 전소가 제기되고 외국에서 후소가 제기되었더라도 외국이 명백히 보다 더 적절한 법정지이고 우리 법원에서 재판하는 것이 국제재판관할 배분의 이념에 비추어 현저히 부당하다는 예외적 사정이 있는 때에는 우리 법원이 소송절차를 중지할 수 있다는 것이다. 석광현(註 115), 196면 이하 참조.

소송중지를 허용하자는 것이다.

나. 개정법의 내용

위원회는 국제적 소송경합에 관한 규정을 두기로 결정하였고 개정법(제11조)은 이에 따라 규정을 둔다. 개정법(제11조)은 기본적으로 전소를 존중하는 우선주의와 승인예측설을 결합한 것이나 그에 추가하여 부적절한 법정지의 법리를 가미하였다. 즉 개정법(제1항)은 같은 당사자[159] 간에 외국법원에 계속 중인 사건과 동일한 소가 법원에 다시 제기된 경우 외국법원의 재판이 한국에서 승인될 것으로 예상되는 때에는 법원은 직권 또는 당사자의 신청에 의하여 결정으로 소송절차를 중지할 수 있도록 하는 점에서 승인예측설과 유사하나, 우리 법원에서 해당 사건을 재판하는 것이 외국법원에서 재판하는 것보다 더 적절함이 명백한 경우에는 예외를 인정하는 점에서(제1항 제2호) 승인예측설과 차이가 있다. 이는 개정법(제12조)이 정하는 부적절한 법정지의 법리와 궤를 같이 하는 것으로 법원의 유연한 처리를 가능하게 하려는 것이다.[160] 개정법(제11조 제1항 제1호)은 전속적 국제재판관할합의에 따라 우리 법원에 국제재판관할이 있는 경우에는 국제적 소송경합의 법리의 적용을 배제하나, 우리 법원에 전속적 국제재판관할이 있다면 그것이 관할합의에 기한 것이든 다른 이유에 기한 것이든 외국법원의 재판이 승인될 수 없으므로 제1항 제1호의 요건은 사실 여기에 별도로 명시할 필요는 없다.

한편 여기에서 사건의 동일성, 즉 당사자와 소송물의 동일성에 관한 종래의 논의는 여전히 타당하다. 제1항은 심판형식의 동일성을 요구하지 않으므로 이행의 소와 확인의 소가 동일한 소송물인지가 문제된다. 주지하듯이 외국에서 소가 제기되었거나 제기가 임박한 경우 피고 또는 피고가 될 자가 자국법원에 채무부존재의 확인을 구하는 소극적 확인의 소를 제기함으로써 외국소송의 진행 내지는 장래 외국에서 선고될 판결의 승인 및 집행을 차단하기 위한 소송전략으로 악용된다. 이것이 크게 문제된 것은 유럽연합에서 '어뢰소송'(torpedo litigation)으로 알

---

159) 당초 공청회안은 "<u>동일 당사자</u> 사이에 … 사건과 동일한 소가 법원에 다시 제기된 경우"라고 규정하였으나 개정안에서는 "<u>같은 당사자</u> 간에 … 사건과 동일한 소가 법원에 다시 제기된 경우에"라고 수정되었다. 동일이라는 한자 표현을 피한 것으로 보이나 뒤의 동일한 소는 왜 두었는지 모를 일이다.

160) 오정후(註 41), 84면은 국제적 소송경합에 관한 규정을 민사소송법에 도입하는 편이 훨씬 좋을 것이라고 하나 이는 국제적 소송경합과 국제재판관할의 접점에 대한 인식이 부족하기 때문이다.

려진 소극적 확인의 소의 폐해 때문이다.[161] 즉 만일 선행하는 소극적 확인의 소와 후의 이행의 소를 동일한 청구라고 본다면, 외국에서 제소당할 가능성이 있는 채무자가 소송의 진행이 매우 느린 국가에서 채권자에 앞서 소극적 확인의 소를 제기하는 경우, 가사 몇 년 후에 국제재판관할의 결여로 인하여 소가 각하되더라도 그 때까지 우리 법원이 소송절차를 중지해야 한다면 자신의 권리를 실현하기 위해 몇 년을 기다려야 하는 채권자에게 자포자기 또는 화해를 강요할 수 있게 되어 부당하다. 예비초안은 이런 폐해를 막기 위한 장치를 두고 있고, 필자는 입법론으로서 이에 따른 조문을 국제사법에 둘 것을 제안한 바 있으나[162] 개정법에 채택되지는 않았다. 따라서 앞으로 이 점은 논란의 여지가 있다.

개정법(제2항)은 우리 법원의 소송절차 중지 결정에 대하여는 즉시항고를 허용하는데, 이는 법원에 국제재판관할이 있음을 고려하고 원고의 이익을 보호하기 위한 것이다.

한편 법원은 우리 법령 또는 조약에 따른 승인 요건을 구비한 외국의 재판이 있는 경우 제1항의 소를 각하하여야 한다(제3항). 이는 민사소송법(제217조)이 정한 외국재판 승인의 법리가 아니라 제3항이 정한 국제적 소송경합의 법리에 따라 처리하라는 취지이다.[163] 외국재판 승인의 법리에 따르면 원고와 피고 중 누가 승소를 했는가에 따라 소를 각하하거나 청구를 기각할 것이나 여기에서는 소의 각하를 명시하기 때문이다. 바꾸어 말하면 이는 외국재판 승인의 법리가 아니라 국제적 소송경합의 법리가 규율하는 사항이라는 것이다. 물론 그 경우 외국재판이 승인됨으로써 기판력을 가지는지 그 효력의 내용과 범위는 여전히 외국재판 승인의 본질을 어떻게 파악할지에 따를 사항이다. 개정법이 규정하는 것은 중지한 소송절차의 처리방법으로써 소를 각하하라는 것이고(즉 국제적 소송경합을 전제로 한다) 그로 인해서 외국재판 승인의 법리가 달라지는 것은 아니다. 다만 우리 법원이 국제적 소송경합을 이유로 실제로 소송절차를 중지한 경우에만 이런 처리를 해야 하는지, 아니면 소송경합이 있는 때에는 중지결정을 하기 전에도 이런 처리를 해야 하는지는 논란의 여지가 있으나 개정법은 중지결정을 전제로 하지 않으

---

161) 이규호, "선제타격형 국제소송에 대한 연구", 민사소송 제14권 제2호(2010. 11.), 117면 이하 참조.
162) 석광현(註 5), 322면 이하 참조.
163) 이 점에 대하여 공청회에서 김인호 교수의 질문이 있었으나 저자는 본문의 취지를 재확인하였다.

므로 후자가 타당하다고 본다. 반면에 아예 국제적 소송경합이 없이 외국 전소의 확정 재판이 있은 뒤에 우리나라에서 비로소 후소가 제기된 때에는 외국재판 승인의 법리에 따라 처리하여야 하고 제11조 제3항을 적용할 것이 아니다.[164)]

법원이 국제적 소송경합을 이유로 국내의 소송절차를 중지하였음에도 불구하고 국제재판관할을 가지는 외국법원이 본안에 대한 재판을 하기 위하여 필요한 조치를 취하지 않거나, 합리적인 기간 내에 본안에 관하여 재판을 선고하지 않거나 선고하지 않을 것으로 예상되는 때에는 법원은 당사자의 신청에 따라 사건의 심리를 계속할 수 있다(제4항).[165)]

이처럼 개정법은 우선주의를 존중하므로 소송의 전후가 중요한 의미를 가지는데, 이를 판단함에 있어 개정법(제5항)은 소를 제기한 때를 표준으로 삼는다. '소를 제기한 때'는 소송계속의 시기가 아니라 각각 소가 제기된 국가의 법에 따라 소장이 법원에 제출된 때를 기준으로 삼는 것처럼 보이나 그런 취지가 명확한지는 의문이다.[166)167)]

종래 민사소송법상 법원이 소송절차를 중지할 수 있는지는 논란이 있다. 부정설은 법원으로서는 소송기일을 추후지정(또는 추정)하는 방법으로 사실상 소송

---

164) 개정안은 "법원은 대한민국 법령 또는 조약에 따른 승인 요건을 구비한 외국의 재판이 제출된 때에는 제1항의 소를 각하하여야 한다."고 규정함으로써 소송계속 중에 제출되는 것을 상정하였다. 그러나 개정법(제11조 제3항)의 문언은 마치 국제적 소송경합 없이 외국 전소의 확정 재판이 있은 뒤에 한국에서 후소가 제기된 때에도 적용되는 것처럼 오해를 초래한다. 이는 법제처를 거치는 과정에서 잘못 수정된 것이라고 본다.

165) 오정후(註 41), 83면은 민사소송법상 중지된 소송을 이어서 계속하는 경우 '사건의 심리를 계속한다'고 하지 않고 '수계'한다고 하므로 개정안(제11조)은 민사소송법 제도를 올바로 이해하지 못하고 만든 것이라고 신랄하게 비판한다. 하지만 소송절차의 중단이 아니라 중지의 경우에 수계한다는 것은 무슨 말인지 잘 이해되지 않는다. 중지의 경우는 중단과 달리 수계를 필요로 하지 않는다. 민일영·김능환(편), 주석 민사소송법(Ⅲ), 제7판(2012), 465면(유남석 집필부분) 참조.

166) 소송계속의 시기는 국가에 따라 다르다. 석광현, 국제사법과 국제소송 제4권(2007), 189면 참조.

167) 개정법은 외국법원에 전소가 계속한 경우만을 상정하고 한국에 전소가 계속한 경우를 상정하지 않는다. 필자는 우리 법원에 전소가 계속 중이더라도 외국법원이 더 적절한 법정지인 때에는 법원이 소송절차를 중지할 가능성을 열어둘 필요가 있음을 지적하였으나 채택되지 않았다. 그러나 개정법(제12조)은 부적절한 법정지의 법리를 도입하였으므로, 예외적 사정에 의한 재판관할권 불행사의 법리를 적용하는 과정에서 법원이 소송이 경합한 사실, 내국소송과 외국소송의 진행정도 등을 고려하여 한국에 전소가 계속한 경우에도 제12조에 따라 내국 소송절차를 중지할 여지가 있을 것이다.

절차를 중지한 것과 동일한 결과를 달성할 수 있다고 보았다. 개정법(제11조) 하에서는 법원이 소송절차를 중지할 수 있음은 의문의 여지가 없다.

가사소송의 경우 특히 파행적 법률관계의 방지와 가사판결의 효력 확장에 따른 제3자의 절차적 보호라는 점이 중요하며, 또한 제척기간이 정해져 있는 경우가 많으므로 내국의 후소를 각하하기보다는 소송절차를 중지하는 것이 적절하다는 의견도 있다.[168] 이와 관련하여 국제적 소송경합을 다루는 제11조는 기본적으로 재산법상의 소를 염두에 둔 것인데 그것이 가사사건에도 타당할 것이나(브뤼셀 I Recast 제29조와 Ⅱbis 제19조 및 브뤼셀 Ⅱter 제20조 참조) 다소 변용할 필요성이 있지 않을까 생각된다.

7. 예외적 사정에 의한 재판관할권의 불행사(개정법 제12조)

가. 국제사법상 특별한 사정이론의 배척과 부적절한 법정지의 법리에 관한 해석론

재산법상의 사건에 관하여 과거 대법원 판결들은 4단계 구조로 설시하였고 그 과정에서 원칙적으로 「국제재판관할규칙 = 토지관할규칙」이라고 보되, 위 공식을 따를 경우 초래될 부당한 결론을 시정하는 '개별적 조정의 도구'로서 제4단계에서 특별한 사정을 원용하였다. 그러나 국제사법 하에서 법원은 더 이상 특별한 사정이론을 사용하지 않는 것으로 보이는데, 법원은 '실질적 관련'이라는 탄력적 개념을 이용하여 토지관할규칙에 얽매이지 않고 국제재판관할의 유무를 판단할 수 있으므로 개별적 조정을 위한 도구로서 의미를 가졌던 특별한 사정이론은 불필요하다는 취지일 것이다.[169]

참고로 1999년 섭외사법의 개정작업 과정에서 구성된 섭외사법개정연구반이 2000년 6월 발표한 개정시안(제2조 제3항)은 부적절한 법정지의 법리를 명시하였으나 결국 삭제되었다. 따라서 국제사법 하에서 이 문제는 학설, 판례에 맡겨진 것으로 논란의 여지가 있으나 필자는 이것이 가능하다고 보았다.

나. 부적절한 법정지의 법리의 제한적 도입

국제사법이 국제재판관할규칙을 명시하는 경우 가급적 정치한 국제재판관할

---

168) 김원태, "가사소송의 국제적 경합", 비교사법 제16권 제3호(통권 제46호)(2009. 9.), 624면.
169) 그러나 일본의 개정 민사소송법(제3조의9)은 정치한 국제재판관할규칙을 명시하면서도 여전히 특별한 사정이론을 채택하였다.

규칙을 둠으로써 법적 안정성을 제고해야 하나 그것이 완벽할 수는 없다. 따라서 개별사건에서 국제재판관할배분의 정의를 실현하기 위한 수단으로서, 위원회는 국제사법이 정한 국제재판관할규칙에 따르면 우리 법원에 국제재판관할이 있더라도 당해 사안에서 우리 법원이 국제재판관할을 행사하는 것이 적절하지 않은 예외적인 사정(또는 특별한 사정)170)이 있는 경우 법원이 재량으로 관할권의 행사를 거부할 수 있는 영미의 부적절한 법정지(*forum non conveniens*)의 법리를 제한적으로 수용하였다. "국제재판관할권의 불행사"라는 제목을 가진 개정법(제12조)이 그것이다. 이는 민사소송법(제35조)상 토지관할의 맥락에서 법원의 재량에 의한 이송을 허용하는 것과 같은 취지이고, 준거법의 결정에서 국제사법 제8조(예외조항) 제1항처럼 개별사건에서 구체적 타당성을 보장하기 위한 것이다.171)

과거 대법원 판례의 특별한 사정이론은 국제재판관할의 유무만을 판단하는 데 반하여, 개정법의 부적절한 법정지의 법리는 국제재판관할의 유무 판단과 행사 여부 판단을 구별한다. 즉 예외적인 사정이 있는 경우 한국의 국제재판관할이 부정되는 것이 아니라 한국에 국제재판관할이 있음에도 불구하고 법원이 관할권을 행사하지 않는 것이다.

개정법(제1항)에 따라 법원이 위 법리를 적용하기 위하여는 ① 국제사법에 따라 우리 법원에 국제재판관할이 있을 것, ② 외국에 국제재판관할이 있는 대체법정지가 있을 것, ③ 모든 사정을 고려할 때 우리 법원이 국제재판관할권을 행사하기에 부적절하고 당해 외국의 법원이 분쟁을 해결하기에 더 적절할 것, ④ 그런 예외적 사정이 명백히 존재할 것, ⑤ 본안에 관한 최초 변론기일 또는 변론준비기일 이전의 피고의 신청이 있을 것(법원의 결정 시기는 아래에서 언급한다)과 ⑥ 법원이 당사자의 합의에 의하여 관할을 가지는 경우가 아닐 것이라는 요건이 모두 구비되어야 한다.

---

170) 이를 종래 사용하던 '특별한 사정'이라고 부를 수도 있으나 제12조 제1항은 '예외적인 사정'이라고 한다. 정치한 규칙을 도입하였으므로 후자가 더 적절하다고 본다.

171) 이처럼 재량의 이송을 명시하는 점은 독일 민사소송법과 다르다. 독일에서는 국제재판관할이 있으면 독일 법원은 재판을 해야 하고 재판을 거부할 수 없다. 그러나 개정법에 따르면 우리 법원은 제12조의 요건이 구비되는 경우에는 비록 우리나라에 국제재판관할이 있더라도 재판을 거부할 수 있다. 제2조는 국제재판관할의 유무만을 규정하고, 그 행사 여부는 제12조에 의하여 별도로 규율된다. 기술적으로 양자를 분리하여 규정하는 것이 바람직한지는 논란의 여지가 있다. 본문에 언급한 섭외사법개정연구반이 2000년 6월 발표한 개정시안 제2조는 양자를 동일 조문에 규정한다.

개정법은 위 ③을 판단함에 있어서 법원이 고려할 요소를 명시하지 않는다. 법원은 개별사안의 모든 사정을 고려해야 하는데 그 과정에서 미국 연방대법원이 Gulf Oil Corp., v. Gilbert 사건 판결(330 U.S. 501, 508 (1947))[172]에서 판시한 공익적 요소와 사익적 요소를 고려해야 한다. 이 경우 준거법이 한국법인지 아니면 외국법인지도 고려할 필요가 있다. 일본 민사소송법(제3조의9)은, 일본 법원이 고려할 요소로서 "사안의 성질, 응소에 의한 피고의 부담의 정도, 증거의 소재지 그 밖의 사정"을 열거한다. 이처럼 법원이 고려할 사정을 예시할 수도 있으나 큰 의미는 없다. 다만 법원이 "모든 사정을 고려하여"라는 정도의 문언은 넣는 편이 좋다고 본다.

　　논란이 있었던 것은 위 ⑥의 요건이다. 부적절한 법정지의 법리에 대한 거부감은 그로 인하여 법적 불확실성이 도입될 가능성이 커지기 때문이다. 이를 고려하여 개정법은 우리 법원이 당사자의 합의에 의하여 관할을 가지는 경우에는 당사자의 예측가능성과 법적 안정성을 제고하기 위하여 예외적 사정에 의한 재판관할권 불행사의 법리의 적용을 제한한다.[173] 이 경우 우리 법원이 당사자의 관할합의에 의하여 국제재판관할을 가지면 족하고 반드시 그것이 전속관할이어야 하는 것은 아니다. 다만 가사사건의 경우 원칙적으로 합의관할은 인정되지 않으므로 위 ⑥의 요건이 가지는 의미는 제한적이다.

다. 법원의 소송절차 운영

　　위의 요건이 구비되면 법원은 결정에 의하여 소송절차를 중지하거나 소를 각하할 수 있고, 원고는 법원의 (중지)결정에 대하여 즉시항고할 수 있다(제1항, 제3항). 법원은 소송절차를 중지하거나 소를 각하하는 결정에 앞서 피고의 신청을 다툴 수 있도록 원고에게 진술할 기회를 주어야 한다(제2항). 위의 요건이 구비되는 경우 법원으로서는 일단 소송절차를 중지하고(특히 요건의 구비 여부가 불분명하여 재량권 행사에 확신이 없거나 외국에 다시 제소할 경우 소멸시효가 완성된다는 등의 사정이 있는 경우), 외국법원에 소가 제기되고 외국법원이 실제로 관할권을 행사하는 단계에

---

172) 소개는 석광현(註 5), 115면 참조.

173) 국제사법이 준거법의 맥락에서 예외조항(제8조)을 두어 최밀접관련 원칙을 관철하면서도 당사자가 합의에 의하여 준거법을 선택하는 경우에는 예외조항의 적용을 배제하는데 이는 당사자의 예측가능성을 보장하기 위한 것이고, 개정법이 당사자의 관할합의가 있는 경우 부적절한 법정지의 법리를 배제하는 것도 마찬가지이다.

이르거나 기타 더 이상 소를 유지할 필요가 없는 경우에는 소를 각하할 수 있다. 반면에 만일 외국법원이 우리 법원의 예상과 달리 관할이 없다고 판단하거나 관할이 있더라도 관할권을 행사하지 않기로 결정하는 때에는 우리 법원은 심리를 계속하여야 한다.

예외적 사정에 의한 재판관할권 불행사의 법리는 국제재판관할규칙의 경직성을 완화하여 개별사건에서 국제재판관할 배분의 정의를 보다 충실하게 구현함으로써 구체적 타당성을 달성하려는 것인데, 법원으로서는 재량을 행사함에 있어 신중해야 한다. 잘못하면 유연성 내지 구체적 타당성의 도입이라는 미명 하에 국제재판관할규칙이 추구하는 법적 안정성이 훼손될 우려가 있기 때문이다.

부적절한 법정지의 법리에 대한 거부감의 또 다른 이유는 원고의 국적 또는 상거소지에 따른 차별 가능성이다. 법원은 내국 원고에 대해서는 위 법리를 적용하지 않으면서 외국 원고에 대해 쉽게 이를 적용하여 재판을 거부할 가능성이 크다는 것이다. 실제로 미국 법원이 그런 경향을 보였기에 예비초안(제22조 제3항)은 원고의 국적에 따른 차별을 명시적으로 금지하였다. 개정법은 이를 명시하지 않으나 법원이 그렇게 운영해서는 아니 될 것이다.

나아가 부적절한 법정지의 법리에 기하여 법원이 소를 각하하거나 중지하는 경우 조건을 붙일 필요성이 있다. 전형적인 조건은 ① 피고가 대체법정지의 재판관할권에 동의할 것, ② 피고가 시효 또는 제소기간이 경과되었다는 항변을 포기할 것, ③ 대체법정지의 판결을 이행하는 데 동의할 것과 ④ 대체법정지의 규칙에 따르면 입수할 수 없을지도 모르는 증거를 제공하는데 동의할 것 등이다. 종래 우리 민사소송법상 조건의 부과가 가능한지는 논란의 여지가 있으나, 개정법(제12조)의 취지를 충분히 살리고 법원의 유연한 처리를 위해서는 이를 전향적으로 고려함으로써 운영의 묘를 살려야 한다.

위에서는 ⑤ 본안에 관한 최초의 변론기일 또는 변론준비기일 이전의 피고의 신청이 있을 것을 언급하였는데 이와 관련하여 두 가지 논점이 문제된다.

하나는 피고의 '신청'이라고 하고 있으나 이는 피고가 신청을 하고 그에 대하여 법원이 결정하는 별도의 절차를 상정하는 것은 아니고, 법원이 직권으로 판단할 사항이 아니라는 취지일 뿐이므로 피고의 항변이 있으면 족하다고 본다. 법원에 관할은 있으나 국제재판관할권의 행사가 부적절하므로 중지 또는 각하해야 한다는 피고의 항변이 이에 해당함은 명백하나 그뿐만이 아니라 관할이 없다는 항변으로도 족하다. 또한 항변이 서면일 것을 요구하지 않으므로 구술로 가능할 것이나 변론기일이 열릴 수 없다면 구술로 항변할 기회는 없을 것이다.

　　다른 하나는 법원의 소송절차 운영이라는 관점에서 중요한 것은 법원이 "본안에 관한 최초의 변론기일 또는 변론준비기일까지" 결정을 해야 한다는 점인데 이는 절차의 안정성을 고려하여 기한을 한정하는 취지로 보이나 너무 엄격하다. 당초 저자의 의도는 예비초안(제12조 제1항)처럼 최초의 변론기일 또는 변론준비기일 이전에 신청(정확히는 항변)하여야 한다는 것이었으나 개정안에서는 "본안에 관한 최초의 변론기일 또는 <u>변론준비기일까지</u> 피고의 신청에 따라 소송절차를 결정으로 중지하거나 소를 각하할 수 있다"라고 하여 "변론준비기일까지<u>의</u>"에서 '의'가 누락되는 바람에 그 취지가 모호하게 되었고, 개정법에서는 순서가 바뀌면서 "피고의 신청에 의하여 법원은 본안에 관한 최초의 변론기일 또는 변론준비기일까지 소송절차를 결정으로 중지하거나 소를 각하할 수 있다"가 됨으로써 그때까지 법원의 결정이 있어야 한다는 취지로 달라졌다. 그러나 법원의 실무상 '본안'을 위한 변론 또는 변론준비절차 기일과, '본안 전 소송요건(관할) 심리'를 위한 변론 또는 변론준비절차 기일이 형식적으로 명확하게 구분되지 않고 있고, 더욱이 부적절한 법정지인지 여부를 제대로 판단하자면 제한적으로나마 본안 심리를 할 필요가 있으므로 법원의 결정 시점을 엄격하게 제한해야 하는지 의문이다. 요컨대 제12조 제1항의 문언은 저자의 의도와 달리 너무 엄격하게 되었는데, 문언에도 불구하고 그 기한 내에 신청이 있으면 족하다고 다소 유연하게 해석하거나, 만일 그것이 해석론을 넘는 것이 되어 허용되지 않는다면 법원으로서는 '본안 전 소송요건(관할) 심리'를 위한 변론 또는 변론준비절차를 별도로 열거나, 아니면 민사소송법 제134조 제2항에 따라 변론을 열지 아니할 경우에 해당하는 것으로 보아 심문기일을 열어 당사자·이해관계인 그 밖의 참고인을 심문할 수 있을 것이다. 다만 위의 설명은 법원이 변론기일이나 변론준비기일 또는 심문기일을 반드시 열어야 한다는 의미는 아니고 구체적인 사건에서 필요하다고 판단하면 그렇게 할 수 있다는 취지이다.

8. 보전처분의 국제재판관할(개정법 제14조)

　　종래 해석론으로는 민사집행법의 보전처분에 관한 토지관할 규정을 참조하여 국제재판관할을 도출하므로, 가압류와 가처분의 경우 모두 본안관할을 가지는 국가의 법원에 보전처분에 대한 국제재판관할을 긍정하고, 나아가 가압류의 경우

가압류 목적물 소재지에, 가처분의 경우 예외적으로 다툼의 대상이 있는 곳(계쟁물 소재지)의 국제재판관할을 긍정하는 견해가 유력하다(민사집행법 제278조 및 제303조 참조).[174] 개정법(제14조 제1항)은 이런 취지를 반영하여 "보전처분에 대해서는 법원에 본안에 관한 국제재판관할이 있는 경우 또는 보전처분의 대상이 되는 재산이 대한민국에 있는 경우 법원에 국제재판관할이 있다."는 취지로 명시한다.[175] 민사집행법 제303조는 가처분의 재판은 본안의 관할법원 또는 다툼의 대상이 있는 곳을 관할하는 지방법원이 관할한다고 규정하는데 밑줄 친 부분이 제14조 제1항 제2호에서는 "보전처분의 대상이 되는 재산이 있는 곳"이라는 취지로 수정되었다.

위원회는 이에 추가하여 긴급히 필요한 경우에는 한국에서만 효력을 가지는 보전처분을 할 수 있는 특별관할을 명시하기로 하였다(개정법 제14조 제2항). 이는 예비초안(제13조 제3항)을 참조한 것인데 그것이 어떤 경우를 상정한 것인지 분명하지 않았기에 과연 적절한지 의문이 제기되었다. 그러나 가사사건에서 예컨대 헤이그국제사법회의의 아동보호협약은 신속관할(제11조)과 당해 국가에서만 효력을 가지는 임시적 명령을 위한 관할(제12조 제1항)을 명시하고,[176] 성년자보호협약(제11조 제1항)도 성년자 또는 그 재산소재지 체약국에 당해 국가에서만 효력을 가지는 임시적 명령을 위한 관할을 인정하는 점을 고려하여[177] 규정을 두기로 하였

---

174) 석광현(註 115), 135면. 민사집행법 제278조 및 제303조(구 민사소송법 제698조, 제717조 제1항, 제721조에 상응) 참조. 그러나 오정후(註 41), 87면은 본안관할을 가지는 국가의 법원에 보전처분에 대한 재판관할을 긍정하더라도 다른 국가에서 집행할 수 있다고 보기 어려우므로 관할을 인정할 것은 아니라고 한다. 하지만 재판의 집행가능성은 관할의 유무를 판단함에 있어서 고려요소일 수는 있으나 결정적인 요소는 아니다.

175) 법무부에서의 논의과정에서 "접근금지가처분, 방해금지 가처분 같은 경우 그 대상인 사람이 한국에 있는 경우에도 법원의 관할을 인정한다면 '재산'에만 국한할 필요는 없다는 의문이 제기되었으나 조문에 반영하지는 않았다.

176) 즉 아동보호협약은 원칙적으로 아동의 상거소지국 관할을 규정하면서도 긴급한 경우에는 아동 또는 그의 재산이 소재하는 체약국이 보호조치를 취할 수 있는 관할을 인정하고(제11조)('신속관할'(Eilzuständigkeit)), 아동 또는 그 재산소재지 체약국은 아동 또는 그 재산의 보호를 위하여 당해 국가에서만 효력을 가지는 임시적 성격의 보호조치를 취할 수 있는 관할을 인정한다. 이것이 '임시적 명령을 위한 관할'이다. 상세는 석광현, "국제친권·후견법의 동향과 우리의 입법과제", 서울대학교 법학 제55권 제4호(2014. 12.), 495면 이하 참조. 성년자보호협약도 유사한 규정을 둔다.

177) 석광현(註 8), 547면 이하; 윤진수(편), 주해친족법 제2권(2015), 1782면(석광현 집필부분) 이하 참조. 예비초안은 당초 영미의 대물적 처분을 상정한 것이 아닌가라는 생각이 들고, 예컨대 특허권 침해로 인한 물건 등의 폐기를 명할 때에도 효력이 국내로 제한된 보전처분

다. 이는 달리 표현하면 '긴급한 경우의 신속관할'이라고 할 수 있는 것이고 아래 (10.)에서 말하는 통상의 긴급관할(Notzuständigkeit)과는 구별된다.

민사집행법 제21조는 동법에서 정한 모든 관할은 전속관할이라고 규정하므로 국제재판관할의 맥락에서도 위 관할이 전속관할이라는 견해도 주장될지 모르나 그렇게 볼 것은 아니다. 민사집행법의 조문은 단지 전속적 토지관할을 규정한 것이다. 따라서 당사자들이 본안에 관하여 관할합의를 하였다면 이는 보전처분을 위한 관할합의를 포함하는 것으로 볼 수도 있다. 물론 본안에 기한 관할을 근거로 보전처분에 대하여 관할을 인정할 수도 있다. 나아가 본안에 관하여 어느 국가의 법원을 위한 전속적 관할합의가 있더라도 다른 국가의 법원은 보전처분에 대해 재판관할을 가질 수 있다(물론 이 경우 다른 국가가 본안관할에 근거하여 보전처분에 관한 재판관할을 가질 수는 없을 것이다). 이는 중재법(제10조)상 중재합의가 있어 법원의 재판관할권이 배제되더라도 법원이 보전처분을 할 수 있는 것과 마찬가지다.

개정법은 가사소송법에 따른 사전처분에 대하여도 보전처분의 국제재판관할 (개정법 제14조)이 적용될 수 있는지에 대해 언급하지 않는다.[178]

9. 친족 및 상속에 관한 비송사건의 취급(개정법 제15조 제2항)

재산법상의 비송사건에 관하여 개정법은 제1장(총칙) 제2절(제2조부터 제14조)은 성질에 반하지 않는 범위 내에서 준용하는 한편, 특별관할에 관하여는 개정법에 다른 규정이 없는 경우 제2조에 따르도록 규정한다(제15조 제1항 및 제3항). 반면에 가사사건에 관하여 개정법 제7장과 제8장은 소송사건과 비송사건을 통합규정하는 방식을 취함으로써 원칙적으로 양자에 공통된 관할규칙을 둔다.[179] 즉 개정법은 그 경우 "…에 관한 소"가 아니라 "…에 관한 사건"이라는 식으로 규정함으로써 국제사법의 국제재판관할규칙이 비송사건에 대하여도 직접 적용되도록 한다. 따라서 가사비송사건의 경우에는 관련된 조문에 따르면 되는데, 개정법(제15

이 가능하지 않을까라는 생각도 드나 이는 더 검토할 사항이다.

178) 일본에서는 가사심판사건을 본안으로 하는 심판전 보전처분에 관하여 국제재판관할규정을 둘지가 논의되었으나 두지 않았다. 그 이유는 심판전 보전처분의 내용은 매우 다양하여 국제재판관할 규율을 명확히 할 만큼 사건의 성질이 명백하다고 할 수 없고, 심판전 보전처분을 신청하려면 본안 가사사건이 일본 가정법원에 계속되어 있어야 하므로 심판전 보전처분의 국제재판관할을 굳이 본안 가사사건의 국제재판관할과 달리 규율할 의의가 없음 등을 고려하였기 때문이라고 한다. 김문숙(註 87), 444-445면.

179) 상속비송사건에 관하여는 위(XIII. 4.)에서도 언급하였다.

조 제2항)은 실종선고 등에 관한 사건(제24조), 친족관계에 관한 사건(제56조부터 제61조까지), 상속 및 유언에 관한 사건(제76조)와 선박소유자 등의 책임제한에 관한 사건(제89조)을 열거하면서 이런 취지를 명시한다.[180] 그러나 가사사건이더라도 개정법 제1장(총칙) 제2절은 성질에 반하지 않는 범위 내에서 비송사건에 준용된다.

다만 제7장에 규정한 관할규칙이 주로 소송을 염두에 둔 영역(예컨대 혼인관계사건의 경우)에서는 그것이 다양한 비송사건을 규율하기에 충분한지 의문이 전혀 없지는 않다. 그러한 영역에서는 사안에 따라 비송사건절차법에 규정된 토지관할규칙을 참조하여 국제재판관할을 결정할(제15조 제3항의 접근방법) 현실적 필요가 있지 않을까 모르겠다. 문제는 그런 해석이 제12조 하에서 허용되는가, 만일 아니라면 그런 접근방법을 포기해야 하는가라는 점이다.

10. 긴급관할

국제사법에 따라 한국의 국제재판관할이 인정되지 않으면 한국은 국제재판관할이 없다. 그러나 구체적 사건에서 어떤 사정으로 외국에서도 제소할 수 없어 결과적으로 '재판의 거부(denial of justice)'가 된다면 예외적으로 한국의 국제재판관할을 인정할 필요가 있다. 이런 의미의 보충적 관할을 독일에서는 '긴급관할(Notzuständigkeit)', 미국에서는 'jurisdiction by necessity'라고 하는데, 우리도 이를 인정할 여지가 있으나 그렇더라도 이는 매우 예외적인 경우로 한정해야 한다. 위원회는 국제사법에 긴급관할을 명시하는 조문을 둘지를 검토하였으나 결국 두지 않기로 결정하였다. 예외적인 사안에서 긴급관할의 필요성은 인정할 수 있고 특히 가사사건의 경우에 그러한 필요성이 상대적으로 클 수 있으나, 강력한 지지가 없었고 긴급관할의 요건을 명확히 하는 것이 쉽지 않았기 때문이기도 하다.

따라서 섭외이혼 사건에서 이혼청구의 상대방의 일상거소가 한국에 없는 경우에는, 그가 행방불명 기타 이에 준하는 사정이 있거나 그가 적극적으로 응소하여 그 이익이 부당하게 침해될 우려가 없다고 보이는 경우이더라도 과거 대법원 1988. 4. 12. 선고 85므71 판결의 판시처럼 한국의 국제재판관할이 당연히 인정할 수는 없고 구체적 사정을 고려하여 긴급관할을 인정할 수 있는지를 판단하여야

---

180) 혼인신고를 어느 국가에 해야 하는지는 비송사건의 재판은 아니지만 이와 같은 비송사건의 국제관할도 이에 따른다. 다만 다른 법률에 비송사건의 관할 규정이 있으면 그도 적용될 것이다.

한다. 특히 그런 예외적 상황 중 일부는 개정법 제56조에 의하여 해결할 수 있다. 개정법 하에서 위 판결의 취지를 따르자면 오히려 섭외이혼 사건에서 개정법 제56조에 의하여 우리나라의 관할이 없더라도, 상대방이 행방불명 기타 이에 준하는 사정이 있거나 그가 적극적으로 응소하여 그 이익이 부당하게 침해될 우려가 없다고 보이는 경우 우리나라의 국제재판관할을 인정할 수 있는지를 문제 삼아야 할 것이다. 물론 그의 허용 여부는 개정법에 따른 국제재판관할법 전체의 취지에 비추어 검토할 사항이지만[181] 그중 일부는 개정법 제56조에 의하여 해결할 수 있고, 또한 일부는 한국과 아무런 관련이 없는 사건이 아니라면 일반원칙을 정한 제2조에 의하여 해결할 수 있을 것이다.

XIV. 국제재판관할의 조사와 판단의 표준시기

국제재판관할의 존재는 소송요건의 하나이므로 수소 법원은 국제재판관할의 유무를 직권으로 조사하여야 한다. 문제는 법원이 무엇을 기초로 판단하는가이다. 이에 관하여는 다양한 견해가 있다.[182] 위원회에서도 국제재판관할의 조사에 관

---

181) 2018년 개정된 일본의 인사소송법(인사소송의 총칙을 정한 제3조의2 제7호)은 "일본국 내에 주소가 있는 신분관계의 당사자 일방이 제기한 소송으로서 다른 당사자가 행방불명인 때, 다른 당사자의 주소가 있는 국가에서 제기된 소송과 관련된 신분관계와 동일한 신분관계에 대한 소송과 관련된 확정 판결이 일본국에서 효력이 없는 때, 그 밖의 일본 재판소가 심리 및 재판을 관할하는 것이 당사자 간의 균형을 도모하거나 적정하고 신속한 심리의 실현을 확보하게 되는 특별한 사정이 있다고 인정되는 때"에는 일본의 국제재판관할을 인정한다. 또한 2018년 개정된 일본의 가사사건수속법(특별입양의 파양에 관한 제3조의7 제5호)도 파양에 관하여 유사한 취지의 규정을 두고 있다.

182) 독일의 다수설은 ① 국적, 주소, 본거, 상거소 등처럼 관할에만 관련된 사실은 입증을 요하나, ② 관할기초이면서 동시에 청구의 기초가 되는 사실, 즉 '이중적으로 의미 있는 사실'에 대하여는 원고의 주장을 기초로 판단할 것이라고 하는데 그 주장은 '논리적으로 일관성이 있어야' 한다. Jan Kropholler, Handbuch des Internationalen Zivilverfahrensrechts Band I (1982), Kap. III, Rz. 219. 이는 법원에게 관할의 조사단계에서 본안을 심사하도록 부담을 주는 것을 피하고 실무적으로 절차의 진행을 가능하게 하기 위한 것이나 이에 의하면 원고가 관할근거를 조작할 가능성이 있어 피고의 관할이익을 해한다. 소수설은 법원은 원고가 주장하는 '사실경과'의 발생 여부 내지 '외부적 구성요건'의 존재를 직권으로 조사해야 하나 그러한 사실관계가 청구를 근거지울 수 있는지는 본안의 문제라는 식으로 구별함으로써 관할단계에서도 어느 정도 법원의 조사를 요구한다. Geimer(註 152), Rn. 1826. 그러나 소수설에 대해서는 사실경과의 발생 여부 내지 외부적 구성요건의 존재와 본안의 구별기준이 불명확하다는 비판이 가능하다. 우리나라에서는 만일 원고의 일방적인 주장만

한 조문을 둘지를 논의하였으나 종래처럼 판례에 맡기는 것이 좋다는 견해가 채택되었다.

한편 민사소송법 제33조는 법원의 관할은 소를 제기한 때를 표준으로 정한다. 즉 제소 시에 관할이 인정되면 그 후 사정변경이 있어도 관할에 영향이 없다. 이것이 '관할항정의 원칙(perpetuatio fori)'이다. 이는 국제재판관할에도 타당하나 개정법에 명문의 규정을 두지는 않았다. 다만 개정법은 경과규정(제2조)에서 "이 법 시행 당시 법원에 계속 중인 사건의 관할에 대해서는 종전의 규정에 따른다." 고 규정하는데 이는 관할항정의 원칙을 제한된 범위 내에서 명시한 것이다.

XV. 국제사법의 새로운 체제(관할규칙과 준거법규칙이라는 '양 날개' 또는 '양익(兩翼)' 체제) 도입의 의미

섭외사법은 준거법규칙만을 규정하고 예외적으로 몇 개의 조문에서 비송사건의 국제재판관할규칙을 담고 있었다. 국제사법은 과도기적 입법으로 그에 더하여 제2조에서 국제재판관할에 관한 일반원칙을 선언하고, 제27조와 제28조에서 사회·경제적 약자인 소비자와 근로자의 보호를 위한 국제재판관할규칙을 두었다. 개정법은 민사·상사는 물론 가사와 비송사건에 관한 국제재판관할규칙을 정한 34개의 조문을 도입함으로써 과도기적 입법을 청산하고 관할규칙과 준거법규칙이라는 양 날개를 가진 새로운 국제사법 체제를 도입하였다. 관할규칙과 준거법규칙이 국제사법에 명시되었으므로 앞으로는 양자를 포괄하는 법리에 더 관심을 가져야 하고, 양자의 관계와 상호작용에 대하여 더 체계적으로 접근할 필요가 있다. 이런 관점에서 두 가지 논점만 언급한다.

을 기초로 국제재판관할을 인정하면 피고에게 실질적 관련이 없는 곳에 응소를 강요할 위험이 있으므로, 불법행위의 발생 등 관할원인사실에 대하여 피고를 본안심리에 복종시켜도 좋다고 합리적으로 판단할 수 있을 정도로 원고가 일응의 증명을 하여야 한다는 견해가 유력하다. 이성호, "사이버 지적재산권 분쟁의 국제재판관할과 준거법", 국제사법연구 제8호 (2003), 257면. 위 유력설은 일본의 과거 통설·판례이나, 일본에서도 다른 견해를 취한 最高裁判所 2001. 6. 8. 제2소법정판결(울트라만 사건)도 있고 학설도 나뉜다. 渡辺惺之, "著作權等確認請求事件の國際裁判管轄を肯定した事例 ― 國際裁判管轄における管轄原因事實と本案請求の要件事實との重複, 客觀的併合による國際裁判管轄", ジュリスト No. 1223 (2002. 6. 1.), 107면 이하. 소개는 노태악, "인터넷명예훼손행위와 국제재판관할", 민사재판의 제문제 제13권(2004), 192면 이하 참조.

우리는 준거법규칙의 맥락에서 실체와 절차의 구별 그리고 예컨대 제조물책임은 불법행위책임인가 아니면 계약책임인가와 같은 성질결정과 연결점을 중요한 논점으로 다루고 있으나 관할규칙의 맥락에서는 이를 소홀히 다루었다. 성질결정과 연결점의 맥락에서 양 영역 간에 유사한 법리가 적용되지만 완전히 동일하지는 않다.

1. 성질결정

준거법규칙의 맥락에서 성질결정이라 함은 어떤 사안을 적절한 저촉규정에 포섭할 목적으로 독립한 저촉규정의 체계개념을 해석하는 것 또는 그의 사항적 적용범위를 획정하는 것이다. 그 경우 성질결정에서는 연결대상을 비교법적으로 획득된 기능개념으로 이해하는데, 한국에서는 이런 취지의 '기능적 또는 목적론적 성질결정론' 내지 '신법정지법설'이 유력하다. 국제재판관할의 맥락에서도 유사한 성질결정의 문제(즉 간단히 말하자면 국제재판관할규칙에 사용된 개념을 어느 법질서에 따라 해석할 것인가의 문제)가 있는데 여기에서도 원칙적으로 준거법규칙에서의 성질결정이론을 따르는 것이 타당하나 더 깊이 검토할 필요가 있다.

2. 연결대상과 연결점

개정법의 전속관할규칙에서는 관할규칙과 준거법규칙 간의 어느 정도 병행을 볼 수 있으나 연결대상의 범주 설정에서 관할규칙과 준거법규칙은 차이가 있다(다만 연결대상의 범주가 제한되지 않는 일반관할과 변론관할 그리고 합의관할은 특수하다). 개정법의 개별조문, 특히 특별관할규칙에서는 양자의 異同이 보인다. 여기에는 ① 연결대상과 연결점이 모두 동일한 경우, ② 연결대상은 동일하나 연결점은 다른 경우와 ③ 연결대상과 연결점이 모두 다른 경우도 있다. 이처럼 동일한 규칙에 따르는 연결대상의 범주 설정(또는 범주화)이 다른 이유는 관할규칙과 준거법규칙이 추구하는 목적이 다르기 때문인데 그에 따라 연결정책이 상이하게 된다. 예컨대 관할규칙(제56조)에서는 혼인관계에 관한 사건이 하나의 연결대상이나, 준거법규칙에서는 상응하는 연결대상이 혼인의 성립(성립요건과 방식 포함)(제63조), 혼인의 일반적 효력(제64조), 부부재산제(제65조)와 이혼(제66조)으로 세분된다.[183]

---

183) 동일한 규칙에 포섭되는 연결대상의 범주를 하나의 '다발' 또는 '단위'라고 할 수 있다. 독

협의의 국제사법에서 연결점은 특정한 법률관계 또는 연결대상을 일정한 국가 또는 법질서와 연결시켜 주는 독립적 저촉규정의 일부분을 말한다. 국적, 일상거소지, 소재지, 행위지 등은 관할규칙과 준거법규칙에서 모두 연결점으로 사용되나, 부당이득지, 혼인거행지와 가장 밀접한 관련(최밀접관련) 등은 준거법규칙에서만 사용되고 영업활동지와 경영중심지는 재판관할규칙에서만 사용된다. 연결점은 우리 국제사법의 해석의 문제이므로 우리 법에 의하여 결정할 사항인데, 주의할 것은 국제사법의 관할규칙과 준거법규칙이 동일한 연결점을 사용하더라도 그것이 반드시 동일한 의미는 아니라는 점이다.

신분관계사건에서 준거법이 자국법임을 근거로 자국의 국제재판관할을 인정하는 견해도 있다. 이를 인정한다면 '준거법 관할(forum legis)' 또는 '병행관할(Gleichlaufszuständigkeit)'을 인정하는 것이 된다. 우리나라에서도 신분관계 사건에서 준거법 관할이 너무나 당연하므로 개정법이 명기하지 않는다고 하는 견해[184]도 있다. 그러나 동의하기 어렵다. 준거법 관할을 인정한다면 관할의 결정에 앞서 준거법을 결정해야 하는 어려움이 있다. 이를 피하기 위하여는 준거법 소속국의 관할을 인정할 것이 아니라 관할규칙과 준거법규칙에 동일한 연결점을 사용해야 한다.[185]

반면에 영미처럼 자국의 국제재판관할이 있으면 법정지법인 자국법을 적용하는 견해도 있다.[186] 국제재판관할규칙을 민사소송법에 두는 것과 비교할 때 이

일에서는 준거법 맥락에서 이를 'Bündelung'(다발화)'이라고도 부른다. Klaus Schurig, Sachrecht und Kollisionsrecht: Zu Struktur, Standort und Mehtode des internationalen Privatrechts (1981) 참조. 소개는 Peter Mankowski, "Das Bündelungsmodell im Inter-nationalen Privatrecht", Ralf Michaels et al. (Hrsgs.). Liber Amicorum Klaus Schurig zum 70. Geburtstag (2012), S. 159ff. 참조.

184) 장준혁, "외래적 재판외 이혼의 실행과 수용", 가족법연구 제36권 1호(통권 제73호)(2022. 3.), 124면, 149면.

185) Schack(註 152), Rn. 267도 동지. 요컨대 개정법은 준거법 관할을 알지 못한다. 독일에서도 같다. Geimer(註 152), Rz. 1041ff.

186) 숨은 반정(hidden renvoi)은 이런 상황에서 발생한다. 즉 대법원 2006. 5. 26. 선고 2005므884 판결에서 보듯이 미국(당해 사건에서는 미주리주) 법원은 이혼사건에서 미국이 법정지인 경우 법정지법을 적용하므로 미국의 국제재판관할규칙에 따라 한국이 국제재판관할이 있는 때에는 한국법으로의 숨은 반정이 있다고 보아 우리 법원도 법정지법인 한국을 준거법으로 적용한다는 것이다. 또한 헤이그국제사법회의는 2007. 11. 23. "부양의무의 준거법에 관한 의정서(Protocol on the Law Applicable to Maintenance Obligations)"를 채택하였는데 이를 별도로 채택한 것은, 부양의무의 준거법에 관하여 대체로 법정지법을 적용

를 국제사법에 두는 때에 성질결정과 연결점에 대한 문제의식을 더욱 선명하게 인식할 수 있다. 이런 문제의식을 가진다면 관할규칙과 준거법규칙의 구조적 유사성에 착안하여 준거법규칙을 '법의 저촉(*conflit de lois*)'으로, 국제재판관할규칙을 '관할의 저촉(*conflit de juridictions*)'으로 파악하면서 양자를 묶어서 국제사법의 문제로 이해하는 프랑스 법계의 국제사법 체제[187]를 더 쉽게 이해할 수 있다. 개정법의 시행을 계기로 우리도 이런 접근방법에 더 관심을 가져야 한다.

XVI. 맺음말

지금까지 개정법에 포함된 국제재판관할규칙을 개괄적으로 소개하고 가사사건을 중심으로 부연설명하였다. 금번 국제사법 개정작업은 1999년 추진했던 섭외사법 개정작업 시 장래 과제로 미루었던 작업이다. 개정법은 정치한 국제재판관할규칙을 도입함으로써 법적 안정성을 제고하는 한편 엄격한 요건 하에 부적절한 법정지의 법리를 통하여 법원의 재량을 인정함으로써 개별사건에서 구체적 타당성을 보장하고자 한다.

개정법에 따르면 법원은 종래처럼 '사안별 분석'을 거쳐 원하는 결론을 내릴 수 없고, 우선 국제사법이 정한 국제재판관할규칙을 적용하여 관할의 유무를 판단하고, 나아가 관할이 있는 때에도 당해 사안에서 관할권을 행사하는 것이 부당한 예외적 사정이 있는 경우에는 재판관할권을 행사하지 않음으로써 국제재판관할 배분의 이념을 충실하게 구현해야 한다. 이례적이기는 하겠지만, 관할규칙에 따라 한국의 국제재판관할이 없는 사건에서도 법원은 국제사법 제2조에 상응하는 일반원칙에 따라 실질적 관련을 근거로 국제재판관할을 인정할 여지가 없는 것은 아니지만 이는 매우 신중하게 인정하여야 한다. 가사 개정법의 국제재판관할규칙에 다소 미흡한 점이 있더라도 그로 인한 폐해는 부분적으로나마 법원의 실제 운용과정에서 완화될 수 있을 것이다.

가사사건을 보면, (대법원 2019. 6. 13. 선고 2016다33752 판결이 나오기 전까지는) 대법원이 국제재판관할규칙의 정립에 별로 관심이 없다는 인상을 받는다. 대법원

하는 영미법계 국가들이 준거법에 관한 통일규칙을 아동양육협약에 포함시키는 것을 원하지 않았기 때문이다.

187) Abbo Junker, Internationales Privatrecht, 3. Auflage (2019), §1, Rn. 25.

으로서는 과거 1975년 판결의 태도를 폐기하고 국제사법 제2조 하에서 정치한 국제재판관할을 정립하였어야 함에도 불구하고 이를 소홀히 하였다는 것이다. 그것이 사실 국제사법에 정치한 국제재판관할규칙을 두게 된 동기의 하나가 되었다. 개정법은 가사사건을 혼인관계사건, 친생자관계에 관한 사건, 양친자관계에 관한 사건, 부모·자녀 간의 법률관계 등에 관한 사건, 부양사건, 후견사건, 가사조정사건과 상속 및 유언사건으로 구분하여 정치한 국제재판관할규칙을 도입함으로써 가사사건에서 법적 안정성을 도모하는 것으로 국제가사사건에서 법원과 당사자의 예측가능성을 크게 제고할 수 있을 것이다. 주의할 것은, 가사사건의 국제재판관할규칙을 논의함에 있어서는 제7장(친족)과 제8장(상속)이 정한 국제재판관할규칙(주로 특별관할규칙)만이 아니라 제1장(총칙)의 국제재판관할규칙을 함께 고려해야 한다는 점이다. 친족·상속법 전문가가 아닌 저자로서는 가사사건의 국제재판관할규칙을 더 깊이 논의하는 데는 한계가 있으므로, 친족·상속법 전문가들께서 개정법을 기초로 더 깊이 있는 연구와 논의를 해주실 것을 부탁드린다.[188]

　　마지막으로 국제재판관할규칙은 시대와 상황의 변화에 따라 변화하므로 장래 국제재판관할규칙을 재점검할 필요가 있고 이를 위해서는 국제재판관할에 관한 국제규범의 추이를 예의주시함으로써 국제적 정합성을 확보하기 위해 꾸준히 노력해야 한다는 점을 지적해 둔다.

---

188) 저자도 일본의 개정 인사소송법과 가사사건수속법, 독일의 FamFG, 여러 헤이그협약 및 유럽연합 규정에 포함된 국제재판관할규칙에 대해 더 연구할 생각이다.

개정 국제사법에 따른 해사사건의 국제재판관할규칙

제3편 개정 국제사법에 따른 해사사건의 국제재판관할규칙

Ⅰ. 머리말

국제재판관할(권)이라 함은 국제민사사건에서 제기되는 법적 쟁송에 대하여 어느 국가의 법원이 재판할 권한을 가지는가, 또는 재판임무를 어느 국가(또는 주)에 배당할 것인가의 문제이다. 국제사법 제2조가 규율하는 국제재판관할(권)은 국제법에서 말하는 국가관할권 중 재판관할권의 문제이므로 '국제재판관할' 또는 '재판관할'이라 한다.

국제사법을 개정하여 정치한 국제재판관할규칙을 두고자 법무부는 2014년 6월 1년 예정으로 국제사법개정위원회("위원회")를 구성하였고, 위원회는 임기 연장 후 2015. 12. 31.까지 국제사법의 개정초안을 성안하기 위한 작업을 진행하였다. 그러나 유감스럽게도 위원회는 개정안을 채택하지 못하였다. 2017년에 이르러 법무부는 일부 위원들의 도움으로 정치한 국제재판관할규칙을 담은 '국제사법 전부개정법률안'을 성안하여 2018. 1. 19. 입법예고하였고(법무부공고 제2018-17호) 2018. 2. 27. 공청회를 개최하였다("개정안").[1] 법무부는 공청회 결과를 반영하여 개정안을 확정한 뒤 2018. 11. 23. 국회에 제출하였다(의안번호 제16788호)("국회 제출 개정안"). 국회 법제사법위원회 전문위원의 검토보고서가 작성되었고 국제사법

---

* 이 글은 당초 석광현, "2018년 국제사법 전부개정법률안에 따른 해사사건의 국제재판관할규칙", 한국해법학회지 제40권 제2호(2018. 11.), 7-91면에 수록한 논문을 수정·보완한 것이다.

** 개정 국제사법에 따른 국제재판관할규칙 전반은 제1편, 가사사건은 제2편 참조.

*** 각주 번호는 편별로 그리고 동일한 편에서는 장별로 붙인 것이다.

1) 저자는 2018. 2. 27. 개최된 국제사법전부개정법률안 공청회에서 개정안을 소개하는 기회를 가졌다. 발표문은 국제사법 전부개정법률안 공청회 자료집, 15면 이하 참조. 이하 이를 "공청회 자료집"이라 한다. 저자의 발표자료는 석광현, 국제사법과 국제소송 제6권(2019), 439면 이하에 전재되었다.

학회는 검토보고서에 대하여 학회의 의견을 담은 의견서를 2019. 5. 22. 전문위원에게 제출한 바 있으나 20대 국회의 임기종료와 함께 개정안은 폐기되었다. 동일한 내용의 개정법률안은 2020. 8. 7. 21대 국회에 다시 제출되었다(의안번호 2102818). 국제사법 전부개정법률안은 2021. 12. 9. 국회 본회의를 통과하여 2022. 1. 4. 법률 제18670호로 관보(제20161호)에 공포되었고 2022. 7. 5. 발효된다. 이로써 한국 국제사법은 국제재판관할규칙과 준거법규칙이라는 양 날개를 구비하게 되었고("개정법" 또는 "개정 국제사법") 이는 한국 국제사법의 역사에서 중차대한 발전의 계기가 될 것이다.

여기에서는 개정법에 포함된 국제재판관할규칙을 개괄적으로 소개하고 해사사건을 중심으로 부연설명한다.[2] 구체적인 논의 순서는 첫째, 국제재판관할규칙의 입법적 해결의 필요성, 정립의 지침과 편제(Ⅱ.), 둘째, 국제재판관할에 관한 일반원칙(Ⅲ.), 셋째, 일반관할(Ⅳ.), 넷째, 해사소송사건의 특별관할(Ⅴ.), 다섯째, 선박 관련 물권에 관한 소(Ⅵ.), 여섯째, 선박 관련 계약 기타 채권에 관한 소(Ⅶ.), 일곱째, 제1장(총칙)에 근거한 해사소송사건의 국제재판관할(Ⅷ.), 여덟째, 보전처분의 국제재판관할(Ⅸ.), 아홉째, 해사비송사건의 국제재판관할(Ⅹ.), 열째, 국제사법의 새로운 체제(관할규칙과 준거법규칙이라는 양 날개 체제) 도입의 의미(Ⅺ.)와 열한째, 국제재판관할규칙의 정비가 가지는 의미 기타 관련문제(Ⅻ.)이다. 저자는 2018. 2. 27. 법무부가 개최한 국제사법 전부개정법률안 공청회에서 조문 순서에 따라 개정안의 국제재판관할규칙을 개관하는 발표를 하였는데,[3] 여기에서는 해사

---

2) 국제사법에 정치한 국제재판관할규칙을 둘 필요성과 개정방향은 석광현, "중간시안을 중심으로 본 국제재판관할에 관한 일본의 입법 현황과 한국의 입법 방향", 한양대학교 국제소송법무 제1호(2010. 9.), 32면 이하; 석광현, "한국의 國際裁判管轄規則의 입법에 관하여", 국제거래법연구 제21집 제2호(2012. 12.), 146면 이하 참조. 국제재판관할에 관한 한국의 입법과 판례의 변천은 석광현, "국제재판관할과 외국판결의 승인 및 집행 ─ 입법과 판례", 국제사법 제20권 제1호(2014. 6.), 6면 이하 참조. 국제사법의 해석론은 석광현, 국제사법 해설(2013), 57면 이하; 석광현, 국제민사소송법(2012), 67면 이하.

3) 발표문은 석광현, "국제사법 개정안 소개: 2018년 국제사법 개정안에 따른 국제재판관할규칙", 국제사법 전부개정법률안 공청회 자료집, 15면 이하 참조. 이하 위 자료를 "공청회 자료집"이라 한다. 위 글은 석광현, 국제사법과 국제소송 제6권(2019), 439면 이하에 수록되었다. 이 글은 해사사건을 중심으로 개정법의 국제재판관할규칙을 재구성한 것이다. 저자는 공청회 발표문을 대폭 보완하여 총칙과 각칙으로 구분하여 별도로 발표하였다. 총칙은 석광현, "2018년 국제사법 전부개정법률안에 따른 국제재판관할규칙: 총칙을 중심으로", 동아대학교 국제거래와 법 제21호(2018. 4.), 41면 이하; 각칙은 석광현, "2018년 국제사법 전부개정법률안에 따른 국제재판관할규칙: 각칙을 중심으로", 동아대학교 국제거래와 법

사건을 중심으로 개정법의 국제재판관할규칙을 소개하면서 부분적으로 개정법의 해석론상의 문제를 언급한다.

국제재판관할규칙의 국제적 정합성을 제고하기 위하여는 가급적 조약에 가입하는 것이 바람직한데, 이는 여러 조약이 있는 해상법 영역에서 특히 그러하다. 한국법만을 통하여 정합성을 확보하는 데는 한계가 있을 수밖에 없다. '국제성'이라고 하는 해상법의 특성은 국제재판관할규칙의 측면에서도 충분히 고려해야 한다.

II. 국제재판관할규칙의 입법적 해결의 필요성, 정립의 지침과 편제

1. 구 국제사법의 체제: 과도기적 입법

섭외사법과 2002년 7월 분리되기 전의 구 민사소송법은 국제재판관할규칙을 두지 않았기에 한국에서 국제재판관할의 법리는 주로 판례에 의해 발전되었으나,[4] 2001년 7월 발효된 국제사법("국제사법" 또는 "구 국제사법")이 조문을 신설함으로써 우리는 국제재판관할에 관한 입법을 가지게 되었다. 국제사법은 제1장(총칙)에서 과거 대법원판례가 취해 온 입장[5]을 개선하여 국제재판관할에 관한 일반원칙을 규정하고(제2조), 각칙인 제5장(채권)에서 사회·경제적 약자인 소비자와 근로자를 보호하기 위한 특칙을 둔다(제27조와 제28조).[6] 국제사법이 규율하는 모든 법률분야에 관하여 정치한 국제재판관할규칙을 두는 것이 바람직하나, 이는 매우 어렵고 1999년과 2000년 섭외사법 개정 작업 당시 진행 중이던 헤이그국제사법회의의 작업을 더 지켜볼 필요가 있었기에 입법자들은 과도기적 조치로서 단편적인 규정만을 두었다. 그러나 헤이그국제사법회의는 당초 목표했던 포괄적 이중협약(double convention) 내지는 혼합협약(mixed convention)을 성안하지 못하고

제23호(2018. 10.), 41면 이하 참조. 후자에서는 해사사건도 다루었으나 대체로 공청회에서 발표한 수준이고 이 글보다는 소략하다.

4) 2001년 섭외사법 개정 후의 판례는 한애라, "국제재판관할과 관련된 판결의 추이 및 국제사법의 개정방향 —국제재판관할의 판단구조 및 법인에 대한 일부 과잉관할의 쟁점과 관련하여—", 민사판례연구 제35집(2013), 1090면 이하와 1167면 이하 표 참조.

5) 이른바 '4단계 구조'를 말한다. 석광현, 國際裁判管轄에 관한 硏究 — 민사 및 상사사건에서의 국제재판관할의 기초이론과 일반관할을 중심으로(서울대학교출판부, 2001), 159면 이하 참조.

6) 그 밖에도 국제사법은 실종선고(제12조), 한정후견개시·성년후견개시 심판 등(제14조)(과거에는 "한정치산·금치산"이었다) 등 비송사건에 관하여 국제재판관할규칙을 두고 있다.

2005년 "관할합의에 관한 협약(Convention on Choice of Court Agreements)"("관할합의협약")을 성안하는 데 그쳤으므로[7] 우리도 미뤘던 작업을 재개할 필요가 있게되었다. 그 사이에 일본은 민사소송법과 민사보전법에 정치한 국제재판관할규칙을 도입하였고 이는 2012년 발효되었다.[8]

2. 재산법상의 사건[9]에서 국제사법 하에서 판례의 태도와 입법적 해결의 필요성[10][11]

재산법상의 사건에 관하여 과거 우리 법원은 일본 판례를 따라 이른바 '4단계 접근방법'을 취하였으나, 국제사법 제2조의 신설을 계기로 독자노선을 걷기 시작하였다. 그런 태도를 정립한 것은 아래(3.)에서 소개하는 도메인이름에 관한

---

7) 관할합의협약은 2015. 10. 발효하였다. 위 프로젝트는 재개된 뒤 Judgment Project라는 이름으로 진행되어 2019년 "민사 또는 상사(사건)에서 외국재판의 승인 및 집행에 관한 협약", 즉 재판협약이 채택되었다. 재판협약의 상세는 장준혁, "2019년 헤이그 외국판결 승인집행협약", 국제사법연구 제25권 제2호(2019. 12.), 437면 이하; 석광현, "2019년 헤이그 재판협약의 주요 내용과 간접관할규정", 국제사법연구 제26권 제2호(2020. 12.), 3면 이하; 한충수, "헤이그 재판협약과 민사소송법 개정 논의의 필요성 — 관할규정의 현대화 및 국제화를 지향하며", 인권과정의 제493호(2020. 11.), 73면 이하; 김효정·장지용, 외국재판의 승인과 집행에 관한 연구(사법정책연구원. 2020); 한국국제사법학회, "민사 또는 상사에 관한 외국재판의 승인과 집행에 관한 협약(헤이그재판협약) 연구", 2021년 법무부 정책연구보고(장준혁 외 집필) 참조.

8) 일본 개정 민사소송법 중 국제재판관할규칙의 국문번역은 국제사법연구 제18호(2012. 12.), 541면 이하; 석광현, 국제사법 해설(2013), 717면 이하 참조. 상세는 장준혁 외, 일본과 중국의 국제재판관할 규정에 관한 연구(2017), 9면 이하 참조.

9) 이를 '재산권상의 사건', '재산상의 사건' 또는 '재산사건'이라고 한다.

10) 상세는 석광현, "국제재판관할과 외국판결의 승인 및 집행 — 입법과 판례", 국제사법 제20권 제1호(2014. 6.), 31면 이하 참조.

11) 한편 가사사건(개정법 제7장과 제8장이 정한 친족사건과 상속사건을 포괄한다)에서는(주로 혼인관계사건) 대법원은 재산법상의 사건에서와 다른 접근방법을 취하였으나, 2001년 국제사법(제2조)이 발효된 후 대법원 판례의 태도는 분명하지 않다. 대법원이 가사사건의 국제재판관할에 관하여 지침을 제시하지 못한 결과 하급심 판결의 혼란을 야기하였고 상당한 법적 불안정성을 초래하였다. 상세는 석광현(註 8), 96면 이하 참조. 주목할 것은 개정안이 국회에 제출된 후에 나온 판결이다. 이는 캐나다인 부부 간의 이혼과 재산분할이 문제된 사건을 다룬 대법원 2021. 2. 4. 선고 2017므12552 판결인데, 이 사건에서 대법원은 처음으로 국제사법 제2조가 가사사건에도 적용됨을 분명히 하고, 국제사법 제2조 제2항의 취지를 제대로 파악하였으며 이혼사건에서 실질적 관련의 판단기준을 제시하였다. 평석은 석광현, "외국인 부부의 이혼사건에서 이혼·재산분할의 국제재판관할과 준거법", 안암법학 제62호(2021. 5.), 643-699면 참조.

2005. 1. 17. 대법원판결이다. 동 판결은 새로운 추상적 법률론을 정립하였고 이후 법원은 이를 따랐다. 그 결과 대법원은 재산소재지의 특별관할과 영업소 소재지의 일반관할을 인정했던 과거의 태도와 결별하고, 이를 재판관할을 인정하기 위한 요소의 하나로 고려한다. 그러나 전형적인 계약사건인 청어대금사건에서 대법원 2008년 판결이 거의 전적으로 실질적 관련에 근거하여 한국의 국제재판관할을 긍정한 반면에, 그 후 중국항공사 사건에서 2010년 대법원판결은 "실질적 관련의 유무를 판단함에 있어서 민사소송법상 토지관할권 유무가 여전히 중요한 요소가 됨을 부인할 수 없다"고 판시하였으나, 전형적 계약사건인 재일교포 대여금사건에서 2014년 대법원판결은 다시 청어대금사건에 가까운 접근을 하였다. 결국 국제재판관할의 유무는 누구도 예측하기 어려운 쟁점이 되었다. 국제사법 제2조를 신설하면서 우리는 법원이 정치한 국제재판관할규칙을 정립해 나갈 것으로 기대하였다. 그러나 대법원은 제2조 제1항을 기초로 사안의 모든 사정을 고려하는 '사안별 분석(case-by-case analysis)'을 거쳐 원하는 결론을 내리고 있으며, 그 과정에서 토지관할규정은 아예 배제되거나 법원이 고려할 요소 중 하나로 전락하였다. 하지만 국제사법 제2조 제2항에 따르면 이런 접근방법은 정당화될 수 없다. 왜냐하면 그런 태도는 국제사법 제2조 제1항과 실질적 관련을 법원의 자의적(恣意的) 결론을 정당화하는 도구로 사용하는 것이기 때문이다. 이런 우려를 불식하는 방법은 결국 정치한 국제재판관할규칙을 국제사법에 도입하는 것이다. 이런 배경하에서 한국국제사법학회는 정치한 국제재판관할규칙을 국제사법에 도입할 것을 촉구하였고,[12] 법무부는 이를 받아들여 2014년 6월 위원회를 구성함으로써 국제사법 개정작업에 착수하게 되었다.[13]

여기에서 주목할 것은 개정안이 당초 2018년 국회에 제출된 후에 나온 대법원 2019. 6. 13. 선고 2016다33752 판결이다. 즉 동 판결에서 대법원은 처음으로 아래 취지로 판시함으로써 국제사법 제2조 제2항의 취지를 제대로 설시하고 구체적 지침을 제시하였다.

"국제사법 제2조 제2항은 제1항에서 정한 실질적 관련성을 판단하는 구체적 기준 또는 방법으로 국내법의 관할 규정을 제시한다. 따라서 민사소송법 관할 규정은 국제재판관할권을 판단하는 데 가장 중요한 판단 기준으로 작용한다. 다만 이러한 관

---

12) 한국국제사법학회, 국제사법개정촉구결의문, 국제사법연구 제18호(2012), 551면 이하.
13) 이런 과정에서 한국국제사법학회는 법무부의 요청에 따라 용역보고서를 제출하였고 이는 법무부에서 단행본으로 간행되었다. 이것이 손경한 외, 국제사법 개정 방안 연구(2014)이다.

할 규정은 국내적 관점에서 마련된 재판적에 관한 규정이므로 국제재판관할권을 판단할 때에는 국제재판관할의 특수성을 고려하여 국제재판관할 배분의 이념에 부합하도록 수정하여 적용해야 하는 경우도 있다."

그 후 대법원은 위 판결의 설시를 따르므로 대법원의 태도로 자리 잡고 있다고 본다.[14] 이러한 태도는 타당하다. 대법원이 제2조 제2항에 의미를 부여한 점에서 저자는 대법원이 늦게나마 올바른 방향을 잡은 것으로 평가하였다.[15] 다만 2022년 7월 초 국제사법 개정법률이 발효되므로 위 대법원 판결은 한시적인 의미만 가질 뿐이다.

3. 정치한 국제재판관할규칙 정립의 지침과 규정방식

가. 정립의 지침

(1) 국제사법 제2조와 대법원 판례의 구체화

국제사법 제2조는 국제재판관할 결정의 대원칙을 선언하고 있다. 대법원 2005. 1. 27. 선고 2002다59788 판결은 이를 더 구체적으로 다음과 같이 판시하였다.

"국제재판관할을 결정함에 있어서는 당사자 간의 공평, 재판의 적정, 신속 및 경제를 기한다는 기본이념에 따라야 할 것이고, 구체적으로는 소송당사자들의 공평, 편의 그리고 예측가능성과 같은 개인적인 이익뿐만 아니라 재판의 적정, 신속, 효율 및 판결의 실효성 등과 같은 법원 내지 국가의 이익도 함께 고려하여야 할 것이며, 이러한 다양한 이익 중 어떠한 이익을 보호할 필요가 있을지 여부는 개별 사건에서 법정지와 당사자와의 실질적 관련성 및 법정지와 분쟁이 된 사안과의 실질적 관련성을 객관적인 기준으로 삼아 합리적으로 판단하여야 할 것이다."

---

14) 재산법상의 사건인 대법원 2021. 3. 25. 선고 2018다230588 판결과 이혼과 재산분할 사건인 대법원 2021. 2. 4. 선고 2017므12552 판결 참조.

15) 위 판결에 대한 평석은 석광현, "국제사법 제2조 제2항을 올바로 적용한 2019년 대법원 판결의 평석: 일반관할과 재산소재지의 특별관할을 중심으로", 동아대학교, 국제거래와 법 제29호(2020. 4.), 131면 이하 참조. 그러나 민사소송법 관할 규정이 국제재판관할권을 판단하는 데 가장 중요한 판단기준으로라는 설시는 너무 강하다는 비판도 있다. 김홍엽, "2019년 분야별 중요판례분석 ⑤ 민사소송법", 법률신문 제4773호(2020. 2. 20.), 12면. 장준혁, "국제재판관할법상 실질적 관련성 기준에 관한 판례의 표류 —지도원리의 독립적 관할기초와 예견가능성론에 의한 무력화—", 양창수 교수 고희기념논문집(2021), 1031면은 이 사건은 피고 상거소지관할을 인정하면 충분한 경우였다고 평가하나, 한애라, "재산소재지 특별관할에 관한 법리와 판례의 검토 및 입법론", 민사판례연구 XLⅢ(2021), 899면은 "대상판결의 사실관계가 민사소송법 제3조를 문언 그대로 충족하는지 다소 불분명하자, 대상판결의 원심은 민사소송법 제11조도 고려하였고(오히려 재산소재지 특별관할의 판단에 더 중점을 두었다), 대상판결도 이를 수긍하였다"고 평가한다.

개정법에 둘 국제재판관할규칙은 국제사법 제2조를 구체화한 細則이어야 하는데, 민사소송법은 제2조 내지 제25조에서 토지관할규칙을 두므로 정치한 국제재판관할규칙을 신설함에 있어서도 이를 참작할 필요가 있다. 다만 모든 토지관할규칙에 동등한 가치를 부여할 것이 아니라 이를 ① 곧바로 국제재판관할규칙으로 삼을 수 있는 것, ② 적절히 수정함으로써 국제재판관할규칙으로 삼을 수 있는 것과 ③ 국제재판관할규칙으로 삼을 수 없는 것으로 분류해야 한다. 나아가 ④ 토지관할규칙은 망라적이지 않으므로 토지관할규칙에는 없는 기타 국제재판관할의 근거를 검토할 필요가 있다.[16] 이런 접근방법은 국제사법의 해석론으로는 물론이고 입법론에서도 타당하다. 그 과정에서 인터넷이 널리 이용되고 있는 현실도 고려해야 한다.[17]

(2) 국제재판관할 판단에서 법적 안정성과 유연성의 조화

국제재판관할 결정의 대원칙을 선언한 국제사법 제2조 제1항은 개방적인 규정으로 유연성을 확보하고, 국내법의 관할규정을 참작하되 국제재판관할의 특수성을 충분히 고려하라고 하는 제2조 제2항은 법적 안정성을 보장함으로써 결국 유연성과 법적 안정성의 균형을 도모한다. 그러나 위에 언급한 것처럼 대법원은 (위에서 언급한 근자의 대법원 2019. 6. 13. 선고 2016다33752 판결이 나오기 전에는) 제2조 제2항을 무시한 채 제2조 제1항을 기초로 사안의 모든 사정을 고려하는 '사안별 분석'을 거쳐 원하는 결론을 내리고 있으며, 그 과정에서 토지관할규정은 배제되거나 고려할 요소 중 하나로 전락하였다. 개정법은 한편으로는 정치한 국제재판관할규칙을 도입함으로써 법적 안정성을 제고하고, 다른 한편으로는 제2조의 일반원칙을 존치함과 동시에 나아가 예외적 사정에 의한 재판관할권 불행사의 법리를 도입함으로써 구체적 사건에서 유연성을 확보하고자 한다.

---

16) 개정법에 따르면 민사소송법 제5조 제1항(법인 등의 보통재판적), 제7조(근무지의 특별재판적), 제10조(선원에 대한 특별재판적), 제13조(선적이 있는 곳의 특별재판적), 제15조 제2항(사원 등에 대한 특별재판적), 제16조(사원 등에 대한 특별재판적)와 그와 관련된 범위 내에서 제17조(사원 등에 대한 특별재판적)는 위 ③의 유형에 속한다. 제14조(선박이 있는 곳의 특별재판적)는 ③(또는 ②)의 유형에 속한다. ④의 유형에 속하는 것으로는 선박 가압류관할(개정법 제90조), 활동에 근거한 관할(개정법 제4조 제2항)과 가사사건에서 국적에 근거한 관할(제56조, 제57조와 제61조) 등을 들 수 있다.

17) 개정법은 '지향된 활동(targeted activity)'을 염두에 두고 "…를 향하여"라는 문구를 제4조 제2항(활동에 근거한 관할), 제39조 제1항(지식재산권 침해), 제42조 제1항(소비자계약)과 제44조(불법행위)에서 사용한다.

(3) 국제적 정합성의 고려

우리가 도입하는 정치한 국제재판관할규칙은 국제적 정합성이 있어야 한다. 재산법사건에서는 1968년 "민사 및 상사사건의 재판관할과 재판의 집행에 관한 유럽공동체협약"("브뤼셀협약"), 이를 개정한 "민사 및 상사(사건)의 재판관할과 재판의 집행에 관한 유럽연합의 이사회규정"("브뤼셀 I "과 "브뤼셀 I Recast"(또는 브뤼셀 I bis)) 등 브뤼셀체제(Brussels regime)[18]와 헤이그국제사법회의의 1999년 "민사 및 상사사건의 국제관할과 외국재판에 관한 협약의 예비초안"("예비초안")과 2001년 수정안[19] 등을 고려해야 한다.[20] 또한 일본이 민사소송법과 민사보전법에 도입한 국제재판관할규칙과 중국의 국제재판관할규칙[21]을 참조할 필요가 있다.[22]

나. 국제재판관할규칙의 규정방식: 일면적 규정 v. 양면적 규정

국제사법에 정치한 국제재판관할규칙을 두는 경우 우리 법원이 국제재판관할을 가지는 경우만을 규정할지, 아니면 조약에서처럼 중립적 규정을 둘지가 문제된다. 국제사법 제2조는 우리 법원이 국제재판관할을 가지는 경우만을 규정하나 제27조와 제28조는 중립적 규정을 둔다. 저촉규범에 관한 용어를 빌리면, 제2조는 일면적 규정이고 제27조와 제28조는 양면적 규정이다. 위원회는 원칙적으로 우리 법원이 국제재판관할을 가지는 경우만을 규정하고, 예외적인 경우(예컨대 관

---

18) 이는 브뤼셀협약, 브뤼셀 I 과 브뤼셀 I Recast, 루가노협약과 개정 루가노협약을 망라하는 표현이다. 브뤼셀협약에 관하여는 석광현, 국제사법과 국제소송 제2권(2001), 321면 이하; 브뤼셀 I 에 관하여는 석광현, 국제사법과 국제소송 제3권(2004), 368면 이하, 개정 루가노협약상의 계약관할에 관하여는 석광현, 국제사법과 국제소송 제5권(2012), 339면 이하 참조.

19) 예비초안에 관하여는 석광현, 국제사법과 국제소송 제2권(2001), 396면 이하; 2001년 초안에 관하여는 석광현, 국제사법과 국제소송 제3권(2004), 429면 이하.

20) 그에 추가하여 현재 진행 중인 헤이그국제사법회의의 Judgment Project에서의 논의도 참고할 필요가 있다. 다만 그곳에서는 간접관할만을 다룬다.

21) 중국의 국제재판관할규칙은 충분히 정립되지 않은 것으로 보인다. 소개는 장준혁 외(註 8), 169면 이하 참조.

22) 한편 가사사건에서는 유럽연합의 브뤼셀 II bis, 2008년 "부양사건의 재판관할, 준거법과 재판의 승인 및 집행과, 공조에 관한 이사회규정"("부양규정"), 2012년 "상속사건에 관한 재판관할, 준거법, 재판의 승인 및 집행과, 공정증서의 인정과 집행 그리고 유럽상속증명서의 창설에 관한 규정"(로마IV)과 2016년 부부재산제규정과, 헤이그국제사법회의의 아동 보호를 위한 협약들(1980년 "국제적 아동탈취의 민사적 측면에 관한 협약", 1993년 "국제입양에서 아동보호 및 협력에 관한 협약"과 1996년 "부모책임 및 아동의 보호조치와 관련한 관할, 준거법, 승인, 집행 및 협력에 관한 협약")과 2000년 "성년자의 국제적 보호에 관한 협약" 등의 국제재판관할규칙을 고려할 필요가 있다.

할합의의 경우) 양면적 관할규칙을 두기로 하였다.[23]

이처럼 우리가 일면적 규정방식을 채택하여 우리 법원이 국제재판관할을 가지는 경우만을 규정하지만 우리는 외국법원에 대하여도 동일한 관할규칙을 적용한다. 이것이 특히 의미가 있는 것은 전속관할규칙이다. 예컨대 일본에 등록된 특허권의 유효성에 관한 소의 경우 개정법(제10조 제1항 제4호)이 이를 직접 명시하지는 않지만 우리는 그 관할규칙에 따라 일본 법원이 전속관할을 가지는 것으로 보고 우리 법원의 관할을 부정한다. 즉 개정법은 일면적 규정방식을 채택하고 있지만 동일한 관할규칙을 외국법원에 대하여도 적용하므로 실질은 양면적 규정방식이다(이런 의미에서 예컨대 개정법(제30조 단서)에서 보듯이 일면적 저촉규범을 양면적 저촉규범으로 볼 수 있는지를 개별적으로 검토해야 하는 것과는 다르다). 물론 그것은 우리 법원의 관점에서 볼 때 그렇다는 것이고, 실제로 외국법원이 국제재판관할을 인정하고 관할권을 행사할지는 자국의 국제재판관할규칙에 따라 결정할 사항이라는 점에서 양면성이 제한된다.

4. 국제재판관할규칙의 편제

가. 국제사법에 통합규정하는 방식

2001년 섭외사법 개정에 의하여 국제재판관할규칙은 국제사법에 편입되었다. 이제 정치한 국제재판관할규칙을 국제사법에 두는 것은 그의 당연한 논리적 귀결이다. 이는 재산법상의 사건만이 아니라 가사소송사건과 가사비송사건에 관한 국제재판관할규칙을 통합하여 규정하는 장점이 있다. 특히 국제사법은 소송만이 아니라 비송사건에도 공히 적용되는 준거법 결정원칙을 두므로 이렇게 함으로써 재판관할과 준거법의 병행을 확보하기에 유리하다. 즉 국제재판관할과 준거법이 정확히 일대일 대응은 되지 않더라도 유기적 관련성을 확보할 수 있다는 것이다.

나. 국제사법 내의 체제

국제사법 내의 편제에 관하여 위원회에서는 두 개의 견해가 제시되었다. 1안은 제2조에 이어 제2조의2 ⋯ 라는 식으로 가지번호를 부여하는 방안이고, 2안은 국제관할규칙 중 총칙은 제1장에 두고 특별관할규칙은 각 장에 배치하는 방안인

---

23) 입법례를 보면 조약 기타 국제규범의 경우 중립적 규정을 두나, 스위스 국제사법, 이탈리아 국제사법과 일본 민사소송법은 자국 법원이 국제재판관할을 가지는 경우만을 규정한다.

데 위원회는 2안을 채택하였다. 즉 국제사법 제1장(총칙)을 3개 절로 구분하여 제
1절을 목적으로 하고, 제2절에 국제재판관할규칙을 두며, 현재의 총칙 조문들은
제3절에 준거법으로 묶는다. 제2절에는 총칙의 성질을 가지는 관할규칙과 다양한
법률관계에 공통되는 관할규칙을 둔다. 2안에 따른 제1장의 편제는 아래와 같다.

국제사법 조문			개정법의 편제	
제1장	총칙 (§§1-10)	제1장	제1절	목적
				제1조 기존조문(§1) 다소 수정
			제2절	국제재판관할(§§2-15)
				일반원칙, 일반관할, 사무소(영업소) 소재지 및 영업활동 관할, 재산소재지 관할, 관련사건 관할(객관적 병합/공동소송), 반소관할, 합의관할, 변론관할, 전속관할, 국제적 소송경합, 국제재판관할권의 불행사, 적용 제외, 보전처분, 비송사건에 관한 조문 신설
			제3절	준거법
				준거법에 관한 기존조문(§§3-10) 移記(§§16-23)

2안은 각 법률관계별로 적용되는 특별관할규칙을 관련되는 각장에 둔다. 즉
제2장 내지 제9장에는 제1절을 신설하여 특별관할규칙을 두고 준거법 관련 기존
조문은 각장 제2절로 옮긴다. 다만 제3장에는 특별관할규칙이 없으므로 그대로
두고, 물권의 장에 편입된 제24조는 독립시켜 제1절과 제2절로 구분한다. 2안에
따른 제2장 이하의 편제는 아래와 같다.[24]

국제사법 조문			개정법의 편제	
제2장	사람(§§11-16)	제2장	제1절	관할에 관한 신설조문(§§24-25)
			제2절	준거법에 관한 기존조문 移記(§§26-30)
제3장	법률행위(§§17-18)	제3장	수정 없음(§§31-32)	
제4장	물권(§§19-23)	제4장	수정 없음(개정안에서는 제4장에도 관할규칙을 신설하였으나 국회 제출 개정안에서 삭제되었다)(§§33-37)	

---

24) 개정안에서는 물권에 관한 제4장에도 제1절 국제재판관할규칙을 두었으나 이는 국회 제출
단계에서 삭제된 결과 개정법에서는 제4장에도 제3장과 마찬가지로 국제재판관할규칙이
추가되지 않았다.

제4장	지식재산권의 보호 (§24)	제5장 (독립)	제1절	관할에 관한 신설조문(§§38-39)
			제2절	준거법에 관한 기존조문 移記(§40)
제5장	채권(§§25-35)	제6장	제1절	관할에 관한 신설조문(§§41-44)
			제2절	준거법에 관한 기존조문 移記: 다만 관할과 준거법이 결합된 일부 조문 분리(§§45-55)
제6장	친족(§§36-48)	제7장	제1절	관할에 관한 신설조문(§§56-62)
			제2절	준거법에 관한 기존조문 移記(§§63-75)
제7장	상속(§§49-50)	제8장	제1절	上同(§§76-78)
			제2절	
제8장	어음·수표 (§§51-59)	제9장	제1절	上同(§§79-88)
			제2절	
제9장	해상(§§60-62)	제10장	제1절	上同(§§89-96)
			제2절	

2안에 따르면 제27조와 제28조에 포함된 소비자계약과 근로계약의 관할규칙은 준거법규칙과 분리할 필요가 있다. 2안은 첫째, 준거법규칙과 관할규칙을 체계적으로 파악할 수 있게 하고 준거법 결정과정에서 정립된 성질결정(characterization)과 연결점에 관한 이론을 원용할 수 있으며(물론 양자의 이론이 전적으로 동일하지는 않다), 둘째, 관할규칙 상호 간의 관계를 체계적으로 파악할 수 있게 하는 장점이 있다. 다만 2안에 따르면 조문번호를 새로 부여해야 하는 단점이 있으나, 개정안은 35개 조문을 추가하므로 새 번호를 부여할 충분한 이유가 있고, 2001년 국제사법 개정과정에서 그것이 과도기적 조치였음을 밝혔으므로 이제 새 번호를 부여하는 것을 정당화할 수 있다.

Ⅲ. 국제재판관할에 관한 일반원칙: 제2조의 존치와 수정

개정위원회에서는 개정법에 일반원칙을 정한 제2조를 존치할지 아니면 삭제할지에 관하여 논란이 있었다. 개정법은 제2조를 존치하면서 아래 밑줄 친 부분처럼 문언을 수정하였다. 이는 개정법도 망라적인 국제재판관할규칙을 도입하지는 않기 때문에(예컨대 신탁의 내부관계 등) 그 범위 내에서 여전히 일정한 기능을 할 수 있고 또한 해야 한다고 판단했기 때문이다.

제2조 (일반원칙)

① 대한민국 법원(이하 "법원"이라 한다)은 당사자 또는 분쟁이 된 사안이 대한민국과 실질적 관련이 있는 경우에 국제재판관할권을 가진다. 이 경우 법원은 실질적 관련의 유무를 판단할 때에 당사자 간의 공평, 재판의 적정, 신속 및 경제를 꾀한다는 국제재판관할 배분의 이념에 부합하는 합리적인 원칙에 따라야 한다.

② 이 법이나 그 밖의 대한민국 법령 또는 조약에 국제재판관할에 관한 규정이 없는 경우 법원은 국내법의 관할 규정을 참작하여 국제재판관할권의 유무를 판단하되, 제1항의 취지에 비추어 국제재판관할의 특수성을 충분히 고려하여야 한다.

국제사법 제2조 제1항 2문은 국제재판관할 배분의 이념을 명시하지 않는 반면에 개정법 제2조 제1항 2문은 국제재판관할 배분의 이념을 구체적으로 열거하는데 이는 도메인이름에 관한 2005년 대법원판결 이래 판례의 추상적 법률론을 따른 것이다. 저자는 개정법이 대법원판례를 따른 점에서 반대하지는 않으나 이를 명시하지 않는 것이 바람직하다고 본다.

Ⅳ. 일반관할(개정법 제3조)

1. 일반관할규칙

민사소송법 제2조는 '보통재판적'이라는 제목 하에 "소는 피고의 보통재판적이 있는 곳의 법원이 관할한다"고 규정한다. 이는 '원고는 피고의 법정지를 따른다(*actor sequitur forum rei*)'는 로마법 이래 대륙법의 원칙을 수용한 것이다. 대륙법계 국가에서는 국제재판관할, 특히 일반관할의 배분에 있어 위 원칙을 당사자의 공평 내지는 이익형량의 출발점으로 삼는다. 보통재판적을 정한 민사소송법 제3조와 제5조 제1항의 토지관할규칙은 그대로 국제재판관할규칙으로 사용할 수 있다. 따라서 개정법도 이를 국제재판관할규칙으로 명시하되, 준거법결정의 연결점으로 상거소를 사용하는 점과, 국제재판관할규칙에서의 국제적 정합성을 고려하여 '주소' 대신 '상거소'를 연결점(또는 관할근거나 관할원인)(삼자를 호환적으로 사용한다)으로 선택하였다. 우리 민사소송법과 가사소송법은 '주소'를 연결점으로 사용하나 이는 정주의사(*animus manendei*)를 요구하지 않는 객관주의에 따른 주소 개념이므로 이를 상거소로 대체할 수 있고, 특히 국제적 정합성을 고려하면 상거소가 연결점으로서는 더 설득력이 있다. 다만 개정법 제3조 제1항은 국제사법의 "상거소(常居所)" 대신 '일상거소(habitual residence)'라는 용어를 사용하는데 국제사법과 같은 기본법에서 영어를 병기하는 것은 실로 의외이다[25](이하 상거소와 일상가소를 호환적으로 사용한다).

개정법(제3조)은 법인 또는 단체의 경우 민사소송법 제5조 제1항이 정한 주된 사무소(또는 영업소)만이 아니라 정관상의 본거지, 경영의 중심지와 법인 또는 단체의 설립준거법 소속국을 연결점으로 삼아 우리 법원의 일반관할을 규정한다. 이에 대하여는 범위가 확대되는 데 대한 우려가 없지 않았으나 예비초안(제3조 제2항) 등을 참조하여 그렇게 하였다. 이와 같이 일반관할이 확대됨에 따라 관할이 경합할 가능성이 커지게 되므로, 법원으로서는 재판관할권 불행사에 관한 제12조를 적절히 활용할 필요가 있을 것이다.

2. 일반관할의 적용범위

조문의 체계상 개정법(제3조)은 "대한민국에 일상거소(habitual residence)가 있는 사람에 대한 소(訴)"에 관하여는 우리 법원의 일반관할을 명시하므로 이는 그런 요건이 구비되는 한 국제사법이 적용되는 모든 법률관계에 대해 그것이 소송인지 비송인지에 관계없이 적용되는 것으로 보인다. 그러나 과연 그런 결론이 타당한지는 개별적으로 검토할 필요가 있다.

---

25) 개정법이 '일상거소(habitual residence)'라는 표현을 사용하는 데 대하여 저자는 석광현, "국제사법 제2조 제2항을 올바로 적용한 2019년 대법원 판결의 평석: 일반관할과 재산소재지의 특별관할을 중심으로", 동아대학교, 국제거래와 법 제29호(2020. 4.), 158-159면 註 62에서 아래와 같이 비판하였다. "놀랍게도 개정안에서는 법무부에서 성안한 공청회용 법률안의 '상거소(常居所)'가 '일상거소(habitual residence)'로 대체되었다. 그러나 지난 20년 가까운 세월 동안 정착된 상거소라는 용어를 굳이 수정할 이유가 없고, 더욱이 국제사법처럼 기본적인 법률에서 영문병기를 하는 것은 도저히 수용할 수 없다. 이는 법제처 측에서 강력하게 주장한 결과라고 하나 솔직히 믿을 수 없다." 대한변협의 의견서도 상거소를 존치하는 견해를 지지하였다. 실제로 법제처가 영문병기를 주장하였다면 이는 업무의 일관성을 상실한 것으로 상당히 우려되는 일이다. 또한 상거소의 개념에 관하여 민법의 주소는 '법률개념'으로서 국내법상 일원적이고 고정적인 데 반하여, 상거소는 '사실개념'('법적개념'인지는 논란이 있으나)으로서 다원적이고 고정적일 수 없다는 차이를 지적하면서 깊이 있는 검토가 필요하다는 지적이 있다. 최흥섭, "유럽연합의 브뤼셀Ⅱa 규칙에서 「아동의 상거소」에 관한 유럽사법재판소의 선행판결에 대한 검토", 국제사법에 관한 글모음집 2022년(2022), 10면 이하 참조.

V. 해사소송사건의 특별관할(제10장 제1절)[26]

민사소송법은 해사소송사건(또는 해상소송사건)(이하 양자를 호환적으로 사용한다)에 관하여 선적이 있는 곳의 특별재판적(제13조), 선박이 있는 곳의 특별재판적(제14조), 선박사고로 인한 불법행위의 특별재판적(제18조 제2항)과 해난구조의 특별재판적(제19조)을 규정한다.[27] 이는 모두 토지관할규칙이다.[28]

해사사건에서 연결대상의 범주를 어떻게 설정할지에 관하여는 논란이 있었으나 결국 위원회는 ① 선박소유자·용선자·선박관리인·선박운항자 그 밖의 선박사용인("선박소유자등")[29]의 책임제한사건, ② (선박소유자등에 대한) 선박 또는 항해에 관한 소, ③ 공동해손에 관한 소, ④ 선박충돌에 관한 소와 ⑤ 해난구조에

---

26) 과거 해사사건의 국제재판관할에 관한 입법론은 정병석, "해사관련 국제재판관할 입법", 한국해법학회지 제37권 제1호(2015. 4.), 17면 이하; 정완용, "선박가압류조약(Arrest Convention)상 해사채권의 국제재판관할 입법방안에 관한 고찰", 국제사법연구 제19권 제1호(2013. 6.), 215면 이하; 이규호, "민사소송법상 해사특별재판적과 국제재판관할 입법", 국제사법연구 제20권 제1호(2015), 297면 이하(이규호, "소의 병합, 국제소송경합, 보전처분 및 해상사건에 대한 국제재판관할," 국제사법연구 제18호(2012), 155면 이하도 있으나 전자를 인용한다) 등이 있다. 위 논문들은 2013. 3. 27. 개최된 한국국제사법학회 2013년 정기총회 및 제111회 정기연구회에서 발표된 자료들을 보완한 것이다. 그 밖에도 선박충돌과 선하증권을 주로 다룬 장경식, "해사소송에 있어서 국제재판관할에 관한 연구: 선박충돌과 선하증권을 중심으로", 한국해양대학교 박사학위논문(2005)과 장경식, "해사소송에 있어서 국제재판관할에 관한 연구 —선박충돌과 선하증권을 중심으로—", 해상·보헙법연구, 제3권 1호(2007), 139면 이하도 있는데 이는 준거법과 국제재판관할의 병행을 요구하는 점에 특색이 있으나 전반적으로 설득력이 떨어진다. 특히 박사학위논문, 139면은 선하증권과 관련된 국제재판관할과 준거법 결정원칙을 신설하자고 제안하나 그것이 선하증권의 채권적 효력에 관한 것인지 물권적 효력에 관한 것인지 불분명하고, 더욱이 선하증권 소재지국의 관할을 제안하는 점은 이해하기 어렵다. 증권 소지인이 제소하는 경우 이는 원고관할이 되어 부당하고, 그 소재지를 임의로 변경할 수 있기 때문이다.

27) 조문은 아래(V.6.) ≪민사소송법 등의 토지관할과 개정안의 국제재판관할의 비교≫ 참조.

28) 위에서 언급한 것처럼 저자는 민사소송법의 토지관할규정을 ① 그대로 국제재판관할규칙으로 사용할 수 있는 것, ② 수정해서 국제재판관할규칙으로 사용할 수 있는 것과 ③ 국제재판관할규칙으로는 부적절해서 배제해야 하는 것으로 구분하고, ④ 그 밖의 국제재판관할 근거를 찾을 필요가 있음을 지적하였는데 이는 해사사건에서도 타당하다. 개정법을 보면 해사사건에서 민사소송법 제10조(선원에 대한 특별재판적), 제13조(선적이 있는 곳의 특별재판적)와 제14조(선박이 있는 곳의 특별재판적)는 위 ③의 유형에 속한다(제14조는 ②의 유형으로 분류할 수도 있다). ④에 해당하는 것으로는 선박 가압류관할(개정법 제90조)을 들 수 있다.

29) 이는 국제사법 제60조 제4호가 사용하는 용어이다.

관한 소에 대하여 국제재판관할규칙을 두기로 하였다.[30] 이에 따라 개정법은 비송사건인 ①의 경우 "사건의 관할"이라고 규정하고 ②부터 ⑤는 "… 소에 대한 특별관할"임을 명시한다.

예비초안은 해사사건에는 적용되지 않고(제1조 제2항 h호), 2005년 관할합의협약도 여객 또는 물품의 운송과 해상오염, 해사청구권에 대한 책임제한, 공동해손, 및 긴급예인과 구조에는 적용되지 않는다(제2조 제2항 f호, h호). 반면에 한국은 가입하지 않았지만 2011. 9. 14. 발효되고 광범위한 해사채권(maritime claim)[31](제1조 제1항 참조)에 적용되는 1999년 "선박의 가압류·압류[32]에 관한 국제협약"(International Convention on Arrest of Ships)("Arrest Convention")(제7조 제1항과 제2항)은 운임과 손해배상에도 적용되므로(제1조) 제10장을 작성함에 있어서는 브뤼셀 I Recast[33] 등 브뤼셀체제와 Arrest Convention이 참고가 되었다.[34] 개정법은

---

30) 참고로 해사사건에 관하여 일본 민사소송법(제3조의3)은 3개의 국제재판관할규칙을 두고 있다. 제6호(위 제14조에 상응), 제9호(위 제18조 제2항에 상응)와 제10호(위 제19조에 상응)가 그것이다. 그러나 일본은 우리 민사소송법 제13조(선박 또는 항해에 관한 소에 대한 선적지의 특별재판적)에 상응하는 조문은 두지 않고, 제14조에 상응하는 조문을 두었으나 개정안은 양자를 모두 두지 않고 선박 가압류관할을 인정한다. 이는 편의치적이 널리 사용되는 상황에서 선적을 국제재판관할의 근거로 삼는 데 대한 우려를 보여 준다. 이규호(註 26), 327면; 菊井維大/村松俊夫 원저, 秋山幹男 외, コンメンタール民事訴訟法 I, 제2판추보판(일본평론사, 2015), 606면도 동지. 개정안은 선적을 제93조와 제90조에서만 국제재판관할의 연결점으로 삼는데, 이런 점에서 개정안(제93조)이 선박충돌의 경우 가해선박의 선적지를 관할근거로 삼는 것은 일관성이 부족하다. 다만 책임제한사건(제90조)에서 제한채권이 발생한 선박의 선적지 관할의 타당성은 논란의 여지가 있다.

31) 여기에서 'maritime claim'은 채권만이 아니라 선박담보권 및 선박소유권 관련 청구도 포함하므로 '해사채권'이라는 번역보다는 중국 해사소송특별절차법처럼 '해사청구'로 번역하는 것이 적절할 수도 있으나, 종래 해상법상 해사채권이라는 용어를 사용하므로 여기에서도 해사채권이라고 한다. 정완용(註 26), 243면 註 70은 이 점을 적절히 지적한다.

32) 양자를 함께 언급하는 것이 정확하나 이하 편의상 '가압류'만을 언급한다.

33) 브뤼셀 I Recast는 해사사건에 적용되는데 해난구조에 대한 특별관할만 규정한다. 제7조 제7호에 따르면, 화물 또는 운임의 해양사고 구조에 대한 보수지급에 관련된 분쟁에 관하여는, 그의 권한에 의하여 (a) 그 지급의 확보를 위해 문제가 된 화물 또는 운임이 압류되었거나 또는 (b) 화물 또는 운임이 압류될 수 있었으나 보증금 또는 기타 담보가 제공된 법원이 특별관할을 가진다. 다만, 이 조항은 피고가 화물 또는 운임에 대하여 이익을 가지고 있거나 해양사고 구조 시 이익을 가지고 있었다고 주장된 경우에만 적용된다. 또한 제9조(브뤼셀 I 제7조와 동지)에 따르면, 브뤼셀 I Recast에 따라 어느 회원국의 법원이 선박의 사용이나 운용에서 발생하는 책임에 관한 소송에 대하여 재판관할을 가지는 경우에는, 그 법원 또는 그 국가의 국내법에 따라 이 목적상 그와 대체되는 다른 법원은 그 책임제한에 관한 소송에 관하여도 관할을 가진다. 이는 제한채권에 대해 재판관할을 가지는 법원에

Arrest Convention을 수용하여 가압류관할을 도입한 점에 큰 특색이 있는데 이는 아래(1.)에서 논의한다.

위원회는 국제연합이 2008년 12월 채택한 "전부 또는 일부가 해상으로 운송되는 국제물품운송계약에 관한 국제연합협약("로테르담규칙" 또는 "유엔국제물품해상운송협약")(United Nations Convention on Contracts for the International Carriage of Goods Wholly or Partly by Sea)"[35]을 일부 반영하여 해상에 관한 장에서 개품운송계약에 관하여 규정을 두는 방안을 논의하였으나[36] 결국은 두지 않고 계약에 관한 소의 관할규칙으로 해결하기로 하였다. 동 규칙이 아직 발효되지 않았음도 고려되었다.

주의할 것은, 개정법 제10장이 해사사건의 국제재판관할규칙을 두나 국제해사사건의 국제재판관할[37]은 다른 장에 규정된 국제재판관할규칙에 의하여도 규율

책임제한소송에 관하여 재판관할을 인정한다. Jan Kropholler/Jan von Hein, Europäisches Zivilprozessrecht, 9. Auflage (2011), Art. 7 Rn. 1. 이는 개정안과 유사하나 개정안은 선박소유자 등에 대하여 제한채권에 근거한 소가 실제로 제기된 것을 요구하는 점에서 차이가 있다.

34) 이에 관하여는 정완용(註 26), 215면 이하 참조.

35) 조약의 소개는 한국선주협회[편], 로테르담 규칙: 제정과 발효, 협약의 주요내용 해설, 우리나라 대책(2009). 조약안의 개관은 김인현, "유엔 운시트랄의 새로운 운송법 조약안의 주요내용", 한국해법학회지 제28권 제2호(2006. 11.), 7면 이하 참조.

36) 로테르담규칙이 운송계약에서 약관에 의한 전속적 관할합의의 효력을 제한하는 점은 주목할 만하다. 김인현, "2008년 로테르담 규칙상 재판관할제도의 성립 과정과 내용 ―전속적 합의관할을 중심으로―", 한국해법학회지 제32권 제1호(2010. 4.), 215면 이하 참조. 위원회에서 이런 취지를 반영한 초안이 제시된 바 있었다. 소개는 정병석(註 26), 34면 이하 참조. 이는 관할합의가 선하증권의 한 조항으로 포함되는 것을 고려하여 관할합의를 통제하기 위한 것이다. 양석완, "로테르담규칙상 재판관할조항의 법적 검토", 국제거래법연구 제20집 제2호(2011. 12.), 275면 이하; 이정원, "로테르담 규칙과 국제재판관할에 관한 고찰", 법조 제60권 제7호(통권 제658호)(2011. 7.), 163면 이하도 참조.

37) 정병석(註 26), 23면 이하는 해사사건의 국제재판관할은 해사분쟁의 특성을 반영해야 한다면서 그런 특성으로 아래를 열거한다. ① 선박충돌 또는 대형선박의 좌초 등 해난사고에서 보듯이 다수당사자가 관련되는 점, ② 해사청구에 관하여 선박우선특권 내지 대물소송이 인정되는데, 선박우선특권이 인정되는 경우 선박에 대한 압류 및 경매가 가능하고 영미법계에서는 대물소송이 허용되어 선박이 담보물임과 동시에 일종의 당사자처럼 되므로 평면적 관할규정으로 해결할 수 없는 문제가 발생하고 따라서 해사재판관할규정은 이런 문제를 입체적이고 합리적으로 해결할 수 있어야 한다는 점, ③ 해사청구에 관하여 선박소유자의 책임제한이 인정되나 각국의 책임제한제도가 동일하지 아니하므로 포럼쇼핑 내지 관할경합이 빈번하나, 선박소유자가 하나의 책임제한을 주장할 수 있도록 개별적인 관할합의 내지 규정의 효력을 제한할 필요가 있는 점, ④ 해사청구의 경우 분쟁 및 해사법규의 특이

된다는 점이다. 예컨대 제1장(총칙)에 있는 일반관할, 재산소재지 관할, 관련관할, 국제적 소송경합과 예외적 사정에 의한 관할권의 불행사에 관한 조문은 물론이고, 운송계약 또는 선하증권에 따른 계약상의 분쟁 기타 불법행위 분쟁에 대하여는 제5장(채권)이 각각 적용된다는 점을 유념해야 한다.

개정법 제10장 제1절의 조문 순서는 대체로 국제사법상 준거법 조문의 순서를 따른 것이다.[38] 아래에서는 조문 순서와는 다르지만 해사소송사건을 먼저 논의하고 마지막에 해사비송사건인 책임제한사건을 언급한다.

1. 해사소송사건에 공통되는 특별관할인 선박 가압류관할의 도입(개정법 제90조)

가. 선박 가압류관할의 도입(개정법 제90조부터 제93조)

해사소송사건의 국제재판관할규칙을 정한 개정법 제90조부터 제93조는 모두 선박의 가압류와 압류(압류에 갈음하는 담보 제공을 포함)에 근거하여 본안소송(또는 본안사건)에 대한 특별관할(편의상 "선박 가압류관할"), 즉 일종의 가압류관할을 규정한다.[39] 이는 Arrest Convention(제7조 제1항과 제2항)이 원칙적으로 선박을 압류·가압류한 국가 법원에 본안에 대한 국제재판관할을 긍정하는 태도를, '해사채권(maritime claim)'이라는 개념은 수용하지 않으면서 도입한 것이라고 할 수 있다.[40]

성을 감안하여 중립적인 전문법원의 판단을 받을 수 있도록 허용해야 하는 점, ⑤ Forum Non Conveniens를 명시하고 국제적 중복제소의 해결 방안 제시 필요성과 ⑥ 판결의 승인 및 집행에 관한 규정의 필요성을 열거한다. 위 설명이 전적으로 타당한지는 의문인데, 개정안은 ④와 ⑤는 해결하였으나 다른 특성을 적절히 고려하고 있다고 할 수는 없다.

38) 공청회에서 김인유 교수는 원칙적 규정인 제91조를 맨 앞에 두는 것이 타당하다는 견해를 피력하였다. 그런 방안도 고려할 수 있다고 본다. 만일 그렇게 한다면 우선 소송사건에 관한 규정을 두고 이어서 책임제한에 관한 개정안 제90조를 맨 뒤에 둘 수도 있을 것이다.

39) '가압류관할(forum arresti)'은 재산소재가 아니라 재산에 대한 가압류를 근거로 본안소송에 대하여 재판관할을 인정하는 것을 말하고 이 경우 재판관할은 가압류된 재산의 가액에 한정된다. 반면에 '재산관할(forum patrimonii)'은 재산의 소재를 근거로 가지는 재판관할을 가리키고 그 경우 재판관할은 재산의 가액에 한정되지 않는다. Lawrence Collins, Essays in International Litigation and the Conflict of Laws (Oxford: Clarendon Press, 1994), p. 17. 민사소송법상 재산소재지 특별재판적은 가압류재판적에서 유래한다. 석광현(註 5), 250면, 註 14; 민일영/김능환(편), 주석민사소송법(Ⅰ), 제7판(2012), 181면(김상준 집필부분). Forum arresti를 '은폐된 재산관할'이라고도 한다. 개정법 제10장의 선박 가압류관할은 재산 가액에 한정되지 않으므로 통상의 가압류관할과는 다르다고 할 수 있다.

40) 우리나라에서도 위 협약을 따라 가압류·압류에 기한 국제재판관할을 인정하자는 입법론이 있었다. 정완용(註 26), 243-244면은 문안도 제시한다. 이 입법론의 특징은 Arrest Convention을 참조하여 일정한 '해사채권(maritime claim)'을 발생시킨 선박과 그 자매선에 한

종래 우리나라에서 해사사건의 실무상 선박의 가압류에 근거하여 본안에 대한 관할을 인정하는 경향이 있는데, 개정법은 이러한 실무를 명문화하는 것이라고 볼 수 있다. 이는 개정법 제5조(재산소재지의 특별관할) 제2호 단서의 제한 없이 선박이 가압류된 곳에 본안에 대한 관할을 인정함으로써 분쟁해결의 실효성을 확보하기 위한 것이다.[41] 따라서 다양한 해사사건에 관하여 소를 제기하려는 자는 개정법(제14조)에 따라 선박의 한국 내 소재를 근거로 선박을 일단 가압류하고 그를 근거로 본안에 관한 소를 제기할 수 있다.[42][43]

재산소재지의 특별관할의 근거가 되는 피고의 재산은 원칙적으로 압류할 수 있고 한국에 있으면 족하고 재산권에 관한 소 전반에 대하여 적용되는 데 반하여, 선박 가압류관할은 재산권에 관한 소 전반이 아니라, 일정한 해사소송사건, 즉 선박 또는 항해에 관한 소(제90조), 공동해손에 관한 소(제91조), 선박충돌에 관한 소(제92조)와 해난구조에 관한 소(제93조)에 관하여만 적용된다는 점에서 그 범위가 제한적이다. 이 범위를 넘어서 다른 해사사건에 또는 그 밖의 사건에 가압류관할을 확대하는 것은 허용되지 않는다.[44] 다만 제90조에 따른 관할은 선박소유자등

하여 선박가압류를 허용하고 가압류 국가의 법원에 본안사건에 관한 재판관할을 인정하면서, 자매선에 대한 가압류도 관할근거로 삼는 데 있다. 이는 가압류의 근거가 되는 피보전채권의 범위를 제한하는 것이 아니라 일정한 피보전채권만이 가압류관할의 근거가 될 수 있도록 하자는 취지로 이해되나, 문언에는 그런 취지가 정확히 반영되지 않은 것 같다. 이 규호(註 26), 328면도 해사채권에 한하여 선박 가압류관할을 인정하자고 한다.

41) 저자는 재산소재지에 넓은 특별관할을 인정하는 데 대해 비판적이나 해사사건의 특수성을 인정하여 위 실무를 수용하였다. 최종현, 해상법상론, 제2판(2014), 645면은 단순한 재산소재에 근거한 국제재판관할은 국제사법 하에서는 허용되지 않으므로 선박 가압류를 근거로 외국 법인을 상대로 본안에 대한 관할을 소를 제기하는 해운 실무의 관행은 변경되어야 한다고 한다.

42) 하지만 위원회는 초기에는 선박 가압류(또는 담보권 실행을 위한 압류)를 근거로 본안에 대한 관할을 인정하는 데 소극적이었다. 이 문제는 관할만이 아니라 선박 압류가압류제도 전반에 관련된 문제로서, 한국의 Arrest Convention 가입 여부와 이를 감안한 선박 압류가압류제도 전반에 관한 문제로 접근해야 한다는 주장이 있었기 때문이다. 정병석(註 26), 45면, 註 44.

43) 가압류관할에 대하여 김인유 교수는 외국 선박의 경우 등기부상 가압류가 되지 않으므로 문제가 있음을 지적하였다. 이에 대하여 공청회 좌장을 맡았던 정병석 회장은, 민사집행법(제295조)상 선박의 가압류는 등기부에 가압류등기를 하거나 선박국적증서를 수취하는 방식으로 하는데, 대부분의 선장은 선박국적증서를 자발적으로 주지 않고 외국 선박에 대한 가압류 등기는 선박등록부가 국내에 없어 불가능하므로 종래 실무상 감수·보존을 통해서 가압류를 집행하고 있으므로 그러한 처리가 가능하다는 취지로 답변하였다.

44) 그 경우 예외적으로 국제사법 제2조에 근거한 관할이 인정되는지는 논란의 여지가 있다.

에 대한 소이고 선박 또는 항해에 관한 소에 대해 허용되므로 그 선박이 반드시 그의 소유여야 하는 것은 아니다. 예컨대 용선자·선박운항자에 대하여 제기하는 선박 또는 항해에 관한 소에도 제90조가 적용된다.

이처럼 선박 가압류관할이 개정법에 명시적으로 도입됨에 따라 단순한 선박 소재지는 독자적인 관할근거로서 의미를 상실하게 되었고,[45] 선적국의 재판관할 도 퇴조하게 되었다.

나. 선박소유자 등에 대한 선박 또는 항해에 관한 소의 선박 가압류에 기한 특별관 할(개정법 제90조)

(1) 민사소송법(제13조)이 정한 유형의 소에 대해 선적지 대신 선박 가압류지를 특별관할 의 연결점으로 삼음

책임제한사건, 공동해손, 선박충돌과 해난구조에 관한 국제재판관할을 정한 조문은 그 적용범위가 상대적으로 제한적인 데 반하여, 제90조가 정한 유형의 소 (즉 선박소유자 등에 대한 선박 또는 항해에 관한 소)의 특별관할은 물권, 계약과 불법 행위 등 다양한 해사소송사건에 적용되는 점에서 광범위한 특별관할이며 따라서 해사소송의 실무상 매우 중요한 의미를 가진다. 제90조의 특징은 피고가 선박소 유자 등인 경우에 한하여 적용된다는 점이다. 즉 제10장에 규정된 다른 해사소송 의 관할근거(공동해손, 선박충돌과 해난구조)와 달리 제90조는 일방적 관할근거이다.

민사소송법 제13조는 선박 또는 항해에 관한 일로 선박소유자, 그 밖의 선박 이용자에 대하여 제기하는 소에 관하여 선적지의 특별재판적을 인정한다. 선박 또는 항해에 관한 일이라 함은 선박 또는 항해에 관한 업무를 말하므로 넓게 보 면 결국 '해사사건'을 말한다. 종래 이는 선박을 하나의 업무의 중심으로 보아 선 적이 있는 곳을 선박을 이용하는 업무의 사무소나 영업소와 같이 취급하는 취지 라고 설명한다.[46] 민사소송법 제13조가 정한 "선박 또는 항해에 관한 일로 선박 소유자 등에 대하여 제기하는 소"에 대한 관할은 그 제목이 말하듯이 성질상 특 별관할의 문제이다. 그렇다면 문제된 선박 또는 항해에 착안하여 특별관할을 정 하는 것이 합리적이지 그와 무관하게 선적에 착안할 근거는 약하고, 특히 편의치

---

45) 다만 재산소재지로서 개정안 제5조에 따라 관할근거가 될 수는 있다. 그러나 공동해손에서 선박 소재지가 관할근거로 남은 점에서(개정안 제92조 제1호) 일관성이 부족하다.

46) 호문혁, 민사소송법, 제13판(2016), 175면.

적이 널리 이용되는 현실에서 부적절하다.[47] 이런 이유로 개정법은 민사소송법 제13조가 정한 유형의 소에 대해 선적지를 관할근거로 삼는 대신 선박 가압류지를 특별관할의 연결점으로 삼는다.[48]

다만 민사소송법 제13조가 그대로 국제재판관할규칙으로 도입되지는 않았지만 개정법(제3조)에 의하여 일반관할의 근거가 확대되었으므로 선적 소재지가 주된 사무소(영업소) 소재지, 경영의 중심지 또는 법인 또는 단체의 설립준거법 소속국이라면 그곳에 일반관할이 인정될 것이다. 따라서 실무상 큰 차이가 있을지는 의문이다. 편의치적의 경우 선적 소재지는 정관상의 본거지 또는 법인 또는 단체의 설립준거법 소속국과 일치할 가능성이 크다.

가사 그렇지 않더라도 개정법(제90조)이 선박 가압류관할을 규정하므로 민사소송법 제13조를 국제재판관할규칙으로 도입하지 않더라도 문제는 없을 것으로 생각한다.

(2) 개정법 제90조의 적용범위

개정법(제90조)은 '선박 또는 항해에 관한 소'를 정의하지 않으므로 그의 구체적 범위는 논란의 여지가 있으나 종래 민사소송법 제13조가 동일한 유형의 소를 규정하므로 그 해석론이 참고가 된다. 이처럼 무엇이 제91조에서 말하는 '선박 또는 항해에 관한 소'에 포섭되는가는 성질결정(characterization)의 문제이다.

민사소송법 제13조의 해석상 '선박에 관한 소'라 함은 선박 자체를 목적으로 하거나 선박에 기인하는 권리관계의 소를 말하는데,[49] 이에는 선박 소유권에 관한 소, 공유선박의 분할의 소, 선박소유권이전등기청구의 관한 소, 선체용선계약에 관한 소, 그리고 운임반환청구, 운임[50] 또는 선원의 급여청구, 감항능력위반

---

47) 이규호(註 26), 327면; 菊井維大/村松俊夫(註 30), 606면도 동지. 하지만 개정안 제90조(책임제한사건)와 제93조(선박충돌에 관한 소)는 선적을 관할근거로 규정한다. 준거법 결정의 맥락에서 국제사법은 다양한 연결대상에 대하여 선적을 연결점으로 사용하므로 편의치적을 이유로 선적을 관할에서 연결점으로 인정하지 않는 것은 부당하다고 볼 여지도 있다. 오히려 선적국법을 준거법으로 삼고 부당한 결론은 예외조항(국제사법 제8조)으로 해결하듯이, 국제재판관할의 맥락에서도 선적을 관할근거로 인정하되 국제재판관할권의 불행사(개정안 제12조)를 통하여 해결해야 한다는 견해도 주장될 여지가 있다.

48) 해사소송사건에서 선적국의 국제재판관할을 당연한 것으로 보는 사람들에게는 이런 태도는 생소할 것이다.

49) 이는 민사소송법 제20조가 정한 '부동산에 관한 소'의 해석론과 유사하다.

50) 민일영 · 김능환/김상준(註 39), 188면은 '운송임' 또는 '운송료'라는 용어를 사용하나 일본

에 따른 손해배상청구와 불법행위로 인한 손해배상청구 등 물권에 관한 소와 채권에 관한 소가 포함된다고 한다.[51] 선박건조계약에 따른 선박 인도청구도 포함될 것이다.[52][53] 이런 논란은 개정법에서 비로소 제기되는 문제는 아니고 민사소송법 제13조를 국제재판관할의 근거로 참고한 종래 해석론에서도 제기되어 온 문제이다. 해석론으로서 선박에 기인하는 권리관계의 소의 범위를 명확히 할 필요가 있다.

한편 민사소송법 제13조의 해석상 '항해에 관한 소'는 선박을 항해에 제공하는 것에 의하여 생기는 일체의 권리의무관계에 관한 소로서, 운임청구의 소, 운송임반환청구의 소, 항해 준비를 위한 항해용 물자의 구입, 선박 수선, 선원 고용, 승객·화물의 운송 기타 항해에 관하여 생기는 채무불이행 또는 불법행위(따라서 선박충돌도) 기타 청구에 관한 일체의 소를 포함한다고 한다.[54]

위의 해석에 따르면 운송계약에 따른 운임청구와 선원의 급여청구[55]는 선박에 관한 소와 항해에 관한 소의 양자에 해당된다는 것으로 보인다.

상법 제766조, 제576조와 달리 우리 상법(예컨대 제777조)은 '운임'이라 하고 '운송임'이라는 용어는 사용하지 않는다.

51) 민일영·김능환/김상준(註 39), 188면; 이규호(註 26), 319면.

52) 그러나 부동산에 관한 소를 설명한 이시윤, 민사소송법, 제6증보판(2012), 98면을 선박에 대입하면 부동산에 관한 소 중 채권의 소는 선박 자체에 관한 소이므로 선박의 매매대금 또는 임대료 등의 지급을 구하는 소는 여기에 포함되지 않는다는 것이 된다. 그러나 운임청구와 선원의 급여청구가 선박에 관한 것임에도 불구하고 선박의 매매대금과 임대료 청구가 포함되지 않는다는 것은 동의하기 어렵다. 위와 같은 해석론에 따른다면 선박건조계약에 따라 완성된 선박의 인도를 구하는 것은 선박에 관한 소에 포함되지만 선박건조대금 청구는 포함되지 않을 것인데 그런 구별은 설득력이 없다. 선박의 하자를 이유로 하는 손해배상청구는 어떤지도 의문이다.

53) '선박 또는 항해에 관한 소'라는 다소 애매한 개념보다는 Arrest Convention에서 보듯이 보다 정치한 해사채권(내지 해사청구)의 발생원인을 명시하는 편이 바람직하지 않을까 생각된다. 저자는 개정안에서 '선박 또는 항해에 관한 소'라는 개념을 사용하는 데 대해 의문이 있었으나 민사소송법이 이미 사용하는 개념이므로 반대하지 않았다.

54) 菊井維大/村松俊夫(註 30), 121면. 민일영·김능환/김상준(註 39), 188면; 이규호(註 26), 319면도 같다. 다만 민일영·김능환/김상준(註 39), 188면은 "승객 및 화물의 운송 이외에 항해에 관하여 생긴 채무불이행 또는 불법행위의 소를 포함한다"고 설명하는데, 여기에서 밑줄 부분은 "승객 및 화물의 운송으로 인한 것은 제외한다는 취지로 읽힌다. 그러나 "승객 및 화물의 운송 기타"라고 이해하는 것이 적절하다. 조문의 취지도 그렇고 일본 주석서도 그런 취지이다.

55) 선원의 급여청구에 대하여는 근로계약의 특별관할을 정한 개정법(제43조)이 적용되는데 그것과 제90조의 특별관할의 관계는 아래(Ⅶ. 2.)에서 논의한다.

위 특별관할에 추가하여 제1장에 규정된 일반관할(개정법 제3조)도 인정된다.[56]

이와 관련하여 한가지 언급할 것은 외국법원을 위한 전속적 관할합의가 있는 경우에도 피고 소유의 선박이 한국에 있음을 근거로 한국에서 가압류를 한 뒤 제90조에 따라 본안에 대하여 선박 가압류관할을 인정할 수 있는가라는 문제이다. 이는 전속관할이 아니라 전속적 국제재판관할합의(이하 "전속적 관할합의"라고 한다)의 문제이므로 개정법 제10조 제2항과는 직접 관련이 없다. 개정법에는 조문이 없으나 이를 허용하는 것은 전속적 관할합의에 반하므로 허용하지 말아야 한다.[57]

다. 선박 가압류관할(제90조)과 재산소재지의 특별관할(제5조)의 관계

제10장의 선박 가압류관할(제90조)과 아래에서 논의하는 제1장 재산소재지의 특별관할(개정법 제5조)의 관계도 검토할 필요가 있다.

첫째, 제5조에 따르면 청구 또는 담보의 목적인 재산이 한국에 있으면 한국의 관할이 인정되고, 둘째, 압류할 수 있는 피고의 재산이 한국에 있는 경우에는 원칙적으로 한국의 국제재판관할이 인정되나, 후자의 경우 분쟁이 된 사안이 한국과 아무런 관련이 없거나 근소한 관련만 있거나 그 재산의 가액이 현저하게 적다면 국제재판관할이 부정된다. 따라서 해사사건에 관하여 소를 제기하려는 자는 가압류 없이도 제5조를 근거로 소를 제기할 수 있으므로 제10장의 선박 가압류관할은 불필요한 것이 아닌가라는 의문이 제기될 수 있다. 하지만 과거 우리 법원에서 문제된 사안, 즉 독일 기업이 러시아 선박을 한국에서 가압류하고 이를 근거로 러시아 기업을 상대로 우리 법원에 소를 제기한 사안에서,[58] 만일 분쟁이 된 사안

---

56) 참고로 독일 민사소송법(제30조)은 우리 민사소송법과 달리 운송계약에 관한 특별재판적을 두고 있다. 제30조 제1항에 따르면 물건 운송으로부터 발생하는 분쟁에 대하여는 물건 수령지 또는 예정 인도지의 법원에도 토지관할이 있다. 실제운송인과 계약상 운송인에 대한 소는 실제운송인의 재판적 소재지에서도 제기할 수 있다. 이는 2013년 4월 해상법 개정 법률에 의하여 삽입된 것으로 우리 민사소송법에는 없는 조문이다. 여객운송에 관하여는 제30조 제2항이 특별재판적을 규정한다. 독일의 이런 특별재판적은 이중기능을 하므로 토지관할뿐만 아니라 국제재판관할의 근거로서도 의미를 가진다. Patzina, Münchener Kommentar zur ZPO, 5. Auflage (2016), ZPO §30, Rn. 11.

57) 중재합의가 있는 경우에도 마찬가지이다. 즉 외국을 중재지로 하는 중재합의가 있더라도 보전처분을 위한 국제재판관할이 있으면 우리나라에서 가압류를 할 수는 있지만, 더 나아가 그러한 가압류를 근거로 우리 법원이 본안에 대하여 재판관할을 가질 수는 없다. 그것은 중재합의에 반하기 때문이다.

58) 부산고등법원 2001. 2. 2. 선고 99나5033 판결의 사안.

이 한국과 아무런 관련이 없다면 이제는 과거와 달리 제5조를 근거로 한국 법원의 관할을 인정할 수는 없는 데 반하여, 그 경우에도 선박의 한국 내 소재를 근거로 일단 당해 선박을 가압류하면 제10장에 따른 선박 가압류관할을 인정할 수 있으므로 양자는 차이가 있다.[59] 물론 선박 가압류관할이 인정되더라도 개정법 제5조 제2호의 요건이 구비된다면 재산소재지의 특별관할도 인정된다.

가압류관할을 인정하기 위한 전제로서 가압류의 대상은 조문 별로 검토해야 한다. 제90조의 경우 가압류의 대상은 피고 소유의 선박이면 족하고, 해사채권을 발생시킨 선박 또는 그의 자매선에 한정되지 않는다.[60]

라. 선박 가압류관할(제90조)과 각칙 다른 장의 특별관할의 경합

위에서 본 것처럼 해사사건의 실무상 중요한 의미를 가지는 개정법(제90조)은 물권, 계약과 불법행위 등 광범위한 해사사건에 적용되므로 개정법 각칙의 다른 장과 경합할 수 있다.

예컨대 개정법(제90조)의 '선박에 관한 소' 중 ① 운임반환청구, 운임 또는 선원의 급여청구, 감항능력위반에 따른 손해배상청구 또는 불법행위로 인한 손해배상청구에 대하여는 제90조와 제5장(채권, 즉 계약 및 불법행위)의 관할규칙이 경합할 수 있다. 또한 개정법(제90조)의 '항해에 관한 소' 중 ② 항해의 준비행위인 물자의 구입, 선박의 수선, 선원 고용, 그리고 항해에 관하여 생긴 채무불이행 또는 불법행위의 소에 대하여는 제90조와 제5장(채권, 즉 계약 및 불법행위)의 관할규칙이 경합할 수 있다. 예컨대 화주가 운송 중 화물이 손상되었음을 이유로 선박소유자 또는 운송인을 상대로 선하증권에 따른 계약책임과 불법행위책임을 묻는 소를 제기하는 경우처럼 제90조의 대상인 동시에, 각칙 중 다른 장에 규정된 국제재판관할규칙이 경합하는 사건이 많이 있다.

일반적으로 제90조 또는 다른 장에 따라 우리 법원의 관할이 있으면 한국의 국제재판관할이 인정된다. 선박건조계약과 해상운송계약에 관하여는 아래(Ⅶ.)에서 논의한다.

---

59) 다만 양자를 병렬적으로 인정하는 점과 제10장에서 선박에 한하여 가압류관할을 인정하는 것이 정당한지에 관한 의문은 더 검토할 필요가 있다.

60) 이 점에서 제91조는, 당해 선박과 관련된 해사채권에 기초한 당해 선박 및 그 자매선의 가압류에 기하여만 선박 가압류관할을 인정하자는 정완용(註 26), 243면의 제안과 다르다.

2. 민사소송법 제14조에 상응하는 규정의 미채택과 재산소재지의 특별관할(제5조)의 적용

민사소송법 제14조는 선박채권(船舶債權), 그 밖에 선박을 담보로 한 채권에 관한 소에 대해 선박 소재지의 토지관할을 인정한다. 여기에서 '선박채권'은 해상법상 발생한 채권 중에서 선박우선특권(maritime lien)이 부여된 채권을 말한다.[61] 이는 선박을 책임재산으로 하는 채권에 기인한 소에 관하여 선박소재지의 특별재판적을 인정한다거나, 선박에 관한 강제집행이 압류 당시 정박항을 관할하는 지방법원이 집행법원이 되는 것과 균형상 인정한다거나,[62] 선박은 일정한 곳에 머물러 있지 않으므로 선박이 있는 곳에서 이를 압류하고 소송도 할 수 있도록 함으로써 권리실현을 쉽게 하기 위하여 특별재판적을 인정하는 것이라고 설명한다.[63]

그러나 이러한 제14조의 취지에 충실하자면 선박 소재가 아니라 선박에 대한 압류를 근거로 국제재판관할을 인정하는 것이 타당할 것이다. 개정법은 선박 소재지에 관할을 인정하는 민사소송법 제14조를 국제재판관할규칙으로 삼지 않는다.[64] 이를 규정하지 않더라도 대체로 피담보채권의 발생원인[65]에 따라 제90조 기타 다른 조문 특히 선박 가압류관할에 의하여 해결하거나,[66] 가사 그렇지 않더라도 문제된 선박이 한국에 있다면 담보의 목적인 재산이 한국에 있는 경우에 해당되어 재산소재지의 특별관할을 정한 개정법(제5조 제1호)에 따라 우리 법원의 국제재판관할이 인정될 것이다.[67]

---

61) 호문혁, 민사소송법 제14판(2020), 182면. 최종현(註 41), 645면은 선박채권은 선박우선특권을 말한다고 한다.

62) 민일영·김능환/김상준(註 39), 189면.

63) 호문혁(註 61), 182면.

64) 최종현(註 41), 645면은 해석론으로 민사소송법 제14조는 국제재판관할에도 타당하다고 본다. 이규호(註 26), 328면은 입법론으로 민사소송법 제14조를 국제재판관할규칙으로 두는 안을 지지하였다. 개정법과 달리 일본 민사소송법(제3조의3 제6호)은 민사소송법 제14조에 상응하는 국제재판관할규칙을 두고 있다.

65) 우리 법상의 피담보채권의 발생원인은 상법 제777조(선박우선특권 있는 채권) 참조.

66) 일본 민사소송법은 개정법과 달리 선박 가압류관할을 인정하지 않는다.

67) 일본 민사소송법은 담보 목적 소재지의 관할을 인정하지 않는다. 이런 이유로 민사소송법 제14조에 상응하는 국제재판관할을 두었는지는 모르겠다.

3. 공동해손에 관한 소의 특별관할(개정법 제91조)

우리 상법상 '공동해손(general average)'이란 선장이 선박 또는 적하의 공동위험을 면하기 위해서 선박 또는 적하에 관하여 한 처분에 의하여 생긴 손해와 비용을 의미한다(제832조). 공동해손에 관한 국제규범으로는 국제해법회(*Comité Maritime International*. CMI. 국제해사위원회 또는 만국해법회)의 주도 하에 1994년 성립한 "요크안트워프규칙(York-Antwerp Rules)"이 있었는데 국제해법회는 2004년 개정규칙을 발표하였다.[68] 이는 조약은 아니나 모든 선하증권과 용선계약은 공동해손을 요크안트워프규칙에 따라 처리한다는 약관을 두기 때문에 사실상 공동해손에 관한 규범은 국제적으로 통일되었다고 한다.[69]

민사소송법은 공동해손에 관한 소의 특별재판적을 규정하지 않는다.

개정법(제91조)은 공동해손에 관한 소에 대하여는 선박 소재지, 사고 후 선박의 최초 도착지와 선박 가압류지(여기의 선박은 공동해손에 관계된 선박을 말하는 것으로 보인다)[70]가 한국인 경우 한국의 국제재판관할을 인정한다. 선박 소재지는 결국 재산 소재지의 성격을 가진다. 사고 후 선박의 최초 도착지의 관할을 인정하는 것은 그곳을 관할하는 법원이 심리하는 것이 증거조사에 편리하기 때문이다. 그러나 민사소송법 제14조를 국제재판관할규칙으로 삼지 않은 위 설명에 비추어 보면 선박 소재지의 관할을 인정하는 것과, 또한 선박 가압류관할과 선박 소재지의 관할을 동시에 인정하는 것이 타당한지는 다소 의문이다.

위 특별관할에 추가하여 제1장에 규정된 일반관할(개정법 제3조)도 인정될 것이다.

4. 선박충돌에 관한 소의 특별관할(개정법 제92조)

불법행위지의 특별재판적을 정한 민사소송법(제18조 제2항)은 선박의 충돌이

---

68) 주요 개정내용은 김재환, "공동해손의 제문제", 2015. 5. 27. 개최된 국제사법학회 제120회 정기연구회 발표자료, 7면 참조. 2004년 규칙의 영문과 국문번역은 한국해운조합 홈페이지(http://www.haewoon.or.kr) 참조.

69) 송상현·김현, 해상법원론 제5판(2015), 526면.

70) 선박 가압류관할에서 원고가 선박 가압류를 한 경우에 한하는지 아니면 제3자가 가압류한 경우도 포함하는가라는 의문이 있다. 이 점은 법무부에서도 제기된 논점이었는데 해법학회 발표 시에서도 동일한 질문이 제기되었다. 문언상 다소 불분명하나 이를 제한할 이유는 없는 것으로 보인다. 선박 소재지가 별도의 관할근거이므로 더욱 그러하다.

나 그 밖의 사고로 말미암은 손해배상에 관한 소를 제기하는 경우에는 사고선박
이 맨 처음 도착한 곳의 법원에 제기할 수 있다고 규정한다. 여기에서 '사고선박'
이라 함은 피해선박을 말하는데 그 이유는, 피해선박이 처음으로 도착한 곳은 결
과발생지의 연장이라고 볼 수 있으므로 그곳을 관할하는 법원이 심리하는 것이
증거조사에도 편리하기 때문이다.[71] 만일 충돌선박이 각각 상이한 지점에 처음으
로 도착했다면 두 곳의 법원에 제2항의 재판적이 경합하므로 원고는 재판적을 선
택할 수 있다.[72] 일본 민사소송법(제3조의3 제9항)도 국제재판관할의 맥락에서 동
일한 취지를 규정한다.[73]

　　개정법(제92조)은 선박충돌 그 밖의 사고에 관한 소에 대하여는, 가해 선박의
선적지 또는 소재지, 사고 발생지, 피해 선박의 사고 후 최초 도착지 또는 가해
선박의 압류지가 한국인 경우에 한국의 국제재판관할을 인정한다.[74] 가해 선박의
선적지는 피고의 주된 사무소 소재지와 같을 수도 있고 다를 수도 있는데, 이는
아마도 가해 선박의 소재지가 증거조사에 용이하고 집행의 효율성이라는 관점에
서 관할근거로 볼 수 있다는 취지로 짐작되나, 가해 선박의 선적지와 소재지가 관
할근거로서 합리성이 있는지는 의문이다.[75][76] 더욱이 가해 선박 가압류관할과 가

---

71) 민일영 · 김능환/김상준(註 39), 197면.

72) 민일영 · 김능환/김상준(註 39), 197면.

73) 동조는 "선박의 충돌 및 그 밖의 해상사고에 기한 손해배상의 소의 경우, 손해를 당한 선
박이 최초에 도달한 곳이 일본에 있을 때" 일본의 국제재판관할을 인정한다. 토지관할에
관한 일본 민사소송법 제5조 제10호도 같다.

74) 일본 민사소송법(제3조의3 제9호)도 국제재판관할의 맥락에서 동일한 취지를 규정한다. 토
지관할에 관한 일본 민사소송법 제5조 제10호도 같다. 공동해손에 관한 논의에서와 마찬
가지로 가해선박 가압류관할에서 원고가 선박 가압류를 한 경우에 한하는지 아니면 제3자
가 가압류한 경우도 포함하는가라는 의문이 있다. 여기에서도 문언상 다소 불분명하나 이
를 제한할 이유는 없는 것으로 보인다. 가해선박 소재지가 별도의 관할근거이므로 더욱 그
러하다.

75) 국제사법 제61조 제2항은, 공해에서의 선박충돌에 관한 책임의 준거법의 맥락에서 각 선박
이 선적국을 달리하는 때에는 가해선박의 선적국법에 의하도록 규정한다. 저자는 "이는 그
국가가 법정지가 될 가능성이 크다는 점을 고려한 것이다"라고 설명하였다. 석광현(註 8),
606면. 가해 선박의 선적국이 그 자체로서 관할을 가지지 않더라도 가해 선박의 소유자에
대한 일반관할을 가지는 국가로서 인정될 수 있음을 고려한 것이었다.

76) 1952년 "선박충돌에 대한 민사재판관할권에 관한 약간의 규칙을 통일하기 위한 국제협약"
제1조도 선박압류지의 관할을 인정한다. 즉 위 협약 제1조에 따르면 ① 피고 상거소지 또
는 영업소 소재지(제1조 제1항 a호), ② 선박 가압류지(제1조 제1항 b호)와 ③ 선박충돌지
(항만 및 내수에서 발생한 경우)가 국제재판관할을 가진다. 이를 보면 선적국은 관할근거가

해 선박 소재지의 관할을 동시에 인정하는 것은 다소 의문이다. 피해 선박의 최초 도착지는 사고 발생지의 연장선상에 있는 것으로 볼 수 있다.

국제재판관할규칙을 토지관할규칙과 비교해보면 개정법이 사고 발생지의 관할을 명시하는 점이 다르나, 사고 발생지(또는 충돌지)는 민사소송법(제18조 제1항)이 정한 불법행위지에 해당하므로 별 차이는 없다.[77] 사고 발생지가 관할근거로서 의미가 있는 것은 그것이 개항·하천 또는 영해인 경우에 한한다. 만일 사고 발생지가 공해상이면 특정국가의 관할을 인정할 수 없기 때문이다. 가해 선박이 처음으로 도착한 곳의 국제재판관할은 인정되지 않는다. 반면에 국제재판관할의 맥락에서도 피해선박이 처음으로 도착한 곳은 결과발생지의 연장이라고 볼 수 있고 그곳을 관할하는 법원이 심리하는 것이 증거조사에도 편리하다.

위 특별관할에 추가하여 제1장에 규정된 일반관할(개정법 제3조)도 인정될 것이다.

제10장이 불법행위에 관한 소의 특별관할을 배제하지 않으므로 선박충돌의 경우에도 개정법(제44조)이 적용되고 따라서 행동지와 결과발생지의 관할이 인정될 것이나 이는 통상 사고 발생지와 동일할 것이므로 별로 실익은 없을 것이다.

5. 해난구조에 관한 소의 특별관할(개정법 제93조)

'해난구조(salvage)'란 해상기업에 수반되는 해상위험인 해난(또는 해양사고)에 조우한 선박 또는 적하를 구조하는 것을 말인데, 준거법을 정한 국제사법 제62조는 사법상(私法上)의 의무 없이 구조하는 협의의 해난구조에 관한 조항으로서 사무관리(제30조)의 특칙이라고 할 수 있다.[78] 개정법은 사무관리에 관한 관할규칙

아니나, 선박충돌지는 항만 및 내수에서 발생한 경우 관할근거로서 의미가 있다. 개정안은 이 3개에 추가하여 가해 선박의 선적지 또는 소재지(제1호)와 피해 선박이 사고 후 최초로 도착한 곳(제3호)에 관할을 인정하는 것이다. 저자는 과거 우리 법의 해석론으로도 위 협약의 관할규칙을 충분히 고려할 필요가 있다는 견해를 피력한 바 있다. 석광현(註 5), 299면.

77) 저자는 민사소송법 제18조 제1항과 제2항의 관계를 위와 같이 이해하나, 제18조의 해석상 선박충돌의 경우 제1항이 배제되고 제2항만이 적용된다는 취지의 설명도 있다. 즉 호문혁(註 61), 178면에 따르면, 제2항의 경우 행위지가 불분명하거나 분명하더라도 그 장소가 공해상이어서 그곳에 재판적을 인정하는 것이 의미가 없을 수 있기 때문에 사고발생지에 재판적을 인정하지 않는 대신에 첫 도착지에 재판적을 인정하여 신속한 권리구제의 길을 열어 준 것이라고 한다. 그러나 충돌사고가 영해에서 발생한 경우를 생각하면 이런 설명은 잘 이해되지 않는다.

78) 해상법학자들은 이를 해상법상 특수한 법률요건으로 본다. 최종현(註 41), 551면; 김인현,

을 규정하지는 않는다.

민사소송법(제19조)은 해난구조에 관한 특별재판적이라는 제목 하에 "해난구조(海難救助)에 관한 소를 제기하는 경우에는 구제된 곳 또는 구제된 선박이 맨 처음 도착한 곳의 법원에 제기할 수 있다"고 규정한다.[79] 이는 증거조사의 편의를 위한 것이다.[80] 문언은 '구제'라고 하나 해난구조의 개념에 비추어 이를 '구조'로 해석해야 한다.[81] 구조료청구와 같은 이행의 소나 구조료청구권의 부존재확인과 같은 확인의 소가 주로 이에 포섭될 것이다.[82]

위원회는 위 토지관할규칙을 국제재판관할규칙으로 수용하기로 결정하였다.[83] 따라서 개정법(제93조)에 따르면, 해난구조에 관한 소에 대하여는 해난구조가 있었던 곳 또는 구조된 선박이 최초로 도착한 곳이 한국에 있는 경우 한국이 국제재판관할을 가진다.[84] 개정법은 구조된 선박 가압류관할도 명시한다.[85][86] 참고로 브뤼셀 I Recast(제7조 제7호)(브뤼셀 I 제5조 제7호에 상응)도 해난구조에서 가압류관할을 인정한다.[87] 다만 브뤼셀체제에서 가압류 대상은 화물만이 아니라

해상법, 제4판(2015), 401면.

79) 독일 민사소송법 제30a조는 이와 달리 국내에 재판적이 없는 사람에 대한 해난구조로 인한 보수청구권 기타 청구권에 관하여는 원고의 보통재판적 소재지 법원의 관할을 인정한다.

80) 민일영·김능환/김상준(註 39), 198면.

81) 민일영·김능환/김상준(註 39), 199면도 동지.

82) 민일영·김능환/김상준(註 39), 199면. 민일영·김능환/김상준(註 39), 199면은 약정구조료의 변경청구처럼 형성의 소도 가능하다고 하나, 그것은 계약상의 청구라면 제94조가 아니라 제42조의 적용대상이 될 것이다.

83) 최종현(註 41), 645면은 민사소송법 제19조는 국제재판관할에도 타당하다고 본다.

84) 저자는 준거법에 관한 논의의 맥락에서 구조된 선박의 선적국이 통상 법정지가 된다고 썼는데(석광현(註 8), 609면) 이는 일반관할을 고려한 것이다.

85) 구조된 선박 가압류관할에서 원고가 선박 가압류를 한 경우에 한하는지 아니면 제3자가 가압류한 경우도 포함하는가라는 의문이 있다. 문언상 다소 불분명하나 이를 제한할 이유는 없는 것으로 보인다.

86) 종래 '해난구조' 또는 '해양사고구조'(국제사법 제62조)라는 용어가 사용되었으나, 개정안은 상법(예컨대 제750조)을 따라 '해난구조'라 한다. "해양사고의 조사 및 심판에 관한 법률"(약칭: 해양사고심판법) 제2조 제1호는 '해양사고'라는 용어를 사용하면서 이를 정의한다.

87) 이는 브뤼셀체제가 원칙적으로 받아들이지 않은 *forum arresti*를 예외적으로 도입한 것이다. Philipp Egler, Seeprivatrechtliche Streitigkeiten unter der EuGVVO (2011), S. 266. 브뤼셀체제에 따른 해난구조의 관할조항은 화물 또는 운임의 해난구조에 대한 보수지급에 관련된 분쟁에 대해 적용되므로 개정안처럼 양면적이지는 않다. 따라서 구조자의 잘못으로 화물이 훼손되었음을 이유로 화물의 소유자가 구조자에 대하여 손해배상을 청구하는 경우에는 위 조문이 적용되지 않고 불법행위의 관할규칙에 따른다. 위 Egler, S. 268.

운임도 포함한다.[88] 이는 특히 화물이 안전하게 목적항에 도달하는 것을 조건으로 운임을 지급하기로 하는 사안을 염두에 둔 것으로, 해난구조가 없었더라면 운임을 받을 수 없었을 텐데 해난구조로 인하여 운임을 받을 수 있게 되었다면 구조자는 그 운임채권을 가압류할 수 있고 그 경우 가압류관할을 인정한다는 취지이다.[89] 개정법은 운임채권을 언급하지 않는데 이를 명시하였더라면 하는 아쉬움이 있다.

해난구조가 구조자와 선박소유자 간의 계약에 기하여 이루어진 경우에는 제93조가 아니라 합의관할 또는 그것이 없으면 용역제공계약에 관한 관할규칙(개정법 제41조)이 적용될 것이나, 실무적으로는 구조계약에는 대부분 중재조항이 포함된다고 한다.[90]

위 특별관할에 추가하여 제1장에 규정된 일반관할(개정법 제3조)도 인정될 것이다.

6. 민사소송법 등의 특별재판적과 제10장의 국제재판관할규칙의 비교

위에서 본 것처럼 해사사건에 관한 개정법의 국제재판관할규칙은 민사소송법 기타 우리 법상의 특별재판적과 다소 다르다. 이는 의도적인 것인데 이를 표로 정리하면 아래와 같다.

---

[88] 화물 또는 운임의 해난구조에 대한 보수지급에 관련된 분쟁에 관하여는, 그의 권한에 의하여 (a) 그 채권의 확보를 위해 문제가 된 화물 또는 운임이 압류되거나 또는 (b) 화물이 압류될 수 있었으나 보증금 또는 기타 담보가 제공된 법원이 관할을 가진다. 다만, 이 조항은 피고가 화물 또는 운임에 대하여 이익을 가지거나 해난구조 시 이익을 가지고 있었다고 주장된 경우에만 적용된다. 단서의 결과 선박소유자이더라도 화물에 대해 화물이나 운임에 대해 이익이 없으면 그에 대하여는 여기의 관할을 주장할 수 없다. Magnus/Mankowski (eds.), Brussels I Regulation (2007), Art. 5, Rn. 316. 이하 (Mankowski 집필부분) "Magnus/Mankowski/집필자"로 인용한다.

[89] Magnus/Mankowski/Mankowski, Art. 5, Rn. 315. 이는 가압류의 결과 우선권을 가진다고 하는데, 가압류에 그런 효과를 부여하는 국가에서 타당한 설명이다.

[90] Magnus/MankowskiMankowski, Art. 5, Rn. 311. 1989년 "해난구조에 관한 국제협약"에는 관할규칙이 없으나, 해난구조에서 널리 쓰이는 Lloyd Open Form에는 Lloyd's Standard Salvage and Arbitration Clauses ("the LSSA Clauses")에 따른다는 중재조항이 있다.

《민사소송법 등의 특별재판적과 제10장의 국제재판관할규칙의 비교》

민사소송법 등	개정법
선박소유자의 책임제한 등에 관한 법률 제2조(책임제한사건의 관할) 책임제한사건은 책임을 제한할 수 있는 채권(이하 "제한채권"이라 한다)이 발생한 선박의 선적(船籍) 소재지, 신청인의 보통재판적(普通裁判籍) 소재지, 사고 발생지, 사고 후에 사고선박이 최초로 도달한 곳 또는 제한채권에 의하여 신청인의 재산에 대한 압류 또는 가압류가 집행된 곳을 관할하는 지방법원의 관할에 전속(專屬)한다.	**제89조(선박소유자등의 책임제한사건의 관할)** 선박소유자 · 용선자(傭船者) · 선박관리인 · 선박운항자, 그 밖의 선박사용인(이하 "선박소유자등"이라 한다)의 책임제한사건에 대해서는 다음 각 호의 어느 하나에 해당하는 곳이 대한민국에 있는 경우에만 법원에 국제재판관할이 있다. 1. 선박소유자등의 책임제한을 할 수 있는 채권(이하 "제한채권"이라 한다)이 발생한 선박의 선적(船籍)이 있는 곳 2. 신청인인 선박소유자등에 대하여 제3조에 따른 일반관할이 인정되는 곳 3. 사고발생지(사고로 인한 결과 발생지를 포함한다) 4. 사고 후 사고선박이 최초로 도착한 곳 5. 제한채권에 의하여 선박소유자등의 재산이 압류 또는 가압류된 곳(압류에 갈음하여 담보가 제공된 곳을 포함한다. 이하 "압류등이 된 곳"이라 한다) 6. <u>선박소유자등에 대하여 제한채권에 근거한 소가 제기된 곳</u>
제10조(선원 · 군인 · 군무원에 대한 특별재판적) ① 선원에 대하여 재산권에 관한 소를 제기하는 경우에는 선적(船籍)이 있는 곳의 법원에 제기할 수 있다.	***미채택**
제13조(선적이 있는 곳의 특별재판적) 선박 또는 항해에 관한 일로 선박소유자, 그 밖의 선박이용자에 대하여 소를 제기하는 경우에는 선적이 있는 곳의 법원에 제기할 수 있다.	**제90조(선박 또는 항해에 관한 소의 특별관할)** 선박소유자등에 대한 선박 또는 항해에 관한 소는 선박이 압류등이 된 곳이 대한민국에 있는 경우 법원에 제기할 수 있다. *<u>제90조는 제13조와 달리 선적 소재지 관할 불인정하는 대신 가압류관할 인정91)</u>
신설	**제91조(공동해손에 관한 소의 특별관할)** 공동해손(共同海損)에 관한 소는 다음 각 호의 어느 하나에 해당하는 곳이 대한민국에 있는 경우 법원에

---

91) 일본 민사소송법도 이를 국제재판관할의 근거로는 채택하지 않았다.

	제기할 수 있다. 1. 선박의 소재지 2. 사고 후 선박이 최초로 도착한 곳 3. 선박이 압류등이 된 곳
제14조(선박이 있는 곳의 특별재판적) 선박채권(船舶債權), 그 밖에 선박을 담보로 한 채권에 관한 소를 제기하는 경우에는 선박이 있는 곳의 법원에 제기할 수 있다.	*미채택92) *개정법(제5조 제1호)에 기하여 담보 목적인 선박의 한국 내 소재를 근거로 관할이 인정된다. 그 밖에 피담보채권의 발생원인에 따라 제10장의 다른 조문이 정한 가압류관할이 인정될 수 있다.
제18조(불법행위지의 특별재판적) ② 선박 또는 항공기의 충돌이나 그 밖의 사고로 말미암은 손해배상에 관한 소를 제기하는 경우에는 사고선박 또는 항공기가 맨 처음 도착한 곳의 법원에 제기할 수 있다.	제92조(선박충돌에 관한 소의 특별관할) 선박의 충돌이나 그 밖의 사고에 관한 소는 다음 각 호의 어느 하나에 해당하는 곳이 대한민국에 있는 경우 법원에 제기할 수 있다. 1. 가해 선박의 선적지 또는 소재지 2. 사고 발생지 3. 피해 선박이 사고 후 최초로 도착한 곳 4. 가해 선박이 압류등이 된 곳
제19조(해난구조에 관한 특별재판적) 해난구조(海難救助)에 관한 소를 제기하는 경우에는 구제된 곳 또는 구제된 선박이 맨 처음 도착한 곳의 법원에 제기할 수 있다.	제93조(해난구조에 관한 소의 특별관할) 해난구조에 관한 소는 다음 각 호의 어느 하나에 해당하는 곳이 대한민국에 있는 경우 법원에 제기할 수 있다 1. 해난구조가 있었던 곳 2. 구조된 선박이 최초로 도착한 곳 3. 구조된 선박이 압류등이 된 곳

Ⅵ. 선박 관련 물권에 관한 소

선박 관련 물권에 관한 소에 대하여는 제10장 외에 다른 장의 관할규칙이 적용된다.

1. 물권에 관한 소 등의 국제재판관할

개정법은 제4장에 재판관할규칙을 두지 않는다.93) 그러나 동산 물권에 관한

---

92) 일본 민사소송법(제3조의3 제6호)은 이를 국제재판관할의 근거로 채택하였다.

93) 개정법은 제4장에 재판관할규칙을 두지 않으나 개정안(제33조)은 두었었다. 즉 첫째, 동산

소에 관하여는 제5조 제1호(즉 청구의 목적 또는 담보의 목적인 재산이 한국에 있는 경우)에 의하여 재산소재지의 특별관할이 인정된다. 이는 전속관할이 아니다. 한편 물권에 관한 소는 아니나, 한국의 공적 장부의 등기 또는 등록에 관한 소와, 한국에서 집행하고자 하는 경우 재판의 집행에 관한 소는 한국의 전속관할에 속하지만 등기 또는 등록에 관한 것이더라도 그 분쟁이 계약에 따른 것이라면 그러하지 아니하다(개정법 제10조).

2. 제5조와 제90조의 경합

위에서 본 것처럼 제90조에 따르면 '선박에 관한 소' 중에서 선박소유권에 관한 소, 공유선박의 분할의 소와 같은 물권에 관한 소에 대하여는 선박 가압류관할이 인정되고, 제5조 제1호에 따라 동산 물권에 관한 소의 특별관할이 인정될 수 있으므로 청구의 목적 또는 담보의 목적인 재산이 한국에 있는 경우 한국의 국제재판관할이 인정된다. 결국 이는 위(Ⅴ.1.)에서 논의한 선박 가압류관할(제90조)과 재산소재지의 특별관할(제5조)의 경합의 문제이다.

Ⅶ. 선박 관련 계약 기타 채권에 관한 소(개정법 제6장 제1절)

선박과 관련된 계약 기타 채권에 관한 소에 대하여는 제10장 외에 제6장이 적용된다.

1. 통상의 계약에 관한 소의 특별관할(개정법 제41조)

민사소송법(제8조)은 '거소지 또는 의무이행지의 특별재판적'이라는 제목 하에 "재산권에 관한 소를 제기하는 경우에는 거소지 또는 의무이행지의 법원에 제기할 수 있다"고 규정한다. 민사소송법은 명시하지 않지만,[94] 여기에서 의무라 함

물권에 관한 소에 관하여는 제5조 제1호(청구의 목적 또는 담보의 목적인 재산이 한국에 있는 경우)에 의하여 재산소재지의 특별관할이 인정되고(제33조 제1항), 둘째, 부동산에 대한 물권 또는 임차권과 같이 부동산의 사용을 목적으로 하는 권리로서 등기된 것에 근거한 소에 대하여 유럽연합의 태도를 따라 전속관할을 규정하였다(제33조 제2항, 제10조 제1항 제2호). 양자는 독자적인 특별관할규칙이 아니고 동산 물권에 관한 소의 특별관할과, 부동산 물권에 관한 소의 전속관할을 확인하는 것이다. 이런 규정방식은 수범자의 편의를 위한 조치였으나 결국 삭제되었다.

94) 독일 민사소송법(제29조)과 브뤼셀Ⅰ(제5조 제1호)은 이를 명시한다.

은 '문제가 된(또는 다툼 있는) 의무' 또는 '청구의 근거(또는 기초)가 된 의무'를 의미한다. 대법원 1972. 4. 20. 선고 72다248 판결은 섭외적 요소가 있는 사건에서도 구 민사소송법 제6조(민사소송법 제8조에 상응)를 적용하여, 중개보수를 지급할 채무가 지참채무이므로 그 이행지인 채권자 주소지가 한국이라는 이유로 한국 법원의 국제재판관할을 인정하였다. 문언상으로는 법정채무도 위 의무에 포함되는 것으로 보이나 종래 법정채무는 제외하고 채권계약으로부터 발생하는 채무에 한정하는 견해가 유력하다.[95] 그러나 이를 후자에 한정하더라도 종래 의무이행지에 근거한 국제재판관할은 많은 비판을 받고 있다.

첫째, 이행지에 관한 당사자의 합의가 없는 경우 의무이행지의 결정이 문제된다. 위 1972년 대법원판결은 법정지인 우리나라의 섭외사법을 적용하여 문제된 계약의 준거법을 지정하고 그에 따라 의무이행지를 결정하였으나, 국제민사소송법(정확히는 국제재판관할법)의 이념에 따라 합리적으로 의무이행지를 결정해야 한다는 견해가 유력하다.[96] 실체법상 의무이행지에서 제소할 수 있도록 함으로써 실체법상의 이행지와 소송법상의 이행지를 일치시키는 이런 접근이 자연스러운 면이 있으나 그에 대하여는 비판이 강하다. 둘째, '문제가 된'(또는 '다툼 있는') 의무의 이행지에 재판관할을 인정한다면, 누가 어느 채무를 근거로 제소하는가에 따라 의무이행지 관할이 달라질 수 있다. 셋째, 채권자인 원고는 피고의 보통재판적 소재지에 제소하는 대신 의무이행지의 법원에 제소할 수 있으므로 의무이행지 관할은 사실상 국제재판관할에서 꺼리는 *forum actoris*(원고관할)가 되어 부당하다.

흥미로운 것은 전형적 계약사건인 냉동청어사건의 대법원판결이다. 즉 대법원 2008. 5. 29. 선고 2006다71908, 71915 판결은 의무이행지 관할규칙을 따르지 않고, 가장 실질적 관련이 있는 법원은 청어의 인도지이자 최종 검품 예정지인 중국 법원이라고 보면서도 실질적 관련에 근거하여 한국의 국제재판관할을 긍정하였다. 동 판결이 의무이행지 관할규칙과 결별하고 실질적 관련만에 기하여 국제재판관할을 인정한 것인지는 불분명하다. 의무이행지 관할의 가장 큰 문제는 과연 그것이 통상적인 모든 계약에 타당한가라는 점이다. 특히 예비초안(제6조)은 의무이행지 관할을 물품공급계약과 용역제공계약에 따라 실제로 이행이 행해진

---

95) 석광현(註 5), 278면.

96) 전자는 '저촉법을 통한 우회공식'을 따르는 견해이고 후자는 국제민사소송법 독자의 관점에서 이행지를 결정하는 견해이다.

곳으로 제한하는 점에 주목할 필요가 있다.97) 현재로서는 의무이행지 관할을 어떻게 수정할지에 관하여 만족할 만한 대안이 없는 것 같다.

이런 상황을 고려하여 저자는 계약사건의 재판관할에 관한 입법론으로서 다양한 선택지를 제시하였다. ① 의무이행지 관할규칙을 폐기하는 방안, ② 종래와 같이 실체법상의 의무이행지에 착안하는 방안(일본 개정 민사소송법 제3조의3 제1호),98) ③ 물품매매계약과 용역제공계약과 같은 가장 중요한 계약유형에 한정하여 국제민사소송법상의 의무이행지에 착안하는 방안(예비초안), ④ ②와 ③을 결합하는 방안(브뤼셀 I)과 ⑤ ④의 변형으로서 물품매매계약과 용역제공계약의 경우 특징적 급부에 착안하여 통일적 재판관할을 규정하고, 기타 계약의 경우는 문제된 의무이행지에 착안하되 그것이 국제재판관할 결정의 대원칙에 부합하는 경우에만 관할을 인정하는 방안이다. ⑥ 그 밖에 2009년 개정되어 2011년 1월 발효된 스위스 국제사법(제113조)처럼 모든 계약에 대해 특징적 급부에 착안하는 방안도 있다.

여러 방안이 장단점이 있어 결정이 쉽지 않았으나 위원회는 ③을 선호하였다. 여기에서 몇 가지 문제가 발생한다. 첫째, ③은 예비초안(제6조)의 태도인데 그 후 재개된 재판 프로젝트(Judgment Project)는 종전의 태도에서 후퇴하였으므로 이는 설득력이 약화되었다. 둘째, ③을 따르면, 그에 열거된 유형 이외의 계약의 경우 제2조에 기초하여 의무이행지 관할을 인정할 수 있는가라는 의문이 있다. 만일 이를 긍정하면서 적절히 제한하지 않는다면 위 냉동청어사건에서처럼 제2조 제1항을 근거로 법원이 제반사정을 고려하여 한국의 국제재판관할을 인정할 가능성이 확대될 우려가 있다.

이러한 문제점을 고려하여 결국 법무부는 계약에 관한 소의 특별관할에 관한 논의가 불충분하다고 보고 결국 ④를 채택하되 의무이행지 관할을 다소 제한하기로 하였다.

우선 개정법(제41조 제1항)은 ③의 접근방법을 취한다. 즉 개정법은 계약 중

97) 브뤼셀 I (제5조 제1호)은 계약사건에서 '소의 기초가 된 채무'의 이행지의 법원의 관할을 인정한다. 다만 물품매매계약과 용역제공계약의 경우 이행지의 개념을 독자적으로 정의하고 통일적인 이행지를 규정한다. 이 점은 브뤼셀 I Recast(제7조 제1호)도 같다.
98) 일본 개정 민사소송법은 계약 사건의 범위를 명확히 하고, 의무이행지를 결정하는 과정에서 당사자의 예견가능성을 제고하고자 노력한 것이나 여전히 문제된 의무의 실체법상의 이행지에 착안하여 국제재판관할을 결정한다.

가장 중요한 유형 세 개를 선정하여, 물품공급계약에 관한 소는 물품인도지가, 용역제공계약에 관한 소는 용역제공지가, 물품인도지와 용역제공지가 복수이거나 물품공급과 용역제공이 결합된 계약에 관한 소는 의무의 주된 부분의 이행지가, 각각 한국에 있는 경우 법원에 제기할 수 있다고 규정한다. 제1항은 브뤼셀Ⅰ의 영향을 받은 것이다. 이런 태도는 문제된 의무(또는 청구의 근거가 된 의무)에 관계없이 관할근거를 통일함으로써 관할을 집중하기 위한 것이고, 동시에 프랑스 신민사소송법(제46조)의 영향을 받아 저촉법에 의한 중개를 거치지 않고 소송법적 접근방법을 취함으로써 통일된 이행지를 결정하는 것이기도 하다.[99] 물품공급계약에서 당사자가 합의한 인도지는 흔히 당사자가 적용하기로 합의한 인코텀즈(Incoterms)에 의하여 결정된다.

한편 개정법(제41조 제2항)은 제1항에 열거한 계약 이외의 계약에 관하여 의무이행지 관할을 인정하는 범위를 청구의 근거인 의무가 실제로 이행된 곳 또는 당사자가 합의한 이행지에 한정하고, 당사자가 이를 합의하지 않아 준거법에 따라 이행지가 결정되는 상황에서는 의무이행지 관할을 인정하지 않는다. 나아가 의무이행지를 정할 수 없는 부작위의무에 대하여는 의무이행지 관할은 적용될 수 없을 것이다.

브뤼셀체제의 해석론을 참조하면 도급계약, 사무처리계약, 운송계약, 물품·여신·자본투자를 위한 중개계약, 자산관리를 위한 은행의 조언을 제공하는 계약 등 모든 종류의 서비스에 관한 계약이 용역제공계약에 해당하지만, 단순히 물품, 기타 유체물 또는 부동산을 임대하는 계약은 용역제공계약이 아니라고 본다.[100]

이는 모두 성질결정의 문제인데, 같은 이유로 임대차계약과 유사한 선체용선계약은 용역제공계약은 아니라고 본다.[101] 항해용선계약은 운송계약으로서 용역

---

99) 석광현, 국제사법과 국제소송 제5권, 359면 참조.

100) 석광현, 국제사법과 국제소송 제5권, 355면. 용역제공계약의 사례는 Paul Torremans (ed.), Cheshire, North & Fawcett Private International Law, Fifteenth Edition (2017), pp. 256-257; Andrew Dickinson and Eva Lein, The Brussels I Regulation Recast, Oxford University Press (2015), para. 4.51(Matthias Lehmann 외 집필부분)은 유럽연합 사법재판소가 용역제공계약의 범위를 점차 확대하고 있다고 지적하고 이런 태도는 전통적인 접근방법으로서 복잡하고 이미 낡은 제7조 제1항 a호를 적용하는 것보다 바람직하다고 높이 평가한다.

101) Egler(註 87), S. 241. 그렇다면 선체용선계약에 대하여는 제2항이 적용되는데 그 경우 청구의 근거가 되는 의무를 기준으로 이행지를 결정해야 할 것이다.

제공계약에 해당한다는 데는 별 의문이 없으므로[102] 그에 대하여는 계약사건의
국제재판관할규칙(개정법 제41조 제1항)에 따라 용역제공지가 관할을 가질 수 있으
나 문제는 용역제공지의 결정이다. 한편 정기용선계약의 법적 성질에 관하여는
논란이 있다. 만일 이를 선박임대차계약만이 아니라 노무공급계약의 혼합계약 내
지는 노무공급계약적 요소를 수반하는 특수계약으로 본다면[103] 이도 용역제공계
약에 해당하므로 개정법(제41조 제1항)이 적용될 것이나,[104] 반면에 만일 이를 임
대차와 유사한 계약으로 보면[105] 이는 용역제공계약이 아니라고 보게 되고 그에
대해서는 개정법 제41조 제1항이 아니라 제2항이 적용될 것이다.

한편 선박건조계약과 관련한 소에 대하여는 계약에 관한 개정법(제41조 제1
항)[106]과 (선박에 관한 소라면) 개정법(제90조)이 경합할 수 있고, 선박건조와 관련
한 금융계약은 대체로 용역제공계약일 것이므로[107] 개정법(제41조 제1항)이 적용
될 것이다. 금융계약의 경우 중재합의는 아직 다소 이례적이고 흔히 행해지는 것
은 관할합의인데 이는 대체로 부가적 합의이므로 제41조가 의미가 있을 것이다.

소비자계약과 근로계약에 대하여는 개정법이 약자를 보호하기 위한 별도의
조문을 두고 있으므로 그에 따라야 하고 그것이 용역제공계약에 해당하더라도 통
상의 계약에 관한 조문을 적용할 것이 아니다.

---

102) Thomas Rauscher (Hrsg.), Europäisches Zivilprozess- und Kollisionsrecht EuZPR·
   EuIPR: Kommentar Band 1, 4. Auflage (2016), Art. 7 Brüssel Ia-VO, Rn. 67 (Stephan
   Leible 집필부분).

103) 최종현(註 41), 472면. 이것이 다수설이라고 한다. 송상현·김현(註 38), 481면. 그러나 실
   질법상 정기용선계약의 법적 성질을 논의하는 맥락과 국제사법상의 맥락이 항상 동일한
   것은 아니다.

104) Egler(註 87), S. 51도 동지.

105) 김인현(註 78), 180면.

106) 우리 법상 종래 선박건조계약이 매매계약인지 도급계약인지는 논란이 있는데 이를 어떻게
   성질결정하는가에 따라 선박건조계약이 물품공급계약인지 용역제공계약인지가 달라지고
   적용되는 조문이 다르겠지만 실제 결과는 별 차이가 없을 것이다. 더욱이 실무상 당사자들
   은 중재합의 또는 관할합의를 하는 사례가 많을 것이다. 영국 실질법상으로는 선박건조계
   약은 단순한 매매라기보다는 비해상건설프로젝트(non-marine construction project)와 유
   사하고 따라서 용역과 자재공급계약(contract for the provision of work and materials)을
   규율하는 법리에 따를 여지가 있음이 인식되고 있으나 아직도 대부분 매매계약으로 성질
   결정되므로 물품매매법(Sale of Goods Act 1979)을 포함한 매매계약의 원칙에 따른다고
   한다. Simon Curtis, The Law of Shipbuilding Contracts, 4th edition (2012), pp. 2-3 참조.

107) 루가노협약과 브뤼셀 I 의 해석상 Magnus/Mankowski/Mankowski, Art. 5 no. 93, 94 참조.

2. 근로계약의 특칙과 계약에 관한 소(개정법 제43조)

가. 근로계약에 관한 소의 특별관할과 합의관할(개정법 제43조)

소비자계약의 경우와 마찬가지로 국제사법(제28조)은 사회·경제적 약자인 근로자를 보호하기 위하여 근로계약에 관하여 특별관할과 합의관할에 관한 특칙을 둔다(제3항-제5항). 이것이 '보호적 관할'이다. 개정법(제43조)은 국제사법의 태도를 유지하는데, 관할규칙과 준거법규칙을 분리하기 위하여 조문을 나누면서 소비자의 범위를 다소 확대하였을 뿐이고 그 밖의 내용적인 변경은 의도하지 않는다.[108]

근로계약에 관한 개정법 제43조는 선원근로계약에도 적용된다.

나. 근로계약에 관한 소의 특별관할(제44조)과 계약에 관한 소의 특별관할(제42조)의 관계

근로계약도 성질상 용역제공계약에 포함되나 개정법은 근로자를 위한 보호적 관할을 별도로 명시하므로 계약에 관한 특별관할(제41조)과 근로계약에 관한 특별관할(제43조)의 관계가 문제된다. 저자는 선원근로계약 기타 근로계약에는 제43조만이 적용되고 제41조는 적용되지 않는다고 본다. 즉 제43조는 사용자가 근로자를 상대로 제기하는 소와 근로자가 사용자를 상대로 제기하는 소를 구분하여 관할규칙을 두는 데 반하여 제41조는 용역제공계약의 관할을 통일적으로 규정한다. 더욱이 제43조는 근로자를 보호하기 위한 보호적 관할을 규정한 것이므로 이를 계약 일반에 적용되는 제41조에 의하여 배척할 것은 아니다. 따라서 가사 어떤 사안에서 근로자에게 유리한 결과가 되더라도 제41조는 적용되지 않는다고 본다.

다. 근로계약에 관한 소의 특별관할(제43조)과 선박 가압류관할(제90조)의 관계

선원 근로에 관하여 선원이 선박소유자 등에 대하여 제기하는 소에는 선박 가압류관할을 정한 개정법 제90조가 적용될 수 있으나, 그것이 근로계약상의 소인 때에는 개정법(제43조 제1항)에 따라 선원은 그에 추가하여 일상적인 노무제공

---

108) 다만 개정안(제44조 제2항)은 기술적으로 외국이 국제재판관할을 가지는 경우를 규정하게 됨으로써 일면적 규정방식을 채택한 원칙에는 어긋나므로, 공청회 후에 이를 아래와 같이 수정하기로 하였다. "근로계약의 경우에 사용자가 근로자에 대하여 제기하는 소는 근로자의 상거소가 대한민국에 있거나 근로자가 대한민국에서 일상적으로 노무를 제공하는 경우에만 대한민국 법원에 제기할 수 있다."

지에서 또는 그를 고용한 영업소 소재지에서도 사용자에 대하여 소를 제기할 수 있다.

근로자가 국제운송 또는 원양어업에 사용되는 선박에서 노무를 제공하는 경우 일상적 노무제공지의 결정이 문제된다.109) 이는 개정법에 의하여 새롭게 제기되는 문제는 아니고 국제사법에서 이미 제기되어 온 문제이다.

우선 편의치적이 아닌 경우를 보면, 선적국이 근로자가 일상적으로 노무를 제공하는 국가라는 견해와, 근로자가 일상적으로 노무를 제공하는 국가는 존재하지 않는다는 견해가 있을 수 있다. 제28조가 정한 근로계약의 준거법의 맥락에서 대법원 2007. 7. 12. 선고 2005다39617 판결은 전자를 취하였다.110) 이렇게 본다면 아래에서 보듯이 국제재판관할의 맥락에서 선적국이 직접적인 연결점이 되는 것은 아니나, 일상적인 노무제공지를 결정하는 과정에서 간접적인 의미를 가진다.

반면에 편의치적의 경우, 즉 선적이 당해 국가와 유일한 관련인 경우에는 선적국이 근로자가 일상적으로 노무를 제공하는 국가라고 보기는 어렵다. 따라서 그곳에 관할을 인정하기는 어렵고 가사 인정하더라도 부적절한 법정지의 법리가 적용될 가능성이 크다.

라. 근무지의 특별재판적을 규정한 민사소송법(제7조)의 국제재판관할에서의 의미

민사소송법(제7조)에 따르면 사무소 또는 영업소에 계속하여 근무하는 사람에 대한 소는 그 사무소 또는 영업소가 있는 곳을 관할하는 법원에 제기할 수 있다. 이는 업무에 관계없이 제3자가 제기하는 소에도 적용되는데, 동조는 그 경우 주소지 대신에 근무지에서 제소하는 것이 당사자 쌍방에게 편의하다는 고려에 근거한 것이다.111) 그러나 이런 조항은 비교법적으로는 이례적이고, 개정법은 제7조

---

109) 독일의 논의는 Egler(註 87), S. 183ff. 참조.

110) 위 판결은 선원근로계약에 의하여 발생되는 임금채권에 관한 사항은 선원근로계약의 준거법에 의하여야 하고, 선원근로계약에 관하여는 선적국을 선원이 일상적으로 노무를 제공하는 국가로 볼 수 있어 선원근로계약에 의하여 발생하는 임금채권에 관한 사항에 대하여는 특별한 사정이 없는 한 국제사법 제28조 제2항에 의하여 선적국법이 준거법이 된다고 판시하였다. 평석은 석광현, 국제사법과 국제소송 제5권, 293면 이하 참조. 한편 항공기 조종사의 근로계약에 관한 대법원 2004. 6. 25. 선고 2002다56130, 56147 판결은 불가리아 국적의 항공기 조종사들과 그들을 파견 받은 아시아나 항공간의 근로계약의 존부에 관하여 "명시적인 근로계약이 체결되지 않은 이 사건에 있어서, 항공기 조종사들의 일상적인 노무 급부지가 우리나라라고는 볼 수 없"다고 판시하였다.

111) 김상원 외, 주석민사소송법(Ⅰ), 제5판(1997), 119면(박우동 · 강현중 집필부분).

를 국제재판관할규칙으로 규정하지 않으므로 국제재판관할에 관한 한 제7조는 독
자적 의미는 없다.[112]

마. 선원에 대한 특별재판적을 규정한 민사소송법(제10조 제1항)의 의미

위에서 언급한 바와 같이 민사소송법(제10조 제1항)은 선원에 대하여 재산권
에 관한 소를 제기하는 경우에는 선적(船籍) 소재지의 특별재판적을 규정한다. 그
러나 개정법은 이를 국제재판관할규칙으로 채택하지 않았다.[113] 이는 국제재판관
할의 맥락에서 선적 소재지를 관할근거로 삼을 합리적 근거가 없음을 고려한 것
이다.[114]

3. 불법행위에 관한 소의 특별관할(개정법 제44조)

가. 종래의 논의

민사소송법(제18조)은 "불법행위에 관한 소를 제기하는 경우에는 행위지의 법
원에 제기할 수 있다"고 규정하는데, 이러한 불법행위지의 재판관할은 국제소송
에도 타당하다. 다만 불법행위지의 개념은 민사소송법의 그것과 달리 국제사법
내지 국제민사소송법의 독자적인 입장에서 국제소송의 적정, 공평, 신속이라는 관
점에서 합리적으로 결정할 것이라는 견해가 유력하다. 한편 격지불법행위의 경우
'불법행위지'는 행동지와 결과발생지의 양자 모두를 의미하고 원고는 어느 곳에서
나 제소할 수 있다는 것이 종래 유력한 견해이다.[115]

문제는 제조물책임의 국제재판관할인데, 그 경우 결과발생지의 국제재판관할
을 인정함에 있어서는 가해자가 예측할 수 있는 지역인지 등을 합리적으로 고려

---

112) 선원에 대한 특별재판적을 규정한 민사소송법(제10조 제1항)은 선원에 대하여 재산권에
     관한 소를 제기하는 경우에는 선적(船籍)이 있는 곳의 법원에 제기할 수 있다고 규정한다.
     이는 선원은 상당 기간 동안 항해하는 선박에 머물러 있으므로 주소지를 기준으로 하는 것
     은 무의미하고 거소지와 가장 비슷한 선적이 있는 곳에 특별재판적을 인정한 것이라고 한
     다. 호문혁, 민사소송법 제13판(2016), 175면. 그러나 개정법은 이를 국제재판관할규칙으
     로 채택하지는 않았다. 특히 편의치적을 고려하면 이를 인정하는 것은 합리적 근거가 없다.
113) 이 점은 일본 민사소송법도 같다.
114) 菊井維大/村松俊夫(註 30), 606면은 피해액이 거대한 선박사고 등에 관하여 선원 개인에게
     청구하는 것은 드물다는 점과 선원 개인의 피해에 관하여는(선원 개인이 선원에 대해 책임
     을 묻는 경우로 보인다) 선박회사가 가입한 보험에 의하여 처리되는 것이 통상이므로 문제
     는 발생하지 않는다는 점을 지적한다.
115) 석광현, 국제민사소송법(2012), 105면.

해야 한다는 견해가 유력하다. 간접관할에 관한 대법원 1995. 11. 21. 선고 93다 39607 판결은, 제조물책임소송에 있어서 손해발생지의 외국법원에 국제재판관할 이 있는지 여부는, 제조자가 당해 손해발생지에서 사고가 발생하여 그 지역의 외 국법원에 제소될 것임을 합리적으로 예견할 수 있을 정도로 제조자와 손해발생지 와의 사이에 실질적 관련이 있는지 여부에 따라 결정함이 조리상 상당하다고 전 제하고, 당해 사건에서는 피고가 상품의 하자로 인한 사고가 플로리다주에서 발 생하여 이에 관한 소송이 플로리다주에서 제소될 것을 합리적으로 예견할 수 있 을 정도로 피고회사와 플로리다주와의 사이에 실질적 관련이 있다고 보기 어렵다 는 이유로 플로리다주의 국제재판관할을 부정하였다.

　　근자의 불법행위사건으로서 주목할 만한 것은 항공사고로 인한 손해배상사 건에 관한 대법원 2010. 7. 15. 선고 2010다18355 판결이다. 이는 한국에서 발생 한 항공사고를 이유로 한국에 영업소를 두고 있는 중국항공사의 승무원의 유족 (부모)이 중국 항공사를 상대로 우리나라에서 계약위반 및 불법행위에 기한 손해 배상청구의 소를 제기한 사건이다. 제1심판결[116]은 한국의 토지관할을 긍정하면 서도 다양한 요소를 고려하여 한국의 국제재판관할을 부정하였다.[117] 반면에 대 법원 2010. 7. 15. 선고 2010다18355 판결은 ① 실질적 관련의 유무를 판단함에 있어서 토지관할권 유무가 여전히 중요하고, ② 개인적인 이익 측면에서도 한국 법원의 재판관할권이 배제된다고 볼 수 없으며, ③ 법원의 이익 측면에서도 한국 법원에 재판관할권을 인정할 여지가 충분하고, ④ 국제재판관할권은 주권의 범위 에 관련되므로, 자국의 재판관할권을 부당하게 넓히는 것은 부당하나, 부차적 사 정을 들어 이를 스스로 포기하는 것도 신중해야 하며, ⑤ 탑승객의 국적과 탑승 근거가 다르다는 이유만으로 국제재판관할권을 달리하는 것은 형평성에 어긋난다 는 점 등을 들어 한국의 국제재판관할을 인정하였다. 대법원 판결은 단순히 다양 한 사정을 열거하고 결론을 내리는 대신에, 2005년 도메인이름에 관한 대법원판 결이 도입한 개인적 이익, 법원의 이익을 구체적으로 검토하고 다양한 이익을 형 량하여 결론을 내린 점에서 보다 진전된 것이다.

---

116) 부산지방법원 2009. 6. 17. 선고 2006가합12698 판결.

117) 원심판결인 부산고등법원 2010. 1. 28. 선고 2009나10959 판결은 별다른 설시 없이 제1심 판결을 지지하였다.

나. 입법론적 논점과 개정법의 내용

종래 입법론적인 논점은 아래와 같았다.

첫째, 행동지의 관할을 인정하는 데는 별로 거부감이 없으나, 결과발생지의 국제재판관할을 인정함에 있어서는 피고가 그곳에서 제소될 것에 대한 합리적 예견가능성을 요구하고 예견불가능성에 대한 입증책임을 피고에게 부과하는 것이 타당하다. 일본 개정 민사소송법(제3조의3 제8호)도 결과발생지의 관할을 인정함에 있어서 예견가능성을 명시한다.[118] 개정법은 행동지와 결과발생지의 관할을 모두 인정하면서, 다만 결과발생지의 경우 그곳에서 결과가 발생할 것에 대한 예견가능성을 요구한다.

둘째, 결과발생지가 복수인 경우 결과발생지의 재판관할을 양적으로 제한할지와 만일 제한한다면 그에 대한 예외를 인정할지가 문제된다. 브뤼셀협약의 해석상 유럽사법재판소는 신문에 의한 명예훼손 사건인 1995. 3. 7. Fiona Shevill and a.c. v. Presse Alliance S.A. 사건 판결[119]에서 결과발생지의 국제재판관할을 양적으로 제한하였다. 만일 양적 제한을 한다면 그 부당성을 시정하고자 피해자의 상거소지(또는 주소지)에서는 손해 전체에 대하여 국제재판관할을 인정하는 견해가 설득력이 있다. 그러나 손해의 양적 분할은 쉽지 않고, 금지청구의 경우 그것이 어려울 수 있다.

위의 논의를 고려하여 개정법(제44조)은 "불법행위에 관한 소는 그 행위가 대한민국에서 행하여지거나 대한민국을 향하여 행하여지는 경우 또는 대한민국에서 그 결과가 발생하는 경우 법원에 제기할 수 있다. 다만, 불법행위의 결과가 대한민국에서 발생할 것을 예견할 수 없었던 경우에는 그러하지 아니하다."라고 규정한다. 그러나 개정법은, 지식재산권침해의 소(개정법 제39조)와 달리 결과발생지의 경우에도 양적 제한을 하지 않는다. 법원으로서는 예외적 사정에 의한 재판관할권 불행사의 법리를 활용하여 그 폐해를 최소화해야 한다.

불법행위에서도 피고의 지향된 활동(targeted activity)에 근거하여 개정법 제4조 제2항(활동에 근거한 관할)에 따라 한국의 특별관할이 인정될 수 있다. 그러나

---

118) 불법행위가 있은 장소가 일본국내에 있는 경우(외국에서 행해진 가해행위의 결과가 일본국내에서 발생한 경우에, 일본국내에서 그 결과의 발생이 통상 예견할 수 없었던 경우를 제외한다).

119) C-68/93. 이 판결의 소개는 우선 장준혁, "브뤼셀 제1규정상 출판물에 의한 명예훼손의 불법행위지 관할", 성균관법학 제25권 제1호(2013. 3.), 76면 이하 참조.

제44조가 한국을 향하여 한 불법행위에 근거하여 특별관할을 인정하므로 더 엄격한 요건("계속적이고 조직적"인 활동)을 요구하는 제4조 제2항이 별도로 문제될 가능성은 별로·없을 것이다.

다. 준거법에 관한 조문의 수정

개정법(제44조)이 불법행위에 관한 소의 특별관할을 정하면서 격지불법행위를 염두에 두고 행동지와 결과발생지를 명시하므로, 불법행위지법을 준거법으로 정한 조문의 처리가 문제되었다. 종래 판례가 준거법의 맥락에서 불법행위지를 행동지와 결과발생지를 포함하는 것으로 보면서 피해자에게 선택권을 인정하는 방향으로 처리하는 것으로 이해되는데,120) 개정법(제44조)을 신설하면서 준거법 조문을 그대로 둔다면 그것이 격지불법행위의 처리 시 전과는 다른 결론을 지시하는 것으로 오해될 여지가 있기 때문이었다. 이런 오해를 피하고자 개정법은 준거법 조문(제52조 제1항)을 수정하여 "불법행위는 그 행위를 하거나 그 결과가 발생하는 곳의 법에 따른다."고 명시한다. 다만 피해자에게 선택권을 부여할지 아니면 법원이 선택해야 하는지에 관하여는 명시하지 않고 판례에 맡긴다.

4. 선박 가압류관할을 규정한 개정법(제90조)과의 관계: 제6장과 제90조의 경합

위에서 본 것처럼 개정법 제90조에 따르면 '항해에 관한 소'는 선박을 항해에 제공하는 것에 의하여 생기는 일체의 권리의무관계에 관한 소이다. 따라서 이에 대하여는 선박 가압류관할(제90조)과 채권의 특별관할(제6장)이 경합할 수 있다. 양자의 관계는 위(V.1.)에서 논의하였다.

VIII. 제1장(총칙)에 근거한 해사소송사건의 국제재판관할

해사사건에도 개정법 제1장 총칙에 규정된 관할규칙이 적용됨은 물론이다.121) 여기에서는 제1장(총칙)에 근거한 해사소송사건의 국제재판관할을 살펴본

---

120) 서울고등법원 2006. 1. 26. 선고 2002나32662 판결. 상고심인 대법원 2013. 7. 12. 선고 2006다17539 판결은 원심의 판단은 정당하다고 판시하였으나 명시적으로 피해자가 준거법을 선택할 수 있다고 설시하지는 않았다.

121) 다만 선박소유자 등의 책임제한사건은 해상에 특유한 것으로서 전적으로 제10장에 따를 것으로 생각된다.

다. 대체로 조문 순서에 따르나 해사사건의 경우 합의관할의 중요성에 비추어 합의관할과 변론관할을 재산소재지 특별관할에 이어 논의한다.

1. 피고의 영업소 소재 또는 영업활동에 근거한 특별관할(개정법 제4조)

이는 특별관할이기는 하나 가사사건 이외의 여러 장에 공통되는 것이므로 제1장에 규정하고, 또한 당해 사업소(또는 영업소)의 업무(또는 영업)에 관한 한 일반관할과 유사한 기능을 하는 측면이 있으므로 민사소송법(제12조)과 달리 개정법은 이를 일반관할에 이어서 규정한다(편의상 '영업소'와 '영업활동'만 언급한다).

가. 피고의 영업소 소재에 근거한 특별관할(개정법 제4조 제1항)

민사소송법 제5조(제1항, 제2항)에 의하면 외국법인은 한국에 있는 사무소 또는 영업소 소재지에 보통재판적을 가지는 것처럼 보인다. 한편 민사소송법 제12조는 "사무소 또는 영업소가 있는 사람에 대하여 그 사무소 또는 영업소의 업무에 관한 소를 제기하는 경우에는 그 사무소 또는 영업소가 있는 곳의 법원에 제기할 수 있다"고 규정한다. 문면상 제5조는 보통재판적을, 제12조는 특별재판적을 정한 것처럼 보이는데 만일 제5조와 제12조를 국제재판관할에도 유추적용한다면 양자의 관계가 문제가 된다.

종래 학설로는 민사소송법 제12조를 특별관할의 근거로 보는 데는 이견이 없으나 제5조를 일반관할의 근거로 볼 것은 아니라는 견해가 유력하였는데, 대법원 2000. 6. 9. 선고 98다35037 판결은 민사소송법 제5조를 근거로 일반관할을 인정하였다. 그러나 중국승무원의 유가족이 중국항공사를 상대로 제기한 손해배상청구사건에서 대법원 2010. 7. 15. 선고 2010다18355 판결은 그보다 진일보한 판시를 하였다. 위 사건에서 중국항공사인 피고가 한국에 영업소를 두고 있었으므로 위 2000년 대법원판결의 태도를 따랐다면 당연히 한국의 일반관할을 인정했을 것이나 2010년 판결은 그 점을 포함한 다양한 요소를 고려한 뒤에 비로소 한국의 국제재판관할을 긍정하였기 때문이다.[122] 이는 국제사법 제2조의 시행이 초래한

---

122) 위 대법원 판결은 피고 회사의 영업소가 한국에 존재하고 피고 회사 항공기가 한국에 취항하며 영리를 취득하는 이상, 피고 회사가 그 영업 활동을 전개하는 과정에서 한국 영토에서 피고 회사 항공기가 추락하여 인신사고가 발생한 경우 피고 회사로서는 한국 법원의 재판관할권에 복속함이 상당하고, 피고 회사도 이를 충분히 예측할 수 있다고 보아야 하므로 개인적인 이익 측면에서도 한국 법원의 재판관할권이 배제된다고 볼 수 없다고 판시하였다.

변화이다.

저자는 종래 위 2000년 대법원판결에 대해 비판적이다. 특히 제5조를 일반관할의 근거로 삼는 근거로 원용될 수 있는 미국의 '영업활동(doing business)'에 기한 일반관할은 세계적으로 과잉관할(exorbitant jurisdiction)의 전형적인 예로 비판을 받고 있다.[123] 요컨대 제5조를 근거로 일반관할을 허용하는 것은 부적절하며, 영업소가 있는 경우 제12조를 근거로 특별관할을 인정하는 것이 적절하다는 것이다. 저자는 입법론으로서는 국제재판관할의 맥락에서 제12조에 따른 특별관할을 인정하되 제5조에 따른 일반관할은 부정하는 것으로 제5조와 제12조의 관계를 명확히 정리할 필요가 있음을 지적하고 그런 태도를 취한 일본 개정 민사소송법을 지지한 바 있다.[124]

위원회는 영업소 소재지는 특별관할의 근거가 될 수 있을 뿐이고 일반관할의 근거가 될 수는 없다고 보았다.[125] 그에 따라 개정법은 영업소 소재지를 특별관할의 근거로만 규정하고 이를 일반관할의 근거로 규정하지는 않는다. 그로부터 영업소 소재지는 일반관할의 근거가 될 수는 없다는 결론이 도출된다. 일본 개정 민사소송법(제3조의3 제4호)[126]도 동일한 태도를 취한다.

나. 피고의 영업활동에 근거한 특별관할(개정법 제4조 제2항)

(1) 국제사법의 해석론

한국 기타 대륙법계국가의 경우 피고의 영업활동과 관련된 특별관할에 관한 종래의 논의는 계약과 불법행위를 나누고 각각에 관하여 이루어졌으므로 국제재

---

123) 예비초안과 2001년 초안 제18조 제2항 e)호는 이를 금지되는 관할로 열거한다.

124) 석광현, "한국의 國際裁判管轄規則의 입법에 관하여", 국제거래법연구 제21집 제2호(2012. 12.), 158면 참조.

125) 최종현(註 41), 643면도 해석론으로서 동지. 주목할 것은 근자의 미국의 변화이다. 2014. 1. 14. 미국 연방대법원은 Daimler AG v. Bauman, 571 U.S. 117 (2014), 134 S. Ct. 746 (2014) 사건 판결에서, 미국 법원이 법인에 대하여 일반관할권을 가지는 것은 ① 법인의 설립지, ② 법인의 주된 영업소 소재지 또는 ③ 법인이 계속적이고 체계적인 일반 영업활동을 하고 합리적으로 본거지라고 생각되는 장소가 미국 내에 존재하는 경우인데, 특히 위 ③은 매우 예외적인 상황에서만 적용할 수 있음을 강조하였다. 그 결과 미국이 수십 년 간 유지해온 선례를 뒤집었으며 공식적으로 "영업활동 관할"의 종말을 선언한 것으로 평가되고 있다.

126) 일본 개정 민사소송법은 영업소 소재를 근거로 외국법인에 대한 일본의 일반관할을 인정하는 조문을 두지 않는다. 이는 일본 최고재판소 1981. 10. 16. 말레이시아 사건 판결(民集 35卷7号, 1224면)의 결론을 입법에 의하여 배척한 것이다.

판관할의 유무를 판단하기 위해서는 우선 문제된 법적쟁점의 성질결정을 해야 하는 것이지 피고의 영업활동 그 자체에 근거한 특별관할은 인정되지 않았다. 그러나 당사자가 어느 국가 내에서 영업활동을 통하여 이득을 얻고 있다면 그로부터 발생하거나 그와 관련된 소송에 대해서는 당해 국가의 특별관할을 인정하는 것이 불합리한 것만은 아니다. 이것이 피고의 '활동에 근거한 관할(activity based juris-diction)'이다. 이러한 개념은 미국으로부터 연원하였는데, 미국 판례는 최소한의 접촉(minimum contact)의 핵심적 개념인 '의도적 이용(purposeful availment)'을 인정하기 위한 요건으로 행위 내지는 활동에 착안하였으므로 피고의 활동에 기한 국제재판관할을 자연스럽게 인정할 수 있었다. 그러나 이러한 전통을 가지고 있지 않은 한국으로서는 미국과 같은 접근은 쉽지 않다. 이를 인정한다면 피고의 어떠한 성질, 빈도 또는 양의 활동이 관할근거가 되는지의 판단이 어려우므로 사소한 관련을 근거로 국제재판관할이 확대될 위험성이 존재한다. 다만 국제사법의 해석론으로는 관할을 인정하는 것이 국제재판관할 배분의 이념에 부합하고 합리적이면 피고의 활동에 근거한 특별관할을 인정할 수 있다. 특히 피고의 활동에 기한 특별관할의 인정 여부는 전자상거래와 관련하여 중요하다.[127] 저자는 국제사법의 해석론상 피고의 활동에 기한 특별관할을 인정할 수 있으나, 국제사법(제27조 제1항)이 명시적으로 'targeted activity criterion(지향된 활동기준)'에 근거한 재판관할을 규정하는 소비자계약의 경우와 동일한 정도로 광범위한 보호를 부여할 수는 없다고 보았다.

(2) 저자의 과거 입법론과 개정법

저자는 종래 입법론으로 영업활동에 근거한 관할을 규정하는 방안을 적극적으로 검토할 필요가 있음을 지적하였다. 일본 개정 민사소송법(제3조의3 제5호)은 일본에서 사업을 행하는 자(일본에 있어서 거래를 계속하여 하는 외국회사, 즉 일본 회사법 제2조 제2호에 규정한 외국회사를 포함한다)에 대한 소에 관하여 일본에서의 업무와 관련된 것에 대하여 활동에 근거한 관할을 도입하였다. 외국회사가 한국내 대리상을 통하여 제품 판매와 같은 영업을 하는 경우 영업소를 가지는 것은 아니므로 영업소 소재지 관할을 인정하기는 어려우나[128] 영업활동에 근거한 관할을

---

127) Zippo Manufacturing Co. v. Zippo Dot Com, Inc. 사건 판결(952 F. Supp. 1119 (W.D. Pa. 1997)) 참조.
128) 손경한 외(註 13), 76면이 소개하는 유럽사법법원 1981. 3. 18. Blanckaert & Willems

인정할 여지는 있다.

저자는 입법 시 외국회사가 한국에서 '영업활동을 할 것'이라는 요건을 명확히 해야 하는데 구체적으로 ① 한국 내에서 영업활동을 할 것, ② 한국 내에서 영업활동을 계속할 것, ③ 한국 내에서 또는 한국을 지향하여 영업활동을 할 것, ④ 한국 내에서 영업활동을 하거나, 외국에서 영업활동을 하더라도 그 실질적 효과가 한국 내에서 나타날 것 등 또는 ⑤ 영업활동에 근거한 관할이 재판관할의 대원칙에 부합하는 것을 요구하는 방안을 선택지로 고려할 수 있고, 또한 비인터넷 거래와 인터넷 거래에 대한 규칙을 이원화할지도 고려할 필요가 있음을 지적하였다.[129]

이러한 논의를 고려하여 개정법은 영업활동이 한국에서 또는 한국을 향하여 "계속적이고 조직적"으로 이루어질 것을 요구하는 방향으로 요건을 다소 강화하였다.[130] 이는 위 ③을 기초로 하되 보다 엄격한 요건을 요구하는 것이다.

2. 재산소재지의 특별관할(개정법 제5조)

민사소송법 제11조에 의하면, 한국에 주소가 없는 사람에 대하여 재산권에 관한 소[131]를 제기하는 경우에는 청구의 목적 또는 담보의 목적이나 압류할 수 있는 피고의 재산소재지의 법원에 제기할 수 있다. 이 중 청구와 무관함에도 불구하고 단지 압류할 수 있는 피고의 재산소재지라는 근거로 국제재판관할을 긍정할 수 있는지가 논란이 되었다. 과거 대법원 1988. 10. 25. 선고 87다카1728 판결은, 당해 사건에서는 국내 재산이 없다는 이유로 한국의 국제재판관할을 부정하였으나, 추상적 법률론으로는 승소판결을 받아 집행함으로써 재판의 실효를 거둘 수 있다는 근거로 재산소재지의 국제재판관할을 인정할 수 있다고 판시하였다.[132] 그러나 재산 소재를 근거로 당해 재산에 관한 소송이 아니라 '재산권에 관한 소' 일반에 대해 널리 특별관할을 인정하는 것은 전형적인 과잉관할(exorbitant juris-

---

PVBA v Luise Trost 판결(Case 139/80) 참조.

129) 석광현(註 124), 160면.

130) 이는 과거 미국에서 일반관할의 근거로 인정되었던 "지속적이고 조직적인 활동(continuous and systematic activities)"을 연상시킨다.

131) 민일영·김능환/김상준(註 39), 172면은 '재산권에 관한 소'라 함은 성질상 금전적 가치나 경제적 이익을 기초로 한 권리나 법률관계에 관한 소를 말한다고 설명한다. 민일영·김능환(편), 주석민사소송법(Ⅲ), 제7판(2012), 313면(강승준 집필부분)은 '재산권의 청구'라 함은 금전적으로 평가할 수 있는 권리에 대한 청구를 말한다고 한다.

132) 평석은 최공웅, "국내재산의 소재와 국제재판관할", 사법논집 제20집(1989), 597면 이하 참조.

diction)로서 전 세계적으로 비판을 받았다. 즉 재산소재를 당해 재산과 관련되지 않은 사건의 일반관할 내지 넓은 특별관할의 근거로 인정할지에 관하여는 ① 브뤼셀체제와 1988년 루가노협약(각 제3조 제2항)이나 미국 연방대법원의 Shaffer v. Heitner 사건 판결[133])처럼 부정설, ② 독일 유력설처럼 제한 없이 인정하는 견해와 ③ 일정한 제한 하에 인정하는 절충설이 있는데, 절충설에는 ③-1, 재산가액이 청구금액을 상회할 것 또는 청구금액에 상당하는 재산의 어느 정도 계속적인 국내 소재를 요구하는 견해[134])와 ③-2, 독일 연방대법원의 1991. 7. 2. 판결처럼 '법적 쟁송의 충분한 내국관련'을 요구하는 견해 등이 있다.

홍미로운 것은 재일교포 대여금사건의 대법원 2014. 4. 10. 선고 2012다7571 판결이다. 원심 판결[135])은 당해 사건 소가 민사소송법 제11조의 재산권에 관한 소이고 원고가 가압류를 집행한 피고 소유의 부동산 소재지가 한국이지만, 한국과 당사자 또는 분쟁이 된 사안 사이에 실질적 관련성이 없다는 이유로 한국 법원의 국제재판관할을 부정하였다. 대법원판결은 반대로 한국의 국제재판관할을 긍정하였는데, 재산소재지라는 이유만으로 관할을 인정한 것이 아니라 대출금 별로 실질적 관련성을 검토하였다.[136])

개정법은 청구 또는 담보의 목적인 재산이 한국에 있는 경우 한국의 특별관할을 인정한다.[137]) 나아가 개정법은 압류할 수 있는 피고의 재산이 한국에 있는 경우에는 당해 재산에 관한 분쟁이 아니더라도 재산소재지의 특별관할을 인정하되, 다만 분쟁이 된 사안이 한국과 아무런 관련이 없거나 근소한 관련만 있는 경

---

133) 433 U.S. 186 (1977).

134) 고액제소송에서 서울고등법원 2006. 1. 26. 선고 2002나32662 판결 참조. 일본 민사소송법 제3조의2 제3호도 유사한 태도를 취한다.

135) 서울고등법원 2011. 12. 8. 선고 2011나43329 판결.

136) 저자는 원칙적으로 ①을 지지하였으나, 만일 재산소재지의 특별관할을 긍정한다면 ③을 따라 (i) 압류할 수 있는 피고의 재산가액이 현저하게 낮지 않을 것(일본 개정 민사소송법의 태도)과 (ii) 당사자 또는 당해 사안의 내국관련성이 필요하다고 보면서, (iii) 다만 해사채권에 기하여 선박을 가압류한 경우는 예외적으로 내국관련성을 요구하지 않는 것이 바람직하다는 견해를 피력하였다. 석광현(註 124), 162면 이하 참조. 이처럼 내국관련성을 요구한다면 재산권상의 소이면 되고 금전지급을 구하는 소에 한정할 필요는 없다고 보았다.

137) 일본 개정 민사소송법(제3조의3 제3호)은 일본국 내에 있는 재산이 청구의 목적인 경우에만 이를 인정하고 담보의 목적인 경우는 제외한다. 예컨대 금전채권의 경우 담보물권이 설정된 담보 목적물이 여기의 담보에 포함된다. 그러나 채무자의 책임재산이 담보인지, 인적 담보도 담보에 포함하는지 보다 근본적으로 담보 목적 재산이 한국에 있는 경우 한국의 특별관할을 인정하는 것이 정당한지는 논란의 여지가 있다.

우 또는 그 재산의 가액이 현저하게 적은 경우에는 이를 부정한다.[138] 이는 위 ③-1
을 조금 변형한 방안이다. 개정법은 소극적 요건으로 "분쟁이 된 사안이 대한민국
과 아무런 관련이 없거나 근소한 관련만 있는 경우 또는 그 재산의 가액이 현저
하게 적은 경우"에는 국제재판관할이 없다고 규정하는데, 이는 실질적 관련까지
는 요구하지 않지만 근소한 관련만으로는 부족하다는 취지이다. 선박의 가액을
고려하면 재산 가액에 의한 제한은 선박을 기초로 하는 해사사건에서는 대체로
문제되지 않을 것이다.

개정법(제10장)은 재산의 가압류에 근거하여 본안에 대한 관할을 인정하는,
이른바 '가압류관할'을 규정하나 이는 해사사건에서 선박을 가압류한 경우에만 한
정한다.

3. 합의관할(개정법 제8조)

민사소송법(제29조)은 당사자들이 일정한 법률관계로 말미암은 소에 관하여
관할합의를 할 수 있음을 명시하고 서면에 의할 것을 요구하는데, 국제재판관할
에 관한 합의도 허용됨은 의문이 없다.[139] 국제재판관할의 합의는 주된 계약에 포
함되거나 별도로 이루어질 수 있고, 일정한 법률관계로 말미암은 소이면 족하고
계약에 관한 사건에 한정되는 것은 아니나 가장 전형적인 것은 국제계약의 일부
로 이루어지는 경우이다.

개정법은 관할합의협약의 내용을 가급적 반영한 조문을 도입하였다.[140] 다른
조문과 달리 이는 관할합의의 결과 한국이 국제재판관할을 가지는 경우만이 아니
라 외국법원이 관할을 가지는 경우도 함께 규율하는 양면적 규정이나, 제5항은 외
국법원을 위한 전속적 관할합의만을 규율한다.

당사자는 일정한 법률관계로 말미암은 소에 관하여 국제재판관할합의를 할
수 있으나 일정한 경우 그 합의는 효력이 없다. 무효사유는 관할합의협약(제6조)
을 도입한 것으로 아래와 같다. 첫째, 합의로 정한 국가의 법(준거법의 지정에 관한

---

138) 일본 개정 민사소송법(제3조의3 제3호)은 금전지급을 청구하는 재산권상의 소일 것을 요
구하고, 압류할 수 있는 피고의 재산가액이 현저하게 낮은 때에는 관할을 부정한다.

139) 대법원 1992. 1. 21. 선고 91다14994 판결; 대법원 1997. 9. 9. 선고 96다20093 판결 참조.

140) 관할합의협약(제2조 제2항)에 따르면, 여객 또는 물품의 운송과 해상오염, 해사채권에 대
한 책임제한(limitation of liability for maritime claims), 공동해손, 및 긴급예인과 구조에
대하여는 동 협약은 적용되지 않는다.

법규를 포함한다)141)에 따를 때 그 합의가 효력이 없는 경우, 둘째, 합의를 한 당사자가 합의를 할 능력142)이 없었던 경우, 셋째, 그 소가 제10조 제1항 그 밖의 대한민국의 법령 또는 조약에 따를 때 합의로 정한 국가가 아닌 다른 국가의 국제재판관할에 전속하는 경우와 넷째, 합의의 효력을 인정하면 소가 계속한 국가의 선량한 풍속이나 그 밖의 사회질서에 명백히 위반되는 (결과를 가져오는) 경우143)이다(제8조 제1항).

주목할 것은, 종래 우리 대법원 판례144)는 한국 법원이 국제재판관할을 가지는 사건에서 한국 법원의 관할을 배제하고 외국법원을 관할법원으로 하는 전속적 관할합의가 유효하기 위해서는 ① 당해 사건이 한국 법원의 전속관할에 속하지 않고, ② 지정된 외국법원이 그 외국법상 당해 사건에 대하여 관할권을 가져야 하며, ③ 당해 사건이 그 외국법원에 대하여 합리적인 관련성을 가져야 하고, ④ 전속적 관할합의가 현저하게 불합리하고 불공정한 경우에는 그 관할합의는 공서양속에 반하는 법률행위에 해당하는 점에서도 무효라고 판시한 점이다. 따라서 과거에는 예컨대 우리 선사가 운송계약 또는 선하증권과 관련하여 발생하는 분쟁을 자신의 주된 사무소가 있는 서울중앙지방법원의 전속관할에 복종하게 하는 관할

---

141) 예컨대 당사자들이 영국법원에 관할을 부여하는 합의를 한 경우 관할합의의 성립과 유효성을 영국법(더 정확히는 영국의 국제사법)에 의하여 지정되는 준거법에 따른다는 취지이다. 이는 관할합의협약의 해석론과 브뤼셀 I Recast(제25조 제1항)의 태도를 따른 것이다. 다만 종래 우리나라에서는 관할합의 조항의 성립과 유효성의 준거법에 관하여는 논란이 있다. 국제사법의 해석론으로는 개정법과 같은 결론을 도출하기는 어렵다. 약관에 포함된 관할조항에 대한 약관규제법상의 내용통제가 법정지법에 따를 사항인지는 논란이 있는데(석광현(註 115), 127면; 석광현, "해외직접구매에서 발생하는 분쟁과 소비자의 보호", 서울대학교 법학 제57권 제3호(2016. 9.), 95면) 개정법에서도 논란의 여지가 있다.

142) 이는 마치 "외국중재판정의 승인 및 집행에 관한 국제연합협약"(즉 뉴욕협약)(제5조 제1항 a호)이 중재판정의 승인 및 집행의 거부사유로서 중재합의의 당사자가 그들에게 적용될 법률에 의하여 무능력자인 경우를 규정하는 것과 유사하다. 다만 여기의 능력이 권리능력과 행위능력을 말하는지 아니면 당사자능력과 소송능력을 말하는지는 분명하지 않다. 만일 관할합의를 실체법상의 계약으로 보면 전자가, 소송법상의 계약으로 보면 후자가 설득력이 있다고 볼 여지도 있으나, 국제사법에서는 가급적 관할합의협약의 해석론과 일치하도록 해석해야 할 것이다.

143) 이런 문언은 아래에서 소개하는 대법원판례의 설시(전속적 관할합의가 현저하게 불합리하고 불공정한 경우에는 그 관할합의는 공서양속에 반하는 법률행위에 해당하는 점에서도 무효라고 판시하였다는 점이다)를 방불케 한다.

144) 예컨대 대법원 1997. 9. 9. 선고 96다20093 판결 등. 위 판결에 관하여는 석광현, 국제사법과 국제소송 제3권(2004), 212면 이하 참조.

조항을 선하증권에 기재하더라도 당해 사건과 법원 간에 합리적 관련성이 없다는 이유로145) 그러한 관할합의의 효력이 부정되었다.

그러나 위 ③의 요건은 많은 비판을 받았고 해석론상 이를 폐지해야 하고 입법론으로도 이를 요구하지 말아야 한다는 것이 유력설이었다.146) 개정법은 위 ③의 요건을 요구하지 않으므로 위와 같은 관할합의도 유효하다. 더욱이 관할합의의 결과 우리 법원에 관할이 있으면 법원은 부적절한 법정지의 법리를 원용하여 재판관할권의 행사를 거부할 수도 없다. 따라서 우리 선사로서는 개정법 하에서는 분쟁해결을 집중하기 위하여 전속적 국제재판관할합의를 하는 것이 가능하게 되었으므로 관할합의를 할지 중재합의를 할지를 정책적으로 검토할 필요가 있을 것이다.

저자는 예비초안(제3조 c호)에 준하여 관할합의의 서면요건을 완화하는 것이 바람직하다는 견해를 피력하였는데,147) 개정법(제8조 제2항)은 중재법(제8조)148)에 준하여 서면은, "전보(電報), 전신(電信), 팩스, 전자우편 또는 그 밖의 통신수단에 의하여 교환된 전자적(電子的) 의사표시를 포함한다"는 취지로 규정한다.

합의된 법원이 전속관할을 가지는지는 당사자가 결정할 사항이나 분명하지 않은 경우 전속적인 것으로 추정함이 법적 안정성 측면에서 바람직하므로149) 개정법(제8조 제3항)은 그런 취지를 명시한다. 당사자들이 부가적 관할합의를 할 수 있음은 물론이다.

---

145) 이는 아마도 항상 그렇다는 취지는 아니고 당해 사건에서 그렇다는 취지로 보아야 할 것이나 당해 사건에서도 그런 결론은 설득력이 없었다. 소개와 비판은 석광현, "국제재판관할합의의 유효요건으로서의 합리적인 관련성", 법률신문 제3129호(2002. 12. 9.) 참조.

146) 석광현(註 115), 120면. 뿐만 아니라 대법원 2004. 3. 25. 선고 2001다53349 판결은 홍콩기업과 일본 선사(가와사키기센) 간에 선하증권에서 장래의 분쟁을 선사 소재지인 동경 지방재판소에서 해결하기로 전속적 관할합의를 하였음에도 불구하고 불법행위지가 한국이라는 등의 이유로 합리적인 관련성의 존재를 부정하였다. 합리적인 관련성 요건은 그 자체로서도 문제이지만, 위 사건에서 일본 선사가 자신에 대한 소를 동경지방재판소에 집중시키고자 전속관할조항을 두었음에도 불구하고 대법원이 당초 관할합의와는 직접 관련이 없는 사정을 이유로 합리적인 관련성을 부정해 버린 결과 유효한 전속적 관할합의를 함에 있어 매우 중대한 걸림돌이 되었다. 이 판결에 대한 비판은 석광현, "국제재판관할합의의 유효요건으로서의 합리적인 관련성", 법률신문 제3129호(2002. 12. 9.) 참조(이는 석광현, 국제사법과 국제소송 제3권(2004), 244면 이하에도 수록되었다).

147) 일본 개정 민사소송법(제3조의7) 참조.

148) 중재법 제8조는 2006년 UNCITRAL 개정 모델중재법을 2016년에 수용한 것이다.

149) 예비초안과 2001년 초안(각 제4조 제1항) 그리고 브뤼셀협약(제17조)과 브뤼셀 I 규정(제23조)도 같다. 그러나 영미의 전통은 비전속적 합의로 추정하는 것이라고 한다.

개정법(제8조 제4항)은 관할합의조항을 포함하는 주된 계약 중 다른 조항의 효력은 관할합의조항의 효력에 영향을 미치지 않는다고 규정함으로써 '관할조항의 독립성'을 명시한다.

나아가 개정법(제8조 제5항)에 따르면, 외국법원을 선택하는 전속적 관할합의가 있는 경우 법원은 원칙적으로 소를 각하하여야 하나 몇 가지 예외가 인정된다. 즉 첫째, 합의가 제8조 제1항 각 호의 사유로 효력이 없는 경우, 둘째, 제9조에 따라 변론관할이 발생하는 경우, 셋째, 합의에 따라 국제재판관할을 가지는 국가의 법원이 사건을 심리하지 아니하기로 하는 경우와 넷째, 합의가 제대로 이행될 수 없는 명백한 사정이 있는 경우에는 그러하지 아니하다.[150]

장래에는 국제거래의 증가와 거래 당사자들의 분쟁에 대한 인식제고에 따라 관할합의는 실무적으로 더욱 중요하게 될 것이다. 특히 개정법이 전속적 관할합의의 경우에도 법원과 당해 사건 간의 합리적 관련성의 요건을 배제하고(제8조), 나아가 아래에서 보듯이 관할합의의 경우 부적절한 법정지의 법리의 적용도 배제하기 때문에 더욱 그러하다(제12조 제1항).

4. 변론관할(응소관할)(개정법 제9조)

민사소송법 제30조는 '변론관할'이라는 제목 하에 "피고가 제1심 법원에서 관할위반이라고 항변하지 아니하고 본안에 대하여 변론하거나 변론준비기일에서 진술하면 그 법원은 관할권을 가진다"고 규정한다. 이는 피고의 복종(submission)에 기초한 관할이므로 국제재판관할에서도 변론관할을 인정할 수 있다. 그러나 전속관할에 반하는 경우에는 그러하지 아니하다. 변론관할을 묵시적 관할합의로 보는 견해도 있으나 양자는 구별된다. 따라서 묵시적 관할합의의 성립 등에 관하여 그 준거법에 따른 판단은 불필요하며 법정지법에 따라 변론관할이 성립하는지를 판단하면 족하다.[151]

개정법(제9조)은 변론관할을 명시한다. 즉 국제사법에 따라 법원에 국제재판

---

150) 대법원 판결 하에서 지정된 외국법원이 재판관할이 있지만 부적절한 법정지의 법리에 따라 관할권을 행사하지 않거나 행사하지 않을 것이 명백히 증명된 경우 전속적 관할합의가 무효인지 논란이 있다. 최종현(註 41), 648면은 그 경우 무효라고 본다. 개정법은 그 경우 우리 법원이 재판할 수 있음을 명시하는데 이는 관할합의협약(제6조)을 반영한 것이다. 다만 개정법이 관할합의의 무효사유를 규정하는 방식은 관할합의협약과 조금 다르다.

151) Heinrich Nagel/Peter Gottwald, Internationales Zivilprozeßrecht 7. Auflage (2013), §3 Rn. 486.

관할이 없는 경우에도 피고가 국제재판관할이 없음을 주장하지 아니하고 본안에 대하여 변론하거나 변론준비기일에서 진술하면 법원에 그 사건에 대한 변론관할이 인정된다. 종래 해석론상 피고가 국제재판관할을 다투기 위한 출석, '특별출석(special appearance)'을 한 경우에는 가사 예비적으로 본안에 관하여 변론을 하더라도 변론관할이 발생하는지는 논란이 있는데 개정법은 이를 명시하지 않는다.152)

5. 관련사건의 국제재판관할(개정법 제6조)

특정한 청구 또는 피고에 대해 국제재판관할이 없더라도 다른 청구 또는 공동피고와의 관련성에 근거해서 관할이 인정되는 경우도 있다. 이는 민사소송법(제25조)이 '관련재판적'에 관한 규정을 두는 점으로부터 쉽게 짐작할 수 있는데, 그와 유사하게 이를 '관련관할'이라고 부를 수 있다. 문제는 그 요건을 어떻게 합리적으로 규정할 것인가이다. 그러한 관련관할이 인정될 여지가 있는 경우에도 관련사건인 다른 청구 또는 다른 공동 피고에 대한 청구가 외국의 전속관할에 속하는 경우에는 그에 대한 관련관할을 허용되지 않는다(개정법 제10조 제2항).

가. 청구의 객관적 병합과 관련관할

민사소송법(제25조 제1항)은 "하나의 소로 여러 개의 청구를 하는 경우에는 제2조 내지 제24조의 규정에 따라 그 여러 개 가운데 하나의 청구에 대한 관할권이 있는 법원에 소를 제기할 수 있다"고 규정하여 청구의 객관적 병합의 경우 관련재판적을 규정한다. 이를 '객관적 병합에 따른 관련관할' 또는 '병합청구의 재판관할'이라고 부를 수 있다. 문제는 동 항의 원칙을 국제재판관할에도 적용 내지 유추적용할 수 있는가이다.

청구의 객관적 병합의 경우 관련재판적을 근거로 국제재판관할을 인정하는 것이 전혀 근거가 없지는 않지만, 브뤼셀 I(브뤼셀협약), 그와 유사한 예비초안 및 2001년 초안의 태도를 고려할 때, 민사소송법(제25조 제1항)을 국제재판관할에도 곧바로 적용하여 병합된 청구에 대해 국제재판관할을 인정하는 것은 주저된다. 병합되는 청구에 관한 피고의 관할이익을 부당하게 침해할 우려가 있기 때문이다. 그러나 청구의 객관적 병합 일반에 대하여가 아니라, 동일한 사실관계로부터 발생하는 불법행위와 채무불이행의 청구권경합의 경우에는 객관적 병합을 근거로

---

152) 일본 개정 민사소송법(제3조의8)은 이런 취지의 규정을 두지 않는다.

국제재판관할을 허용할 여지가 있다.

그러면 어떤 요건 하에서 이를 인정할지가 문제인데 ① 청구 간에 매우 밀접한 관련이 있어서 저촉되는 판결이 선고될 중대한 위험을 피하기 위하여 함께 재판해야 할 것을 요구하는 방안도 고려할 수 있으나 이는 너무 엄격하다. 따라서 저자는 ② 소송의 목적인 권리 또는 의무가 동일한 사실상 및 법률상 원인에 기초한 때로 규정하거나, ③ 단순히 청구 상호 간에 밀접한 관련이 있을 것을 요구하거나,[153] ④ 청구 간의 밀접한 관련이 있어서 법원의 국제재판관할을 인정하는 것이 제2조 제1항이 정한 국제재판관할 결정의 대원칙에 부합할 것을 요건으로 고려할 수 있다는 견해를 피력한 바 있다.[154] 우리 판례의 태도는 분명하지 않다.

개정법(제6조 제1항)은 재산법상의 사건에 관하여 위 ③을 채택하였다.[155]

나. 공동소송과 관련관할

민사소송법(제25조 제2항)은 "소송목적이 되는 권리나 의무가 여러 사람에게 공통되거나 사실상 또는 법률상 같은 원인으로 말미암아 그 여러 사람이 공동소송인으로서 당사자가 되는 경우에는 제1항의 규정을 준용한다"고 하여 공동소송의 경우 관련재판적을 인정한다. 이는 1990. 1. 13. 구 민사소송법 개정 시 통상의 공동소송의 경우 중 공동소송인 사이의 관련이 상대적으로 밀접한 구 민사소송법 제61조[156] 전문의 경우에만 관련재판적을 인정하고, 제61조 후문의 경우에는 이를 제외하여 구 민사소송법상 다수설이던 절충설을 입법화한 것이다. 따라서 예컨대 공동소송인 상호 간에 소송연대성이 강력한 필수적 공동소송의 경우 관련재판적이 인정된다. 이를 '주관적 병합에 따른 관련관할'이라고 부를 수 있다. 문제

---

153) 일본 개정 민사소송법(제3조의6)이 이런 태도이다.
154) 석광현(註 124), 172면.
155) 반면에 가사사건의 경우 특수성이 있다. 예컨대 가사소송인 이혼소송에는 가사비송인 재산분할, 친권자 및 양육자 지정, 양육비, 면접교섭권청구 등과 같은 부수적 효과에 관한 청구를 병합하여 청구하는 경우가 많고 위자료 청구가 병합되기도 한다. 따라서 이혼사건에 대하여 국제재판관할을 가지는 법원에 이러한 부수적 효과에 관한 소송에 대하여도 관할을 인정할 필요가 있다. 다만 개정안(제61조)은 부양사건에서 부양권리자의 상거소지 관할을 인정하는데, 그를 기초로 이혼사건 기타 관련사건을 병합하는 것을 허용하는 것은 주저된다. 이 점을 고려하여 개정안(제6조 제3항)은 가사사건에서 예컨대 이혼, 파양 등 주된 청구에 대해 재판관할을 가지는 법원에 이혼효과에 관한 부수적 청구에 대한 관련사건의 관할을 인정하지만, 반대의 경우에는 관련사건의 관할을 인정하지 않는다.
156) 이는 민사소송법 제65조에 상응한다.

는 동 항의 원칙을 국제재판관할에도 적용 내지 유추적용하여 공동소송인 간의 '관련관할' 또는 '관련성에 근거한 관할'을 인정할 수 있는지이다.

　독일에서는 원칙적으로 각 공동소송인에 대해 독립적으로 독일 민사소송법 (제12조 이하)의 규정에 따라 국제재판관할이 존재해야 한다고 함으로써 공동피고인의 이익을 보호한다. 브뤼셀 I (제6조 제1호)은 "청구들이 매우 밀접하게 관련되어 있어서 별개의 소송절차로부터 저촉되는 판결이 생길 위험을 피하기 위하여 그들을 함께 심리, 재판할 필요가 있는 경우여야 "공동피고에 대한 소는 공동피고들 중 1인이 주소를 가지는 법원에 제기할 수 있다"고 규정하며, 예비초안(제14조)은 더욱 구체적 요건 하에 공동소송을 인정한다. 무엇보다도 민사소송법의 규정을 그대로 국제재판관할규칙화할 경우 끌려 들어가는 공동피고에게 매우 불리하게 되므로 이를 전혀 인정하지 말거나, 만일 인정한다면 상당히 제한적 요건 하에 인정하는 것이 타당하다. 보다 구체적으로 저자는 ① 법정지가 어느 피고의 상거소 소재지 국가의 법원일 것, ② 그 피고와 다른 피고들에 대한 청구가 매우 밀접하게 관련되어 있어서 모순된 재판이 선고될 [중대한] 위험을 피하기 위하여 함께 재판해야 할 것과 ③ 당해 국가에 상거소를 가지지 않는 각 피고에 관하여 그 국가와 그 피고에 관한 분쟁 간에 어떤 관련이 있을 것이라는 요건을 요구하거나, 위 ②와 ③의 요건을 묶어 ④ 그 피고와 다른 피고들에 대한 청구가 매우 밀접하게 관련되어 있어서 다른 피고들에 대하여 법원의 국제재판관할을 인정하는 것이 제2조 제1항이 정한 국제재판관할 결정의 대원칙에 부합할 것을 요구할 수도 있다는 견해를 피력하였다.[157]

　개정법은 위 ①과 ②의 요건을 요구하나 '중대한'이라는 요건은 규정하지 않는다. 다만 관할을 발생시킬 목적으로 본래 피고로 제소할 의사가 없는 당사자를 공동피고로 하여 함께 제소하는 경우에는 관련재판적에 기한 국제재판관할을 인정할 수는 없다.[158]

---

157) 석광현(註 124), 170면 이하 참조. 일본의 개정 민사소송법(제3조의6) 참조.

158) 토지관할의 맥락에서 대법원 2011. 9. 29.자 2011마62 결정은 관할만을 발생시킬 목적으로 본래 제소할 의사가 없는 청구를 병합한 것이 명백한 경우 이는 관할선택권의 남용으로서 신의칙에 위반하여 허용될 수 없고 이 경우 민사소송법 제25조는 적용이 배제된다고 판시하였다. 이런 법리는 국제재판관할에서도 타당하나 이는 굳이 규정하지 않아도 될 것이다.

6. 반소의 국제재판관할(개정법 제7조)

민사소송법(제269조 제1항)에 따르면, 피고는 소송절차를 현저히 지연시키지 아니하는 경우에 한하여 변론종결 시까지 본소가 계속된 법원에 반소를 제기할 수 있으나, 다만 소송의 목적이 된 청구가 다른 법원의 관할에 전속되지 아니하고, 본소의 청구 또는 방어의 방법과 서로 관련이 있어야 한다. 방어방법과 관련이 있기만 하면 되고 반소가 본소의 기초가 된 거래 또는 사건으로부터 발생한 것일 필요는 없다. 예컨대 피고는 본소 청구와 아무런 관련이 없는 반대청구에 기하여 상계의 항변을 할 수 있는데 민사소송법에 따르면 그 경우 상계항변 후 남은 채권에 기한 반소의 재판관할이 인정된다.

하지만 예비초안(제15조)은 "협약의 조항에 따라 어느 소에 대하여 관할을 가지는 법원은 본소의 기초가 된 거래 또는 사건으로부터 발생하는 반소에 대하여도 재판할 관할을 가진다"고 규정하고, 브뤼셀 I(제6조 제3호)도 "본소와 동일한 계약 또는 사안에 기한 반소의 경우에 한하여 관할을 긍정한다. 일본 개정 민사소송법은 제146조 제3항을 신설하여 "일본 법원이 반소의 목적인 청구에 관하여 관할권을 가지지 않는 경우에는, 피고는, 본소의 목적인 청구 또는 방어방법과 밀접한 관련이 있는 청구를 목적으로 하는 경우에 한하여 제1항의 규정에 의한 반소를 제기할 수 있다. 다만 일본의 법원이 관할권 전속에 관한 규정에 의하여 반소의 목적인 청구에 관하여 관할권을 가지지 않는 때에는 그러하지 아니하다"는 취지로 규정한다. 이는 반소의 토지관할에 관한 조항을 기초로 하되 더 엄격하게 '밀접한' 관련이 있을 것을 요구한다.

개정법은 민사소송법(제269조 제1항)의 토지관할규칙을 국제재판관할규칙으로 수용하면서 단순한 관련이 아니라 '밀접한' 관련의 존재를 요구함으로써 반소관할의 요건을 다소 강화하는데 이는 결국 일본법과 유사한 태도이다. 물론 반소의 목적인 청구가 외국법원의 전속관할에 속하는 경우에는 그러하지 아니하다(개정법 제10조 제2항).

7. 전속적 국제재판관할(개정법 제10조)

가. 전속관할에 관한 논의의 배경

소송의 대상인 분쟁의 성질상 특정국가에 전속적 국제재판관할(또는 전속관할)을 인정하는 것이 적절한 경우가 있다. 당해 분쟁과 밀접한 관련이 있는 특정 국가의 법원에 전속관할을 인정함으로써 법률관계를 획일적으로 처리할 필요가 있기 때문이다.[159] 우리 국제사법과 민사소송법은 전속적 국제재판관할을 전혀 규정하지 않으나 브뤼셀협약(제16조), 브뤼셀 I (제22조)과 예비초안(제12조), 2001년 초안(제12조)은 대체로 다음의 경우 전속적 국제재판관할을 인정한다.[160]

---

① 부동산에 대한 물권 또는 임대차를 목적으로 하는 소에 대해서는 부동산 소재지
② 법인의 존부, 그 기관의 결정의 유·무효 등에 관한 소에 대해서는 법인의 설립준 거법 소속국
③ 공적 장부상의 기재의 유·무효를 목적으로 하는 소에 대해서는 공부를 관리하는 국가
④ 지적재산권의 등록, 유효성에 관한 소에 대해서는 등록지
⑤ 재판의 집행에 관한 소에 대해서는 그 재판의 집행이 행해지거나 행해질 국가

우리나라에도 대체로 유사한 견해가 있으나[161] 그 정확한 범위는 논자에 따라 다소 다르다. 주의할 것은 우리 법이 전속적 토지관할을 규정하더라도 그로부터 당연히 전속적 국제재판관할이 도출되지는 않는다는 점이다. 이는 민사소송법 등 국내법의 재판적에 이중기능을 인정하지 않는 우리로서는 당연한 것이다. 재판적에 이중기능을 인정하는 독일에서도 그렇게 해석한다. 즉 만일 독일에 국제재판관할이 있다면 그 경우 민사소송법 등 국내법에 정한 법원이 전속적 토지관할을 가진다는 것이다.[162] 한국의 전속적 국제재판관할에 속하는 사건에 대해서는 당사자들이 합의에 의하여 이를 배제할 수 없다.

나. 전속관할규칙의 위치

위원회에서는 전속관할에 관한 규정을 총칙에 묶어서 규정할지 아니면 각 관

---

159) Jürgen Basedow, "Das Prinzip der gegenseitigen Anerkennung im internationalen Wirt-schaftsverkehr", in Festschrift für Dieter Martiny zum 70. Geburtstag (2014), S. 246.

160) 일본 개정 민사소송법 제3조의5 참조. 부동산 물권에 관한 소이더라도 부동산 소재지의 전속관할을 인정하지 않는다(제3조의3 제11호 참조).

161) 이인재, "국제적 관할합의", 사법논집 제20집(1989), 641면; 한충수, "국제재판관할합의에 관한 연구", 연세대학교 대학원 박사학위논문(1997), 118-121면.

162) Reinhold Geimer, Internationales Zivilprozessrecht, 8. Auflage (2020), Rn. 873, Rn. 866; Haimo Schack, Internationales Zivilverfahrensrecht, 8. Auflage (2021), Rn. 248.

련되는 장에서 규정할지에 관하여 논란이 있었다. 위원회에서는 이를 각 장에서 개별적으로 규정하는 방안이 유력하였으나 법무부는 후속작업 과정에서 이를 총칙(제10조)에 묶어서 규정하기로 하였다. 예컨대 개정법(제10조 제1항 제1호)이 정한 "대한민국의 공적 장부의 등기 또는 등록에 관한 소"는 물권만이 아니라 친족과 법인에도 관련되는 탓에 어느 장에 귀속시키는 것이 부적절하기 때문이다. 이처럼 총칙에 규정하기로 정한 김에 어느 장에 귀속시키기가 어려웠던 집행에 관한 조문도 두기로 하였다(제10조 제1항 제5호).

다. 개정법(제10조)에 포함된 전속관할규칙

(1) 공적 장부의 등기 또는 등록에 관한 소

개정법(제1호)은 한국의 공적 장부의 등기 또는 등록에 관한 소에 대하여는 한국의 전속관할을 규정한다. 이는 위 ③을 반영한 것이나 그보다는 범위가 조금 넓다. 이는 공익성이 큰 공시제도와 밀접한 관련을 가지기 때문이다. 여기의 공적 장부는 부동산등기부만이 아니라 법인등기부, 가족관계등록부와 선박등기부도 포함할 수 있다.

(2) 법인 또는 단체의 설립 무효 또는 그 단체 기관의 결의의 유효성에 관한 소

개정법(제2호)은 한국법령에 따라 설립된 법인이나 단체의 설립 무효, 해산 또는 그 법인이나 단체의 기관의 결의의 유효성에 관한 소에 대하여는 한국 법원의 전속관할을 인정한다. 이는 위 ②를 반영한 것이다.

(3) 한국에서 집행하고자 하는 경우 재판의 집행에 관련된 소

개정법(제5호)은 한국에서 재판의 집행을 하려는 경우 재판의 그 집행에 관련된 소에 대하여는 한국의 전속관할을 명시한다. 이는 브뤼셀체제를 참고한 것으로 브뤼셀협약(제16조 제5호), 브뤼셀 I (제22조 제5호)과 브뤼셀 I Recast(제24조 제5호)는 이를 명시한다. 재판의 집행에 관련된 소에는 집행문 부여에 관한 소, 청구이의의 소와 제3자이의의 소 등이 포함되나 통상의 소송절차를 따르고 민사집행절차에 속하지 않는 집행판결 청구의 소는 포함되지 않는다.[163]

---

163) 제5호에 대하여 오정후, "국제사법 개정안의 국제재판관할 —개정안의 편제와 총칙의 검토—", 민사소송 제22권 2호(2018. 11.), 80면은 민사집행법이 관련 소송에 대해 전속관할

라. 전속관할에 대한 예외

개정법은 두 가지 점에서 위에서 본 전속관할규칙에 대한 예외를 규정한다.

(1) 전속관할에 속하는 사항이 계약상의무인 경우

계약에 따라 특허권의 이전등록을 구하는 소송에서 등록국이 전속관할을 가지는지는 종래 논란이 있었다. 그런데 당사자 간의 특허권양도계약이 정한 전속적 관할합의에 따라 한국 회사가 일본인과 일본법인을 상대로 낸 특허권이전등록청구소송이 특허권 등록국인 일본의 전속관할에 속하는가가 다투어진 사건에서 대법원은 부정설을 취하였다. 즉 대법원 2011. 4. 28. 선고 2009다19093 판결은, 일본이 전속관할을 가지는지와 관련하여, 등록을 요하는 특허권의 성립에 관한 것이거나 유·무효 또는 취소 등을 구하는 소는 등록국 또는 등록이 청구된 국가 법원의 전속관할에 속하나, 그 주된 분쟁 및 심리의 대상이 특허권의 성립, 유·무효 또는 취소와 관계없는 특허권 등을 양도하는 계약의 해석과 효력의 유무일 뿐인 그 양도계약의 이행을 구하는 소는 등록국이나 등록이 청구된 국가 법원의 전속관할에 속하지 않는다는 취지로 판시하였다. 대법원의 결론은 타당하다는 평가를 받았다.

위 대법원판결의 전향적 태도를 수용하여 개정법(제10조 제1항 제1호 단서)은, 제1호(공적 장부의 등기 또는 등록에 관한 소)는 당사자 간의 계약에 따른 이전이나 그 밖의 처분에 관한 소로서 등기 또는 등록의 이행을 청구하는 경우는 제외한다.[164]

(2) 전속관할에 속하는 사항이 선결문제로 제기되는 경우

예컨대 등록을 요하는 특허권에 관한 라이센스계약에 근거한 소송 또는 특허권의 침해를 이유로 손해배상을 구하는 소송에서, 유효한 특허권의 존재가 선결문제로 다투어지는 경우 계약소송 또는 침해소송에 대해 재판관할을 가지는 법원이 선결문제를 판단할 수 있는가라는 의문이 제기된다.[165]

을 규정하고 있으므로 이는 불필요하다고 지적하나 민사집행법이 규정한 것은 전속적 토지관할이고 개정안이 규정한 것은 전속적 국제재판관할이므로 이런 지적은 근거가 없다. 위에서 언급한 바와 같이 양자는 구별된다.

164) 공청회를 위한 개정안에는 제1호 외에 제4호(등록 지식재산권의 성립 등에 관한 소)가 병렬적으로 규정되어 있었다. 하지만 제4호의 경우 등록지식재산권의 이전 또는 처분에 관한 소가 해당될 수 있는지 의문이었기에 공청회 후 제4호에 대한 언급은 삭제하기로 하였다.

165) 저작권의 경우 저작권의 유효성에 관한 분쟁에 대해 특정 국가의 전속관할이 인정되지 않

개정법(제10조 제3항)은 전속관할에 속하는 등록지식재산권의 성립 등이 본문제가 아니라 선결문제로서 제기된 경우에는 전속관할을 인정하지 않는 것으로 명시한다. 따라서 일본 특허권의 유무효가 주된 분쟁 및 심리의 대상인 경우에는 일본이 전속관할을 가지나, 그 특허권의 침해소송이 한국 법원에 계속 중 피고가 일본 특허권이 무효라는 항변을 하는 경우 한국 법원은 일본 특허권의 유무효를 선결문제로서 판단할 수 있다. 예비초안(제12조 제6항)은 이런 취지를 명시한다.[166][167]

개정법은 이런 원칙을 전속관할에 속하는 다른 사항에 대하여도 적용한다. 예컨대 어떤 회사의 이사회결의 자체를 본문제로 다루는 소송이라면 이는 당해 회사의 설립준거법 소속국의 전속관할에 속하는 사항인 반면에, 회사에 대해 계약에 따른 의무이행을 구하는 소에서 그 이사회결의의 유무효가 선결문제로서 다투어지는 경우 이는 당해 회사의 설립준거법 소속국의 전속관할에 속하지 않는다는 것이다.

마. 전속관할규칙의 경우 일부 조문의 적용 제외

개정법(제10조 제2항)은, 한국의 법령 또는 조약에 따른 국제재판관할의 원칙상 외국법원의 국제재판관할에 전속하는 소에 대해서는 한국의 일반관할(제3조), 사무소·영업소 소재지 등의 특별관할(제4조), 재산소재지의 특별관할(제5조), 관련사건의 관할(제6조), 반소관할(제7조)과 변론관할(제9조)을 적용하지 않음을 명시한

으므로 저작권 침해소송을 다루는 법원은 저작권의 유효성에 대해 판단할 수 있다.

166) 다만 이는 특별위원회의 최종문언은 아니라 괄호 안에 들어 있다. 취지는 Peter Nygh & Fausto Pocar, Report of the Special Commission, Preliminary Document No. 11 of August 2000, p. 70 참조.

167) 이에 대해 오정후(註 163), 82면은 관할은 당사자 또는 소송물과 법원의 관계로 판단되고 소송물이 아닌 선결문제는 관할 판단의 기준이 아니므로 제3항은 필요 없다고 한다. 이론적으로는 타당한 이야기나 그것이 국제적으로 통용되는 법리는 아니다. 브뤼셀 I Recast(제24조 제4호)는 등록지식재산권의 등록 또는 유효성을 목적으로 하는 소에 대하여 전속관할을 규정하는데, 유럽연합재판소의 GAT/Luk 사건 판결(C-4/03)을 따라 "당해 쟁점이 소로써 또는 항변으로써 제기되는지에 관계없이(irrespective of whether the issue is raised by way of an action or as a defence)"라고 명시함으로써 등록지식재산권의 등록 또는 유효성이 선결문제로 다투어지는 경우에도 등록국 법원의 전속관할에 속함을 명시한다. 이런 규범과 판례를 고려하고 이 점을 둘러싼 국제적 논쟁을 고려하면 이 점을 규정함으로써 의문을 제거할 필요가 있다. 국제사법 내지 국제민사소송법의 맥락에서는 민사소송법과 달리 국제적인 논의상황을 고려해야 한다. 소개는 이필복, "전속적 국제재판관할(국제적 전속관할) 개관", 국제사법연구 제24권 제1호(2018. 6.), 326면 이하 참조.

다. 이는 민사소송법 제31조가 토지관할의 맥락에서, 전속관할이 정하여진 소에는 제2조, 제7조 내지 제25조, 제29조 및 제30조의 규정을 적용하지 아니한다는 것과 같은 취지이다.

8. 국제적 소송경합(개정법 제11조)

가. 종래의 논의

국내민사소송에서 당사자는 어느 법원에 계속 중인 사건에 대하여 다시 소를 제기하지 못한다. 민사소송법(제259조)은 중복제소금지의 원칙을 명시하여 이 문제를 해결한다. 그런데 국제적 분쟁이 증가하는 결과 동일한 소송물에 대하여 동일 당사자 간에 복수의 국가에서 소송이 제기될 가능성이 커지고 있고, 나아가 외국에서 이행소송을 제기당할 가능성이 있는 당사자가 장래 국내에서의 집행을 저지하기 위한 소송전략으로 국내에서 먼저 채무부존재확인소송을 제기함으로써 국제적 소송경합이 발생할 가능성이 점증하고 있다. 이것이 '국제적 소송경합'(lis alibi pendens), '국제적 중복제소' 또는 '국제적 중복소송'의 문제이다.[168] 이는 실제로 중복소송을 수행함으로써 복수의 판결을 받겠다는 것이 아니라 상대방에게 부담을 주어 압력을 행사함으로써 타협을 강요하는 수단으로 활용되고 있다.

과거 우리나라에서는 국제적 소송경합에 관한 논의가 활발하지는 않지만 ① 국제적 소송경합을 허용하는 견해(규제소극설), ② 국제재판관할이론에 의하여 해결하는 견해, ③ 승인예측설[169]이 주장되었고, ④ 저자는 ②와 ③을 결합한 절충설을 주장하였다.[170] 정치한 토지관할규정을 두고 있는 민사소송법(제35조)상으로

---

168) 영미에서는 더 나아가 적극적인 국제소송전략으로 상대방이 외국에서 제소하거나 소송을 수행하는 것을 선제적으로 차단하기 위한 수단으로 소송유지(留止)명령(anti-suit injunction)을 활용한다. 석광현, 국제사법과 국제소송 제5권(2012), 650면 이하 참조. 한국에도 이에 관한 입법적 미비를 보완하자는 견해도 있으나 위 제도에 대한 연구가 선행되어야 한다.

169) 대법원판결은 보이지 않고 하급심 판결은 나뉘나 승인예측설을 취한 판결들이 많은 것으로 보인다. 예컨대 서울지방법원 2002. 12. 13. 선고 2000가합90940 판결은 원고피고공통형(또는 병행형)의 국제적 소송경합을 정면으로 다루면서 '승인예측설'을 취하여 동일한 사건에 관한 한국의 후소를 부적법 각하하였다. 평석은 석광현, 국제사법과 국제소송 제4권(2007), 169면 이하 참조.

170) 사건은 ③을 원칙으로 하되, 전소가 제기된 법원이 항상 우선하는 것이 아니라, 예컨대 한국에서 전소가 제기되고 외국에서 후소가 제기되었더라도 외국이 명백히 보다 더 적절한 법정지이고 우리 법원에서 재판하는 것이 국제재판관할 배분의 이념에 비추어 현저히 부

도 예외적인 경우 법원의 재량에 의한 이송이 허용되는데, 국제소송에서도 그에 상응하는 사유가 있다면 이송을 할 필요가 있으나 국제소송에서는 이송이 불가능 하므로 대신 소송을 중지할 수 있도록 하자는 것이다. 위 ④는 대체로 예비초안 (제21조)을 따른 것으로 제한적 범위 내에서 부적절한 법정지의 법리를 도입하는 것이다.

나. 개정법의 내용

위원회는 국제적 소송경합에 관한 규정을 두기로 결정하였고 개정법(제11조) 은 이에 따라 규정을 둔다. 개정법(제11조)은 기본적으로 전소를 존중하는 우선주 의와 승인예측설을 결합한 것이나 그에 추가하여 부적절한 법정지의 법리를 가미 하였다. 즉 개정법(제1항)은 같은 당사자 간에 외국법원에 계속 중인 사건과 동일 한 소가 법원에 다시 제기된 경우에 외국법원의 재판이 한국에서 승인될 것으로 예상되는 때에는 법원은 직권 또는 당사자의 신청에 의하여 결정으로 소송절차를 중지할 수 있도록 하는 점에서 승인예측설과 유사하나, 우리 법원에서 해당 사건 을 재판하는 것이 외국법원에서 재판하는 것보다 더 적절함이 명백한 경우에는 예외를 인정하는 점에서(제1항 제2호) 승인예측설과 다르다. 이는 개정법(제12조)이 정하는 부적절한 법정지의 법리와 궤를 같이 하는 것으로 구체적인 사건에서 법 원의 유연한 처리를 가능하게 하려는 것이다. 개정법(제11조 제1항 제1호)은 전속 적 관할합의에 따라 우리 법원에 국제재판관할이 있는 경우에는 국제적 소송경합 의 법리의 적용을 배제하나, 우리 법원에 전속적 국제재판관할이 있다면 그것이 관할합의에 기한 것이든 다른 이유에 기한 것이든 외국 재판이 승인될 수 없으므 로 제1항 제1호의 요건은 굳이 명시할 필요는 없다.

한편 여기에서 사건의 동일성, 즉 당사자와 소송물의 동일성에 관한 종래의 논의는 여전히 타당하다. 제1항은 심판형식의 동일성을 요구하지 않으므로 이행 의 소와 확인의 소가 동일한 소송물인지가 문제된다. 주지하듯이 외국에서 소가 제기되었거나 제기가 임박한 경우 피고 또는 피고가 될 자가 자국법원에 채무부 존재의 확인을 구하는 소극적 확인의 소를 제기함으로써 외국소송의 진행 내지는 장래 외국에서 선고될 판결의 승인 및 집행을 차단하기 위한 소송전략으로 악용

당하다는 예외적 사정이 있는 때에는 우리 법원이 소송절차를 중지할 수 있다는 것이다.
학설은 석광현(註 169), 176면 이하 참조.

된다. 이것이 크게 문제된 것은 유럽연합에서 '어뢰소송'(torpedo litigation)으로 알려진 소극적 확인의 소의 폐해 때문이다.[171] 즉 만일 선행하는 소극적 확인의 소와 후의 이행의 소를 동일한 청구라고 본다면, 외국에서 제소당할 가능성이 있는 채무자가 소송의 진행이 매우 느린 국가에서 채권자에 앞서 소극적 확인의 소를 제기하는 경우, 가사 몇 년 후에 국제재판관할의 결여로 인하여 소가 각하되더라도 그 때까지 우리 법원이 소송절차를 중지해야 한다면 자신의 권리를 실현하기 위해 몇 년을 기다려야 하는 채권자에게 자포자기 또는 화해를 강요할 수 있게 되어 부당하다. 예비초안은 이런 폐해를 막기 위한 장치를 두고 있고, 저자는 입법론으로서 이에 따른 조문을 국제사법에 둘 것을 제안한 바 있으나[172] 개정법에 채택되지는 않았다. 따라서 개정법에서는 이 점은 논란의 여지가 있다.

개정법(제2항)은 우리 법원의 소송절차 중지 결정에 대해서는 즉시항고를 허용하는데, 이는 법원에 국제재판관할이 있음을 고려하고 원고의 이익을 보호하기 위한 것이다.

법원은 우리 법령 또는 조약에 따른 승인 요건을 구비한 외국의 재판이 있는 경우 제1항의 소를 각하하여야 한다(제3항). 이는 민사소송법(제217조)이 정한 외국재판 승인의 법리가 아니라 제3항이 정한 국제적 소송경합의 법리에 따라 처리하라는 취지이다.[173] 외국재판 승인의 법리에 따르면 원고와 피고 중 누가 승소를 했는가에 따라 소를 각하하거나 청구를 기각할 것이나 여기에서는 소의 각하를 명시하기 때문이다. 바꾸어 말하면 이는 외국재판 승인의 법리가 아니라 국제적 소송경합의 법리가 규율하는 사항이라는 것이다. 물론 그 경우 외국재판이 승인됨으로써 기판력을 가지는지와 그 효력의 내용과 범위는 여전히 외국재판 승인의 본질을 어떻게 파악할지에 따를 사항이다. 개정법이 규정하는 것은 중지한 소송절차의 처리방법으로써 소를 각하하라는 것이고(즉 국제적 소송경합을 전제로 한다) 그로 인해서 외국재판 승인의 법리가 달라지는 것은 아니다. 법원이 국제적 소송경합을 이유로 국내의 소송절차를 중지하였음에도 불구하고 국제재판관할을 가지는 외국법원이 본안에 대한 재판을 하기 위하여 필요한 조치를 취하지 아니하거

---

171) 이에 관하여는 이규호, "선제타격형 국제소송에 대한 연구", 민사소송 제14권 제2호(2010. 11.), 117면 이하 참조.

172) 석광현(註 5), 322면 이하 참조.

173) 이 점에 대하여 공청회에서 김인호 교수의 질문이 있었으나 저자는 본문의 취지를 재확인하였다.

나, 합리적인 기간 내에 본안에 관하여 재판을 선고하지 않거나 선고하지 않을 것으로 예상되는 경우에 당사자의 신청이 있으면 법원은 중지된 사건의 심리를 계속할 수 있다(제4항).174)

이처럼 개정법은 우선주의를 존중하므로 소송의 전후가 중요한 의미를 가지는데, 이를 판단함에 있어 개정법(제5항)은 소를 제기한 때를 기준으로 삼는다. '소를 제기한 때'는 소송계속의 시기가 아니라 각각 소가 제기된 국가의 법에 따라 소장이 법원에 제출된 때를 기준으로 삼는 것처럼 보이나 그런 취지가 명확한지는 의문이다.175)176)

소송절차의 중지라는 개념은 개정법이 새로 도입한 것은 아니다. 이미 민사소송법이 일정한 경우 소송절차의 중지를 규정하고 있는데,177) 다만 국제적 소송경합을 이유로 민사소송법상 법원이 소송절차를 중지할 수 있는지는 논란이 있었다.178) 부정설은 법원으로서는 소송기일을 추후지정(또는 추정)하는 방법으로 사실

---

174) 오정후(註 163), 83면은 민사소송법상 중지된 소송을 이어서 계속하는 경우 '사건의 심리를 계속한다'고 하지 않고 '수계'한다고 하므로 개정안(제11조)은 민사소송법 제도를 올바로 이해하지 못하고 만든 것이라고 신랄하게 비판한다. 하지만 소송절차의 중단이 아니라 중지의 경우에 수계한다는 것은 무슨 말인지 모르겠다. 중지의 경우는 중단과 달리 수계를 필요로 하지 않는다. 민일영·김능환(편), 주석 민사소송법(III), 제7판(2012), 465면(유남석 집필부분) 참조.

175) 소송계속의 시기는 국가에 따라 다르다. 석광현, 국제사법과 국제소송 제4권(2007), 189면 참조.

176) 개정법은 외국법원에 전소가 계속한 경우만을 상정하고 한국에 전소가 계속한 경우를 상정하지 않는다. 저자는 우리 법원에 전소가 계속 중이더라도 외국법원이 더 적절한 법정지인 때에는 법원이 소송절차를 중지할 가능성을 열어둘 필요가 있음을 지적하였으나 채택되지 않았다. 그러나 개정법(제12조)은 부적절한 법정지의 법리를 도입하였으므로, 예외적 사정에 의한 재판관할권 불행사의 법리를 적용하는 과정에서 법원이 소송이 경합한 사실, 내국소송과 외국소송의 진행정도 등을 고려하여 한국에 전소가 계속한 경우에도 제12조에 따라 내국 소송절차를 중지할 여지가 있을 것이다.

177) 즉 민사소송법은 법원의 직무집행불가능으로 말미암은 중지(제245조)와 당사자의 장애로 말미암은 중지(제246조)를 규정한다.

178) 저자는 가능하다고 보았다. 유력설은 선결관계에 있는 다른 민사사건이 법원에 계속중인 경우 소송절차의 중지를 인정하므로 국제적 소송경합의 경우, 그것이 민사소송법이 명시적으로 정한 소송절차의 중지사유에 해당되지 않더라도 소송절차의 중지가 가능하다고 본다. 피정현, "國際的 重複提訴의 禁止與否 —國內法院에서의 외국소송계속의 고려여부—", 均齊 梁承斗敎授 화갑기념논문집, 현대사회와 법의 발달(1994), 622면; 한충수, "국제적 소송경합(Lis Pendens) —서울중앙지방법원 2002. 12. 13. 선고 2000가합90940 판결을 중심으로—", 민사소송 제8권 제2호(2004), 70-71면도 동지.

상 소송절차를 중지한 것과 동일한 결과를 달성할 수 있다고 보았다. 개정법(제11조)이 시행되면 법원이 소송절차를 중지할 수 있음은 의문의 여지가 없다.[179]

9. 예외적 사정에 의한 재판관할권의 불행사(개정법 제12조)

가. 국제사법상 특별한 사정이론의 배척과 부적절한 법정지의 법리에 관한 해석론

재산법상의 사건에 관하여 과거 대법원 판결들은 4단계 구조로 설시하였고 그 과정에서 원칙적으로 「국제재판관할규칙 = 토지관할규칙」이라고 보되, 위 공식을 따를 경우 초래될 부당한 결론을 시정하는 '개별적 조정의 도구'로서 제4단계에서 특별한 사정을 원용하였다. 그러나 2001년 국제사법이 관할규칙을 도입한 후 법원은 더 이상 특별한 사정이론을 사용하지 않는 것으로 보인다. 국제사법 하에서 법원은 '실질적 관련'이라는 탄력적 개념을 이용하여 토지관할규칙에 얽매이지 않고 국제재판관할의 유무를 판단할 수 있으므로 개별적 조정을 위한 도구로서 의미를 가졌던 특별한 사정이론은 불필요하다는 취지일 것이다.[180]

참고로 1999년 섭외사법의 개정작업 과정에서 구성된 섭외사법개정연구반이 2000년 6월 발표한 개정시안(제2조 제3항)은 부적절한 법정지의 법리를 명시하였으나 결국 삭제되었다. 따라서 국제사법 하에서 이 문제는 학설, 판례에 맡겨진 것으로 논란의 여지가 있으나 저자는 이것이 가능하다고 보았다.

나. 부적절한 법정지의 법리의 제한적 도입

국제사법이 국제재판관할규칙을 명시하는 경우 가급적 정치한 국제재판관할규칙을 둠으로써 법적 안정성을 제고해야 하나 그것이 완벽할 수는 없다. 따라서 개별사건에서 국제재판관할배분의 정의를 실현하기 위한 수단으로서, 위원회는 국제사법이 정한 국제재판관할규칙에 따르면 우리 법원에 국제재판관할이 있더라도 당해 사안에서 우리 법원이 국제재판관할을 행사하는 것이 적절하지 않은 예외적인 사정이 있는 경우 법원이 재량으로 관할권의 행사를 거부할 수 있는 영미의 부적절한 법정지(*forum non conveniens*)의 법리를 제한적으로 수용하였다. "국제재판관할권의 불행사"라는 제목을 가진 개정법(제12조)이 그것이다. 이는 민사

---

179) 흥미로운 것은 해사사건에서 책임제한절차의 국제적 경합이 발생하는 경우 개정안 제11조가 어떤 의미를 가지는가인데 이는 아래(X.)에서 논의한다.
180) 그러나 일본의 개정 민사소송법(제3조의9)은 정치한 국제재판관할규칙을 명시하면서도 여전히 특별한 사정이론을 채택하였다.

소송법(제35조)상 토지관할의 맥락에서 법원의 재량에 의한 이송을 허용하는 것과 같은 취지이고, 준거법의 결정에서 국제사법 제8조(예외조항) 제1항처럼 개별사건에서 구체적 타당성을 보장하기 위한 것이다.[181]

과거 대법원 판례의 특별한 사정이론은 국제재판관할의 유무만을 판단하는 데 반하여, 개정법의 부적절한 법정지의 법리는 국제재판관할의 유무판단과 행사 여부 판단을 구별한다. 즉 예외적인 사정이 있는 경우 한국의 국제재판관할이 부정되는 것이 아니라 한국에 국제재판관할이 있음에도 불구하고 법원이 관할권을 행사하지 않는 것이다.

개정법(제1항)에 따라 법원이 위 법리를 적용하기 위하여는 ① 국제사법에 따라 우리 법원에 국제재판관할이 있을 것, ② 외국에 국제재판관할이 있는 대체법정지가 있을 것, ③ 모든 사정을 고려할 때 우리 법원이 국제재판관할권을 행사하기에 부적절하고 당해 외국법원이 분쟁을 해결하기에 더 적절할 것, ④ 그런 예외적인 사정의 존재가 명백할 것, ⑤ 본안에 관한 최초 변론기일 또는 변론준비기일 이전의 피고의 신청이 있을 것(법원의 결정 시기는 아래에서 언급한다)과 ⑥ 법원이 당사자의 합의에 의하여 관할을 가지는 경우가 아닐 것이라는 요건이 모두 구비되어야 한다.

③의 요건은 외국법원이 우리 법원과 비교하여 국제재판관할권을 행사하기에 조금이라도 비교 우위에 있다고 바로 인정되는 것이 아니라, 우리 법원이 부적절하고 당해 외국의 법원이 더욱 적절한 것이 명백한 경우에 비로소 충족된다. 개정법은 위 ③을 판단함에 있어서 법원이 고려할 요소를 명시하지 않는다. 법원은 개별사안의 모든 사정을 고려해야 하는데 그 과정에서 미국 연방대법원이 Gulf Oil Corp., v. Gilbert 사건 판결[182]에서 판시한 공익적 요소와 사익적 요소를 고려해야 한다. 이 경우 준거법이 한국법인지 아니면 외국법인지도 고려할 필요가 있다. 일본 민사소송법(제3조의9)은, 일본 법원이 고려할 요소로서 "사안

---

181) 이처럼 재량의 이송을 명시하는 점은 독일 민사소송법과 다르다. 독일에서는 국제재판관할이 있으면 독일 법원은 재판을 해야 하고 재판을 거부할 수 없다. 그러나 개정안에 따르면 우리 법원은 제12조의 요건이 구비되는 경우에는 비록 우리나라에 국제재판관할이 있더라도 재판을 거부할 수 있다. 제2조는 국제재판관할의 유무만을 규정하고, 그 행사 여부는 제12조에 의하여 별도로 규율된다. 기술적으로 양자를 분리하여 규정하는 것이 바람직한지는 논란의 여지가 있다. 본문에 언급한 섭외사법개정연구반이 2000년 6월 발표한 개정 시안 제2조 참조.

182) 330 U.S. 501, 508 (1947). 소개는 석광현(註 5), 115면 참조.

의 성질, 응소에 의한 피고의 부담의 정도, 증거의 소재지 그 밖의 사정"을 열거한다. 이처럼 법원이 고려할 사정을 예시할 수도 있으나 큰 의미는 없다. 다만 법원이 "모든 사정을 고려하여"라는 문언을 넣는 편이 좋다고 본다.

논란이 있었던 것은 위 ⑥의 요건이다. 부적절한 법정지의 법리에 대한 거부감은 그로 인하여 법적 불확실성이 도입될 가능성이 커지기 때문이다. 이를 고려하여 개정법은 우리 법원이 당사자의 합의에 의하여 관할을 가지는 경우에는 당사자의 예측가능성과 법적 안정성을 제고하기 위하여 예외적 사정에 의한 재판관할권 불행사의 법리의 적용을 제한한다.183) 이 경우 우리 법원이 당사자의 관할합의에 의하여 국제재판관할을 가지면 족하고 반드시 그것이 전속관할이어야 하는 것은 아니다. 다만 구체적 운용에서는 다를 수 있다. 즉 당사자들이 한국 법원에 전속관할을 부여하는 합의를 한 경우에는 그것이 유효하다면 재판관할의 행사를 거부할 수 없음은 당연하다.184) 그때에는 대체법정지가 없을 것이기 때문이다. 따라서 이런 예외를 두는 실익은 부가적 관할합의를 한 경우이다.

다. 법원의 소송절차 운영

위의 요건이 구비되면 법원은 결정에 의하여 소송절차를 중지하거나 소를 각하할 수 있고, 원고는 법원의 (중지)결정에 대하여 즉시항고할 수 있다(제1항, 제3항). 법원은 소송절차를 중지하거나 소를 각하하는 결정에 앞서 피고의 신청을 다툴 수 있도록 원고에게 진술할 기회를 주어야 한다(제2항). 위의 요건이 구비되는 경우 법원으로서는 일단 소송절차를 중지하고(특히 요건의 구비 여부가 불분명하여 재량권 행사에 확신이 없거나 외국에 다시 제소할 경우 소멸시효가 완성된다는 등의 사정이 있는 경우), 외국법원에 소가 제기되고 외국법원이 실제로 관할권을 행사하는 단계에 이르거나 기타 더 이상 소를 유지할 필요가 없는 경우에는 소를 각하할 수 있다. 반면에 만일 외국법원이 우리 법원의 예상과 달리 관할이 없다고 판단하거나 관할이 있더라도 관할권을 행사하지 않기로 결정하는 때에는 우리 법원은

---

183) 국제사법이 준거법의 맥락에서 예외조항(제8조)을 두어 최밀접관련 원칙을 관철하면서도 당사자가 합의에 의하여 준거법을 선택하는 경우에는 예외조항의 적용을 배제하는데 이는 당사자의 예측가능성을 보장하기 위한 것이고, 개정법이 당사자의 관할합의가 있는 경우 부적절한 법정지의 법리를 배제하는 것도 마찬가지이다.

184) 일본 민사소송법(제3조의10)은 일본법원이 법령에 기하여 전속관할을 가지는 경우에는 특별한 사정에 의한 각하를 배제한다.

심리를 계속하여야 한다.

예외적 사정에 의한 재판관할권 불행사의 법리는 국제재판관할규칙의 경직성을 완화하여 개별사건에서 국제재판관할 배분의 정의를 보다 충실하게 구현함으로써 구체적 타당성을 달성하려는 것인데, 법원으로서는 재량을 행사함에 있어 신중해야 한다. 잘못하면 유연성 내지 구체적 타당성의 도입이라는 미명 하에 국제재판관할규칙이 추구하는 법적 안정성이 훼손될 우려가 있기 때문이다.

부적절한 법정지의 법리에 대한 거부감의 또 다른 이유는 원고의 국적 또는 상거소지에 따른 차별 가능성이다. 법원은 내국 원고에 대해서는 위 법리를 적용하지 않으면서 외국 원고에 대해 쉽게 이를 적용하여 재판을 거부할 가능성이 크다는 것이다. 실제로 미국 법원이 그런 경향을 보였기에 예비초안(제22조 제3항)은 원고의 국적에 따른 차별을 명시적으로 금지하였다. 개정법은 이를 명시하지 않으나 법원이 그렇게 운영해서는 아니 될 것이다.

나아가 부적절한 법정지의 법리에 기하여 법원이 소를 각하하거나 중지하는 경우 조건을 붙일 필요성이 있다. 미국 법원에서 전형적인 조건은 ① 피고가 대체법정지의 재판관할권에 동의할 것, ② 피고가 시효 또는 제소기간이 경과되었다는 항변을 포기할 것, ③ 대체법정지의 판결을 이행하는 데 동의할 것과 ④ 대체법정지의 규칙에 따르면 입수할 수 없을지도 모르는 증거를 제공하는데 동의할 것 등이다.[185] 종래 우리 민사소송법상 조건의 부과가 가능한지는 논란의 여지가 있으나, 개정법(제12조)의 취지를 충분히 살리고 법원의 유연한 처리를 위해서는 이를 전향적으로 고려함으로써 운영의 묘를 살려야 한다.

위에서는 ⑤ 본안에 관한 최초의 변론기일 또는 변론준비기일 이전의 피고의 신청이 있을 것을 언급하였는데 이와 관련하여 두 가지 논점이 문제된다.

하나는 피고의 '신청'이라고 하고 있으나 이는 피고가 신청을 하고 그에 대하여 법원이 결정하는 별도의 절차를 상정하는 것은 아니고, 법원이 직권으로 판단할 사항이 아니라는 취지일 뿐이므로 피고의 항변이 있으면 족하다고 본다. 법원에 관할은 있으나 국제재판관할권의 행사가 부적절하므로 중지 또는 각하해야 한다는 피고의 항변이 이에 해당함은 명백하나 그뿐만이 아니라 관할이 없다는 항변으로도 족하다. 또한 항변이 서면일 것을 요구하지 않으므로 구술로 가능할 것이나 변론기일이 열릴 수 없다면 구술로 항변할 기회는 없을 것이다.

---

185) 석광현(註 5), 123면 참조.

다른 하나는 법원의 소송절차 운영이라는 관점에서 중요한 것은 법원이 "본안에 관한 최초의 변론기일 또는 변론준비기일까지" 결정을 해야 한다는 점인데 이는 절차의 안정성을 고려하여 기한을 한정하는 취지로 보이나 너무 엄격하다. 당초 저자의 의도는 예비초안(제12조 제1항)처럼 최초의 변론기일 또는 변론준비기일 이전에 신청(정확히는 항변)하여야 한다는 것이었으나 개정안에서는 "본안에 관한 최초의 변론기일 또는 변론준비기일까지 피고의 신청에 따라 소송절차를 결정으로 중지하거나 소를 각하할 수 있다"라고 하여 "변론준비기일까지의"에서 '의'가 누락되는 바람에 그 취지가 모호하게 되었고, 개정법에서는 순서가 바뀌면서 "피고의 신청에 의하여 법원은 본안에 관한 최초의 변론기일 또는 변론준비기일까지 소송절차를 결정으로 중지하거나 소를 각하할 수 있다"가 됨으로써 그때까지 법원의 결정이 있어야 한다는 취지로 달라졌다. 그러나 법원의 실무상 '본안'을 위한 변론 또는 변론준비절차 기일과, '본안 전 소송요건(관할) 심리'를 위한 변론 또는 변론준비절차 기일이 형식적으로 명확하게 구분되지 않고 있고, 더욱이 부적절한 법정지인지 여부를 제대로 판단하자면 어느 정도 본안 심리가 필요할 수도 있으므로 법원의 결정 시점을 엄격하게 제한해야 하는지 의문이다. 요컨대 제12조 제1항의 문언은 저자의 의도와 달리 너무 엄격하게 되었는데, 문언에도 불구하고 그 기한 내에 신청이 있으면 족하다고 다소 유연하게 해석하거나, 만일 그것이 해석론을 넘는 것이 되어 허용되지 않는다면 법원으로서는 '본안 전 소송요건(관할) 심리'를 위한 변론 또는 변론준비절차를 별도로 열거나, 아니면 민사소송법 제134조 제2항에 따라 변론을 열지 아니할 경우에 해당하는 것으로 보아 심문기일을 열어 당사자·이해관계인 그 밖의 참고인을 심문할 수 있을 것이다. 다만 위의 설명은 법원이 변론기일이나 변론준비기일 또는 심문기일을 반드시 열어야 한다는 의미는 아니고 구체적인 사건에서 필요하다고 판단하면 그렇게 할 수 있다는 취지이다.

10. 긴급관할

국제사법에 따라 한국의 국제재판관할이 인정되지 않으면 한국은 국제재판관할이 없다. 그러나 그 경우 구체적 사건에서 어떤 사정으로 외국에서도 제소할 수 없어 결과적으로 '재판의 거부(denial of justice)'가 된다면 예외적으로 한국의 국제재판관할을 인정할 필요가 있다. 이런 의미의 보충적 관할을 독일에서는 '긴급관할(forum of necessity, Notzuständigkeit)', 미국에서는 'jurisdiction by necessity' 라고 하는데, 우리도 이를 인정할 여지가 있으나 그렇더라도 이는 매우 예외적인 경우로 한정해야 한다. 위원회는 국제사법에 긴급관할을 명시하는 조문을 둘지를 검토하였으나 결국 두지 않기로 결정하였다. 예외적인 사안에서 긴급관할의 필요성은 인정할 수 있고 특히 가사사건의 경우에 그러한 필요성이 상대적으로 클 수 있으나, 강력한 지지가 없었고 긴급관할의 요건을 명확히 하는 것이 쉽지 않았기 때문이기도 하다.

IX. 보전처분의 국제재판관할(개정법 제14조)

종래 해석론으로는 민사집행법의 보전처분에 관한 토지관할 규정을 참조하여 국제재판관할을 도출하므로, 가압류와 가처분의 경우 공히 본안관할을 가지는 국가의 법원에 보전처분에 대한 국제재판관할을 긍정하고, 나아가 가압류의 경우 가압류 목적물 소재지에, 가처분의 경우 예외적으로 다툼의 대상이 있는 곳(계쟁물 소재지)의 국제재판관할을 긍정하는 견해가 유력하다(민사집행법 제278조 및 제303조 참조).[186]

개정법(제14조 제1항)은 이런 취지를 반영하여 "보전처분에 대하여는 법원에 본안에 관한 국제재판관할이 있거나 보전처분의 대상이 되는 재산이 대한민국에 있는 경우 법원에 국제재판관할이 있다."는 취지로 명시한다. 개정법은 이에 추가하여 긴급한 필요가 있는 경우에는 당사자는 한국에서만 효력을 가지는 보전처분을 법원에 신청할 수 있다고 규정한다(제14조 제2항). 이는 그 경우 특별관할이 있다는 취지이다. 이는 예비초안(제13조 제3항)을 참조한 것인데 그것이 어떤 경우를 상정한 것인지 분명하지 않았기에 과연 적절한지 의문이 제기되었다. 그러나 가사사건에서 예컨대 헤이그국제사법회의의 1996년 아동보호협약은 신속관할(제11조)과 당해 국가에서만 효력을 가지는 임시적 명령을 위한 관할(제12조 제1항)을 명시하고, 2000년 성년자보호협약(제11조 제1항)도 성년자 또는 그 재산소재지 체약국에 당해 국가에서만 효력을 가지는 임시적 명령을 위한 관할을 인정하는 점을 고려하여[187] 결국 위 규정을 두기로 하였다.

---

186) 석광현(註 115), 135면.
187) 윤진수(편), 주해친족법 제2권(2015), 1782면(석광현 집필부분) 이하 참조.

민사집행법 제21조는 동법에서 정한 모든 관할은 전속관할이라고 규정하므로 국제재판관할의 맥락에서도 위 관할이 전속관할이라는 견해도 가능하나 그렇게 볼 것은 아니다. 민사집행법의 조문은 단지 전속적 토지관할을 규정한 것이다. 따라서 당사자들은 보전처분을 위하여 관할합의를 할 수도 있다고 본다. 나아가 본안에 관하여 어느 국가의 법원을 위한 전속적 관할합의가 있더라도 다른 국가의 법원은 보전처분에 대해 재판관할을 가질 수 있다(물론 이 경우 다른 국가가 본안 관할에 근거하여 보전처분에 관한 재판관할을 가질 수는 없을 것이다). 이는 중재법(제10조)상 중재합의가 있어 법원의 재판관할권이 배제되더라도 법원이 보전처분을 할 수 있는 것과 마찬가지다.

X. 해사비송사건의 국제재판관할

개정법 제89조는 해사사건에 특유한 비송사건인 책임제한사건에 관한 관할규칙을 둔다. 그 밖의 해사비송사건에 대하여는 총칙에 정한 비송사건에 관한 규정(개정법 제15조)이 적용된다.

1. 선박소유자등의 책임제한사건에 대한 관할(개정법 제89조): 책임제한법의 특별재판적과 제89조의 비교

민사소송법에는 이에 관한 특별재판적이 없으나 "선박소유자 등의 책임제한절차에 관한 법률"("선박소유자책임법")은 토지관할규칙을 두고 있다.[188] 이런 취지를 고려하여 개정법은 선박소유자등의 책임제한사건에 관하여 아래 연결점 중 어느 하나가 한국에 있는 경우 우리 법원의 관할을 인정한다. ① 선박소유자등의 책임제한을 할 수 있는 채권(즉 제한채권)이 발생한 선박의 선적지, ② 신청인인 선박소유자등에 대하여 제3조에 따른 일반관할이 인정되는 곳, ③ 사고발생지(사고로 인한 결과 발생지를 포함), ④ 사고 후 사고선박의 최초 도착지, ⑤ 제한채권에 의하여 선박소유자등의 재산이 압류 또는 가압류된 곳(압류에 갈음하여 담보가 제공된 곳 포함. 이하 "압류등이 된 곳")과 ⑥ 선박소유자등에 대하여 제한채권에 근거한 소 제기지가 그것이다. 이런 국제재판관할규칙을 토지관할규칙과 비교하면 양자

---

188) "책임제한사건의 관할"을 정한 동법 제2조 참조. 조문은 위(≪민사소송법 등의 특별재판적과 제10장의 국제재판관할규칙의 비교≫)에 있다.

는 대체로 유사하지만 ⑥은 토지관할규칙에는 없는 것이라는 점에서 차이가 있다.[189] 제한채권에 근거한 소가 제기되었다면 그곳에서 어차피 재판을 하게 하므로 그곳에서 책임제한을 할 수 있도록 책임제한사건에 대한 관할을 인정한 것이다.

책임제한사건은 일종의 비송사건으로서 집단적 절차이므로 이런 사건에는 "대한민국에 일상거소를 가지는 사람에 대한 소"일 것을 전제로 하는 일반관할을 정한 제3조는 적용되지 않을 것이다.

2. 기타 해사비송사건(개정법 제15조)

해사사건에 특유한 것은 아니나 비송사건 일반에 관한 원칙이 해사비송사건에도 적용될 것이다.

가. 비송사건의 국제재판관할에 관한 입법론

개정법이 비송사건의 국제재판관할규칙도 담아야 한다는 데는 위원회에서 별 이견이 없었다. 국제재판관할규칙은 비송사건에서 우리 법원이 직접관할을 가지는지를 결정하고, 외국 비송재판의 승인의 맥락에서도 의미가 있다. 다만 비송사건은 다양한 유형의 분쟁을 포괄하므로 정치한 국제재판관할규칙을 성안하기가 어렵다는 현실적 한계가 있었다. 특히 한국에서는 비송사건의 국제재판관할규칙에 관한 연구가 매우 부족한 터라 위원회는 일본 甲南大의 김문숙 교수를 초빙하여 연구보고를 듣는 기회를 마련하였다.[190]

비송사건의 국제재판관할을 정함에 있어서 비송사건에서 실체법과 절차법의 밀접관련성을 고려하여 준거법과 국제재판관할의 병행주의를 채택할지를 둘러싸고 논란이 있으나 양자를 별개로 검토하는 것이 설득력이 있고, 특히 모든 비송사건에 대해 일률적으로 병행주의를 인정할 것은 아니다. 이런 전제 하에서 개정법은 비송사건에서도 소송사건에서와 마찬가지로 준거법과 별개로 국제재판관할을 규율한다. 또한 위원회는 소송사건과 비송사건의 도식적 구분은 하지 않으면서도 재산법상의 사건과 가사사건에 차이를 두는 절충적 접근방법을 채택하였다.

---

189) 이규호(註 26), 326면은 토지관할규칙에 충실한 국제재판관할규칙을 둘 것을 제안하였다.
190) 김문숙 교수는 2015. 2. 24. 민사비송사건 및 상사비송사건의 국제재판관할이라는 제목으로 발표를 하였고 논문을 발표하였다. 김문숙, "비송사건의 국제재판관할에 관한 입법론", 국제사법연구 제21권 제2호(2015. 12.), 81면 이하.

나. 개정법의 내용[191]

국제사법의 국제관할규칙을 비송사건의 국제재판관할에 준용하되 성질상 준용할 수 없는 경우에는 그러하지 아니하다는 취지로 규정하자는 데는 위원회에서 이견이 없었다. 다만 이를 더 명확히 규정하고자 개정법은 다음과 같이 규정한다.

첫째, 제1장(총칙)의 국제재판관할규칙. 개정법은 제1장(총칙) 제2절의 규정은 성질에 반하지 않는 범위 내에서 비송사건에도 준용한다(제1항).[192] 이를 더 구체화하기 위한 시도를 하였으나 쉽지 않았기에 이 정도의 추상적인 규정을 둘 수밖에 없었다.

둘째, 인사비송사건과 가사비송사건의 경우에는 소송사건과 비송사건을 묶어서 규정함으로써 원칙적으로 양자에 공통된 관할규칙을 둔다. 즉 그 경우 "…에 관한 소"가 아니라 "…에 관한 사건"이라는 식으로 규정하여 국제사법의 국제재판관할규칙이 비송사건에 대하여도 직접 적용되므로 그에 따르면 되고(제2항) 비송사건에 관한 특칙은 불필요하다.

셋째, 재산 관련 비송사건(정확히는 인사비송사건과 가사비송사건을 제외한 사건을 말한다)의 특별관할의 취급(제15조 제3항). 이에 관하여는 재산 관련 비송사건에 관하여 개정법에서는 원칙적으로 소에 대해 국제재판관할을 규정하므로 이를 비송사건에 준용하자는 견해도 있었으나(이에 따르면 제3항을 별도로 두지 않고 제1항과 묶게 된다) 개정법(제15조 제3항)은 국제사법 제2조에 따르자는 견해를 채택하였다.[193] 비송사건절차법은 민사비송사건(제2편)과 상사비송사건(제3편)에 관하여 상세히 규정하면서 토지관할규칙도 두므로 국제사법 제2조 제2항에 따라 비송사건절차법의 토지관할규칙을 참작하여 국제재판관할규칙을 도출하는 것이 적절하다

---

191) 상세는 석광현(註 3. 총칙), 112면 이하 참조.
192) 해사사건에서 책임제한절차의 국제적 경합이 발생하는 경우 개정법 제11조가 어떤 의미가 있는가라는 의문이 있다. 해법학회 발표 시 지정토론자인 박영준 교수는 이런 취지의 질문을 하였다. 당시 저자는 제15조 제1항에 따라야 할 것, 즉 개정법 제11조가 성질에 반하지 않는 범위 내에서 비송사건에도 준용된다고 답변하고 이 문제는 결국 조약에 의하여 해결해야 한다는 취지로 답변하였다. 조금 부연하자면 국제적 소송경합의 경우 예컨대 외국에 전소가 계속한 경우 장래에 선고될 재판이 한국의 승인요건을 구비한다면 그에 저촉되는 재판을 하지 말자는 것이다. 그러나 조약에 가입하지 않는 한 외국 책임제한절차에서 취해진 조치는 한국에서 승인되기 어려우므로, 엄밀하게 말하자면 책임제한절차에서 외국법원의 재판 또는 조치와의 저촉이라는 문제는 원칙적으로 제기되지 않을 것이므로 제11조를 준용하는 것은 성질에 반하는 것이라고 본다.
193) 이는 김문숙(註 190), 138면의 제1안의 태도이다.

는 것이다.

XI. 국제사법의 새로운 체제(관할규칙과 준거법규칙이라는 양 날개 체제) 도입의 의미

섭외사법은 준거법규칙만을 규정하고 예외적으로 몇 개의 조문에서 비송사건의 국제재판관할규칙을 담고 있었다. 국제사법은 과도기적 입법으로 그에 더하여 제2조에서 국제재판관할에 관한 일반원칙을 선언하고, 제27조와 제28조에서 사회·경제적 약자인 소비자와 근로자의 보호를 위한 국제재판관할규칙을 두었다. 개정법은 민사·상사는 물론 가사와 비송사건에 관한 국제재판관할규칙을 정한 34개의 조문을 도입함으로써 과도기적 입법을 청산하고 관할규칙과 준거법규칙이라는 양 날개 또는 양익(兩翼)을 가진 새로운 국제사법 체제를 도입하였다. 관할규칙과 준거법규칙이 국제사법에 명시되었으므로 앞으로는 양자를 포괄하는 법리에 더 관심을 가져야 하고, 양자의 관계와 상호작용에 대하여 더 체계적으로 접근할 필요가 있다. 이런 관점에서 몇 가지 논점을 언급한다.

1. 국제재판관할규칙과 준거법규칙에 공통된 법리와 상이한 법리

우리는 준거법규칙의 맥락에서 실체와 절차의 구별 그리고 예컨대 제조물책임은 불법행위책임인가 아니면 계약책임인가와 같은 성질결정과 연결점을 중요한 논점으로 다루고 있으나 관할규칙의 맥락에서는 이를 소홀히 다루었다. 성질결정과 연결점의 맥락에서 양 영역 간에 유사한 법리가 적용되지만 완전히 동일하지는 않다.

가. 성질결정

준거법규칙의 맥락에서 성질결정이라 함은 어떤 사안을 적절한 저촉규정에 포섭할 목적으로 독립한 저촉규정의 체계개념을 해석하는 것 또는 그의 사항적 적용범위를 획정하는 것이다. 그 경우 성질결정에서는 연결대상을 비교법적으로 획득된 기능개념으로 이해하는데, 한국에서는 이런 취지의 '기능적 또는 목적론적 성질결정론' 내지 '신법정지법설'이 유력하다. 해상법 분야에서 우리나라에서 성질결정의 문제가 널리 알려진 계기는 미국 법원에서 선박소유자의 책임제한이 실체

인가 절차의 문제인지가 다투어진 스위본(Swibon) 사건이다.194)

국제재판관할의 맥락에서도 유사한 성질결정의 문제(즉 간단히 말하자면 국제
재판관할규칙에 사용된 개념을 어느 법질서에 따라 해석할 것인가의 문제)가 있는데 여
기에서도 원칙적으로 준거법규칙에서의 성질결정이론을 따르는 것이 타당하나 더
깊이 검토할 필요가 있다.

나. 연결대상과 연결점

개정법의 전속관할규칙에서는 관할규칙과 준거법규칙 간의 어느 정도 병행
을 볼 수 있으나 연결대상의 범주 설정에서 관할규칙과 준거법규칙은 차이가 있
다(다만 연결대상의 범주가 제한되지 않는 일반관할과 변론관할 그리고 합의관할은 특수
하다). 개정법의 개별조문, 특히 특별관할규칙에서는 양자의 異同이 보인다. 여기
에는 ① 연결대상과 연결점이 모두 동일한 경우, ② 연결대상은 동일하나 연결점
은 다른 경우와 ③ 연결대상과 연결점이 모두 다른 경우도 있다. 이처럼 동일한
규칙에 따르는 연결대상의 범주 설정이 다른 이유는 관할규칙과 준거법규칙이 추
구하는 목적이 다르기 때문인데 그에 따라 연결정책이 상이하게 된다.195)

협의의 국제사법에서 연결점은 특정한 법률관계 또는 연결대상을 일정한 국
가 또는 법질서와 연결시켜 주는 독립적 저촉규정의 일부분을 말한다. 국적, 일상
거소지, 소재지, 행위지 등은 관할규칙과 준거법규칙에서 모두 연결점으로 사용되
나, 부당이득지, 혼인거행지와 가장 밀접한 관련(최밀접관련) 등은 준거법규칙에서
만 사용되고 영업활동지와 경영중심지는 재판관할규칙에서만 사용된다. 연결점은
우리 국제사법의 해석의 문제이므로 우리 법에 의하여 결정할 사항인데, 주의할
것은 국제사법의 관할규칙과 준거법규칙이 동일한 연결점을 사용하더라도 그것이
반드시 동일한 의미는 아니라는 점이다.

---

194) 소개는 우선 関丙國, "船主責任制限制度에 관한 涉外私法的 考察 —Swibon v. Pan Nova
船舶衝突 事件의 美國 法院 (The U.S. District Court for the District of Alaska) 判決을 중
심으로—", 現代比較法의 諸問題: 宇玄 金辰博士華甲紀念(1987. 3.), 40면 이하 참조.

195) 동일한 규칙에 포섭되는 연결대상의 범주를 하나의 '다발' 또는 '단위'라고 할 수 있다. 독
일에서는 준거법 맥락에서 이를 'Bündelung'(다발화)'이라고도 부른다. Klaus Schurig,
Sachrecht und Kollisionsrecht: Zu Struktur, Standort und Mehtode des internationalen
Privatrechts (1981) 참조. 소개는 Peter Mankowski, "Das Bündelungsmodell im Inter-
nationalen Privatrecht", Ralf Michaels et al. (Hrsgs.). Liber Amicorum Klaus Schurig
zum 70. Geburtstag (2012), S. 159ff. 참조.

영미처럼 자국의 국제재판관할이 있으면 법정지법인 자국법을 적용하려는 견해도 있다. 반면에 주로 신분관계사건에서 준거법이 자국법임을 근거로 자국의 국제재판관할을 인정하는 견해도 있다. 이는 '준거법 관할(*forum legis*)' 또는 '병행관할(Gleichlaufszuständigkeit)'을 인정하는 것이다.[196]

국제재판관할규칙을 민사소송법에 두는 것과 비교할 때 이를 국제사법에 두는 때에 성질결정과 연결점에 대한 문제의식을 더욱 선명하게 인식할 수 있다. 이런 문제의식을 가진다면 관할규칙과 준거법규칙의 구조적 유사성에 착안하여 준거법규칙을 '법의 저촉(*conflit de lois*)'으로, 국제재판관할규칙을 '관할의 저촉(*conflit de juridictions*)'으로 파악하면서 양자를 모두 국제사법의 문제로 이해하는 프랑스법계의 국제사법 체제[197]를 더 쉽게 이해할 수 있다. 개정법의 시행을 계기로 우리도 이런 접근방법에 더 관심을 가져야 한다.

2. 개정법 하에서 민사소송법 기타 국내법의 토지관할규정의 의미

개정법의 국제재판관할규칙은 국내법(민사소송법, 민사집행법, 가사소송법과 비송사건절차법 등)의 토지관할규칙에 상응하는 관할규칙을 포괄적으로 둔 것이다. 국내법의 토지관할규칙과 개정법의 국제재판관할규칙은 유사하거나 일맥상통한다. 과거에는 국내법의 토지관할규칙은 국제재판관할규칙을 정립함에 있어서 결정적이거나 매우 중요한 의미를 가졌다. 그러나 국제사법 제2조 하에서는 참작의 대상으로 지위가 약화되었다. 이제 개정법이 정치한 국제재판관할규칙을 도입한 결과 그 범위 내에서는 국내법의 토지관할규칙과 국제재판관할규칙은 원칙적으로 상호 독립적 관계에 있다. 반면에 국제사법이나 기타 한국 법령 또는 조약에 국제재판관할규칙이 없는 경우에는 국제재판관할규칙을 정립함에 있어서 국내법의 토지관할규칙은 여전히 참작의 대상이다(제2조 제2항). 토지관할규정이 상대적으로 큰 의미를 가지는 것은 비송사건의 국제재판관할이다(개정법 제15조 제3항).

어쨌든 토지관할의 맥락에서 제기되는 다양한 쟁점과 그에 대한 논의는 국제

---

196) 장준혁, "외래적 재판외 이혼의 실행과 수용", 가족법연구 제36권 1호(통권 제73호)(2022. 3.), 124면은 신분관계 사건에서 준거법 관할이 너무나 당연하므로 개정법이 명기하지 않는다고 하나(149면도 같다) 동의하지 않는다. 준거법 관할을 인정한다면 관할의 결정에 앞서 준거법을 결정해야 하는 어려움이 있다. 이를 피하기 위하여는 준거법 소속국의 관할을 인정할 것이 아니라 관할규칙과 준거법규칙에 동일한 연결점을 사용해야 한다. Schack(註 162), Rn. 267도 동지.

197) Abbo Junker, Internationales Privatrecht, 3. Auflage (2019), §1, Rn. 25.

재판관할의 맥락에서도 여전히 유용하므로 양자를 연계하여 연구할 필요가 있다. 실무상 당사자들에게는 국제재판관할만이 아니라 토지관할을 가지는 법원의 결정도 중요하다.

XII. 국제재판관할규칙의 정비가 가지는 의미 기타 관련문제

여기에서는 해사분쟁의 한국 유치를 위한 전제로서 국제재판관할규칙의 정비가 가지는 의미 기타 관련문제를 논의한다.

1. 국제재판관할규칙 도입의 실천적 의의: 국제해사소송 유치를 위한 법적 기초의 구축

근자에 해상법 전문가들은 국제운송, 국제선박건조 및 국제선박금융 등과 관련된 국제해상분쟁을 가급적 한국에서 소송이나 중재를 통하여 해결하고자 노력하고 있고, 이를 위해 해사사건 전담 법원의 설립을 추진 중이다. 그러나 정립된 국제재판관할규칙이 없다면 해사사건 전담 법원을 설립하자는 주장은 공허하다. 개정법은 이런 맥락에서 커다란 의미가 있다. 이와 함께 한국법이 당해 거래의 준거법이 되도록 노력해야 한다. 이를 위하여는 한국법이 다양한 해사 국제거래를 규율하기에 적합한 내용을 담도록 해야 하고 나아가 당사자들이 한국법을 선택하도록 노력하지 않으면 아니 된다.

2. 국제중재산업 진흥을 가능하게 하는 국제민사소송법적 지원

근자에 정부는 중재산업 진흥에 관심을 보이고 이를 실현하기 위해 다양한 노력을 경주하고 있다. 대한상사중재원의 주무관청이 법무부로 이관되고, "중재산업 진흥에 관한 법률"이 제정되었으며 후속조치들이 추진되고 있다. 해사분야에서도 국제 해사분쟁을 가급적 한국 중재지로 유치하려는 작업을 추진하고 있다.198) 위 작업이 염두에 두는 것은 국제상사중재이고 국내외 기업들이 한국을 중재지로 선호하기를 기대하는 것이다. 그러나 국제민사소송과 관련 없이 국제상사중재만을 활성화시키는 것은 불가능하거나 매우 어렵다. 국제상사중재사건은 중

---

198) 이런 맥락에서 2018년 2월에는 임의중재를 위하여 서울해사중재협회가 설립되었고, 2018년 3월에는 대한상사중재원의 해사중재 전담기구인 아태해사중재센터가 설립되었다.

재판정부가 다루더라도 이를 둘러싸고 중재판정취소의 소, 중재합의를 위반하여 소를 제기하는 경우 사전적인 소송유지(留止)명령(anti-suit injunction)의 청구, 사후적인 손해배상 청구, 피신청인이 우리 기업이라면 (국내)중재판정의 승인 및 집행결정 청구 등 중재를 둘러싼 일련의 소송이 우리 법원에 제기될 수 있으므로 법원으로서는 중재관련 전문성을 구비해야 한다. 이러한 제 논점은 일차적으로 중재법의 문제이나 그와 관련하여 국제재판관할 기타 국제소송의 쟁점이 제기될 수밖에 없다.199) 따라서 한국을 중재허브로 육성하자면 국제소송을 위한 법적 인프라를 구축해야 하는데 국제재판관할규칙의 정립은 그 출발점으로서 의미가 있다. 또한 국제민사 및 상사분쟁에 전문성을 가진 우리 변호사들을 양성해야 하는데 그들이 중재와 소송을 함께 다룸으로써 시너지 효과를 발휘하도록 해야 한다.

3. 해사사건의 준거법에 관한 선적국법원칙의 일부 수정: 개정법 이후 장래의 과제

종래 구 국제사법(제60조)(개정법 제94조에 상응)이 합리적 근거 없이 많은 쟁점(특히 선박우선특권)을 선적국법에 의하도록 규정하는 것은 문제이므로 이를 개정하자는 의견이 있는데 위원회에서도 그런 제안이 있었다. 다만 금번 개정작업의 과제는 관할규칙의 도입에 있고 위원회의 임무도 그에 한정된다는 이유로 이는 채택되지 않았다.200) 다만 이는 가까운 장래에 해결해야 할 것이다.

XIII. 맺음말

지금까지 개정법에 포함된 국제재판관할규칙을 개괄적으로 소개하고 해사사건을 중심으로 부연설명하였다. 금번 국제사법 개정작업은 1999년 추진했던 섭외사법 개정작업 시 장래 과제로 미루었던 작업이다. 개정법은 정치한 국제재판관할규칙을 도입함으로써 법적 안정성을 제고하는 한편 엄격한 요건 하에 부적절한

---

199) 예컨대 중재판정 취소의 소는 중재지(또는 중재절차의 준거법 소속국)의 전속적 국제재판관할에 속한다. 석광현, 국제상사중재법연구 제1권(2007), 235면 참조. 개정법은 전속관할에 관한 조문(제10조)을 신설하였으나 이 점을 명시하지는 않는다.

200) 정병석 변호사가 그런 제안을 하였고 위원장은 다른 위원들의 의견을 들어 위와 같은 이유로 준거법규칙의 개정은 논의하지 않았다. 그럼에도 불구하고 위원장은 2015년 12월 임기 만료 직전에 지재권의 준거법규칙인 제24조의 개정안을 제안하였다. 이에 다른 위원들이 같은 이유로 반대하고 개정안의 채택에 남은 시간을 사용할 것을 요구하자 유감스럽게도 위원장은 최종 개정안의 채택을 무산시켰다.

법정지의 법리를 통하여 법원의 재량을 인정함으로써 개별사건에서 구체적 타당성을 보장하고자 한다. 개정법 하에서는 법원은 과거처럼 '사안별 분석'을 거쳐 원하는 결론을 내릴 수는 없고, 우선 국제사법을 적용하여 국제재판관할의 유무를 판단하고, 당해 사안의 모든 사정을 고려하여 관할권의 행사가 부적절한 사정이 있는 경우에는 예외적으로 재판관할권을 행사하지 않음으로써 개별사건에서 국제재판관할 배분의 이념을 충실하게 구현해야 한다.

해사사건을 보면, 일정한 제한이 도입되기는 하였지만 재산소재지의 특별관할(제5조)이 여전히 인정되고, 선박 가압류관할(제90조)이 명시적으로 도입되었으며, 그에 추가하여 다양한 국제재판관할규칙을 정한 조문이 신설되었으므로 개정법은 국제해사사건에 커다란 영향을 미칠 것으로 예상된다. 주의할 것은, 해사사건의 국제재판관할규칙을 논의함에 있어서는 주로 특별관할을 규정한 제10장(해상)만이 아니라 제6장(채권) 기타 다른 장에서 정한 국제재판관할규칙(주로 특별관할규칙)과 제1장(총칙)의 국제재판관할규칙을 함께 고려해야 한다는 점이다. 해상법 전문가가 아닌 저자로서는 해사사건의 국제재판관할규칙을 더 깊이 논의하는데는 한계가 있으므로, 앞으로 해상법 전문가들께서 개정법을 기초로 바람직한 국제재판관할규칙의 정립을 위하여 더 깊이 있는 연구와 논의를 해주실 것을 기대한다. 또한 머리말에 밝힌 것처럼 해사사건의 경우 우리나라도 가급적 조약에 가입함으로써 국제재판관할규칙의 국제적 정합성을 구비하기 위해 노력해야 한다.[201] 마지막으로 국제재판관할규칙은 시대와 상황의 변화에 부응하여 변화하므로 장래 국제재판관할규칙을 재점검할 필요가 있고 이를 위해서는 국제재판관할에 관한 국제규범의 추이를 예의주시함으로써 국제적 정합성을 확보하기 위해 꾸준히 노력해야 한다는 점을 지적해 둔다.

---

201) "유류오염손해에 대한 민사책임에 국제협약"에 가입한 것이 대표적인 예이다. 동 협약은 1979. 3. 18. 한국에서 발효되었는데 제9조 제1항은 국제재판관할규칙을 두고 있다.

부 록

부록 1: 개정 전 국제사법과 2022년 개정 국제사법
부록 2: 2018년 법무부 공청회 개정안과 2020년 국회
　　　　제출 개정안

부록 1   국제사법

개정 전 국제사법

제1장 총칙

제1조(목적) 이 법은 외국적 요소가 있는 법률관계에 관하여 국제재판관할에 관한 원칙과 준거법을 정함을 목적으로 한다.

제2조(국제재판관할) ① 법원은 당사자 또는 분쟁이 된 사안이 대한민국과 실질적 관련이 있는 경우에 국제재판관할권을 가진다. 이 경우 법원은 실질적 관련의 유무를 판단함에 있어 국제재판관할 배분의 이념에 부합하는 합리적인 원칙에 따라야 한다.

② 법원은 국내법의 관할 규정을 참작하여 국제재판관할권의 유무를 판단하되, 제1항의 규정의 취지에 비추어 국제재판관할의 특수성을 충분히 고려하여야 한다.

2022년 개정 국제사법

제1장 총칙
제1절 목적
제1조(목적) 이 법은 외국과 관련된 요소가 있는 법률관계에 관하여 국제재판관할과 준거법(準據法)을 정함을 목적으로 한다.

제2절 국제재판관할
제2조(일반원칙) ① 대한민국 법원(이하 "법원"이라 한다)은 당사자 또는 분쟁이 된 사안이 대한민국과 실질적 관련이 있는 경우에 국제재판관할권을 가진다. 이 경우 법원은 실질적 관련의 유무를 판단할 때에 당사자 간의 공평, 재판의 적정, 신속 및 경제를 꾀한다는 국제재판관할 배분의 이념에 부합하는 합리적인 원칙에 따라야 한다.
② 이 법이나 그 밖의 대한민국 법령 또는 조약에 국제재판관할에 관한 규정이 없는 경우 법원은 국내법의 관할 규정을 참작하여 국제재판관할권의 유무를 판단하되, 제1항의 취지에 비추어 국제재판관할의 특수성을 충분히 고려하여야 한다.
제3조(일반관할) ① 대한민국에 일상거소(habitual residence)가 있는 사람에 대한 소(訴)에 관하여는 법원에 국제재판관할이 있다. 일상거소가 어느 국가에도 없거나 일상거소를 알 수 없는 사람의 거소가 대한민국에 있는 경우에도 또한 같다.
② 제1항에도 불구하고 대사(大使)·공사

(公使), 그 밖에 외국의 재판권 행사대상에서 제외되는 대한민국 국민에 대한 소에 관하여는 법원에 국제재판관할이 있다.

③ 주된 사무소·영업소 또는 정관상의 본거지나 경영의 중심지가 대한민국에 있는 법인 또는 단체와 대한민국 법에 따라 설립된 법인 또는 단체에 대한 소에 관하여는 법원에 국제재판관할이 있다.

제4조(사무소·영업소 소재지 등의 특별관할) ① 대한민국에 사무소·영업소가 있는 사람·법인 또는 단체에 대한 대한민국에 있는 사무소 또는 영업소의 업무와 관련된 소는 법원에 제기할 수 있다.

② 대한민국에서 또는 대한민국을 향하여 계속적이고 조직적인 사업 또는 영업활동을 하는 사람·법인 또는 단체에 대하여 그 사업 또는 영업활동과 관련이 있는 소는 법원에 제기할 수 있다.

제5조(재산소재지의 특별관할) 재산권에 관한 소는 다음 각 호의 어느 하나에 해당하는 경우 법원에 제기할 수 있다.

1. 청구의 목적 또는 담보의 목적인 재산이 대한민국에 있는 경우

2. 압류할 수 있는 피고의 재산이 대한민국에 있는 경우. 다만, 분쟁이 된 사안이 대한민국과 아무런 관련이 없거나 근소한 관련만 있는 경우 또는 그 재산의 가액이 현저하게 적은 경우는 제외한다.

제6조(관련사건의 관할) ① 상호 밀접한 관련이 있는 여러 개의 청구 가운데 하나에 대하여 법원에 국제재판관할이 있으면 그 여러 개의 청구를 하나의 소로 법원에 제기할 수 있다.

② 공동피고 가운데 1인의 피고에 대하여 법원이 제3조에 따른 일반관할을 가지는 때에는 그 피고에 대한 청구와 다른 공동

피고에 대한 청구 사이에 밀접한 관련이 있어서 모순된 재판의 위험을 피할 필요가 있는 경우에만 공동피고에 대한 소를 하나의 소로 법원에 제기할 수 있다.

③ 다음 각 호의 사건의 주된 청구에 대하여 제56조부터 제61조까지의 규정에 따라 법원에 국제재판관할이 있는 경우에는 친권자·양육자 지정, 부양료 지급 등 해당 주된 청구에 부수되는 부수적 청구에 대해서도 법원에 소를 제기할 수 있다.

　1. 혼인관계 사건

　2. 친생자관계 사건

　3. 입양관계 사건

　4. 부모·자녀 간 관계 사건

　5. 부양관계 사건

　6. 후견관계 사건

④ 제3항 각 호에 따른 사건의 주된 청구에 부수되는 부수적 청구에 대해서만 법원에 국제재판관할이 있는 경우에는 그 주된 청구에 대한 소를 법원에 제기할 수 없다.

제7조(반소관할) 본소(本訴)에 대하여 법원에 국제재판관할이 있고 소송절차를 현저히 지연시키지 아니하는 경우 피고는 본소의 청구 또는 방어방법과 밀접한 관련이 있는 청구를 목적으로 하는 반소(反訴)를 본소가 계속(係屬)된 법원에 제기할 수 있다.

제8조(합의관할) ① 당사자는 일정한 법률관계로 말미암은 소에 관하여 국제재판관할의 합의(이하 이 조에서 "합의"라 한다)를 할 수 있다. 다만, 합의가 다음 각 호의 어느 하나에 해당하는 경우에는 효력이 없다.

　1. 합의에 따라 국제재판관할을 가지는 국가의 법(준거법의 지정에 관한 법규를 포함한다)에 따를 때 그 합의가 효력이 없는 경우

　2. 합의를 한 당사자가 합의를 할 능력이 없었던 경우

3. 대한민국의 법령 또는 조약에 따를 때 합의의 대상이 된 소가 합의로 정한 국가가 아닌 다른 국가의 국제재판관할에 전속하는 경우

4. 합의의 효력을 인정하면 소가 계속된 국가의 선량한 풍속이나 그 밖의 사회질서에 명백히 위반되는 경우

② 합의는 서면[전보(電報), 전신(電信), 팩스, 전자우편 또는 그 밖의 통신수단에 의하여 교환된 전자적(電子的) 의사표시를 포함한다]으로 하여야 한다.

③ 합의로 정해진 관할은 전속적인 것으로 추정한다.

④ 합의가 당사자 간의 계약 조항의 형식으로 되어 있는 경우 계약 중 다른 조항의 효력은 합의 조항의 효력에 영향을 미치지 아니한다.

⑤ 당사자 간에 일정한 법률관계로 말미암은 소에 관하여 외국법원을 선택하는 전속적 합의가 있는 경우 법원에 그 소가 제기된 때에는 법원은 해당 소를 각하하여야 한다. 다만, 다음 각 호의 어느 하나에 해당하는 경우에는 그러하지 아니하다.

1. 합의가 제1항 각 호의 사유로 효력이 없는 경우

2. 제9조에 따라 변론관할이 발생하는 경우

3. 합의에 따라 국제재판관할을 가지는 국가의 법원이 사건을 심리하지 아니하기로 하는 경우

4. 합의가 제대로 이행될 수 없는 명백한 사정이 있는 경우

제9조(변론관할) 피고가 국제재판관할이 없음을 주장하지 아니하고 본안에 대하여 변론하거나 변론준비기일에서 진술하면 법원에 그 사건에 대한 국제재판관할이 있다.

제10조(전속관할) ① 다음 각 호의 소는 법

원에만 제기할 수 있다.

1. 대한민국의 공적 장부의 등기 또는 등록에 관한 소. 다만, 당사자 간의 계약에 따른 이전이나 그 밖의 처분에 관한 소로서 등기 또는 등록의 이행을 청구하는 경우는 제외한다.

2. 대한민국 법령에 따라 설립된 법인 또는 단체의 설립 무효, 해산 또는 그 기관의 결의의 유효 또는 무효에 관한 소

3. 대한민국에 있는 부동산의 물권에 관한 소 또는 부동산의 사용을 목적으로 하는 권리로서 공적 장부에 등기나 등록이 된 것에 관한 소

4. 등록 또는 기탁에 의하여 창설되는 지식재산권이 대한민국에 등록되어 있거나 등록이 신청된 경우 그 지식재산권의 성립, 유효성 또는 소멸에 관한 소

5. 대한민국에서 재판의 집행을 하려는 경우 그 집행에 관한 소

② 대한민국의 법령 또는 조약에 따른 국제재판관할의 원칙상 외국법원의 국제재판관할에 전속하는 소에 대해서는 제3조부터 제7조까지 및 제9조의 규정을 적용하지 아니한다.

③ 제1항 각 호에 따라 법원의 전속관할에 속하는 사항이 다른 소의 선결문제가 되는 경우에는 제1항을 적용하지 아니한다.

제11조(국제적 소송경합) ① 같은 당사자 간에 외국법원에 계속 중인 사건과 동일한 소가 법원에 다시 제기된 경우에 외국법원의 재판이 대한민국에서 승인될 것으로 예상되는 때에는 법원은 직권 또는 당사자의 신청에 의하여 결정으로 소송절차를 중지할 수 있다. 다만, 다음 각 호의 어느 하나에 해당하는 경우에는 그러하지 아니하다.

1. 전속적 국제재판관할의 합의에 따라 법원에 국제재판관할이 있는 경우

2. 법원에서 해당 사건을 재판하는 것이 외국법원에서 재판하는 것보다 더 적절함이 명백한 경우

② 당사자는 제1항에 따른 법원의 중지 결정에 대해서는 즉시항고를 할 수 있다.

③ 법원은 대한민국 법령 또는 조약에 따른 승인 요건을 갖춘 외국의 재판이 있는 경우 같은 당사자 간에 그 재판과 동일한 소가 법원에 제기된 때에는 그 소를 각하하여야 한다.

④ 외국법원이 본안에 대한 재판을 하기 위하여 필요한 조치를 하지 아니하는 경우 또는 외국법원이 합리적인 기간 내에 본안에 관하여 재판을 선고하지 아니하거나 선고하지 아니할 것으로 예상되는 경우에 당사자의 신청이 있으면 법원은 제1항에 따라 중지된 사건의 심리를 계속할 수 있다.

⑤ 제1항에 따라 소송절차의 중지 여부를 결정하는 경우 소의 선후(先後)는 소를 제기한 때를 기준으로 한다.

제12조(국제재판관할권의 불행사) ① 이 법에 따라 법원에 국제재판관할이 있는 경우에도 법원이 국제재판관할권을 행사하기에 부적절하고 국제재판관할이 있는 외국법원이 분쟁을 해결하기에 더 적절하다는 예외적인 사정이 명백히 존재할 때에는 피고의 신청에 의하여 법원은 본안에 관한 최초의 변론기일 또는 변론준비기일까지 소송절차를 결정으로 중지하거나 소를 각하할 수 있다. 다만, 당사자가 합의한 국제재판관할이 법원에 있는 경우에는 그러하지 아니하다.

② 제1항 본문의 경우 법원은 소송절차를 중지하거나 소를 각하하기 전에 원고에게 진술할 기회를 주어야 한다.

③ 당사자는 제1항에 따른 법원의 중지 결정에 대해서는 즉시항고를 할 수 있다.

제13조(적용 제외) 제24조, 제56조부터 제59조까지, 제61조, 제62조, 제76조 제4항 및 제89조에 따라 국제재판관할이 정하여지는 사건에는 제8조 및 제9조를 적용하지 아니한다.

제14조(보전처분의 관할) ① 보전처분에 대해서는 다음 각 호의 어느 하나에 해당하는 경우 법원에 국제재판관할이 있다.

   1. 법원에 본안에 관한 국제재판관할이 있는 경우
   2. 보전처분의 대상이 되는 재산이 대한민국에 있는 경우

② 제1항에도 불구하고 당사자는 긴급히 필요한 경우에는 대한민국에서만 효력을 가지는 보전처분을 법원에 신청할 수 있다.

제15조(비송사건의 관할) ① 비송사건의 국제재판관할에 관하여는 성질에 반하지 아니하는 범위에서 제2조부터 제14조까지의 규정을 준용한다.

② 비송사건의 국제재판관할은 다음 각 호의 구분에 따라 해당 규정에서 정한 바에 따른다.

   1. 실종선고 등에 관한 사건: 제24조
   2. 친족관계에 관한 사건: 제56조부터 제61조까지
   3. 상속 및 유언에 관한 사건: 제76조
   4. 선박소유자 등의 책임제한에 관한 사건: 제89조

③ 제2항 각 호에서 규정하는 경우 외에 개별 비송사건의 관할에 관하여 이 법에 다른 규정이 없는 경우에는 제2조에 따른다.

제3절 준거법

제16조(본국법) ① 당사자의 본국법에 따라야 하는 경우에 당사자가 둘 이상의 국적

제3조(본국법) ① 당사자의 본국법에 의하여야 하는 경우에 당사자가 둘 이상의 국

적을 가지는 때에는 그와 가장 밀접한 관련이 있는 국가의 법을 그 본국법으로 정한다. 다만, 그 국적중 하나가 대한민국인 때에는 대한민국 법을 본국법으로 한다.

② 당사자가 국적을 가지지 아니하거나 당사자의 국적을 알 수 없는 때에는 그의 상거소(常居所)가 있는 국가의 법(이하 "상거소지법"이라 한다)에 의하고, 상거소를 알 수 없는 때에는 그의 거소가 있는 국가의 법에 의한다.

③ 당사자가 지역에 따라 법을 달리하는 국가의 국적을 가지는 때에는 그 국가의 법 선택규정에 따라 지정되는 법에 의하고, 그러한 규정이 없는 때에는 당사자와 가장 밀접한 관련이 있는 지역의 법에 의한다.

제4조(상거소지법) 당사자의 상거소지법(常居所地法)에 의하여야 하는 경우에 당사자의 상거소를 알 수 없는 때에는 그의 거소가 있는 국가의 법에 의한다.

제5조(외국법의 적용) 법원은 이 법에 의하여 지정된 외국법의 내용을 직권으로 조사·적용하여야 하며, 이를 위하여 당사자에게 그에 대한 협력을 요구할 수 있다.

제6조(준거법의 범위) 이 법에 의하여 준거법으로 지정되는 외국법의 규정은 공법적 성격이 있다는 이유만으로 그 적용이 배제되지 아니한다.

제7조(대한민국 법의 강행적 적용) 입법목적에 비추어 준거법에 관계없이 해당 법률관계에 적용되어야 하는 대한민국의 강행규정은 이 법에 의하여 외국법이 준거법으로 지정되는 경우에도 이를 적용한다.

제8조(준거법 지정의 예외) ① 이 법에 의하여 지정된 준거법이 해당 법률관계와 근소한 관련이 있을 뿐이고, 그 법률관계와 가장 밀접한 관련이 있는 다른 국가의 법이

을 가질 때에는 그와 가장 밀접한 관련이 있는 국가의 법을 그 본국법으로 정한다. 다만, 국적 중 하나가 대한민국일 경우에는 대한민국 법을 본국법으로 한다.

② 당사자가 국적을 가지지 아니하거나 당사자의 국적을 알 수 없는 경우에는 그의 일상거소가 있는 국가의 법[이하 "일상거소지법"(日常居所地法)이라 한다]에 따르고, 일상거소를 알 수 없는 경우에는 그의 거소가 있는 국가의 법에 따른다.

③ 당사자가 지역에 따라 법을 달리하는 국가의 국적을 가질 경우에는 그 국가의 법 선택규정에 따라 지정되는 법에 따르고, 그러한 규정이 없는 경우에는 당사자와 가장 밀접한 관련이 있는 지역의 법에 따른다.

제17조(일상거소지법) 당사자의 일상거소지법에 따라야 하는 경우에 당사자의 일상거소를 알 수 없는 경우에는 그의 거소가 있는 국가의 법에 따른다.

제18조(외국법의 적용) 법원은 이 법에 따라 준거법으로 정해진 외국법의 내용을 직권으로 조사·적용하여야 하며, 이를 위하여 당사자에게 협력을 요구할 수 있다.

제19조(준거법의 범위) 이 법에 따라 준거법으로 지정되는 외국법의 규정은 공법적 성격이 있다는 이유만으로 적용이 배제되지 아니한다.

제20조(대한민국 법의 강행적 적용) 입법목적에 비추어 준거법에 관계없이 해당 법률관계에 적용되어야 하는 대한민국의 강행규정은 이 법에 따라 외국법이 준거법으로 지정되는 경우에도 적용한다.

제21조(준거법 지정의 예외) ① 이 법에 따라 지정된 준거법이 해당 법률관계와 근소한 관련이 있을 뿐이고, 그 법률관계와 가장 밀접한 관련이 있는 다른 국가의 법이 명

명백히 존재하는 경우에는 그 다른 국가의 법에 의한다.

② 제1항의 규정은 당사자가 합의에 의하여 준거법을 선택하는 경우에는 이를 적용하지 아니한다.

제9조(준거법 지정시의 반정(反定)) ① 이 법에 의하여 외국법이 준거법으로 지정된 경우에 그 국가의 법에 의하여 대한민국 법이 적용되어야 하는 때에는 대한민국의 법(준거법의 지정에 관한 법규를 제외한다)에 의한다.

② 다음 각호중 어느 하나에 해당하는 경우에는 제1항의 규정을 적용하지 아니한다.

1. 당사자가 합의에 의하여 준거법을 선택하는 경우
2. 이 법에 의하여 계약의 준거법이 지정되는 경우
3. 제46조의 규정에 의하여 부양의 준거법이 지정되는 경우
4. 제50조 제3항의 규정에 의하여 유언의 방식의 준거법이 지정되는 경우
5. 제60조의 규정에 의하여 선적국법이 지정되는 경우
6. 그 밖에 제1항의 규정을 적용하는 것이 이 법의 지정 취지에 반하는 경우

제10조(사회질서에 반하는 외국법의 규정) 외국법에 의하여야 하는 경우에 그 규정의 적용이 대한민국의 선량한 풍속 그 밖의 사회질서에 명백히 위반되는 때에는 이를 적용하지 아니한다.

제2장 사람

백히 존재하는 경우에는 그 다른 국가의 법에 따른다.

② 당사자가 합의에 따라 준거법을 선택하는 경우에는 제1항을 적용하지 아니한다.

제22조(외국법에 따른 대한민국 법의 적용) ① 이 법에 따라 외국법이 준거법으로 지정된 경우에 그 국가의 법에 따라 대한민국 법이 적용되어야 할 때에는 대한민국의 법(준거법의 지정에 관한 법규는 제외한다)에 따른다.

② 다음 각 호의 어느 하나에 해당하는 경우에는 제1항을 적용하지 아니한다.

1. 당사자가 합의로 준거법을 선택하는 경우
2. 이 법에 따라 계약의 준거법이 지정되는 경우
3. 제73조에 따라 부양의 준거법이 지정되는 경우
4. 제78조 제3항에 따라 유언의 방식의 준거법이 지정되는 경우
5. 제94조에 따라 선적국법이 지정되는 경우
6. 그 밖에 제1항을 적용하는 것이 이 법의 준거법 지정 취지에 반하는 경우

제23조(사회질서에 반하는 외국법의 규정) 외국법에 따라야 하는 경우에 그 규정의 적용이 대한민국의 선량한 풍속이나 그 밖의 사회질서에 명백히 위반될 때에는 그 규정을 적용하지 아니한다.

제2장 사람
제1절 국제재판관할
제24조(실종선고 등 사건의 특별관할) ① 실종선고에 관한 사건에 대해서는 다음 각 호의 어느 하나에 해당하는 경우 법원에 국제재판관할이 있다.

1. 부재자가 대한민국 국민인 경우

2. 부재자의 마지막 일상거소가 대한민국에 있는 경우

3. 부재자의 재산이 대한민국에 있거나 대한민국 법에 따라야 하는 법률관계가 있는 경우. 다만, 그 재산 및 법률관계에 관한 부분으로 한정한다.

4. 그 밖에 정당한 사유가 있는 경우

② 부재자 재산관리에 관한 사건에 대해서는 부재자의 마지막 일상거소 또는 재산이 대한민국에 있는 경우 법원에 국제재판관할이 있다.

제25조(사원 등에 대한 소의 특별관할) 법원이 제3조 제3항에 따른 국제재판관할을 가지는 경우 다음 각 호의 소는 법원에 제기할 수 있다.

1. 법인 또는 단체가 그 사원 또는 사원이었던 사람에 대하여 소를 제기하는 경우로서 그 소가 사원의 자격으로 말미암은 것인 경우

2. 법인 또는 단체의 사원이 다른 사원 또는 사원이었던 사람에 대하여 소를 제기하는 경우로서 그 소가 사원의 자격으로 말미암은 것인 경우

3. 법인 또는 단체의 사원이었던 사람이 법인 · 단체의 사원에 대하여 소를 제기하는 경우로서 그 소가 사원의 자격으로 말미암은 것인 경우

제2절 준거법

제26조(권리능력) 사람의 권리능력은 그의 본국법에 따른다.

제27조(실종과 부재) ① 실종선고 및 부재자 재산관리는 실종자 또는 부재자의 본국법에 따른다.

② 제1항에도 불구하고 외국인에 대하여 법원이 실종선고나 그 취소 또는 부재자

제11조(권리능력) 사람의 권리능력은 그의 본국법에 의한다.

제12조(실종선고) 법원은 외국인의 생사가 분명하지 아니한 경우에 대한민국에 그의 재산이 있거나 대한민국 법에 의하여야 하는 법률관계가 있는 때, 그 밖에 정당한 사유가 있는 때에는 대한민국 법에 의하여

실종선고를 할 수 있다.

제13조(행위능력) ① 사람의 행위능력은 그의 본국법에 의한다. 행위능력이 혼인에 의하여 확대되는 경우에도 또한 같다.
② 이미 취득한 행위능력은 국적의 변경에 의하여 상실되거나 제한되지 아니한다.

제14조(한정후견개시, 성년후견개시 심판 등) 법원은 대한민국에 상거소 또는 거소가 있는 외국인에 대하여 대한민국 법에 의하여 한정후견개시, 성년후견개시, 특정후견개시 및 임의후견감독인선임의 심판을 할 수 있다.

제15조(거래보호) ① 법률행위를 행한 자와 상대방이 법률행위의 성립 당시 동일한 국가안에 있는 경우에 그 행위자가 그의 본국법에 의하면 무능력자이더라도 법률행위가 행하여진 국가의 법에 의하여 능력자인 때에는 그의 무능력을 주장할 수 없다. 다만, 상대방이 법률행위 당시 그의 무능력을 알았거나 알 수 있었을 경우에는 그러하지 아니하다.
② 제1항의 규정은 친족법 또는 상속법의 규정에 의한 법률행위 및 행위지 외의 국가에 있는 부동산에 관한 법률행위에는 이를 적용하지 아니한다.

제16조(법인 및 단체) 법인 또는 단체는 그 설립의 준거법에 의한다. 다만, 외국에서 설립된 법인 또는 단체가 대한민국에 주된 사무소가 있거나 대한민국에서 주된 사업을 하는 경우에는 대한민국 법에 의한다.

제3장 법률행위
제17조(법률행위의 방식) ① 법률행위의 방식은 그 행위의 준거법에 의한다.
② 행위지법에 의하여 행한 법률행위의 방식은 제1항의 규정에 불구하고 유효하다.

재산관리의 재판을 하는 경우에는 대한민국 법에 따른다.

제28조(행위능력) ① 사람의 행위능력은 그의 본국법에 따른다. 행위능력이 혼인에 의하여 확대되는 경우에도 또한 같다.
② 이미 취득한 행위능력은 국적의 변경에 의하여 상실되거나 제한되지 아니한다.

제29조(거래보호) ① 법률행위를 한 사람과 상대방이 법률행위의 성립 당시 동일한 국가에 있는 경우에 그 행위자가 그의 본국법에 따르면 무능력자이더라도 법률행위가 있었던 국가의 법에 따라 능력자인 때에는 그의 무능력을 주장할 수 없다. 다만, 상대방이 법률행위 당시 그의 무능력을 알았거나 알 수 있었을 경우에는 그러하지 아니하다.
② 제1항은 친족법 또는 상속법의 규정에 따른 법률행위 및 행위지 외의 국가에 있는 부동산에 관한 법률행위에는 이를 적용하지 아니한다.

제30조(법인 및 단체) 법인 또는 단체는 그 설립의 준거법에 따른다. 다만, 외국에서 설립된 법인 또는 단체가 대한민국에 주된 사무소가 있거나 대한민국에서 주된 사업을 하는 경우에는 대한민국 법에 따른다.

제3장 법률행위
제31조(법률행위의 방식) ① 법률행위의 방식은 그 행위의 준거법에 따른다.
② 행위지법에 따라 한 법률행위의 방식은 제1항에도 불구하고 유효하다.

③ 당사자가 계약체결시 서로 다른 국가에 있는 때에는 그 국가중 어느 한 국가의 법이 정한 법률행위의 방식에 의할 수 있다.

④ 대리인에 의한 법률행위의 경우에는 대리인이 있는 국가를 기준으로 제2항에 규정된 행위지법을 정한다.

⑤ 제2항 내지 제4항의 규정은 물권 그 밖에 등기하여야 하는 권리를 설정하거나 처분하는 법률행위의 방식에 관하여는 이를 적용하지 아니한다.

제18조(임의대리) ① 본인과 대리인간의 관계는 당사자간의 법률관계의 준거법에 의한다.

② 대리인의 행위로 인하여 본인이 제3자에 대하여 의무를 부담하는지의 여부는 대리인의 영업소가 있는 국가의 법에 의하며, 대리인의 영업소가 없거나 영업소가 있더라도 제3자가 이를 알 수 없는 경우에는 대리인이 실제로 대리행위를 한 국가의 법에 의한다.

③ 대리인이 본인과 근로계약 관계에 있고, 그의 영업소가 없는 경우에는 본인의 주된 영업소를 그의 영업소로 본다.

④ 본인은 제2항 및 제3항의 규정에 불구하고 대리의 준거법을 선택할 수 있다. 다만, 준거법의 선택은 대리권을 증명하는 서면에 명시되거나 본인 또는 대리인에 의하여 제3자에게 서면으로 통지된 경우에 한하여 그 효력이 있다.

⑤ 대리권이 없는 대리인과 제3자간의 관계에 관하여는 제2항의 규정을 준용한다.

제4장 물권

제19조(물권의 준거법) ① 동산 및 부동산에 관한 물권 또는 등기하여야 하는 권리는 그 목적물의 소재지법에 의한다.

③ 당사자가 계약체결 시 서로 다른 국가에 있을 때에는 그 국가 중 어느 한 국가의 법에서 정한 법률행위의 방식에 따를 수 있다.

④ 대리인에 의한 법률행위의 경우에는 대리인이 있는 국가를 기준으로 행위지법을 정한다.

⑤ 제2항부터 제4항까지의 규정은 물권이나 그 밖에 등기하여야 하는 권리를 설정하거나 처분하는 법률행위의 방식에는 적용하지 아니한다.

제32조(임의대리) ① 본인과 대리인 간의 관계는 당사자 간의 법률관계의 준거법에 따른다.

② 대리인의 행위로 인하여 본인이 제3자에 대하여 의무를 부담하는지 여부는 대리인의 영업소가 있는 국가의 법에 따르며, 대리인의 영업소가 없거나 영업소가 있더라도 제3자가 알 수 없는 경우에는 대리인이 실제로 대리행위를 한 국가의 법에 따른다.

③ 대리인이 본인과 근로계약 관계에 있고, 그의 영업소가 없는 경우에는 본인의 주된 영업소를 그의 영업소로 본다.

④ 본인은 제2항 및 제3항에도 불구하고 대리의 준거법을 선택할 수 있다. 다만, 준거법의 선택은 대리권을 증명하는 서면에 명시되거나 본인 또는 대리인이 제3자에게 서면으로 통지한 경우에만 그 효력이 있다.

⑤ 대리권이 없는 대리인과 제3자 간의 관계에 관하여는 제2항을 준용한다.

제4장 물권

제33조(물권) ① 동산 및 부동산에 관한 물권 또는 등기하여야 하는 권리는 그 동산·부동산의 소재지법에 따른다.

② 제1항에 규정된 권리의 득실변경은 그 원인된 행위 또는 사실의 완성 당시 그 목적물의 소재지법에 의한다.

제20조(운송수단) 항공기에 관한 물권은 그 국적소속국법에 의하고, 철도차량에 관한 물권은 그 운행허가국법에 의한다.

제21조(무기명증권) 무기명증권에 관한 권리의 득실변경은 그 원인된 행위 또는 사실의 완성 당시 그 무기명증권의 소재지법에 의한다.

제22조(이동중의 물건) 이동중의 물건에 관한 물권의 득실변경은 그 목적지법에 의한다.

제23조(채권 등에 대한 약정담보물권) 채권·주식 그 밖의 권리 또는 이를 표창하는 유가증권을 대상으로 하는 약정담보물권은 담보대상인 권리의 준거법에 의한다. 다만, 무기명증권을 대상으로 하는 약정담보물권은 제21조의 규정에 의한다.

② 제1항에 규정된 권리의 취득·상실·변경은 그 원인된 행위 또는 사실의 완성 당시 그 동산·부동산의 소재지법에 따른다.

제34조(운송수단) 항공기에 관한 물권은 그 항공기의 국적이 소속된 국가의 법에 따르고, 철도차량에 관한 물권은 그 철도차량의 운행을 허가한 국가의 법에 따른다.

제35조(무기명증권) 무기명증권에 관한 권리의 취득·상실·변경은 그 원인된 행위 또는 사실의 완성 당시 그 무기명증권의 소재지법에 따른다.

제36조(이동 중인 물건) 이동 중인 물건에 관한 물권의 취득·상실·변경은 그 목적지가 속하는 국가의 법에 따른다.

제37조(채권 등에 대한 약정담보물권) 채권·주식, 그 밖의 권리 또는 이를 표창하는 유가증권을 대상으로 하는 약정담보물권은 담보대상인 권리의 준거법에 따른다. 다만, 무기명증권을 대상으로 하는 약정담보물권은 제35조에 따른다.

제5장 지식재산권
제1절 국제재판관할
제38조(지식재산권 계약에 관한 소의 특별관할)
① 지식재산권의 양도, 담보권 설정, 사용허락 등의 계약에 관한 소는 다음 각 호의 어느 하나에 해당하는 경우 법원에 제기할 수 있다.
  1. 지식재산권이 대한민국에서 보호되거나 사용 또는 행사되는 경우
  2. 지식재산권에 관한 권리가 대한민국에서 등록되는 경우
② 제1항에 따른 국제재판관할이 적용되는 소에는 제41조를 적용하지 아니한다.
제39조(지식재산권 침해에 관한 소의 특별관할)
① 지식재산권 침해에 관한 소는 다음 각 호의 어느 하나에 해당하는 경우 법원에

제기할 수 있다. 다만, 이 경우 대한민국에서 발생한 결과에 한한다.

  1. 침해행위를 대한민국에서 한 경우

  2. 침해의 결과가 대한민국에서 발생한 경우

  3. 침해행위를 대한민국을 향하여 한 경우

② 제1항에 따라 소를 제기하는 경우 제6조 제1항을 적용하지 아니한다.

③ 제1항 및 제2항에도 불구하고 지식재산권에 대한 주된 침해행위가 대한민국에서 일어난 경우에는 외국에서 발생하는 결과를 포함하여 침해행위로 인한 모든 결과에 관한 소를 법원에 제기할 수 있다.

④ 제1항 및 제3항에 따라 소를 제기하는 경우 제44조를 적용하지 아니한다.

제2절 준거법

제40조(지식재산권의 보호) 지식재산권의 보호는 그 침해지법에 따른다.

제6장 채권

제1절 국제재판관할

제41조(계약에 관한 소의 특별관할) ① 계약에 관한 소는 다음 각 호의 어느 하나에 해당하는 곳이 대한민국에 있는 경우 법원에 제기할 수 있다.

  1. 물품공급계약의 경우에는 물품인도지

  2. 용역제공계약의 경우에는 용역제공지

  3. 물품인도지와 용역제공지가 복수이거나 물품공급과 용역제공을 함께 목적으로 하는 계약의 경우에는 의무의 주된 부분의 이행지

② 제1항에서 정한 계약 외의 계약에 관한 소는 청구의 근거인 의무가 이행된 곳 또는 그 의무가 이행되어야 할 곳으로 계약당사자가 합의한 곳이 대한민국에 있는 경우 법원에 제기할 수 있다.

제24조(지식재산권의 보호) 지식재산권의 보호는 그 침해지법에 의한다.

제5장 채권

[제27조에서]

④ 제1항의 규정에 의한 계약의 경우에 소비자는 그의 상거소가 있는 국가에서도 상대방에 대하여 소를 제기할 수 있다.

제42조(소비자계약의 관할) ① 소비자가 자신의 직업 또는 영업활동 외의 목적으로 체결하는 계약으로서 다음 각 호의 어느 하나에 해당하는 경우 대한민국에 일상거소가 있는 소비자는 계약의 상대방(직업 또는 영업활동으로 계약을 체결하는 자를 말한다. 이하 "사업자"라 한다)에 대하여 법원에 소를 제기할 수 있다.

1. 사업자가 계약체결에 앞서 소비자의 일상거소가 있는 국가(이하 "일상거소지국"이라 한다)에서 광고에 의한 거래 권유 등 직업 또는 영업활동을 하거나 소비자의 일상거소지국 외의 지역에서 소비자의 일상거소지국을 향하여 광고에 의한 거래의 권유 등 직업 또는 영업활동을 하고, 그 계약이 사업자의 직업 또는 영업활동의 범위에 속하는 경우

2. 사업자가 소비자의 일상거소지국에서 소비자의 주문을 받은 경우

3. 사업자가 소비자로 하여금 소비자의 일상거소지국이 아닌 국가에 가서 주문을 하도록 유도한 경우

⑤ 제1항의 규정에 의한 계약의 경우에 소비자의 상대방이 소비자에 대하여 제기하는 소는 소비자의 상거소가 있는 국가에서만 제기할 수 있다.

② 제1항에 따른 계약(이하 "소비자계약"이라 한다)의 경우에 소비자의 일상거소가 대한민국에 있는 경우에는 사업자가 소비자에 대하여 제기하는 소는 법원에만 제기할 수 있다.

⑥ 제1항의 규정에 의한 계약의 당사자는 서면에 의하여 국제재판관할에 관한 합의를 할 수 있다. 다만, 그 합의는 다음 각호 중 어느 하나에 해당하는 경우에 한하여 그 효력이 있다.

1. 분쟁이 이미 발생한 경우

2. 소비자에게 이 조에 의한 관할법원에 추가하여 다른 법원에 제소하는 것을 허용하는 경우

③ 소비자계약의 당사자 간에 제8조에 따른 국제재판관할의 합의가 있을 때 그 합의는 다음 각 호의 어느 하나에 해당하는 경우에만 효력이 있다.

1. 분쟁이 이미 발생한 후 국제재판관할의 합의를 한 경우

2. 국제재판관할의 합의에서 법원 외에 외국법원에도 소비자가 소를 제기할 수 있도록 한 경우

[제28조에서]

③ 근로계약의 경우에 근로자는 자신이 일상적으로 노무를 제공하거나 또는 최후로 일상적 노무를 제공하였던 국가에서도 사용자에 대하여 소를 제기할 수 있으며, 자신이 일상적으로 어느 한 국가안에서 노무를 제공하지 아니하거나 아니하였던 경우에는 사용자가 그를 고용한 영업소가 있거나 있었던 국가에서도 사용자에 대하여 소를 제기할 수 있다.

④ 근로계약의 경우에 사용자가 근로자에 대하여 제기하는 소는 근로자의 상거소가 있는 국가 또는 근로자가 일상적으로 노무를 제공하는 국가에서만 제기할 수 있다.

⑤ 근로계약의 당사자는 서면에 의하여 국제재판관할에 관한 합의를 할 수 있다. 다만, 그 합의는 다음 각호중 어느 하나에 해당하는 경우에 한하여 그 효력이 있다.

  1. 분쟁이 이미 발생한 경우
  2. 근로자에게 이 조에 의한 관할법원에 추가하여 다른 법원에 제소하는 것을 허용하는 경우

제25조(당사자 자치) ① 계약은 당사자가 명시적 또는 묵시적으로 선택한 법에 의한다. 다만, 묵시적인 선택은 계약내용 그 밖에 모든 사정으로부터 합리적으로 인정할

제43조(근로계약의 관할) ① 근로자가 대한민국에서 일상적으로 노무를 제공하거나 최후로 일상적 노무를 제공한 경우에는 사용자에 대한 근로계약에 관한 소를 법원에 제기할 수 있다. 근로자가 일상적으로 대한민국에서 노무를 제공하지 아니하거나 아니하였던 경우에 사용자가 그를 고용한 영업소가 대한민국에 있거나 있었을 때에도 또한 같다.

② 사용자가 근로자에 대하여 제기하는 근로계약에 관한 소는 근로자의 일상거소가 대한민국에 있거나 근로자가 대한민국에서 일상적으로 노무를 제공하는 경우에는 법원에만 제기할 수 있다.

③ 근로계약의 당사자 간에 제8조에 따른 국제재판관할의 합의가 있을 때 그 합의는 다음 각 호의 어느 하나에 해당하는 경우에만 효력이 있다.

  1. 분쟁이 이미 발생한 경우
  2. 국제재판관할의 합의에서 법원 외에 외국법원에도 근로자가 소를 제기할 수 있도록 한 경우

제44조(불법행위에 관한 소의 특별관할) 불법행위에 관한 소는 그 행위가 대한민국에서 행하여지거나 대한민국을 향하여 행하여지는 경우 또는 대한민국에서 그 결과가 발생하는 경우 법원에 제기할 수 있다. 다만, 불법행위의 결과가 대한민국에서 발생할 것을 예견할 수 없었던 경우에는 그러하지 아니하다.

제2절 준거법

제45조(당사자 자치) ① 계약은 당사자가 명시적 또는 묵시적으로 선택한 법에 따른다. 다만, 묵시적인 선택은 계약내용이나 그 밖의 모든 사정으로부터 합리적으로 인

수 있는 경우에 한한다.

② 당사자는 계약의 일부에 관하여도 준거법을 선택할 수 있다.

③ 당사자는 합의에 의하여 이 조 또는 제26조의 규정에 의한 준거법을 변경할 수 있다. 다만, 계약체결후 이루어진 준거법의 변경은 계약의 방식의 유효성과 제3자의 권리에 영향을 미치지 아니한다.

④ 모든 요소가 오로지 한 국가와 관련이 있음에도 불구하고 당사자가 그 외의 다른 국가의 법을 선택한 경우에 관련된 국가의 강행규정은 그 적용이 배제되지 아니한다.

⑤ 준거법 선택에 관한 당사자의 합의의 성립 및 유효성에 관하여는 제29조의 규정을 준용한다.

제26조(준거법 결정시의 객관적 연결) ① 당사자가 준거법을 선택하지 아니한 경우에 계약은 그 계약과 가장 밀접한 관련이 있는 국가의 법에 의한다.

② 당사자가 계약에 따라 다음 각호중 어느 하나에 해당하는 이행을 행하여야 하는 경우에는 계약체결 당시 그의 상거소가 있는 국가의 법(당사자가 법인 또는 단체인 경우에는 주된 사무소가 있는 국가의 법)이 가장 밀접한 관련이 있는 것으로 추정한다. 다만, 계약이 당사자의 직업 또는 영업활동으로 체결된 경우에는 당사자의 영업소가 있는 국가의 법이 가장 밀접한 관련이 있는 것으로 추정한다.

　1. 양도계약의 경우에는 양도인의 이행

　2. 이용계약의 경우에는 물건 또는 권리를 이용하도록 하는 당사자의 이행

　3. 위임·도급계약 및 이와 유사한 용역제공계약의 경우에는 용역의 이행

③ 부동산에 대한 권리를 대상으로 하는 계약의 경우에는 부동산이 소재하는 국가의 법이 가장 밀접한 관련이 있는 것으로

정할 수 있는 경우로 한정한다.

② 당사자는 계약의 일부에 관하여도 준거법을 선택할 수 있다.

③ 당사자는 합의에 의하여 이 조 또는 제46조에 따른 준거법을 변경할 수 있다. 다만, 계약체결 후 이루어진 준거법의 변경은 계약 방식의 유효 여부와 제3자의 권리에 영향을 미치지 아니한다.

④ 모든 요소가 오로지 한 국가와 관련이 있음에도 불구하고 당사자가 그 외의 다른 국가의 법을 선택한 경우에 관련된 국가의 강행규정은 적용이 배제되지 아니한다.

⑤ 준거법 선택에 관한 당사자 간 합의의 성립 및 유효성에 관하여는 제49조를 준용한다.

제46조(준거법 결정 시의 객관적 연결) ① 당사자가 준거법을 선택하지 아니한 경우에 계약은 그 계약과 가장 밀접한 관련이 있는 국가의 법에 따른다.

② 당사자가 계약에 따라 다음 각 호의 어느 하나에 해당하는 이행을 하여야 하는 경우에는 계약체결 당시 그의 일상거소가 있는 국가의 법(당사자가 법인 또는 단체인 경우에는 주된 사무소가 있는 국가의 법을 말한다)이 가장 밀접한 관련이 있는 것으로 추정한다. 다만, 계약이 당사자의 직업 또는 영업 활동으로 체결된 경우에는 당사자의 영업소가 있는 국가의 법이 가장 밀접한 관련이 있는 것으로 추정한다.

　1. 양도계약의 경우에는 양도인의 이행

　2. 이용계약의 경우에는 물건 또는 권리를 이용하도록 하는 당사자의 이행

　3. 위임·도급계약 및 이와 유사한 용역제공계약의 경우에는 용역의 이행

③ 부동산에 대한 권리를 대상으로 하는 계약의 경우에는 부동산이 있는 국가의 법이 가장 밀접한 관련이 있는 것으로 추정

추정한다.

제27조(소비자계약) ① 소비자가 직업 또는 영업활동 외의 목적으로 체결하는 계약이 다음 각호중 어느 하나에 해당하는 경우에는 당사자가 준거법을 선택하더라도 소비자의 상거소가 있는 국가의 강행규정에 의하여 소비자에게 부여되는 보호를 박탈할 수 없다.

   1. 소비자의 상대방이 계약체결에 앞서 그 국가에서 광고에 의한 거래의 권유 등 직업 또는 영업활동을 행하거나 그 국가 외의 지역에서 그 국가로 광고에 의한 거래의 권유 등 직업 또는 영업활동을 행하고, 소비자가 그 국가에서 계약체결에 필요한 행위를 한 경우

   2. 소비자의 상대방이 그 국가에서 소비자의 주문을 받은 경우

   3. 소비자의 상대방이 소비자로 하여금 외국에 가서 주문을 하도록 유도한 경우

② 당사자가 준거법을 선택하지 아니한 경우에 제1항의 규정에 의한 계약은 제26조의 규정에 불구하고 소비자의 상거소지법에 의한다.

③ 제1항의 규정에 의한 계약의 방식은 제17조 제1항 내지 제3항의 규정에 불구하고 소비자의 상거소지법에 의한다.

[*제4항부터 제6항은 위로 올림]

제28조(근로계약) ① 근로계약의 경우에 당사자가 준거법을 선택하더라도 제2항의 규정에 의하여 지정되는 준거법 소속 국가의 강행규정에 의하여 근로자에게 부여되는 보호를 박탈할 수 없다.

② 당사자가 준거법을 선택하지 아니한 경우에 근로계약은 제26조의 규정에 불구하고 근로자가 일상적으로 노무를 제공하는

한다.

제47조(소비자계약) ① 소비자계약의 당사자가 준거법을 선택하더라도 소비자의 일상거소가 있는 국가의 강행규정에 따라 소비자에게 부여되는 보호를 박탈할 수 없다.

② 소비자계약의 당사자가 준거법을 선택하지 아니한 경우에는 제46조에도 불구하고 소비자의 일상거소지법에 따른다.

③ 소비자계약의 방식은 제31조 제1항부터 제3항까지의 규정에도 불구하고 소비자의 일상거소지법에 따른다.

제48조(근로계약) ① 근로계약의 당사자가 준거법을 선택하더라도 제2항에 따라 지정되는 준거법 소속 국가의 강행규정에 따라 근로자에게 부여되는 보호를 박탈할 수 없다.

② 근로계약의 당사자가 준거법을 선택하지 아니한 경우 근로계약은 제46조에도 불구하고 근로자가 일상적으로 노무를 제공

국가의 법에 의하며, 근로자가 일상적으로 어느 한 국가안에서 노무를 제공하지 아니하는 경우에는 사용자가 근로자를 고용한 영업소가 있는 국가의 법에 의한다.

[제3항부터 제5항은 위로 올림]

제29조(계약의 성립 및 유효성) ① 계약의 성립 및 유효성은 그 계약이 유효하게 성립하였을 경우 이 법에 의하여 적용되어야 하는 준거법에 따라 판단한다.

② 제1항의 규정에 의한 준거법에 따라 당사자의 행위의 효력을 판단하는 것이 모든 사정에 비추어 명백히 부당한 경우에는 그 당사자는 계약에 동의하지 아니하였음을 주장하기 위하여 그의 상거소지법을 원용할 수 있다.

제30조(사무관리) ① 사무관리는 그 관리가 행하여진 곳의 법에 의한다. 다만, 사무관리가 당사자간의 법률관계에 기하여 행하여진 경우에는 그 법률관계의 준거법에 의한다.

② 다른 사람의 채무를 변제함으로써 발생하는 청구권은 그 채무의 준거법에 의한다.

제31조(부당이득) 부당이득은 그 이득이 발생한 곳의 법에 의한다. 다만, 부당이득이 당사자간의 법률관계에 기하여 행하여진 이행으로부터 발생한 경우에는 그 법률관계의 준거법에 의한다.

제32조(불법행위) ① 불법행위는 그 행위가 행하여진 곳의 법에 의한다.

② 불법행위가 행하여진 당시 동일한 국가안에 가해자와 피해자의 상거소가 있는 경우에는 제1항의 규정에 불구하고 그 국가의 법에 의한다.

③ 가해자와 피해자간에 존재하는 법률관계가 불법행위에 의하여 침해되는 경우에

하는 국가의 법에 따르며, 근로자가 일상적으로 어느 한 국가 안에서 노무를 제공하지 아니하는 경우에는 사용자가 근로자를 고용한 영업소가 있는 국가의 법에 따른다.

제49조(계약의 성립 및 유효성) ① 계약의 성립 및 유효성은 그 계약이 유효하게 성립하였을 경우 이 법에 따라 적용되어야 하는 준거법에 따라 판단한다.

② 제1항에 따른 준거법에 따라 당사자의 행위의 효력을 판단하는 것이 모든 사정에 비추어 명백히 부당한 경우에는 그 당사자는 계약에 동의하지 아니하였음을 주장하기 위하여 그의 일상거소지법을 원용할 수 있다.

제50조(사무관리) ① 사무관리는 그 관리가 행하여진 곳의 법에 따른다. 다만, 사무관리가 당사자 간의 법률관계에 근거하여 행하여진 경우에는 그 법률관계의 준거법에 따른다.

② 다른 사람의 채무를 변제함으로써 발생하는 청구권은 그 채무의 준거법에 따른다.

제51조(부당이득) 부당이득은 그 이득이 발생한 곳의 법에 따른다. 다만, 부당이득이 당사자 간의 법률관계에 근거한 이행으로부터 발생한 경우에는 그 법률관계의 준거법에 따른다.

제52조(불법행위) ① 불법행위는 그 행위를 하거나 그 결과가 발생하는 곳의 법에 따른다.

② 불법행위를 한 당시 동일한 국가 안에 가해자와 피해자의 일상거소가 있는 경우에는 제1항에도 불구하고 그 국가의 법에 따른다.

③ 가해자와 피해자 간에 존재하는 법률관계가 불법행위에 의하여 침해되는 경우에

는 제1항 및 제2항의 규정에 불구하고 그 법률관계의 준거법에 의한다.

④ 제1항 내지 제3항의 규정에 의하여 외국법이 적용되는 경우에 불법행위로 인한 손해배상청구권은 그 성질이 명백히 피해자의 적절한 배상을 위한 것이 아니거나 또는 그 범위가 본질적으로 피해자의 적절한 배상을 위하여 필요한 정도를 넘는 때에는 이를 인정하지 아니한다.

제33조(준거법에 관한 사후적 합의) 당사자는 제30조 내지 제32조의 규정에 불구하고 사무관리·부당이득·불법행위가 발생한 후 합의에 의하여 대한민국 법을 그 준거법으로 선택할 수 있다. 다만, 그로 인하여 제3자의 권리에 영향을 미치지 아니한다.

제34조(채권의 양도 및 채무의 인수) ① 채권의 양도인과 양수인간의 법률관계는 당사자간의 계약의 준거법에 의한다. 다만, 채권의 양도가능성, 채무자 및 제3자에 대한 채권양도의 효력은 양도되는 채권의 준거법에 의한다.

② 제1항의 규정은 채무인수에 이를 준용한다.

제35조(법률에 의한 채권의 이전) ① 법률에 의한 채권의 이전은 그 이전의 원인이 된 구채권자와 신채권자간의 법률관계의 준거법에 의한다. 다만, 이전되는 채권의 준거법에 채무자 보호를 위한 규정이 있는 경우에는 그 규정이 적용된다.

② 제1항과 같은 법률관계가 존재하지 아니하는 경우에는 이전되는 채권의 준거법에 의한다.

제6장 친족

는 제1항 및 제2항에도 불구하고 그 법률관계의 준거법에 따른다.

④ 제1항부터 제3항까지의 규정에 따라 외국법이 적용되는 경우에 불법행위로 인한 손해배상청구권은 그 성질이 명백히 피해자의 적절한 배상을 위한 것이 아니거나 또는 그 범위가 본질적으로 피해자의 적절한 배상을 위하여 필요한 정도를 넘을 때에는 인정하지 아니한다.

제53조(준거법에 관한 사후적 합의) 당사자는 제50조부터 제52조까지의 규정에도 불구하고 사무관리·부당이득·불법행위가 발생한 후 합의에 의하여 대한민국 법을 그 준거법으로 선택할 수 있다. 다만, 그로 인하여 제3자의 권리에 영향을 미치지 아니한다.

제54조(채권의 양도 및 채무의 인수) ① 채권의 양도인과 양수인 간의 법률관계는 당사자 간의 계약의 준거법에 따른다. 다만, 채권의 양도가능성, 채무자 및 제3자에 대한 채권양도의 효력은 양도되는 채권의 준거법에 따른다.

② 채무인수에 관하여는 제1항을 준용한다.

제55조(법률에 따른 채권의 이전) ① 법률에 따른 채권의 이전은 그 이전의 원인이 된 구(舊)채권자와 신(新)채권자 간의 법률관계의 준거법에 따른다. 다만, 이전되는 채권의 준거법에 채무자 보호를 위한 규정이 있는 경우에는 그 규정이 적용된다.

② 제1항과 같은 법률관계가 존재하지 아니하는 경우에는 이전되는 채권의 준거법에 따른다.

제7장 친족
제1절 국제재판관할
제56조(혼인관계에 관한 사건의 특별관할) ①

혼인관계에 관한 사건에 대해서는 다음 각 호의 어느 하나에 해당하는 경우 법원에 국제재판관할이 있다.

1. 부부 중 한쪽의 일상거소가 대한민국에 있고 부부의 마지막 공동 일상거소가 대한민국에 있었던 경우

2. 원고와 미성년 자녀 전부 또는 일부의 일상거소가 대한민국에 있는 경우

3. 부부 모두가 대한민국 국민인 경우

4. 대한민국 국민으로서 대한민국에 일상거소를 둔 원고가 혼인관계 해소만을 목적으로 제기하는 사건의 경우

② 부부 모두를 상대로 하는 혼인관계에 관한 사건에 대해서는 다음 각 호의 어느 하나에 해당하는 경우 법원에 국제재판관할이 있다.

1. 부부 중 한쪽의 일상거소가 대한민국에 있는 경우

2. 부부 중 한쪽이 사망한 때에는 생존한 다른 한쪽의 일상거소가 대한민국에 있는 경우

3. 부부 모두가 사망한 때에는 부부 중 한쪽의 마지막 일상거소가 대한민국에 있었던 경우

4. 부부 모두가 대한민국 국민인 경우

제57조(친생자관계에 관한 사건의 특별관할) 친생자관계의 성립 및 해소에 관한 사건에 대해서는 다음 각 호의 어느 하나에 해당하는 경우 법원에 국제재판관할이 있다.

1. 자녀의 일상거소가 대한민국에 있는 경우

2. 자녀와 피고가 되는 부모 중 한쪽이 대한민국 국민인 경우

제58조(입양관계에 관한 사건의 특별관할) ① 입양의 성립에 관한 사건에 대해서는 양자가 되려는 사람 또는 양친이 되려는 사람의 일상거소가 대한민국에 있는 경우 법원

에 국제재판관할이 있다.

② 양친자관계의 존부확인, 입양의 취소 또는 파양(罷養)에 관한 사건에 관하여는 제57조를 준용한다.

제59조(부모·자녀 간의 법률관계 등에 관한 사건의 특별관할) 미성년인 자녀 등에 대한 친권, 양육권 및 면접교섭권에 관한 사건에 대해서는 다음 각 호의 어느 하나에 해당하는 경우 법원에 국제재판관할이 있다.

  1. 자녀의 일상거소가 대한민국에 있는 경우

  2. 부모 중 한쪽과 자녀가 대한민국 국민인 경우

제60조(부양에 관한 사건의 관할) ① 부양에 관한 사건에 대해서는 부양권리자의 일상거소가 대한민국에 있는 경우 법원에 국제재판관할이 있다.

② 당사자가 부양에 관한 사건에 대하여 제8조에 따라 국제재판관할의 합의를 하는 경우 다음 각 호의 어느 하나에 해당하면 합의의 효력이 없다.

  1. 부양권리자가 미성년자이거나 피후견인인 경우. 다만, 해당 합의에서 미성년자이거나 피후견인인 부양권리자에게 법원 외에 외국법원에도 소를 제기할 수 있도록 한 경우는 제외한다.

  2. 합의로 지정된 국가가 사안과 아무런 관련이 없거나 근소한 관련만 있는 경우

③ 부양에 관한 사건이 다음 각 호의 어느 하나에 해당하는 경우에는 제9조를 적용하지 아니한다.

  1. 부양권리자가 미성년자이거나 피후견인인 경우

  2. 대한민국이 사안과 아무런 관련이 없거나 근소한 관련만 있는 경우

제61조(후견에 관한 사건의 특별관할) ① 성년

인 사람의 후견에 관한 사건에 대해서는 다음 각 호의 어느 하나에 해당하는 경우 법원에 국제재판관할이 있다.

1. 피후견인(피후견인이 될 사람을 포함한다. 이하 같다)의 일상거소가 대한민국에 있는 경우
2. 피후견인이 대한민국 국민인 경우
3. 피후견인의 재산이 대한민국에 있고 피후견인을 보호하여야 할 필요가 있는 경우

② 미성년자의 후견에 관한 사건에 대해서는 다음 각 호의 어느 하나에 해당하는 경우 법원에 국제재판관할이 있다.

1. 미성년자의 일상거소가 대한민국에 있는 경우
2. 미성년자의 재산이 대한민국에 있고 미성년자를 보호하여야 할 필요가 있는 경우

제62조(가사조정사건의 관할) 제56조부터 제61조까지의 규정에 따라 법원에 국제재판관할이 있는 사건의 경우에는 그 조정사건에 대해서도 법원에 국제재판관할이 있다.

제2절 준거법

제63조(혼인의 성립) ① 혼인의 성립요건은 각 당사자에 관하여 그 본국법에 따른다.
② 혼인의 방식은 혼인을 한 곳의 법 또는 당사자 중 한쪽의 본국법에 따른다. 다만, 대한민국에서 혼인을 하는 경우에 당사자 중 한쪽이 대한민국 국민인 때에는 대한민국 법에 따른다.

제64조(혼인의 일반적 효력) 혼인의 일반적 효력은 다음 각 호의 법의 순서에 따른다.

1. 부부의 동일한 본국법
2. 부부의 동일한 일상거소지법
3. 부부와 가장 밀접한 관련이 있는 곳의 법

제36조(혼인의 성립) ① 혼인의 성립요건은 각 당사자에 관하여 그 본국법에 의한다.
② 혼인의 방식은 혼인거행지법 또는 당사자 일방의 본국법에 의한다. 다만, 대한민국에서 혼인을 거행하는 경우에 당사자 일방이 대한민국 국민인 때에는 대한민국 법에 의한다.

제37조(혼인의 일반적 효력) 혼인의 일반적 효력은 다음 각호에 정한 법의 순위에 의한다.

1. 부부의 동일한 본국법
2. 부부의 동일한 상거소지법
3. 부부와 가장 밀접한 관련이 있는 곳

의 법

제38조(부부재산제) ① 부부재산제에 관하여는 제37조의 규정을 준용한다.

② 부부가 합의에 의하여 다음 각호의 법 중 어느 것을 선택한 경우에는 부부재산제는 제1항의 규정에 불구하고 그 법에 의한다. 다만, 그 합의는 일자와 부부의 기명날인 또는 서명이 있는 서면으로 작성된 경우에 한하여 그 효력이 있다.

 1. 부부중 일방이 국적을 가지는 법

 2. 부부중 일방의 상거소지법

 3. 부동산에 관한 부부재산제에 대하여는 그 부동산의 소재지법

③ 외국법에 의한 부부재산제는 대한민국에서 행한 법률행위 및 대한민국에 있는 재산에 관하여 이를 선의의 제3자에게 대항할 수 없다. 이 경우 그 부부재산제에 의할 수 없는 때에는 제3자와의 관계에 관하여 부부재산제는 대한민국 법에 의한다.

④ 외국법에 의하여 체결된 부부재산계약은 대한민국에서 등기한 경우 제3항의 규정에 불구하고 이를 제3자에게 대항할 수 있다.

제39조(이혼) 이혼에 관하여는 제37조의 규정을 준용한다. 다만, 부부중 일방이 대한민국에 상거소가 있는 대한민국 국민인 경우에는 이혼은 대한민국 법에 의한다.

제40조(혼인중의 친자관계) ① 혼인중의 친자관계의 성립은 자(子)의 출생 당시 부부중 일방의 본국법에 의한다.

② 제1항의 경우 부(夫)가 자(子)의 출생 전에 사망한 때에는 사망 당시 본국법을 그의 본국법으로 본다.

제41조(혼인 외의 친자관계) ① 혼인 외의 친자관계의 성립은 자(子)의 출생 당시 모의 본국법에 의한다. 다만, 부자간의 친자관계의 성립은 자(子)의 출생 당시 부(父)의

제65조(부부재산제) ① 부부재산제에 관하여는 제64조를 준용한다.

② 부부가 합의에 의하여 다음 각 호의 어느 하나에 해당하는 법을 선택한 경우 부부재산제는 제1항에도 불구하고 그 법에 따른다. 다만, 그 합의는 날짜와 부부의 기명날인 또는 서명이 있는 서면으로 작성된 경우에만 그 효력이 있다.

 1. 부부 중 한쪽이 국적을 가지는 법

 2. 부부 중 한쪽의 일상거소지법

 3. 부동산에 관한 부부재산제에 대해서는 그 부동산의 소재지법

③ 대한민국에서 행한 법률행위 및 대한민국에 있는 재산에 관하여는 외국법에 따른 부부재산제로써 선의의 제3자에게 대항할 수 없다. 이 경우 외국법에 따를 수 없을 때에 제3자와의 관계에서 부부재산제는 대한민국 법에 따른다.

④ 제3항에도 불구하고 외국법에 따라 체결된 부부재산계약을 대한민국에서 등기한 경우에는 제3자에게 대항할 수 있다.

제66조(이혼) 이혼에 관하여는 제64조를 준용한다. 다만, 부부 중 한쪽이 대한민국에 일상거소가 있는 대한민국 국민인 경우 이혼은 대한민국 법에 따른다.

제67조(혼인 중의 부모·자녀관계) ① 혼인 중의 부모·자녀관계의 성립은 자녀의 출생 당시 부부 중 한쪽의 본국법에 따른다.

② 제1항의 경우에 남편이 자녀의 출생 전에 사망한 때에는 남편의 사망 당시 본국법을 그의 본국법으로 본다.

제68조(혼인 외의 부모·자녀관계) ① 혼인 외의 부모·자녀관계의 성립은 자녀의 출생 당시 어머니의 본국법에 따른다. 다만, 아버지와 자녀 간의 관계의 성립은 자녀의

본국법 또는 현재 자(子)의 상거소지법에 의할 수 있다.

② 인지는 제1항이 정하는 법 외에 인지 당시 인지자의 본국법에 의할 수 있다.

③ 제1항의 경우 부(父)가 자(子)의 출생 전에 사망한 때에는 사망 당시 본국법을 그의 본국법으로 보고, 제2항의 경우 인지자가 인지전에 사망한 때에는 사망 당시 본국법을 그의 본국법으로 본다.

제42조(혼인외 출생자에 대한 준정(準正)) ① 혼인외의 출생자가 혼인중의 출생자로 그 지위가 변동되는 경우에 관하여는 그 요건인 사실의 완성 당시 부(父) 또는 모의 본국법 또는 자(子)의 상거소지법에 의한다.

② 제1항의 경우 부(父) 또는 모가 그 요건인 사실이 완성되기 전에 사망한 때에는 사망 당시 본국법을 그의 본국법으로 본다.

제43조(입양 및 파양) 입양 및 파양은 입양 당시 양친(養親)의 본국법에 의한다.

제44조(동의) 제41조 내지 제43조의 규정에 의한 친자관계의 성립에 관하여 자(子)의 본국법이 자(子) 또는 제3자의 승낙이나 동의 등을 요건으로 할 때에는 그 요건도 갖추어야 한다.

제45조(친자간의 법률관계) 친자간의 법률관계는 부모와 자(子)의 본국법이 모두 동일한 경우에는 그 법에 의하고, 그 외의 경우에는 자(子)의 상거소지법에 의한다.

제46조(부양) ① 부양의 의무는 부양권리자의 상거소지법에 의한다. 다만, 그 법에 의하면 부양권리자가 부양의무자로부터 부양을 받을 수 없는 때에는 당사자의 공통 본국법에 의한다.

② 대한민국에서 이혼이 이루어지거나 승인된 경우에 이혼한 당사자간의 부양의무

출생 당시 아버지의 본국법 또는 현재 자녀의 일상거소지법에 따를 수 있다.

② 인지는 제1항에서 정하는 법 외에 인지 당시 인지자의 본국법에 따를 수 있다.

③ 제1항의 경우에 아버지가 자녀의 출생 전에 사망한 때에는 사망 당시 본국법을 그의 본국법으로 보고, 제2항의 경우에 인지자가 인지 전에 사망한 때에는 사망 당시 본국법을 그의 본국법으로 본다.

제69조(혼인 외의 출생자) ① 혼인 외의 출생자가 혼인 중의 출생자로 그 지위가 변동되는 경우에 관하여는 그 요건인 사실의 완성 당시 아버지 또는 어머니의 본국법 또는 자녀의 일상거소지법에 따른다.

② 제1항의 경우에 아버지 또는 어머니가 그 요건인 사실이 완성되기 전에 사망한 때에는 아버지 또는 어머니의 사망 당시 본국법을 그의 본국법으로 본다.

제70조(입양 및 파양) 입양 및 파양은 입양 당시 양부모의 본국법에 따른다.

제71조(동의) 제68조부터 제70조까지의 규정에 따른 부모·자녀관계의 성립에 관하여 자녀의 본국법이 자녀 또는 제3자의 승낙이나 동의 등을 요건으로 할 때에는 그 요건도 갖추어야 한다.

제72조(부모·자녀 간의 법률관계) 부모·자녀 간의 법률관계는 부모와 자녀의 본국법이 모두 동일한 경우에는 그 법에 따르고, 그 외의 경우에는 자녀의 일상거소지법에 따른다.

제73조(부양) ① 부양의 의무는 부양권리자의 일상거소지법에 따른다. 다만, 그 법에 따르면 부양권리자가 부양의무자로부터 부양을 받을 수 없을 때에는 당사자의 공통 본국법에 따른다.

② 대한민국에서 이혼이 이루어지거나 승인된 경우에 이혼한 당사자 간의 부양의무

는 제1항의 규정에 불구하고 그 이혼에 관하여 적용된 법에 의한다.

③ 방계혈족간 또는 인척간의 부양의무의 경우에 부양의무자는 부양권리자의 청구에 대하여 당사자의 공통 본국법에 의하여 부양의무가 없다는 주장을 할 수 있으며, 그러한 법이 없는 때에는 부양의무자의 상거소지법에 의하여 부양의무가 없다는 주장을 할 수 있다.

④ 부양권리자와 부양의무자가 모두 대한민국 국민이고, 부양의무자가 대한민국에 상거소가 있는 경우에는 대한민국 법에 의한다.

제47조(그 밖의 친족관계) 친족관계의 성립 및 친족관계에서 발생하는 권리의무에 관하여 이 법에 특별한 규정이 없는 경우에는 각 당사자의 본국법에 의한다.

제48조(후견) ① 후견은 피후견인의 본국법에 의한다.

② 대한민국에 상거소 또는 거소가 있는 외국인에 대한 후견은 다음 각호중 어느 하나에 해당하는 경우에 한하여 대한민국 법에 의한다.

1. 그의 본국법에 의하면 후견개시의 원인이 있더라도 그 후견사무를 행할 자가 없거나 후견사무를 행할 자가 있더라도 후견사무를 행할 수 없는 경우
2. 대한민국에서 한정후견개시, 성년후견개시, 특정후견개시 및 임의후견감독인선임의 심판을 한 경우
3. 그 밖에 피후견인을 보호하여야 할 긴급한 필요가 있는 경우

는 제1항에도 불구하고 그 이혼에 관하여 적용된 법에 따른다.

③ 방계혈족 간 또는 인척 간의 부양의무와 관련하여 부양의무자는 부양권리자의 청구에 대하여 당사자의 공통 본국법에 따라 부양의무가 없다는 주장을 할 수 있으며, 그러한 법이 없을 때에는 부양의무자의 일상거소지법에 따라 부양의무가 없다는 주장을 할 수 있다.

④ 부양권리자와 부양의무자가 모두 대한민국 국민이고, 부양의무자가 대한민국에 일상거소가 있는 경우에는 대한민국 법에 따른다.

제74조(그 밖의 친족관계) 친족관계의 성립 및 친족관계에서 발생하는 권리의무에 관하여 이 법에 특별한 규정이 없는 경우에는 각 당사자의 본국법에 따른다.

제75조(후견) ① 후견은 피후견인의 본국법에 따른다.

② 법원이 제61조에 따라 성년 또는 미성년자인 외국인의 후견사건에 관한 재판을 하는 때에는 제1항에도 불구하고 다음 각호의 어느 하나에 해당하는 경우 대한민국 법에 따른다.

1. 피후견인의 본국법에 따른 후견개시의 원인이 있더라도 그 후견사무를 수행할 사람이 없거나, 후견사무를 수행할 사람이 있더라도 후견사무를 수행할 수 없는 경우
2. 대한민국에서 후견개시의 심판(임의후견감독인선임 심판을 포함한다)을 하였거나 하는 경우
3. 피후견인의 재산이 대한민국에 있고 피후견인을 보호하여야 할 필요가 있는 경우

제7장 상속

제8장 상속

제1절 국제재판관할

제76조(상속 및 유언에 관한 사건의 관할) ① 상속에 관한 사건에 대해서는 다음 각 호의 어느 하나에 해당하는 경우 법원에 국제재판관할이 있다.

1. 피상속인의 사망 당시 일상거소가 대한민국에 있는 경우. 피상속인의 일상거소가 어느 국가에도 없거나 이를 알 수 없고 그의 마지막 일상거소가 대한민국에 있었던 경우에도 또한 같다.

2. 대한민국에 상속재산이 있는 경우. 다만, 그 상속재산의 가액이 현저하게 적은 경우에는 그러하지 아니하다.

② 당사자가 상속에 관한 사건에 대하여 제8조에 따라 국제재판관할의 합의를 하는 경우에 다음 각 호의 어느 하나에 해당하면 합의의 효력이 없다.

1. 당사자가 미성년자이거나 피후견인인 경우. 다만, 해당 합의에서 미성년자이거나 피후견인인 당사자에게 법원 외에 외국법원에도 소를 제기하는 것을 허용하는 경우는 제외한다.

2. 합의로 지정된 국가가 사안과 아무런 관련이 없거나 근소한 관련만 있는 경우

③ 상속에 관한 사건이 다음 각 호의 어느 하나에 해당하는 경우에는 제9조를 적용하지 아니한다.

1. 당사자가 미성년자이거나 피후견인인 경우

2. 대한민국이 사안과 아무런 관련이 없거나 근소한 관련만 있는 경우

④ 유언에 관한 사건은 유언자의 유언 당시 일상거소가 대한민국에 있거나 유언의 대상이 되는 재산이 대한민국에 있는 경우 법원에 국제재판관할이 있다.

제49조(상속) ① 상속은 사망 당시 피상속인의 본국법에 의한다.

② 피상속인이 유언에 적용되는 방식에 의하여 명시적으로 다음 각호의 법중 어느 것을 지정하는 때에는 상속은 제1항의 규정에 불구하고 그 법에 의한다.

　1. 지정 당시 피상속인의 상거소가 있는 국가의 법. 다만, 그 지정은 피상속인이 사망시까지 그 국가에 상거소를 유지한 경우에 한하여 그 효력이 있다.

　2. 부동산에 관한 상속에 대하여는 그 부동산의 소재지법

제50조(유언) ① 유언은 유언 당시 유언자의 본국법에 의한다.

② 유언의 변경 또는 철회는 그 당시 유언자의 본국법에 의한다.

③ 유언의 방식은 다음 각호중 어느 하나의 법에 의한다.

　1. 유언자가 유언 당시 또는 사망 당시 국적을 가지는 국가의 법

　2. 유언자의 유언 당시 또는 사망 당시 상거소지법

　3. 유언당시 행위지법

　4. 부동산에 관한 유언의 방식에 대하여는 그 부동산의 소재지법

제8장 어음 · 수표

⑤ 제1항에 따라 법원에 국제재판관할이 있는 사건의 경우에는 그 조정사건에 관하여도 법원에 국제재판관할이 있다.

제2절 준거법

제77조(상속) ① 상속은 사망 당시 피상속인의 본국법에 따른다.

② 피상속인이 유언에 적용되는 방식에 의하여 명시적으로 다음 각 호의 어느 하나에 해당하는 법을 지정할 때에는 상속은 제1항에도 불구하고 그 법에 따른다.

　1. 지정 당시 피상속인의 일상거소지법. 다만, 그 지정은 피상속인이 사망 시까지 그 국가에 일상거소를 유지한 경우에만 효력이 있다.

　2. 부동산에 관한 상속에 대해서는 그 부동산의 소재지법

제78조(유언) ① 유언은 유언 당시 유언자의 본국법에 따른다.

② 유언의 변경 또는 철회는 그 당시 유언자의 본국법에 따른다.

③ 유언의 방식은 다음 각 호의 어느 하나의 법에 따른다.

　1. 유언자가 유언 당시 또는 사망 당시 국적을 가지는 국가의 법

　2. 유언자의 유언 당시 또는 사망 당시 일상거소지법

　3. 유언 당시 행위지법

　4. 부동산에 관한 유언의 방식에 대해서는 그 부동산의 소재지법

제9장 어음 · 수표
제1절 국제재판관할

제79조(어음 · 수표에 관한 소의 특별관할) 어음 · 수표에 관한 소는 어음 · 수표의 지급지가 대한민국에 있는 경우 법원에 제기할 수 있다.

제51조(행위능력) ① 환어음, 약속어음 및 수표에 의하여 채무를 부담하는 자의 능력은 그의 본국법에 의한다. 다만, 그 국가의 법이 다른 국가의 법에 의하여야 하는 것을 정한 경우에는 그 다른 국가의 법에 의한다.

② 제1항의 규정에 의하면 능력이 없는 자라 할지라도 다른 국가에서 서명을 하고 그 국가의 법에 의하여 능력이 있는 때에는 그 채무를 부담할 수 있는 능력이 있는 것으로 본다.

제52조(수표지급인의 자격) ① 수표지급인이 될 수 있는 자의 자격은 지급지법에 의한다.

② 지급지법에 의하면 지급인이 될 수 없는 자를 지급인으로 하여 수표가 무효인 경우에도 동일한 규정이 없는 다른 국가에서 행한 서명으로부터 생긴 채무의 효력에는 영향을 미치지 아니한다.

제53조(방식) ① 환어음, 약속어음 및 수표행위의 방식은 서명지법에 의한다. 다만, 수표행위의 방식은 지급지법에 의할 수 있다.

② 제1항의 규정에 의하여 행위가 무효인 경우에도 그 후 행위의 행위지법에 의하여 적법한 때에는 그 전 행위의 무효는 그 후 행위의 효력에 영향을 미치지 아니한다.

③ 대한민국 국민이 외국에서 행한 환어음, 약속어음 및 수표행위의 방식이 행위지법에 의하면 무효인 경우에도 대한민국 법에 의하여 적법한 때에는 다른 대한민국 국민에 대하여 효력이 있다.

제54조(효력) ① 환어음의 인수인과 약속어음의 발행인의 채무는 지급지법에 의하고, 수표로부터 생긴 채무는 서명지법에 의한다.

② 제1항에 규정된 자 외의 자의 환어음

제2절 준거법

제80조(행위능력) ① 환어음, 약속어음 및 수표에 의하여 채무를 부담하는 자의 능력은 그의 본국법에 따른다. 다만, 그 국가의 법이 다른 국가의 법에 따르도록 정한 경우에는 그 다른 국가의 법에 따른다.

② 제1항에 따르면 능력이 없는 자라 할지라도 다른 국가에서 서명을 하고 그 국가의 법에 따라 능력이 있을 때에는 그 채무를 부담할 수 있는 능력이 있는 것으로 본다.

제81조(수표지급인의 자격) ① 수표지급인이 될 수 있는 자의 자격은 지급지법에 따른다.

② 지급지법에 따르면 지급인이 될 수 없는 자를 지급인으로 하여 수표가 무효인 경우에도 동일한 규정이 없는 다른 국가에서 한 서명으로부터 생긴 채무의 효력에는 영향을 미치지 아니한다.

제82조(방식) ① 환어음·약속어음의 어음행위 및 수표행위의 방식은 서명지법에 따른다. 다만, 수표행위의 방식은 지급지법에 따를 수 있다.

② 제1항에서 정한 법에 따를 때 행위가 무효인 경우에도 그 후 행위지법에 따라 행위가 적법한 때에는 그 전 행위의 무효는 그 후 행위의 효력에 영향을 미치지 아니한다.

③ 대한민국 국민이 외국에서 한 환어음·약속어음의 어음행위 및 수표행위의 방식이 행위지법에 따르면 무효인 경우에도 대한민국 법에 따라 적법한 때에는 다른 대한민국 국민에 대하여 효력이 있다.

제83조(효력) ① 환어음의 인수인과 약속어음의 발행인의 채무는 지급지법에 따르고, 수표로부터 생긴 채무는 서명지법에 따른다.

② 제1항에 규정된 자 외의 자의 환어음·

및 약속어음에 의한 채무는 서명지법에 의한다.

③ 환어음, 약속어음 및 수표의 소구권을 행사하는 기간은 모든 서명자에 대하여 발행지법에 의한다.

제55조(원인채권의 취득) 어음의 소지인이 그 발행의 원인이 되는 채권을 취득하는지 여부는 어음의 발행지법에 의한다.

제56조(일부인수 및 일부지급) ① 환어음의 인수를 어음 금액의 일부에 제한할 수 있는지 여부 및 소지인이 일부지급을 수락할 의무가 있는지 여부는 지급지법에 의한다.
② 제1항의 규정은 약속어음의 지급에 준용한다.

제57조(권리의 행사·보전을 위한 행위의 방식) 환어음, 약속어음 및 수표에 관한 거절증서의 방식, 그 작성기간 및 환어음, 약속어음 및 수표상의 권리의 행사 또는 보전에 필요한 그 밖의 행위의 방식은 거절증서를 작성하여야 하는 곳 또는 그 밖의 행위를 행하여야 하는 곳의 법에 의한다.

제58조(상실 및 도난) 환어음, 약속어음 및 수표의 상실 또는 도난의 경우에 행하여야 하는 절차는 지급지법에 의한다.

제59조(수표의 지급지법) 수표에 관한 다음 각호의 사항은 수표의 지급지법에 의한다.
  1. 수표가 일람출급을 요하는지 여부, 일람후 정기출급으로 발행할 수 있는지 여부 및 선일자수표의 효력

  2. 제시기간
  3. 수표에 인수, 지급보증, 확인 또는 사증을 할 수 있는지 여부 및 그 기재의 효력
  4. 소지인이 일부지급을 청구할 수 있는지 여부 및 일부지급을 수락할 의무가 있는지 여부

약속어음에 의한 채무는 서명지법에 따른다.

③ 환어음, 약속어음 및 수표의 상환청구권을 행사하는 기간은 모든 서명자에 대하여 발행지법에 따른다.

제84조(원인채권의 취득) 어음의 소지인이 그 발행의 원인이 되는 채권을 취득하는지 여부는 어음의 발행지법에 따른다.

제85조(일부인수 및 일부지급) ① 환어음의 인수를 어음 금액의 일부로 제한할 수 있는지 여부 및 소지인이 일부지급을 수락할 의무가 있는지 여부는 지급지법에 따른다.
② 약속어음의 지급에 관하여는 제1항을 준용한다.

제86조(권리의 행사·보전을 위한 행위의 방식) 환어음, 약속어음 및 수표에 관한 거절증서의 방식, 그 작성기간 및 환어음, 약속어음 및 수표상의 권리의 행사 또는 보전에 필요한 그 밖의 행위의 방식은 거절증서를 작성하여야 하는 곳 또는 그 밖의 행위를 행하여야 하는 곳의 법에 따른다.

제87조(상실·도난) 환어음, 약속어음 및 수표의 상실 또는 도난의 경우에 수행하여야 하는 절차는 지급지법에 따른다.

제88조(수표의 지급지법) 수표에 관한 다음 각 호의 사항은 수표의 지급지법에 따른다.
  1. 수표가 일람출급(一覽出給)이 필요한지 여부, 일람 후 정기출급으로 발행할 수 있는지 여부 및 선일자수표(先日字手標)의 효력
  2. 제시기간
  3. 수표에 인수, 지급보증, 확인 또는 사증을 할 수 있는지 여부 및 그 기재의 효력
  4. 소지인이 일부지급을 청구할 수 있는지 여부 및 일부지급을 수락할 의무가 있는지 여부

5. 수표에 횡선을 표시할 수 있는지 여부 및 수표에 "계산을 위하여"라는 문구 또는 이와 동일한 뜻이 있는 문구의 기재의 효력. 다만, 수표의 발행인 또는 소지인이 수표면에 "계산을 위하여"라는 문구 또는 이와 동일한 뜻이 있는 문구를 기재하여 현금의 지급을 금지한 경우에 그 수표가 외국에서 발행되고 대한민국에서 지급하여야 하는 것은 일반횡선수표의 효력이 있다.
6. 소지인이 수표자금에 대하여 특별한 권리를 가지는지 여부 및 그 권리의 성질
7. 발행인이 수표의 지급위탁을 취소할 수 있는지 여부 및 지급정지를 위한 절차를 취할 수 있는지 여부
8. 배서인, 발행인 그 밖의 채무자에 대한 소구권 보전을 위하여 거절증서 또는 이와 동일한 효력을 가지는 선언을 필요로 하는지 여부

제9장 해상

5. 수표에 횡선을 표시할 수 있는지 여부 및 수표에 "계산을 위하여"라는 문구 또는 이와 동일한 뜻이 있는 문구의 기재의 효력. 다만, 수표의 발행인 또는 소지인이 수표면에 "계산을 위하여"라는 문구 또는 이와 동일한 뜻이 있는 문구를 기재하여 현금의 지급을 금지한 경우에 그 수표가 외국에서 발행되고 대한민국에서 지급하여야 하는 것은 일반횡선수표의 효력이 있다.
6. 소지인이 수표자금에 대하여 특별한 권리를 가지는지 여부 및 그 권리의 성질
7. 발행인이 수표의 지급위탁을 취소할 수 있는지 여부 및 지급정지를 위한 절차를 수행할 수 있는지 여부
8. 배서인, 발행인, 그 밖의 채무자에 대한 상환청구권 보전을 위하여 거절증서 또는 이와 동일한 효력을 가지는 선언이 필요한지 여부

제10장 해상
제1절 국제재판관할
제89조(선박소유자등의 책임제한사건의 관할) 선박소유자 · 용선자(傭船者) · 선박관리인 · 선박운항자, 그 밖의 선박사용인(이하 "선박소유자등"이라 한다)의 책임제한사건에 대해서는 다음 각 호의 어느 하나에 해당하는 곳이 대한민국에 있는 경우에만 법원에 국제재판관할이 있다.
1. 선박소유자등의 책임제한을 할 수 있는 채권(이하 "제한채권"이라 한다)이 발생한 선박의 선적(船籍)이 있는 곳
2. 신청인인 선박소유자등에 대하여 제3조에 따른 일반관할이 인정되는 곳
3. 사고발생지(사고로 인한 결과 발생지

를 포함한다)

4. 사고 후 사고선박이 최초로 도착한 곳

5. 제한채권에 의하여 선박소유자등의 재산이 압류 또는 가압류된 곳(압류에 갈음하여 담보가 제공된 곳을 포함한다. 이하 "압류등이 된 곳"이라 한다)

6. 선박소유자등에 대하여 제한채권에 근거한 소가 제기된 곳

제90조(선박 또는 항해에 관한 소의 특별관할) 선박소유자등에 대한 선박 또는 항해에 관한 소는 선박이 압류등이 된 곳이 대한민국에 있는 경우 법원에 제기할 수 있다.

제91조(공동해손에 관한 소의 특별관할) 공동해손(共同海損)에 관한 소는 다음 각 호의 어느 하나에 해당하는 곳이 대한민국에 있는 경우 법원에 제기할 수 있다.

1. 선박의 소재지

2. 사고 후 선박이 최초로 도착한 곳

3. 선박이 압류등이 된 곳

제92조(선박충돌에 관한 소의 특별관할) 선박의 충돌이나 그 밖의 사고에 관한 소는 다음 각 호의 어느 하나에 해당하는 곳이 대한민국에 있는 경우 법원에 제기할 수 있다.

1. 가해 선박의 선적지 또는 소재지

2. 사고 발생지

3. 피해 선박이 사고 후 최초로 도착한 곳

4. 가해 선박이 압류등이 된 곳

제93조(해난구조에 관한 소의 특별관할) 해난구조에 관한 소는 다음 각 호의 어느 하나에 해당하는 곳이 대한민국에 있는 경우 법원에 제기할 수 있다

1. 해난구조가 있었던 곳

2. 구조된 선박이 최초로 도착한 곳

3. 구조된 선박이 압류등이 된 곳

제2절 준거법

제60조(해상) 해상에 관한 다음 각호의 사

제94조(해상) 해상에 관한 다음 각 호의 사

항은 선적국법에 의한다.

1. 선박의 소유권 및 저당권, 선박우선특권 그 밖의 선박에 관한 물권
2. 선박에 관한 담보물권의 우선순위
3. 선장과 해원의 행위에 대한 선박소유자의 책임범위
4. 선박소유자·용선자·선박관리인·선박운항자 그 밖의 선박사용인이 책임제한을 주장할 수 있는지 여부 및 그 책임제한의 범위
5. 공동해손
6. 선장의 대리권

제61조(선박충돌) ① 개항·하천 또는 영해에서의 선박충돌에 관한 책임은 그 충돌지법에 의한다.

② 공해에서의 선박충돌에 관한 책임은 각 선박이 동일한 선적국에 속하는 때에는 그 선적국법에 의하고, 각 선박이 선적국을 달리하는 때에는 가해선박의 선적국법에 의한다.

제62조(해양사고구조) 해양사고구조로 인한 보수청구권은 그 구조행위가 영해에서 있는 때에는 행위지법에 의하고, 공해에서 있는 때에는 구조한 선박의 선적국법에 의한다.

부칙

이 법은 공포한 날부터 시행한다.

항은 선적국법에 따른다.

1. 선박의 소유권 및 저당권, 선박우선특권, 그 밖의 선박에 관한 물권
2. 선박에 관한 담보물권의 우선순위
3. 선장과 해원(海員)의 행위에 대한 선박소유자의 책임범위
4. 선박소유자등이 책임제한을 주장할 수 있는지 여부 및 그 책임제한의 범위
5. 공동해손
6. 선장의 대리권

제95조(선박충돌) ① 개항(開港)·하천 또는 영해에서의 선박충돌에 관한 책임은 그 충돌지법에 따른다.

② 공해에서의 선박충돌에 관한 책임은 각 선박이 동일한 선적국에 속하는 경우에는 그 선적국법에 따르고, 각 선박이 선적국을 달리하는 경우에는 가해선박의 선적국법에 따른다.

제96조(해난구조) 해난구조로 인한 보수청구권은 그 구조행위가 영해에서 있는 경우에는 행위지법에 따르고, 공해에서 있는 때에는 구조한 선박의 선적국법에 따른다.

부 칙

제1조(시행일) 이 법은 공포 후 6개월이 경과한 날부터 시행한다.

제2조(계속 중인 사건의 관할에 관한 경과조치) 이 법 시행 당시 법원에 계속 중인 사건의 관할에 대해서는 종전의 규정에 따른다.

제3조(준거법 적용에 관한 경과조치) 이 법 시행 전에 생긴 사항에 적용되는 준거법에 대해서는 종전의 규정에 따른다. 다만, 이 법 시행 전후에 계속(繼續)되는 법률관계에 대해서는 이 법 시행 이후의 법률관계에 대해서만 이 법의 규정을 적용한다.

부록 2 공청회 개정안과 국회 제출 개정안

2018. 2. 27. 법무부 공청회 개정안
국제사법 전부개정법률안

제1장 총칙
제1절 목적
제1조(목적) 이 법은 외국적 요소가 있는 법률관계에 관하여 국제재판관할과 준거법을 정함을 목적으로 한다.

제2절 국제재판관할
제2조(일반원칙) ① 대한민국 법원(이하 달리 특정하지 아니하는 한 "법원"이라고만 한다)은 당사자 또는 분쟁이 된 사안이 대한민국과 실질적 관련이 있는 경우에 국제재판관할권을 가진다. 이 경우 법원은 실질적 관련의 유무를 판단함에 있어 당사자 간의 공평, 재판의 적정, 신속 및 경제를 기한다는 국제재판관할 배분의 이념에 부합하는 합리적인 원칙에 따라야 한다.
② 이 법이나 그 밖의 대한민국의 법령 또는 조약에 국제재판관할에 관한 규정이 없는 경우 법원은 국내법의 관할 규정을 참작하여 국제재판관할권의 유무를 판단하되, 제1항의 취지에 비추어 국제재판관할의 특수성을 충분히 고려하여야 한다.
제3조(일반관할) ① 대한민국에 상거소(常居所)를 가지는 사람에 대한 소에 관하여는 법원에 국제재판관할이 있다. 상거소가 어느 국가에도 없거나 이를 알 수 없는 사람의 경우 그의 거소가 대한민국에 있는 때

2020년 국회 제출 개정안
국제사법 전부개정법률안

제1장 총칙
제1절 목적
제1조(목적) 이 법은 외국과 관련된 요소가 있는 법률관계에 관하여 국제재판관할과 준거법(準據法)을 정함을 목적으로 한다.

제2절 국제재판관할
제2조(일반원칙) ① 대한민국 법원(이하 "법원"이라 한다)은 당사자 또는 분쟁이 된 사안이 대한민국과 실질적 관련이 있는 경우에 국제재판관할권을 가진다. 이 경우 법원은 실질적 관련의 유무를 판단할 때에 당사자 간의 공평, 재판의 적정, 신속 및 경제를 꾀한다는 국제재판관할 배분의 이념에 부합하는 합리적인 원칙에 따라야 한다.
② 이 법이나 그 밖의 대한민국 법령 또는 조약에 국제재판관할에 관한 규정이 없는 경우 법원은 국내법의 관할 규정을 참작하여 국제재판관할권의 유무를 판단하되, 제1항의 취지에 비추어 국제재판관할의 특수성을 충분히 고려하여야 한다.
제3조(일반관할) ① 대한민국에 일상거소(habitual residence)가 있는 사람에 대한 소(訴)에 관하여는 법원에 국제재판관할이 있다. 일상거소가 어느 국가에도 없거나 일상거소를 알 수 없는 사람의 거소가 대

에도 같다.

② 대사(大使)·공사(公使), 그 밖에 외국의 재판권 행사대상에서 제외되는 대한민국 국민에 대한 소에 관하여는 제1항에 불구하고 법원에 국제재판관할이 있다.

③ 대한민국에 주된 사무소 또는 영업소, 정관상의 본거지 또는 경영의 중심지를 가지는 법인 또는 단체와 대한민국 법에 따라 설립된 법인 또는 단체에 대한 소에 관하여는 법원에 국제재판관할이 있다.

제4조(사무소·영업소 소재지 등의 특별관할)

① 대한민국에 사무소 또는 영업소가 있는 사람, 법인 또는 단체에 대한 그 사무소 또는 영업소의 업무에 관한 소는 법원에 제기할 수 있다.

② 대한민국에서 또는 대한민국을 향하여 계속적이고 조직적인 사업 또는 영업 활동을 하는 사람, 법인 또는 단체에 대한 그 사업 또는 영업 활동에 관한 소는 법원에 제기할 수 있다.

제5조(재산소재지의 특별관할) 재산상의 소는 다음 각 호의 어느 하나에 해당하는 경우에 법원에 제기할 수 있다.

  1. 청구의 목적 또는 담보의 목적인 재산이 대한민국에 있는 경우

  2. 압류할 수 있는 피고의 재산이 대한민국에 있는 경우. 다만, 분쟁이 된 사안이 대한민국과 아무런 관련이 없거나 근소한 관련만 있는 경우 또는 그 재산의 가액이 현저하게 적은 경우에는 그러하지 아니하다.

제6조(관련사건의 관할) ① 하나의 소로 상호 밀접한 관련이 있는 여러 개의 청구를 하는 경우 법원에 그 여러 개 가운데 하나의 청구에 대한 국제재판관할이 있는 때에는 다른 청구에 대하여도 그 청구가 계속된 법원에 소를 제기할 수 있다.

한민국에 있는 경우에도 또한 같다.

② 제1항에도 불구하고 대사(大使)·공사(公使), 그 밖에 외국의 재판권 행사대상에서 제외되는 대한민국 국민에 대한 소에 관하여는 법원에 국제재판관할이 있다.

③ 주된 사무소·영업소 또는 정관상의 본거지나 경영의 중심지가 대한민국에 있는 법인 또는 단체와 대한민국 법에 따라 설립된 법인 또는 단체에 대한 소에 관하여는 법원에 국제재판관할이 있다.

제4조(사무소·영업소 소재지 등의 특별관할)

① 대한민국에 사무소·영업소가 있는 사람·법인 또는 단체에 대한 대한민국에 있는 사무소 또는 영업소의 업무와 관련된 소는 법원에 제기할 수 있다.

② 대한민국에서 또는 대한민국을 향하여 계속적이고 조직적인 사업 또는 영업활동을 하는 사람·법인 또는 단체에 대하여 그 사업 또는 영업활동과 관련이 있는 소는 법원에 제기할 수 있다.

제5조(재산소재지의 특별관할) 재산권에 관한 소는 다음 각 호의 어느 하나에 해당하는 경우 법원에 제기할 수 있다.

  1. 청구의 목적 또는 담보의 목적인 재산이 대한민국에 있는 경우

  2. 압류할 수 있는 피고의 재산이 대한민국에 있는 경우. 다만, 분쟁이 된 사안이 대한민국과 아무런 관련이 없거나 근소한 관련만 있는 경우 또는 그 재산의 가액이 현저하게 적은 경우는 제외한다.

제6조(관련사건의 관할) ① 상호 밀접한 관련이 있는 여러 개의 청구 가운데 하나에 대하여 법원에 국제재판관할이 있으면 그 여러 개의 청구를 하나의 소로 법원에 제기할 수 있다.

② 공동피고 가운데 1인의 피고에 대하여 법원이 제3조에 따른 일반관할을 가지는 때에는 그 피고에 대한 청구와 다른 공동피고에 대한 청구 사이에 밀접한 관련이 있어서 모순된 재판의 위험을 피할 필요가 있는 경우에 한하여 다른 공동피고에 대하여도 그 청구가 계속된 법원에 소를 제기할 수 있다.

③ 제7장(친족) 제1절이 적용되는 사건의 경우에는 이혼, 파양 등 주된 청구에 대하여 법원에 국제재판관할이 있는 때에는 친권자 및 양육자 지정, 부양료 등의 부수적 청구에 대하여도 그 주된 청구가 계속된 법원에 소를 제기할 수 있다. 그러나 반대의 경우에는 그러하지 아니하다.

제7조(반소관할) 본소에 대하여 법원에 국제재판관할이 있고 소송절차를 현저히 지연시키지 아니하는 경우 피고는 본소의 청구 또는 방어방법과 밀접한 관련이 있는 청구를 목적으로 하는 반소를 본소가 계속된 법원에 제기할 수 있다.

제8조(합의관할) ① 당사자는 일정한 법률관계로 말미암은 소에 관하여 국제재판관할 합의를 할 수 있다. 다만, 다음 각호의 경우에는 그 합의는 효력이 없다.

　　1. 합의로 지정된 국가의 법(준거법의 지정에 관한 법규를 포함한다)에 따르면 그 합의가 효력이 없는 경우

② 공동피고 가운데 1인의 피고에 대하여 법원이 제3조에 따른 일반관할을 가지는 때에는 그 피고에 대한 청구와 다른 공동피고에 대한 청구 사이에 밀접한 관련이 있어서 모순된 재판의 위험을 피할 필요가 있는 경우에만 공동피고에 대한 소를 하나의 소로 법원에 제기할 수 있다.

③ 다음 각 호의 사건의 주된 청구에 대하여 제56조부터 제61조까지의 규정에 따라 법원에 국제재판관할이 있는 경우에는 친권자·양육자 지정, 부양료 지급 등 해당 주된 청구에 부수되는 부수적 청구에 대해서도 법원에 소를 제기할 수 있다.

　　1. 혼인관계 사건
　　2. 친생자관계 사건
　　3. 입양관계 사건
　　4. 부모·자녀 간 관계 사건
　　5. 부양관계 사건
　　6. 후견관계 사건

④ 제3항 각 호에 따른 사건의 주된 청구에 부수되는 부수적 청구에 대해서만 법원에 국제재판관할이 있는 경우에는 그 주된 청구에 대한 소를 법원에 제기할 수 없다.

제7조(반소관할) 본소(本訴)에 대하여 법원에 국제재판관할이 있고 소송절차를 현저히 지연시키지 아니하는 경우 피고는 본소의 청구 또는 방어방법과 밀접한 관련이 있는 청구를 목적으로 하는 반소(反訴)를 본소가 계속(係屬)된 법원에 제기할 수 있다.

제8조(합의관할) ① 당사자는 일정한 법률관계로 말미암은 소에 관하여 국제재판관할의 합의(이하 이 조에서 "합의"라 한다)를 할 수 있다. 다만, 합의가 다음 각 호의 어느 하나에 해당하는 경우에는 효력이 없다.

　　1. 합의에 따라 국제재판관할을 가지는 국가의 법(준거법의 지정에 관한 법규를 포함한다)에 따를 때 그 합의가

2. 합의를 한 당사자가 합의를 할 능력이 없었던 경우
3. 그 소가 제10조 제1항 그 밖의 대한민국의 법령 또는 조약에 따라 합의로 지정된 국가가 아닌 다른 국가의 국제재판관할에 전속하는 경우
4. 합의의 효력을 인정한다면 소가 계속한 국가의 선량한 풍속 그 밖의 사회질서에 명백히 위반되는 결과를 가져오는 경우
② 제1항의 국제재판관할합의는 서면으로 하여야 한다.

③ 제1항의 합의는 전속적인 것으로 추정한다.
④ 제1항의 합의가 계약에 포함된 관할합의조항의 형식으로 되어 있을 때에는 계약 중 다른 조항의 효력은 관할합의조항의 효력에 영향을 미치지 아니한다.
⑤ 외국 법원을 선택하는 전속적 국제재판관할합의가 있는 경우 제1항에 따라 그 합의가 효력이 없거나 제9조에 따라 변론관할이 발생하지 않는 한 법원은 소를 각하하여야 한다. 그러나 합의로 지정된 국가의 법원이 사건을 심리하지 않기로 하거나 그 합의가 제대로 이행될 수 없는 명백한 사정이 있는 경우에는 그러하지 아니하다.

제9조(변론관할) 이 법에 따라 법원에 국제

효력이 없는 경우
2. 합의를 한 당사자가 합의를 할 능력이 없었던 경우
3. 대한민국의 법령 또는 조약에 따를 때 합의의 대상이 된 소가 합의로 정한 국가가 아닌 다른 국가의 국제재판관할에 전속하는 경우
4. 합의의 효력을 인정하면 소가 계속된 국가의 선량한 풍속이나 그 밖의 사회질서에 명백히 위반되는 경우
② 합의는 서면[전보(電報), 전신(電信), 팩스, 전자우편 또는 그 밖의 통신수단에 의하여 교환된 전자적(電子的) 의사표시를 포함한다]으로 하여야 한다.
③ 합의로 정해진 관할은 전속적인 것으로 추정한다.
④ 합의가 당사자 간의 계약 조항의 형식으로 되어 있는 경우 계약 중 다른 조항의 효력은 합의 조항의 효력에 영향을 미치지 아니한다.
⑤ 당사자 간에 일정한 법률관계로 말미암은 소에 관하여 외국법원을 선택하는 전속적 합의가 있는 경우 법원에 그 소가 제기된 때에는 법원은 해당 소를 각하하여야 한다. 다만, 다음 각 호의 어느 하나에 해당하는 경우에는 그러하지 아니하다.
1. 합의가 제1항 각 호의 사유로 효력이 없는 경우
2. 제9조에 따라 변론관할이 발생하는 경우
3. 합의에 따라 국제재판관할을 가지는 국가의 법원이 사건을 심리하지 아니하기로 하는 경우
4. 합의가 제대로 이행될 수 없는 명백한 사정이 있는 경우

제9조(변론관할) 피고가 국제재판관할이 없

재판관할이 없는 경우에도 피고가 국제재판관할이 없음을 주장하지 아니하고 본안에 대하여 변론하거나 변론준비기일에서 진술하면 법원에 그 사건에 대한 국제재판관할이 있다.

제10조(전속관할) ① 다음 각호의 소는 법원에만 제기할 수 있다. 다만, 제1호와 제4호는 당사자 간의 계약에 따른 이전 그 밖의 처분에 관한 소의 경우에는 적용하지 아니한다.

1. 대한민국의 공적 장부의 등기 또는 등록에 관한 소.
2. 대한민국 법령에 따라 설립된 법인 또는 단체의 설립 무효, 해산 또는 그 기관의 결의의 유효성에 관한 소

3. 대한민국에 있는 부동산에 관한 물권에 관한 소 또는 부동산의 사용을 목적으로 하는 권리로서 공적 장부에 등기나 등록이 된 것에 관한 소
4. 등록 또는 기탁에 의하여 창설되는 지식재산권이 대한민국에 등록되어 있거나 그 등록이 신청된 때 그 지식재산권의 성립, 유효성 또는 소멸에 관한 소
5. 대한민국에서 집행하고자 하는 경우 재판의 집행에 관한 소

② 제1항 그 밖의 대한민국의 법령 또는 조약에 따른 국제재판관할의 원칙상 외국법원의 국제재판관할에 전속하는 소에는 이 법 제3조부터 제7조까지 그리고 제9조를 적용하지 아니한다.

③ 제1항은 그에 언급된 사항이 선결문제로서 제기된 경우에는 적용하지 아니한다.

제11조(국제적 소송경합) ① 동일 당사자 사이에 외국 법원에 계속 중인 사건과 동일

음을 주장하지 아니하고 본안에 대하여 변론하거나 변론준비기일에서 진술하면 법원에 그 사건에 대한 국제재판관할이 있다.

제10조(전속관할) ① 다음 각 호의 소는 법원에만 제기할 수 있다.

1. 대한민국의 공적 장부의 등기 또는 등록에 관한 소. 다만, 당사자 간의 계약에 따른 이전이나 그 밖의 처분에 관한 소로서 등기 또는 등록의 이행을 청구하는 경우는 제외한다.
2. 대한민국 법령에 따라 설립된 법인 또는 단체의 설립 무효, 해산 또는 그 기관의 결의의 유효 또는 무효에 관한 소
3. 대한민국에 있는 부동산에 관한 물권에 관한 소 또는 부동산의 사용을 목적으로 하는 권리로서 공적 장부에 등기나 등록이 된 것에 관한 소
4. 등록 또는 기탁에 의하여 창설되는 지식재산권이 대한민국에 등록되어 있거나 등록이 신청된 경우 그 지식재산권의 성립, 유효성 또는 소멸에 관한 소
5. 대한민국에서 재판의 집행을 하려는 경우 그 집행에 관한 소

② 대한민국의 법령 또는 조약에 따른 국제재판관할의 원칙상 외국법원의 국제재판관할에 전속하는 소에 대해서는 제3조부터 제7조까지 및 제9조의 규정을 적용하지 아니한다.

③ 제1항 각 호에 따라 법원의 전속관할에 속하는 사항이 다른 소의 선결문제가 되는 경우에는 제1항을 적용하지 아니한다.

제11조(국제적 소송경합) ① 같은 당사자 간에 외국법원에 계속 중인 사건과 동일한

한 소가 법원에 다시 제기된 경우 외국 법원이 내릴 재판이 대한민국에서 승인될 것으로 예상되는 때에는 법원은 직권 또는 당사자의 신청에 따라 결정으로 소송절차를 중지할 수 있다. 다만, 다음 각 호의 어느 하나에 해당하는 경우에는 그러하지 아니하다.

1. 전속적 국제재판관할합의에 따라 법원에 국제재판관할이 있는 경우
2. 법원에서 당해 사건을 재판하는 것이 외국 법원에서 재판하는 것보다 더 적절함이 명백한 경우

② 제1항에 따른 중지결정에 대해서는 즉시항고를 할 수 있다.

③ 법원은 대한민국 법령 또는 조약에 따른 승인 요건을 구비한 외국의 재판이 제출된 때에는 제1항의 소를 각하하여야 한다.

④ 법원은 외국 법원이 본안에 대한 재판을 하기 위하여 필요한 조치를 취하지 않거나 합리적인 기간 내에 본안에 관하여 재판을 선고하지 아니하거나 선고하지 아니할 것으로 예상되는 때에는 당사자의 신청에 따라 사건의 심리를 계속할 수 있다.

⑤ 이 조를 적용함에 있어 소의 전후는 소를 제기한 때를 기준으로 한다.

제12조(국제재판관할권의 불행사) ① 법원은 이 법에 따라 국제재판관할이 있더라도 법원이 국제재판관할권을 행사하기에 부적절하고 국제재판관할이 있는 외국의 법원이 분쟁을 해결하는데 보다 적절하다는 예외적인 사정이 명백히 존재하는 때에는 본안에 관한 최초의 변론기일 또는 변론준비기일까지 피고의 신청에 따라 소송절차를

소가 법원에 다시 제기된 경우에 외국법원의 재판이 대한민국에서 승인될 것으로 예상되는 때에는 법원은 직권 또는 당사자의 신청에 의하여 결정으로 소송절차를 중지할 수 있다. 다만, 다음 각 호의 어느 하나에 해당하는 경우에는 그러하지 아니하다.

1. 전속적 국제재판관할의 합의에 따라 법원에 국제재판관할이 있는 경우

2. 법원에서 해당 사건을 재판하는 것이 외국법원에서 재판하는 것보다 더 적절함이 명백한 경우

② 당사자는 제1항에 따른 법원의 중지 결정에 대해서는 즉시항고를 할 수 있다.

③ 법원은 대한민국 법령 또는 조약에 따른 승인 요건을 갖춘 외국의 재판이 있는 경우 같은 당사자 간에 그 재판과 동일한 소가 법원에 제기된 때에는 그 소를 각하하여야 한다.

④ 외국법원이 본안에 대한 재판을 하기 위하여 필요한 조치를 하지 아니하는 경우 또는 외국법원이 합리적인 기간 내에 본안에 관하여 재판을 선고하지 아니하거나 선고하지 아니할 것으로 예상되는 경우에 당사자의 신청이 있으면 법원은 제1항에 따라 중지된 사건의 심리를 계속할 수 있다.

⑤ 제1항에 따라 소송절차의 중지 여부를 결정하는 경우 소의 선후(先後)는 소를 제기한 때를 기준으로 한다.

제12조(국제재판관할권의 불행사) ① 이 법에 따라 법원에 국제재판관할이 있는 경우에도 법원이 국제재판관할권을 행사하기에 부적절하고 국제재판관할이 있는 외국법원이 분쟁을 해결하기에 더 적절하다는 예외적인 사정이 명백히 존재할 때에는 피고의 신청에 의하여 법원은 본안에 관한 최초의 변론기일 또는 변론준비기일까지 소

결정으로 중지하거나 소를 각하할 수 있다. 다만, 법원이 제8조에 따라 합의관할을 가지는 경우에는 그러하지 아니하다.

② 제1항의 경우 법원은 소송절차를 중지하거나 각하하기 전에 원고에게 진술할 기회를 주어야 한다.

③ 제1항에 따른 결정에 대하여는 즉시항고를 할 수 있다.

제13조(적용 제외) 제8조 및 제9조는 제24조, 제7장(친족) 제1절, 제8장(상속) 제1절 및 제90조가 적용되는 사건에는 적용되지 아니한다. 다만, 이 법에 다른 규정이 있는 경우에는 그러하지 아니하다.

제14조(보전처분의 관할) ① 보전처분에 대하여는 법원에 본안에 관한 국제재판관할이 있거나 보전처분의 대상이 되는 재산이 대한민국에 있는 경우 법원에 국제재판관할이 있다.

② 제1항에 불구하고 긴급한 필요가 있는 경우에는 대한민국에서만 효력을 가지는 보전처분을 법원에 신청할 수 있다.

제15조(비송사건의 관할) ① 국제재판관할에 관한 제1장(총칙) 제2절은 성질에 반하지 않는 범위 내에서 비송사건에도 준용한다.

② 제24조, 제7장(친족) 제1절, 제8장(상속) 제1절 및 제90조가 규율하는 비송사건의 관할은 각각 그 규정에 따른다.

송절차를 결정으로 중지하거나 소를 각하할 수 있다. 다만, 당사자가 합의한 국제재판관할이 법원에 있는 경우에는 그러하지 아니하다.

② 제1항 본문의 경우 법원은 소송절차를 중지하거나 소를 각하하기 전에 원고에게 진술할 기회를 주어야 한다.

③ 당사자는 제1항에 따른 법원의 중지 결정에 대해서는 즉시항고를 할 수 있다.

제13조(적용 제외) 제24조, 제56조부터 제59조까지, 제61조, 제62조, 제76조 제4항 및 제89조에 따라 국제재판관할이 정하여지는 사건에는 제8조 및 제9조를 적용하지 아니한다.

제14조(보전처분의 관할) ① 보전처분에 대해서는 다음 각 호의 어느 하나에 해당하는 경우 법원에 국제재판관할이 있다.

　1. 법원에 본안에 관한 국제재판관할이 있는 경우

　2. 보전처분의 대상이 되는 재산이 대한민국에 있는 경우

② 제1항에도 불구하고 당사자는 긴급히 필요한 경우에는 대한민국에서만 효력을 가지는 보전처분을 법원에 신청할 수 있다.

제15조(비송사건의 관할) ① 비송사건의 국제재판관할에 관하여는 성질에 반하지 아니하는 범위에서 제2조부터 제14조까지의 규정을 준용한다.

② 비송사건의 국제재판관할은 다음 각 호의 구분에 따라 해당 규정에서 정한 바에 따른다.

　1. 실종선고 등에 관한 사건: 제24조

　2. 친족관계에 관한 사건: 제56조부터 제61조까지

　3. 상속 및 유언에 관한 사건: 제76조

　4. 선박소유자 등의 책임제한에 관한 사건: 제89조

③ 제2항이 규정하는 경우 이외의 비송사건의 특별관할에 관하여 이 법에 규정이 없는 경우에는 제2조에 따른다.

제3절 준거법

제16조(본국법) ① 당사자의 본국법에 따라야 하는 경우에 당사자가 둘 이상의 국적을 가지는 때에는 그와 가장 밀접한 관련이 있는 국가의 법을 그 본국법으로 정한다. 다만, 그 국적중 하나가 대한민국인 때에는 대한민국 법을 본국법으로 한다.

② 당사자가 국적을 가지지 아니하거나 당사자의 국적을 알 수 없는 때에는 그의 상거소가 있는 국가의 법(이하 "상거소지법"이라 한다)에 따르고, 상거소를 알 수 없는 때에는 그의 거소가 있는 국가의 법에 따른다.

③ 당사자가 지역에 따라 법을 달리하는 국가의 국적을 가지는 때에는 그 국가의 법 선택규정에 따라 지정되는 법에 따르고, 그러한 규정이 없는 때에는 당사자와 가장 밀접한 관련이 있는 지역의 법에 따른다.

제17조(상거소지법) 당사자의 상거소지법(常居所地法)에 따라야 하는 경우에 당사자의 상거소를 알 수 없는 때에는 그의 거소가 있는 국가의 법에 따른다.

제18조(외국법의 적용) 법원은 이 법에 따라 지정된 외국법의 내용을 직권으로 조사·적용하여야 하며, 이를 위하여 당사자에게 그에 대한 협력을 요구할 수 있다.

제19조(준거법의 범위) 이 법에 따라 준거법으로 지정되는 외국법의 규정은 공법적 성격이 있다는 이유만으로 그 적용이 배제되지 아니한다.

제20조(대한민국 법의 강행적 적용) 입법목적에 비추어 준거법에 관계없이 해당 법률관

③ 제2항 각 호에서 규정하는 경우 외에 개별 비송사건의 관할에 관하여 이 법에 다른 규정이 없는 경우에는 제2조에 따른다.

제3절 준거법

제16조(본국법) ① 당사자의 본국법에 따라야 하는 경우에 당사자가 둘 이상의 국적을 가질 때에는 그와 가장 밀접한 관련이 있는 국가의 법을 그 본국법으로 정한다. 다만, 국적 중 하나가 대한민국일 경우에는 대한민국 법을 본국법으로 한다.

② 당사자가 국적을 가지지 아니하거나 당사자의 국적을 알 수 없는 경우에는 그의 일상거소가 있는 국가의 법[이하 "일상거소지법"(日常居所地法)이라 한다]에 따르고, 일상거소를 알 수 없는 경우에는 그의 거소가 있는 국가의 법에 따른다.

③ 당사자가 지역에 따라 법을 달리하는 국가의 국적을 가질 경우에는 그 국가의 법 선택규정에 따라 지정되는 법에 따르고, 그러한 규정이 없는 경우에는 당사자와 가장 밀접한 관련이 있는 지역의 법에 따른다.

제17조(일상거소지법) 당사자의 일상거소지법에 따라야 하는 경우에 당사자의 일상거소를 알 수 없는 경우에는 그의 거소가 있는 국가의 법에 따른다.

제18조(외국법의 적용) 법원은 이 법에 따라 준거법으로 정해진 외국법의 내용을 직권으로 조사·적용하여야 하며, 이를 위하여 당사자에게 협력을 요구할 수 있다.

제19조(준거법의 범위) 이 법에 따라 준거법으로 지정되는 외국법의 규정은 공법적 성격이 있다는 이유만으로 적용이 배제되지 아니한다.

제20조(대한민국 법의 강행적 적용) 입법목적에 비추어 준거법에 관계없이 해당 법률관

계에 적용되어야 하는 대한민국의 강행규정은 이 법에 따라 외국법이 준거법으로 지정되는 경우에도 이를 적용한다.

제21조(준거법 지정의 예외) ① 이 법에 따라 지정된 준거법이 해당 법률관계와 근소한 관련이 있을 뿐이고, 그 법률관계와 가장 밀접한 관련이 있는 다른 국가의 법이 명백히 존재하는 경우에는 그 다른 국가의 법에 따른다.

② 제1항은 당사자가 합의에 따라 준거법을 선택하는 경우에는 이를 적용하지 아니한다.

제22조(준거법 지정시의 반정(反定)) ① 이 법에 따라 외국법이 준거법으로 지정된 경우에 그 국가의 법에 따라 대한민국 법이 적용되어야 하는 때에는 대한민국의 법(준거법의 지정에 관한 법규를 제외한다)에 따른다.

② 다음 각 호의 어느 하나에 해당하는 경우에는 제1항을 적용하지 아니한다.

1. 당사자가 합의에 의하여 준거법을 선택하는 경우
2. 이 법에 따라 계약의 준거법이 지정되는 경우
3. 제74조에 따라 부양의 준거법이 지정되는 경우
4. 제79조 제3항에 따라 유언의 방식의 준거법이 지정되는 경우
5. 제95조에 따라 선적국법이 지정되는 경우
6. 그 밖에 제1항을 적용하는 것이 이 법의 지정 취지에 반하는 경우

제23조(사회질서에 반하는 외국법의 규정) 외국법에 따라야 하는 경우에 그 규정의 적용이 대한민국의 선량한 풍속 그 밖의 사회질서에 명백히 위반되는 때에는 이를 적용하지 아니한다.

계에 적용되어야 하는 대한민국의 강행규정은 이 법에 따라 외국법이 준거법으로 지정되는 경우에도 적용한다.

제21조(준거법 지정의 예외) ① 이 법에 따라 지정된 준거법이 해당 법률관계와 근소한 관련이 있을 뿐이고, 그 법률관계와 가장 밀접한 관련이 있는 다른 국가의 법이 명백히 존재하는 경우에는 그 다른 국가의 법에 따른다.

② 당사자가 합의에 따라 준거법을 선택하는 경우에는 제1항을 적용하지 아니한다.

제22조(외국법에 따른 대한민국 법의 적용) ① 이 법에 따라 외국법이 준거법으로 지정된 경우에 그 국가의 법에 따라 대한민국 법이 적용되어야 할 때에는 대한민국의 법(준거법의 지정에 관한 법규는 제외한다)에 따른다.

② 다음 각 호의 어느 하나에 해당하는 경우에는 제1항을 적용하지 아니한다.

1. 당사자가 합의로 준거법을 선택하는 경우
2. 이 법에 따라 계약의 준거법이 지정되는 경우
3. 제73조에 따라 부양의 준거법이 지정되는 경우
4. 제78조 제3항에 따라 유언의 방식의 준거법이 지정되는 경우
5. 제94조에 따라 선적국법이 지정되는 경우
6. 그 밖에 제1항을 적용하는 것이 이 법의 준거법 지정 취지에 반하는 경우

제23조(사회질서에 반하는 외국법의 규정) 외국법에 따라야 하는 경우에 그 규정의 적용이 대한민국의 선량한 풍속이나 그 밖의 사회질서에 명백히 위반될 때에는 그 규정을 적용하지 아니한다.

제2장 사람

제1절 국제재판관할

제24조(실종선고 등 사건의 특별관할) ① 실종선고에 관한 사건에 대하여는 다음 각 호의 어느 하나에 해당하는 경우 법원에 국제재판관할이 있다.

1. 부재자가 대한민국 국민인 경우
2. 부재자의 마지막 상거소가 대한민국에 있는 경우
3. 부재자의 재산이 대한민국에 있거나 대한민국 법에 따라야 하는 법률관계가 있는 경우 그 밖에 정당한 사유가 있는 경우(다만, 그 재산 및 법률관계에 한한다)

② 부재자 재산관리에 관한 사건에 대하여는 부재자의 마지막 상거소 또는 재산이 대한민국에 있는 경우 법원에 국제재판관할이 있다.

제25조(사원 등에 대한 소의 특별관할) 법원이 제3조 제3항에 따른 일반관할을 가지는 때에는 다음 각호의 소를 법원에 제기할 수 있다.

1. 법인 또는 단체가 그 사원 또는 사원이었던 사람에 대하여 소를 제기하는 경우로서 그 소가 사원의 자격으로 말미암은 것인 때
2. 법인 또는 단체의 사원이 다른 사원 또는 사원이었던 사람에 대하여 소를 제기하는 경우로서 그 소가 사원의 자격으로 말미암은 것인 때
3. 법인 또는 단체의 사원이었던 사람이 그 사원에 대하여 소를 제기하는 경우로서 그 소가 사원의 자격으로 말미암은 것인 때

제2절 준거법

제26조(권리능력) 사람의 권리능력은 그의

제2장 사람

제1절 국제재판관할

제24조(실종선고 등 사건의 특별관할) ① 실종선고에 관한 사건에 대해서는 다음 각 호의 어느 하나에 해당하는 경우 법원에 국제재판관할이 있다.

1. 부재자가 대한민국 국민인 경우
2. 부재자의 마지막 일상거소가 대한민국에 있는 경우
3. 부재자의 재산이 대한민국에 있거나 대한민국 법에 따라야 하는 법률관계가 있는 경우. 다만, 그 재산 및 법률관계에 관한 부분으로 한정한다.
4. 그 밖에 정당한 사유가 있는 경우

② 부재자 재산관리에 관한 사건에 대해서는 부재자의 마지막 일상거소 또는 재산이 대한민국에 있는 경우 법원에 국제재판관할이 있다.

제25조(사원 등에 대한 소의 특별관할) 법원이 제3조 제3항에 따른 국제재판관할을 가지는 경우 다음 각 호의 소는 법원에 제기할 수 있다.

1. 법인 또는 단체가 그 사원 또는 사원이었던 사람에 대하여 소를 제기하는 경우로서 그 소가 사원의 자격으로 말미암은 것인 경우
2. 법인 또는 단체의 사원이 다른 사원 또는 사원이었던 사람에 대하여 소를 제기하는 경우로서 그 소가 사원의 자격으로 말미암은 것인 경우
3. 법인 또는 단체의 사원이었던 사람이 법인·단체의 사원에 대하여 소를 제기하는 경우로서 그 소가 사원의 자격으로 말미암은 것인 경우

제2절 준거법

제26조(권리능력) 사람의 권리능력은 그의

본국법에 따른다.

제27조(실종과 부재) 실종선고 및 부재자 재산관리는 실종자 또는 부재자의 본국법에 따른다. 다만, 외국인에 대하여 법원이 실종선고나 그 취소 또는 부재자 재산관리의 재판을 하는 경우에는 대한민국 법에 따른다.

제28조(행위능력) ① 사람의 행위능력은 그의 본국법에 따른다. 행위능력이 혼인에 의하여 확대되는 경우에도 또한 같다.

② 이미 취득한 행위능력은 국적의 변경에 의하여 상실되거나 제한되지 아니한다.

제29조(거래보호) ① 법률행위를 행한 자와 상대방이 법률행위의 성립 당시 동일한 국가 안에 있는 경우에 그 행위자가 그의 본국법에 따르면 무능력자이더라도 법률행위가 행하여진 국가의 법에 따라 능력자인 때에는 그의 무능력을 주장할 수 없다. 다만, 상대방이 법률행위 당시 그의 무능력을 알았거나 알 수 있었을 경우에는 그러하지 아니하다.

② 제1항은 친족법 또는 상속법의 규정에 따른 법률행위 및 행위지 외의 국가에 있는 부동산에 관한 법률행위에는 이를 적용하지 아니한다.

제30조(법인 및 단체) 법인 또는 단체는 그 설립의 준거법에 따른다. 다만, 외국에서 설립된 법인 또는 단체가 대한민국에 주된 사무소가 있거나 대한민국에서 주된 사업을 하는 경우에는 대한민국 법에 따른다.

제3장 법률행위

제31조(법률행위 방식의 준거법) ① 법률행위의 방식은 그 행위의 준거법에 따른다.

② 행위지법에 따라 행한 법률행위의 방식은 제1항에 불구하고 유효하다.

본국법에 따른다.

제27조(실종과 부재) ① 실종선고 및 부재자 재산관리는 실종자 또는 부재자의 본국법에 따른다.

② 제1항에도 불구하고 외국인에 대하여 법원이 실종선고나 그 취소 또는 부재자 재산관리의 재판을 하는 경우에는 대한민국 법에 따른다.

제28조(행위능력) ① 사람의 행위능력은 그의 본국법에 따른다. 행위능력이 혼인에 의하여 확대되는 경우에도 또한 같다.

② 이미 취득한 행위능력은 국적의 변경에 의하여 상실되거나 제한되지 아니한다.

제29조(거래보호) ① 법률행위를 한 사람과 상대방이 법률행위의 성립 당시 동일한 국가에 있는 경우에 그 행위자가 그의 본국법에 따르면 무능력자이더라도 법률행위가 있었던 국가의 법에 따라 능력자인 때에는 그의 무능력을 주장할 수 없다. 다만, 상대방이 법률행위 당시 그의 무능력을 알았거나 알 수 있었을 경우에는 그러하지 아니하다.

② 제1항은 친족법 또는 상속법의 규정에 따른 법률행위 및 행위지 외의 국가에 있는 부동산에 관한 법률행위에는 이를 적용하지 아니한다.

제30조(법인 및 단체) 법인 또는 단체는 그 설립의 준거법에 따른다. 다만, 외국에서 설립된 법인 또는 단체가 대한민국에 주된 사무소가 있거나 대한민국에서 주된 사업을 하는 경우에는 대한민국 법에 따른다.

제3장 법률행위

제31조(법률행위의 방식) ① 법률행위의 방식은 그 행위의 준거법에 따른다.

② 행위지법에 따라 한 법률행위의 방식은 제1항에도 불구하고 유효하다.

③ 당사자가 계약체결시 서로 다른 국가에 있는 때에는 그 국가 중 어느 한 국가의 법이 정한 법률행위의 방식에 따를 수 있다.

④ 대리인에 의한 법률행위의 경우에는 대리인이 있는 국가를 기준으로 제2항에 규정된 행위지법을 정한다.

⑤ 제2항 내지 제4항은 물권 그 밖에 등기하여야 하는 권리를 설정하거나 처분하는 법률행위의 방식에 관하여는 이를 적용하지 아니한다.

제32조(임의대리의 준거법) ① 본인과 대리인 간의 관계는 당사자 간의 법률관계의 준거법에 따른다.

② 대리인의 행위로 인하여 본인이 제3자에 대하여 의무를 부담하는지의 여부는 대리인의 영업소가 있는 국가의 법에 따르며, 대리인의 영업소가 없거나 영업소가 있더라도 제3자가 이를 알 수 없는 경우에는 대리인이 실제로 대리행위를 한 국가의 법에 따른다.

③ 대리인이 본인과 근로계약 관계에 있고, 그의 영업소가 없는 경우에는 본인의 주된 영업소를 그의 영업소로 본다.

④ 본인은 제2항 및 제3항에 불구하고 대리의 준거법을 선택할 수 있다. 다만, 준거법의 선택은 대리권을 증명하는 서면에 명시되거나 본인 또는 대리인에 의하여 제3자에게 서면으로 통지된 경우에 한하여 그 효력이 있다.

⑤ 대리권이 없는 대리인과 제3자 간의 관계에 관하여는 제2항을 준용한다.

제4장 물권
제1절 국제재판관할
제33조(물권에 관한 소의 관할) ① 동산 물권에 관한 소의 특별관할은 제5조 제1호에

③ 당사자가 계약체결 시 서로 다른 국가에 있을 때에는 그 국가 중 어느 한 국가의 법에서 정한 법률행위의 방식에 따를 수 있다.

④ 대리인에 의한 법률행위의 경우에는 대리인이 있는 국가를 기준으로 행위지법을 정한다.

⑤ 제2항부터 제4항까지의 규정은 물권이나 그 밖에 등기하여야 하는 권리를 설정하거나 처분하는 법률행위의 방식에는 적용하지 아니한다.

제32조(임의대리) ① 본인과 대리인 간의 관계는 당사자 간의 법률관계의 준거법에 따른다.

② 대리인의 행위로 인하여 본인이 제3자에 대하여 의무를 부담하는지 여부는 대리인의 영업소가 있는 국가의 법에 따르며, 대리인의 영업소가 없거나 영업소가 있더라도 제3자가 알 수 없는 경우에는 대리인이 실제로 대리행위를 한 국가의 법에 따른다.

③ 대리인이 본인과 근로계약 관계에 있고, 그의 영업소가 없는 경우에는 본인의 주된 영업소를 그의 영업소로 본다.

④ 본인은 제2항 및 제3항에도 불구하고 대리의 준거법을 선택할 수 있다. 다만, 준거법의 선택은 대리권을 증명하는 서면에 명시되거나 본인 또는 대리인이 제3자에게 서면으로 통지한 경우에만 그 효력이 있다.

⑤ 대리권이 없는 대리인과 제3자 간의 관계에 관하여는 제2항을 준용한다.

제4장 물권

따른다.

② 부동산 물권에 관한 소의 전속관할은 제10조 제1항 제3호에 따른다.

제2절 준거법

제34조(물권) ① 동산 및 부동산에 관한 물권 또는 등기하여야 하는 권리는 그 목적물의 소재지법에 따른다.

② 제1항에 규정된 권리의 득실변경은 그 원인된 행위 또는 사실의 완성 당시 그 목적물의 소재지법에 따른다.

제35조(운송수단) 항공기에 관한 물권은 그 국적소속국법에 따르고, 철도차량에 관한 물권은 그 운행허가국법에 따른다.

제36조(무기명증권) 무기명증권에 관한 권리의 득실변경은 그 원인된 행위 또는 사실의 완성 당시 그 무기명증권의 소재지법에 따른다.

제37조(이동중의 물건) 이동중의 물건에 관한 물권의 득실변경은 그 목적지법에 따른다.

제38조(채권 등에 대한 약정담보물권) 채권·주식 그 밖의 권리 또는 이를 표창하는 유가증권을 대상으로 하는 약정담보물권은 담보대상인 권리의 준거법에 따른다. 다만, 무기명증권을 대상으로 하는 약정담보물권은 제36조에 따른다.

제5장 지식재산권
제1절 국제재판관할
제39조(지식재산권 계약사건에 관한 소의 특별관할) ① 지식재산권의 양도, 담보권 설정, 사용허락 등의 계약에 관한 소는 그 지식재산권이 대한민국에서 보호, 사용 또는 행사되는 경우 법원에 제기할 수 있다. 지식재산권에 관한 권리가 대한민국에서 등

제33조(물권) ① 동산 및 부동산에 관한 물권 또는 등기하여야 하는 권리는 그 동산·부동산의 소재지법에 따른다.

② 제1항에 규정된 권리의 취득·상실·변경은 그 원인된 행위 또는 사실의 완성 당시 그 동산·부동산의 소재지법에 따른다.

제34조(운송수단) 항공기에 관한 물권은 그 항공기의 국적이 소속된 국가의 법에 따르고, 철도차량에 관한 물권은 그 철도차량의 운행을 허가한 국가의 법에 따른다.

제35조(무기명증권) 무기명증권에 관한 권리의 취득·상실·변경은 그 원인된 행위 또는 사실의 완성 당시 그 무기명증권의 소재지법에 따른다.

제36조(이동 중인 물건) 이동 중인 물건에 관한 물권의 취득·상실·변경은 그 목적지가 속하는 국가의 법에 따른다.

제37조(채권 등에 대한 약정담보물권) 채권·주식, 그 밖의 권리 또는 이를 표창하는 유가증권을 대상으로 하는 약정담보물권은 담보대상인 권리의 준거법에 따른다. 다만, 무기명증권을 대상으로 하는 약정담보물권은 제35조에 따른다.

제5장 지식재산권
제1절 국제재판관할
제38조(지식재산권 계약에 관한 소의 특별관할) ① 지식재산권의 양도, 담보권 설정, 사용허락 등의 계약에 관한 소는 다음 각 호의 어느 하나에 해당하는 경우 법원에 제기할 수 있다.

　1. 지식재산권이 대한민국에서 보호되거

록되는 경우에도 같다.

② 제1항이 적용되는 소에는 제42조를 적용하지 아니한다.

제40조(지식재산권 침해사건에 관한 소의 특별관할) ① 지식재산권 침해에 관한 소는 그 침해행위가 대한민국에서 행하여지거나 그 결과가 대한민국에서 발생하는 경우에는 법원에 제기할 수 있다(침해행위가 대한민국을 향하여 행하여지는 경우에도 같다). 다만, 그 경우 대한민국에서 발생하는 결과에 관하여만 법원에 소를 제기할 수 있으며 제6조 제1항은 적용되지 아니한다.

② 제1항에도 불구하고 지식재산권에 대한 주된 침해행위가 대한민국에서 행하여지는 경우에는 외국에서 발생하는 결과를 포함하여 침해행위로 인한 모든 결과에 관한 소를 법원에 제기할 수 있다.

③ 제45조는 이 조가 적용되는 소에는 적용하지 아니한다.

제2절 준거법
제41조(지식재산권의 보호) 지식재산권의 보호는 그 침해지법에 따른다.

제6장 채권
제1절 국제재판관할
제42조(계약에 관한 소의 특별관할) ① 계약에

나 사용 또는 행사되는 경우

2. 지식재산권에 관한 권리가 대한민국에서 등록되는 경우

② 제1항에 따른 국제재판관할이 적용되는 소에는 제41조를 적용하지 아니한다.

제39조(지식재산권 침해에 관한 소의 특별관할) ① 지식재산권 침해에 관한 소는 다음 각 호의 어느 하나에 해당하는 경우 법원에 제기할 수 있다. 다만, 제2호 및 제3호의 경우에는 대한민국에서 발생한 결과에 대해서만 법원에 소를 제기할 수 있다.

1. 침해행위를 대한민국에서 한 경우

2. 침해의 결과가 대한민국에서 발생한 경우

3. 침해행위를 대한민국을 향하여 한 경우

② 제1항 제2호 및 제3호에 따라 소를 제기하는 경우 제6조 제1항을 적용하지 아니한다.

③ 제1항 각 호 외의 부분 단서 및 제2항에도 불구하고 제1항 제2호 및 제3호의 경우에 지식재산권에 대한 주된 침해행위가 대한민국에서 일어난 경우에는 외국에서 발생하는 결과를 포함하여 침해행위로 인한 모든 결과에 관한 소를 법원에 제기할 수 있다.

④ 제1항 및 제3항에 따라 소를 제기하는 경우 제44조를 적용하지 아니한다.

제2절 준거법
제40조(지식재산권의 보호) 지식재산권의 보호는 그 침해지법에 따른다.

제6장 채권
제1절 국제재판관할
제41조(계약에 관한 소의 특별관할) ① 계약에

관한 소는 다음 각 호의 어느 하나에 해당하는 곳이 대한민국에 있는 경우 법원에 제기할 수 있다.

1. 물품공급계약의 경우에는 물품인도지
2. 용역제공계약의 경우에는 용역제공지
3. 물품인도지와 용역제공지가 복수이거나 물품공급과 용역제공을 함께 목적으로 하는 계약의 경우에는 의무의 주된 부분의 이행지

② 제1항 이외의 계약에 관한 소는 청구의 기초인 의무가 이행된 곳 또는 그 의무가 이행되어야 할 곳으로 합의한 곳이 대한민국에 있는 경우 법원에 제기할 수 있다.

제43조(소비자계약의 관할) ① 소비자가 자신의 직업 또는 영업활동 외의 목적으로 체결하는 계약이 다음 각 호의 어느 하나에 해당하는 경우에는 국제재판관할은 제2항부터 제4항에 따른다.

1. 소비자의 상대방(직업 또는 영업활동을 하는 자를 말한다. 이하 '사업자'라 한다)이 계약체결에 앞서 소비자의 상거소지국에서 광고에 의한 거래의 권유 등 직업 또는 영업활동을 행하거나 그 국가 외의 지역에서 소비자의 상거소지국을 향하여 광고에 의한 거래의 권유 등 직업 또는 영업활동을 행하고, 그 계약이 그 직업 또는 영업활동의 범위 내에 속하는 경우

2. 사업자가 그 국가에서 소비자의 주문을 받은 경우
3. 사업자가 소비자로 하여금 다른 국가에 가서 주문을 하도록 유도한 경우

관한 소는 다음 각 호의 어느 하나에 해당하는 곳이 대한민국에 있는 경우 법원에 제기할 수 있다.

1. 물품공급계약의 경우에는 물품인도지
2. 용역제공계약의 경우에는 용역제공지
3. 물품인도지와 용역제공지가 복수이거나 물품공급과 용역제공을 함께 목적으로 하는 계약의 경우에는 의무의 주된 부분의 이행지

② 제1항에서 정한 계약 외의 계약에 관한 소는 청구의 근거인 의무가 이행된 곳 또는 그 의무가 이행되어야 할 곳으로 계약당사자가 합의한 곳이 대한민국에 있는 경우 법원에 제기할 수 있다.

제42조(소비자계약의 관할) ① 소비자가 자신의 직업 또는 영업활동 외의 목적으로 체결하는 계약으로서 다음 각 호의 어느 하나에 해당하는 경우 대한민국에 일상거소가 있는 소비자는 계약의 상대방(직업 또는 영업활동으로 계약을 체결하는 자를 말한다. 이하 "사업자"라 한다)에 대하여 법원에 소를 제기할 수 있다.

1. 사업자가 계약체결에 앞서 소비자의 일상거소가 있는 국가(이하 "일상거소지국"이라 한다)에서 광고에 의한 거래 권유 등 직업 또는 영업활동을 하거나 소비자의 일상거소지국 외의 지역에서 소비자의 일상거소지국을 향하여 광고에 의한 거래의 권유 등 직업 또는 영업활동을 하고, 그 계약이 사업자의 직업활동 또는 영업활동의 범위에 속하는 경우

2. 사업자가 소비자의 일상거소지국에서 소비자의 주문을 받은 경우
3. 사업자가 소비자로 하여금 소비자의 일상거소지국이 아닌 국가에 가서 주문을 하도록 유도한 경우

② 제1항에 따른 계약의 경우에 대한민국에 상거소가 있는 소비자는 사업자에 대하여 법원에서도 소를 제기할 수 있다.

③ 제1항에 따른 계약의 경우에 소비자의 상거소가 대한민국에 있는 때에는 사업자가 소비자에 대하여 제기하는 소는 법원에서만 제기할 수 있다.

④ 제1항에 따른 계약의 당사자는 제8조에 따른 국제재판관할합의를 할 수 있다. 다만, 그 합의는 다음 각 호의 어느 하나에 해당하는 경우에 한하여 그 효력이 있다.

  1. 분쟁이 이미 발생한 경우

  2. 소비자에게 이 조에 따른 관할 법원에 추가하여 다른 국가의 법원에 제소하는 것을 허용하는 경우

제44조(근로계약의 관할) ① 근로계약의 경우에 근로자가 대한민국에서 일상적으로 노무를 제공하거나 또는 최후로 일상적 노무를 제공하였던 때에는 사용자에 대한 소를 법원에 제기할 수 있다. 근로자가 일상적으로 대한민국 안에서 노무를 제공하지 아니하거나 아니하였던 경우에 사용자가 그를 고용한 영업소가 대한민국에 있거나 있었던 때에도 같다.

② 근로계약의 경우에 근로자의 상거소가 대한민국에 있는 때에는 사용자가 근로자에 대하여 제기하는 소는 법원에만 제기할 수 있다. 다만, 근로자가 대한민국 이외에서 일상적으로 노무를 제공하는 경우에는 사용자는 그 국가에도 소를 제기할 수 있다.

③ 근로계약의 당사자는 제8조에 따른 국제재판관할합의를 할 수 있다. 다만, 그 합의는 다음 각 호의 어느 하나에 해당하는 경우에 한하여 그 효력이 있다.

  1. 분쟁이 이미 발생한 경우

② 제1항에 따른 계약(이하 "소비자계약"이라 한다)의 경우에 소비자의 일상거소가 대한민국에 있는 경우에는 사업자가 소비자에 대하여 제기하는 소는 법원에만 제기할 수 있다.

③ 소비자계약의 당사자 간에 제8조에 따른 국제재판관할의 합의가 있을 때 그 합의는 다음 각 호의 어느 하나에 해당하는 경우에만 효력이 있다.

  1. 분쟁이 이미 발생한 후 국제재판관할의 합의를 한 경우

  2. 국제재판관할의 합의에서 법원 외에 외국법원에도 소비자가 소를 제기할 수 있도록 한 경우

제43조(근로계약의 관할) ① 근로자가 대한민국에서 일상적으로 노무를 제공하거나 최후로 일상적 노무를 제공한 경우에는 사용자에 대한 근로계약에 관한 소를 법원에 제기할 수 있다. 근로자가 일상적으로 대한민국에서 노무를 제공하지 아니하거나 아니한 경우에 사용자가 그를 고용한 영업소가 대한민국에 있거나 있었을 때에도 또한 같다.

② 사용자가 근로자에 대하여 제기하는 근로계약에 관한 소는 근로자의 일상거소가 대한민국에 있거나 근로자가 대한민국에서 일상적으로 노무를 제공하는 경우에만 법원에 제기할 수 있다.

③ 근로계약의 당사자 간에 제8조에 따른 국제재판관할의 합의가 있을 때 그 합의는 다음 각 호의 어느 하나에 해당하는 경우에만 효력이 있다.

  1. 분쟁이 이미 발생한 경우

2. 근로자에게 이 조에 따른 관할 법원에 추가하여 다른 국가의 법원에 제소하는 것을 허용하는 경우

제45조(불법행위에 관한 소의 특별관할) 불법행위에 관한 소는 대한민국에서 그 행위가 행하여지거나 그 결과가 발생하는 경우 법원에 제기할 수 있다(행위가 대한민국을 향하여 행하여지는 경우에도 같다). 다만, 그 결과가 대한민국에서 발생할 것을 예견할 수 없었던 경우에는 그러하지 아니하다.

제2절 준거법

제46조(당사자 자치) ① 계약은 당사자가 명시적 또는 묵시적으로 선택한 법에 따른다. 다만, 묵시적인 선택은 계약내용 그 밖에 모든 사정으로부터 합리적으로 인정할 수 있는 경우에 한한다.

② 당사자는 계약의 일부에 관하여도 준거법을 선택할 수 있다.

③ 당사자는 합의에 의하여 이 조 또는 제47조에 따른 준거법을 변경할 수 있다. 다만, 계약체결 후 이루어진 준거법의 변경은 계약의 방식의 유효성과 제3자의 권리에 영향을 미치지 아니한다.

④ 모든 요소가 오로지 한 국가와 관련이 있음에도 불구하고 당사자가 그 외의 다른 국가의 법을 선택한 경우에 관련된 국가의 강행규정은 그 적용이 배제되지 아니한다.

⑤ 준거법 선택에 관한 당사자의 합의의 성립 및 유효성에 관하여는 제50조를 준용한다.

제47조(준거법 결정시의 객관적 연결) ① 당사자가 준거법을 선택하지 아니한 경우에 계약은 그 계약과 가장 밀접한 관련이 있는 국가의 법에 따른다.

② 당사자가 계약에 따라 다음 각 호의 어

---

2. 국제재판관할의 합의에서 법원 외에 외국법원에도 근로자가 소를 제기할 수 있도록 한 경우

제44조(불법행위에 관한 소의 특별관할) 불법행위에 관한 소는 그 행위가 대한민국에서 행하여지거나 대한민국을 향하여 행하여지는 경우 또는 대한민국에서 그 결과가 발생하는 경우 법원에 제기할 수 있다. 다만, 불법행위의 결과가 대한민국에서 발생할 것을 예견할 수 없었던 경우에는 그러하지 아니하다.

제2절 준거법

제45조(당사자 자치) ① 계약은 당사자가 명시적 또는 묵시적으로 선택한 법에 따른다. 다만, 묵시적인 선택은 계약내용이나 그 밖의 모든 사정으로부터 합리적으로 인정할 수 있는 경우로 한정한다.

② 당사자는 계약의 일부에 관하여도 준거법을 선택할 수 있다.

③ 당사자는 합의에 의하여 이 조 또는 제46조에 따른 준거법을 변경할 수 있다. 다만, 계약체결 후 이루어진 준거법의 변경은 계약 방식의 유효 여부와 제3자의 권리에 영향을 미치지 아니한다.

④ 모든 요소가 오로지 한 국가와 관련이 있음에도 불구하고 당사자가 그 외의 다른 국가의 법을 선택한 경우에 관련된 국가의 강행규정은 적용이 배제되지 아니한다.

⑤ 준거법 선택에 관한 당사자 간 합의의 성립 및 유효성에 관하여는 제49조를 준용한다.

제46조(준거법 결정 시의 객관적 연결) ① 당사자가 준거법을 선택하지 아니한 경우에 계약은 그 계약과 가장 밀접한 관련이 있는 국가의 법에 따른다.

② 당사자가 계약에 따라 다음 각 호의 어

느 하나에 해당하는 이행을 행하여야 하는
경우에는 계약체결 당시 그의 상거소가 있
는 국가의 법(당사자가 법인 또는 단체인
경우에는 주된 사무소가 있는 국가의 법)
이 가장 밀접한 관련이 있는 것으로 추정
한다. 다만, 계약이 당사자의 직업 또는 영
업활동으로 체결된 경우에는 당사자의 영
업소가 있는 국가의 법이 가장 밀접한 관
련이 있는 것으로 추정한다.
　1. 양도계약의 경우에는 양도인의 이행
　2. 이용계약의 경우에는 물건 또는 권리
　　를 이용하도록 하는 당사자의 이행
　3. 위임·도급계약 및 이와 유사한 용역
　　제공계약의 경우에는 용역의 이행
③ 부동산에 대한 권리를 대상으로 하는
계약의 경우에는 부동산이 소재하는 국가
의 법이 가장 밀접한 관련이 있는 것으로
추정한다.
제48조(소비자계약) ① 제43조 제1항에 따른
계약의 당사자가 준거법을 선택하더라도
소비자의 상거소가 있는 국가의 강행규정
에 따라 소비자에게 부여되는 보호를 박탈
할 수 없다.
② 당사자가 준거법을 선택하지 아니한 경
우에 제43조 제1항에 따른 계약은 제47조에
불구하고 소비자의 상거소지법에 따른다.
③ 제43조 제1항에 따른 계약의 방식은 제
31조 제1항부터 제3항까지에 불구하고 소
비자의 상거소지법에 따른다.
제49조(근로계약) ① 근로계약의 경우에 당
사자가 준거법을 선택하더라도 제2항에 따
라 지정되는 준거법 소속 국가의 강행규정
에 따라 근로자에게 부여되는 보호를 박탈
할 수 없다.
② 당사자가 준거법을 선택하지 아니한 경
우에 근로계약은 제47조에 불구하고 근로
자가 일상적으로 노무를 제공하는 국가의

느 하나에 해당하는 이행을 하여야 하는
경우에는 계약체결 당시 그의 일상거소가
있는 국가의 법(당사자가 법인 또는 단체
인 경우에는 주된 사무소가 있는 국가의
법을 말한다)이 가장 밀접한 관련이 있는
것으로 추정한다. 다만, 계약이 당사자의
직업 또는 영업 활동으로 체결된 경우에는
당사자의 영업소가 있는 국가의 법이 가장
밀접한 관련이 있는 것으로 추정한다.
　1. 양도계약의 경우에는 양도인의 이행
　2. 이용계약의 경우에는 물건 또는 권리
　　를 이용하도록 하는 당사자의 이행
　3. 위임·도급계약 및 이와 유사한 용역
　　제공계약의 경우에는 용역의 이행
③ 부동산에 대한 권리를 대상으로 하는
계약의 경우에는 부동산이 있는 국가의 법
이 가장 밀접한 관련이 있는 것으로 추정
한다.
제47조(소비자계약) ① 소비자계약의 당사자
가 준거법을 선택하더라도 소비자의 일상
거소가 있는 국가의 강행규정에 따라 소비
자에게 부여되는 보호를 박탈할 수 없다.

② 소비자계약의 당사자가 준거법을 선택
하지 아니한 경우에는 제46조에도 불구하
고 소비자의 일상거소지법에 따른다.
③ 소비자계약의 방식은 제31조 제1항부
터 제3항까지의 규정에도 불구하고 소비자
의 일상거소지법에 따른다.
제48조(근로계약) ① 근로계약의 당사자가
준거법을 선택하더라도 제2항에 따라 지정
되는 준거법 소속 국가의 강행규정에 따
라 근로자에게 부여되는 보호를 박탈할 수
없다.
② 근로계약의 당사자가 준거법을 선택하
지 아니한 경우 근로계약은 제46조에도 불
구하고 근로자가 일상적으로 노무를 제공

법에 따르며, 근로자가 일상적으로 어느 한 국가 안에서 노무를 제공하지 아니하는 경우에는 사용자가 근로자를 고용한 영업소가 있는 국가의 법에 따른다.

제50조(계약의 성립 및 유효성) ① 계약의 성립 및 유효성은 그 계약이 유효하게 성립하였을 경우 이 법에 따라 적용되어야 하는 준거법에 따라 판단한다.

② 제1항에 따른 준거법에 따라 당사자의 행위의 효력을 판단하는 것이 모든 사정에 비추어 명백히 부당한 경우에는 그 당사자는 계약에 동의하지 아니하였음을 주장하기 위하여 그의 상거소지법을 원용할 수 있다.

제51조(사무관리) ① 사무관리는 그 관리가 행하여진 곳의 법에 따른다. 다만, 사무관리가 당사자 간의 법률관계에 기하여 행하여진 경우에는 그 법률관계의 준거법에 따른다.

② 다른 사람의 채무를 변제함으로써 발생하는 청구권은 그 채무의 준거법에 따른다.

제52조(부당이득) 부당이득은 그 이득이 발생한 곳의 법에 따른다. 다만, 부당이득이 당사자 간의 법률관계에 기하여 행하여진 이행으로부터 발생한 경우에는 그 법률관계의 준거법에 따른다.

제53조(불법행위) ① 불법행위는 그 행위가 행하여지거나 그 결과가 발생하는 곳의 법에 따른다.

② 불법행위가 행하여진 당시 동일한 국가 안에 가해자와 피해자의 상거소가 있는 경우에는 제1항에 불구하고 그 국가의 법에 따른다.

③ 가해자와 피해자 간에 존재하는 법률관계가 불법행위에 의하여 침해되는 경우에는 제1항 및 제2항에 불구하고 그 법률관계의 준거법에 따른다.

하는 국가의 법에 따르며, 근로자가 일상적으로 어느 한 국가 안에서 노무를 제공하지 아니하는 경우에는 사용자가 근로자를 고용한 영업소가 있는 국가의 법에 따른다.

제49조(계약의 성립 및 유효성) ① 계약의 성립 및 유효성은 그 계약이 유효하게 성립하였을 경우 이 법에 따라 적용되어야 하는 준거법에 따라 판단한다.

② 제1항에 따른 준거법에 따라 당사자의 행위의 효력을 판단하는 것이 모든 사정에 비추어 명백히 부당한 경우에는 그 당사자는 계약에 동의하지 아니하였음을 주장하기 위하여 그의 일상거소지법을 원용할 수 있다.

제50조(사무관리) ① 사무관리는 그 관리가 행하여진 곳의 법에 따른다. 다만, 사무관리가 당사자 간의 법률관계에 근거하여 행하여진 경우에는 그 법률관계의 준거법에 따른다.

② 다른 사람의 채무를 변제함으로써 발생하는 청구권은 그 채무의 준거법에 따른다.

제51조(부당이득) 부당이득은 그 이득이 발생한 곳의 법에 따른다. 다만, 부당이득이 당사자 간의 법률관계에 근거한 이행으로부터 발생한 경우에는 그 법률관계의 준거법에 따른다.

제52조(불법행위) ① 불법행위는 그 행위를 하거나 그 결과가 발생하는 곳의 법에 따른다.

② 불법행위를 한 당시 동일한 국가 안에 가해자와 피해자의 일상거소가 있는 경우에는 제1항에도 불구하고 그 국가의 법에 따른다.

③ 가해자와 피해자 간에 존재하는 법률관계가 불법행위에 의하여 침해되는 경우에는 제1항 및 제2항에도 불구하고 그 법률관계의 준거법에 따른다.

④ 제1항부터 제3항까지에 따라 외국법이 적용되는 경우에 불법행위로 인한 손해배상청구권은 그 성질이 명백히 피해자의 적절한 배상을 위한 것이 아니거나 또는 그 범위가 본질적으로 피해자의 적절한 배상을 위하여 필요한 정도를 넘는 때에는 이를 인정하지 아니한다.

제54조(준거법에 관한 사후적 합의) 당사자는 제51조부터 제53조까지에 불구하고 사무관리·부당이득·불법행위가 발생한 후 합의에 의하여 대한민국 법을 그 준거법으로 선택할 수 있다. 다만, 그로 인하여 제3자의 권리에 영향을 미치지 아니한다.

제55조(채권의 양도 및 채무의 인수) ① 채권의 양도인과 양수인간의 법률관계는 당사자 간의 계약의 준거법에 따른다. 다만, 채권의 양도가능성, 채무자 및 제3자에 대한 채권양도의 효력은 양도되는 채권의 준거법에 따른다.

② 제1항은 채무인수에 이를 준용한다.

제56조(법률에 따른 채권의 이전) ① 법률에 따른 채권의 이전은 그 이전의 원인이 된 구채권자와 신채권자 간의 법률관계의 준거법에 따른다. 다만, 이전되는 채권의 준거법에 채무자 보호를 위한 규정이 있는 경우에는 그 규정이 적용된다.

② 제1항과 같은 법률관계가 존재하지 아니하는 경우에는 이전되는 채권의 준거법에 따른다.

제7장 친족
제1절 국제재판관할
제57조(혼인관계사건의 특별관할) ① 혼인관계에 관한 사건에 대하여는 다음 각 호의 어느 하나에 해당하는 경우 법원에 국제재판관할이 있다.

④ 제1항부터 제3항까지의 규정에 따라 외국법이 적용되는 경우에 불법행위로 인한 손해배상청구권은 그 성질이 명백히 피해자의 적절한 배상을 위한 것이 아니거나 또는 그 범위가 본질적으로 피해자의 적절한 배상을 위하여 필요한 정도를 넘을 때에는 인정하지 아니한다.

제53조(준거법에 관한 사후적 합의) 당사자는 제50조부터 제52조까지의 규정에도 불구하고 사무관리·부당이득·불법행위가 발생한 후 합의에 의하여 대한민국 법을 그 준거법으로 선택할 수 있다. 다만, 그로 인하여 제3자의 권리에 영향을 미치지 아니한다.

제54조(채권의 양도 및 채무의 인수) ① 채권의 양도인과 양수인 간의 법률관계는 당사자 간의 계약의 준거법에 따른다. 다만, 채권의 양도가능성, 채무자 및 제3자에 대한 채권양도의 효력은 양도되는 채권의 준거법에 따른다.

② 채무인수에 관하여는 제1항을 준용한다.

제55조(법률에 따른 채권의 이전) ① 법률에 따른 채권의 이전은 그 이전의 원인이 된 구(舊)채권자와 신(新)채권자 간의 법률관계의 준거법에 따른다. 다만, 이전되는 채권의 준거법에 채무자 보호를 위한 규정이 있는 경우에는 그 규정이 적용된다.

② 제1항과 같은 법률관계가 존재하지 아니하는 경우에는 이전되는 채권의 준거법에 따른다.

제7장 친족
제1절 국제재판관할
제56조(혼인관계에 관한 사건의 특별관할) ① 혼인관계에 관한 사건에 대해서는 다음 각 호의 어느 하나에 해당하는 경우 법원에 국제재판관할이 있다.

1. 부부 일방의 상거소가 대한민국에 있고 부부의 마지막 공동 상거소가 대한민국에 있었던 경우
2. 원고와 미성년 자녀 전부 또는 일부의 상거소가 대한민국에 있는 경우
3. 부부 모두가 대한민국 국민인 경우
4. 대한민국 국민으로서 대한민국에 상거소를 둔 원고가 혼인관계해소만을 목적으로 제기하는 사건의 경우

② 부부 모두를 상대로 하는 혼인관계에 관한 사건에 대하여는 다음 각 호의 어느 하나에 해당하는 경우 법원에 국제재판관할이 있다.

1. 부부 중 한쪽의 상거소가 대한민국에 있는 경우
2. 부부 중 한쪽이 사망한 때에는 생존한 다른 한쪽의 상거소가 대한민국에 있는 경우
3. 부부 모두가 사망한 때에는 부부 중 한쪽의 마지막 상거소가 대한민국에 있었던 경우
4. 부부 모두가 대한민국 국민인 경우

제58조(친생자관계에 관한 사건의 특별관할) 친생자관계의 성립 및 해소에 관한 사건에 대하여는 자녀의 상거소가 대한민국에 있거나 자녀 및 피고가 되는 부모 중 한쪽이 대한민국 국민인 경우 법원에 국제재판관할이 있다.

제59조(양친자관계에 관한 사건의 특별관할)
① 입양의 성립에 관한 사건에 대하여는 양자가 되려는 사람 또는 양친이 되려는 사람의 상거소가 대한민국에 있는 경우 법원에 국제재판관할이 있다.
② 양친자관계의 존부확인, 입양의 취소 또는 파양에 관한 사건에 대하여는 제58조

1. 부부 중 한쪽의 일상거소가 대한민국에 있고 부부의 마지막 공동 일상거소가 대한민국에 있었던 경우
2. 원고와 미성년 자녀 전부 또는 일부의 일상거소가 대한민국에 있는 경우
3. 부부 모두가 대한민국 국민인 경우
4. 대한민국 국민으로서 대한민국에 일상거소를 둔 원고가 혼인관계 해소만을 목적으로 제기하는 사건의 경우

② 부부 모두를 상대로 하는 혼인관계에 관한 사건에 대해서는 다음 각 호의 어느 하나에 해당하는 경우 법원에 국제재판관할이 있다.

1. 부부 중 한쪽의 일상거소가 대한민국에 있는 경우
2. 부부 중 한쪽이 사망한 때에는 생존한 다른 한쪽의 일상거소가 대한민국에 있는 경우
3. 부부 모두가 사망한 때에는 부부 중 한쪽의 마지막 일상거소가 대한민국에 있었던 경우
4. 부부 모두가 대한민국 국민인 경우

제57조(친생자관계에 관한 사건의 특별관할) 친생자관계의 성립 및 해소에 관한 사건에 대해서는 다음 각 호의 어느 하나에 해당하는 경우 법원에 국제재판관할이 있다.

1. 자녀의 일상거소가 대한민국에 있는 경우
2. 자녀와 피고가 되는 부모 중 한쪽이 대한민국 국민인 경우

제58조(입양관계에 관한 사건의 특별관할) ① 입양의 성립에 관한 사건에 대해서는 양자가 되려는 사람 또는 양친이 되려는 사람의 일상거소가 대한민국에 있는 경우 법원에 국제재판관할이 있다.
② 양친자관계의 존부확인, 입양의 취소 또는 파양(罷養)에 관한 사건에 관하여는

를 준용한다.

제60조(친자간의 법률관계 등에 관한 사건의 특별관할) 미성년인 자녀 등에 대한 친권, 양육권 및 면접교섭권에 관한 사건에 대하여는 자녀의 상거소가 대한민국에 있는 경우[와 자녀 및 부모 중 한쪽이 대한민국 국민인 경우] 법원에 국제재판관할이 있다. 다만 대한민국에 상거소가 있던 자녀가 불법적으로 외국으로 이동하거나 탈취를 당한 날부터 1년이 경과하여 새로운 환경에 적응한 경우에는 그러하지 아니하다.

제61조(부양사건의 관할) ① 부양에 관한 사건에 대하여는 부양권리자의 상거소가 대한민국에 있는 경우 법원에 국제재판관할이 있다.

② 당사자는 부양에 관한 사건에 관하여 제8조에 따른 국제재판관할합의를 할 수 있다. 다만, 다음 각호의 경우에는 그러하지 아니하다.

1. 부양권리자가 미성년자이거나 피성년후견인인 경우(다만 미성년자이거나 피성년후견인인 부양권리자에게 이 법에 따른 관할 법원에 추가하여 다른 국가의 법원에 제소하는 것을 허용하는 경우는 제외한다)
2. 합의로 지정된 국가가 사안과 아무런 관련이 없거나 근소한 관련만 있는 경우

③ 제2항에 따라 국제재판관할합의가 허용되는 경우에는 제9조의 적용이 배제되지 아니한다.

제62조(후견사건의 특별관할) ① 성년 후견에 관한 사건에 대하여는 다음 각 호의 어느

제57조를 준용한다.

제59조(부모·자녀 간의 법률관계 등에 관한 사건의 특별관할) 미성년인 자녀 등에 대한 친권, 양육권 및 면접교섭권에 관한 사건에 대해서는 다음 각 호의 어느 하나에 해당하는 경우 법원에 국제재판관할이 있다.

1. 자녀의 일상거소가 대한민국에 있는 경우
2. 부모 중 한쪽과 자녀가 대한민국 국민인 경우

제60조(부양에 관한 사건의 관할) ① 부양에 관한 사건에 대해서는 부양권리자의 일상거소가 대한민국에 있는 경우 법원에 국제재판관할이 있다.

② 당사자가 부양에 관한 사건에 대하여 제8조에 따라 국제재판관할의 합의를 하는 경우 다음 각 호의 어느 하나에 해당하면 합의의 효력이 없다.

1. 부양권리자가 미성년자이거나 피성년후견인인 경우. 다만, 해당 합의에서 미성년자이거나 피성년후견인인 부양권리자에게 법원 외에 외국법원에도 소를 제기할 수 있도록 한 경우는 제외한다.
2. 합의로 지정된 국가가 사안과 아무런 관련이 없거나 근소한 관련만 있는 경우

③ 부양에 관한 사건이 다음 각 호의 어느 하나에 해당하는 경우에는 제9조를 적용하지 아니한다.

1. 부양권리자가 미성년자이거나 피성년후견인인 경우
2. 대한민국이 사안과 아무런 관련이 없거나 근소한 관련만 있는 경우

제61조(후견에 관한 사건의 특별관할) ① 성년후견에 관한 사건에 대해서는 다음 각 호

하나에 해당하는 경우 법원에 국제재판관할이 있다.

1. 피후견인(피후견인으로 될 자를 포함한다. 이하 같다)의 상거소가 대한민국에 있는 경우
2. 피후견인이 대한민국 국민인 경우
3. 피후견인의 재산이 대한민국에 있고 피후견인을 보호하여야 할 필요가 있는 경우

② 미성년인 자녀의 후견에 관한 사건에 대하여는 제60조가 규정하는 경우 및 그 자녀의 재산이 대한민국에 있고 그 자녀를 보호하여야 할 필요가 있는 경우 법원에 국제재판관할이 있다.

제63조(가사조정사건의 관할) 제7장(친족) 제1절이 적용되는 사건에 대하여 법원에 국제재판관할이 있는 경우에는 그 조정사건에 대하여도 법원에 국제관할이 있다.

제2절 준거법

제64조(혼인의 성립) ① 혼인의 성립요건은 각 당사자에 관하여 그 본국법에 따른다. ② 혼인의 방식은 혼인거행지법 또는 당사자 일방의 본국법에 따른다. 다만, 대한민국에서 혼인을 거행하는 경우에 당사자 일방이 대한민국 국민인 때에는 대한민국 법에 따른다.

제65조(혼인의 일반적 효력) 혼인의 일반적 효력은 다음 각 호에 정한 법의 순위에 따른다.

1. 부부의 동일한 본국법
2. 부부의 동일한 상거소지법
3. 부부와 가장 밀접한 관련이 있는 곳의 법

제66조(부부재산제) ① 부부재산제에 관하여

의 어느 하나에 해당하는 경우 법원에 국제재판관할이 있다.

1. 피후견인(피후견인이 될 사람을 포함한다. 이하 같다)의 일상거소가 대한민국에 있는 경우
2. 피후견인이 대한민국 국민인 경우
3. 피후견인의 재산이 대한민국에 있고 피후견인을 보호하여야 할 필요가 있는 경우

② 미성년인 자녀의 후견에 관한 사건에 대해서는 다음 각 호의 어느 하나에 해당하는 경우 법원에 국제재판관할이 있다.

1. 미성년인 자녀의 일상거소가 대한민국에 있는 경우
2. 미성년인 자녀의 재산이 대한민국에 있고 그 자녀를 보호하여야 할 필요가 있는 경우

제62조(가사조정사건의 관할) 제56조부터 제61조까지의 규정에 따라 법원에 국제재판관할이 있는 사건의 경우에는 그 조정사건에 대해서도 법원에 국제관할이 있다.

제2절 준거법

제63조(혼인의 성립) ① 혼인의 성립요건은 각 당사자에 관하여 그 본국법에 따른다. ② 혼인의 방식은 혼인을 한 곳의 법 또는 당사자 중 한쪽의 본국법에 따른다. 다만, 대한민국에서 혼인을 하는 경우에 당사자 중 한쪽이 대한민국 국민인 때에는 대한민국 법에 따른다.

제64조(혼인의 일반적 효력) 혼인의 일반적 효력은 다음 각 호의 법의 순위에 따른다.

1. 부부의 동일한 본국법
2. 부부의 동일한 일상거소지법
3. 부부와 가장 밀접한 관련이 있는 곳의 법

제65조(부부재산제) ① 부부재산제에 관하여

는 제65조를 준용한다.

② 부부가 합의에 의하여 다음 각 호의 법 중 어느 것을 선택한 경우에는 부부재산제는 제1항에 불구하고 그 법에 따른다. 다만, 그 합의는 일자와 부부의 기명날인 또는 서명이 있는 서면으로 작성된 경우에 한하여 그 효력이 있다.

  1. 부부 중 일방이 국적을 가지는 법

  2. 부부 중 일방의 상거소지법

  3. 부동산에 관한 부부재산제에 대하여는 그 부동산의 소재지법

③ 외국법에 따른 부부재산제는 대한민국에서 행한 법률행위 및 대한민국에 있는 재산에 관하여 이를 선의의 제3자에게 대항할 수 없다. 이 경우 그 부부재산제에 따를 수 없는 때에는 제3자와의 관계에 관하여 부부재산제는 대한민국 법에 따른다.

④ 외국법에 따라 체결된 부부재산계약은 대한민국에서 등기한 경우 제3항에 불구하고 이를 제3자에게 대항할 수 있다.

제67조(이혼) 이혼에 관하여는 제65조를 준용한다. 다만, 부부 중 일방이 대한민국에 상거소가 있는 대한민국 국민인 경우에는 이혼은 대한민국 법에 따른다.

제68조(혼인중의 친자관계) ① 혼인중의 친자관계의 성립은 자녀의 출생 당시 부부 중 일방의 본국법에 따른다.

② 제1항의 경우 남편이 자녀의 출생 전에 사망한 때에는 사망 당시 본국법을 그의 본국법으로 본다.

제69조(혼인 외의 친자관계) ① 혼인 외의 친자관계의 성립은 자녀의 출생 당시 어머니의 본국법에 따른다. 다만, 부자간의 친자관계의 성립은 자녀의 출생 당시 아버지의 본국법 또는 현재 자녀의 상거소지법에 따를 수 있다.

② 인지는 제1항이 정하는 법 외에 인지

는 제64조를 준용한다.

② 부부가 합의에 의하여 다음 각 호의 어느 하나에 해당하는 법을 선택한 경우 부부재산제는 제1항에도 불구하고 그 법에 따른다. 다만, 그 합의는 날짜와 부부의 기명날인 또는 서명이 있는 서면으로 작성된 경우에만 그 효력이 있다.

  1. 부부 중 한쪽이 국적을 가지는 법

  2. 부부 중 한쪽의 일상거소지법

  3. 부동산에 관한 부부재산제에 대해서는 그 부동산의 소재지법

③ 대한민국에서 행한 법률행위 및 대한민국에 있는 재산에 관하여는 외국법에 따른 부부재산제로써 선의의 제3자에게 대항할 수 없다. 이 경우 외국법에 따를 수 없을 때에 제3자와의 관계에서 부부재산제는 대한민국 법에 따른다.

④ 제3항에도 불구하고 외국법에 따라 체결된 부부재산계약을 대한민국에서 등기한 경우에는 제3자에게 대항할 수 있다.

제66조(이혼) 이혼에 관하여는 제64조를 준용한다. 다만, 부부 중 한쪽이 대한민국에 일상거소가 있는 대한민국 국민인 경우 이혼은 대한민국 법에 따른다.

제67조(혼인 중의 부모·자녀관계) ① 혼인 중의 부모·자녀관계의 성립은 자녀의 출생 당시 부부 중 한쪽의 본국법에 따른다.

② 제1항의 경우에 남편이 자녀의 출생 전에 사망한 때에는 남편의 사망 당시 본국법을 그의 본국법으로 본다.

제68조(혼인 외의 부모·자녀관계) ① 혼인 외의 부모·자녀관계의 성립은 자녀의 출생 당시 어머니의 본국법에 따른다. 다만, 아버지와 자녀 간의 관계의 성립은 자녀의 출생 당시 아버지의 본국법 또는 현재 자녀의 일상거소지법에 따를 수 있다.

② 인지는 제1항에서 정하는 법 외에 인지

당시 인지자의 본국법에 따를 수 있다.

③ 제1항의 경우 아버지가 자녀의 출생전에 사망한 때에는 사망 당시 본국법을 그의 본국법으로 보고, 제2항의 경우 인지자가 인지 전에 사망한 때에는 사망 당시 본국법을 그의 본국법으로 본다.

제70조(혼인외 출생자에 대한 준정(準正)) ① 혼인외의 출생자가 혼인중의 출생자로 그 지위가 변동되는 경우에 관하여는 그 요건인 사실의 완성 당시 아버지 또는 어머니의 본국법 또는 자녀의 상거소지법에 따른다.

② 제1항의 경우 아버지 또는 어머니가 그 요건인 사실이 완성되기 전에 사망한 때에는 사망 당시 본국법을 그의 본국법으로 본다.

제71조(입양 및 파양) 입양 및 파양은 입양 당시 양친(養親)의 본국법에 따른다.

제72조(동의) 제69조부터 제71조까지에 따른 친자관계의 성립에 관하여 자녀의 본국법이 자녀 또는 제3자의 승낙이나 동의 등을 요건으로 할 때에는 그 요건도 갖추어야 한다.

제73조(친자간의 법률관계) 친자간의 법률관계는 부모와 자녀의 본국법이 모두 동일한 경우에는 그 법에 따르고, 그 외의 경우에는 자녀의 상거소지법에 따른다.

제74조(부양) ① 부양의 의무는 부양권리자의 상거소지법에 따른다. 다만, 그 법에 따르면 부양권리자가 부양의무자로부터 부양을 받을 수 없는 때에는 당사자의 공통본국법에 따른다.

② 대한민국에서 이혼이 이루어지거나 승인된 경우에 이혼한 당사자간의 부양의무는 제1항에 불구하고 그 이혼에 관하여 적용된 법에 따른다.

③ 방계혈족간 또는 인척간의 부양의무의

당시 인지자의 본국법에 따를 수 있다.

③ 제1항의 경우에 아버지가 자녀의 출생 전에 사망한 때에는 사망 당시 본국법을 그의 본국법으로 보고, 제2항의 경우에 인지자가 인지 전에 사망한 때에는 사망 당시 본국법을 그의 본국법으로 본다.

제69조(혼인 외의 출생자) ① 혼인 외의 출생자가 혼인 중의 출생자로 그 지위가 변동되는 경우에 관하여는 그 요건인 사실의 완성 당시 아버지 또는 어머니의 본국법 또는 자녀의 일상거소지법에 따른다.

② 제1항의 경우에 아버지 또는 어머니가 그 요건인 사실이 완성되기 전에 사망한 때에는 아버지 또는 어머니의 사망 당시 본국법을 그의 본국법으로 본다.

제70조(입양 및 파양) 입양 및 파양은 입양 당시 양부모의 본국법에 따른다.

제71조(동의) 제68조부터 제70조까지의 규정에 따른 부모·자녀관계의 성립에 관하여 자녀의 본국법이 자녀 또는 제3자의 승낙이나 동의 등을 요건으로 할 때에는 그 요건도 갖추어야 한다.

제72조(부모·자녀 간의 법률관계) 부모·자녀 간의 법률관계는 부모와 자녀의 본국법이 모두 동일한 경우에는 그 법에 따르고, 그 외의 경우에는 자녀의 일상거소지법에 따른다.

제73조(부양) ① 부양의 의무는 부양권리자의 일상거소지법에 따른다. 다만, 그 법에 따르면 부양권리자가 부양의무자로부터 부양을 받을 수 없을 때에는 당사자의 공통 본국법에 따른다.

② 대한민국에서 이혼이 이루어지거나 승인된 경우에 이혼한 당사자 간의 부양의무는 제1항에도 불구하고 그 이혼에 관하여 적용된 법에 따른다.

③ 방계혈족 간 또는 인척 간의 부양의무

경우에 부양의무자는 부양권리자의 청구에 대하여 당사자의 공통 본국법에 따라 부양의무가 없다는 주장을 할 수 있으며, 그러한 법이 없는 때에는 부양의무자의 상거소지법에 따라 부양의무가 없다는 주장을 할 수 있다.

④ 부양권리자와 부양의무자가 모두 대한민국 국민이고, 부양의무자가 대한민국에 상거소가 있는 경우에는 대한민국 법에 따른다.

제75조(그 밖의 친족관계) 친족관계의 성립 및 친족관계에서 발생하는 권리의무에 관하여 이 법에 특별한 규정이 없는 경우에는 각 당사자의 본국법에 따른다.

제76조(후견) ① 후견은 피후견인의 본국법에 따른다.

② 제62조에 따라 법원이 성년 또는 미성년 자녀인 외국인의 후견사건에 관한 심판을 하는 경우 다음 각호 중 어느 하나에 해당하는 때에는 전항에도 불구하고 대한민국 법에 따른다.

1. 그의 본국법에 의하면 후견개시의 원인이 있더라도 그 후견사무를 행할 사람이 없거나 후견사무를 행할 사람이 있더라도 후견사무를 행할 수 없는 경우
2. 대한민국에서 후견개시의 심판(임의후견감독인선임 심판을 포함한다)을 하였거나 하는 경우
3. 피후견인의 재산이 대한민국에 있고 피후견인을 보호하여야 할 필요가 있는 경우

제8장 상속
제1절 국제재판관할

제77조(상속 및 유언 사건의 관할) ① 상속에 관한 사건에 대하여는 다음 각 호의 어느

와 관련하여 부양의무자는 부양권리자의 청구에 대하여 당사자의 공통 본국법에 따라 부양의무가 없다는 주장을 할 수 있으며, 그러한 법이 없을 때에는 부양의무자의 일상거소지법에 따라 부양의무가 없다는 주장을 할 수 있다.

④ 부양권리자와 부양의무자가 모두 대한민국 국민이고, 부양의무자가 대한민국에 일상거소가 있는 경우에는 대한민국 법에 따른다.

제74조(그 밖의 친족관계) 친족관계의 성립 및 친족관계에서 발생하는 권리의무에 관하여 이 법에 특별한 규정이 없는 경우에는 각 당사자의 본국법에 따른다.

제75조(후견) ① 후견은 피후견인의 본국법에 따른다.

② 법원이 제61조에 따라 성년 또는 미성년 자녀인 외국인의 후견사건에 관한 재판을 하는 때에는 제1항에도 불구하고 다음 각 호의 어느 하나에 해당하는 경우 대한민국 법에 따른다.

1. 피후견인의 본국법에 따른 후견개시의 원인이 있더라도 그 후견사무를 수행할 사람이 없거나, 후견사무를 수행할 사람이 있더라도 후견사무를 수행할 수 없는 경우
2. 대한민국에서 후견개시의 심판(임의후견감독인선임 심판을 포함한다)을 하였거나 하는 경우
3. 피후견인의 재산이 대한민국에 있고 피후견인을 보호하여야 할 필요가 있는 경우

제8장 상속
제1절 국제재판관할

제76조(상속 및 유언에 관한 사건의 관할) ① 상속에 관한 사건에 대해서는 다음 각 호

하나에 해당하는 경우 법원에 국제재판관
할이 있다.
> 1. 피상속인의 사망 당시 상거소가 대한
>   민국에 있는 경우. 피상속인의 상거소
>   가 어느 국가에도 없거나 이를 알 수
>   없고 그의 마지막 상거소가 대한민국
>   에 있었던 경우에도 같다.
> 2. 대한민국에 상속재산이 있는 경우. 다
>   만, 그 상속재산의 가액이 현저하게
>   적은 경우에는 그러하지 아니하다.

② 당사자는 상속에 관한 사건에 관하여
제8조에 따른 국제재판관할합의를 할 수
있다. 다만, 다음의 경우에는 그러하지 아
니하다.
> 1. 당사자가 미성년자이거나 피성년후견
>   인인 경우(다만 미성년자이거나 피성
>   년후견인인 당사자에게 이 법에 따른
>   관할 법원에 추가하여 다른 국가의
>   법원에 제소하는 것을 허용하는 경우
>   는 제외한다)
> 2. 합의로 지정된 국가가 사안과 아무런
>   관련이 없거나 근소한 관련만 있는
>   경우

③ 제2항에 따라 국제재판관할합의가 허
용되는 경우에는 제9조의 적용이 배제되지
아니한다.
④ 유언에 관한 사건은 유언자의 유언 당
시 상거소가 대한민국에 있거나 유언의 대
상이 되는 재산이 대한민국에 있는 경우
법원에 국제재판관할이 있다.

제2절 준거법

제78조(상속) ① 상속은 사망 당시 피상

의 어느 하나에 해당하는 경우 법원에 국
제재판관할이 있다.
> 1. 피상속인의 사망 당시 일상거소가 대
>   한민국에 있는 경우. 피상속인의 일상
>   거소가 어느 국가에도 없거나 이를 알
>   수 없고 그의 마지막 일상거소가 대한
>   민국에 있었던 경우에도 또한 같다.
> 2. 대한민국에 상속재산이 있는 경우. 다
>   만, 그 상속재산의 가액이 현저하게
>   적은 경우에는 그러하지 아니하다.

② 당사자가 상속에 관한 사건에 대하여
제8조에 따라 국제재판관할의 합의를 하는
경우에 다음 각 호의 어느 하나에 해당하
면 합의의 효력이 없다.
> 1. 당사자가 미성년자이거나 피성년후견
>   인인 경우. 다만, 해당 합의에서 미성
>   년자이거나 피성년후견인인 당사자에
>   게 법원 외에 외국법원에도 소를 제
>   기하는 것을 허용하는 경우는 제외
>   한다.
> 2. 합의로 지정된 국가가 사안과 아무런
>   관련이 없거나 근소한 관련만 있는
>   경우

③ 상속에 관한 사건이 다음 각 호의 어느
하나에 해당하는 경우에는 제9조를 적용하
지 아니한다.
> 1. 당사자가 미성년자이거나 피성년후견
>   인인 경우
> 2. 대한민국이 사안과 아무런 관련이 없
>   거나 근소한 관련만 있는 경우

④ 유언에 관한 사건은 유언자의 유언 당
시 일상거소가 대한민국에 있거나 유언의
대상이 되는 재산이 대한민국에 있는 경우
법원에 국제재판관할이 있다.

제2절 준거법

제77조(상속) ① 상속은 사망 당시 피상속인

인의 본국법에 따른다.

② 피상속인이 유언에 적용되는 방식에 의하여 명시적으로 다음 각 호의 법 중 어느 것을 지정하는 때에는 상속은 제1항에 불구하고 그 법에 따른다.

  1. 지정 당시 피상속인의 상거소가 있는 국가의 법. 다만, 그 지정은 피상속인이 사망시까지 그 국가에 상거소를 유지한 경우에 한하여 그 효력이 있다.

  2. 부동산에 관한 상속에 대하여는 그 부동산의 소재지법

제79조(유언) ① 유언은 유언 당시 유언자의 본국법에 따른다.

② 유언의 변경 또는 철회는 그 당시 유언자의 본국법에 따른다.

③ 유언의 방식은 다음 각 호의 어느 하나의 법에 따른다.

  1. 유언자가 유언 당시 또는 사망 당시 국적을 가지는 국가의 법

  2. 유언자의 유언 당시 또는 사망 당시 상거소지법

  3. 유언당시 행위지법

  4. 부동산에 관한 유언의 방식에 대하여는 그 부동산의 소재지법

제9장 어음·수표
제1절 국제재판관할

제80조(어음·수표에 관한 소의 특별관할) 어음·수표에 관한 소는 어음·수표의 지급지가 대한민국에 있는 경우 법원에 제기할 수 있다.

제2절 준거법

제81조(행위능력) ①환어음, 약속어음 및 수표에 의하여 채무를 부담하는 자의 능력은 그의 본국법에 따른다. 다만, 그 국가의 법이 다른 국가의 법에 따라야 하는 것을 정

의 본국법에 따른다.

② 피상속인이 유언에 적용되는 방식에 의하여 명시적으로 다음 각 호의 어느 하나에 해당하는 법을 지정할 때에는 상속은 제1항에도 불구하고 그 법에 따른다.

  1. 지정 당시 피상속인의 일상거소지법. 다만, 그 지정은 피상속인이 사망 시까지 그 국가에 일상거소를 유지한 경우에만 효력이 있다.

  2. 부동산에 관한 상속에 대해서는 그 부동산의 소재지법

제78조(유언) ① 유언은 유언 당시 유언자의 본국법에 따른다.

② 유언의 변경 또는 철회는 그 당시 유언자의 본국법에 따른다.

③ 유언의 방식은 다음 각 호의 어느 하나의 법에 따른다.

  1. 유언자가 유언 당시 또는 사망 당시 국적을 가지는 국가의 법

  2. 유언자의 유언 당시 또는 사망 당시 일상거소지법

  3. 유언 당시 행위지법

  4. 부동산에 관한 유언의 방식에 대해서는 그 부동산의 소재지법

제9장 어음·수표
제1절 국제재판관할

제79조(어음·수표에 관한 소의 특별관할) 어음·수표에 관한 소는 어음·수표의 지급지가 대한민국에 있는 경우 법원에 제기할 수 있다.

제2절 준거법

제80조(행위능력) ① 환어음, 약속어음 및 수표에 의하여 채무를 부담하는 자의 능력은 그의 본국법에 따른다. 다만, 그 국가의 법이 다른 국가의 법에 따르도록 정한 경

한 경우에는 그 다른 국가의 법에 따른다.
② 제1항에 따르면 능력이 없는 자라 할지라도 다른 국가에서 서명을 하고 그 국가의 법에 따라 능력이 있는 때에는 그 채무를 부담할 수 있는 능력이 있는 것으로 본다.

제82조(수표지급인의 자격) ① 수표지급인이 될 수 있는 자의 자격은 지급지법에 따른다.
② 지급지법에 따르면 지급인이 될 수 없는 자를 지급인으로 하여 수표가 무효인 경우에도 동일한 규정이 없는 다른 국가에서 행한 서명으로부터 생긴 채무의 효력에는 영향을 미치지 아니한다.

제83조(방식) ① 환어음, 약속어음 및 수표행위의 방식은 서명지법에 따른다. 다만, 수표행위의 방식은 지급지법에 따를 수 있다.
② 제1항에 따라 행위가 무효인 경우에도 그 후 행위의 행위지법에 따라 적법한 때에는 그 전 행위의 무효는 그 후 행위의 효력에 영향을 미치지 아니한다.

③ 대한민국 국민이 외국에서 행한 환어음, 약속어음 및 수표행위의 방식이 행위지법에 따르면 무효인 경우에도 대한민국 법에 따라 적법한 때에는 다른 대한민국 국민에 대하여 효력이 있다.

제84조(효력) ① 환어음의 인수인과 약속어음의 발행인의 채무는 지급지법에 따르고, 수표로부터 생긴 채무는 서명지법에 따른다.
② 제1항에 규정된 자 외의 자의 환어음 및 약속어음에 의한 채무는 서명지법에 따른다.
③ 환어음, 약속어음 및 수표의 상환청구권을 행사하는 기간은 모든 서명자에 대하여 발행지법에 따른다.

제85조(원인채권의 취득) 어음의 소지인이 그

우에는 그 다른 국가의 법에 따른다.
② 제1항에 따르면 능력이 없는 자라 할지라도 다른 국가에서 서명을 하고 그 국가의 법에 따라 능력이 있을 때에는 그 채무를 부담할 수 있는 능력이 있는 것으로 본다.

제81조(수표지급인의 자격) ① 수표지급인이 될 수 있는 자의 자격은 지급지법에 따른다.
② 지급지법에 따르면 지급인이 될 수 없는 자를 지급인으로 하여 수표가 무효인 경우에도 동일한 규정이 없는 다른 국가에서 한 서명으로부터 생긴 채무의 효력에는 영향을 미치지 아니한다.

제82조(방식) ① 환어음·약속어음의 어음행위 및 수표행위의 방식은 서명지법에 따른다. 다만, 수표행위의 방식은 지급지법에 따를 수 있다.
② 제1항에서 정한 법에 따를 때 행위가 무효인 경우에도 그 후 행위지법에 따라 행위가 적법한 때에는 그 전 행위의 무효는 그 후 행위의 효력에 영향을 미치지 아니한다.

③ 대한민국 국민이 외국에서 한 환어음·약속어음의 어음행위 및 수표행위의 방식이 행위지법에 따르면 무효인 경우에도 대한민국 법에 따라 적법한 때에는 다른 대한민국 국민에 대하여 효력이 있다.

제83조(효력) ① 환어음의 인수인과 약속어음의 발행인의 채무는 지급지법에 따르고, 수표로부터 생긴 채무는 서명지법에 따른다.
② 제1항에 규정된 자 외의 자의 환어음·약속어음에 의한 채무는 서명지법에 따른다.
③ 환어음, 약속어음 및 수표의 상환청구권을 행사하는 기간은 모든 서명자에 대하여 발행지법에 따른다.

제84조(원인채권의 취득) 어음의 소지인이 그

발행의 원인이 되는 채권을 취득하는지 여부는 어음의 발행지법에 따른다.

제86조(일부인수 및 일부지급) ① 환어음의 인수를 어음 금액의 일부에 제한할 수 있는지 여부 및 소지인이 일부지급을 수락할 의무가 있는지 여부는 지급지법에 따른다. ② 제1항은 약속어음의 지급에 준용한다.

제87조(권리의 행사·보전을 위한 행위의 방식) 환어음, 약속어음 및 수표에 관한 거절증서의 방식, 그 작성기간 및 환어음, 약속어음 및 수표상의 권리의 행사 또는 보전에 필요한 그 밖의 행위의 방식은 거절증서를 작성하여야 하는 곳 또는 그 밖의 행위를 행하여야 하는 곳의 법에 따른다.

제88조(상실 및 도난) 환어음, 약속어음 및 수표의 상실 또는 도난의 경우에 행하여야 하는 절차는 지급지법에 따른다.

제89조(수표의 지급지법) 수표에 관한 다음 각 호의 사항은 수표의 지급지법에 따른다.

1. 수표가 일람출급을 요하는지 여부, 일람 후 정기출급으로 발행할 수 있는지 여부 및 선일자수표의 효력

2. 제시기간
3. 수표에 인수, 지급보증, 확인 또는 사증을 할 수 있는지 여부 및 그 기재의 효력
4. 소지인이 일부지급을 청구할 수 있는지 여부 및 일부지급을 수락할 의무가 있는지 여부
5. 수표에 횡선을 표시할 수 있는지 여부 및 수표에 "계산을 위하여"라는 문구 또는 이와 동일한 뜻이 있는 문구의 기재의 효력. 다만, 수표의 발행인 또는 소지인이 수표면에 "계산을 위하여"라는 문구 또는 이와 동일한 뜻

발행의 원인이 되는 채권을 취득하는지 여부는 어음의 발행지법에 따른다.

제85조(일부인수 및 일부지급) ① 환어음의 인수를 어음 금액의 일부로 제한할 수 있는지 여부 및 소지인이 일부지급을 수락할 의무가 있는지 여부는 지급지법에 따른다. ② 약속어음의 지급에 관하여는 제1항을 준용한다.

제86조(권리의 행사·보전을 위한 행위의 방식) 환어음, 약속어음 및 수표에 관한 거절증서의 방식, 그 작성기간 및 환어음, 약속어음 및 수표상의 권리의 행사 또는 보전에 필요한 그 밖의 행위의 방식은 거절증서를 작성하여야 하는 곳 또는 그 밖의 행위를 행하여야 하는 곳의 법에 따른다.

제87조(상실·도난) 환어음, 약속어음 및 수표의 상실 또는 도난의 경우에 수행하여야 하는 절차는 지급지법에 따른다.

제88조(수표의 지급지법) 수표에 관한 다음 각 호의 사항은 수표의 지급지법에 따른다.

1. 수표가 일람출급(一覽出給)이 필요한지 여부, 일람 후 정기출급으로 발행할 수 있는지 여부 및 선일자수표(先日字手標)의 효력

2. 제시기간
3. 수표에 인수, 지급보증, 확인 또는 사증을 할 수 있는지 여부 및 그 기재의 효력
4. 소지인이 일부지급을 청구할 수 있는지 여부 및 일부지급을 수락할 의무가 있는지 여부
5. 수표에 횡선을 표시할 수 있는지 여부 및 수표에 "계산을 위하여"라는 문구 또는 이와 동일한 뜻이 있는 문구의 기재의 효력. 다만, 수표의 발행인 또는 소지인이 수표면에 "계산을 위하여"라는 문구 또는 이와 동일한 뜻

이 있는 문구를 기재하여 현금의 지급을 금지한 경우에 그 수표가 외국에서 발행되고 대한민국에서 지급하여야 하는 것은 일반횡선수표의 효력이 있다.

6. 소지인이 수표자금에 대하여 특별한 권리를 가지는지 여부 및 그 권리의 성질

7. 발행인이 수표의 지급위탁을 취소할 수 있는지 여부 및 지급정지를 위한 절차를 취할 수 있는지 여부

8. 배서인, 발행인 그 밖의 채무자에 대한 소구권 보전을 위하여 거절증서 또는 이와 동일한 효력을 가지는 선언을 필요로 하는지 여부

제10장 해상
제1절 국제재판관할
제90조(선박소유자등의 책임제한사건의 관할) 선박소유자·용선자·선박관리인·선박운항자 그 밖의 선박사용인(이하 "선박소유자등"이라 한다)의 책임제한사건에 대하여는 다음 각 호의 어느 하나에 해당하는 곳이 대한민국에 있는 경우에 한하여 법원에 국제재판관할이 있다.

1. 책임제한을 할 수 있는 채권(이하 "제한채권"이라 한다)이 발생한 선박의 선적이 있는 곳

2. 신청인인 선박소유자등에 대하여 제3조에 따른 일반관할이 인정되는 곳

3. 사고발생지. 이는 결과 발생지를 포함한다.

4. 사고 후 사고선박이 최초로 도착한 곳

5. 제한채권에 의하여 선박소유자등의 재산이 압류된 곳(가압류된 곳과 압류에 갈음하여 담보가 제공된 곳을 포함한다. 이하 같다)

이 있는 문구를 기재하여 현금의 지급을 금지한 경우에 그 수표가 외국에서 발행되고 대한민국에서 지급하여야 하는 것은 일반횡선수표의 효력이 있다.

6. 소지인이 수표자금에 대하여 특별한 권리를 가지는지 여부 및 그 권리의 성질

7. 발행인이 수표의 지급위탁을 취소할 수 있는지 여부 및 지급정지를 위한 절차를 수행할 수 있는지 여부

8. 배서인, 발행인, 그 밖의 채무자에 대한 상환청구권 보전을 위하여 거절증서 또는 이와 동일한 효력을 가지는 선언이 필요한지 여부

제10장 해상
제1절 국제재판관할
제89조(선박소유자등의 책임제한사건의 관할) 선박소유자·용선자(傭船者)·선박관리인·선박운항자, 그 밖의 선박사용인(이하 "선박소유자등"이라 한다)의 책임제한사건에 대해서는 다음 각 호의 어느 하나에 해당하는 곳이 대한민국에 있는 경우에만 법원에 국제재판관할이 있다.

1. 선박소유자등의 책임제한을 할 수 있는 채권(이하 "제한채권"이라 한다)이 발생한 선박의 선적(船籍)이 있는 곳

2. 신청인인 선박소유자등에 대하여 제3조에 따른 일반관할이 인정되는 곳

3. 사고발생지(사고로 인한 결과 발생지를 포함한다)

4. 사고 후 사고선박이 최초로 도착한 곳

5. 제한채권에 의하여 선박소유자등의 재산이 압류된 곳(가압류된 곳과 압류를 갈음하여 담보가 제공된 곳을 포함한다. 이하 같다)

6. 선박소유자등에 대하여 제한채권에 근거한 소가 제기된 곳

제91조(선박 또는 항해에 관한 소의 특별관할) 선박소유자등에 대한 선박 또는 항해에 관한 소는 선박이 압류된 곳이 대한민국에 있는 경우 법원에 제기할 수 있다.

제92조(공동해손에 관한 소의 특별관할) 공동해손에 관한 소는 다음 각 호의 어느 하나에 해당하는 곳이 대한민국에 있는 경우 법원에 제기할 수 있다.

1. 선박의 소재지
2. 사고 후 선박이 최초로 도착한 곳
3. 선박이 압류된 곳

제93조(선박충돌에 관한 소의 특별관할) 선박의 충돌이나 그밖의 사고에 관한 소는 다음 각 호의 어느 하나에 해당하는 곳이 대한민국에 있는 경우 법원에 제기할 수 있다.

1. 가해 선박의 선적지 또는 소재지
2. 사고 발생지
3. 피해 선박이 사고 후 최초로 도착한 곳
4. 가해 선박이 압류된 곳

제94조(해난구조에 관한 소의 특별관할) 해난구조에 관한 소는 다음 각 호의 어느 하나에 해당하는 곳이 대한민국에 있는 경우 법원에 제기할 수 있다.

1. 해난구조가 있었던 곳
2. 구조된 선박이 최초로 도착한 곳
3. 구조된 선박이 압류된 곳

제2절 준거법

제95조(해상) 해상에 관한 다음 각 호의 사항은 선적국법에 따른다.

1. 선박의 소유권 및 저당권, 선박우선특권 그 밖의 선박에 관한 물권
2. 선박에 관한 담보물권의 우선순위
3. 선장과 해원의 행위에 대한 선박소유자의 책임범위

---

6. 선박소유자등에 대하여 제한채권에 근거한 소가 제기된 곳

제90조(선박 또는 항해에 관한 소의 특별관할) 선박소유자등에 대한 선박 또는 항해에 관한 소는 선박이 압류된 곳이 대한민국에 있는 경우 법원에 제기할 수 있다.

제91조(공동해손에 관한 소의 특별관할) 공동해손(共同海損)에 관한 소는 다음 각 호의 어느 하나에 해당하는 곳이 대한민국에 있는 경우 법원에 제기할 수 있다.

1. 선박의 소재지
2. 사고 후 선박이 최초로 도착한 곳
3. 선박이 압류된 곳

제92조(선박충돌에 관한 소의 특별관할) 선박의 충돌이나 그 밖의 사고에 관한 소는 다음 각 호의 어느 하나에 해당하는 곳이 대한민국에 있는 경우 법원에 제기할 수 있다.

1. 가해 선박의 선적지 또는 소재지
2. 사고 발생지
3. 피해 선박이 사고 후 최초로 도착한 곳
4. 가해 선박이 압류된 곳

제93조(해난구조에 관한 소의 특별관할) 해난구조에 관한 소는 다음 각 호의 어느 하나에 해당하는 곳이 대한민국에 있는 경우 법원에 제기할 수 있다

1. 해난구조가 있었던 곳
2. 구조된 선박이 최초로 도착한 곳
3. 구조된 선박이 압류된 곳

제2절 준거법

제94조(해상) 해상에 관한 다음 각 호의 사항은 선적국법에 따른다.

1. 선박의 소유권 및 저당권, 선박우선특권, 그 밖의 선박에 관한 물권
2. 선박에 관한 담보물권의 우선순위
3. 선장과 해원(海員)의 행위에 대한 선박소유자의 책임범위

4. 선박소유자등이 책임제한을 주장할 수 있는지 여부 및 그 책임제한의 범위

5. 공동해손

6. 선장의 대리권

제96조(선박충돌) ① 개항·하천 또는 영해에서의 선박충돌에 관한 책임은 그 충돌지법에 따른다.

② 공해에서의 선박충돌에 관한 책임은 각 선박이 동일한 선적국에 속하는 때에는 그 선적국법에 따르고, 각 선박이 선적국을 달리하는 때에는 가해선박의 선적국법에 따른다.

제97조(해난구조) 해난구조로 인한 보수청구권은 그 구조행위가 영해에서 있는 때에는 행위지법에 따르고, 공해에서 있는 때에는 구조한 선박의 선적국법에 따른다.

부 칙

① (시행일) 이 법은 2019. 1. 1.부터 시행한다.

② (국제재판관할에 관한 경과조치) 이 법 시행 당시 법원에 계속(係屬)중인 사건에 관하여는 이 법의 국제재판관할에 관한 규정을 적용하지 아니한다.

③ (준거법 적용의 시간적 범위) 이 법 시행 전에 생긴 사항에 대하여는 종전의 규정에 따른다. 다만, 이 법 시행 전후에 계속(繼續)되는 법률관계에 관하여는 이 법 시행 이후의 법률관계에 한하여 이 법의 규정을 적용한다.

4. 선박소유자등이 책임제한을 주장할 수 있는지 여부 및 그 책임제한의 범위

5. 공동해손

6. 선장의 대리권

제95조(선박충돌) ① 개항(開港)·하천 또는 영해에서의 선박충돌에 관한 책임은 그 충돌지법에 따른다.

② 공해에서의 선박충돌에 관한 책임은 각 선박이 동일한 선적국에 속하는 경우에는 그 선적국법에 따르고, 각 선박이 선적국을 달리하는 경우에는 가해선박의 선적국법에 따른다.

제96조(해난구조) 해난구조로 인한 보수청구권은 그 구조행위가 영해에서 있는 경우에는 행위지법에 따르고, 공해에서 있는 때에는 구조한 선박의 선적국법에 따른다.

부 칙

제1조(시행일) 이 법은 공포 후 6개월이 경과한 날부터 시행한다.

제2조(계속 중인 사건의 관할에 관한 경과조치) 이 법 시행 당시 법원에 계속 중인 사건의 관할에 대해서는 종전의 규정에 따른다.

제3조(준거법 적용에 관한 경과조치) 이 법 시행 전에 생긴 사항에 적용되는 준거법에 대해서는 종전의 규정에 따른다. 다만, 이 법 시행 전후에 계속(繼續)되는 법률관계에 대해서는 이 법 시행 이후의 법률관계에 대해서만 이 법의 규정을 적용한다.

참고문헌

국내문헌

강영주, "개정 국제사법에 관한 비교법적 고찰 —혼인관계사건의 국제재판관할을 중심으로—", 고려법학 제104호(2022. 3.)

강현중, 민사소송법 제7판(박영사. 2018)

고형석, "해외구매계약에서의 소비자보호에 관한 연구", 민사법의 이론과 실무, 제18권 제1호(2014. 12.)

권재문, "가사사건에 관한 국제재판관할규칙", 국제사법연구 제19권 제2호(2013. 12.)

_____, "친자관계의 성립과 효력, 성년후견, 부재와 실종에 관한 국제재판관할", 국제사법연구 제21권 제1호(2015. 6.)

권창영, "국제민사보전법상 국제재판관할", 민사집행법연구회, 김능환 대법관 화갑기념 : 21세기 민사집행의 현황과 과제, 민사집행법실무연구 III(통권 제5권)(사법발전재단. 2011)

김동진, "국제재판관할의 경합에 있어 영미법상의 소송금지명령(Anti Suit Injunction)에 대한 검토", 해상·보험연구 제4호(2004. 3.)

김동현, "청구권에 관한 이행의 소와 소극적 확인의 소 —독일 및 EU법원에서의 논의를 참고하여", 민사소송 제19권 제2호(2015. 11.)

김명수, "인터넷에 의한 인격권 침해 발생 시 국제재판관할권에 관한 소고", 국제소송법무 통권 8호(2014. 5.)

김문숙, "성년후견제도에 관한 국제사법상 쟁점에 관하여 —한국민법개정후의 대응—", 국제사법연구 제15권(2009)

_____, "부양사건과 성년후견사건의 국제재판관할에 관한 입법론", 국제사법연구 제19권 제2호(2013. 12.)

_____, "비송사건의 국제재판관할에 관한 입법론", 국제사법연구 제21권 제2호(2015. 12.)

_____, "상속준거법에서의 당사자자치", 국제사법연구 제23권 제1호(2017. 6.)

_____, "일본에서의 인사소송사건에 관한 국제재판관할 —개정 인사소송법을 중심으로—", 국제사법연구 제25권 제2호(2019. 12.)

_____, "일본에서의 가사사건에 관한 국제재판관할 —개정 가사사건절차법을 중심으로—", 국제사법연구 제26권 제2호(2020. 12.)

김문환, 美國法研究 (Ⅰ)(국민대학교 출판부. 1988)

김민경, "전속적 국제재판관할합의 위반으로 인한 소송금지가처분(Anti-suit injunction)과 손해배상청구", 국제거래법연구 제30집 제1호(2021. 7.)

_____, "영국 국제사법의 예양의 원칙", 石光現교수정년기념헌정논문집: 國際去來法과 國際私法의 現狀과 課題(박영사. 2022)

김상만, "국제거래에서 법정지선택 조항의 효력에 관한 고찰 — 미국과 한국의 판례비교를 중심으로", 인하대학교 법학연구 제14집 제1호(2011. 3.)

김상원 외(편집대표), 주석민사소송법(Ⅰ), 제5판(한국사법행정학회. 1997)

김성진, "국제전자상거래상 소비자계약분쟁의 국제재판관할권에 관한 연구 —미국의 타깃팅 재판관할권이론을 중심으로—", 국제거래법연구 제18집 제1호(2009. 7.)

김 연, "한국 가사소송법의 법체계적 지위", 민사소송 제14권 제2호(2010. 11.)

김영석, "국제도산에서 도산절차와 도산관련재판의 승인 및 집행에 관한 연구", 서울대학교 대학원 법학박사학위논문(2022. 2.)

김용석, "국제재판관할에서의 관련 재판적의 인정과 인터넷을 통한 불법행위의 결과발생지의 재판관할", 대법원판례해설 47호(2003 하반기)(2003. 7.)

김용진, "국제보전처분의 현황과 과제 — 집행을 위한 한·일간 협력방안 제시를 겸하여", 저스티스 제34권 제1호(2001. 2.)

_____, "역내·외 모자회사에 대한 미국법원의 재판관할권의 제한적 행사 경향과 그 한계", 비교사법 제21권 제3호(통권 제66호)(2014. 8.)

_____, "소극적 확인의 소와 이행의 소의 관계에 대한 국내법적 처리 방향과 국제적 차원에서의 대응 방안 —대법원 1999. 6. 8. 선고 99다17401, 17428 판결 및 2010. 7. 15. 선고 2010다2428, 2435 판결에 대한 평석을 겸하여—", 인권과정의 제459호(2016. 8.)

_____, "중재와 법원 사이의 역할분담과 절차협력 관계 —국제적 중재합의의 효력에 관한 다툼과 합의관철 방안을 중심으로—", 중재연구 제27권 제1호(2017. 3.)

_____, "제3국의 관점에서 본 차세대 유럽민사송법", 인권과 정의, 제469호(2017. 11.)

_____, 한국과 아시아의 시각에서 본 유럽연합 민·상사 법제의 빅뱅과 도전(충남대학교 출판문화원. 2019)

김용한·조명래, 국제사법(정일출판사. 1998)

김원태, "섭외가사소송에서의 국제재판관할에 관한 연구", 경성법학 제5호(1996. 9.)

_____, "가사소송의 국제적 경합", 비교사법 제16권 제3호(통권 제46호)(2009. 9.)

_____, "가사소송법 전부개정법률안의 특징과 주요 내용", 법조 통권 제723호(2017. 6.)

_____, "가사사건의 국제재판관할", 가족법연구 제32권 제1호(2018. 3.)

_____, "국제사법 전부개정법률안의 검토 ―가사사건의 국제재판관할을 중심으로―", 민사소송 제22권 제2호(2018. 11.)

김인호, "소비자계약 및 근로계약 사건의 국제재판관할의 규정 방식에 대한 비판적 검토", 국제사법연구 제24권 제1호(2018. 6.)

_____, "순수 국내계약에 대한 국제사법규정의 비판적 고찰", 국제사법연구 제26권 제1호(2020. 6.)

김현수, "국경 간 전자상거래에서의 소비자계약과 분쟁해결", 소비자문제연구, 제46권 제2호(2015. 8.)

김현아, "중국법상 재산관계사건에 관한 국제재판관할", 국제사법연구 제23권 제1호(2017. 6.)

김홍엽, "2019년 분야별 중요판례분석 ⑤ 민사소송법", 법률신문 제4773호(2020. 2. 20.)

_____, 민사소송법 제10판(박영사. 2021)

김효정, "주주대표소송에 관한 연구 ―국내 및 국제소송상의 쟁점을 중심으로―", 연세대학교 대학원 법학박사학위논문(2017)

_____, "헤이그관할합의협약 가입시의 실익과 고려사항", 국제사법연구 제25권 제1호(2019. 6.)

김효정·장지용, 외국재판의 승인과 집행에 관한 연구(사법정책연구원. 2020)

김희동, "헤이그 관할합의협약과 우리 국제재판관할합의 법제의 과제", 숭실대 법학논총 제31권(2014. 1.)

노태악, "인터넷 명예훼손행위와 국제재판관할", 민사재판의 제문제 13권(2004. 12.)

_____, "2018년 국제사법 전부개정법률안의 주요 내용", 민사소송 제22권 2호(2018. 11.),

_____, "국제재판관할합의에 관한 2018년 국제사법 전부개정법률안의 검토 ―법원의 실무와 헤이그재판관할합의협약을 중심으로―", 국제사법연구 제25권 제1호(2019. 6.)

문영화, "외국국가의 재산에 대한 민사집행법에 의한 강제집행", 성균관법학 제27권 제2호(2015. 6.)

민일영·김능환(편집대표), 주석민사소송법(Ⅰ) 제7판(한국사법행정학회. 2012)

_____, 주석민사소송법(Ⅲ), 제7판(한국사법행정학회. 2012)

박상순, "헤이그 재판관할합의협약에 대한 연구", 서울대학교 대학원 법학석사학위논문(2017. 8.)

박정훈, "헤이그 재판관할합의협약(2005 Convention on Choice of Court Agreements)", 국제사법연구 제18호(2012. 12.)

박찬동·신창섭, "국제대출계약의 재판관할선택에 관한 연구", 고려법학 제77호(2015. 6.)

법무부, 국제사법 전부개정법률안 공청회 자료집(2018)

서희원, 신고판 國際私法講義(일조각. 1992)

_____, 국제사법강의(일조각. 1998)

석광현, "國際裁判管轄의 몇 가지 문제점 ―종래의 論議에 대한 批判的 考察―", 인권과정
의 제262호(1998. 6.)

_____, "外國判決의 承認 및 執行에 관한 立法論 ― 民事訴訟法 改正案(제217조)과 民事
執行法 草案(제25조, 제26조)에 대한 管見 ―", 인권과정의 제271호(1999. 3.)

_____, "國際裁判管轄에 관한 研究 ―민사 및 상사사건에 있어서의 국제재판관할의 기초
이론과 일반관할을 중심으로", 서울대학교 대학원 박사학위논문(2000. 2.)

_____, 國際裁判管轄에 관한 研究 ―민사 및 상사사건에서의 국제재판관할의 기초이론과
일반관할을 중심으로(서울대학교출판부, 2001)

_____, 2001년 개정 국제사법 해설(지산. 2001)

_____, 국제사법과 국제소송 제1권(박영사. 2001)

_____, 국제사법과 국제소송 제2권(박영사. 2001)

_____, "國際勤勞契約과 勤勞者保護― 改正 國際私法을 중심으로 ―", 노동법학(제13
호)(2001. 12.)

_____, "국제재판관할합의의 유효요건으로서의 합리적인 관련성", 법률신문 제3129호
(2002. 12. 9.)

_____, 2001년 개정 國際私法 해설, 제2판(지산. 2003)

_____, 국제사법과 국제소송 제3권(박영사. 2004)

_____, "國際信用狀去來와 詐欺의 原則에 관한 小考―한국법상의 법리를 중심으로―", 한
양대학교 법학논총 21집(2004. 10.)

_____, "2005년 헤이그 재판관할합의협약의 소개", 국제사법연구 제11호(2005)

_____, "國際裁判管轄의 기초이론 ― 도메인이름에 관한 대법원 2005. 1. 27. 선고 2002다
59788 판결의 의의", 한양대학교 법학논총 제22집 제2호(2005. 12.)

_____, 국제사법과 국제소송 제4권(박영사. 2007)

_____, 국제상사중재법연구 제1권(박영사. 2007)

_____, "개정루가노협약에 따른 계약사건의 국제재판관할", 서울대학교 법학 제49권 제4
호(통권 149호)(2008. 12.)

_____, "중간시안을 중심으로 본 국제재판관할에 관한 일본의 입법 현황과 한국의 입법
방향", 한양대학교 국제소송법무 제1호(2010. 9.)

_____, "외국법제로의 과도한 도피와 國際私法的 思考의 빈곤", 법률신문 제3926호(2011.
4. 11.)

_____, "클라우드 컴퓨팅의 규제 및 관할권과 준거법", Law & Technology 제7권 제5호

(2011. 9.)

_____, "국제지적재산권분쟁과 국제사법: ALI 원칙(2007)과 CLIP 원칙(2011)을 중심으로", 민사판례연구 제34집(2012)

_____, 국제민사소송법: 국제사법(절차편)(박영사. 2012)

_____, 국제사법과 국제소송 제5권(박영사. 2012)

_____, "한국의 國際裁判管轄規則의 입법에 관하여", 국제거래법연구 제21집 제2호(2012. 12.)

_____, 국제사법 해설(박영사. 2013)

_____, "국제아동탈취의 민사적 측면에 관한 헤이그협약과 한국의 가입", 서울대학교 법학 제54권 제2호(통권 제167호)(2013. 6.)

_____, "이혼 기타 혼인관계사건의 국제재판관할에 관한 입법론", 국제사법연구 제19권 제2호(2013. 12.)

_____, "국제사법학회의 창립 20주년 회고와 전망; 국제재판관할과 외국판결의 승인 및 집행에 관한 입법과 판례", 국제사법연구 제20권 제1호(2014. 6.)

_____, "국제친권·후견법의 동향과 우리의 입법과제", 서울대학교 법학 제55권 제4호 (2014. 12.)

_____, "신탁과 국제사법(國際私法)", 정순섭·노혁준 편저, BFL 총서(10) 신탁법의 쟁점 제2권(소화. 2015)

_____, "국제적 불법거래로부터 문화재를 보호하기 위한 우리 국제사법(國際私法)과 문화재보호법의 역할 및 개선방안", 서울대학교 법학 제56권 제3호(2015. 9.)

_____, "해외직접구매에서 발생하는 분쟁과 소비자의 보호", 서울대학교 법학 제57권 제3호(2016. 9.)

_____, "헤이그입양협약 비준을 위한 2016년 "국제입양에 관한 법률안"에 대한 검토", 가족법 연구 제31권 제1호(2017. 3.)

_____, "2016년 중재법에 따른 중재판정부의 임시적 처분: 민사집행법에 따른 보전처분과의 정합성에 대한 문제 제기를 포함하여", 국제거래법학회지 제26집 제1호(2017. 7.)

_____, "2018년 국제사법 전부개정법률안에 따른 국제재판관할규칙: 총칙을 중심으로", 동아대학교 국제거래와 법 제21호(2018. 4.)

_____, "2018년 국제사법 전부개정법률안에 따른 해사사건의 국제재판관할규칙", 한국해법학회지 제40권 제2호(2018. 11.)

_____, "2018년 국제사법 전부개정법률안에 따른 국제재판관할규칙: 각칙을 중심으로", 동아대학교 국제거래와 법, 제23호(2018. 12.)

_____, "국제사법에 대한 헌법의 영향", 저스티스 통권 제170-3호(2019. 2. 한국법률가대

회 특집호Ⅱ)

_____, "헤이그입양협약 비준을 위한 2018년 "국제입양에 관한 법률안"에 대한 검토", 가족법연구 제33권 제1호(2019. 3.)

_____, 국제사법과 국제소송 제6권(박영사. 2019)

_____, 국제상사중재법연구 제2권(박영사. 2019)

_____, "국제사법 제2조 제2항을 올바로 적용한 2019년 대법원 판결의 평석: 일반관할과 재산소재지의 특별관할을 중심으로", 동아대학교, 국제거래와 법 제29호(2020. 4.)

_____, "한국에서 주된 사업을 하는 외국회사의 법인격과 당사자능력: 유동화전업 외국법인에 관한 대법원 판결과 관련하여", 선진상사법률연구 제90호(2020. 4.)

_____, "캘리포니아주 법원이 확인한 미국 중재판정의 승인·집행에서 그 대상, 중재합의의 성립과 임의대리의 준거법", 사법(司法)2020년 가을호(53호)(사법발전재단. 2020. 9.)

_____, "2019년 헤이그 재판협약의 주요 내용과 간접관할규정", 국제사법연구 제26권 제2호(2020. 12.)

_____, "도산 관련 재판의 승인 및 집행에 관한 2018년 UNCITRAL 모델법의 소개와 우리의 입법방향", 동아대 국제거래와 법 제33호(2021. 4.)

_____, "외국인 부부의 이혼사건에서 이혼·재산분할의 국제재판관할과 준거법", 안암법학 제61호(2021. 5.)

_____, "국제사법에서 준거법의 지정에 갈음하는 승인: 유럽연합에서의 논의와 우리 법에의 시사점", 동아대 국제거래와 법 제35호(2021. 10.)

석광현 외, "헤이그국제아동입양협약 가입 추진방안 연구", 2012년 보건복지부 연구용역보고서

손경한, "분쟁해결합의에 관한 일반적 고찰", 법조 통권 제675호(2012. 12.)

_____, "국제재판관할합의에 대한 새로운 이해", 국제사법연구 제19권 제1호(2013. 6.)

_____, "한국 국제재판관할입법의 방향", 2015. 9. 22. 제1회 한일국제사법공동학술대회 발표자료

손경한 외, 국제사법 개정 방안 연구(법무부. 2014)

송상현·박익환, 민사소송법, 신정 7판(박영사, 2014)

신창선·윤남순, 신국제사법 제2판(fides. 2018)

신창섭, 국제사법 제3판(세창. 2015)

안춘수, "국제재판관할권", 민사소송법의 제문제, 경허 김홍규박사화갑기념(삼영사. 1992)

_____, 국제사법(법문사. 2017)

오정후, "판례에 나타난 국제재판관할에 대한 이해에 관한 소고", 서울대학교 법학 제48권 제1호(통권 제142호)(2007. 3.)

_____, "국제사법 개정안의 국제재판관할―개정안의 편제와 총칙의 검토―", 민사소송 제 22권 2호(2018. 11.)

오창석, "파산절차에 있어서의 중재합의의 효력과 중재절차", 중재연구 제15권 제1호 (2005. 3.)

유혁수 외(편), 일본법 강의(박영사. 2021)

윤성근, "2017년 국제거래법 분야 중요판결 소개", 국제거래법연구 제26권 제2호(2017. 12.)

윤종진, 개정 현대 국제사법(한올출판사. 2003)

윤진수(편집대표), 주해친족법 제2권(박영사. 2015)

_____, 주해상속법 제2권(박영사. 2019)

이공현, "외국판결의 승인과 집행", 재판자료 34집 섭외사건의 제문제(하)(1986)

이규호, "선제타격형 국제소송에 대한 연구", 민사소송 제14권 제2호(2010. 11.)

_____, 토론문, 법무부, 국제사법 전부개정법률안 공청회 자료집(2018)

_____, "관할합의에 기초한 소송유지명령(Anti-suit Injunction)의 법적 쟁점", 국제사법연 구 제25권 제1호(2019. 6.)

이규호・이종혁, "지식재산과 국제사법에 관한 ILA 가이드라인", 국제사법연구 제27권 제1 호(2021. 6.)

이병준, "전자상거래를 통한 해외구매 대행서비스와 관련된 소비자법 및 국제사법상의 쟁 점", 성균관법학, 제26권 제4호(2014. 12.)

이병화, "성년후견제도의 도입에 따른 국제후견법의 재고찰", 비교사법, 제13권 3호(통권 제34호)(2006. 9.)

_____, "민법상 성년후견제도 도입에 따른 국제사법상 한정치산・금치산선고 및 후견제도 에 관한 개정방향", 국제사법연구 제19권 제1호(2013. 6.)

_____, "국제소비자계약에 관한 국제사법적 고찰", 국제사법연구, 제21권 제1호(2015. 6.)

이성웅, "日本法上 船荷證券에 의한 國際裁判管轄合意의 要件", 해사법연구 제15권 제2호 (2003)

이성호, "사이버 지적재산권 분쟁의 국제재판관할과 준거법", 국제사법연구 제8호(2003)

이승미, "혼인관계사건의 국제재판관할에 관한 연구", 아주대학교 대학원 법학박사학위논 문(2014. 7.)

이시윤, 민사소송법 제14판(박영사. 2020)

_____, "신민사소송법 제정 15년의 회고와 전망[한국민사소송법학회 창립 25주년 기념 학술대회 기조강연문]", 민사소송 제21권 제1호(2017. 5.)

_____, 민사소송법 제14판(박영사. 2020)

이 연, "국제사법상 소비자보호에 관한 연구 ―국제계약의 준거법 결정에서 당사자자치 원 칙의 제한을 중심으로―", 서울대학교 대학원 법학박사학위논문(2022. 2.)

_____, "국제사법상 소비자보호에 관한 연구 —국제계약의 준거법 결정에서 당사자자치 원칙의 제한을 중심으로—", 서울대학교 대학원 법학박사학위논문(2022. 2.)

이연주, "국제재판관할의 체계적 지위에 관하여", 민사소송 제18권 제1호(2014. 5.)

이인재, "국제적 관할합의", 사법논집 제20집(1989)

이종혁, "국제적 증권공모발행에서 투자설명서 부실표시책임의 연구 —준거법 결정원칙을 중심으로—", 서울대학교 대학원 법학박사학위논문(2019. 6.)

_____, "명예훼손적 온라인 콘텐츠 정정·삭제청구소송의 국제재판관할 — 유럽사법재판 소의 2017년 Bolagsupplysningen 판결과 2021년 GTFlix TV 판결의 분석", 2022. 2. 10. 국제사법판례연구회 발표자료

이창현, 국제적 분쟁과 소송금지명령(경인문화사. 2021)

_____, "국제적 분쟁해결에 있어서 '소송금지명령'의 활용에 관한 연구", 서울대학교 대학 원 법학전문박사학위논문(2020. 8.)

이호정, 국제사법(경문사. 1981)

_____, 국제사법(경문사. 1983)

이필복, "전속적 국제재판관할(국제적 전속관할) 개관", 국제사법연구 제24권 제1호(2018. 6.)

_____, "국제적인 민사 및 상사분쟁 해결절차의 경합에 관한 연구 —소송과 중재를 중심 으로—", 서울대학교 대학원 법학박사학위논문(2020)

_____, "헤이그국제사법회의 관할 프로젝트(Jurisdiction Project)의 주요 쟁점 및 교섭상 의 고려 사항", 石光現교수정년기념헌정논문집: 國際去來法과 國際私法의 現狀과 課題(2022)

이헌묵, "민사소송법의 관할규정을 고려한 국제계약분쟁에서의 일반관할과 특별관할에 관 한 연구", 저스티스 통권 제167호(2018. 8.)

_____, "국제사법 제27조에 의해 보호되는 소비자계약의 범위와 수동적 소비자가 되기 위 한 요건의 분석", 소비자문제연구 제49권 제2호(2018. 8.)

임성권, 토론문, 법무부, 국제사법 전부개정법률안 공청회 자료집(2018)

임치용, 토론문, 법무부, 국제사법 전부개정법률안 공청회 자료집(2018)

장준혁, "미국의 경제공법저촉법에 있어서의 관할권과 역외적용 개념의 이해", 국제사법연 구 제7호(2002)

_____, "국가 입법관할권의 장소적 범위: 미국 대외관계법 제3차 리스테이트먼트 제402조 와 제403조", 중앙법학 제7집 제1호(2005. 2.)

_____, "한국 국제이혼관할법 판례의 현황: 국제사법 제2조 신설 후의 판례를 중심으로", 민사소송 제13권 1호(2009. 5.)

_____, "계약사건에서의 의무이행지관할", 진산 김문환총장정년기념논문집 제1권: 국제관

계법의 새로운 지평(법문사. 2011)

_____, "국제이혼관할에 관한 전통적 판례와 하급심에서의 수정시도 —대법원 1975년 판례의 등장과 국제사법 제2조 신설 전까지의 판례와 전개—", 국제사법연구 제19권 제2호(2013. 12.)

_____, "계약관할로서의 의무이행지관할의 개정방안", 국제거래법연구 제23집 제2호(2014. 12.)

_____, "부양사건의 국제재판관할", 가족법연구 제31권 제1호(2017. 3.)

_____, "2019년 헤이그 외국판결 승인집행협약", 국제사법연구 제25권 제2호(2019. 12.)

_____, "대한민국에서의 헤이그관할합의협약 채택방안 —2019년 재판협약 성립을 계기로 돌아본 의의와 과제—", 안암법학 제61호(2020. 11.)

_____, "외래적 재판외 이혼의 실행과 수용", 가족법연구 제36권 1호(통권 제73호)(2022. 3.)

장준혁 외, 일본과 중국의 국제재판관할 규정에 관한 연구(법무부. 2017)

장지용, "미국 국제사법의 현황 — 외국판결의 승인·집행을 중심으로", 국제사법연구 제22권 제1호(2016. 6.),

전대규, "중국법상 섭외사건의 국제재판관할에 관하여", 국제사법연구 제18호(2012)

전원열, 민사소송법 강의 제2판(박영사. 2021)

정동윤/유병현/김경욱, 민사소송법 제7판(법문사. 2019)

정병석, "해사관련 국제재판관할 입법", 한국해법학회지 제37권 제1호(2015. 4.)

정선주, "한국의 가사비송절차 —2015년도 법원행정처 가사소송법 전부 개정법률안을 중심으로—", 민사소송 제19권 제2호(2015. 11.)

정영환, "국제재판관할권의 행사기준과 그 범위", 안암법학 제28권(2009)

정완용, "선박가압류조약(Arrest Convention)상 해사채권의 국제재판관할 입법방안에 관한 고찰", 국제사법연구 제19권 제1호(2013. 6.)

정인섭 편, 에센스 국제조약집(박영사. 2010)

정찬모, "인터넷상 인격권침해 게시물 접근제한조치의 지역적 범위-CJEU의 최근 판결을 중심으로", 사법, 통권 56호(2021)

정해덕, "미국해사소송에 있어서의 대한민국법상의 소멸시효와 소송중지명령", 한국해법학회지 제31권 제2호(2009. 11.)

최공웅, 국제소송 개정판(육법사. 1994)

_____, "國際裁判管轄原則에 관한 再論", 법조 통권 503호(1998. 8.)

_____, "국내재산의 소재와 국제재판관할", 사법논집 제20집(1989)

_____, "국내재산의 소재와 국제재판관할", 민사재판의 제문제 제6권(한국사법행정학회. 1991)

최봉경, "부칙(附則) 연구 ―그 체계적 시론 ―", 서울대학교 법학, 제53권 제2호(2012. 6)

최영란, "실질적 관련은 어디까지인가? ―국제재판관할 판단 기준에 관한 대법원 2010. 7. 15. 선고 2010다18355 판결에 대한 평석―", 원광법학 제26권 제4호(2010)

최태현, "국제법상 해외에서의 집행관할권 행사의 한계와 조정", 국제법평론 제32권(2010)

최흥섭, "國際私法에서 日常居所의 의미와 내용", 국제사법연구 제3호(1998)

_____, "성년자의 국제적 보호를 위한 2000년의 헤이그협약", 인하대학교 법학연구 제4집 (2001)

_____, "성년자의 국제적 보호를 위한 2000년의 헤이그협약", 국제사법의 현대적 흐름(인 하대학교 출판부. 2005)

_____, "새로운 성년후견제의 도입에 따른 국제사법 규정의 개정 문제와 적용 문제", 인 하대학교 법학연구 제16집 제3호(2013. 11.)

_____, 한국 국제사법 Ⅰ ―법적용법을 중심으로―(인하대학교 출판부. 2019)

_____, 유럽연합(EU)의 국제사법(BOOKK. 2020)

_____, 국제사법에 관한 글모음집 2022년(BOOKK. 2022)

피정현, "國際的 重複提訴의 禁止與否 ― 國內法院에서의 외국소송계속의 고려여부 ―", 均齊 梁承斗敎授 화갑기념논문집, 현대사회와 법의 발달(1994)

한국국제사법학회, 국제사법개정촉구결의문, 국제사법연구 제18호(2012)

_____, "민사 또는 상사에 관한 외국재판의 승인과 집행에 관한 협약(헤이그재 판협약) 연구", 2021년 법무부 정책연구보고(장준혁 외 집필)

한민오・유은경, "중재합의 위반시 손해배상청구 가부에 대한 비교법적 고찰", 石光現교수 정년기념헌정논문집: 國際去來法과 國際私法의 現狀과 課題(박영사. 2022)

한숙희, "국제가사사건의 국제재판관할과 외국판결의 승인 및 집행 ―이혼을 중심으로―", 국제사법연구 제12호(2006)

한승수, "국제재판관할합의의 위반과 손해배상책임", 국제사법연구 제25권 제1호(2019. 6.)

한애라, "국제재판관할과 관련된 판결의 추이 및 국제사법의 개정방향 ―국제재판관할의 판단구조 및 법인에 대한 일부 과잉관할의 쟁점과 관련하여― ", 민사판례연구 제 35집(박영사, 2013)

_____, "국제사법 전부개정안 검토―물권, 계약에 관한 소의 국제재판관할을 중심으로", 민사소송 제22권 제2호(2018. 11.)

_____, "재산소재지 특별관할에 관한 법리와 판례의 검토 및 입법론", 민사판례연구 XLⅢ (박영사. 2021)

한창완, "미국법상 외국기업에 대한 인적 관할에 관한 검토", 기업법연구 제31권 제3호(통 권 제70호)(2017. 9.)

한충수, "국제재판관할합의에 관한 연구", 연세대학교 대학원 박사학위논문(1997)

_____, "국제보전소송의 재판관할권 —직접관할을 중심으로—", 국제사법연구 제4호(1999)

_____, "국제적 소송경합(Lis Pendens) —서울중앙지방법원 2002. 12. 13. 선고 2000가합 90940 판결을 중심으로—", 민사소송 제8권 제2호(2004)

_____, 민사소송법 제2판(박영사. 2018)

_____, "헤이그 재판협약과 민사소송법 개정 논의의 필요성 —관할규정의 현대화 및 국제 화를 지향하며", 인권과정의 제493호(2020. 11.)

함영주, "유럽연합 민사소송절차의 운용원리와 발전방향", 민사소송 제19권 제2호(2015. 11.)

현소혜, "헤이그아동탈취법상 아동반환재판과 본안재판의 관계", 비교사법 제28호 제3호 (2021. 8.)

_____, "친권 관계 사건의 국제재판관할 —2019년 브뤼셀 II ter 규칙에 대한 소개를 중심 으로—", 가족법연구 제35권 2호(통권 제71호)(2021. 7.)

호문혁, 민사소송법 제13판(법문사. 2016)

_____, 민사소송법 제14판(법문사. 2020)

외국문헌

Antomo, Jennifer, Schadensersatz wegen der Verletzung einer internationalen Gerichts- standsvereinbarung? (Mohr Siebeck. 2017)

d'Aspremont, Jean, The Implausibility of Coordinating Transborder Legal Effects of Domestic Statutes and Courts' Decisions by International Law, Muir Watt (ed.), Global Private International Law: Adjudication without Frontiers (Edward Elgar. 2019)

Baetge, Dietmar, Der gewöhnliche Aufenthalt im Internationalen Privatrecht (Mohr Siebeck. 1994)

von Bar, Christian/Mankowski, Peter, Internationales Privatrecht, Band I, 2. Auflage (C.H. Beck. 2019)

Basedow, Jürgen, Eine Einleitende Orientierung, Jan von Hein & Giesela Rühl (eds.), Kohärenz im Internationalen Privat- und Verfahrensrecht der Europäischen Union (Mohr Seibeck. 2016)

_____, Das Prinzip der gegenseitigen Anerkennung im internationalen Wirtschaftsverkehr, Normann Witzleb *et al.* (Hrsgs.), Festschrift für Dieter Martiny zum 70. Geburtstag (Mohr Siebeck. 2014)

Brand, Ronald A. & Herrup, Paul M., The 2005 Hague Convention on Choice of Court Agreements: Commentary and Documents (Cambridge University Press. 2008)

Briggs, Adrian, Agreements on Jurisdiction and Choice of Law (Oxford University Press. 2008)

_____, The Principle of Comity in Private International Law, Recueil des Cours Tome 354 (Brill. 2012)

Coeter-Waltjen, Dagmar, Himmel und Hölle, Einige Überlegungen zur internationalen Zuständigkeit, Rabels Zeitschrift für ausländisches und internationales Privatrecht, Band 79 (2015)

Colberg, Lukas, "Schadenersatz wegen Verletzung einer Gerichtstandsvereinbarung", IPRax (2020)

Collins, Lawrence, Essays in International Litigation and the Conflict of Laws (Clarendon Press. 1994)

Epping, Manja, Die Schiedsvereinbarung im internationalen privaten Rechtsverkehr nach der Reform des deutschen Schiedsverfahrensrechts (C.H. Beck. 1999)

Fawcett, James J./Torremans, Paul, Intellectual Property and Private International Law, 2nd Edition (Oxford University Press. 2011)

Fentiman, Richard, International Commercial Litigation, 2nd Ed. (Oxford University Press. 2015)

Ferrari, Franco et al. Internationales Vertragsrecht, 3. Auflage, VO (EG) 593/2008, Art. 6 (C.H. Beck. 2018)

Garcimartín, Francisco & Saumier, Geneviève, Judgments Convention: Explanatory Report (Hague Conference. 2020)

Geimer, Reinhold, Internationale Freiwillige Gerichtsbarkeit, Heinz-Peter Mansel et al. (Hrsgs.), Festschrift für Erik Jayme, Band Ⅰ (Sellier. 2004)

_____, Internationales Zivilprozessrecht, 8. Auflage (Dr. Otto Schmidt. 2020)

Geimer, Reinhold/Schütze, Rolf A., Internationale Urteilsanerkennung, Band Ⅰ, 1. Halbband (C.H. Beck. 1983)

_____, Europäisches Zivilverfahrensrecht: Kommentar, 3. Auflage (C.H. Beck. 2010)

Graziano, Thomas Kadner, "Gemeinsame oder getrennte Kodifikation von IPR und IZVR", in Jan von Hein & Giesela Rühl (Hrsgs.), Kohärenz im Internationalen Privat- und Verfahrensrecht der Europäischen Union (Mohr Siebeck. 2016)

Gruber, Urs Peter/Möller, Laura, Die Neufassung der EuEheVO, IPRax (2020)

Hartley, Trevor, Basic Principles of Jurisdiction in Private International Law: The European Union, the United States and England, International & Comparative

Law Quarterly, Vol. 71 (2022)

Hay, Peter, Forum Selection Clauses-Procedural Tools or Contractual Obligations? Conceptualization and Remedies in American and German Law, IPRax (2020)

_____, Forum Selection Clauses-Procedural Tools or Contractual Obligations? Conceptualization and Remedies in American and German Law, 35 Emory Int'l L. Rev. 1 (2021)

_____, One-Sided (Asymmetrical) Remedy Clauses and Weaker Party Protection in American Law, Rolf A. Schütze *et al.* (Hrsgs.), Festschrift für Reinhold Geimer zum 80. Geburtstag (C.H. Beck. 2017)

Heinig, Jens, Grenzen von Gerichtsstandsvereinbarungen im Europäischen Zivilprozessrecht (Jenaer Wissenschaftliche Verlagsgesellschaft. 2010)

Hess, Burkhard, Europäisches Zivilprozessrecht, 2. Auflage (De Gruyter. 2021)

Junker, Abbo, Internationales Zivilprozessrecht, 3. Auflage (C.H. Beck. 2016)

_____, Internationales Privatrecht, 3. Auflage (C.H. Beck. 2019)

Kropholler, Jan, Handbuch des Internationalen Zivilverfahrensrechts, Band Ⅰ, Kapitel Ⅲ, Internationale Zuständigkeit (J.C.B. Mohr (Paul Siebeck). 1982)

_____, Internationales Privatrecht, 6. Auflage (Mohr Siebeck. 2006)

Kropholler, Jan/von Hein, Jan, Europäisches Zivilprozessrecht: Kommentar zu EuGVO, Lugano-Übereinkommen 2007, EuVTVO, EuMVVO und EuGFVO, 9. Auflage (Verlag Recht und Wirtschaft. 2011)

Magnus, Ulrich, Sonderkollisionsnorm für das Statut von Gerichtstands- und Schiedsgerichtsvereinbarungen?, IPRax (2016)

Magnus, Ulrich/Mankowski, Peter (eds.), Brussels I Regulation (Sellier. 2007)

Mansel, Heinz-Peter, Nationality, Encyclopedia of Private International Law, Volume 2 (Edward Elgar. 2017)

Mankowski, Peter, Contracts Relating to Intellectual or Industrial Property Rights under the Rome I Regulation, Stefan Leible/Ansgar Ohly (Eds.), Intellectual Property and Private International Law (Mohr Siebeck. 2009)

_____, Ist eine vertragliche Absicherung von Gerichtsstandsvereinbarungen möglich?, IPRax (2009)

_____, Das Bündelungsmodell im Internationalen Privatrecht, Ralf Michaels *et al.* (Hrsgs.). Liber Amicorum Klaus Schurig zum 70. Geburtstag (Sellier. 2012)

European Max Planck Group on Conflict of Laws in Intellectual Property, Conflict of

Laws in Intellectual Property: The CLIP Principles and Commentary (Oxford University Press. 2013)

von Mehren, Arthur T., Adjudicatory Authority in Private International Law: A Comparative Study (Martinus Nijhoff Publishers. 2007)

Müller, Michael, Anknüpfungsmomente für Schuldverhälnisse im europäischen IPR und IZVR, Jan von Hein/Giesela Rühl (Hrsg.), Kohärenz im Internationalen Privat- und Verfahrensrecht der Europäischen Union (Mohr Siebeck. 2016)

Müller-Chen, Markus et al. (Hrsgs.), Zürcher Kommentar zum IPRG, 3. Auflage (Schulthess. 2018)

Münchener Kommentar zum FamFG, 2. Auflage (C.H. Beck. 2013)

Nagel, Heinrich/Gottwald, Peter, Internationales Zivilprozeßrecht 8. Auflage (Otto Schmidt. 2020)

Neuhaus, Paul, Die Grundbegriffe des Internatinalen Privatrechts, 2. Auflage (Mohr Siebeck. 1976)

Nygh, Peter & Pocar, Fausto, Report of the Special Commission, Preliminary Document No. 11 of August 2000

Ost, Konrad, Doppelrelevante Tatsachen im internationalen Zivilverfahrensrecht: Zur Prüfung der internationalen Zuständigkeit bei den Gerichtsständen des Erfüllungsortes und der unerlaubten Handlung (Peter Lang. 2002)

Parra-Aranguren, G., Explanatory Report on the Convention on Protection of Children and Co-operation in Respect of Intercountry Adoption

Rauscher, Thomas (Hrsg.), Europäisches Zivilprozess- und Kollisionsrecht: EuZPR/EuIPR Kommentar (Sellier. 2010)

Rieländer, Frederick, Schadensersatz wegen Klage vor einem aufgrund Gerichtsstands-vereinbarung unzuständigen Gericht, Rabels Zeitschrift, Band 84 (2020)

Rühl, Giesela, Rechtswahlfreiheit im europäischen Kollisionsrecht, Diemar Baetge et al. (Hrsgs.), Die richtige Ordnung, Festschrift für Jan Kropholler zum 70. Geburtstag (Mohr Siebeck. 2008)

Sandrock, Friederike, Die Vereinbaung einer „neutralen" internationalen Gerichtstandes (Verlag Recht und Wirtschaft. 1997)

von Savigny, Friedrich Carl (translated by William Guthrie), A Treatise on the Conflict of Laws (T. & T. Clark, Law Publishers/Stevens & Sons. 1880)

Schack, Haimo, Internationales Zivilverfahrensrecht, 8 Auflage (C.H. Beck. 2021)

Schurig, Klaus, Kollisionsnorm und Sachrecht: Zu Struktur, Standort und Mehtode des internationalen Privatrechts (Duncker & Humblot. 1981)

Siehr, Kurt, Das Haager Übereinkommen über den internationalen Schutz von Erwachsener, Rabels Zeitschrift, Band 64 (2000)

Silberman, Linda J., The End of Another Era: Reflections on Daimler and Its Implications for Judicial Jurisdiction in the United States, 19 Lewis & Clark L. Rev. 675 (2015)

von Staudinger, Kommentar zum Bürgerlichen Gesetzbuch mit Einführungsgesetz und Nebengesetzen Wiener UN-Kaufrecht (CISG)(2018)

Takahashi, Koji, Damages for Breach of Choice-of-Court Agreement, Yearbook of Private International Law, Vol Ⅹ (2008)

Teitz, Louise Ellen, The Hague Choice of Court Convention: Validating Party Autonomy and Providing an Alternative to Arbitration, 53 Am.J.Comp.L. 543-44 (2005)

Torremans, Paul (ed.), Cheshire, North & Fawcett Private International Law, 15th Edition (Oxford University Press. 2017)

Ubertazzi, Benedetta, Exclusive Jurisdiction in Intellectual Property (Mohr Siebeck. 2012)

Watt, Muir *et al.* (eds.), Global Private International Law: Adjudication without Frontiers (Edward Elgar. 2019)

Weintraub, Russell, J., The United States as a Magnet Forum and What, If Anything, to Do About It, Jack L. Goldsmith (ed.), International Dispute Resolution: The Regulation of Forum Selection, Fourteenth Sokol Colloquium (Transnational Publishers, Inc. 1997)

内野宗揮編著, 一門一答 平成30年人事訴訟法・家事事件手続法等改正(商事法務. 2019)

木棚照一(編), 國際知的財産侵害訴訟の基礎理論(現代産業選書 ― 経済産業研究シリーズ)(経済産業調査会. 2003)

＿＿＿＿＿＿, 知的財産の国際私法原則研究 ― 東アジアからの日韓共同提案(早稲田大学比較法研究所叢書 40)(早稲田大学比較法研究所. 2012)

Nishioka, Kazuaki, Choice of court agreements and derogation from competition law, 日本 国際私法年報, Volume 16 (2020)

松岡 博, アメリカ 国際私法・国際取引法判例研究(大阪大学出版会. 2010)

松岡 博(編), 国際關係私法入門, 제3판(有斐閣. 2012)

판례색인

[고등법원]

[지방법원]

[외국 판례]

우리말 색인

외국어 색인

저자소개

약   력

서울대학교 법과대학 졸업
사법연수원 수료(11기)
독일 프라이부르그 법과대학 LL.M.
서울대학교 대학원 졸업(법학박사)
해군법무관(1981. 8.-1984. 8.)
金·張法律事務所 변호사(1984. 9.-1999. 2.)
한양대학교 법과대학 교수(1999. 3.-2007. 9.)
서울대학교 법과대학, 법학전문대학원 교수(2007. 10.-2022. 2.)
국제거래법학회 회장(2013. 3.-2015. 3.)
한국국제사법학회 회장(2018. 3.-2022. 3.)
현재 인하대학교 초빙교수(2022. 3-)

저   서

國際裁判管轄에 관한 硏究(서울대학교 출판부)
국제물품매매계약의 법리: UN통일매매법(CISG) 해설(박영사)
국제사법 해설(박영사)
국제민사소송법(박영사)
國際私法과 國際訴訟 제 1 권부터 제 6 권과 [정년기념](박영사)
국제상사중재법연구 제 1 권과 제 2 권(박영사)

편   저

UNCITRAL 담보권 입법지침 연구(법무부)
국제채권양도협약연구(법무부)

논   문

클라우드 컴퓨팅의 규제 및 관할권과 준거법
FIDIC 조건을 사용하는 국제건설계약의 준거법 결정과 그 실익
대마도에서 훔쳐 온 고려 불상의 서산 부석사 반환을 명한 제 1 심판결의 평석
2018년 국제사법 전부개정법률안에 따른 국제재판관할규칙: 총칙을 중심으로 / 각칙을 중심으로
우리 법원의 IP 허브 추진과 헤이그 관할합의협약 가입의 쟁점
미국 연방파산법에 따른 회생계획인가결정의 한국에서의 승인
외 다수

국제법무 시리즈 1

국제재판관할법: 2022년 개정 국제사법 해설

초판발행	2022년 7월 15일
지은이	석광현
펴낸이	안종만·안상준
편 집	김선민
기획/마케팅	조성호
표지디자인	이수빈
제 작	고철민·조영환
펴낸곳	(주) **박영사**
	서울특별시 금천구 가산디지털2로 53, 210호(가산동, 한라시그마밸리)
	등록 1959. 3. 11. 제300-1959-1호(倫)
전 화	02)733-6771
f a x	02)736-4818
e-mail	pys@pybook.co.kr
homepage	www.pybook.co.kr
ISBN	979-11-303-4226-9 93360

정 가   39,000원